21世纪法学系列教材

经济法系列

经济法概论

（第七版）

刘隆亨 著

图书在版编目(CIP)数据

经济法概论/刘隆亨著. —7 版. —北京:北京大学出版社,2012.7
(21 世纪法学系列教材·经济法系列)
ISBN 978 – 7 – 301 – 20956 – 1

Ⅰ.①经… Ⅱ.①刘… Ⅲ.①经济法 – 中国 – 高等学校 – 教材 Ⅳ.①D922.29

中国版本图书馆 CIP 数据核字(2012)第 154651 号

书　　　　名:	经济法概论(第七版)
著作责任者:	刘隆亨　著
责 任 编 辑:	冯益娜
标 准 书 号:	ISBN 978 – 7 – 301 – 20956 – 1/D · 3139
出 版 发 行:	北京大学出版社
地　　　　址:	北京市海淀区成府路 205 号　100871
网　　　　址:	http://www.pup.cn
电　　　　话:	邮购部 62752015　发行部 62750672　编辑部 62752027
	出版部 62754962
电 子 信 箱:	law@ pup.pku.edu.cn
印　刷　者:	北京世知印务有限公司
经　销　者:	新华书店
	730 × 980 毫米　16 开本　35.5 印张　720 千字
	1981 年 8 月第 1 版　1984 年 11 月第 2 版
	1987 年 8 月第 3 版　1997 年 7 月第 4 版
	2001 年 9 月第 5 版　2005 年 8 月第 6 版
	2012 年 7 月第 7 版　2012 年 7 月第 1 次印刷
定　　　　价:	58.00 元

未经许可,不得以任何方式复制或抄袭本书之部分或全部内容。
版权所有,侵权必究
举报电话:010-62752024　电子信箱:fd@pup.pku.edu.cn

目 录

第七版序言 《经济法概论》三十一周年 …………………………………… (1)
第六版序言 经济法的三个组成部分 ………………………………………… (3)
第五版序 ………………………………………………………………………… (5)
第四版自序 我国经济法学研究走向成熟 …………………………………… (7)
第三版代序 加强经济法理论研究
　　　　　——高兴地看到《经济法概论》(第三版) ………………… (13)
再版序言 经济法制建设的重要年代 ………………………………………… (15)
首版绪论 学习和研究经济法的几个问题 …………………………………… (19)

第一编　经济法基本理论

第一章　经济法的产生和发展 …………………………………………………… (1)
　第一节　外国经济法的由来和发展 …………………………………………… (1)
　第二节　我国经济法的兴起和发展 …………………………………………… (8)
　第三节　建立与我国市场经济相适应的经济法律模式 …………………… (12)
　第四节　建成完善的市场经济体制,全面推进经济法制建设 …………… (15)
　第五节　转变发展方式注重民生与经济产业立法的新发展 ……………… (17)
　第六节　国内外经济法产生、发展和变化给予的启迪 …………………… (23)
第二章　经济法的概念和调整对象 ……………………………………………… (28)
　第一节　经济法的基本范畴 …………………………………………………… (28)
　第二节　经济法的调整对象 …………………………………………………… (30)
　第三节　经济法三个组成部分的确立和发展 ………………………………… (34)
　第四节　对经济法的本质和特征认识的深化 ………………………………… (36)
第三章　经济法的地位与重要作用 ……………………………………………… (40)
　第一节　经济法独立的部门地位在我国的全面确立 ………………………… (40)
　第二节　经济法的基本精神是干预与协调的统一 …………………………… (41)
　第三节　经济法与相邻近的法律部门分工的关系 …………………………… (44)
　第四节　经济法的根本任务和在不同历史时期的功能 ……………………… (49)
第四章　经济法调整的基本原则 ………………………………………………… (53)
　第一节　经济法基本原则的形成与发展 ……………………………………… (53)
　第二节　按客观经济规律依法办事的原则 …………………………………… (53)

第三节 坚持和发展我国社会主义基本经济制度的原则 …………… (54)
第四节 国家宏观调控与市场机制相结合的原则 …………………… (56)
第五节 实行责权利相结合和国家、集体、个人利益相统一的原则 … (59)
第六节 坚持经济管理效率与公平相结合的原则 …………………… (60)
第七节 经济民主与经济法制相结合的原则 ………………………… (62)

第五章 经济法律关系 …………………………………………………… (67)
第一节 经济法律关系的概念和意义 ………………………………… (67)
第二节 经济法律关系要素之一——主体 …………………………… (70)
第三节 经济法律关系要素之二——经济权利和经济义务 ………… (72)
第四节 经济法律关系要素之三——客体 …………………………… (76)
第五节 经济法律关系的运行 ………………………………………… (78)
第六节 经济法律关系的保护 ………………………………………… (80)

第六章 经济法体系和经济法学科体系 ………………………………… (82)
第一节 经济法体系 …………………………………………………… (82)
第二节 进行经济法学科体系的三次重大变革 ……………………… (88)
第三节 学习和研究经济法的几个重点、难点与具体方法 ………… (90)

第二编 市场经济主体法

第七章 市场经济主体的多元性、独立性和竞争性 …………………… (97)
第一节 市场经济主体的多元性 ……………………………………… (97)
第二节 市场经济主体的独立性和竞争性 ………………………… (100)

第八章 公司法
——市场经济主体与现代企业制度的基本法 ……………… (103)
第一节 公司法的概念和我国《公司法》的颁布与修订 ………… (103)
第二节 关于有限责任公司的法律规定 …………………………… (104)
第三节 关于股份有限公司的法律规定 …………………………… (108)
第四节 关于一人有限公司的特别规定 …………………………… (111)
第五节 关于国有独资公司的法律规定 …………………………… (112)
第六节 外国公司的分支机构的法律规定 ………………………… (115)
第七节 违反公司法的法律责任 …………………………………… (116)
第八节 对公司法若干问题的深入探讨 …………………………… (118)

第九章 国有企业法
——市场经济主体与现代企业制度的重要法律 …………… (120)
第一节 全民所有制工业企业法的概念及其法律的颁布 ………… (120)
第二节 全民所有制工业企业转换经营机制的规定 ……………… (124)

| 第三节 | 深化国有企业改革建立现代企业制度 | (126) |
| 第四节 | 企业集团制度 | (127) |

第十章 乡镇企业法
——市场经济主体与现代企业制度的又一重要法律 (131)
第一节	乡镇企业法的概念、任务、方针政策以及主管部门的规定	(131)
第二节	乡镇企业的设立、组织机构和优惠政策的规定	(132)
第三节	乡镇企业的经营管理制度	(133)
第四节	乡镇企业应遵守的法律及其法律责任的规定	(134)
第五节	关于城镇集体所有制企业的规定	(135)
第六节	关于乡村集体所有制企业的规定	(137)

第十一章 私营企业、合伙企业和个人独资企业的规定 (139)
第一节	关于私营企业的规定	(139)
第二节	关于合伙企业的法律规定	(142)
第三节	关于个人独资企业的法律规定	(149)

第十二章 外商投资企业法 (152)
第一节	我国外资引进的发展和政策规定	(152)
第二节	中外合资经营企业的法律规定	(154)
第三节	中外合作经营企业的法律规定	(159)
第四节	外资企业的法律规定	(162)

第十三章 企业破产法
——市场主体救济与退出机制的基本法 (167)
第一节	实行破产制度的意义和我国破产法的产生及发展	(167)
第二节	企业破产的条件、界限和申请受理程序的法律规定	(170)
第三节	法院和管理人	(172)
第四节	债务人和债务人财产	(173)
第五节	债权申报和债权人会议	(174)
第六节	破产重整与和解	(176)
第七节	破产清算	(180)
第八节	法律责任	(181)
第九节	市场经济主体退出的法律机制	(182)

第三编 市场经济运行法

第十四章 市场的发育和市场运行法律机制 (185)
| 第一节 | 我国各类市场的形成与发展 | (185) |
| 第二节 | 国家对市场的引导和监管 | (188) |

第十五章　市场经济公平竞争法 (190)
　　第一节　反不正当竞争法 (190)
　　第二节　我国《反垄断法》的基本内容 (195)
　　第三节　广告法 (202)

第十六章　产品质量法和消费者权益保护法 (207)
　　第一节　产品质量法与农产品质量安全法 (207)
　　第二节　消费者权益保护法与侵权责任法 (213)

第十七章　商品流通管理法和城市房地产管理法 (219)
　　第一节　商品流通管理法 (219)
　　第二节　商业组织管理法 (223)
　　第三节　城市房地产管理法 (225)

第十八章　合同管理法律规定 (228)
　　第一节　合同法的统一 (228)
　　第二节　合同的订立和效力 (229)
　　第三节　合同的履行与信用观念 (231)
　　第四节　合同的种类、违约责任及其管理的规定 (234)

第十九章　促进资金筹集和流通的重要法律 (236)
　　第一节　证券法 (236)
　　第二节　票据法 (247)
　　第三节　担保法 (252)

第四编　宏观调控与经济监督法（上）

第二十章　国家宏观调控与经济监督法律机制 (257)
　　第一节　国家宏观调控法律机制 (257)
　　第二节　经济监督法律机制 (259)

第二十一章　计划、产业、价格以及统计的法律规定 (262)
　　第一节　计划法或规划法 (262)
　　第二节　产业法与行业法 (265)
　　第三节　招标投标法 (267)
　　第四节　价格法 (269)
　　第五节　统计法 (271)

第二十二章　现代农业经济法 (275)
　　第一节　农业经济法的概念及农业的基础地位 (275)
　　第二节　农业法——农业基本法 (276)
　　第三节　农业技术推广法 (281)

第四节　农业机械化促进法 …………………………………… (282)
　　第五节　种子法——农业根子法 ………………………………… (283)
　　第六节　渔业法——水产业重要法律 …………………………… (287)
　　第七节　畜牧法——畜牧业重要法律 …………………………… (290)
　　第八节　农民专业合作社法 ……………………………………… (296)
第二十三章　基础设施法、城市规划法、区域开发法 …………… (301)
　　第一节　基础设施投资法的基本概念和主要内容的规定 ……… (301)
　　第二节　城乡规划法、区域经济开发法与海洋法 ……………… (305)
　　第三节　铁路法、公路法、邮政法、航空法 …………………… (309)
　　第四节　建筑法 …………………………………………………… (313)
第二十四章　财税调控法 …………………………………………… (318)
　　第一节　税法与行政收费法 ……………………………………… (318)
　　第二节　国债法和外债管理制度 ………………………………… (319)
　　第三节　预算法 …………………………………………………… (330)
　　第四节　政府采购法 ……………………………………………… (337)
　　第五节　财政转移支付制度 ……………………………………… (341)

第五编　宏观调控与经济监督法（下）

第二十五章　银行信贷调控法 ……………………………………… (351)
　　第一节　中央银行法 ……………………………………………… (351)
　　第二节　政策性银行法 …………………………………………… (359)
　　第三节　银行业监督管理法 ……………………………………… (361)
　　第四节　人民币与外汇及其他管理法 …………………………… (370)
第二十六章　海关法与对外贸易管理法 …………………………… (374)
　　第一节　海关法 …………………………………………………… (374)
　　第二节　对外贸易法 ……………………………………………… (380)
　　第三节　我国反倾销和反补贴方面的规定 ……………………… (387)
　　第四节　我国保障措施的规定 …………………………………… (391)
　　第五节　进出口商品检验法 ……………………………………… (393)
第二十七章　会计和审计监督法 …………………………………… (397)
　　第一节　会计监督法 ……………………………………………… (397)
　　第二节　审计监督法 ……………………………………………… (401)
第二十八章　技术监督法和其他监督法 …………………………… (405)
　　第一节　计量法 …………………………………………………… (405)
　　第二节　标准化法 ………………………………………………… (408)

第六编 资源分配与保护法

第二十九章 自然资源的法律规定 (413)
第一节 自然资源法的概念、原则和内容 (413)
第二节 土地管理法 (415)
第三节 水法和水土保持法 (418)
第四节 森林法与草原法 (426)
第五节 国家自然保护区法和野生动物保护法 (434)

第三十章 矿产资源与能源保护法 (438)
第一节 矿产资源法 (438)
第二节 煤炭法、电力法和能源法 (443)
第三节 可再生能源法 (448)
第四节 循环经济促进法 (449)

第三十一章 促进科技进步法 (457)
第一节 科技进步法 (457)
第二节 专利法对发明创造的保护与奖励的规定 (463)
第三节 关于奖励发明的规定 (466)
第四节 促进科技成果转化法 (469)
第五节 发展和保护互联网的法律规定 (471)

第三十二章 国有资产法 (473)
第一节 国有资产法概述 (473)
第二节 我国《企业国有资产法》的颁布和主要内容的规定 (477)
第三节 国有金融资产和行政事业国有资产立法 (485)

第七编 经济矛盾和冲突的法律解决机制

第三十三章 经济司法概述 (487)
第一节 经济司法的概念、性质和范围 (487)
第二节 经济司法是人民司法制度的重大发展 (488)
第三节 经济法律责任的相对独立、种类和完善 (489)
第四节 我国司法制度改革对经济司法的重大影响 (491)
第五节 经济检察制度及其发展 (492)
第六节 经济审判制度及其变化 (493)

第三十四章 人民调解法与仲裁法 (498)
第一节 人民调解法 (498)

第二节　仲裁法 …………………………………………………… （502）
第三十五章　调解仲裁法 ………………………………………………… （507）
  第一节　劳动争议调解仲裁法 …………………………………… （507）
  第二节　农村土地承包经营纠纷调解仲裁法 …………………… （511）
第三十六章　公证制度与律师制度 ……………………………………… （516）
  第一节　公证和公证法 …………………………………………… （516）
  第二节　律师和律师法律制度 …………………………………… （520）

附录　1979 年至 2010 年国家颁布经济法律及相关法律问题决定的年代图表 ……………………………………………………… （528）

后记 ……………………………………………………………………… （529）

第七版序言 《经济法概论》三十一周年

从 1981 年 8 月北京大学出版社出版《经济法简论》，到 1984 年再版改为《经济法概论》，一直到如今的《经济法概论》第七版，已经三十一年了。

2005 年 8 月《经济法概论》(第六版)出版以来，由于我本人一直忙于其他事务，《经济法概论》(第七版)一直拖了下来。在此期间，国内外经济形势发生了重大的变化，本人对经济立法和经济法学的感悟也越来越深入。如经济法的范围究竟是大经济法还是小经济法，我认为，大小各有优点。但经济法对市场经济运行与国民经济管理相结合进行定位是比较成功的。经济法包括市场主体法、市场运行法、宏观调控法、经济监督法、资源分配与保护法、经济矛盾和冲突的解决机制法，这已经成为定论。

犹如法律关系中"三要素说"的主体、客体、内容(权利义务关系)一样，民商法、行政法、经济法、社会法，甚至刑法中都要讲到，但具体内容和着力点不同。我们要从全局的眼光看待经济法，要用发展的眼光对待经济法。现代意义上的经济法是在世界经济曲折发展、世界科技不断进步、民主法治逐步推进、思想文化交流不断扩大的这种大潮流、大背景、大气候下形成发展起来的，而经济立法的发展和经济法学的进步和繁荣又促进了我国经济建设、科学技术、民主法治、文化教育的新发展。经济法既综合了国际、国内的国民经济和市场运作的各个部门、各个环节的法律要求，又是国际、国内、国民经济各部门和市场运作各个环节的法律的综合反映。在此基础上，《经济法概论》(第七版)的修订主要表现在以下方面：

（1）在第一编经济法基本理论方面，第一章增添了第五节转变发展方式注重民生与经济产业立法的新发展；第二章增添了第三节经济法三个组成部分的确立和发展。其他如公平与效率的相互关系，经济法的独立部门法地位和经济法作用的广泛性与集中性，经济法律关系的普遍性与特殊性，经济法的公法、私法或公私融合的属性研究，经济法与民法、物权法的关系以及"十二五"规划纲要对经济法的影响等方面的内容也作了适当的补充修改。

（2）在第二编市场经济主体法方面，为了进一步规范市场主体的主体地位和行为，首先，在第十一章第二节中对关于修订后的《合伙企业法》作了全面的补充；在第十三章中对修订后的《企业破产法》作了全面的补充和修正。其次，对中小企业促进法、对中小企业和微型企业的政策扶持也作了补充，借以发挥这些企业对市场经济发展的促进作用。

（3）在第三编市场经济运行法方面，对第十五章第二节我国《反垄断法》的基本内容作了全面的补充和修订；在第十六章第一节中补充了《农产品质量安全法》的有关内容，第二节中补充了我国《侵权责任法》的有关内容；第十七章第三节按照 2007

年修订的《城市房地产管理法》进行了补充。

（4）在第四编宏观调控与经济监督法（上）方面，对第二十一章第一节中补充了规划法的有关内容，第四节价格法中补充了法律责任的内容，第五节中补充了统计法的有关内容；对第二十二章现代农业经济法中增添了第七节畜牧法和第八节农民专业合作社法；对第二十三章第二节补充了海洋法的有关内容，第四节补充了我国修订后的《建筑法》的有关内容；对第二十四章第二节补充了外债和外债管理的内容，第三节补充了我国《预算法》的修订内容。

（5）在第五编宏观调控与经济监督法（下）方面，对第二十五章第四节补充了银行业监督管理法和外汇管理方面的内容；对第二十七章第二节按修订后的有关审计监督法律规范进行了补充和修正。

（6）在第六编资源分配与保护法方面，对第二十九章第三节按修改后的《水土保持法》进行了全面的补充和修正；第三十章第一节增加了稀土的限额开采与保护的内容；增添了第四节循环经济促进法；第三十一章第五节补充了三网融合和管理的有关规定；对第三十二章国有资产法根据改革和社会现实的发展变化作了全面的改写。

（7）在第七编经济矛盾和冲突的法律解决机制方面，第三十三章经济司法概述的各节之中都有一些重要的修订和补充；第三十四章改名为人民调解法与仲裁法，增添了第一节人民调解法的有关内容；增加了第三十五章调解仲裁法；第三十六章改写了公证制度和律师制度的有关内容。

本书自2006年被评为北京高等教育研究生、本科生精品教材以来，受到了教育界、学术界和广大读者的支持和赞许，在此表示由衷的感谢。

北京大学税法研究中心
北京联合大学经济法研究所
刘隆亨
2012年5月

第六版序言　经济法的三个组成部分

2005年8月令人关注的《经济法概论》(第六版)已正式与读者见面了,该版是在2001年8月出版的《经济法概论》(第五版)的基础上修订和充实起来的。《经济法概论》(第五版)标志着我从事经济法的教学、研究、立法与司法实践已25周年,如今修订出版的第六版又已经走过了五年,这五年中间经济法发生的变化我在第六版中已经基本上概括进去了:

(1) 经济法的基本精神是"协调与干预的统一"说,使经济法的内容更加充实和完善。在市场经济体制下,"协调"与"干预"无所不有,无处不在。

(2) 经济法的基本法律制度的内容概括为三大部分,第一部分市场经济规制法,包括对市场经济主体的规制和对市场经济运行秩序的规制,具体内容见第六版的第二编至第三编(上、下)。

(3) 经济法的宏观调控法,包括宏观调控的对象、手段和作用更加显著了,这确实是其他部门法所替代不了的,具体内容见第六版的第四编,具体包括计划与价格法、农业与投资、交通与运输法、财税与金融法、外汇与外贸法、区域经济的开发和法律制度等,充实修订的内容不少。

至于资源分配与保护法,这在第六版的第五编中进行了详细论述。资源分配与保护法,既是经济法的物质基础法,又是市场经济规制和宏观调控的对象法。资源分配与保护法的重要性就在于它是经济法的物质基础法,正如民法的物权基础是财产关系和与财产关系相关的人身关系、商法的物质基础法是公司企业法一样,经济法如果没有物质基础法,就犹如嘴尖皮厚腹中空的竹笋,经不起大风大浪考验的空中楼阁,容易倒塌。我们说资源分配和保护也是市场经济规制和宏观调控的对象,如土地管理法对土地使用权的出让,如果控制不好就要引起房地产市场秩序的混乱,就会引起基建投资的膨胀。又如森林与草原法,如果控制不好不仅影响生态环境的恶化,而且妨碍宏观调控的顺利进行和社会的和谐发展。再如矿产资源法,不管是一次性的能源或再生能源,如果控制不好不仅会导致矿产资源的破坏,而且会影响矿产资源(如煤、黄金、白银、稀有金属和有色金属)的开发和利用,尤其是对国有资产的管理,无论有形的和无形的。因此,对资源的分配和保护在经济法内容中占有相当重要的地位。何况在经济法的渊源中就有个"经济分配法"之说。

至于经济矛盾和冲突的法律解决机制,这实际上是经济法律责任的相对独立和责任制度的具体发展与落实问题,这是经济法最终成不成立、成熟不成熟的一个重大课题,这方面实际问题很多,但理论研究很缺乏,是一个异常薄弱的环节。谈到经济法总觉得法律手段太少,法律责任不明确,人们形容经济法有头、有手、有胸,但没有腿,很不容易立起来。因此,本书第六版的第六编在这次修订时作了重点的充实和补充。专门加了一章经济法律责任的相对独立性和完善。读者可以看到在《经济法概论》(第六版)中,经济法的特色已经突显,亟待解决的课题也很明显。

《经济法概论》(第六版)有幸于2002年被评为北京市高等教育精品教材立项项目。

在这本书的著作过程中感谢北大副校长、著名经济法学家吴志攀教授的支持和帮助。感谢王乐红的校对、资料查阅和打字。

北京大学税法研究中心
北京联合大学经济法研究所
刘隆亨
2005 年 6 月

第五版序

具有跨世纪重要意义的我国第九届全国人民代表大会第四次会议于2001年3月15日通过的《中华人民共和国国民经济和社会发展第十个五年计划纲要》指出:发展社会主义民主政治,依法治国,建设社会主义法治国家,是社会主义现代化的重要目标。并且再一次提出了"建立和完善适应社会主义市场经济体制的法律体系"的要求。同时在大会通过的全国人民代表大会常务委员会的工作报告中提出:在构建具有中国特色社会主义法律体系的七个法律部门中,包含了经济法律部门,并排在第四位。这意味着经济法作为一个独立的部门法,在国家整个法律体系中占有了应有的法律地位,得到了国家最高权力机关的确认,这在中国经济法的历史上是一个重要的里程碑,也是对我国法律体系的重大发展。这次修订出版的《经济法概论》(第五版)根本特点就是贯彻了"十五"计划关于民主法制建设的任务与要求和经济法作为国家整个法律体系的一个重要法律部门而存在的历史地位。

自1997年3月北京大学出版社出版我的《经济法概论》(第四版)以来到20世纪末的几年时间里,该书应用很广,影响较大。在《经济法概论》(第四版)使用过程中,我听取了一些大学教师、研究生、本科生及社会各界的反映,说好话的、赞扬的很多,集中在体系结构、内容阐述方面。讲缺点的也有一些,主要是指文字段落和个别深浅方面。2000年举办优秀教学成果奖时,该书先在北京大学应用文理学院(原北大分校)、北京联大评为优秀教材一等奖,在北京市优秀教材汇总评奖时,获省市级二等奖。这就使我自20世纪80年代初出版第一本经济法专著《经济法简论》开始,到20世纪末的20年间从事经济法教学与研究和理论与实践方面划了一个比较圆满的句号。

如今,《经济法概论》迎来了第五个版本的修订。首先,这是教学实践的需要。因为《经济法概论》(第四、五版)这个北大版,与《经济法简明教程》(第一、二、三版)这个中央党校版,是姊妹著作,现在《经济法简明教程》已发行23万余册,供全国各地学员使用。《经济法概论》是供教员使用的(当然学员也可采用)参考书,必须与之紧密配合。同时《经济法概论》也是北京市经济法重点建设学科单位教材的代表作,必须不断更新。其次,也因为经济法理论创新和发展的需要。经济法学在20世纪的最后1个月里,以北京市经济法学研究分会为核心,邀请了全国经济法学界、法律界的专家和代表,开了一个《加强中国宏观经济法制建设》学术研讨会,总结过去,展望将来,提出了以中国宏观经济法制研究为主题,开创21世纪经济法学的新局面的思路,统一了经济法的基本精神,是"协调与干预相统一"的理论基础。这次修订出版的《经济法概论》(第五版),就是兼承经济法理论的创新和发展的需要而来。再次,这次修订出版也是经济法学发展的必然规律。在我国的第十个五年计划中,再一次提出了要尽快建立和完备我国社会主义市场经济体制的法律体系,当然这个体系不完全是由经济法部门和经济法学来承担的,但它总是这个体系的组成部分之一,是符合这个体系要求的。何况北大和北大出版社,又是第一个为创建这个学科、这个专业而谱写专著、教材、招生、培养专门人才的阵地。既然是第一个,就不应当让它夭折。

《经济法概论》(第五版)的修订,与第四版比较有以下几个变化:(1)在理论方面:把市场经济法制建设的理论同依法治国,建设社会主义法治国家的理论紧密结合起来,形成了民主和法制、经济和政治的统一。把经济法在计划经济条件下对经济的干预论,同在市场经济条件下国家对经济的协调论结合起来,形成了经济法的协调与干预的统一,这就使经济法的基础理论更坚实和完备。第五版在阐述经济法基础理论部分的各个章节中,都贯彻了这个思想。(2)在经济法的实体法方面:补充了自1997年以来,国家新制定的或修改的价格法、招标投标法、种子法、渔业法、公路法、反垄断法、海关法、土地管理法、节能法、人民币管理条例等法律、法规。同时也删去了和经济法关系不密切的一些法律、法规,如海商法、安全法、社会保障法、个体工商户条例等。这就使经济法的内容更加规范化,尤其是突出了宏观调控法的实际内容。(3)在经济法对经济矛盾和冲突的法律解决机制方面:我们没有局限于经济审判庭的变迁,而是着眼于建立市场经济发展过程中存在的各种矛盾和冲突,如何从法律的角度建立一个比较完善的解决机制出发,来进行阐述探讨的。我们把这个问题当作是建立社会主义市场经济的必要条件之一,当作是建立社会主义市场经济体制的法律体系实施的一个重要条件,从总结国际国内建立和发展市场经济而实行法治的经验出发,认为这种法律机制应当包括公证、律师、仲裁、中介机构、行政执行部门、公安、检察、法院等一个完整的体系。它们分别从不同角度担负着经济法的实施。(4)在文字、体例上进行了加工和修饰,对1979年至2000年所制定、修改的经济法律目录进行了整理和完备。所有这些变化集中到一点,就是要在我们的经济法治建设和经济法学研究中,随时体现和反映江总书记提出的"三个代表"重要思想的要求,按照这种要求进行调整、改革、补充、修正、发展、建设我们的经济法治工作和经济法教学研究工作。因此,只要我们坚持以"三个代表"的重要思想为标准,以此衡量、总结、检验和设置我们的经济法治建设和经济法学研究工作,我们就一定能够在这个领域里创造历史的更加辉煌。

我的《经济法概论》(第五版)序写完了,人们可能会问,该著作每一版都有一个"序"之类的篇幅,并且,在该版开始,依照时间的倒序将以往各版的"自序"、"序"等内容又展示给各位读者。这是为什么?我的回答很简单,因为著作中的序有四个作用:(1)是每一版本修订后的内容、结构、文字变化的记载;(2)是每一版本时代和历史背景的交代;(3)是著作发展变化的历史轨迹;(4)是对精彩的论断起导读作用。

本版在编写过程中得到了吴志攀、黄景钧、刘剑文、张守文等教授的支持和帮助,特别是责任编辑冯益娜副编审作了过细的工作,提出了宝贵的意见,还有刘通、王乐红、刘卫在修订过程中,参与了资料的整理和编写,在此一并表示谢意。

刘隆亨

2001年5月

第四版自序　我国经济法学研究走向成熟

一、忆往昔经济法学峥嵘岁月(1979—1992年)

10年前的今朝,党的十一届三中全会确立了全党全国以经济建设为中心的战略转移,同时,提出了发扬社会主义民主、健全社会主义法制的历史任务。在这种大气候下,法学的春天像潮水般地涌现。我是第一个投身于北京大学法律系经济法的教学和研究,在经济法这个未开垦的处女地上,如饥似渴地阅读资料、调查研究、收集和整理各类材料。当时我同李必昌同志写了一篇长达8000字的经济法"漫谈",全面阐述了对经济法的见解,立即受到财政部顾问许毅教授的高度赞扬,并刊登在1980年《财政研究》第39期上。1981年1月,我完成了全国第一本经济法书稿——《经济法简论》(以下简称《简论》)的撰写,同年8月由北京大学出版社出版。全书分为经济法概论、若干部门经济法概述和经济司法概况等3编19章,计23万字,发行4万册。《简论》问世后,我国著名法学家陈守一教授对我说:"这种书很需要,多送我几本,我给你推荐推荐,你写的书有思想。"北京大学经济系(现经济学院)教授高程德跑到我家里要了3本,供他参考。群众出版社副总编兼全国经济法学教材主编陶和谦同志说:"拜读大作,总觉得你正在为经济法开辟道路,令人鼓舞。"辽宁大学经济法教员秦德洁说:"一句一句读了你的《经济法简论》,充分显示了你的气概和治学精神,钦佩钦佩。《简论》的特点:(1)有革命精神,摆脱了老一套的说教,不是仰先人之鼻息,而是自己在著书立说。(2)材料丰富,不干巴。(3)有自己的篇章结构和安排。(4)受到了不少启发,丰富了我们的教学内容。"北京财贸学院经济法教员程琛说:"粗读《经济法简论》,不愧为我国第一部颇有独立见解的经济法专著。无论从著作的内容上、结构安排上、哲理性上和对问题探讨的深度、广度,都感到大作的文法、写作技巧等方面都给我们以非常有益的启迪。"1981年10月《中国法制报》、1982年《全国新书目录》、《光明日报》对《简论》发了书讯。1982年3月《文汇报》对《简论》的评介写道:"加强经济立法和经济司法,开展经济法的教学和研究,已是当前我国法制建设中的一个重要课题。为了适应这种需要,北京大学出版社出版了刘隆亨的《经济法简论》一书。该书从理论上阐述了经济法研究的内容、意义和方法,以及经济法的特点及其经济法律关系;同时,分别论述了我国国民经济各个部门和有关方面的法律要求和现有的法律规定。并且还就经济司法的范围和经济审判庭等机构的性质、任务和作用进行了探讨。"成都钢铁厂的同志来信说:"有幸获得你的大作《经济法简论》,一口气读完,真是好极了。此书无疑是国家经济法研究方面最成功的专著。无疑是像我们这样有志于学习和研究经济法的广大读者的福音,读完了令人耳目一新,尤其是自学者那种盲人骑瞎马于迷途之中的感觉一扫而空,更增添了学习研究这门学科的信心和勇气。"云南地质局的一位同志来信说："有幸从书店里买了《经济法简论》一书,一口气读了几页,感到很兴奋。在祖国西南边疆的小山区与老师相隔几千里,素不相识,看到《简论》一书的后记,知道老师是搞教学的,我是多么高兴哦！作为学生对老师充满了敬意,而作为学生我也应该把自己的苦闷告诉你,希望能得到老师的指教……。正当我遇到困难的时候,我看到了《经济法简论》在我面前展现了希望。"总之,这本书为在计划经济体制条件下的经济法学的发展奠定了基本的框架,创立了经济法纵横说,提出了"经济法学"、"经济法制"、"经济法基本原则"、"经济法律关系"等许多新观念。

1984年3月,北京大学出版社又出版了我的《经济法概论》(以下简称《概论》)一书,这是对《简论》的较大修改和充实,该书共分为3编22章31万余字,前后印刷了3次,发行9.7万余册。这次修订出版的历史背景是：1982年9月党的十二大进一步规划了我国现代化经济建设的战略目标、战略重点、战略部署以及一系列的方针政策,同时又把建设高度的社会主义民主和完备的社会主义法制作为一个根本的目标和任务确定了下来,并规定了民主法制建设的具体内容。而同年12月制定的我国新宪法,又把党的十二大规定的振兴中华的雄伟纲领,以法律的形式确定下来,成为全国各族人民必须遵循的根本的行动准则。在这种大局下,出版了《概论》,标志着我国经济法制建设进入了重要的年代。该书出版后,武汉大学经济管理专业著名专家、民盟中央副主席、全国人大常委会委员李崇淮教授来信说："经济法是当前急需开拓的学科,大作《经济法概论》的出版,你在这方面起了重要的促进作用,令人感佩。"湖北财政学院经济法教研室主任杨景紫来信说："修订后的本子很好,总结了我国经济法学的新成就,对不少问题的论述有新的见解,也很客观,使人读了不仅耳目一新,而且感到很有说服力,我们教研室的新老教师看了你的著作后,都以钦佩的心情予以赞许。"1984年9月《中国法制报》对《概论》发表了评介说："《概论》的特点是：(1)比较系统地论述了经济法的基本原理,分析了贯彻党在新时期的总任务和执行新宪法以及进行经济体制改革同加强经济立法的辩证关系；(2)比较全面地阐述了我国国民经济各部门的有关方面的法律要求和现有的法律规定；(3)较详细地介绍和探索了我国经济司法的历史发展及其经验。"1985年6月24日,农牧渔业部干部宋明华同志专程到我家拜访时说："你的《经济法概论》一书中农业经济法一章是现在所有经济法各版本所没有的,为我们农业经济立法提出了重要的理论根据,例如,去年以来中央书记处叫我们起草一个农业合作法,其中我们就看了你的著作中有关这个问题的论述,你提出了农业合作法分八个法律问题,这次我们基本上是按照这些问题作为提纲向中央书记处汇报的。我们部长认为你很有独到的见解,很感谢你。"

1985年9月时事出版社出版了我的《经济体制改革与经济法制建设》专著,发行3万册,一抢而空。该书主要从宏观角度剖析了我国经济体制改革与经济法制建设相辅相成的关系,并就农村、城市、科技体制改革中和对外开放中的法制建设问题以及与经济法学有关的问题分别进行了阐述,是我国阐述经济体制改革和经济法制建设的首本专著。

事隔两年,我国由"六五"计划进入"七五"计划时期。1987年5月,北京大学出版社又出版了我著的《经济法概论》(修订本)。该书分为3编23章49万余字,先后印刷了4次,发行7万余册。事后,出版社社长彭松建教授书面告诉我说:"该书两次推荐参加国际图书博览会,为展览图书之一,经专家审定,认为在国内外同类著作中该书是学术价值很高的,受到参展者的好评。"《概论》修订本被评价得很高,这同这个时期(从1984年3月到1987年5月)在经济法制建设方面,直接经历了几件大事是分不开的。一是1984年10月党的十二届三中全会,通过了《中共中央关于经济体制改革的决定》,决定指出:"经济体制的改革和国民经济的发展,使越来越多的经济关系和经济活动准则需要用法律形式固定下来。国家立法机关要加快经济立法,法院要加强经济案件的审判工作,检察院要加强对经济犯罪行为的检察工作,司法部门要积极为经济建设提供法律服务。"这就使经济法制建设受到了全党的高度重视,并提出了明确的任务。二是1985年9月中国共产党的全国代表会议通过的"第七个五年计划"的建议中指出:"必须十分重视经济立法和经济司法,坚决改变目前这方面同改革不相适应的状况,力争在'七五'期间建立起比较完备的经济法规体系,逐步使各项经济活动都能有法可依,并且真正做到有法必依、执法必严"。三是1986年9月党的十二届六中全会通过了《中共中央关于社会主义精神文明建设指导方针的决议》,决议把加强社会主义民主、法制、纪律教育作为社会主义精神文明建设的重要内容之一规定了下来。四是1986年4月12日第六届全国人大第四次会议通过了《中华人民共和国民法通则》,并于1987年7月1日起试行。《民法通则》规定了"民法调整平等主体的公民之间、法人之间、公民和法人之间的财产关系和人身关系"。党和国家关于经济法制和相关的民事法制的这些指导原则的规定,无疑地为经济法学的教学和研究指出了明确的方向,它反映了改革开放、经济建设与法制建设的关系,反映了经济法与民法的关系,以及经济立法与经济执法、经济司法的关系。这就给予《经济法概论》(修订本)在对于经济法基本理论阐述方面,特别是结合民法和各项经济法律法规从理论上分析了经济法学的基本原理和方法,以及各个部门的经济法律要求创造了条件,并能较好地针对我国改革开放和经济建设的法制领域新情况、新问题和新经验,深入进行理论分析、概括和总结,有利于学生与读者正确地解决各种法制方面的问题。同时对经济法学领域中的各种学术问题和教学中的难点、疑点进行了有益的探索,较好地解决了这些问题。如为了结束学术界对古代经济法何时产生的长期不休的争论,我提出了现代经济法的新概念,指出"经济法作为一个新兴的法律部门和法律学科出现,是指现代意义上的经济法,我们所研究的经济法是现代意义上的经济法,是在现代垄断资本主义和社会主义特定历史条件下产生的一个新兴的法律部门和法律学科,是法律与经济密切结合的产物。它是法学中的一个新分类和新发展,具有广阔的发展前途"。这一观点对促进我国经济立法和经济法学的兴起具有指导意义。尤其是第一次开创了把经济合同法的合同关系划归为民法学的论述,在经济法学中只论述合同管理方面的问题。这就较好地解决了在合同关系方面经济法与民法的划分。修订本全面系统地论述了经济法学的内容,为我国经济法学的建立和发展进一步提出了基本的框架,并提出了自己的概念和观点。

与此同时,经济科学出版社于同年10月对《简论》按成人高等法学教育教材的要求,进行了新编出版,称为《经济法简论新编》。首先在经济法理论方面比较严格地划分了经济法和民法的界限,属于民法的基本内容尽可能没有写进书中,对《民法通则》颁布后有关经济法的一些重大理论问题作了探讨和阐述。经济法理论部分也显得比原版更为充实。其次在部门经济法的实际内容方面也作了较大的修改和补充。同时,还注意总结和分析了经济法制建设的新经验,并且创造性地提出了鼓励发明创造和技术改进法的新思路和新章法。《经济法简论新编》分为3篇23章30万字,发行3万册。它同《经济法概论》(修订本)是姊妹著作,深受读者欢迎,1988年11月25日《经济日报》报道说:"为适应我国改革、开放和加强经济法制建设理论和实际的需要,北京大学刘隆亨副教授撰写的《经济法简论新编》是作者在1981年出版的我国最早的经济法专著的基础上写作的,根据成人法学教育发展的需要,作者对其经济法基本理论、基本法律法规、基本资料等作了新的补充。《经济法概论》(修订本)是作者在1984年出版的经济法教材的基础上写作的,书中修订了经济法的基本理论,增补了各部门、各行业的经济法律法规,总结和分析了经济立法和经济司法的新经验。这两本专著的最新出版,是我国经济法学领域中的新成果。"1989年9月我受海南法律函授学院的聘请,主编了《海南法律函授学院经济法教学大纲与辅导教材》,并由法律出版社出版,全书3编19章27万字。与此同时,还出版了《海南法律函授学院经济法辅导讲座》,受到了读者的欢迎。

1992年6月,由我主编、北京大学出版社出版了长达105万字的《现代经济法辞典》,该《辞典》收词丰富、解释确切,是我国同类作品中最为系统、最为精确的一部工具书,1992年12月15日新华社为此报道说:"我国经济法学家刘隆亨教授的《现代经济法辞典》已由北京大学出版社出版。该书的内容包括经济法基本理论、部门经济法、经济立法和司法、国际经济法4个方面27个专题,图表20多幅,以及同经济法有密切关系的经济管理、科技管理等方面,覆盖面广。"该书1993年获北京大学分校科研成果一等奖。

综上所述,从1981年1月到1992年6月党的十四大召开前夕的11年中,作者最快、最早地完成了经济法系列专著、教材和工具书,反映了在我国计划经济体制条件下经济法学科体系的产生、变化和发展。

二、看今朝,把握经济法现在的创作发展良机(1993—2000年)

以邓小平同志1992年初的南方讲话和同年10月党的十四大召开为标志,我国改革开放和现代化建设事业进入了一个新的发展阶段。这个阶段的基本特征有两个,一是要初步建立社会主义市场经济体制,二是要全面实现第二步战略目标。按照改革开放和现代化建设同经济法制建设、经济法理论研究的相互关系和经验,从1993年到20世纪末,是我国经济立法、经济司法和经济法学发展的重要时期,是一个千载难逢的好机会。如果说1979年到1992年在计划经济体制时期,我们发展了与这个时期相适应的经济法学,每个经济法学家都在这个时期作出了各自的努力和贡献,那么在由计划经济体制向市场经济体制根本转变的重要历史时期,也是我们建立和发展与这个时期相适应的经济法学的良好机遇。1993年开始至1998年,我本人和我的一些学生在经济法学研究方面主要做了四件事:

第一,从1993年开始全面拟定了《中国市场经济与经济法》一书的写作大纲,1994年春,北京市社科规划办的同志以采访的形式全面报道了我对这个研究主题的构思和观点。我认为在市场经济条件下,经济法制建设面临三大任务,一是要更新观念,牢固树立市场经济在一定意义上就是法制经济的思想;二是要加快经济立法进程,完备经济法体系;三是要严格执法,把执法和立法看成是同等重要的任务,同时,还要加强经济法制建设的理论研究。对这三大任务我都作了比较详细的阐述。

第二,1994年到1995年着重研究了在市场经济条件下的宏观调控法,集中出版了中国税法和中国金融法的新著作,并出版了《中国税法概论》(第三版)和《银行法概论》(第三版),全部获省部级以上奖。

第三,1994年4月由我和皮纯协教授主编了《法学基础概论》,逐步分析了市场经济体制下经济法理论、部门经济法、经济立法和经济司法的新变化,全书34万字,由法律出版社出版。1998年我主编出版了《中国社会主义民主与法制建设的目标和道路》专著,不仅获省部级奖,更重要的是为我深入研究经济法提供了更为坚实的法学思想理论基础。

第四,1996年初到1998年3月,应中央党校函授学院的要求,由我主编、陈文英副主编的《经济法简明教程》,由中央党校出版社出版,这是为适应全国县级以上干部阅读的经济法新著,体现了市场经济对经济法的要求,全书6编27章30余万字,着重从担任县级领导职务角度如何运用、掌握法律武器管理经济进行编写的,政策性、法制性、专业性和实用性都比较强,它体现了由计划经济体制下的经济法学、教材体系向市场经济体制下的经济法学、教材体系的转变。

此次,北京大学出版社出版的《经济法概论》(第四版)(以下简称《概论》第四版),是在前几版的基础上经过改革和充分吸收上述版本的研究成果,经过深入系统地钻研和总结,按照高等教育法学教材的要求写成的。在内容和体例上完成了由计划经济体制的经济法学科和教材体系向市场经济体制下经济法学科体系和教材体系的根本转变,将进一步奠定在我国社会主义市场经济体制下经济法学科体系和教材体系的坚实基础。该书的基本特点是:(1)以党的基本路线和基本方针为指导,贯彻党的十四大、十四届三中全会和"九五"计划以及"2010年远景目标纲要"的基本内容,具有时代气息。(2)坚持由计划经济体制的经济法学科和教材体系向市场经济体制下经济法学科体系和教材体系的根本转变,将进一步奠定在我国社会主义市场经济体制下经济法学科体系和教材体系的坚实基础。(3)坚持以现行的基本的经济法律、法规为基本内容,精选了从1980年至1996年底能适应建立与我国市场经济体制需要的经济法律模式比较成熟定型的47部经济法律和20件经济法规为材料进行分析概括,内容充实、覆盖面比较广、稳定性比较强。(4)按市场经济发展的基本要素及其法律体系的基本框架构成该书的学科体系。全书共分6编33章约50万字,布局合理、结构严密,与市面上的同类教材相比,具有理论深刻、内部联系紧密、体系完整、内容全面、观点新颖、资料丰富的优点。(5)该书在全面阐述了经济法律、法规和基本理论的基础上,又注意了突出重点和解决难点,并有九幅插图,易于掌握,理论性强,适应性好,它是我国现阶段学习、研究、运用经济法的一本重要教材,标志着作者对经济法学的研究走向成熟,标志着作者和他的同辈们对创建和发展具有中国特色的经济法学作出了突出的贡献。正如新华社、《人民日报》(海外版)、《法学杂志》在报道《概论》(第四版)时所指出的:"著名法学家刘隆亨教授所著《经济法概论》(第四版)的问世不仅反映了我国在不同历史时期经济法制建设和经济法学发展的过程和轨迹,而且也反映了作者在经济法学领域的辛勤耕耘、深入钻研、走向成熟。"从1979年到1996年的17年中间,我共计出版了20余本有关经济法的专著、教材和工具书,撰写发表的论文50余篇,计600百余万字,获省(市)部级以上奖励5次,获北京市政府和国务院颁发的终身荣誉,在这里我要衷心地感谢同我合作过的、作过重要支持和帮助的老师们、编辑们和学生们。如陈守一教授、谢怀栻教授、麻子英社长、彭克伟编审、单永复局长、牛立成局长、彭松建社长、萧蔚云教授、陈岱孙教授、赵怀理编审、张虹教授、吴志攀教授、朱晓黄高级工程师、湛中乐副教授、韦大乐副研究员、张玲高级律师、吴犇高级律师、董春雷律师、沈纬莹、吴军、刘通、白抒梅、赵素苓、钱臻、刘群、唐应茂、王景、陈雨松等,在这里向他们表示衷心的谢意。

展望未来,经济法和经济法学根深叶茂、欣欣向荣;经济法队伍人才济济、浩浩荡荡;经济法和经济法学与改革开放现代化建设共发展、同光辉。

刘隆亨
1997年3月

第三版代序 加强经济法理论研究

——高兴地看到《经济法概论》(第三版)

陈守一

经济法学在我国的兴起和发展,主要是在党的十一届三中全会以后我国进入了以经济建设为中心的社会主义现代化建设的新时期。在这个新的历史时期里,越来越多的经济关系和经济活动准则需要用法律形式进行调整。因此经济立法和经济司法工作被提上了国家的重要议事日程,经济法的教学和研究以及人才的培养得到了较快的发展。而国家经济法制建设的加强,对促进经济建设和经济体制改革的顺利进行,对保障搞活经济,发展对外经济关系,对运用法律手段监督和管理经济,对进行法学教育,增强人们的法制观念,提高人们的法律意识,都有重要的作用。

法律是现实社会关系,尤其是经济关系的反映和规定,而经济法和民法则是调整社会经济关系的基本法。但经济法和民法又有分工的不同。按照马克思主义法学原理和我国的立法实践,民法主要调整平等主体间的财产关系,即横向联系的财产关系和经济关系;而经济法主要调整国家对国民经济的管理、国家和经济组织之间和经济组织内部的纵向经济关系以及一定条件下的某些横向经济关系。可见经济法和民法是并行不悖的两个法律部门。然而,一个国家的社会经济关系是纵横交错、错综复杂的,因此,经济法和民法之间又是密切联系、不可分割的,特别是在我国有计划的商品经济的前提下,经济法和民法都是不可缺少的。一般说来,计划经济需要经济法,商品经济需要民法,而有计划的商品经济则既需要民法又需要经济法。第六届全国人民代表大会第四次会议通过的我国《民法通则》,是社会主义法制建设中的一件大事,它不仅有助于民事法律制度的健全和完善,而且也是对经济法制建设的重大促进和推动。《民法通则》的制定与颁布,第一,从理论和实践上基本解决了经济法与民法在调整对象与范围、调整原则与方法等方面存在的争论不休的问题,从而使经济法和民法分工合作为共同调整我国现实的经济关系提供了一定的法律根据。第二,《民法通则》中的某些基本原则、民事主体(自然人与法人)、民事权利和民事责任等规定,对经济法来说是共同性的。第三,《民法通则》的制定与颁布为经济立法提供了很多有益的经验和借鉴。在我国社会主义条件下,民法与经济法既是两个相互独立,又是两个相互联系和促进的法律部门。这是我们党在领导社会主义法制建设中正确处理经济法同民法关系的一个重要的成功的经验,也是我国社会主义法制建设中的一种创新。

《经济法概论》(第三版)是在我国经济体制改革向纵深发展和我国《民法通则》颁布后与读者见面的。它是作者根据自己这些年来对教学、科研的切身体会,在听取社会上各界人士对《经济法概论》(修订本)一书的意见的基础上修订的。它同以往版本相比较,有以下几个特点:(1)在体系上,比较严密地划分了民法与经济法的界限,把属于民法的基本内容,没有写入该书,而是进一步探讨和阐述了《民法通则》公布以后经济法的调整对象、范围、地位、作用、原则和体系等有关问题。(2)作者对近年来国家颁布的一些新的经济法律、法规作了概括、分析,增补进该书;对过时的内容作了删节。(3)作者还探讨了近年来我国在经济法制建设方面的经验教训,对如何学习和研究经济法以及教学中的难点、疑点作了一些分析和概括。这些使《经济法概论》(第三版)在理论上进一步深入,在内容上更为丰富。经济法学在我国还是一门比较年轻的学科。经济法制建设落后于社会主义现代化建设的实践,经济法学的理论研究落后于经济法制建设的发展,这种状况并未改变,因而该书涉及的有些理论问题,值得联系实际进一步探讨。望作者在理论上不断提高,也希望从事经济法教学和科学研究的工作者共同努力,使经济法学不仅在说明我国经济法制建设的实践,而且在指导经济法制建设上大大前进一步。

1987 年 4 月于北大燕园

(注:陈老为《经济法概论》(第三版)所写的代序,在《博览群书》1987 年第 11 期全文发表,标题为《谈〈经济法概论〉》。)

再版序言 经济法制建设的重要年代

现在,我国正处在加强和完备社会主义法制建设的重要年代,其中经济法制建设居于十分重要的地位。

《经济法简论》自1981年出版以来,至今已经两个年头了。在这短短的两年中间,我国的社会主义法制建设,特别是经济法制建设有了较大的发展。经济法在国家经济、政治、文化生活中的作用越来越显著。

(1) 党的十二大文献,作为振兴中华的雄伟纲领,为经济法的理论和实践开辟了一条广阔的道路,指明了方向。这是因为党的十一届三中全会确定把社会主义现代化经济建设作为首要任务,党的十二大则进一步规划了现代化经济建设的战略目标、战略重点、战略部署以及一系列的方针政策;同时,它又把建设高度的社会主义民主和完备社会主义法制作为一个根本的目标和根本的任务确定了下来,并规定了民主与法制建设的具体内容。这对我国的经济法制建设提出了更高的要求。其主要表现是:第一,把经济建设与法制建设紧密结合起来,进一步明确了经济与法律的辩证关系,从而使经济工作更有了社会主义法制的保障,使经济法制建设更直接为经济建设服务。第二,从新时期的总任务和各项具体任务出发,提高和加强经济法的地位和作用。第三,党的十二大文献,推动了具有中国特色的社会主义经济法体系的创立、经济立法规划的实现和经济法理论的发展。第四,党的十二大对建设社会主义一系列重大方针政策的原则规定,进一步明确了经济法的调整原则和方法。关于遵守经济规律和自然规律,关于国有经济的主导地位和发展多种经济形式的原则,关于集中资金进行重点建设和继续提高人民生活的原则,关于正确贯彻计划经济为主市场调节为辅的原则,关于坚持独立自主和发展对外经济关系与技术交流的原则,关于统筹安排兼顾国家、集体、个人三者利益的原则,关于经济工作中的民主和法制原则,关于党领导法制建设和"必须在宪法和法律规定的范围内进行活动"的原则等,对确立经济法的调整原则都具有重大的指导意义。第五,党的十二大对拨乱反正的总结和对当前我国经济法制建设方面存在的问题和困难以及原因的分析,给经济立法、经济司法和经济法理论的研究提出了许多新课题。

(2) 新《宪法》对有关经济法的一系列问题,作了重要规定,而且有了重大发展。我国新《宪法》把党的十二大制定的振兴中华的纲领,以法律的形式确认下来,成为全国各族人民必须遵循的根本的活动准则。新宪法的颁布标志着我国政治经济生活中的社会主义民主的发展,标志着我国法制建设进入了一个新的阶段。它是国家全部立法活动的基础,是刑事、民事、经济等各种法律、法规的根本依据。新《宪法》中虽然没有直接点出"经济法"的名称,但把经济建设与法制建设紧密结合起来,在经济领域中强调民主与法制,强调用法律手段管理经济。新《宪法》对我国经济制度和国民经济管理所作的一系列重要的规定,都是经济法的新发展。其表现是:第一,新《宪法》第 6 条至第 13 条以及有关其他条款中,对我国在建立社会主义公有制的基础上实行多层次的经济结构的确认和保护,既给经济法规定了根本任务和作用,也给经济法规定了一个重要的活动原则。它为巩固和发展生产资料的社会主义公有制,包括城乡集体经济组织以及调整企业和其他经济组织之间协作和联合提供了法律依据。第二,新《宪法》第 14 条至第 17 条以及其他有关条款明确规定国家实行计划经济,完善经济管理体制和企业经营管理制度,实行各种形式的社会主义责任制,建立审计监督制度。实行以计划调节为主、市场调节为辅的原则,通过经济计划的综合平衡,保证国民经济按比例地协调发展。允许外国的企业、其他经济组织或个人依法在我国投资,同我国的企业或其他经济组织进行各种形式的经济合作,他们的合法权益受中国法律的保护,但他们必须遵守我国的法律。这些规定是对经济法调整原则和手段的重大发展。第三,新《宪法》专有 14 条以及其他有关条款,对国民经济各部门和有关方面的法律保护的重要规定,给各部门经济法的立法和研究提供了法律依据和研究课题。对计划法、基本建设法、财政法、农业法、国有企业法、商业法、矿产森林法、能源法、自然资源法、科学技术法、对外经济关系法等,新宪法都作了原则规定,提供了重要的立法依据。这对经济法的创建和发展将产生重要影响。

(3) 经济立法已列入国家立法活动的重要议事日程,并进行了全面规划。国家最高权力机关及其常设机构又制定了《国家建设征用土地条例》、《海洋环境保护法》、《食品卫生法》(试行)等重要经济法律、法规。国家最高行政管理机关颁布和批准颁布的经济法规有《工商企业登记管理条例》、《物价管理暂行条例》、《对外合作开采海洋石油资源条例》、《国营工业企业暂行条例》、《国营企业利改税试行办法》、《城乡集市贸易管理办法》等二十余个。这是我国经济立法的新成就,并为我国经济立法积累了宝贵的经验。为了适应经济立法的客观要求,经国家批准,研究制定了《1982—1986 年经济立法规划草案》。这是我国进入有组织有领导,按轻重缓急,集中力量有步骤地制定经济法规的重要开端,是加强经济立法的重大措施。

(4) 经济与法律相联系、理论与实践相结合的经济法研究和教学工作发展很快。1981 年,经国务院批准,成立了全国性的经济法规研究中心,接着,国务院各部委和各省、市、自治区相继建立经济法规研究机构,1982 年 9 月召开了首次全国经济法制经验交流会,全国首次经济法理论工作会议和经济法学术讨论会也已经召开,全国人民代表大会常务委员会的办事机构中也成立了经济法制室。这一切标志着经济法研究工作正在逐步兴起。从 1979 年开始,各政法院校和财政经济院校普遍开设了经济法课程。以后,随着经济法教研室的相应建立,经济法干训班和经济法专业的诞生,经济法资料、讲义、教材、专著的出现以及经济法专业队伍在实践中成长,经济法学已经开始走上普及并逐步提高的轨道。

(5) 经济司法在某些方面也有较大的进展。所有这些变化,标志着我国经济法制建设进入了重要的年代,经济法已成为国家经济政治生活中不可缺少的重要内容,在国家政法活动和政法教育中占据重要的地位。这是我国政法战线、经济战线前所未有的新景象。

经济法之所以在我国如此迅速地发展,其重要原因有三:第一,随着社会主义现代化建设事业的发展,经济立法越来越迫切需要。作为上层建筑的一部分的法律是由经济基础决定的,又要为经济基础服务。社会主义现代化事业发展了,经济关系变化了,法也要随之发展。经济法是在我国进入现代化建设的条件下,调整一定经济关系的产物。历史的经验和现实的状况告诉我们,经济制度和法律制度在同一社会中是互相制约、互相影响的,它们之间有着极为密切的联系,特别是经济法主要是根据经济关系运动规律的客观要求制定的。经济法,就是把经济关系发展过程和本质的规律性有意识地表现在经济立法之中,经济立法就是人们认识和利用经济关系和经济规律为统治阶级利益服务的一种手段。第二,经济管理体制改革迫切需要加强经济立法。我国当前正在进行的改革是一次全面而彻底的改革,它涉及经济、政治、法律、文化教育等各个方面。改革首先从经济领域开始。经济体制的改革必然要求与之紧密相连的法律制度随之改变,并且迫切要求确立与之相适应的法律制度,以保护经济体制改革的成果,推动经济管理体制改革的顺利进行。国内外的历史经验表明:只有在那种不是中央高度集权和单纯依靠行政手段管理经济的经济体制条件下,而是在实行计划经济和市场调节相结合的经济管理体制的国家,经济法才有可能得到发展。今天,我国将用行政、经济立法和各种经济杠杆来保证国家计划任务的实现,政府经济部门和经济组织的领导人员都要努力运用法律手段来管理经济。这也就为经济法的发展开辟了广阔的新天地。第三,经济法除了具有一般法律都有的明确的规范性、国家的强制性、巨大的权威性之外,还具有鲜明的指导性、直接的效益性、突出的经济性等特点,因而能够适应我国社会主义经济结构与社会化大生产的发展的迫切需要,能够适应我国经济管理体制改革的要求,能成为国家领导和管理经济工作的重要手段。因此,经济法成为一个新兴的独立的法律部门,是法律体系中的一个新分类和新发展。经济法学的诞生,也是法学上的一个新突破,其重要意义并不亚于当年民事、刑事等法律部门及其相应的法律学科的建立。

经济法的研究和经济法学的建立,应当从现存的经济关系、经济生活和国家的立法活动出发,而不应当从抽象的定义、概念、体系、原则出发;不能停留在上层建筑领域中进行推论,而应当着重到社会经济生活中去认识和论证;不能简单地在经济学上贴上"法"的标签或在某个部门法上简单地打上"经济"的符号,从而以此代替经济法研究和经济法学的建立,而应当从大量的经济问题中提出法律问题,用法律手段进行解决,从大量的经济法规和经济法律现象中概括出经济法的理论来。

经济法的研究和经济法学的建立,需要对邻近的法律部门进行比较研究,需要学习其他法律学科的长处,以至于暂时借助某些学科的理论指导,如宪法的高度概括性、行政法的突出命令性、民法的明确规范性、刑法的严密的科学的逻辑性、诉讼法的强烈适应性,等等。有些理论,民法、刑法、行政法里有,经济法也用得上,如法律责任问题。但这种吸收和应用不是建立在损害别的学科发展的基础上,也不是东拼西凑的大杂烩,而是水乳交融、互相促进。经济法的研究和经济法学的建立,需要创造和引进一些新的名词、概念及其立法技术,以丰富和发展自己,如经济法主体的法律地位、经济法制等。然而,这种创造和引进决不是生搬硬套,生造词头,词不达意,含混不清,而是科学地引进和创造。经济法的研究和经济法学的建立,需要经济学家、法学家、科学家紧密合作,需要经济法学、民法学、行政法学以及刑法学专家的紧密配合。尤其需要经济法学工作者在不同观点的争论中防止门户之见,提倡在追求和服从学术真理的前提下,取长补短,求同存异。经济法学的发展,其标志不是不同观点不同主张不同说法越多越好,也不是任何一种观点和主张都算作经济法学,而应当是经济法的科学理论水平提高得越快越好,运用这种理论解决经济立法、经济司法、经济法教学与研究的实际问题的成效越显著越好。

总之,在我国经济法制建设的重要年代里,必须坚持实事求是,从中国的实际情况出发,开展经济法和经济法学的研究,才能更好地促进经济法制的建设。

刘隆亨
1984 年 7 月于北大燕园

首版绪论　学习和研究经济法的几个问题

现在,我国政法战线、经济战线以及其他各条战线上的许多同志,都很关心和重视对经济法这门新兴的法律科学的学习和研究。可以说,经济法学成了大家注视的一个"热门"。同时,一些外国朋友对于经济法学在中国的创建和发展也颇感兴趣,并寄予热切的希望。究竟什么是经济法学?为什么要学习和研究经济法学?怎样学习和研究经济法学呢?这些都是我们首先要明了和解决的问题。

一、什么是经济法学

什么是经济法学?也就是经济法学研究的对象和范围是什么?

在我国,经济法学是出现不久的一门年轻的法律科学,它的出现是法学上的一个新分类和新发展。对于经济法学的确切含义及其全部内容虽然已经有了一个轮廓,但很多问题尚在探索之中,然而从经济法学产生的客观基础和短暂的经历来看,从有关的大量资料和一些法律工作者的初步研究成果来看,经济法学或经济法科学就是以经济法律规范为研究对象的法律科学。经济法就是指国家规定的关于调整一定范围的经济关系的法律规范的总称。这种规范的表现形式包括法律、法规、条例、章程等。经济法科学就是对调整一定范围的经济关系的法律规范的研究。经济法科学是整个法律科学的不可分割的一个组成部分,是法学体系中的一个独立的部门法学。

由于经济法律规范本身是范围相当广的带有综合性的法律规范,因此,经济法研究的范围和内容也是比较宽广的。

从经济法的总论方面来说,包括对下列内容的研究:(1)关于经济与法的关系、经济法的概念和范围、经济法的主体和调整对象、经济法的地位和作用、经济法的本质和特征、经济法的调整原则、经济法律关系、经济法的体系和分类、经济法律责任、经济法学派等基本理论问题的研究;(2)关于国家制定各项经济法律规范活动的研究;(3)关于经济法的实施,即执法守法情况和经验的研究;(4)关于各类经济法律制度的研究;(5)关于经济司法(经济仲裁、经济检察、经济法庭)的研究;(6)关于经济管理体制与经济立法的研究;(7)关于中外经济法的历史和现状的研究;(8)关于经济法学自身建设、体系结构安排、与其他部门法学关系的研究,等等。

从经济法律规范的类别来说,经济法学还包括对各个部门的经济法律规范的专门研究,如对经济计划法律规范、基本建设管理法律规范、工业企业管理法律规范、财政税收管理法律规范、金融管理法律规范、农业集体经济管理法律规范、商业管理法律规范、交通运输管理法律规范、自然资源和能源管理法律规范、科学技术经济法律规范、会计和审计法律规范、对外经济关系法律规范等的研究。

无论是经济法的总论还是各个部门经济法律规范,都是经济法学研究的基本内容。随着我国经济法律规范的不断完善,经济法学的内容和范围还会不断发展变化。

经济法学和其他法律科学一样,是具有鲜明的社会性和严格的科学性的学科。社会主义国家的经济法学同资本主义和其他社会形态国家的经济法学相比,虽然在某些具体制度和表现形式上有相似之处,但在指导原则、根本制度、阶级实质、目的、作用等方面是有原则区别的。

二、为什么要学习和研究经济法学

为什么要学习和研究经济法学?也就是学习和研究经济法学的目的和意义是什么?

通过对经济法律规范的学习和研究,提高人们对经济法的产生、变化和发展规律的认识,提高人们对经济法的本质、作用、原理的认识和对经济法实务的认识。用经济法学的规律性、原理性的知识武装政法干部、经济管理干部和广大人民,使大家的法学理论水平和业务水平获得普遍提高,使我国社会主义的法律意识和法制观念得到普遍的增强,为加强经济立法和经济司法工作,为巩固人民民主专政的社会制度和推进社会主义经济建设服务。这是我们学习和研究经济法学的直接目的。

学习和研究经济法学,是我国四个现代化建设的客观形势的需要,是时代的要求,与各行各业密切相关,其意义是重大的。

第一,学习和研究经济法学是加强经济立法,健全社会主义法制,促进国家长治久安,建设高度民主的政治制度的需要。

安定团结是顺利进行国民经济调整和加快经济建设的政治前提。而加强经济立法,健全社会主义法制则是实现安定团结的重大措施。在制定经济法律、法规的过程中,如何实现人民群众管理国家和管理各种企业的权利,充分发挥人民群众管理经济的积极性和创造精神,如何正确地总结我国经验,吸收外国有益的经验,都离不开对经济法学的学习和研究。

在经济法律、法规制定之后,又如何正确地解释法律、法规,解决施行中出现的各种问题,如何正确地同破坏经济秩序的刑事犯罪分子作斗争,如何正确地处理各种矛盾,调节各种关系,解决各种经济纠纷,也都离不开经济法学的学习和研究。

在加强全国人民的法制观念,普及法律知识的工作中,也离不开对经济法学的学习和研究。

总之,在制定经济法律、法规的同时,又进行经济法科学的学习和研究,对发扬民主、完善法制,都有积极的作用。

第二,学习和研究经济法学是国家领导、组织和管理国民经济,保障经济发展,建设四个现代化的需要。

组织和管理国民经济,既是社会主义国家的重要职能,也是发展国民经济的重要保证。在国家对国民经济的组织和管理中,如何正确地使用经济手段和法律手段,如何反映经济规律的要求,坚持按经济规律办事,如何贯彻统一领导分级管理,扩大企业自主权的经济体制,如何制定国民经济各部门的经济法律、法规等,都需要加强对经济法的理论研究,以达到统一人们的思想认识,提高人们执行各种经济法律法规的自觉性。

第三,学习和研究经济法学是适应经济体制改革、提高管理水平和加强企业科学管理的需要。

在社会主义国家里,生产的目的就是提高全体劳动人民的物质生活和文化生活的水平。要达到这一目的,不但劳动人民群众要有理想,讲道德,守纪律,对于直接进行物质生产的企业来说,也要有科学的管理和最佳的经济效益。这就需要用经济立法的形式,来实施和保护企业现代化的科学管理制度和管理方法,保证领导决策的科学化和最优决策的实现,从而促进企业管理水平和经济效益的提高。所有这些,也离不开对经济法学的学习和研究。

第四,学习和研究经济法学是培养和造就一大批经济法专门人才的需要。

培养和造就一大批经济法专门人才,包括经济检察员、审判员和仲裁员,包括经济法律顾问和律师,包括经济法教学人员和研究人员等,是在政法、经济等战线上全面加强社会主义法制建设的重大措施。为此,一方面要通过各个渠道,采取各种方式,提高现有干部队伍的理论水平和业务能力;另一方面,要努力培养新的经济法专门人才。如果说我们现有的政法干部不能满足和适应实际工作的需要,那么,经济法部门就更为薄弱了。现在从事经济法工作的同志,也有待于学习,迅速提高政治和业务水平。因此,不断培养和提高各条战线上所需要的经济法专门人才,是一项十分紧迫的任务。

第五,学习和研究经济法学,也是加强经济法学科自身建设的需要。

现在,一些发达的资本主义国家都有比较健全的经济法律和经济司法制度,都比较重视经济法学的研究,并且已有数十年的历史了。而我们国家,就连"经济法律"、"经济司法"、"经济法学"等概念,不但在新中国建立前的中国的法制史上没有出现和使用过(只是在1933年上海大东书局出版的《法律大辞典》中有"经济法"的一个词条,那也只是从德国法学中摘抄过来,对德国"经济法"的解释而已),就是在新中国三十年的法制史上也从来没有出现和使用过,自然,也就更没有经济法这个法律部门、经济司法这种专门执法机构和经济法学这门法律科学了。

众所周知,在粉碎"四人帮"以后,特别是党的十一届三中全会以后,在坚持发扬社会主义民主,加强社会主义法制的形势之下,在调整国民经济和向四个现代化目标前进的过程中,经济法律、经济司法、经济法学在我国才被提上国家和法学界的议事日程。因此,我们必须在加强经济立法和经济司法的同时,办好政法教育,通过对经济法的学习、总结,搞好经济法的理论研究,努力创建和发展我国自己的经济法学,尽快地填补经济法学这个空白。通过学习和研究,多出成果,多出人才。这是法律工作者的任务,也是全国人民的殷切期望。

此外,学习和研究经济法学也是适应我们日常工作和经济生活的需要。经济法渗透到我们的工作和经济生活的各个领域。它告诉人们,什么行为是经济法所允许的、合法的,应该受到国家保护;什么行为是经济法所不允许的、不合法的,应该受到法律制裁。经济法是指导各个单位和个人从事经济活动,处理经济关系的行动准则。我们只有学习和懂得了经济法学,才能深刻地理解和自觉地执行经济法律、法规,才能有组织有秩序地做好工作,过好经济生活。所以,学习经济法学,也是与每个单位和个人休戚相关的。

三、怎样学习和研究经济法学

经济法学既是一门新兴的法律科学,又是一门综合性的法律科学。在我国经济法律、法规很不完备,过去又没有一定基础的情况下,如何运用正确的方法来建设经济法这门科学,也是一个很值得注意的问题。根据近几年来,我们对经济法教学和研究的一些体会,在方法问题上应注意以下几点:

(1)掌握和运用马克思列宁主义的经济学理论、法学理论,以及科学技术方面的知识和理论,为学习和研究经济法学创造条件。

既然经济法学是以调整一定范围的经济关系的法律规范为研究对象的科学,它就必然要涉及经济领域和同经济紧密相关的科学技术领域和法学领域。在经济领域中,它既涉及生产力,又涉及生产关系;既涉及宏观经济和微观经济,又涉及国民经济管理的几十个部门和企业管理的各个方面;不仅涉及国内经济关系,也涉及对外经济关系。在科学技术领域中,由于科学技术本身就是生产力,因此,随着科学技术的迅速发展,科学技术同经济的关系日益密切,科学技术同法律的关系日益靠近。在经济管理中出现了现代化的科学管理。经济法律、法规中已经包括了一部分有关科学技术的法律、法规。这些都是经济法学面临的新情况。

因此,学习和研究经济法,既要有扎实的经济学理论和法学理论,又要有丰富的自然科学和现代科学技术知识。我们认为,经济法要解决的问题,都是涉及面广、专业性强、情况复杂的问题。例如,研究科学技术经济法、自然资源法(包括森林法、土地法、草原法、野生动植物保护法)、能源法(包括石油法、核能法)等,不仅要懂得经济理论和法学理论,而且要懂得天文、地理、数学、生物、物理、化学等自然科学和许多现代科学技术的专门业务知识。又例如,1978年7月国务院颁布的《中华人民共和国标准化管理条例》(《中华人民共和国标准化法》已于1988年颁布),是组织现代化生产,进行科学管理的重要法规;1985年9月全国人大常委会颁布的《中华人民共和国计量法》是一部重要的科学技术经济法律,也是检验生产、贸易和科技发展的重要法律。它们的制定和执行就是科学技术、经济学及法学的综合运用。由此可见,我们一定要掌握经济理论、法学理论和借助于各方面的知识,才能解决经济法律问题。具体说,在经济学方面要学好政治经济学、国民经济管理概论、会计、审计、统计、世界经济学等课程;在自然科学方面,要学点数学、物理、化学、生物、地理等知识;在法学方面,要掌握法学基础理论、民法、行政法、刑法、诉讼法、法制史等法学必修课程。在此基础上才有条件对经济法进行比较深入的学习和研究。

(2)把握住经济法学这门学科的质的规定性,正确处理好它同邻近的法律学科之间的关系。

经济法学是一门范围相当广阔的带有综合性的法律科学。它同经济的关系,同科学技术的关系,同国家管理经济职能的关系,同民法、行政法等邻近的法学部门之间的关系又十分密切。但是,在学习和研究经济法学时,只要懂得它的质的规定性,也就是说只要紧紧抓住经济法学的研究对象,那么,上述这些关系不难处理。例如,学习与研究经济法学,当然要涉及经济问题,要深入到经济领域中去,但不是一般地研究经济问题,而是从法律的角度对经济问题进行研究和探讨,解决经济法律关系。也就是说,我们研究经济问题,不是停留在经济学上,而是要从法律的角度进行研究。

所以,从本质上来说,经济法就是经济问题的法律解决。它既是一定范围的经济关系的法律调整和经济手段的法律保障,又是法律手段在经济问题上的运用。从这个意义上来说,有人认为经济法学是介于经济学和法学之间的中间性科学或边缘科学,这不是完全没有道理的。但是,它毕竟属于法学的范畴,是经济法学。因此,为了从法的角度来研究和解决经济问题,第一,要考虑这方面的经济问题要不要制定经济法律法规。第二,要考虑制定哪些经济法律、法规。第三,在经济法律规范中要注意一些什么法律问题。一般说来,应该注意以下几个问题:第一,立法动机、任务和立法原则;第二,主体的法律地位(包括主体的属性和法人资格)的规定;第三,基本法律制度;第四,经济管理体制中的职、权、责的划分;第五,经济权利义务关系的规定;第六,经济争议的解决以及奖惩制度的规定;第七,法律规范的适用范围、时效及实施细则的规定,等等。这些内容就是所谓经济问题从法律角度来研究的具体化,是经济和法律相结合的具体体现。

至于经济法学同民法、行政法等邻近的法学部门的关系,我们既要注意他们之间的联系性,又要把握他们之间的质的区别。把握联系性、一致性、共同性,就可以互相渗透,相互运用;把握它们之间的质的区别,就不会造成学科之间互相重叠和混淆。他们之间的联系和区别的具体表现,将在第一章中详细阐述。

(3)正确处理国家现行经济政策与经济法律法规之间、国家现行经济法律规范与社会主义法律意识之间、经济法体系与经济法学学科体系之间、国内经济法学与国际经济法学之间的关系。

第一,国家现行经济政策与经济法律法规的关系。经济法律法规就是国家的各项经济政策的法律化、条文化、制度化。因此,学习经济法学就必须学习国家的各项经济政策,脱离国家的经济政策来研究经济法学,就会失去经济法学的灵魂,就会变成资产阶级的纯法学。但是,如果只局限于国家的各项经济政策,而不注意把它上升为国家意志的经济法律规范,那就有变成法律虚无主义的危险。因此,要把两者很好地结合起来。

第二,国家现行经济法律规范和社会主义法律意识之间的关系。已制定的新宪法、经济法律规范、国家的经济立法活动、经济司法等,既是经济法学研究的重要内容,也是经济法学一个重要方面的服务对象。例如,我国近几年已经公布的一些重要的经济法律法规,当然要作为重点很好地学习和研究,通过学习研究,更好地贯彻执行,并根据新的情况,提出修改建议。但是,对那些尚未提上议事日程的经济立法,也要从社会主义法律意识和法律精神方面进行研究和探讨,以便在条件成熟时,提出立法工作的新建议,进行理论上的论证。

第三,经济法体系与经济法学学科体系之间的关系。两者可以一致起来,也可以不一致。因为前者是从国家立法的角度就法律规范之间的相互关系组成的统一整体,后者是从法学研究的角度,从对学科内部之间的相互联系所形成的结构。这两种体系又是互相联系的。通过研究,可以相互促进,使之更加科学化、系统化。

第四,国内经济法学与国际经济法学之间的关系。所谓国际经济法学,简单地说,就是以那些约束国际经济秩序的法律为研究对象的法律科学。为了研究国内经济法学,还必须注意调查研究国际经济法学、外国经济法学,掌握各国经济法学的资料,进行比较分析,以吸收和借鉴有益的经验和成果,并与国际惯例相适应。了解和研究外国的、国际的经济法的目的又必须是为我所用,学习与创造相结合。

(4)运用调查研究和综合分析的方法,勤于思索,善于独立思考,敢于提出问题和解决问题。

法律是对社会现有经济关系的反映和规定。因此,制定经济法规,研究经济法学,就必须采取唯物主义的态度,深入实际,向社会各个方面、经济管理的各条战线、国家机关的各个部门作调查研究,了解社会经济条件对法制建设的根本要求,了解社会矛盾、经济纠纷和案件产生的原因,明了社会上的经济法律现象、法制建设的经验和存在的问题,知道社会民情动向和群众的呼声以及国家经济政策、法律法规执行的情况和效果等。

同时还要注意运用综合分析的辩证方法,以求得对情况的彻底明了和问题本质的认识。因为从思维科学的角度来说,法律就是对客观事物、社会法律现象的一种抽象和概括,概括越好,法律条文越清楚,从而使法律更好地成为人们普遍遵守的行为规则。所以,归纳分析和综合概括对学习和研究范围相当广阔、情况复杂、带有综合性的经济法规来说,具有方法论的作用。

学习和研究经济法学这样一门新兴的学科,必须以马克思列宁主义、毛泽东思想为指南,坚持四项基本原则,解放思想,独立思考,立观点,创学派,走自己的路,为发展和繁荣我国社会主义的经济法学而奋斗!

刘隆亨
1981年春于北大燕园

第一编　经济法基本理论

经济法既是一门新兴的法律学科,又是一个年轻的法律部门。本篇对经济法的产生和发展、经济法的基本范畴和调整对象、经济法的地位和作用、经济法的调整原则、经济法律关系、经济法的体系和经济法学科体系等基本理论问题,分章进行论述,内容包括第一章至第六章,我把它称为经济法基本理论篇。只有不断学习和深入研究这些问题,才能正确说明和认识我国经济法制建设的实践,才能使经济法制建立在牢固的科学理论的基础之上,也才能促进经济法学科的改革和发展。

第一章　经济法的产生和发展

列宁在论述国家问题时,曾说:"要最科学地来看这个问题,至少应该对国家的产生和发展情况作一个概括的历史的考察。"并指出:"为了用科学眼光观察这个问题,最可靠、最必需、最主要的就是不要忘记基本的历史联系,考察每个问题都要看某种现象在历史上怎样产生,在发展中经过了哪些主要阶段,并根据它的这种发展去考察这一事物现在是怎样的。"[①]同样,我们在研究经济法、经济法学时,也应当这样作,考察一下国内外经济法的历史和现状是很有必要的。

第一节　外国经济法的由来和发展

一、经济法产生的历史条件和经济法概念的出现

经济法的产生同其他法律部门的出现一样,都是在一定的历史条件下形成的。在以生产资料私有制为基础的商品经济高度发展的资本主义国家里,经济法产生的具体历史条件有三个:

(1)在经济上,资本主义的垄断和反垄断以及社会化大生产的高度发展,是经济法产生的经济根源。众所周知,资本主义经济的发展,在19世纪末20世纪初,由自由资本主义阶段进入垄断资本主义阶段,垄断成为资本主义经济的根本特征。在自由资本主义时期,其经济特征是资本、劳动力、财产自由流通转让,生产是资本家自己的事,国家不予干涉,反映在法律上,调整其经济关系的主要是民法和商法。民法"四

[①] 《列宁选集》第4卷,人民出版社1960年版,第43页。

大自由"满足自由资本主义时期生产关系的要求,出现了近代第一部法典《拿破仑法典》(《拿破仑民法典》和《拿破仑商法典》)。垄断出现以后,在经济上集中体现为,生产的高度集中和垄断组织的发展,出现了国家与垄断集团之间、垄断集团相互之间、垄断集团内部之间、垄断集团与中小企业之间、劳资之间在利益上的冲突和矛盾。要求国家对经济干预或共同管理,原来的民法和商法不能完全适应十分复杂的垄断资本主义经济关系的要求,需要有一个新兴的法律部门——经济法,以保证国家对社会经济生活的干预,保证国家运用国家权力来干预或参与对经济的管理活动。可见,垄断是经济法产生的温床。如德国早在第一次世界大战前后和中间,就颁布了大批的战时经济统制法规和恢复经济应付危机的经济法规,并形成了《经济统制法》。又如美国是垄断最发达的国家,既是托拉斯之国,又是反垄断法最早的制定国之一。1980年后,它制定了一系列的反托拉斯法,即禁止垄断法。因为垄断不仅没有消灭竞争,反而加剧了竞争,更需要国家垄断和经济法。反垄断法反映了资产阶级既要求垄断,又限制垄断以维护竞争的矛盾状态,是对资产阶级先前的私法原则的严重干预。[①] 有些国家在面临生产的集中与垄断所形成的社会化大生产的情况下,国家直接投资和主办工业企业,于是就制定了不少运用国家权力参与和调节新兴工业企业经济关系的管理法。可见垄断是经济法在资本主义国家产生的经济前提。

(2) 在政治上,垄断资产阶级与国家政权合而为一,国家干预经济的政策措施的实施,国家在整个社会经济生活中的地位与作用的增强,是经济法产生的又一根源。垄断资本主义尤其是国家垄断资本主义的最大特色,是垄断资本与国家政权完全融合在一起,私人垄断资本以种种形式与国家政权完全结合起来。这时的"国家"不再只是作为上层建筑的一部分对经济基础发挥作用,不再只是以军队、警察、法庭、官吏的身份为垄断资产阶级服务,不再只是对资本主义再生产采取自由放任,完全由私人决定的政策,不再只是把企业生产过程的管理完全看成是资本家内部的事务。这时的国家往往以直接投资者、商品购买者、货币借贷者、资本输出者的身份参与经济活动。一句话,以"理想的总资本家"的身份直接参与资本主义再生产的过程,全面干预社会经济生活,在一定程度上担当起某些管理经济的职责,担负着运用国家政权的力量调整经济关系的任务。在这种情况下,原来那种以绝对的财产自由、完全的契约自由、企业经营自由为原则,以平等等价为调整方式的传统的民商法就不能完全适应垄断资本家的需要了,而以运用国家权力为特征的经济法也就应运而生,并且成了国家运用法律手段管理垄断组织事务,全面干预社会经济生活的工具。这一点在各发达资本主义国家制定的有关国民经济各部门的经济法律法规中以及财产财务管理法规中,都充分反映了出来。

(3) 凯恩斯主义的经济理论和政策是资本主义国家经济法产生和运用的理论根

[①] 西方法学家们把调节私人与私人的关系的法律称为私法,把调整国家与私人之间关系的法律称为公法。传统的民法的核心就是"私法自治",国家不得干预。

据。凯恩斯主义①是垄断资产阶级的理论思潮,是在 1929 年至 1933 年资本主义世界经济危机之后,为适应垄断资产阶级的需要而形成的一套"有效需求"的理论。它为资本主义社会的失业和经济危机辩护,主张国家干预经济生活,增强投资以刺激消费(如实施赤字财政、膨胀通货、降低实际工资、减轻资本家税收负担、举办公共工程、鼓励剥削阶级奢侈浪费、实行国民经济军事化、加紧对外经济扩张),鼓吹国家垄断资本主义。它主张利用国家机器,加强剥削和掠夺劳动人民,以攫取高额利润。它对英美等国的经济政策影响很大。1933 年,美国罗斯福"新政"时期,就是采取了凯恩斯主义的经济理论和政策而颁布了《全国产业复兴法》、《农业调整法》、《劳工关系法》、《社会保险法》、《出口管理法》等,以保护垄断资产阶级的切身利益。

由于上述经济、理论、政治上的原因促使经济法在资本主义国家中逐渐形成,而一个国家的经济立法活动又是和经济法学术研究紧密相连的。德国有"经济法之母"之称。经济法概念的使用、各大学经济法讲座的开设以及经济法专著的出版等,在德国都是比较早的。如德国学者莱特 1906 年在《世界经济年鉴》中就使用了经济法这个概念,但当时还只是用来说明与世界经济有关系的各种法规,而不具有严格的学术意义。在第一次世界大战期间和以后,德国为了摆脱困境,颁布了大量的法律、法令。如 1914 年 8 月帝国议会通过的《授权法》,授权参政院在战争期间"发布对于防止经济损害所必要的措施",1918 年颁布的《魏玛宪法》、1919 年颁布的《煤炭经济法》、1929 年制定的《钾苯经济法》等,要政府对全国经济生活进行直接干预和管制。这些法律、法令超出了传统的公法与私法界限。当时,法学家们为了从理论上分析和论述这些法律、法令,为德国经济开辟一条新途径,于是掀起了研究《经济法学》之风,进一步提出了"经济立法"这一法律名称。这个时期,不少法学家发表了论述经济法学的文章和著作,许多大学设有经济法讲座,柏林大学、耶鲁大学等还成立了经济法特别研究室。法学家们对经济法的概念、性质、范围、内容(体系)、与其他法律部门(如与民法等)的关系等问题进行了广泛的研讨。黑德曼(Hedemun)教授认为"经济法"是新的法律概念,国家成了经济的管理者,并揭示属于经济法的主要法律有工会法、经济契约法、劳动法、土地法。喀斯克尔(Kaskel)认为经济法是"规定经济的企业者本身之法律地位的特别法规之全体"。他将经济法人的构成分为经济的身份法和经济之物权法、经济警察法、经济合同法、经济官厅及经济争议等。多依约(Doehow)认为经济法实与"企业法"相同。克诺特(Knott)认为经济法是规定各种职业阶级中特有

---

① 凯恩斯(1883—1946),英国资产阶级庸俗经济学家,其理论支柱是 1936 年发表的《就业、利息与货币通论》这部代表作,后来追随凯恩斯的人对其理论的各个方面又作了修补,形成了凯恩斯学派或称凯恩斯主义。《通论》提出了"有效需求"理论和"总量分析"方法。认为社会的就业量取决于有效需求(包括消费需求和投资需求),而有效需求的大小又主要决定于三个基本心理因素,即"消费倾向"、"对资本资产未来收益的预期"和对货币的"流动偏好"以及货币数量。现在资本主义社会之所以存在失业和萧条,就是由于这些心理因素的作用所造成的有效需求的不足;而危机的爆发则主要是由于对投资未来收益缺乏信心而引起"资本边际效率"(预期利润率)的"突然崩溃"。在凯恩斯理论的基础上所得出的政策结论,就是放弃自由放任原则,实行国家对经济的干预和调节,运用财政政策和货币政策刺激消费,增加投资,以保证社会有足够的有效需求,实现充分就业。参见许涤新主编:《政治经济学辞典》,人民出版社 1980 年版。

的经济关系之法规的总称,它包括商法、工业法、交通运输法、农业及林业法、手工业法等。哥尔德斯密(Gold Senmidt)认为经济法应作为"社会化经济制度之全体"的法律规定。还有的学者认为经济法内容之规定应为货币及资本流通、货物交易及供给契约、公共经济之扩张、劳动法、债务保护法等。当时对经济法的看法虽有六七种之多,但比较一致的意见是,要通过国家制定关于社会化经济的法律,运用国家的强制手段直接干预经济生活,维持社会经济秩序。

十月革命胜利后,苏维埃政权担负着建立和扩大社会主义国营经济的历史任务,担负着组织、领导和管理整个国民经济的工作,苏联经济法是在与资本主义不同的经济基础和政治条件下形成的。无产阶级通过苏维埃国家权力机关和人民委员会的国家管理机关以及最高经济委员会的经济领导机关发布了诸如土地法令(以后又颁布了《土地法典》)、银行、邮电、辛迪加等国有化法令,以及实行新经济政策等一系列的经济法律、法令。经济法正是国家组织和领导经济而产生的管理制度和管理方法在法律上的表现,是利用国家力量直接组织和管理社会经济的法律。苏联这种经济政治和法律形态上的变化反映在法学上,1921年有人提出经济行政法的主张,着重探讨如何对待不同经济成分的法律形式;1924年苏联出版了第一部经济法专著,即格哥·依赫巴尔格著的《经济法》。

在苏联,经济法科学和经济立法经历了曲折的道路。从1921年至1924年实行新经济政策时期,有人提出了制定和实行经济法的主张,到20世纪30年代遭到了批判。30年代中期出现了战时经济法的主张。20世纪50年代末和60年代初,又出现了战后经济法的主张,亦称现代经济法理论。1963年以后出现了经济行政法论。1977年以后又出现了"经济功能法"。现在,对经济法的概念,经济法与民法、行政法、劳动法的关系,经济法是不是一个独立的法律部门等问题尚在争论。经济立法和各种单行的经济法规,在苏联各个历史时期均制定了不少。20世纪80年代又出现了经济立法重复繁琐和相互矛盾的情况。从经济法学的研究来看,20世纪70年代,苏联法学界发表了许多有关经济法的论文和专著,1977年正式出版了《经济法》教科书,1975年出版了В.В.拉普捷夫教授主编的《经济法理论问题》,1970年出版了《经济法》专著。这三本书归纳了苏联法学界各种不同的观点,大体反映了苏联关于经济法争论的状况。捷克斯洛伐克在1964年至1970年间,制定了《经济法典》。这部《法典》共计分12篇28章400条,其中包括总则(即规定经济关系的原则和方针、社会组织及其法律地位)、国家组织的经济活动、合作组织的经济活动、公共组织与经济活动、企业登记、关于经济义务的公共规定、农产品支付、基本建设及其整个工厂对外支付、货物运输、社会组织其他类型协作中的经济义务,支付及信贷关系等。

总之,无论在以私有制为基础的资本主义国家里,还是在以公有制为基础的社会主义国家里,经济法先后产生,并提出了经济法的观念和学说,在后来都获得了较大的发展。这都是有其深刻的社会、经济、政治根源和具体的历史背景的,而不是一种偶然的现象。

二、当今世界各国经济法的概况及新特征

20世纪初期,德国首先提出经济法并经历了一段时间广泛研讨以后,许多欧洲国家及日本也接受了"经济法"这个名词。许多国家进行了经济立法。经济法学逐渐发展成为一门独立的法律科学。特别是20世纪60年代以来,由于科学技术的不断飞跃,社会生产日益趋向高度专业化协作,从而推动生产力不断提高和经济管理逐步改进,对外经济关系不断扩大。这种情况要求国家充分运用经济法来调整社会经济关系,干预和管理社会经济生活。因此,经济法有了比较快的发展。在人类迈向21世纪的今天,由于现代科学技术的迅猛发展和经济的全球化,有力地促使各国和地区朝着市场化、现代化和民主法制化的方向发展,这就为经济立法和经济法学的兴起与繁荣创造了很好的条件,我们相信在新的世纪,经济立法和经济法学将会以更加崭新的面貌呈现在发达国家和发展中国家的政治和经济生活之中。在这里,我们列举几个对经济法发展具有典型意义的国家:

(一)德国

在德国,除第二次世界大战前颁布的《设立强制卡特尔法》、《全面管理制度法》(国家授权经济部规定物品的供应分配、储藏、贩卖、消费)、《冻结价格令》外,第二次世界大战后又制定了新的经济法规。如德国为了恢复和发展经济,在规定以自由市场和自由价格这种"市场经济"为基本经济政策的同时,又规定国家要尽可能采取强制手段,通过关税、补助等措施来监督和调节价格,以此作为"社会市场经济"的政策。1948年德国通过的《货币改革后的管理及价格政策指导方针》,1957年联邦德国议会制定的《防止限制竞业法》("反卡特尔法"),以及后来陆续颁布或修订的商务法、有限公司法、破产法、劳工法、限制卡特尔贸易法案,等等,都是德国的自由竞争和国家调节相结合的经济政策在法律上的表现。德国作为大陆法系的国家在迈进21世纪之际,由于现代的历史地位、区域经济(欧盟)的影响,经济体制(老牌市场经济国家)的原因,德国既具有市场化又有严格的管理特色,在以企业为核心、产业为龙头的具有"经济法之母"的国度里,其经济立法和经济法学,将会更加现代化和科学化。

(二)日本

在日本,除在第一次世界大战、第二次世界大战期间,为适应战时经济统治,应付"经济恐慌"的需要,先后颁布了《战时船舶管理令》、《军需工业动员法》、《战时海上保险补偿法》、《军需公司法》、《米谷法》、《米谷配给统制法》、《价格统制令》、《制铁业法》、《劳动供应调整法》以及对外贸易、金融等法规,陆续把日本的军需、工、农交易控制起来,并在各个领域组织"卡特尔",使整个国民经济为战争服务外,在第二次世界大战后,日本经济陷于崩溃,日本政府为了振兴经济,在实行经济非军事化、确立和平经济、提倡经济民主化等三项原则的基础上,颁布了以禁止垄断法为中心内容的130多种经济法规。在企业管理方面有《中小企业基本法》、《防止拖延支付承包金法》、《防止非法赚钱和虚假宣传法》等10多种;在工交方面有《工业标准化法》、《矿业法》、《采石法》、《铁路运输法》、《电波法》等30多种;在农、林、牧、水产方面有《农

业基本法》、《土地法》、《森林基本法》、《渔业法》等40多种;在城市建设、房屋建筑方面有《国土综合开发法》、《城市计划法》、《停车场法》、《住宅建筑法》等10来种;在"无形财产部门"方面有《专利权法》、《商标法》、《特许法》、《旅游基本法》等10来种;在商业方面有《百货店法》等五六种;在财政金融方面有《财政法》、各类《银行法》、各类《保险法》、《证券交易法》、《监督接受出资存款和利息法》等10来种;在外贸、外汇方面有《外币汇兑以及国外贸易管理法》、《关于外国资本的法律》等数种;在科学技术、教育、环保、防止公害以及计量、会计、统计、测量等方面都有比较完备的法规。其中禁止垄断法,即《关于禁止私自垄断和确保公正交易的法律》,规定日本政府对私自垄断、非法限制交易和不公正的交易都要进行限制,并设立了公正交易委员会管理此事。这项法律是日本政府对垄断组织实行又干预又助长的政策的体现。这是战后日本自昭和二十二年(1948年)以来进行经济改革的重要组成部分。所有上面这些经济法规,都已由日本法学界汇辑在1979年出版的《六法全书》之中。这部全书把整个日本国家的法律划分为公法、民事法、刑事法、社会法、经济法、税法六篇。可见,经济法在日本法的体系中所占的重要地位。而经济法系统又包括企业与一般经济、中小企业、金融、证券、贸易与汇兑、工商业所有权、矿业能源、农林水产、运输、通讯等门类的法规。自第二次世界大战后,日本法学界对经济法学也进行了范围广泛的研讨。日本研究经济法的学者高田桂一教授认为,经济法是介于"公法"与"私法"之间的法律,又称"社会法";和商法比较,经济法涉及国民全体的公共利益;从体系上讲,经济法主要包括四部分,即"禁止垄断法"、"业法"、"统制法"、"消费者保护法"。日本这个新兴的发达国家将在农业经济法、产业经济法、新兴工业经济法、知识产业法方面将会更加充实和完备。

(三) 美国

在美国虽然现在尚无"经济法"这个明确的概念,但是属于经济发展和经济活动的法律、法规是很多的。美国是制定反垄断法规最早的国家之一,在1890年,国会就制定了《谢尔曼反托拉斯法令》(Sherman Anti-Trust Act 1890,全名为 An Act of Protect Trade and Commerce Against Unlawful Restraints and Monopolies,即《防止不法限制及独占以保护交易及商业法》)。经过几十年来的运用、解释,对规范反托拉斯案件有较大的作用。为了补充这个法令的各项规定,1914年又制定了《联邦贸易委员会法令》(Federal Trade Commission Act)和《克莱顿法令》(Clayton Act)以及塞勒—凯弗维尔法。1929年爆发世界性经济危机和1933年罗斯福"新政"以来,美国政府采取了凯恩斯主义财政经济政策,在法律上,除再次颁布反垄断法(如1938年制定《惠勒—李法令》以修正《联邦贸易委员会法令》,1963年复制《罗宾逊—根特曼法令》以修正《克莱顿法令》),企图制止大公司的不正当竞争行为,发展自由竞争,同时还颁布了调整农业、税收、银行等方面的政策和法律,并特别重视对内对外经济和贸易关系方面的法律制度。例如为了使美国各州在处理商品交换中能使用同样的法律规则,减少误会,由美国统一各州法律委员会和美国法律协会负责,把尚未统一的法律(如流通买卖法)统一起来,把19世纪末以来美国半官方颁布的一系列商事单行法规汇编起来,导致了《美国统一商法典》的颁布,最初版本名为《1962年正式条文及注释》,全书共9章。该书1978年版又新增添3章,并被美国各州法院采用,其内容主要是涉及商品买卖(不涉及土地和其他买卖)、专门处理商事买卖、商业单据(汇票、本票)等问题,号称是一部最新最完整的美国合同法。这除了表现出美国已经出现统一美国法规的趋势外,也反映了美国垄断资本通过国家的力量进一步控制国内工商业和加紧向国外市场扩张的需要。20世纪60年代以来,美国政府干预对外贸易的权力更加突出。如几次修改税收法,1969年颁布的出口管制法,1974年颁布的贸易法,都规定对外贸易及与此有关的事务由美国政府、财政部和商业部直接控制。美国财政部重视和运用经济法规管理财经,无论在组织上、制度上都比过去任何时候更为加强了。在美国设有关税法院、征税法院和税务法庭、关税及专制上诉法院。在美国虽然至今没有经济法专著和经济法课的名称,但是,美国一些著名大学的法学院都设有同经济法有关的法律课程,如法律的经济分析等。美国及法国作为英美法系的典型国家,美国将在统一商法典的基础上对知识经济的立法(法案),包括对电子商务、网络市场和交易以及金融、财税立法都会出现新的改革和发展。法国作为欧盟的主体成员国,在经济上将会走向更加自主和市场化的道路。法国的民商合一将会走向民商分立,对原有的经济法研究,年轻的一代更趋向于商法,年老的一代还会遵循原有的观念,但也会有所创新。

(四) 俄罗斯联邦

在俄罗斯联邦,20世纪90年代初在经济制度和政治制度上的巨变在经济法上有着鲜明的体现。90年代初先后制定了《公司法》、《产权法》、《外国投资法》、《企业和组织利润法》、《企业和组织所得税法》、《企业破产法》等一系列经济法律。这时期俄罗斯经济改革立法工作已达到高级阶段。有学者提出:要克服国家调节经济中的官僚主义,通过绝对遵守稳定的立法来保障,立法应该规定出经济关系和取得资源的准则,不应靠行政分配的办法。经济立法既是经济改革成果的反映,又是经济改革有力的促进手段。当然俄罗斯经济法方面也存在一些问题,主要是:(1) 立法还很不完善,离健全的市场经济法律体系还有相当长的路要走;(2) 已制定的经济法律还未得到很好的实行,如《企业和组织所得税法》等。俄罗斯的经济法制工作还刚刚起步,但是作为一批国家的代表,研究俄罗斯经济法走过的这段路是很有意义的。1993年12月12日俄罗斯全民公决通过的《俄罗斯联邦宪法》规定:"在俄罗斯联邦,保障统一的经济空间,保障商品、劳务和财产资金的自由流动,保障鼓励竞争和经济活动自由。在俄罗斯联邦,对私有制、国家所有制、地方所有制以及其他所有制形式予以同样的承认和保护。在俄罗斯联邦,土地和其他自然资源作为居住在相应地区的各民族人民的生活与活动的基础而被加以利用和保护。土地和其他自然资源可以成为私人、国家、地方或其他所有制形式的财产。"可以预见,这些规定将成为俄罗斯经济法今后发展的原则和基础。在迈向21世纪时候的经济体制改革和对外开放也在朝着市场调节的角度发展,原有的经济立法和经济法学会在新的形态下将有所变化与兴起。

综上所述,经济法的产生、发展经历了一个较长的历史时期。20世纪60、70年代

以来,法律与经济进一步结合,经济立法活动在很多国家的地位和影响加强,经济法学也有了较大发展,呈现出许多新情况和新特点:

第一,在西方,以国家干预经济和反垄断法为中心内容的各种经济立法进一步发展起来。由于第二次世界大战后国家垄断资本主义在一些发达国家获得空前发展,可以说已渗透到社会经济生活的一切领域,国内、国际间的垄断和竞争也就更加激烈,经济危机更为频繁。以反垄断法为中心内容的各种经济立法在美国和日本等国家进一步发展起来。反垄断法对垄断组织采取既干预、限制,又助长的政策,积极扶植中小企业发展,形成了以反垄断为中心思想的日本经济法的概念和学说。

第二,经济法与科学技术发展及新兴产业部门的结合更加紧密。由于近代科学技术空前发展,生产力水平不断提高,生产的社会化、专业化大协作日益加强,经济关系日益复杂化,经济法与科学技术、与生产力的发展、与新兴的产业部门的结合更加紧密。如英国的《科学技术法》、法国的《科学研究和技术发展方向和规划法》、日本的《电子工业措施法》等。

第三,把涉外经济立法提到了重要地位。由于国际分工的需要,各国对外经济贸易的扩大和经济合作技术交流的发展,使许多国家在经济立法过程中,十分重视涉外经济的立法工作。并且无论哪种情况的国家,面对国际市场竞争日益尖锐复杂的局面,都加强了国家的控制。外贸法、国外投资法、涉外税法、外汇管理法等,几乎成为各国必不可少的涉外经济关系法规,并且把国内经济法与国际经济法紧密联系起来了。

第四,经济法的教学和理论研究有了较大发展,经济法学已逐步形成并在深入探索。经济法学和经济法是两个彼此联系而又各不相同的概念。一般说来,经济法较发达的国家经济法学也较兴旺,但也有个别相反的情况。目前从国外总的情况来说,对经济法尚有不同的评价,对很多基本的理论问题分歧也很大,但作为一门学科和一种学说其理论和学派已逐步形成,并呈现出一派生机勃勃的局面。现在东西方国家中有代表性的经济法学的主张有:"经济公法论"和"经济私法论"(德、法)、"社会经济法论"(德、日)、"企业法论"(德、法)、"国家干预经济法论"(德、法、英、日、波)、"混合经济法论"(德、日)、"商法扩大论"(日、德)、"反垄断经济法论"(美、日)等各种学说。在这种种学说中,德、日、俄等国不仅经济法占有相当的优势和站住了脚跟,且发展很快,经济法专著和教科书不断涌现。英、美等国虽然有大量经济法规范,但受实证主义和法律传统的影响,至今无明确的经济法概念。近年来在英、美,法和经济不断融合,也出现了经济法学,如美国的"法律的经济分析论"影响较大。总之,经济法学也是一派生机。

第二节 我国经济法的兴起和发展

一、新中国成立后的经济法律规范

新中国建立以前,在革命根据地先后制定了土地法、中华苏维埃共和国劳动法、地权条例草案、土地使用条例、合作社暂行组织条例、工商业投资暂行条例、晋冀鲁豫边区劳工保护暂行条例、公债条例、工商业登记规则、中华苏维埃共和国税则、矿山开采出租办法、统一财政命令、关于经济政策的决议案等许多调整根据地经济关系的法律、条例、规则、决议、命令、办法。这些法规对于发展解放区生产，保障供给，保证革命战争的胜利进行，发挥了很大作用。

新中国建立后，党和国家十分重视运用经济法律、法规来保护和促进国民经济的发展和建设。在1958年前，国家根据1949年《中国人民政治协商会议共同纲领》和1954年《中华人民共和国宪法》的规定，先后在计划、基本建设、工业、农业、商业、交通运输、财政、金融、劳动工资、自然资源和能源、对外经济贸易关系等方面，制定了一系列经济法律、法规，如《关于没收战犯、汉奸、官僚资本家及反革命分子财产的指示》、《土地改革法》、《统一全国财政经济工作的决定》、《关于统一全国国营贸易实施办法的决定》、《关于对私营工商业、手工业、私营运输业社会主义改造中若干问题的指示》、《公私合营工业企业暂行条例》、《初级农业合作社示范章程》、《关于对手工业的社会主义改造工作进行全面规划的通知》等。这些法规对于胜利地完成民主革命遗留下来的任务，恢复和发展国民经济，对于顺利地实现社会主义三大改造，完成和超额完成发展国民经济第一个五年计划，发挥了重大的推动作用。

党中央和毛泽东同志一再指出要加强社会主义法制，发展社会主义经济。在党的八大关于政治报告的决议中指出，由于生产资料的社会主义改造已经基本上完成，我们必须进一步加强人民民主的法制，巩固社会主义建设的秩序，国家必须根据需要，逐步地系统地制定完备的法律。毛泽东同志指出："人民为了有效地进行生产、进行学习和有秩序地过生活，要求自己的政府、生产的领导者、文化教育机关的领导者发布各种适当的带强制性的行政命令。没有这种行政命令，社会秩序就无法维持，这是人们的常识所了解的。"[①]并且还一再告诉我们："一定要守法，不要破坏革命的法制。……我们的法律，是劳动人民自己制定的。它是维护革命秩序，保护劳动人民利益，保护社会主义经济基础，保护生产力的。"[②]周恩来总理在1957年第一届全国人民代表大会第四次会议上所作的政府工作报告中也明确指出："现在生产资料私有制社会主义改造已经基本完成，社会主义所有制已经确立，国家在这方面的工作实践中也取得了一定的经验，这就使我们有可能在总结过去经验的基础上，在整理过去已有法规的同时，制定社会主义的各种法律。"但是，自20世纪50年代末期起，由于指导方针上的"左"倾错误和法律虚无主义思潮的影响，党中央、毛泽东同志、周恩来同志的这些论述并没有很好贯彻，尤其是在经济工作方面的立法和执法活动，不仅没有加强，反而有所削弱。

在"文化大革命"中，林彪、"四人帮"反革命集团疯狂地进行破坏，他们不仅"彻底砸烂"公、检、法，而且对国民经济领域中的各种法规、制度、办事程序等进行了灾难

---

① 《毛泽东选集》第5卷，人民出版社1977年版，第368—369页。
② 同上书，第358—359页。

性的蹂躏、践踏;他们破坏经济的计划性,鼓吹什么"需要就是计划";他们反对经济核算制,叫嚷"大家都姓公,核算有啥用";他们把企业中的合理规章制度斥责为所谓修正主义的"管、卡、压"和资产阶级专政,搞什么"无规章工厂";他们把企业向国家上缴利润污蔑为"利润挂帅"、资本主义复辟,把照章纳税歪曲为国民党的"苛捐杂税",把银行贷款坚持有借有还的原则污蔑为"黄世仁逼债";他们任意抄家,没收公民的个人储蓄存折,等等。他们这种倒行逆施,无法无天,搞乱了人们的思想,搅乱了经济秩序。

二、党的十一届三中全会到党的十四大前夕我国经济法的蓬勃兴起和迅速发展

从党的十一届三中全会到党的十四大前后,14年中间我国经济法制建设进入恢复和大发展的重要时期,也是经济立法和经济法学进入创建和发展的时期。党和国家领导全国人民健全社会主义民主和加强社会主义法制,取得了很大的成就。在经济法制建设方面主要作了三件大事:

(1) 党和国家注意把经济法制建设与经济建设、经济体制改革和对外开放紧密结合起来,"一手抓建设,一手抓法制",运用法律手段管理经济,保护改革开放,这就为经济法制建设规定了明确的指导思想和任务。中共中央《关于经济体制改革的决定》指出:"经济体制改革和国民经济的发展,使越来越多的经济关系和经济活动准则需要用法律形式固定下来。国家立法机关要加快经济立法,法院要加强经济案件的审判工作,检察院要加强对经济犯罪行为的检察工作,司法部门要积极为经济建设提供法律服务。"[①]"力争在'七五'期间建立比较完备的经济法规体系,逐步使各项经济活动都有法可依,并且真正做到有法可依,执法必严。"这不仅揭示了经济法制建设与经济体制改革的内在规律,而且一边建设和改革,一边进行经济立法,也是全党全国人民对经济法制建设认识的空前提高,是我国国家立法机关、司法机关和全体法律工作者的光荣职责。

(2) 我国的经济立法活动按照国家立法的议事日程和国家既定的经济立法规划[②]的要求,紧密结合国民经济的调整改革,特别是农村和城市的经济体制改革、对外开放以及国民经济发展的迫切需要,对一些重要的经济关系和经济活动准则及时地制定了一大批重要的经济法律、法规。例如,从1979年以来到1992年的14年间颁布的经济法律有52件,这些法律反映了这个时期政策开放和有计划的商品经济体制下对经济立法的需求,反映了这个时期国家的经济环境与技术进步要求。全国人民代表大会及其常务委员会制定的经济法律和有关经济问题的决议,如《中华人民共和国海上交通安全法》(1983年9月)、《中华人民共和国统计法》(1983年11月)、《中华人民共和国专利法》(1984年3月)、《中华人民共和国水污染防治法》(1984年5月)、《中华人民共和国森林法》(1984年9月)、《中华人民共和国药品管理法》(1984年9月)、《全国人大常委会关于授权国务院改革工商税收制度发布有关税收条例草案试行的决定》(1984年9月)、《全国人大常委会关于我国加入〈保护工业产权巴黎

---

① 中共中央《关于经济体制改革的决定》,人民出版社1984年版,第26页。
② 指《一九八二——一九八六年经济立法规划(草案)》。

公约〉的决定》(1984年11月)、《中华人民共和国会计法》(1985年1月)、《全国人大常委会关于在沿海港口城市设立海事法院的决定》(1984年11月)、《中华人民共和国草原法》(1985年6月)、《中华人民共和国计量法》(1985年9月)、《中华人民共和国渔业法》(1986年1月)、《中华人民共和国矿产资源法》(1986年3月)、《中华人民共和国外资企业法》(1986年4月)、《中华人民共和国邮政法》(1986年12月)、《中华人民共和国企业破产法(试行)》(1986年12月)、《中华人民共和国海关法》(1987年1月22日)、《中华人民共和国中外合作经营企业法》(1988年4月23日)、《中华人民共和国进出口检验法》(1989年2月21日)、《中华人民共和国标准化法》(1988年12月29日)、《中华人民共和国野生动物保护法》(1988年11月8日)、《中华人民共和国铁路法》(1990年9月7日)、《中华人民共和国烟草专卖法》(1991年6月29日)、《中华人民共和国税收征管法》(1992年9月)、《中华人民共和国测绘法》(1992年12月28日)、《中华人民共和国海商法》(1992年11月7日)等。1979年以来,国务院发布和批准颁布的400多件法规中,经济法规占大多数。1984年至1986年,国务院制定的重要的经济法规达50多件,其中包括《关于改进计划体制的若干暂行规定》及其通知(1984年8月)、《国务院关于改革建筑业和基本建设管理体制若干问题的暂行规定》(1984年9月)、《关于实行"划分税种,核定收支,分级包干"财政管理体制的规定》及其通知(1985年3月)、《中华人民共和国银行管理暂行条例》(1986年1月)等。自1980年至1986年12月这7年间各省、自治区、直辖市的人大及其常委会制定的700多个地方性法规中,属于经济管理法规的占多数。从1992年到1994年,全国30个省市地方法规1500件中,经济法规占767件。[①]

(3) 把经济立法与经济司法结合起来,狠抓经济法的实施。这些年来,我国在加强经济立法的同时,及时提出了法律执行中的问题,认为有法不依,执法不严的现象在一些方面存在,已经制定的法律还没有得到充分的遵守和执行。这种状况必须加以坚决改变。为了解决依法办事,党和国家采取了一些具体措施:第一,明确执政党和党员同法律的关系,指出:在我国,党领导人民制定宪法和法律,党领导人民遵守、执行宪法和法律,党自己也必须在宪法和法律的范围内活动,共产党员要成为遵守国家法律的模范。第二,普及法律常识,加强法学教育,建立法律院校,也包括对经济法在内。第三,加强经济司法和经济检察工作。在全国范围内逐步建立和健全经济司法机构和经济检察机构,经济检察活动和经济审判活动已在全国范围内各个领域中广泛开展起来,在维护经济秩序,调整经济关系,改善经济管理,打击经济犯罪,增强人民的守法观念,推动社会主义四化建设等方面都起了积极的作用。

总之,党的十一届三中全会以来的14年间,我国经济法获得了飞速发展,经济法制建设取得了极大的成就。同时也存在的问题是:经济立法尚不平衡,有的方面无法可依;有法不依,执法不严的状况,仍然不同程度地存在;经济司法同经济立法之间尚不相适应,还有脱节的现象。

[①] 《中华人民共和国地方性法规汇编(1992—1994)》(上、下册),中国法律年鉴社1995年版。

第三节 建立与我国市场经济相适应的经济法律模式

党的十四大指出:"加强立法工作,特别是抓紧制定与完善保障改革开放、加强宏观经济管理、规范微观经济行为的法律和法规,这是建立社会主义市场经济体制的迫切要求。"1993年通过的《中华人民共和国宪法修正案》规定了"国家加强经济立法,完善宏观调控。"建立社会主义市场经济体制为经济立法提出了很高的要求,同时,它还要求经济执法与监督工作要与经济立法工作同步进行,这才能建立起与我国社会主义市场经济相适应的经济法律模式。

一、社会主义市场经济对经济立法的需求

(一) 社会主义市场经济的含义和特点

市场经济和计划经济的区分,其主要依据是看市场和计划对资源配置起什么样的作用。资源配置是指有限的经济资源在不同的生产部门的最佳分配,因此,如果计划对资源配置起决定作用,即主要由政府按照事先制定的计划,依靠行政指令来实现资源配置的,叫计划经济;如果市场对资源配置起基础性作用,也就是主要按照价值规律的要求,适应供求关系的变化,发挥竞争机制的功能来实现资源配置的叫市场经济。

社会主义市场经济是相对资本主义市场经济而言的。它是指与社会主义基本制度相结合的,市场在国家宏观调控下对资源配置起基础性作用的经济体制。社会主义市场经济有以下几个特点:

(1) 社会主义市场经济是同以公有制为主体的多种所有制经济共同发展的市场经济。社会主义市场经济条件下,市场主体呈现一定程度的多元化,从所有制角度来看,它包括公有制企业、私营企业、外商投资企业,其中,公有制企业占主体地位,它们也进入市场,通过与其他企业的平等竞争发挥国有企业的主导作用。

(2) 社会主义市场经济是同以按劳分配为主体的与按资本、按技术、按管理等要素分配相结合的分配制度的市场经济。社会主义市场经济条件下,分配制度也呈现一定程度的多元化,可表现为工资、红利、利息、租金、特许权使用费等多种形式,但按劳分配仍占主体地位,其他分配形式是按劳分配的补充。通过市场机制鼓励竞争,合理拉开收入差距,同时防止两极分化,逐步实现共同富裕。

(3) 社会主义市场经济是能更好地实现国家宏观调控的市场经济。社会主义市场经济条件下,国家的宏观调控手段既包括直接手段,也包括间接手段——各种经济杠杆,因此社会主义国家能够更好地发挥计划与市场两种调节手段的好处,更好地把人民的当前利益与长远利益、局部利益和整体利益结合起来。

(4) 我国的市场经济也是市场起基础性作用的经济、公平竞争的经济、诚实信用的经济。

(二) 市场经济就是法制经济

市场经济在一定意义上说就是法制经济。市场经济的基本特征是具有公平、公

正、公开的竞争,从而使整个社会资源得到优化的配置和有效的使用,这是它的优越性。但另一方面,市场经济带有自发性、盲目性,以致带来经济发展的波动性。对这种经济模式和方式,要发挥其优越性,防止和克服局限性就是要靠法律。法律是比赛的规则,是至高无上的权威。当今市场经济的国家,也就是法制社会的国家。所以说,市场经济也就是法制经济,没有法制便没有市场的秩序,便没有市场经济的形成与发展。实践证明,市场经济发达的国家,一般都是经济立法比较完备的国家。

二、在我国社会主义市场经济条件下,经济法发展的新特色

党的十四大提出了建立社会主义市场经济体制的宏伟目标,十四大以后,经济法的发展进入了一个新的时期,显示出新的特色。这主要表现在:

(一) 明确了经济法制建设的目标和任务

党的十四届三中全会《关于建立社会主义市场经济体制若干问题的决定》指出,经济法制建设的目标是加快经济立法,"本世纪末初步建立适应社会主义市场经济的法律体系"。因此,要高度重视法制建设,做到改革开放与法制建设的统一,学会运用法律手段管理经济,用完备的法制来规范和保障社会主义市场经济体制的建立和完善。党的十五大确立了依法治国建设社会主义国家的战略方针。到2011年建成了我国社会主义特色的法律体系。

(二) 按市场经济要求进行经济立法

这就是经济立法工作要逐步按市场经济要素的内在要求,制定关于规范市场主体法、维护市场运行和秩序法、加强市场宏观调控法、完善社会保障法、社会资源分配法、促进对外开放法,以及市场经济矛盾与冲突解决机制法等方面的法律。从1993年以来,我国市场经济法律体系已初具雏形,在原有经济法律、法规的基础上,又制定了一些法律、法规,如在宏观调控方面,制定了预算法、中国人民银行法、商业银行法、税法、房地产管理法、审计法、广告法、国家赔偿法、税收征管法等;在市场主体方面,制定了公司法、公司登记条例;在市场运行方面,制定了产品质量法、反不正当竞争法、反垄断法、消费者权益保护法、票据法、担保法等;在社会保障方面,制定了劳动法、保险法等;在社会资源分配法方面,制定了电力法等;在市场经济矛盾与冲突解决机制法方面,制定了仲裁法、农村土地承包纠纷调解与仲裁法、劳动争议调解与仲裁法等。

党的十四届五中全会《关于制定国民经济和社会发展"九五"计划和2010年远景目标的建议》又进一步指出:"加快经济立法,建立和完善适应社会主义市场经济体制的法律体系。坚持改革开放和法制建设的统一,做到改革决策、发展决策与立法决策紧密结合,并把经济立法放在重要位置,用法律引导、推进和保障社会主义市场经济的健康发展。继续制定和完善规范市场主体和市场行为、维护市场秩序、改善和加强宏观调控、建立和健全社会保障制度、促进对外开放等方面的法律。同时,要制定和完善振兴基础产业和支柱产业、规范政府行为、保护环境资源、保护知识产权等方面的法律。"九届全国人大四次会议通过的"十五"计划纲要中指出:提高立法质量,重点建立和完善适应社会主义市场体制的法律体系,规范市场经济条件下的财产关系、

信用关系和契约关系。因此,经济法制建设担负着艰巨的任务,但这也给经济法发展带来了前所未有的机遇(见图1.1)。"十一五"和"十二五"规划纲要也继续强调了加强经济立法和执法的任务。

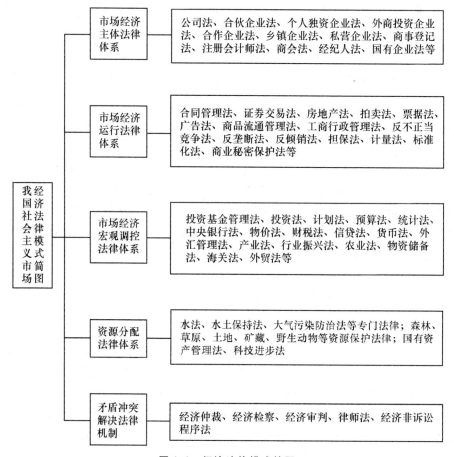

图1.1 经济法律模式简图

(三)在市场经济条件下大力加强经济执法力度成了中心环节

应当看到,法制建设,尤其是经济法制建设的全部内容绝不仅限于制定几部法律或制定多少部法律。孟子说:徒法不能以自行。[①] 制定了的法一定要坚决贯彻执行。从某种意义上讲,法的生命能体现在其执行当中。我们有些同志头脑中有一个误区,认为加强经济法就是多制定经济法律、法规,这种看法是不全面的。立法固然重要,但同等重要或者说更为重要的是法律的贯彻执行。我国经济法领域的一个突出问题不是无法可依,而是有法不依,执法不严,违法不究,法院、执法机关不按法律行事,依法作出的判决难以执行。这种情况直接威胁到经济法在人们心目中的威信和国家利

---

① 《孟子·离娄章句上》。

用经济法管理和协调经济关系的能力。当然这种现象背后的原因是复杂的,既有腐败的干扰,又有执法人员的业务素质问题;既有大的法律环境问题,又有公民的法律意识问题。但这一切都对我们提出这样的要求:在市场经济条件下大力加强执法力度。

第一,要从认识上提高执法的地位,要逐步实现由加强立法到加强执法的战略转移。这要求全体人民和广大干部都要加强经济法学习和实践研究,提高法律素养。特别是各级领导干部和执法人员,要自觉服从法律的权威,依法办事,分清法律支配权力与权力支配法律的界限,分清以身份为核心的等级特权观念和以契约为核心的法律平等观念的界限,正确处理好党与法的关系,不要随便干预经济法的执行。

第二,需大力加强和提高执法人员的政治素质和业务水平。做到像邓小平所指出的那样,司法干部一要思想作风好,二要懂业务,使制定出来的法律能迅速为他人所掌握和接受,熟悉运用,使法律得到贯彻落实,做到"有法能依",切实克服执法不严,执法不公的现象,树立廉洁奉公、刚正不阿、执法如山的司法作风。

第三,要加强执法检查和监督,弥补经济执法工作中出现的偏差和漏洞,消除地方保护主义和部门保护主义等不良倾向,对检查出的问题一定要严格处理,以维护经济执法工作的严肃性和统一性。由于经济执法的特殊性,国家还要健全司法监督制度,保证司法机关的清正廉洁;要加强行政执法的监督制度,尽快制定行政程序法,把执法违法现象降到最低限度。

第四节 建成完善的市场经济体制,全面推进经济法制建设

一、全面推进我国经济法制建设的新时期

当今我国已进入建成完善的社会主义市场经济体制,全面推进法制建设的第四个时期。

我国经济法制建设进入全面推进法制建设的第四个时期的主要标志是:党的十六大提出的全面建设小康社会的宏伟目标和党的十六届三中全会关于建成完善的社会主义市场经济体制的重大决策。2002年11月,党的十六大确立了我国进入全面建设小康社会,开创中国特色社会主义的伟大事业,明确规定了"我国要在本世纪头二十年,集中力量,全面建设惠及十几亿人口的更高水平的小康社会,使经济更加发展、民主更加健全、科教更加进步、文化更加繁荣、社会更加和谐、人民生活更加殷实"。这是我国实现现代化建设第三步战略目标必经的承上启下的发展阶段,也是完善社会主义市场经济体制和扩大对外开放的关键阶段。2003年10月,党的十六届中央委员会第三次全体会议通过了《中共中央关于完善社会主义市场经济体制若干问题的决定》(以下简称《决定》)。《决定》科学地分析了我国经济体制改革面临的形势和任务,指出:"我国经济体制改革在理论和实践上取得重大进展。"社会主义市场经济体制初步建立,基本经济制度已经确立,对外开放格局基本形成,极大地促进了社会生产力、综合国力和人民生活水平的提高。但同时也存在不少矛盾和问题,其重要原因

是体制性的障碍。着重提出了完善社会主义市场经济体制的目标和任务。《决定》是进一步深化经济体制改革,促进经济和社会全面发展的纲领性文件,使我国进入了全面推进经济法制建设,完善经济法律制度的新时期。

二、全面推进经济法制建设、完善经济法律制度的任务

建成完善的社会主义市场经济体制是我们党在新世纪、新阶段作出的具有重大现实意义和深远意义的决策。全面推进法制建设,完善经济法律,就是要为全面建设小康社会宏伟目标和建成完善的社会主义市场经济体制服务。

《决定》规定了建成完善的社会主义市场经济体制七个方面的任务和十一个方面的工作,这些也就是经济法制建设的相关内容。

(1) 在所有制结构方面:要完善公有制为主体、多种所有制经济共同发展的基本经济制度。为此,要完善市场主体和中介组织法律制度,使各类市场主体真正具有完全的行为能力和责任能力;建立健全现代产权制度,完善产权制度的立法,规范和理顺产权关系,保护各类产权权益;建立健全国有经营资产、非经营性资产和自然资源等的监管制度。建立健全国有资产的所有权、经营权和监督权,实现国有资产增值、保值,防止国有资产流失的法律法规。

(2) 在城乡关系方面:建立有利于逐步改变城乡二元经济结构的体制;深化农村改革,完善农村经济体制,完善国有资产管理体制,深化国企改革。为此,要把对"三农"的立法放在更加突出的位置;深化农村和城镇税费改革,减轻农民和企业负担,实行依法治税和依法治费。

(3) 在经济发展布局和区域结构方面:要形成促进区域经济协调发展的机制,形成新的经济增长带。为此,要完善经济特区、西部开发区的立法,各区域有特色的立法,促进和保障我国东部地区、中部地区、西部地区以及东北老工业地区区域经济的调节发展。

(4) 在市场体系方面:建设统一开放竞争有序的现代市场体系,规范市场秩序,大力开拓国内市场,积极参与国际市场的合作与竞争。为此,要完善市场交易法律制度,维护公平竞争,反对垄断,提高产品质量,保护消费者的合法权益。

(5) 在转变政府经济管理职能方面:实行经济的、行政的、法律的手段相结合,完善宏观调控体系、行政管理体制和经济法律制度。为此,完善预算、税收、金融和投资等法律法规,规范经济调节和市场监督。

(6) 在就业和分配方面:健全就业、收入分配和社会保障制度。为此,完善劳动、就业和社会保障等方面的法律法规,切实保护劳动者和公民的合法权益。

(7) 在可持续发展方面:建立促进经济社会可持续发展的机制。完善社会领域和持续发展等方面的法律法规,促进经济发展和社会全面进步。

以上七个方面的任务和经济法制建设,是从经济法学的广义说来看待的。如果从经济法学的狭义说来看,其中主要包括:市场经济主体、市场经济运行、宏观调控和经济监督、资源分配与保护以及国有资产等方面的经济法律法规。

第五节 转变发展方式注重民生与经济产业立法的新发展

一、加快转变经济发展方式的实质就是要坚持新型的工业化道路,这是科学发展观的重要内容

(一)加快转变经济发展方式重大决策的形成

早在1992年,党的十四届五中全会在关于"九五"计划的建议中,将经济增长方式从粗放型向集约型转变作为具有全局意义的两个"根本性转变"之一提了出来,强调要把提高经济效益作为经济工作的中心,向结构优化、规模经济、科技进步、科学管理要效益。

2007年,党的十七大进一步提出,"加快经济发展方式的转变,推动产业结构的优化升级"是关系国民经济全局紧迫而重大的战略任务。2009年,中央经济工作会议又强调指出,要更加注重推动经济发展方式的转变和经济结构调整,更加注重推进改革开放和自主创新,增强经济增长的活力和动力,真正把保持经济平稳、较快发展与转变经济发展方式紧密结合起来,在发展中转变,在转变中发展。

2010年2月3日,胡锦涛总书记在省部级主要领导干部深入贯彻落实科学发展观加快经济发展方式转变专题研讨班发表重要讲话,系统地阐述了加快转变经济发展方式的五个"必然要求"和加快转变经济发展方式的"八个方面"①,并强调指出:加快经济发展方式转变,关系改革开放和社会主义现代化建设全局,是深入贯彻落实科学发展观的重要战略目标和重要举措。这是决定我国现代化命运的重大选择,是我国加快经济发展方向转变的总动员和总规划,是对科学发展观的丰富和发展。

之所以选择在国际金融危机后,世界逐渐走上复苏的时机,进行加快转变经济发展方式的总动员和新的部署,这是因为危机、灾祸、战争等灾难常常会给人们带来新的觉醒,使我们意识到新一轮的世界科技革命带来新的发展机遇。金融危机的爆发在一定程度上反映了现有经济发展方式的落后,只有转变生产发展方式才能战胜灾难、克服危机、谋求发展。

(二)新的发展方式的实质是坚持走中国特色的新型工业化道路

新的发展方式不是对经济发展速度的追求和量的追求,不是"拼资源、拼劳动力、拼环境",并不是沿用"三高两低"的发展模式,而是用新的知识、先进的技术和科学的力量促进经济协调发展、继续发展、平稳健康发展。靠创新驱动,内生增长这个"发动机"和自主创新这个"中心推动",以促使经济发展方式的加快转变。所谓创新驱动是指在制度、体制和科技发展方面的创新动力和源泉。所谓"内生增长"是指从较高外贸依存度的经济增长方式转为主要依靠内需挖掘市场的潜力,实现经济增长的

---

① 加快推进经济结构调整,加快推进产业结构调整,加快推进自主创新,加快推进农业发展方式,加快推进生态文明建设,加快推进经济社会协调发展,加快发展文化产业,加快推进对外经济发展方式转变。

自主化。例如,2007—2009年,我国外贸依存度分别为63%、57%、44%,而大部分发达国家,外贸依存度一般在20%到30%之间。这种过度外贸依存度的负面影响是很大的。

新的发展方式的实质是坚持走中国特色的新型工业化道路,与老牌市场经济国家所走过的道路是显然不同的,是新的阶段,新的模式,新的探索。西方国家传统的工业化道路的主要特点呈现为:(1)工业化过程为资本主义生产方式自然历史的发展过程,由个人发动,在工业化之后才推行信息化;(2)大多数是以消耗能源和牺牲环境为代价,走了"先发展、先排放、后治理"的弯路、老路;(3)在工业化的主导产业选择上,由劳动密集型产业向资本密集型、技术密集型的方向迈进;(4)工业化与市场化发展虽然同步进行,但其投资方向主要受利润的引诱,市场波动与风险、投机与危机、大起与大落交织在一起。我们要走发展低碳经济、循环经济、绿色经济、科技经济为特点的新型工业化道路,使我国的工业化道路步入一个新的发展阶段。

(三)中央和地方政府对加快转变发展方式负有重大的使命和职责,而转变和提升政府职能、加强产业立法和执法是实现转变的法治保障

西方市场经济国家的政府一般具有三大职能,一是充分就业的稳定职能;二是通过财税政策和社会保障调整贫富差别,实现社会公平的分配职能;三是通过产业政策,提供公共产品和服务的资源配置职能。我国政府具有四大职能[1]和四大形象,这四大职能是:调节经济、市场监管、社会管理、公共服务。四大形象是:廉洁高效政府、法治政府、责任政府、服务型政府。转变发展方式是对我国政府四大职能的全面挑战,尤其是对政府的调节经济、促进经济发展和市场监管、宏观调控这两大职能的重大转变和提升。转变政府职能的滞后或越位、错位,都会对加快转变发展方式带来极其不利的影响,一定要发挥政府在加快转变经济发展方式中的主导作用和发展市场经济的基础性作用。

转变经济发展方式就内容来说,重在发展新型的产业经济。新型产业经济的基本特点是,实体经济、产业链经济、科学技术经济、高端人才与产业大军相结合的主体经济以及具有竞争力的创新型经济。

加强产业立法和执法,是转变政府职能,加快发展方式转变的重要内容之一。要由综合性的、基本性的一般立法为重点,向行业产业专门性的立法为重点转变。之所以要强调加强产业立法和执法,这是转变生产方式的迫切要求,是我国应对国际金融危机所采取的"一揽子"振兴规划[2]的效果所证明了的经验,是改革开放三十多年来我国的立法形势(多数是综合性的立法,少数专业性立法,如铁路、林业、畜牧业法等,效果比较好),特别是科技立法、经济立法形势的要求。同时,国际经验也告诉我们,美国、日本、德国当年就是对汽车工业、电子工业、宇航工业等产业进行了振兴、规划和立法,从而很快促使这些行业居世界前列。

---

[1] 四大职能的出处:历次中央决定和全国人大文件。
[2] 十大振兴产业:包括:汽车、钢铁、纺织、装备制造、船舶、电子信息、石化、轻工业、有色金属、物流业等十大产业。

二、选择和把握加快产业立法的范围、特点和基本政策,并入不同层次的立法规则

（一）对现有的产业进行三个层面的梳理、规制和管理,准确把握产业立法的范围

（1）对新型的战略性产业要大力扶持,其范围虽然提法不同,但其中有五个方面是产业立法的重点。

对于发展新型的战略性产业,党和政府高度重视。早在1995年党中央和国务院在关于加速科技进步的决议中,就有发展高技术及其产业培育的思路和安排。到1999年,党中央和国务院又作出了关于加强技术创新,发展高科技,实现产业化的决定,明确提出了以电子信息技术和生物医药技术为代表的高新技术和产业,以及发展新材料、新能源、航空航天、海洋等六大高新技术。在2007年党的十七大报告中首次提出的"加快转变经济发展方式,推动产业结构优化升级"的重大战略任务中,特别具体地提出了提升"六大新型产业"①的安排。2008年、2009年和第十一届全国人大第一次、第二次、第三次会议的政府工作报告中多次阐述结构调整、转变方式或者是转变方式、调整结构的战略时都提到,坚持把推进自主创新作为转变发展方式的中心任务来抓,并提出坚持走中国特色新型工业化道路,要大力振兴"六大产业"②。2010年2月3日,胡锦涛总书记在省部级主要领导干部深入贯彻落实科学发展观加快经济发展方式转变专题研讨班上发表的重要讲话中,提出加快转变发展方式的"八个方面"。2010年6月7日胡锦涛总书记在中国科学院第十五次院士大会、中国工程院第十次院士大会上的重要讲话中指出"加快转变经济发展方式,科技界负有重大使命",并就大力发展科学技术提出了"八点"意见。③ 2010年9月8日温家宝总理主持召开国务院常务会议,决定加快培育发展战略性新型产业,确定了七个产业④,在重点领域集中力量,加快推进。

这些提法虽然有所不同,但经过我们的学习梳理认为,从新兴产业来说,大体分为五个方面,一是建立和健全农业现代化产业化体系,这是基础产业。除已有的渔业法、畜牧业法外,要着重制定粮、棉、油的产业立法,特别是粮食生产和安全的立法,这

---

① 发展现代产业体系,大力推进信息化与工业化融合,促进工业由大变强,振兴装备制造业,淘汰落后生产能力;提升高新技术产业,发展信息、生物、新材料、航空航天、海洋等产业。

② 着力发展高新技术产业,大力振兴装备制造业,改造和提升传统产业,加快发展服务业特别是现代服务业。继续实施新型显示器、宽带通信与网络、生物医药等一批重大高技术产业化专项。充分发挥国家高新技术开发区的集聚、引领和辐射作用。围绕大型清洁高效发电装备、高档数控机床和基础制造装备等关键领域,推进重大装备、关键零部件及元器件自主研发和国产化。加强地质工作,提高资源勘查开发水平。积极发展现代能源原材料产业和综合运输体系。

③ 大力发展能源资源开发利用科学技术,大力发展新材料和先进制造科学技术,大力发展信息网络科学技术,大力发展现代农业科学技术,大力发展健康科学技术,大力加强生态环境保护科学技术,大力发展空间和海洋科学技术,大力发展国家安全和公共安全科学技术。

④ 这七个产业和先前讲的六个产业比较起来有提法的不同,其内容是:(1)节能环保;(2)新一代信息技术;(3)生物;(4)高端装备制造;(5)新能源;(6)新材料和新能源汽车七个产业。

是当务之急,不能拖延。二是建立、健全轻工业含纺织工业体系,加快其立法进程。三是建立、健全钢铁产业、制造产业含汽车制造业、有色金属产业体系,加快其立法进程。四是制定高科技产业,包括电子信息产业(信息网络产业)、生物医药产业含中医药产业、航空航天产业(电子调控产业)、节能环保产业含气候变化产业、新材料含纳米技术产业、新能源产业含石化产业的立法。五是大力发展民生健康产业,进行食品营养安全方面的立法等。这些应成为加快产业立法的重点。

(2) 传统产业的结构优化和升级,也应列入产业立法的范围。

所谓传统产业,是指工业革命时代所形成的以蒸汽机为动力,以机动车为主的火车、汽车、轮船交通运输产业,以电力、电灯、电话为主导的通讯照明产业,以机械工业为动力形成的纺织产业等等。过去它们有过光荣的历史,但在知识经济技术革命浪潮面前要进行技术改造和优化升级,促进其振兴和发展。例如,东北老工业基地在新中国成立头十年、二十年对我国实现工业化基础发挥了支柱产业和重要基地的作用。现在我们要振兴东北老工业基地,那就是要用新兴的科学技术改造原有传统的工业技术。国家对东北老工业基地采取了一系列的,包括财税、金融在内的扶持政策,以及在东北三省分别建立了不同形式、不同内容的工业园区。又例如,纺织产业是我国最大的传统产业,具有世界优势,但装备落后、竞争力不强,因此国务院专门作了振兴纺织业的规划和决定。

(3) 对"两高一低"(或三高一低)产业有秩序地淘汰,并做好善后安置工作,进行规范化管理。

淘汰落后产能是党的十七大报告和第十一届全国人大第二次会议上政府工作报告中明确指出的,是加快转变经济发展方式、调整经济结构工作的一部分。在当前就是要对我国"两高一低"(或三高一低)的粗放型产业,如炼钢、炼铁、水泥、焦炭,以及玻璃、造纸行业等实行淘汰。这是市场经济的供求规律(供给与需求要平衡)、价值规律(产业的商品价值和使用价值的统一)和公平竞争规律作用的要求,是市场对资源配置起基础性作用的表现,也是政府执行调节经济、监督市场两大职能的重大手段。这有利于行业产业通过停产、转产、破产、重整、兼并、重组来做强做大,自动地把过剩产能淘汰出市场,为先进产能腾出市场容量和空间,既缓解落后产能过剩的供求矛盾,又有利于本行业、产业在市场的健康运行。在施行淘汰落后产能的过程中,既要有"暴风骤雨、速战速决"的气概,又要"谨慎从事",不能"草率收兵"。因此,建议要按有关法律规定的程序进行,并做好善后安置工作,总结经验,进行规范化管理。

(二) 将国家纵向的项目和产业管理与横向的区域发展项目和产业管理紧密结合起来,避免出现重复性、低水平建设

目前我国现有许多国家级高新技术产业试验区或示范区,多个国家级经济开发区也在大力发展高新技术六大或七大产业。我们建议也要突出重点,不要平推。要实现国务院提出全国人民代表大会通过的高科技的三大突破[①]。要把那些条件好、影

---

① 争取尽快突破一批核心技术和关键共性技术,发挥企业在技术创新中的主体作用,做强做大装备制造业。

响大的科技园区和经济开发区,如具有全局意义的北京中关村科技园区等若干个园区和经济开发区,列入"十二五"规划,重点发展,以树立创新驱动和内生增长的典型。

(三) 产业立法的基本特征

产业立法具有专业性、技术性比较强、立法的形式和内容比较灵活和开放的基本特点。

(1) 立法的宗旨在于促进某个产业的快速健康发展,推动产业振兴。要强调勇于探索、科学试验、自主创新、成果转化、风险管理,保障振兴发展。

(2) 立法对象的专一性(单一)、专业性(专门性)强,行业性突出。为了某个行业产业化的创新发展,做强做大,要解决的法律问题和制度比较集中和深刻。一方面体现对现存状况的分析概括,另一方面又有对未来发展的科学预测,还有对产业化发展过程的概括。例如,20世纪80年代我国制定的渔业法,对养殖业的水域、滩涂的选择利用,水产优良品种的选育,鱼种、幼苗的生长发育,捕捞业的许可,水产市场的安全消费,以及对水质、鱼质、生态环境的保护都做了全面、系统的规定。它反映了渔业生产从繁殖到生长的发展规律。

(3) 立法内容的经济性与科技性突出、含量高、分量重。新兴产业立法的出发点和落脚点都要体现科技的进步和经济效益的提高,体现"经济发展要依靠科技,科学技术必须为经济建设服务"的基本方针,体现科技创新、高科技发展、实现产业化三位一体的依存关系。特别是在以电子信息技术和生物技术为主导的高新技术发展的今天,高科技立法始终要抓住它的科技含量和经济含量,要成为新的经济增长点和生产方式转变的实质。在立法过程中,首先要体现研制环节;然后进入生产环节,进行科技成果转化,实现产业化;接着进入流通和应用环节。生物技术工程的发展,对于生命和物种的起源产生新的革命,将对农业、工业、衣食住行产生深远的影响(我们在这方面最初级的立法工作也已经开始了)。这类立法要体现生物科学的规律和市场的规律。

(4) 立法的针对性强,政策倾斜和扶持鲜明。由于高新技术投资大、风险高、试验性强、竞争激烈,而目标又要达到制高点,因此国家采取了一系列的倾斜扶持政策,大体包括八个方面的税收优惠政策(营业税、增值税、企业所得税、个人所得税、出口退税、进口税、关税、城镇土地使用税)[1]和多项财税优惠政策(津贴、补贴、补偿、政府采购等),金融扶持政策(优惠信用贷款、股权质押贷款、认股权贷款、知识产权质押贷款、信用保险和贸易融资贷款、股权投资、创业投资机构),以这些信用为基础,包括信用激励、风险补偿、股权投资为核心的投保贷联动、分阶段连续支持、股份报价转让制度、银政企多方合作以及人才政策优惠、专利和非专利技术等知识产权保护、环境保护、土地使用优惠政策、项目申请优惠政策(鼓励性项目)等,这是完全必要的。我们一定要争取这些政策,用好用足这些政策,特别是在产业的研制和生产起点阶段,更需要政策支持。发展起来以后,新兴产业的回报率也是很高的(例如,中关村科技园区2007年至2009年的税收增长平均在41%左右)。

---

[1] 见《税收征纳》2010年第8期。

(5) 立法形式和法律的调节手段具有多元化与灵活性。这类立法没有固定的形式,其法律渊源也比较多样。这类立法的实用性、操作性强,它可以是法规(条例)、规程、决议、章程、办法等,体现了科技发展的连续性、阶段性、周期性、暴发性、竞争性等特点。

三、注意加强改善民生经济的立法,促进相关民生产业的发展

我国加快转变经济发展方式走新型的工业化道路,其重要目标就是要保障和改善民生。经济法在一定意义上来说是民生经济的立法。所谓民生经济也就是有关国民生计的经济,也是一种产业的经济,它贯彻在国民生存、发展的各个方面。就目前我国的民生经济内容来说,除了本书的前面和后面已经作了相关的阐述外,在这里还要特别提到以下几个方面:(1) 农业方面的农药条例的制定、农村清洁水源的管理条例的研究、气象设施和气象探测条例的研究与制定。(2) 节能环保方面法律法规的制定,报废机动车、维修折价的管理办法的制定,以及城市用水价格的调节办法的制定。(3) 在水利方面如水利运输管理条例、铁路运输安全保护条例的制定以及长江三峡水利枢纽安全保护管理立法、实施航道法与安全生产法的制定。(4) 缺陷汽车产品召回管理条例的探索和制定、银行收费监督管理条例的研究和制定。(5) 特殊(高温、低温、女职工)劳动保护条例、无障碍环境建设条例、保健食品安全条例的制定。这些立法看来似乎不宏伟,但却涉及具有民生性质的经济法律法规的重要规范。尤其值得提出的是,安全(生产、生命、健康)已成为经济社会和民生的重要因素,这是在经济高速发展和市场经济激烈竞争条件下出现的新问题、新情况,也是经济法的新特点。

四、提高产业执法的公平性、效益性和权威性,营造良好经济社会的法治环境

(一) 执法权威性的含义

所谓权威是对法律法规的尊重度,宪法和法律具有最高的权威。现在法律的实施权威很不够,政府的决定可以不执行,法院的判决可以不履行,财政纪律可以不遵守,不能做到政令畅通,这种社会风气很不好。执法的权威性首先来自法律、法规、规章的正确性,其次来自执法机关和执法人员透明、公正的执法活动。

(二) 落实执法"责任制"

责任制包含三个层面,一是职责,它体现行使职权和履行职责的统一,可称为权责统一观;二是义务性的责任,它体现了享有权利与承担义务的统一,可称为权利义务观;三是因为实施违法活动而被追究的责任,即法律责任。没有责任制或责任制不到位,法律法规等于一纸空文,监管也很空洞。行政执法责任制包括领导干部和公务员的问责制以及质疑、查询、质询制度和执法民主评估制度、执法效益检查评估制度等,其目的在于真正实现公开透明,执法到位。

(三) 深入开展经济法研究,发挥经济法的作用

在转变经济发展方式的过程中,经济法比其他法律部门承担着更大的责任,能够

起到非常重要的作用。因为经济法对国民经济发展、宏观调控、市场秩序的影响很大,加快转变经济发展方式,使经济法研究有了更大的空间。经济法应该关注市场培育、产业经济、外资并购的法律研究。应该适当拓展经济法学的研究领域,将资源环保问题、有形资源和无形资源的利用问题、区域发展问题也作为经济的研究领域,使我们的发展更多地依赖全国人民的劳动和智力这些无形的资源,更少地消耗有形的自然资源。应加强经济法理论的研究,充分认识和运用在市场经济条件下一只看不见的手和一只看得见的手的交替使用。在国内要进一步研究在此次国际金融危机冲击和影响下出现的新情况,如通过经济立法进一步明确中央政府和地方政府的债权关系。对国外要完善相应的法律法规,使我们能够在不违背国际义务的前提下,更好地维护我国的合法权益。经济法应该与要解决的问题紧密联系,才能体现经济法的价值。法律、经济法的最终价值为保障社会公平。

第六节 国内外经济法产生、发展和变化给予的启迪

一、对国外经济法研究的几点认识

(一)经济法出现的必然趋势

经济法是法律体系的一个新部门,也是一门年轻学科。尽管各个国家法学界对经济法有不同的评价,但都在自觉或不自觉地运用经济立法来调整一定的经济关系,参与经济管理。这是当今世界上经济发展变化与法律相结合的必然趋势。半个多世纪以来,无论从"消极方面"对各种经济活动和社会经济生活进行"统制"、"限制"来看,还是从"积极方面"对经济发展、经济建设进行"指引"、"辅导"、"促进"来看,经济法的历史作用都是很明显的。一些工业发达的国家,无论在私人资本垄断过程中,战时国家经济军事化的过程中,还是在社会经济危机中,以及"福利国家"普及化的过程中,都通过经济立法,起了国家干预经济的作用。

(二)经济法产生的历史背景和阶级实质

现代经济法的产生,从具体历史条件看,可以说是基于战时经济。从实质上看,现代意义上的经济法归根结底是受社会经济关系支配的。经济法的发展与各国经济关系的发展是紧密联系的。许多国家由于社会化大生产的发展,经济关系的日益复杂,越来越需要有一套行之有效的经济法规和健全的经济司法制度来维持正常的经济秩序,保证经济的顺利发展。由于各个国家的经济关系不同,经济法的阶级本质也不同。由于各个国家在不同发展阶段的经济关系有不同的特征,因而,同一个国家的经济法规在不同发展阶段也呈现不同的形式与内容。如战后美国经济的最主要特征是国家垄断资本主义空前发展,这种国家垄断资本主义与国家政权合为一体,垄断资产阶级利用国家政权的力量,通过各种手段,包括经济立法手段,把大量资本与利润转到垄断资本集团手里。这就是当代发达资本主义国家经济立法的阶级实质。

(三)当今我们研究的经济法是指现代意义上的经济法

经济法作为一个新兴的法律部门和法律学科出现,是指现代意义上的经济法,不

是指中外法制史上涉及经济因素的那些法律"传统",如《汉谟拉比法典》《罗马法》、《秦律》等法律、法典中有关民事、商事、贸易、债务以及商业、手工业等方面的法律规定。因为在奴隶制、封建制的发展阶段上调整这些经济因素的法律仅仅规定了社会生活的一般准则,它们多数是任意性的规范,而且常常采取"诸法合一"的形式。当今我们所研究的经济法也不同于资本主义上升时期贯穿私法自治原则,体现契约自由的资产阶级民商法,以及按照资产阶级"三权分立"原则制定的"行政法",不是这些法律部门的简单重复和混合。况且在现代一些发达资本主义国家里,民法、商法、行政法仍然还很盛行。当今我们所研究的经济法,说它是现代意义上的经济法主要是指它是在现代垄断资本主义和新型的社会主义经济、政治制度的特定历史条件下产生的一个新兴的法律部门和法律学科,是经济的发展、科学的进步使法律与经济的关系密切结合的产物,是法学中的一个新分类和新发展,具有广阔的发展前途。[①]

(四)外国经济法的研究和讨论对我国的影响

经济法概念出现以来,国外法学界对经济法的概念和性质、范围和内容、同其他法律部门的关系等问题,经历了几次规模较大的长时间的争论,至今仍有不同看法。毫无疑问,外国法学界对经济法的研究和讨论,对我国经济法学和经济立法的建立与发展是很有影响的。为了使我国经济法的研究和讨论不断获得新的成果,在以下几个方面对外国经济法情况作深入的调查研究是有益的,即外国经济法产生的历史条件及历史发展,外国经济法的现行经济法律制度的规定及其特点,外国经济法的分类、作用和效果,外国经济法的理论及学派,外国经济司法等。

二、我国经济法制建设的主要经验

回顾半个世纪以来我国经济法制建设所走过的道路,正反两方面的经验与教训都是很丰富的。就如何加强经济法制,充分发挥它在经济建设中的作用说,主要经验教训有以下几点:

(一)要充分认识经济法制建设的重要性,坚持经济法制建设的稳定性、连续性

新中国成立以来,我国经济法制出现几种不同的状况充分说明,只有当党、国家和人民,不论在顺利的情况下还是在困难的情况下,都始终不渝地重视经济立法工作,注意运用经济法这个武器,充分发挥它的作用,其结果,不仅经济立法本身日益趋向发展和完备,而且对经济发展的影响也是很大的。我们切忌不要在大发展时忘了法制,一定要始终如一地长期坚持经济法制。

(二)要正确处理经济法制与经济规律的关系

在新中国成立初期、国民经济第一个五年计划时期和20世纪60年代初的调整时期,由于党和国家坚持了经济法制建设必须反映经济规律的要求,注意了实事求是的科学态度,经济法制不仅成为促进经济工作迅速恢复和发展的重要工具,而而且还能把国民经济从遭受重大挫折的地步转入到健康发展的道路上来,并保证改革和调整

---

① 参见刘隆亨、张玲:《经济法的由来及其新特点》,载《中外法学》1984年第3期。

工作获得巨大成功,有效地促进国民经济进入新的发展时期。"七五"至"八五"乃至进入"九五"、"十五"时期两者之间的关系基本上正常了,成果多了,挫折少了。

要坚持经济法制必须反映经济规律的要求,坚持实事求是的科学态度,还必须随时注意客观经济情况的新变化,加强调查研究,及时提出经济法制建设工作的新问题、新建议和新措施,主动灵活地发挥经济法制手段的调整作用。

(三)要正确处理经济法制与国家经济体制的关系

经济体制是我国经济工作的一项根本制度,也是经济法制建设的一项根本法律制度。它关系到中央与地方、国家与企业之间的经济管理权限和财政财务收支范围,关系到责、权、利的大小。新中国成立以来,我国经济体制的几次变动,固然反映了我国经历的政治经济形势的变化,但如果经济体制不合理并且变化无常,不但干扰了党的经济方针的贯彻,而且干扰了经济法制的建设,所以,尽快地合理地确定我国的经济体制是加强经济法制中的一个重大问题。党的十四大确定了我国的经济体制为社会主义市场经济体制,这就为经济法制建设开创了一个全新的时代。

(四)要正确处理经济法制与财政经济纪律和经济工作的规章制度的关系

由于经济工作具有严格按原则、按制度、按程序办事和具体准确的特点,因此,在经济法律制度的建设中,究竟是从简好,还是从繁好,这要从实际情况出发,既不是越简越好,也不是越繁越好,而是既要符合复杂的客观经济情况,又要方便群众遵守执行。该简化的要简化,该繁的要繁。这些年的经验表明法律还是备而不繁,简明扼要为好。我国的税收法律制度,曾在很长的一个时期内一味追求以简化税制为主,结果税种越来越少,管理越来越松,对国有企业竟只征收一种税,对许多经济活动没有制定适当的税收制度。特别是以前在对外经济交往中,人家税种多,我们税种少,结果,经济上吃了亏。这是一个深刻的教训。后来,在改革开放的一个时期,税种又发展得越来越多,全国曾一度出现了42种税,这些税种之间重复,矛盾很多,繁杂得很,直至1994年新税制改革才逐渐解决了这一问题。财经纪律规章一定要体现经济法制的精神,但不能代替和违背经济法制,财经纪律和规章又是实现经济法制的重要手段,同时,应当摆正纪检部门和司法部门的关系。

(五)要正确处理经济立法与经济执法的关系,解决执法难的问题

经济立法是必不可少的。有了经济立法,还必须有财经监督乃至经济监督机制、经济司法以及必要的刑事制裁来保证其贯彻执行。财经监督是对违反财经纪律的行为实行领导的群众的专门机构的监督,是对整个经济工作的一种综合性的监督,这是一种属于行政性的追究行政责任的监督。同时,还必须运用经济司法的手段,追究必要的经济责任,进行必要的经济制裁以及运用刑罚手段追究必要的刑事责任,进行必要的刑事制裁,这样才能发挥经济法制的权威性。经验表明,对违反经济法律、法规的行为,不论任何单位、任何个人都要视情节轻重,一律追究行政的或经济的或刑事的责任。

(六)要准确定位经济法调整对象和内容,正确处理经济法与其他部门法以及经济司法之间的关系

经济法的重要性在社会主义市场经济和依法治国的条件下,已越来越被人们所

理解和认识,市场经济是法制经济,经济法是依法治国不可缺少的组成部分,是实现人民群众当家作主管理国家经济事务的重要途径。但是经济法作为一个法律部门和法律学科,对其调整对象和范围一定要有一个准确的定位,一方面不能从表面上来理解,把凡是同经济有关的立法都看成是经济法,如果是这样,那就对其他的法律部门和学科是一种侵犯。另一方面也不能认为经济法就没有自己特定的调整对象和确定的范围。理论和实践证明经济法是国家为了保证经济继续协调发展而制定的有关调整国民经济管理关系和市场运行关系的法律规范的总称。如果说民法的基本精神在于平等,行政法的基本精神在于指挥与服从,那么经济法的基本精神则在于协调与干预的统一。这是经济法的核心和灵魂。法律的调整对象是指法律所调整的社会经济关系。经济法的调整对象也就是经济法所调整的社会经济关系。经济法的调整对象主要包括:国民经济管理关系、经济组织内部关系、市场运行关系和涉外经济关系这四方面的内容。这种定位在现阶段是科学的、是经得起考验的,它能够同传统的民法、行政法、刑法以及其他部门法区别开来。

至于经济法同经济司法的关系,一般说来,一个独立的法律部门必须有相应的司法来保证法律的实施。经济法作为一个新兴的独立的部门法,一经出现就建立了相适应的经济司法制度,经济法是我国法律体系的新分类和新发展,经济司法制度也是我国人民司法制度的重大发展,在比较长的时期内经济司法在实施经济法律、法规,调解和审判经济案件,维护社会主义一定范围的经济关系,起了积极的作用。但同时也由于经济法调整对象和范围的不确定,给经济司法的受案范围也带来了不稳定性,产生了与其他审判工作的重复。而在 2000 年 10 月,最高人民法院在进行审判机构调整过程中,却把经济审判机构划归为民事审判机构之中,引起了经济法学界的关注,对经济审判制度的完善和经济立法的发展等问题展开了热烈的讨论。

(1) 经济法学界认为,经济审判及其运作是经济法学研究的重要内容,关系经济法的发展和国家司法制度的完备,不能因为这些年来对经济审判的基础理论研究不够,对经济司法的理论支撑和维护不力,经济审判及其运作的不完善,而对经济司法一并撤销。

(2) "经济庭取消论"扭曲了经济庭乃至法院与经济体制的正常关系。我们认为经济庭有存在的合理性,不应取消。正确的做法应该是对现有经济庭进行重构,其受案范围可以定位在以下几个方面:反不正当竞争案件;产品质量案件;消费者权益纠纷;反垄断案件;证券、期货案件;破产案件;涉及企业改制的经济案件;反倾销案件;等等。[①]

(3) 经济审判庭和行政审判庭组织机构虽然合并,人民法院组织法也可能修改,但这也只是名义上的变更,经济审判的任务仍然存在,经济工作、管理、发展中的矛盾与冲突仍然存在,仍需要法律解决机制来消除和转化。

---

① 参见盛杰民:《论我国经济审判庭的重构》,载漆多俊主编:《经济法论丛》第 3 卷,方正出版社 2001 年版。

总结新中国成立以来特别是改革开放以来我国经济法制建设的情况,使我们深刻地认识到:什么时候重视和加强经济方面的立法,经济工作和经济体制改革就能更好地发展;反之,什么时候放松、忽视以至破坏了经济方面的法制建设,就会使经济工作和经济体制改革遭受损失。现在,我国正处在社会主义初级阶段,全党全国人民面临着逐步实现社会主义现代化,把我国建设成为富强、民主、文明的社会主义国家,建设成为和谐的小康社会的伟大历史任务,经济和法制一定要坚持两手抓,两手都要硬。

第二章 经济法的概念和调整对象

我们在首版绪论中论述了经济法学是以经济法律规范为研究对象的科学。本章将着重论述经济法的概念和调整对象、经济法的本质和特征。这些都是经济法中带根本性的问题。

第一节 经济法的基本范畴

对于什么是经济法,即经济法的含义问题,有广义和狭义两种理解。

从广义上来理解,经济法就是调整经济关系的法律规范的总称。经济关系通常也叫生产关系,是在生产、分配、交换、消费过程中,人与人之间发生的财产物质利益关系。在社会主义制度下,"经济关系也就是国家机关、企事业单位、各种经济组织以及公民个人为了实现经济建设的任务和各自经济利益的需要,相互之间在生产、分配、交换、消费过程中发生的财产物质利益关系"[①]。如果说经济法就是调整这样一种内容十分宽广的所有经济关系的法律规范,那么,就把经济法调整的范围弄得太广泛了,并且要同历来调整经济关系的其他法律部门相重叠。因此,我们不能从这种笼统的经济法概念出发来谈经济法,不能停留在这种经济法概念的认识上,而必须进一步揭示出经济法的科学含义,指出经济法狭义的概念,借以规定经济法的确切范围,明确经济法的真正内涵,把握它的实质。从狭义上讲,我一直认为,经济法是调整一定范围的经济关系或者说特殊范围的经济关系,而不是所有的经济关系。至于一定范围或特殊范围的含义,我在1981年8月出版的《经济法简论》中曾指出:"经济法的调整对象是在国民经济管理过程中和各种经济组织之间的经济活动中所发生的经济关系。"到1987年4月出版《经济法概论》第三版时,我对经济法的定义是"国家为管理和干预国民经济而制定的调整国民经济管理,国家与经济组织和经济组织内部在经济活动中发生的纵向经济关系以及在一定条件下的某些横向经济关系的法律规范的总称"。这种概括法是在我国《民法通则》颁布后形成的。我国市场经济体制目标确立后,我经过深入思考,在1994年、1995年对经济法的概念有了新的修正,即经济法是国家为了保证经济协调发展而制定的、有关调整国民经济管理关系和市场运行关系的法律规范的总称。这里所称的"协调"具有广泛的含义,包括协作、协同、调剂、协理等含义。如果说在计划经济体制下,经济法扮演着直接组织和干预国民经济运行的角色,那么,在市场经济体制下,支配国民经济运行的主要是供求规律、价值规律和竞争规律,而经济法则主要对这三大规律所表现出来的经济运行秩序进行协调,把

[①] 刘隆亨、李必昌:《经济法漫谈》,载财政部财政科学研究所编:《财政研究资料》1980年第39期。

原始的、自发的、不规则的经济秩序通过经济法的协调形成统一的、和谐的、很有生气的经济秩序。其协调的方式包括引导、规制、调剂、协理、服务、监督等手段,使各种不同层次、不同部门、不同行业、不同区域的经济关系有机地结合起来,使国民经济持续、稳定、高效地发展。如果说民法的基本精神在于平等,那么经济法的基本精神则在于协调与干预的统一,这是经济法的核心和灵魂。国内几家有代表性的著作的观点与此类似。到目前为止,我们认为这种定义还是比较科学的,既能避免经济法同历来调整的经济关系的其他法律部门重叠,又能从总体上指出经济法的本质和特征,也符合经济法自身的由来和变化的实际情况。

因此,经济法的概念可以归纳为:国家为了协调国民经济发展而制定的调整国民经济管理关系和市场运行关系的法律规范的总称。它包括三层意思:(1)经济法的目的;(2)经济法的调整对象;(3)经济法的内容。对经济法概念的这一理解,是本著作1995年至2000年所形成的理论观点。

为了准确地探索经济法的概念,我认为首先应当从研究经济法的基本精神入手,进而确立经济法的科学概念。在20世纪市场经济发达的国家里,对经济法的基本精神和核心作用强调的是国家对经济的干预,在社会主义计划经济和有计划的商品经济的年代,经济法强调的也是干预,国家干预是经济法的核心,但到社会主义市场经济的时代,又出现了经济法的基本精神是协调的观点,同时也还仍然坚持经济法的核心是干预的观点,这两种观点似乎不很统一,我认为在进入经济全球化、市场化、现代化和民主法制化的世界范围内,以及在我国社会主义市场经济体制日益走向完备的今天,经济法的基本精神应该是既协调又干预,是协调与干预的统一。这就是经济法的基本精神,这是从20世纪末到21世纪初或中叶,我国经济法和经济法学发展的第三阶段[①]的基本特征。

"所谓干预是指国家和社会对经济事务的过问、干涉、参与、制止、管理等,既包括对过去不过问、不干涉的经济事务,要过问、要干涉、要管理,又包括对新的经济事务要过问、要干涉、要管理,还包括不该过问的、干涉的、管理的也硬要过问、干涉和管理。"

这种协调和干预相统一的理论观点,在不同的经济体制条件下和在同一个体制条件下,都起作用,只不过强调的侧面不同。从辩证的观点来看,不能只强调一个方面,而否定另一个方面,它只能有主次的不同。实行对经济协调和经济干预相统一的理论观点,我在中国人民大学法学院成立50周年的"经济法在当代的国际研讨会"上,已经提出了"在新的历史条件下,经济法的精神就在于协调和干预"的思路。我们认为,以这两论为基点,该协调的协调,该干预的干预,并且协调中也有干预,干预中也有协调,在这种理论的基点上,一方面实现经济法理论对经济实践的指导和促进作用;另一方面从经济实践中又丰富和发展经济法的理论。

---

① 改革开放以来我国经济法经历了从1978年到1992年的创建阶段;从1993年到20世纪末经济法构架的形成阶段,从20世纪末进入21世纪经济法的发展阶段。

我们把经济法的精神定位在协调和干预的基本理论上,这是由我国的计划经济体制过渡到社会主义市场经济体制的客观情况的反映,因为在以经济建设为中心的情况下,国家急需对经济工作进行过问、干涉、参与和管理,充分发挥国家对经济工作的组织、领导、管理的职能作用。因此,强调经济法对国民经济的干预是符合客观情况需要的。在计划经济和有计划商品经济的年代,国家的经济立法都贯穿了国家对经济的干预,全国的经济法学教材、专著、工具书、经济法课程,也都几乎异口同声的声称经济法要干预经济。在由计划经济向市场经济转变的重要年代,国家的职能和作用发生了变化,由直接管理经济到运用经济手段、法律手段,间接调控经济,这是市场经济的客观要求。正如中共中央《关于建立社会主义市场经济若干重大问题的决议》所指出的那样:"市场经济是在国家宏观调控下,发挥市场对资源配置起基础性作用的经济"。在这种情况下,强调经济法的精神是协调,既突出了市场的主体地位,又肯定了宏观调控的作用。同时,一方面反映了国家职能变化,另一方面,又反映了市场经济的客观要求。但必须指出,如果只讲协调而不提干预那也是不完善的。因为在任何市场经济体制条件下的任何国家都存在对经济不同程度的干预。比如我们中国"九五"、"十五"计划虽然重在协调眼前利益与长远利益、全局的利益和局部的利益的关系,以及发展的规模与效益、数量与质量的关系,但也都体现了对经济的干预成分。

综上所述,我们认为经济法的概念可以修正为:经济法是指国家为了协调与干预国民经济发展而制定的调整国民经济管理关系和市场经济运行关系的法律规范的总称。这是我们对经济法概念的新概括。

另外,还需要明确以下几个概念:

经济法学或经济法科学是以经济法律规范及其所调整的社会经济关系为研究对象的法律科学。

经济立法是指国家按照法定的程序和权限制定、颁布、修改、废除经济法律、法规的活动。

经济法制是指把经济工作纳入法制的轨道,包括经济立法、守法、执法和法律实施的全部内容。

经济法治是指广大人民群众在共产党领导下,依照宪法和法律的规定,通过各种途径和形式,参与管理经济事务,实行对经济事务的民主决策和民主管理,保证国家和社会各项经济工作和经济发展都依法进行,逐步实现社会主义经济管理和经济发展的民主化、法律化,实现人民群众对国家经济事务当家作主的权利。

第二节　经济法的调整对象

一、经济法的调整对象

我们说,经济法的调整对象是国民经济管理关系和市场运行关系。具体说来,包含以下五个方面：

（一）关于国民经济管理中的经济关系的法律调整问题

关于国民经济管理中的经济关系的法律调整问题也就是从宏观角度对国民经济管理纵向关系的法律调整问题。这是经济法调整对象的核心部分。所谓国民经济管理，就是国家和社会对社会生产部门、流通部门和其他非生产部门（包括工农业、建筑业、交通运输业、商业、对外贸易、科学技术、文化教育、城市公共事业等）进行领导、组织和指挥活动，统称管理活动。

国家对国民经济管理的手段主要包括：经济手段、行政手段、法律手段。这三种手段彼此联系，又互相渗透。而行政手段和经济手段也都要通过法律手段来实现。

在国民经济管理的经济关系的法律调整内容主要包括：

（1）确定各级经济主管部门，即中央、地方、企业以及职工等权利主体的法律地位及其权利与义务；

（2）确定国民经济管理的体制和范围；

（3）确定国民经济管理的基本原则和方法；

（4）确定计划调节、市场调节的形式和范围，规定经济活动的形式；

（5）确定国民经济管理中一定的经济活动程序；

（6）确定国民经济管理机关和各种经济组织的经济责任、行政责任和法律责任。

（二）国家与各种经济组织之间在经济活动中发生的经济关系的法律调整问题

国家与各种经济组织之间在经济活动中发生的经济关系的法律调整问题也就是国家和国家经济主管机关对企业的组织和管理这种纵向经济关系的法律调整问题。这是经济法调整对象的重要组成部分。所谓经济组织，就是指独立经营或自主经营、独立核算、自负盈亏的经济活动单位，通常又称企业单位。这种企业单位与非经济组织性质的行政、事业单位的区别就在于前者是从事经济活动，并以营利为目的，实行独立核算、自负盈亏；后者不从事经济活动，或不完全独立核算，或虽然也从事某种经济活动，但不是以营利为目的，不独立核算，不自负盈亏或不完全自负盈亏。由于企业包括国有企业、集体企业、私人企业、合营企业、外资企业、合作企业，股份制企业，国家同这些企业之间的经济关系的性质是不同的，反映在经济法律关系上，各企业的法律地位、法律调整的原则和方法也就不同。例如，国家同国有企业之间的经济关系，从所有权来说，国有企业的所有权属于国家所有，国家是国有企业所有权唯一的主体，是任何部门、单位和组织所代替不了的，但国有企业的经营管理权属于国有企业。扩大国有企业的自主权就是扩大国有企业的经营管理权，使企业真正成为相对独立的经济实体，成为自主经营、自负盈亏的社会主义商品生产者和经营者，成为具有一定权利和义务的法人，使企业对自己的经营状况真正承担责任。集体企业的所有权和经营管理权都是集体所有，国家不能搞"一平二调"，但要进行必要的干预。至于国家同中外合资经营企业、中外合作经营企业、外资企业的经济关系，那就更为复杂了，既有国际资本关系又有涉外税收关系。国家同企业之间的关系在经济法方面大量的还是国家同国有企业、集体企业之间的经济关系。国家对这些社会主义所有制企业的管理,随着经济体制改革的发展,将由过去以国家对企业的直接控制为主转向间接调控为主的轨道上来,将由过去主要依靠行政手段的办法管理企业改为通过经济的、法律的以及必要的行政手段对企业进行适当地管理、指导、协调和检查。总之,国家通过市场机制、计划体系、价格体系、税收分配、信贷制度、审计、计量、质量检验等对企业进行调控。这就要求制定和完善宏观调控法以及经济监督立法,其中包括公司法、全民所有制工业企业法、计划法、物价法、市场管理法、税收法、信贷法、固定资产投资法、审计法、统计法、计量法、产品质量法、标准化法等经济法律、法规,以调整国家同企业之间的关系。

（三）关于各经济组织内部的纵向经济关系

各经济组织在管理过程中发生的经济关系,是指各级经济组织内部的经济管理,如经济组织的权限与责任、管理体制与领导制度等。领导机构与下属生产组织的关系、总机构与分支机构之间的关系,其特征是国家宏观调控下的相对独立性,纵向横向关系交错,主要用经济责任制和经济合同调整。而经济法则是调整其纵向经济关系。

（四）关于市场运行关系

市场运行关系是经济组织进入市场,在市场运行中发生的经济关系,是计划经济体制中一定条件下的某些横向经济关系发展而来的,在进入市场经济体制后,在市场运行过程中出现的经济关系主要指经济联合与协作、经济竞争与互通关系,一般包括以下五类：

（1）经济联合关系。这是企业等社会经济进行合并、兼并、改组、重组经济实体过程中所发生的经济关系,国家产业政策对这类关系影响很大。

（2）经济协作关系。这是各经济组织之间进行生产协作,业务往来过程中所发生的经济关系,它不发生组织上的合并,一般与国家的规划、计划相连,与国家的整体部署相关。

（3）经济竞争关系。这是各经济组织为追求自身经济利益进行竞争的过程中所产生的经济关系,国家市场机制的形成与发展对这类关系影响很大。

（4）资金融通关系。资金融通是商品流通的货币表现,它包括各种借贷行为,资金的筹集和运用,金融市场的资金交易。资金融通关系是市场经济运行必不可少的组成部分,国家的货币政策对这类关系影响很大。

（5）市场的准入与退出关系。在实行优胜劣汰过程中,市场的开放与关闭,经济组织的成立与破产,国家的宏观政策、奖限政策、财税贸易政策、工商政策对这类关系影响较大。

（五）涉外经济关系

涉外经济关系是指这类经济关系的主体、客体、内容中的一项或几项具有涉外因素而发生和存在着的经济关系。这类经济关系包括在对外贸易、涉外税收、涉外经济合同以及外资企业等方面所产生的经济关系,也是我国经济法调整对象中不可缺少的组成部分。国家的对外政策及其立法形式影响这类关系的变化。

综上所述,从我国实际情况出发,经济法的调整对象主要包括如前所述的五个方面的经济关系,即国民经济管理关系、国家和经济组织之间的关系、经济组织内部关系、市场运行关系和涉外经济关系。

二、研究经济法调整对象的意义和学术界的争论

经济法的对象问题,涉及一个国家经济法体系的建立、经济法律法规的制定、经济法典的编纂、在经济司法实践中对法律规范的正确运用等问题,还涉及与邻近法律部门的关系及学科的划分问题。因此,经济法的对象是经济法科学的一个基本问题。

对这个问题,国内外法学界一直存在着不同意见。长期以来国内法学界大致有下列几种观点:

(1) 经济法没有自己的统一独立的调整对象,它试图调整的经济关系只不过是行政、财政和民事法律规范调整的对象而已。经济法作为一个学科来研究是可以的,但不是一个部门法。

(2) 经济法只调整国家经济主管机关、经济组织、事业单位在国民经济管理中的经济关系。认为"经济法的权利主体是国家,义务主体是企业"。这种观点又称为"行政经济法论"。

(3) 经济法是调整各种经济关系的法律规范的总称,包括调整单位之间、单位与公民之间、公民之间在从生产到消费过程中所发生的纵的和横的经济关系。也就是说,凡是经济关系都是经济法调整的对象,凡是调整经济关系的法律规范都是经济法。

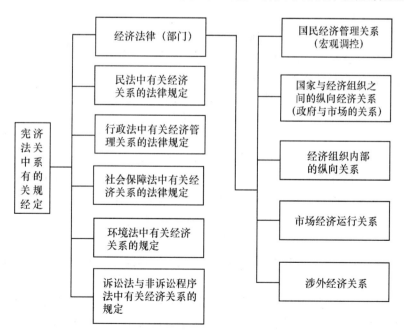

图 2.1 调整经济关系法律体系图

上述的不同观点都有各自的道理,但有局限性。本书将这些观点列举出来,供大家研究。现在,多数同志认为经济法的调整对象既不是没有,也不是无所不包,而只是调整一定范围的经济关系。有的学者称为特定范围的关系,"一定"或"特定"字面上差不多少。

根据我国的经济生活实践,从我国实际情况出发,我们认为经济法的调整对象是国民经济管理关系和市场运行关系。具体地说,包括如前所述的五个方面的经济关系。对于上述关于经济法调整对象的不同见解,只要我们肯于学习,善于学习,我们就可以从各种不同见解中取长补短,吸收有益的东西。调整对象争论的最后解决,不仅有待于经济法理论研究的深入发展,更有待于经济法制建设实践的检验,而当我国民法典和经济法纲要制定之后,其问题就将更为清楚了。如果从我国调整经济关系法律体系图来看,经济法的调整对象也就更容易掌握了。

第三节　经济法三个组成部分的确立和发展

为了进一步说明经济法的调整对象和范围,促使经济法和经济法学的研究更加集中和精细化,有进一步挖掘它的来源和限定经济法范围的必要,使经济法学建立在更加科学的基础上,避免经济法仅仅是一种手段,而不是一个成熟的、独立的法律部门和法律学科的现象。

一、市场规制法

市场规制法也就是对市场主体和秩序的规制法体系。老牌市场经济国家在这方面制定了大量的法律法规,为我们提供了有益的借鉴。我国在不断总结自己的经验的基础上也制定了不少关于市场规制的法律。

我国社会主义市场经济虽然不断走向完善,但由于种种原因,在社会经济生活中假冒伪劣屡禁不止、欺诈行为不断涌现、垄断和不正当竞争盛行、特定行业分配不公和暗箱操作普遍、权力寻租和商业贿赂现象严重等等,致使我国的市场经济建设和发展中矛盾、冲突经常发生。虽然我国也在进行整顿和治理,但如果我们更加明确提出要统一加强对市场秩序的规制,那就更好了。所谓规制,就是对市场秩序进行调整、规范、治理,并不断进行改革,以使其完备。其内容包括对市场主体的准入和退出的规制,对市场经济运行中商品、技术、服务交换的规制,对公平竞争、产品质量、产品价格、消费者权益保护的规制,对资源开发和利用的规制,对资金流通和信用工具运用的规制,对质量和标准化的规制等。其手段包括观念的转变、综合治理与专项治理相结合的方法以及行政手段和科技手段相结合的方法。所谓观念的转变,即树立诚实信用、有序竞争、民主法治、政府引导、市场监督的理念。而综合治理与专项治理相结合的方法中,综合治理就是在国务院统一领导下由工商、财政、税务、海关、物价、交通、公安等部门参加,有计划、有步骤地整顿和治理;所谓专项治理,就是一个行业一个行业、一个市场一个市场的治理与规制。所谓行政手段和科技手段相结合的方法,即对复杂的市场经济和不良现象只有采用合法有效的行政手段和先进的科学技术手段进行管理,才能收到良好的效果。西方的市场经济经过了几百年的变化发展历史,才有了今天比较成熟的体制和运行的局面,而我国的市场经济从 1992 年算起也只有二十年的历史,因此要实现中央提出的完善市场社会主义市场经济体系的目标,必然要经历一个不断规制、不断发展的过程。充分发挥经济法对市场规制的作用,实现市场经济秩序的良性循环,这也是经济法义不容辞的职责。

二、宏观调控与经济监督法

宏观调控与经济监督法体系是经济法的核心内容。对宏观调控的概念有多种理解。(1) 宏观调控亦称国家干预与调整,是政府对国民经济的总体管理,是一个国家政府特别是中央政府的经济职能。其经济调节,是国家在经济运行过程中,对市场发育和运行,对社会经济总体的调节与控制。(2) 宏观调控就是政府实施的政策措施以调节市场经济的运行。(3) 宏观调控是对经济运行状态和经济关系进行干预和调整,把微观经济活动纳入国民经济宏观发展轨道,及时纠正经济运行中的偏离宏观目标的倾向,以保证国民经济的持续、快速、协调、健康发展。宏观调控的过程是国家依据市场经济的基本规律(供求规律、价值规律、经济周期性波动规律、货币流通规律),实现总量平衡,保持经济持续、稳定、协调增长,而对货币收支总量、财政收支总量、外汇收支总量和主要物资供求的调节与控制。它运用调节手段和调节机制,实现资源的优化配置,为微观经济运行提供良性的宏观环境,使市场经济得以正常运行和均衡发展的过程。其意义是国家对国民经济总量进行的调节与控制,是保证社会再生产协调发展的必要条件,也是社会主义国家管理经济的重要职能之一。我国宏观调控的主要任务是:保持经济总量平衡,抑制通货膨胀,保持国际收支平衡,加快经济发展方式转变,促进经济结构优化,实现国民经济稳定增长。宏观调控的方式主要包括运用财税政策、货币政策、产业政策、就业政策、国土资源开发政策、进出口政策、价格政策等,它们对国民经济的发展起着导向性作用。例如国土资源开发政策与制度,就包括优先开发、重点开发、限制开发、禁止开发等限制、奖惩政策,这些政策的运用就能够使我国国民经济的发展沿着经济发展规律的要求,防止震动,保证既有速度又有质量的发展,既能发挥市场经济的基础性作用,又能保证国家指导性作用。宏观调控政策用好了就能保证国民经济平稳快速发展。第十一个五年计划我国国民经济发展速度平均在 9% 以上,发展质量和水平不断提高,这都与我国宏观调控政策的连续性、针对性、有效性是分不开的。

经济监督法有的学者把它单列为经济法的重要内容进行编排,本书一直把它和宏观调控法编排在一起,只是为了进一步说明经济监督法和宏观调控法的密切关系。所谓经济监督法一方面就是用法律规范的形式对一定范围的经济内容、经济工作、经济制度实施法律监督;另一方面也含有保证经济法实施贯彻的意义。其内容与范围也不少。按照经济监督法的特点不同,除了经济杠杆方面的监督法之外,还有数量监督法(统计法、会计法)、技术监督法(标准化法、计量法)以及审计法等专门监督法。

详细阐述见本书的第二十章第二节。同时,还有行业协会监督、工商管理监督,以及司法监督等法律法规体系。所有这些监督的目的是保证国民经济运行的畅通,减少风险,达到经济发展的合法性、安全性和效益性的统一。

三、资源分配与保护法

古代工商主义者就已经提出把经济法当作经济分配法,后来在美国也强调对钢铁、石油资源的分配,在日本还强调了对资源产品的统制和分配,并制定了《农地法》,在苏联(俄罗斯),把科学技术产品的分配也列入了经济法。在南斯拉夫,也有把原油供应、生产原料、产品供应作为国家机关进行分配的规定,并且在新《宪法》中作出了强调。在新中国改革开放前,也强调了对重要物质资源的管理分配(具有强烈的主观意志性的色彩)。改革开放后更是强调了对自然资源、矿产资源的配置和保护(具有浓厚的客观市场性的特色)。因此,把资源分配与保护(含水、土、森林、草原、矿产资源、科技资源、国有资产)视为经济法的重要组成部分,既体现了历史的和国际的渊源和发展,更具有宏观调控的重要战略意义。关于资源分配与保护法的具体内容本书第六篇作了四章阐述。

至于经济司法,虽然是经济法的程序法,但也必须作为经济法的内容进行研究。这在本书的第七编经济矛盾和冲突的法律解决机制的编目下,进行了全面的安排,内容比较详细。

第四节　对经济法的本质和特征认识的深化

我们在论述经济法的概念和调整对象之后,还必须进一步分析经济法的本质和特征,以掌握经济法的实质。经济法的本质和特征是由我国社会关系的性质和特征所决定的。

一、经济法的本质

经济法是适应经济基础的要求而产生的,并且随着经济基础的改变而发生相应的改变。适应经济基础要求的经济法律法规能够促进经济的发展,反之,则会阻碍经济的发展。就本质而言,经济法是统治阶级的意志在经济领域中的法律体现,反映了统治阶级干预经济领域和维护经济利益的强烈愿望,是统治阶级在经济领域中行使权力的一个重要手段,也是国家及政府经济领导部门和经济组织的领导者运用法律手段管理和协调经济活动,维护社会主义市场经济秩序的重要保障。

社会主义国家的经济法与资本主义国家的经济法虽然在一定范围有相同的地方,但是必须看到还存在着本质的差异。资本主义国家的经济法是建立在生产资料私有制基础之上,为资本主义国家和资本主义社会服务的。也就是说,在资本主义制度下,它是体现资本主义国家指导和干预国民经济的意志和要求而制定的法律,它是以私人企业竞争为前提,由国家通过法律形式来干预、限制、调整资本主义经济的盲目性发展,来缓和中小企业和广大劳动人民同垄断资本的矛盾,以维护资本主义国家的统治和资本主义社会的发展。由于资本主义社会的基本矛盾是由资本主义所有制形成的,因此,建立在资本主义所有制基础上的经济法,当然解决不了资本主义社会的基本矛盾。然而必须看到,经济法对资本主义经济的盲目发展,也有着某种控制性的作用,影响着资本主义国家国民经济和社会发展,这也就是经济法为什么最早在资本主义国家出现和得到发展的原因。社会主义国家的经济法是社会主义经济基础的产物,是社会主义经济规律的反映,是工人阶级和全体劳动者意志的体现,是全社会劳动者管理经济的手段。社会主义国家的经济法是国家为实现工人阶级和全体劳动者的根本利益而制定的法律,是实现人民群众当家作主管理国家经济事务的权利。国家通过法律的形式规定国民经济管理和各经济组织的经济活动,以促进社会主义经济的发展,不断满足国家和人民的需要。作为社会主义社会的上层建筑的经济法,对于巩固和发展社会主义的经济基础,促进社会主义物质文明与精神文明建设有着显著的作用。

二、经济法的特征

在不同社会制度的国家里,经济法的对象和本质是不同的。在同一个国家里,经济法和其他部门法比较,也有自己的一些特征。

(一) 从法律组成的形式讲,经济法是一系列单行经济法律规范的总称,是一种带有综合性特点的法律

经济法是一个总的名称,它是由一系列单行经济法律、法规组成的,是一种范围相当广的带有综合性的法律。在我国,自 1979 年至 1995 年,经全国人民代表大会及其常务委员会通过颁布的经济法律规范就有《中华人民共和国中外合资经营企业法》、《中华人民共和国个人所得税法》、《广东省经济特区条例》、《中华人民共和国海洋环境保护法》、《中华人民共和国统计法》、《中华人民共和国森林法》、《中华人民共和国会计法》、《中华人民共和国计量法》、《中华人民共和国渔业法》、《中华人民共和国矿产资源法》、《中华人民共和国公司法》、《中华人民共和国外资企业法》、《中华人民共和国企业破产法(试行)》、《中华人民共和国反不正当竞争法》等 70 多部。同时,国务院也发布了大量的经济法规。此外,各省、市、自治区人民代表大会及其常务委员会在不同宪法、法律、行政法规相抵触的前提下也制定了许多地方性的经济法规。这些单行经济法律规范都调整国民经济管理、国家与经济组织、各经济组织内部的纵向经济关系、经济运行关系和涉外经济关系。我们通常说的经济法,就是指这一系列单行经济法律、法规的总称。社会主义的国民经济管理和市场经济运行是一个庞大而严密的整体,经济法也就既广泛又综合。

(二) 从法律内容上讲,经济法同社会主义经济的关系更为密切,与经济基础更为直接,是一种具有经济性特点的法律

经济法调整的对象决定了它具有突出经济性的特点。经济法所调整的是国民经济管理和各经济组织的经济活动。经济法的制定是以客观经济条件和经济事实

为根据的。经济法所维护的是国家、企业和个人合法的经济权益,它所反对的是对国家、企业和个人合法经济权益的损害。所以,经济法是统治阶级经济利益的直接反映,既直接反映了经济基础的要求,又是对国民经济的直接调整。经济法是国家用法律手段,按经济规律组织和管理经济的工具,是保障国家在经济上实现四个现代化的有力武器。因此,对经济法的遵守或违反都直接关系到国家和人民群众的经济利益。

(三)从调整对象的特殊性讲,经济法同科学技术、自然规律的关系十分密切,是一种具有效益性特点的法律

所谓效益性,就是按客观规律的要求,讲究经济效果,获得最佳的经济效益。经济法不仅是经济规律的反映,而且还是自然规律和科学技术规律的反映。因此,经济法体现了技术性和经济合理性,以及必要的技术分析和经济分析的特点。这样,就能使国家从宏观经济的高度,对经济工作进行战略性的指导,做到按科学、按程序(如《基本建设程序》、《预算编制程序》、《会计核算程序》、《审计程序》、《纳税程序》)、按规章制度办事,明确经济责任和法律责任,进行法律监督,反对经济工作中的主观主义、命令主义和瞎指挥,避免国家遭受巨大的损失和浪费,并通过对微观经济的法律调整,充分调动广大企业及其职工的主动性、积极性与创造精神,通过生机勃勃的微观经济活动,实现国家的宏观经济政策。

(四)从经济法的功能与作用讲,经济法具有明显的限制性和促进性两种功能,贯彻惩罚和奖励相结合是一种带有指导性特点的法律

为了实现对国民经济的管理,根据不同时期国家的经济形势和经济任务制定侧重于限制或侧重于鼓励,或两者兼有的各种经济法规,以指导经济的发展。参与经济法律关系的主体在履行义务卓有成绩时就要受到法律上不同形式的奖励;违反义务就要受到法律上不同形式的制裁。这种赏罚分明的法律后果,在每个经济法律法规的末尾都有专章或专节予以规定,不仅规定了明确的标准和界限,而且还规定了由什么机关、按什么程序来实施。这是经济法与其他部门法的又一不同之点。例如,我国为了实现在某一个时期以调整或者治理整顿为中心的经济任务,改革经济体制,把经济搞上去,改革开放初期,国家颁布了关于开展和保护社会主义竞争、促进和推动经济联合等的行政法规,后来国家为了反对不正当竞争,保护公平竞争而制定了公平交易法,以及为了保持物价稳定,制止"价出多门"、乱涨物价的现象,国家制定了价格法,对哄抬物价、牟取暴利行为,以及违反市场管理者起了限制的作用。

经济法是一种具有针对性强的特点的法律。任何一项经济法律、法规的制定,都是针对一定的经济问题、经济关系、经济现象,以实现国家的一定的经济政策和任务为目的的。例如,为了确保1981年及其整个调整时期的财政收支平衡,国家作出了《关于平衡财政收支严格财政管理的决定》,以克服财政困难,顺利地进行经济调整。又例如,为了加强信贷管理,严格控制货币发行,国家要求各级政府都把实现信贷平衡、控制货币投放作为经济调整中的一件大事来抓。再例如,针对我国地少人多、土地流失严重,为了落实"必须十分珍惜我国的每一寸土地的方针,国家制定了土地管

理法",在市场经济体制下为了使土地发挥更大的作用,国家允许土地转让,开发房地产业,后又修正了土地管理法,删除了禁止土地出租的内容。这样既有利于土地的管理,又有利于发挥土地的作用。

(五)从实施上讲,经济法的实施是由国家经济行政部门和司法部门共同负责的,遵循经济司法与经济立法相结合、实体法和程序法相结合、奖励与惩罚相结合的原则

对违反经济法律、法规行为的制裁,既不像行政法那样只规定行政强制,也不像民法那样只规定民事赔偿,又不像刑法那样只规定刑罚,经济法规定了行政制裁、经济制裁、刑罚制裁等多种方法。这几种方法的综合运用,构成经济法在制裁上的特征。

第三章　经济法的地位与重要作用

经济法的地位和作用是经济法基础理论中的根本问题,第九届全国人大第四次会议明确了经济法是构建中国特色社会主义法律体系的七个法律部门之一,这是对经济法地位的科学结论。

第一节　经济法独立的部门地位在我国的全面确立

经济法在法律体系中的地位以及它与其他法律部门的关系,是国内外学术界存在争议的问题。就国内来说,认为经济法没有自己的调整对象的同志否认经济法是我国法律体系中的一个独立的部门法。我们认为经济法是我国法律体系中的重要组成部分,它应成为我国法律体系中的一个独立部门,其理由是:

(1) 经济法所调整的这一部分经济关系,既不是个别的经济行为,也不单是具体经济过程的现象,而是属于一定范围的经济关系,也就是经济领域中的一种社会关系。例如,国家对国民经济的管理这个经济领域、国家与各经济组织之间、经济组织内部在经济活动中所发生的纵向经济关系,以及一定条件下的某些横向经济关系发展成为市场经济运行关系。它们既是国民经济管理各部门工作的不可分割的部分,又是国家与各经济组织之间的一个特殊的经济领域。对这些领域的经济关系的法律规定,显然不是其他法律部门所能代替的。

(2) 经济法有统一的调整原则和方法。例如,经济工作中的民主与法制相结合原则、社会主义责权利原则、市场调节与宏观调控相结合原则以及按经济法调整的具体对象的不同所采取的特殊性原则。关于经济法的调整方法,几年来的实践经验证明,经济法的实施要由经济行政主管部门和司法部门相配合,对违法行为的处置是以行政制裁、经济制裁和法律制裁相结合实现的。它的调整方法是行政手段、经济手段和司法手段的综合运用。经济调解、经济仲裁、经济诉讼等就是经济法比较普遍采取的调整方法,或者称之为经济的、行政的、民事的、甚至刑罚的手段等综合的调整方法。经济法调整方法的统一性、多样性和灵活性是由经济法的调整对象的综合性和复杂性以及它的本质特征所决定的。

(3) 经济法作为一个独立的法律部门的出现,是适应客观经济条件发展、变化的要求,解决了相邻近的一些法律部门曾想解决而又解决不了的那部分经济关系的法律调整。它所调整的对象、原则和方法,既不是建立在对邻近的法律学科的破坏的基础上形成的,也不是同邻近的法律部门界限不清,混为一谈。所以说,经济法的出现是法律体系的一个新分类和新发展。

此外,我们还必须看到,原有的法律部门和法律体系也是随着客观经济条件的发展变化而逐渐形成的。以和经济法有紧密联系的民法为例,民法起源于罗马的"市民法",然而,"市民法"的内容是繁杂的,除民法规范外,还包括类似今天的宪法、行政法、刑法和诉讼法。随着社会经济条件的发展,又逐渐发展为"公法"与"私法"两大部门,以后又进一步将民法与刑法、民法与商法分开。到近代又出现了经济法与民法分离,而与商法合一的趋势。总之,经济法律所调整的是社会关系中的经济关系,它是经济关系,特别是生产的社会化以及国家对经济的干预日益增强的产物。

从以上几点说明了经济法是一个独立的法律部门。划分法律部门的马克思主义的传统标准,不外乎就是要有一定的社会关系为调整对象,要有统一的调整原则和方法,要能准确地区分同其他法律部门的界限。

经济法作为一个独立的法律部门在我国出现,和把它真正作为一个独立的法律部门来看待,这对于大规模的经济建设事业需要国家通过法律,特别是经济法来综合调整我国的经济关系,对于我国社会关系的新变化要求有相应的法律法规来调整这些领域的社会经济关系,对于加强和改善国家对社会主义经济的指导和法律调整,对于我国整个法律科学体系的发展,都有积极的意义。

我们高兴地看到,在第九届全国人大常委会第四次会议上,经济法律部门作为构建有中国特色的社会主义法律体系的七个法律部门之一被正式写入会议决议中。这七个法律部门是宪法及宪法相关法、民法商法、行政法、经济法、社会法、刑法、诉讼与非诉讼程序法。经济法在国家立法体系中地位的确立,是时代的需要、中国的特色和经济法自身的优势所决定的。

三十一年来,本书一直保持对经济法独立部门的论述,也是为了更好地明确经济法律部门的职责。

第二节 经济法的基本精神是干预与协调的统一

一、干预与协调产生的背景

干预是资本主义经济法最早出现的一个重要概念。从自由资本主义向垄断资本主义发展的时期(德国),同时出现了一次看得见和看不见的手的对比。到社会主义革命和民主民族革命时代,经济法在社会主义国家出现(如原苏联)。国家的干预与管理更加强化。在由计划经济向市场经济转变的年代,除了干预就是协调。在我国一代经济法学者中最早强调干预和专攻干预而又成就显著者,要算李昌麒教授了。最早强调"协调"或"协作"似乎要算杨紫烜教授和刘文华教授了。杨、刘两教授对协调又有不同的表达,杨紫烜教授主张重在国家的协调,刘文华教授主张重在社会协调。我认为经济法重在干预与协调,该观点在2001年中国人民大学法学院成立50周年召开的经济法在当代的国际研讨会上提出。事实证明这一思路基本上是正确的。[①]

---

① 参见刘隆亨著:《经济法概论》(第五版),北京大学出版社2001年版,第29页。

二、经济法干预与协调的统一论的内容和表现

第一,从干预与协调的含义来看,所谓干预是指国家和社会对经济事务的过问、干涉、参与、制止、管理等,既包括对过去不过问、不干涉的经济事务,要过问、要干涉、要管理,又包括对新的经济事务要过问、要干涉、要管理,还包括不该过问的、干涉的、管理的也硬要过问、干涉和管理。所谓协调是指国家和社会的和谐、协调,共同合作,或指协调、和睦、协和。古语说,"声律相协而八音生。"

第二,从协调与干预的辩证关系来看,这种协调和干预相统一的理论观点,不能只强调一个方面,而否定另一个方面,它只能有主次的不同。在不同的经济体制条件下和在同一个体制条件下,都起作用,只不过强调的侧面不同。实行对经济协调和经济干预相统一的理论观点。这种协调和干预相统一的理论观点,以这两论为基点,该协调的协调,该干预的干预,并且协调中也有干预,干预中也有协调,在这种理论的基点上,一方面实现经济法理论对经济实践的指导和促进作用;另一方面又从经济实践中丰富和发展了经济法的理论。

第三,我们把经济法的精神定位在协调和干预的基本理论上,这是由我国的计划经济体制过渡到社会主义市场经济体制的客观情况的反映,因为在以经济建设为中心的情况下,国家急需对经济工作进行过问、干涉、参与和管理,充分发挥国家对经济工作的组织、领导、管理的职能作用。因此,强调经济法对国民经济的干预是符合客观情况需要的。在计划经济和有计划商品经济的年代,国家的经济立法都贯穿了国家对经济的干预,全国的经济法学教材、专著、工具书、经济法课程,也都几乎异口同声地声称经济法要干预经济。在由计划经济向市场经济转变的重要年代,国家的职能和作用发生了变化,由直接管理经济到运用经济手段、法律手段,间接调控经济,这是市场经济的客观要求。正如中共中央《关于建立社会主义市场经济若干重大问题的决议》所指出的那样:"市场经济是在国家宏观调控下,发挥市场对资源配置起基础性作用的经济。"在这种情况下,强调经济的精神是协调,既突出了市场的主体地位,又肯定了宏观调控的作用。同时,一方面反映了国家职能变化,另一方面,又反映了市场经济的客观要求。但必须指出,如果只讲协调而不提干预那也是不完善的。因为在任何市场经济体制条件下的任何国家都存在对经济不同程度的干预。比如我国"九五"、"十五"计划虽然重在协调眼前利益与长远利益、全局利益和局部利益的关系,以及发展规模与效益、数量与质量的关系,但也都体现了对经济的干预成分。

第四,协调和干预在客观事务中无所不在,无所不有。例如,"十五"计划中提出11个又协调又干预的战略措施:(1)国际上要求用经济法协调WTO各成员国之间的经济贸易权益关系,干预国际经济新秩序的建立;(2)国内要求用经济法对国民经济的各个部门、行业、地区协调发展,干预地方保护主义;(3)协调经济结构、产业结构、企业结构、产品结构之间的关系,干预重复生产建设和盲目发展;(4)协调生产、流通、分配、消费之间的关系,干预各环节之间的脱节、对立以及分配不公;(5)协调和保护各类市场的有序竞争、公平竞争,维护消费者权益和市场经济秩序,干预假冒伪

劣、价格垄断、行业不正之风等;(6)协调国家积极的财政政策和稳健的货币政策,干预那些违反财经纪律、破坏财税秩序、违背金融纪律、破坏金融秩序的行为;(7)协调经济结构战略性调整中的各类经济成分,各类产业结构,优化资源配置中的利益关系,干预国有资产的流失,促进国有企业的深化改革和国有资产的增值和保值;(8)在积极稳妥推进我国城镇化进程中,正确处理大中城市和小城镇的农村地域性经济、文化中心的作用,发展工人和农民之间的物质利益关系,干预城乡差别和工农差别,走出一条符合大中小城市和小城镇一体化道路;(9)协调在实施可持续发展战略中,人口、资源、环境之间的协作关系,干预对人口膨胀、资源破坏、环境污染,坚持生态平衡的发展;(10)在实施科教兴国战略中,以高科技发展为龙头,改造传统产业,发挥人才资源的优势,转化研制成果,干预经济效益低下,技术落后的现象;(11)协调农业的基础地位,干预水土资源流失和农民负担过重的情况,确保农村、农业、农民的收益不断增长。又例如党的十六届三中全会决定中提出了16个"协调"6个"干预"。

第五,我们把经济法的精神建立在协调与干预的基点上,就可以与民法、行政法以及其他相关的法律部门从根本上加以区别。众所周知,民法调整法人和自然人之间的平等的财产关系,行政法调整国家机关上下级之间以服从和被服从为特征的行政关系。这同经济法调整对经济的协调与干预为特征的经济关系三者之间不会产生重叠和对立,或者说至少可以大大缩小这种状态。我们把经济法的精神定在协调和干预的理论基础上,有利于总结过去,迎接未来经济的挑战。只要我们坚持经济法的精神,就能立于不败之地。

第六,在确立了经济法的精神是协调与干预的理论观点后,有利于对以往设计的经济法调整对象和范围以及它的体系进行反思。从主体方面来说,进行协调和干预的经济法主体,就是社会和国家,而不是任何法人和自然人都包括在内了。因为社会是人类历史发展的载体,是生产方式变革的产物,因此,社会依法对经济的协调、干预、监督最有力量。而国家是社会的最高、最周密的组织形式,无疑国家对经济关系进行协调和干预的,显然不是所有的经济关系,而是一定范围或特定范围的经济关系,即国民经济的发展和管理关系,市场经济运行方面的经济关系,自然资源、能源和技术资源的分配关系,以及涉外经济关系。而所有的上述这种经济关系,也主要是由一个国家的国民经济的发展和管理关系与社会经济市场运行相结合或相联系所构成的经济关系。这两部分经济关系进而也可以归结为宏观调控关系,这一点同我在一系列的经济法著作中,把国民经济的发展和管理关系,当作经济法调整的核心部分,是一致的。

第七,国内外应对此次国际金融危机的冲击和复苏,展示了经济法基本精神的证实和扩展。干预与协调的统一在此次国际金融危机中不仅中国用的很成功,在国外也都做得比较好。例如,美国所采取的政府救助与市场退出相结合,重视市场原则,就是运用了政府干预与协调的统一思想,用看得见的手对付看不见的一只手,并交替使用。美国在处置这场危机中,政府的不少政策措施打破了传统的干预范围和救助范围(由传统的减税政策改为增税政策),不仅涉及有影响的金融机构,如花旗银行等,而且还包括实业公司(美国通用汽车公司)等三巨头。救助手段包括直接接管、财政注资、收购股权国有化等众多办法,但在政府救助过程中,美国政府也没有忽视市场规则约束的原则,该让市场发挥作用的就让市场发挥作用。例如,允许雷曼兄弟公司的破产,让一些资不抵债的银行退出市场,但同时又一面注资让一些中小企业免于破产。德国、法国、日本也同样如此。在国际上从2009年至2011年接连召开的三次G20集团首脑会议,协调了各国的宏观经济政策,联合行动共度时艰,并联合改组世界货币基金组织,也体现了干预和协调精神的统一。

我国近期发生的两件大事也充分表达了经济法基本精神和作用的运用和发挥,体现了干预与协调相结合的成功范例。一是从2001年到2011年中国加入世贸组织和对世贸组织的承诺过程,一方面WTO要求成员国——我国政府的贸易政策和法律规则要符合WTO的要求,另一方面我国政府对WTO所作出的承诺就是干预与协调的结果,比如削弱我国政府对国内、国际市场的行政审批、行政干预,以充分发挥国内市场和国际市场的基础性作用,而当我国国内市场法律不完备存在不少差距的情况下,我国政府履行了向世界贸易组织的承诺。如关税由15.3%要降到10%以下[①],农产品、工业品的税率也要进行调整。这是中国改革开放进程中的一件大事,标志着中国对外开放进入了历史新阶段。二是此次国际金融危机所引起的加快我国转变经济生产方式,迅速发展新兴的战略产业,调整和淘汰"两高一低"(高消耗、高污染,低产出)产业,这也是既干预又协调的结果。

第三节 经济法与相邻近的法律部门分工的关系

一、经济法与民法和商法的关系

各国的民法的含义和范围不尽相同,一些国家的经济法的含义和地位也不一样。我国学术界对经济法同民法的关系的看法即使在《民法通则》颁布以后,也尚不一致。在这种情况下,我们在简述和研究经济法同民法的关系时,必须以《民法通则》和其他经济法律规范调整对象和范围为基础,从经济状况的需要出发,结合历史传统以及未来的发展趋势加以考察。

我们认为经济法与民法的关系,既有密切的联系,又有质的区别,既相互分工,又互相渗透和协作,从它们之间的联系性或一致性来看,经济法是在民商法的基础上参合了行政法的某些因素形成和发展起来的,所以,它们之间有着历史上的联系,在经济法中还尚有民法的一些痕迹。

经济法与民法都是国家调整经济关系范围的法律规范,都是以一定范围的社会经济关系作为自己的调整对象。

---

① 我国政府承担的关税减让义务是自2002年起逐年调低进口关税。关税总水平由15.3%到2010年降低到9.8%;农产品平均关税率由18.8%降到15.2%,工业品平均税率由14.7%降到8.9%。

由于上述两点联系,民法规范的某些调整原则与方法同经济法的某些调整原则与方法有着互相渗透、互相贯通的情况,不是完全对立的。

经济法与民法的区别是:

第一,调整社会经济关系的性质和范围不一样。在资本主义国家,传统的民法是以财产所有权的不可侵犯和契约自由为前提,它所"管"的是每一个个体间的权利义务的法律秩序,属于"私法";而经济法则"管"得宽,它是从国民经济的整体出发,调整一定范围的经济关系。按照法律是现存经济关系的反映和规定的马克思主义原理,按照我国现阶段的经济关系是以生产资料公有制为基础的存在多种经济形式的社会经济关系,结合我国的立法经验,现在我国民法主要是调整社会经济关系中平等主体间的财产关系,这种经济关系的特征是社会主义商品交换关系,既包括生产资料进入市场的商品交换,又包括非生产资料的商品交换,包括生产、分配、交换、消费领域,但主要是交换、消费领域。经济法主要调整的是国家在协调与干预国民经济发展中产生的国民经济管理关系和市场运行关系。这个范围的经济关系,就其性质来说,是在国家宏观调控下的生产、分配领域中的商品关系,也包括直接为商品生产服务的商品流通的各个环节。这种商品关系的基础是生产资料公有制和社会化大生产,它主要包括为实现商品生产和商品流通,对国家财产和集体财产所实行的各个管理环节,如物资管理、财产管理、土地管理和各种资源管理等。

第二,法律关系的主体地位不同。我国民法主要调整平等主体之间的财产关系。也就是说,民事法律关系的主体是自然人之间、法人①之间以及自然人和法人之间的财产关系和人身关系。就法律地位来说,他们是平等主体之间的关系。这是由于民法是调整社会横向经济关系,而不是由纵向的经济关系所决定的。在纵向经济关系中,主体之间的法律地位就不同了,例如国家与企业之间的关系。由于纵横经济关系的复杂性,同一个主体在纵向经济关系中可能是经济法的主体,在横向经济关系中就可能是民事法律关系的主体。例如,当某企业至今还是以完成国家计划为己任,其计划完成后,自产自销那部分产品的交换所发生的经济关系就只能由民法来调整,这时,企业就成了民事法律关系的主体。可见,民事法律关系主要发生在自然人之间、法人之间、自然人和法人之间。经济法律关系的主体显然也是社会组织(包括国家经济管理机关、企业、团体等)或法人以及公民参加,但其地位是不同的,也就是说,能够参加以生产资料公有制为基础的生产分配领域中的经济关系,并成为这种法律关系主体的基本上是社会组织和少数情况下的公民,其中主要是国家

---

① 法人、法人制度是传统民法特有的制度。它的创立、发展、兴旺过程,可以说是与商品生产的发达紧密联系、同步发展的。传统民法中的法人制度在新的历史条件下,不仅适用于我国社会主义民法,而且也适用于我国社会主义经济法。由于民法和经济法调整对象的分工不同,法人在横向经济关系中是民法的主体,在纵向经济关系中则是经济法的主体。按照我国《民法通则》,法人是具有民事权利能力和民事行为能力,依法独立享有民事权利和承担民事义务的组织。法人的民事权利能力和民事行为能力,从法人成立时产生,到法人终止时消灭。法人应当具备下列条件:(1)依法成立;(2)有必要的财产或者经费;(3)有自己的名称、组织机构和场所;(4)能够独立承担民事责任。依照法律或者法人组织章程规定,代表法人行使职权的负责人,是法人的法定代表人。法人以它的主要办事机构所在地为住所。法人终止,应当依法进行清算,停止清算范围外的活动。

经济管理机关、各经济组织,而且经济法律关系主体的权利义务关系是由它们的经济性质所决定的。

第三,调整的原则不同。民法调整的原则是当事人之间的权利一律平等和完全自愿。也就是说,任何人都是完全自主地参与民事法律关系,是自由意志的表现,而在法律关系中各方的权利和义务是对等的。所以,在平等的契约自由关系中,诚实信用的原则在民法中占有突出的地位。经济法的调整原则最主要是按客观经济规律办事的原则、国家宏观调控与市场机制相结合的原则、兼顾公平与效率的原则、责权利相结合的原则等。在经济法律关系的调整中既要坚持社会组织之间的权利平等,又要服从国家宏观调控。也就是说,在经济法律关系的当事人之间不仅有平等地位的一面,而且有管理、监督关系的一面。这是经济法的特征。正如有的同志所形容的,它是自愿的但不一定是完全平等的,是等价的但不一定是完全有偿的。

第四,国家对这两种经济领域的干预程度和保护手段也不相同。先前资产阶级法学家所说的"私法"、"公法","私权"、"公权"我们暂且不去评说,社会主义国家应当干预经济关系。但由于经济法调整的这一部分经济关系是直接巩固经济基础和发展国民经济的重大问题,因此,国家的干预程度比民法调整的那一部分经济关系的干预程度应当更为强烈和深入。此外,对民事法律关系双方(或多方)当事人的权益的保护和对经济法律关系当事人的权益的保护在方法上也有所不同。民法往往采取返还财产、排除妨害、恢复原状、赔偿损失、支付违约金、赔礼道歉等方法,而经济法则有所不同。

这几点概括地说明了经济法与民法之间是有着明确界限的。

由此可见,既不能把经济法与民法完全隔离开来或对立起来,也不能把它们完全等同起来。它们是独立的法律部门,谁也不能代替谁。"民法的范围再大也包括不了经济关系的全部内容,经济法的概念再广也代替不了民法。"①我国第六届全国人大第四次会议通过的《民法通则》也是对经济法制建设的一个重要促进。一方面,从理论上和实践上有助于解决经济法和民法在调整对象和范围、调整原则与方法等方面存在的争论问题,例如,《民法通则》中的某些基本原则,公民(自然人)与法人、民事权利与民事责任等规定,对经济法同样有实际意义;另一方面,《民法通则》的制定和颁布也为经济立法提供了很多有益的经验和借鉴,如坚持理论联系实际、注意反映经济体制改革的要求等。因此,在我国社会主义条件下,民法与经济法是两个相互独立又相互联系和促进的法律部门。

民法与商法关系密切,在一些国家采取了民商合一的形式。我国从立法角度也是把民法商法列在一起。

经济法与商法的关系也是有明确界定的,我认为商法是一个比较含混的概念,用来指与商事行为有关的各种法律,如合同、代理、买卖、产权文书以及破产等等。在英

---

① 这是1980年12月陶和谦同志主持的经济法研讨会上我发言中的观点。中国人民大学著名民法学者王利明同志对我的这两句话十分赞同。

国和普通法国家,商法一般不构成一个独立的法律实体或法律部门,它不过是一个概括性的称谓,主要用来指合同法和财产法中与企业和商业惯例有关的那些内容;无论是商业性的交易还是朋友间的交易,有关这些问题的法律都是相同的。在法律上没有商人和商业行为这样的专门分类。另一方面,在某些欧洲国家,民法和商法都是独立的法律实体,常常由不同的法典加以规定,并分别适用于不同类别的人或不同种类的交易。商业交易在许多方面都要适用专门的规则,而这些规则不同于那些适用于普通消费者的规则。因此,必须对德国法中的"商人"和法国法中的"商事交易"加以界定。这种区别在某种程度上来源于罗马法中市民法和万民法的区别,后者适用于对外关系,主要是对外贸易;但它更多地来源于中世纪的商人法。

由此可见,商法在国外法制史上虽然出现过并起过相当大的作用和影响,但从未形成过一个独立的法律部门。在我国市场经济立法过程中可以借鉴商法的某些条文和立法经验,但就商法的基本内容来说,仍然划归为经济法或民法为好。因为商法无定律、无对象、无概念、无体系。至多也是民商法合一罢了。

二、经济法同行政法的关系

我国尚无行政法典。有的同志认为行政法搞起来后,经济法就有被挤掉的可能。从经济法与行政法的概念和对象来说,从各国经济法与行政法的制定与实施情况看,它们既有相似之处,又有不同之点。

行政法是调整国家管理机关在执行和指挥过程中形成的社会关系的行为规则。它包括国家管理机关的职权和责任,国家管理机关在执行指挥活动中与公民、社会团体、国家机关彼此之间的权利义务,国家管理机关执行指挥活动的方式方法,国家管理机关的设立和撤销程序,国家行政区域划分,国家行政工作人员的任免、奖惩等。

可见,经济法与行政法虽然在调整对象、调整方法的某些方面有相似之处,但两者还是有区别的。

第一,产生的历史条件和作用不同。现代意义上的行政法是在资产阶级有了宪法,在理论上出现三权分立的观点之后,作为宪法的一个补充而出现的。而现代意义上的经济法的出现则比较晚,它是19世纪末20世纪初垄断资本主义的形成和发展、国家干预经济作用的加强后才出现的,其作用主要是为了组织现代化生产,调整复杂的经济关系,保证经济的顺利发展。

第二,调整对象和性质不同。行政法调整的是行政关系,尤其是对国家行政组织活动的法律调整,不包括社会组织和经济组织的活动,其调整对象主要属于上层建筑的范畴,而经济法主要是对一定范围内的经济关系的法律调整,其对象属于经济基础的范畴。

第三,调整的原则和方法不同。经济法调整的原则是按客观规律办事原则、国家宏观调控与市场机制相结合的原则等;而行政法主要是民主化和科学化的调整原则。行政法通常使用政令、命令等行政手段的方式。违反行政法时则按行政程序解决。经济法除了有时借助于行政手段之外,通常是使用其他各种方法。违反经济法律、法规时,则按经济和解、经济调解、经济仲裁和经济诉讼程序处理。

第四,从实践来看,经济法和行政法也有根本区别。既有经济法,又有行政法,就能更好保证我国的国家机构体制改革和经济体制改革的发展,相反,单纯地使用行政法律手段是不利于经济体制改革的进行的。因此,经济法和行政法是两个独立的并行不悖的法律部门,谁也不能代替谁。

三、经济法与社会法的关系

社会法是对关于普遍具有社会意义的法律规范的总称。社会立法的大批出现是在19世纪,如当时的工厂法、学徒健康与道德准则法、劳工补偿法等,到现在涉及教育居住租金的控制立法、健康福利设施立法、抚恤金以及其他社会保障方面的立法等。在进入21世纪的我国,明确提出社会法的概念和法律部门是很有意义的,这是建立社会主义市场经济体制和实行依法治国方略、实现社会民生基本政策的必然要求。从现在我国社会立法的内容来看,主要包括社会保障法(养老保险法、失业保险法、医疗疾病保险法、工伤保险法、生育保险法);社会福利、公益事业法(救灾、扶贫、抚恤、助残、社会救助、优抚安置、公益团体事业法);教育、文化、卫生、儿童、体育等非营利的事业的立法;环保、社会公共设施的立法以及其他促进社会进步和发展的公共福利事业立法。社会法内容充实、前途广阔。

社会法与经济法具有密切的关系,在世界上社会法先于经济法产生,或几乎同时产生。社会法包含了经济法的内容,因为社会保障关系具有经济因素的属性,同时又具有宏观调控政策的性质,并且是建立市场经济的必要条件。但是经济法是专属经济性质而又调整一定范围和特定范围经济关系的法律,包括物质经济生产的经济主体对市场的投入或参与、运行与政府宏观经济调控和监督,以及对社会经济资源的分配和保护等方面的法律;而社会法主要对非物质生产的法律调整,如对社会经济福利事业的法律调整等等。因此,社会法与经济法在调整对象和内容以及调整手段和方法上又是有明显区别的。社会法在我国社会很有前途,社会立法的划分和设立有利于社会的发展和进步,有利于我国法律部门和法律学科的发展和完善。

四、经济法和刑法的关系

经济法与刑法是两个独立的部门法。刑法是规定犯罪和刑罚的法律,也就是说,它是规定什么是犯罪和如何处罚的法律。在经济法律中也往往有刑罚的条款和把经济犯罪处以刑罚的规定,故有人把经济法称为"经济刑法"。[①] 历来的刑法典中也都有经济犯罪的条款。涉及经济领域内的犯罪和刑罚也都由刑法来规定,如我国刑法就规定有"破坏社会主义经济秩序罪"。这是指以营利或获取非法利益为目的,违反经济法律、法规,破坏经济管理活动,扰乱经济秩序,致使社会主义经济遭受严重损害

---

① 在德国刑事法学界,关于什么是经济犯罪和什么是经济刑法的讨论已进行了几十年。北京大学法学院王世洲教授于1999年1月在北京大出版社出版的《德国经济犯罪与经济刑法研究》一书中对经济法与刑法的关系,以及经济刑法概念问题作了专门的研究和详尽的阐述。

的行为。同时,还规定了"侵犯财产罪"和"渎职罪"。并且对这些有关经济犯罪的定罪和量刑问题都作了规定。这是从刑法所担负的任务和犯罪类别来定的,是刑法的重要组成部分。它对严重违反经济法律、法规而构成刑事责任的案件有指导作用,是定罪和处罚的依据。这说明经济法与刑法是互相渗透、互为作用的。但是这并不能改变两个法律部门的性质。经济法与刑法在性质上是不同的。违反经济法的"经济犯"与违反刑法的一般刑事犯是不同的,在性质上前者属于法定犯,后者属于自然犯;前者的犯意、共犯关系、责任能力、未遂犯、处罚主体等与自然犯有所不同,但就对统治阶级和社会的危害来说,在本质上是一致的。更何况经济法是调整一定范围的经济关系,刑法是规定有关犯罪和刑罚的法律,违反经济法的不一定就触犯刑律,构成经济犯罪,而经济犯罪则既违反了刑法又违反了经济法。

当前,学术界对经济法中能否规定刑事罚则有不同看法。我们认为在经济立法中涉及刑事责任问题时首先要遵循我国刑法典的统一规定,但也不能绝对排斥在一定条件下,经济法律对刑事责任、刑事罚则作些补充性的具体化的规定。

第四节 经济法的根本任务和在不同历史时期的功能

一、经济法的根本任务

我国《宪法》指出:国家的根本任务是,根据建设有中国特色社会主义的理论,集中力量进行社会主义现代化建设。中国各族人民将继续在中国共产党领导下,在马克思列宁主义、毛泽东思想指引下,高举邓小平理论的旗帜,坚持人民民主专政,坚持社会主义道路,坚持改革开放,不断完善社会主义的各项制度,发展社会主义民主,健全社会主义法制,自力更生,艰苦奋斗,逐步实现工业、农业、国防和科学技术的现代化,把我国建设成为富强、民主、文明的社会主义国家。

《宪法》还规定:国家加强经济立法,完善宏观调控。经济法,作为国家意志的体现,是国家为协调和干预国民经济的发展而制定的。社会主义经济法的根本任务,是通过调整国民经济管理,国家与经济组织之间及经济组织内部在经济活动中发生的纵向经济关系和市场运行关系以及涉外经济关系,来保障和促进社会主义现代化的实现,实现我国经济发展三步走的战略目标。

二、经济法在不同历史时期的功能

(一)经济法的功能概说

法的功能,是指法对社会生活的影响。在现代社会中,经济法对社会经济生活有着巨大的影响,具有广泛的功能。但是从一般意义上来讲,经济法具有两项基本功能。

(1) 实现国家经济职能。国家的职能,包括统治职能和社会经济职能。国家的社会经济职能是指国家为了满足社会一般公共需要,管理社会公共事务的职能,如管理和干预经济,进行交通、邮电、水利等公共事务。国家经济职能的实现最初是依靠国家权力直接干预社会经济关系实现的。但是随着资产阶级法治国家的建立,政府的权力受到约束,同时国家要求干预社会经济生活的欲望却日益膨胀,因此,现代经济法应运而生。经济法中的计划法、财政法、税收法、金融法、反不正当竞争法、反垄断法、资源分配与保护法等等,直接规定了政府在经济生活的重要领域中的权利和义务,从而使政府通过其法律行为,实现国家的社会经济职能。

(2) 协调社会经济关系。法与社会经济生活密不可分。对此,恩格斯有一段精辟的论述:"在社会发展某个很早的阶段,产生了这样的一种需要:把每天重复着的生产、分配和交换产品的行为用一个共同规则概括起来,设法使个人服从生产和交换的一般条件。这个规则首先表现为习惯,后来便成了法律。……在社会进一步发展的进程中,法律便发展成或多或少广泛的立法。"①由此可见,法律从产生的那一天起,就作为生产活动的共同规则,起着协调社会经济关系的功能。但是在相当长一个时期内,由于生产力发展缓慢,法协调社会经济关系的功能并不十分突出。直至20世纪,科学技术突飞猛进,生产力水平大大提高,社会经济生活丰富和复杂化,法协调社会经济关系的功能迅速膨胀起来。当资本主义进入垄断时期,现代经济法产生并成为独立的法律部门后,法协调社会经济关系的功能就主要地由经济法承担起来,成为经济法最基本的功能之一。经济法协调社会经济关系的功能主要体现在:通过经济主体法协调各类主体间及其内部间的权利义务关系;通过产品质量法、消费者权益保护法等协调生产者和消费者间关系;通过计量法、标准化法等协调社会经济技术规范关系;通过仲裁法、经济审判立法等协调解决经济主体间的矛盾冲突;等等。

(二) 垄断资本主义条件下经济法的功能

现代经济法产生于垄断资本主义时期,这一时期经济法主要发挥着以下功能:

(1) 保证国家干预经济生活,企图摆脱资本主义经济危机。如20世纪30年代美国罗斯福"新政"时期国会制定的《银行法》、《工业复兴法》、《农业调整法》等。里根20世纪80年代上台后,国会通过的《1981年经济复兴税法》等。这些经济立法都是针对当时经济状况的恶化,试图通过国家干预予以改变。这些经济法都发挥了一定作用。

(2) 制定市场活动规则,为资本主义市场机制发挥作用提供外部条件。主要通过反垄断法、反不正当竞争法,以及卫生、计量、安全等法律、法规实现这一功能。

(3) 战时经济统制。帝国主义为了满足其对外侵略战争的需要,在战时发挥国家统制机能,对国家的一切经济生活通过经济法实行强制统制,如德、日等国,在第二次世界大战期间都制定了大批这样的经济法律、法规。

(三) 社会主义计划经济条件下经济法的功能②

社会主义计划经济条件下,经济法具有十分广泛的功能,具体体现在:

(1) 经济法是实现国家经济体制改革和经济调整,促进经济发展的法律保证。

---

① 《马克思恩格斯选集》第2卷,人民出版社1972年版,第538—539页。
② 参见刘隆亨:《经济法概论》(修订本),北京大学出版社1987年版。

(2) 经济法是巩固和发展社会主义公有制,加强社会主义物质力量的法律武器。
(3) 经济法是保障实现国民经济发展计划和社会进步计划的法律工具。
(4) 经济法是加强经济管理,提高经济效益,调动人们积极性的法制手段。
(5) 经济法是发展我国对外经济关系,加强国际经济合作的重要法律依据。

(四) 社会主义市场经济条件下经济法的功能

1992年10月中国共产党第十四次全国代表大会,在对国内和国际形势作了正确分析,认真总结以往经验教训的基础上,作出了在中国建立社会主义市场经济体制的历史性的决策。在市场经济条件下,经济法从内容到形式、体系都发生了重大变革,经济法的功能也发生了深刻的转变。首先,经济法的功能大大增强了,对社会经济生活影响越来越大,越来越深远。这是由于国民经济运行由计划经济条件下的"人治"状态转向市场经济条件下的"法治"状态,在市场经济条件下,国民经济运行的各层次、各方面、各环节都要求以法律来规制,经济法大有用武之地。其次,在从计划经济向市场经济转轨的过程中,经济法的功能也有了更新。

在社会主义市场经济条件下,经济法的功能体现在以下几个方面:

(1) 保障政府对经济运行的宏观调控,实现政府经济监督。在市场经济条件下,政府一般不再进入微观经济领域[①],直接干预企业的经济活动。政府总是通过税收、价格、预算、利率、产业政策、远景规划等间接手段对国民经济进行宏观调控,同时对经济运行实施监测,必要时进行干预。经济法的功能之一就是保证政府宏观调控和经济监督的实现,并规范其行为,防止政府权力滥用。

(2) 规范市场主体的资格和行为。国家通过经济法,对市场经济各类主体作出规定,并对各种主体具体的内部和外部权利义务关系作出规定,保证市场经济主体的规范化,以此保证经济活动的正常开展。

(3) 制定市场活动规则,为社会主义市场机制发挥作用创造外部条件,维护市场经济健康运行。市场经济需要公平、公开、公正的"游戏规则",这些现代市场交易规则,是现代市场经济共同客观规律的要求,在资本主义市场经济和社会主义市场经济条件下是基本相通的,只是各国有不同国情特点。经济法的重要功能之一就是将这些市场规则法律化,确保其不被违反,维护市场经济正常运行。这主要体现在如反垄断法、反不正当竞争法、产品质量法、消费者权益保护法以及票据法、证券法等等经济法规范上。

(4) 对各种资源进行分配和保护。资源是市场经济的一个重要因素,如森林、草原、矿产、能源等自然资源,还有科技资源。对这些资源进行分配和保护也是经济法的重要功能之一。

(5) 战时和特大灾情状态下实行必要的经济动员和经济统制。社会主义国家一旦遭受外敌入侵,就可以通过战时经济法使国民经济进入战时体制,以集中力量战胜敌人。战时一旦结束,运用经济法律手段迅速进行恢复转入和平建设。或当国家遇

[①] 只有在个别情况下,政府才直接参与微观经济活动,如政府采购行为。

到特大的自然灾害而破坏国民经济运行时,就可以通过经济法把国民经济部分或全部实行国家经济统制之下,以集中优势力量战胜灾害,当经济得到恢复,又可运用经济法手段转入正常发展时期。

(6) 在国际经济危机或金融危机的严重情势下,我们可以用经济法的基本精神和经济法律手段,抵制和防御经济或金融危机,减少经济损失或生产下滑,振兴产业经济和促进经济复苏,增强经济活力。

(7) 解决经济矛盾和冲突。市场经济是法治经济,因而要求经济矛盾也要通过法律途径来解决。经济法就要创造矛盾冲突解决机制,使各种经济纠纷得以在法律的范围内得到解决。社会主义市场经济需要加强社会矛盾化解机制,实现社会管理创新、公正廉洁执法,严格防范和依法打击经济违法犯罪活动,切实保障经济民生安全。

目前我们对经济法的功能和作用的认识还比较浅显,对其功能的运用和发挥也还很不够,这是我国经济法理论和实践中的一个大课题。

第四章 经济法调整的基本原则

经济法的原则是经济法本质的具体表现,是实现和发挥经济法作用的根本保证,也是经济立法的基础,是执行经济法律法规、进行经济管理、处理经济关系的依据。

经济法的基本原则,是指贯串在一切经济法律法规中,始终起指导作用的原则。经济法主要包括六条基本原则。

第一节 经济法基本原则的形成与发展

目前,学术界对经济法原则的提法很多。我们认为,经济法的原则,不论是基本原则还是一般原则都不是一成不变的。随着我国经济建设的发展和社会主义法制建设的完备,以及经济法研究的深入,经济法的基本原则可能不限于本章所阐述的六条,对有的基本原则的提法,允许有一个发展形成的过程,如以"计划经济为主、市场调节为辅"的原则逐渐被"计划调节与市场调节相结合的原则"所替代。又如把作为一般原则的"等价交换"原则提为经济法的基本原则也可能更好一些。这都要对理论和实践的发展进行总结和概括。经济法的一般原则也同样有这种情况。例如把"坚持自力更生和扩大对外经济技术交流相结合的原则"列为经济法的一般原则之中较为恰当。又如把"保护合法的自主权和反对权利滥用"作为经济工作的法律调整的原则之一来表述也是比较好的。

当前,在教学和研究中,对于经济法原则的讲授和阐述,我们认为要注意以下四点:(1)原则的含义是什么?(2)它为什么是经济法的原则?(3)经济法如何贯彻这些原则?(4)当经济法离开这些原则的指导,其后果是什么?等等。

第二节 按客观经济规律依法办事的原则

按照经济规律办事,是从事社会主义经济工作所必须遵循的首要原则,也是经济法的基本原则之一。经济法既是经济规律的反映,也是发挥经济规律作用的重要保证。

所谓经济规律,是经济现象和经济过程普遍的本质的必然的内在联系,这种联系是在一定经济条件的基础上形成的,是不以人们意志为转移的客观存在。人们不能消灭或创造经济规律,但可以认识和利用经济规律。在社会主义经济制度下,有哪些经济规律起作用呢?主要有三类:一类是社会主义所特有的经济规律,如社会主义基本经济规律、按劳分配规律等;一类是在一定社会中起作用的经济规律,例如价值规律、竞争规律;一类是在一切社会中都起作用的经济规律,例如生产关系一定要适合生产力发展的规律等。这些规律在社会主义经济中起主要作用。

经济规律要求加强经济立法。经济规律是社会经济中不依人们的意志为转移的客观必然性。它是一种强制的力量，社会经济的发展变化就是由这种客观的强制力量所决定。它要求人们在经济管理和经济活动中必须研究它，认识它，运用它，使经济管理和经济活动符合经济规律的要求，从而促进社会经济事业的发展。但是，由于种种原因，人们并不能或不完全能按照经济规律的要求办事，在我国经济工作中，在较长的一个时期内，在经济建设方面，由于"左"倾错误，不了解和不认识经济规律的必然性，不按经济规律办事，用主观主义、瞎指挥代替经济规律的要求，忽视经济工作的科学、民主、法制的管理，以致造成经济指挥工作中某些重大失误，国民经济各部门的比例严重失调，人力、物力、财力上的巨大浪费，使我们整个经济工作前进的步伐不够理想，社会主义制度的优越性未能得到应有的发挥。这是深刻的教训。而在以往的年代也还时常出现对经济建设急于求成、急功近利的问题以及高生产重复建设的问题，实质上也是违背客观经济规律的表现。为了能正确处理这种主客观之间的矛盾，使主观能符合客观，真正做到按经济规律办事，采取和加强经济立法是重要的一环。

经济立法反映经济规律的要求。通过经济立法，把人们对经济规律的正确认识，把按照经济规律办事的做法和经验，按照立法程序，上升为国家意志，制定一定的行为规范，并借助于这种法律的力量促使人们所进行的经济管理和经济活动符合经济规律的要求。可见，经济法与经济规律有密切的不可分割的联系，两者是在一定条件下，互相转化、互相作用的。所以，经济规律的要求决定经济立法的内容和效力，也就是说，只有按照经济规律制定的经济法，才能名副其实并发挥应有的作用。反过来，经济法也是实现经济规律要求的法律保障，它为经济规律发挥作用开辟道路。无数事实证明，只有当国家意志与经济规律相结合、相一致时，经济法的作用和意义才是巨大的。

要把按经济规律办事的原则当作经济法的一个基本原则，就要求在经济立法和执法过程中，必须随时注意客观经济条件和经济情况的变化，加强调查研究，从客观实际出发，及时提出制定经济法规的建议和措施，坚持民主科学立法。对背离经济规律，违反经济法规的违法行为，应当依法追究行政责任、经济责任、法律责任，主动地灵活地发挥经济法规的调节作用。

第三节 坚持和发展我国社会主义基本经济制度的原则

发展和保护社会主义公有制，也就是发展和保护社会主义经济制度的根本。这是国家日益繁荣昌盛、人民生活日益幸福的物质力量，是工人阶级和全体劳动者的根本利益所在，是坚持社会主义道路的基本点。一切法律都把保障社会主义公有制经济的巩固和发展当作自己的根本任务。作为以调整国民经济管理和各种经济组织及其内部的经济活动为对象的经济法，更应当把巩固和发展社会主义公有制作为经济法所必须遵循的基本原则。

社会主义公有制包括全民所有制和劳动群众集体所有制,这两种所有制是我国国民经济的主体,是社会主义经济制度的基础。另外,还有个体经济、私营经济和各种形式的联合经营的经济形式,这是社会主义经济必要的有益的补充。在我国相当长的一个历史时期内,将既有公有制为基础,又有多种经济形式同时并存,这一点在我国《宪法》第 6 条到第 12 条以及第 18 条都作了极明确的规定。这是适合我国现阶段的生产力发展状况的。因此,经济法对以社会主义公有制为主体的多种经济形式,都应当加以肯定和切实保护,使之不受侵犯。

经济法对社会主义公有制的保护,主要体现在对社会主义公共财产所有权的保护。社会主义财产所有权是社会主义公有制在法律上的表现,国家通过制定法律,以强制的力量确认和巩固对工人阶级和全体劳动者有利的社会主义所有制形式。社会主义财产所有权包括对社会主义公共财产的占有、使用、处分、收益等权力的全部内容,所以,经济法对社会主义公共财产的所有权的保护是最大的保护。当社会主义公共财产被非法占用和损害时,经济法采取经济赔偿损失、经济罚款、没收非法所得、经济司法等手段,坚决保护国家财产所有权和集体财产所有权,为保障社会主义公有制的巩固和发展服务。

由于全民所有制和劳动群众集体所有制的不同,经济法对它们的所有权的规定和保护,又有所区别。对全民所有制财产的保护,即对国家财产所有权的保护的主要原则和方法是,中华人民共和国国家是国家所有权的统一的和唯一的主体,国家代表工人阶级和全体劳动者的意志,根据全国劳动者的利益进行组织、管理和干预经济。国家对全民所有制财产实行"统一领导、分级管理"的原则,国有企业是代表工人阶级和全体劳动者管理和经营全民所有制财产的经济组织。因此,国家运用经济法律规范从法律的角度来调整国家与国有企业的关系,明确国家机关对国家财产的管理权限,明确国有企业对国家财产的经营管理权限,是很有必要的。国家还专门成立了国有资产管理机构代表国务院专门行使对国有资产的管理权。

总之,这些规定从根本上来说是对国家财产所有权的保护,尤其是对国有企业的国家财产所有权的保护,是经济法的一项重要任务。按照党和政府的方针政策的规定,经济法对国有企业的国家财产所有权的保护措施主要有:(1)国有企业的固定资产中核定的流动资金归国家所有,不得转为集体和个人所有。(2)国家将国家财产交给国有企业经营管理,企业在国家授权范围内对国家财产行使占有、使用和处置的权利。这种权利应当受到保护,不得侵犯,企业所在地的任何单位,不得向企业无偿摊派和平调财物。但是,企业的这种权力又不是绝对的、无限的。比如企业必须保证机器设备的使用合理,对破坏性使用造成国家财产损失的要负责任。又如企业行使处分权时,可将闲置多余的固定资产出租和有偿转让,但出租或有偿转让的收入必须用于购置固定资产,或用于挖潜、革新、技术改造,以及加强安全保护、"三废"处理等措施,不得移作集体福利、奖金等其他用途。固定资产的有偿转让,要按设备管理权限的规定办理。国有企业在改组、联合、兼并、拍卖、重组、托管、破产过程中,其所得的收益归国家所有,避免国有资产流失。

对待集体企业的集体财产所有权(包括乡村集体所有制单位的财产所有权、乡(镇)企业财产所有权、城镇集体企业财产所有权、合作社财产所有权)的保护主要是:(1)集体企业的财产归集体所有,国家对集体企业财产不得无偿占用,集体企业税后的收入,地方不得平调和额外摊派。集体企业财产,个人不得侵犯。(2)集体企业对自己的生产资料和资金,依法享有占有、使用、收益和处置权。禁止任何组织或者个人侵占、哄抢、破坏,或者非法查封、扣押、冻结、没收。(3)集体企业自主权的行使应当体现集体中绝大多数人的利益和意志,克服和防止把集体所有权变成少数人的个人所有权。

对个体劳动者生产资料所有权的具体保护,虽然可以在民事法规中作详细规定,但经济法律规范在调整国民经济管理、国家与各经济组织之间以及各经济组织内部的经济活动时,必然要与别的所有权发生联系。因此,经济法也要贯彻依法对个体劳动者所有权的保护原则。国家对私营经济实行引导、监督和管理的方针。

此外,对中外合资经营企业、中外合作经营企业、外资企业这种特殊经济组织的法律保护,国家颁布的《中华人民共和国中外合资经营企业法》、《中华人民共和国中外合作经营企业法》、《中华人民共和国外资企业法》,就是调整这类经济关系的重要经济法律。

经济法对国家财产所有权、集体财产所有权、个体劳动者财产所有权的保护及其对它们之间的经济关系的法律调整,对于进一步巩固和完善社会主义公有制,保护多种经济形式不受侵犯,对于在充分发挥各自的作用的基础上,促进社会主义建设事业的发展,有着重要的意义。

第四节 国家宏观调控与市场机制相结合的原则

实行宏观调控与市场机制相结合,是我国进行社会主义市场经济建设的基本原则,也是我国市场经济下新经济法的一条重要原则,它以法律的形式将经济生活中的模式固定下来。

所谓市场机制,就是在市场竞争中,在依供求关系的变化而变动的价格信号的指引下,在通过众多经济主体的决策把各种资源配置到国民经济各个部门和各个企业中去,从而使社会供给的结构不断趋向于同社会需求的结构相适应这样一种机制。它的核心是通过价值规律对社会资源的配置起基础性作用。

之所以要实行市场机制,是我国长期经济体制改革寻找到的必然出路,是与市场计划机制进行优劣比较后作出的理性选择。客观地讲,计划机制曾对我国的经济建设与发展起到过重要作用,这一点是不能抹杀的,计划机制的用武之地是在生产力水平不高、产业结构简单、对外交往不多和战争、灾害等非常时期。随着我国和世界经济形势的变迁,计划机制已经不适宜了。而与之相对称,市场机制则具有强大的优势。计划机制与市场机制相比,具有以下不同:(1)主体不同。计划机制下的微观基础是附属于行政部门的不自主的企业和个人,而市场机制的主体则是自主经营、自负盈亏的独立的商品生产者和经营者。(2)运行方式不同。市场机制是通过企业面向市场进行相互竞争来进行的,生产要素由供需双方双向选择。而计划机制则是用命令和配额排斥了选择。(3)政企关系不同。市场机制按照价值规律来配置资源,是"小政府、大市场",而计划机制下政府承包一切,为"大政府,小市场"。(4)活动范围不同。市场机制下,任何企业、个人、政府机构都必须在法律规定的范围内进行活动,法律既保护市场主体合法经营,又制止市场主体的非法活动,而计划机制下的企业和个人不得不以计划作为其活动边界。正是因为有这些不同,我们说市场机制是一种非常有效的经济利益协调机制、信息机制、经济激励机制和竞争促进机制。为了使市场机制的功能能够得到充分发挥,我们尚需要进行市场建设的艰苦工作。首先,改革价格体制,把竞争性部门的产品和劳务价格放开,使之进入市场,在价值决定和供求关系的影响下波动;其次,加快企业改革步伐,培育具有独立自主意志、自负盈亏、自我约束、自我发展的经济主体,它们作为市场中供求关系的代表者,在利益的激励和约束下,积极地寻求价格信号,开展竞争;再次,要建立以公平竞争、平等竞争为基本准则的市场竞争秩序,制定、完善维护公平交易,反对垄断行为的法律。

  但是,市场在配置资源和优胜劣汰方面的优越性并不意味着它是万能的,我们在大力建设市场经济时决不能忽视它本身的不足。(1)市场机制在保证社会总体经济(宏观经济)运行的均衡性方面的作用极为有限;(2)市场机制在防止垄断的产生和限制垄断行为方面的功能比较弱;(3)市场机制缺乏有效的手段解决社会经济中的"外部效应"问题,也无法使经济中能提供出人们所需要的公共物品;(4)市场机制偏重效率,无法解决社会经济活动中的收入分配公平性的问题。对待这些"市场失灵",国家必须进行宏观调控。半个世纪以来的历史已经证明,现代市场经济早已不再是自由放任的市场经济,而是有宏观调控的市场经济,是法制经济。现在大多数发达的市场经济国家,都在不同程度上对市场机制进行宏观调控。而且越是后起的和新兴的工业国家,宏观调控的色彩就更为浓厚。这对我国,尤其是我国的经济法发展,有重要意义。

  对社会主义市场经济进行的宏观调控,是指政府经济管理部门通过对经济总量的调节,控制、组织市场经济运行,引导经济发展。宏观调控的对象是总需求与总供给,是市场与市场之间的关系,而不是企业的具体活动。为此,政府要制定规则,就像交通规则一样,来规范市场主体的行为,市场整个运行要按规则来运作,这种规则就是经济法和其他有关的法律。经济法就是要把市场机制和国家的宏观调控很好地结合起来。

  进行宏观调控的目的在于防范和补救市场本身的不足。首先通过经济法的规范功能和促进功能来保障国民经济和社会发展计划中规定的各项重大指标和措施的实施,以指导整个国民经济的发展。通过确定国家经济和社会发展的战略目标,搞好经济预测,发挥产业政策的指导作用,搞好生产力的布局规划,注重实施总量调整。通过制定和实施相应的经济法规,保障计划的制订和实施,防范国民经济重大比例关系失调和大起大落局面的发生。其次,在市场关系发生时或者在计划实施与市场运行出现不一致时,发挥经济法的限制功能,保障政府所采取的经济手段和必要的行政手段的实施,以及动用强制手段惩处违法者,打击破坏宏观调控的经济犯罪行为。

一般来讲,国家进行宏观调控的手段有三种:行政手段、经济手段和法律手段。但是,三者不应是一种平行关系,政府在利用行政手段和经济手段进行宏观调控时,也必须依法进行,纳入法制轨道。这也是现代市场经济国家的共同做法。因为宏观调控中市场机制一样,也具有两面性,也会在一定情况下出现决策或计划失误。同时,由于我国的特殊情况、法治传统的缺乏以及以往的经验教训,都要求一切宏观调控都应依法进行。这也是依法管理经济,依法治理国家的重要含义之一。具体讲就是将宏观调控的方向、基本目标、基本原则和基本要求制定成强制性行为规范,对不同方面的市场运行行为作出规定。界定合法与非法行为的界限。(1)对政府在市场经济中的调控和管理行为以及竞争主体的经济行为均应共同遵循的市场经济规律予以强制保障;(2)规制经济手段和行政手段的合法必要要件,并用国家强制力进行保障;(3)通过经济法律的规范功能、限制功能和促进功能的作用,保障市场经济有序进行,促进国民经济持续、平稳、健康发展。担任宏观调控任务的法律主要是经济法律部门。

经济法在对国民经济进行管理和规范时,一定要把市场机制和宏观调控结合起来,兼取二者之长,摒弃二者之短,使得市场经济能够最有效地运行,这也是经济法的重要目标。首先,要培育和发展社会主义市场体系。建立商业、物资、外贸一业为主多种经营的全国统一大市场,大力发展生产要素、劳务、建筑、信息、房地产等市场。没有较为发育的市场体系,国家便无法对经济加以大规模的调控。为此,不但要制定完善规范各个市场各自的法律,还要制定和完善整个市场运行秩序所必需的法律,如竞争法、会计法、审计法、标准化法、计量法等。其次,进行宏观调控时,一定要遵循市场经济规律,包括价值规律、竞争规律和市场供求规律。进行宏观调控的经济法律,不是凭空产生,它只有客观地反映并依据市场经济规律,才能行之有效。否则,不但起不到调控作用,反而会扰乱市场机制的运行。这也需要经济法的行为必须慎重,不能轻易追随经济生活中的"热点"现象。要制订发展规划法,促进经济平稳快速发展。再次,调控的方法应符合市场机制的根本要求。经济法对于调控并不陌生,但是应看到,市场经济下的宏观调控不应再沿袭计划体制下老一套的以直接行政指令为主的方法,因为市场机制下的企业已经是自主经营、自负盈亏、自我约束、自我发展的独立实体了。宏观调控应在必要时才出现。就像人的肌体一样平时要依靠人身的自我调节,只有当疾病侵入时才进行打针、吃药等外部调节,而且病一好就应停针停药。也就是说宏观调控与市场调节是彼此平等,互为补充的。

如何处理好市场机制与宏观调控的具体关系问题,是一个承认二者应互相结合的基础上的另外一个问题。对此我们在积极探索的同时也可以研究借鉴世界上其他市场经济国家的立法。一般来讲,我国的市场经济是由政府启动和主导的,政府参与调控的机会更多一些,对此经济法应予承认,但更应注意市场机制的发挥。

第五节 实行责权利相结合和国家、集体、个人利益相统一的原则

责权利相结合,这是经济法的普遍原则。"责"指经济责任、经济上的义务,广义上讲有人认为似乎也包括违反经济义务在法律上应负的责任。"权"指经济上的权力、权利,这是经济活动的能力和条件。"利"指经济利益,是涉及经济活动的目的和动力。责是前提,权是条件,利是结果。责、权、利是相互统一、相互转化的。企业是如此,国家与职工是如此,其他也是如此。这三者结合得好,经济关系也就会协调得好。

在我们社会主义国家,处理"利"的原则是兼顾国家、集体和劳动者个人三者的利益,这是社会主义制度本质和社会主义物质利益规律的反映,是社会主义国家制定经济工作方针政策的一个基本出发点,也是经济法的一个基本原则。遵循和贯彻这个原则,对于保证劳动者物质利益的不断提高,协调各方面的关系,调动各方面的积极性,促进社会主义生产的发展都有重要的作用。

马克思主义历来认为,人们的一切社会活动,归根结底都是为了实现自己的物质利益。经济关系,其实质就是人们的物质利益关系。恩格斯在《论住宅问题》一文中明确地指出:"每一个社会的经济关系首先是作为利益表现出来。"在不同的社会制度下,由于生产资料所有制性质的差异,人们之间的物质利益关系的社会性质也是不同的。在资本主义社会里,剥削阶级无偿地占有劳动者创造的剩余产品,侵占劳动者的物质利益。阶级的对立必然反映着物质利益关系的对立。在社会主义社会里,劳动者共同占有生产资料和劳动产品,因此,生产单位的集体利益和国家利益,不存在着对抗的性质。国家的利益代表着劳动者的根本利益、长远利益和整体利益。生产单位的集体利益,对国家利益来说是局部的利益,对劳动者个人来说,则是他的集体利益。因此,个人利益在任何时候,都不能凌驾于国家利益之上。我们党和国家在正确处理社会物质利益关系时,必须遵循毛泽东同志提出的"统筹兼顾、全面安排"的总方针,也就是说,必须要兼顾国家、集体和个人三者的利益。要坚持以人为本,把改善民生的利益格局放在突出的地位。

要贯彻物质利益原则,必须正确处理以下四个关系:(1)正确处理国家与企业之间的物质利益关系;(2)正确处理国家与劳动者个人之间的物质利益关系;(3)正确处理企业与劳动者个人之间的物质利益关系;(4)正确处理中央与地方之间的物质利益关系。

例如,在国家与农民的关系上,一方面要求农民顾大局,识大体,遵守党和国家的方针政策,积极支援城市及外贸出口;另一方面,国家在具体做法上又要做到:(1)国家对农产品的价格要定得合理,不使农民赔本,要使农民有收益;(2)供应给农民的工业品,特别是农业生产资料,如拖拉机、农药、化肥等要采取薄利多销、稳定物价或适当降价的政策;(3)国家对缺粮区农民供应粮食,价格要合理,而且一般总是给予

必要的补贴;(4)实行适度从轻的农业税收政策,随着农业的逐年增产,在总产量不断增加的情况下,税额在总产量中的比重不得超过7%,鼓励农民的增产积极性,切实减轻农民负担;(5)中国农业银行积极做好农村信贷工作,增加农业贷款,有计划地发放专项长期低息或微息贷款,以适应发展农业生产的需要。农业发展银行更应当体现国家对发展农业的政策性贷款和投入。

又例如,社会主义国家对整个国民经济实行集中统一领导与适度分权相结合,无论是在调整或发展时期,都是如此。为了保证国家调整任务的实现,必须采取统一步骤,实行统一指挥。在决定方针、政策或重大措施上,在基本建设的资金管理上,在财政、税收、信贷、现金管理制度上,在重要物资管理、物价管理、奖励制度、外贸外汇管理上,都要加强集中统一,反对分散主义和各自为政的现象。但是,中央集中统一领导,并不是说各个地方的一切经济活动都要由中央管起来,否定地方的相对独立性,抹杀地方的物质利益。我们要通过体制改革,改变过去那种过于集中的经济管理体制,注意扩大地方的权责,注意发挥地方的积极性,注意地方的物质利益。为了保证发展必须在集中统一前提下实行适当分权。

再如,社会主义市场经济要求建立现代企业制度,而现代企业制度的一个重要特征就是要权责明确。这里,权责明确含义是:(1)政府对企业的责权要明确;(2)投资者对国有企业的责权要明确;(3)经营者对国有企业的责权要明确。实际上不仅要明确责权是什么,而且还应明确利益是多少。权责必须相等,利要与之相适应。因为权是担责的条件,利是尽责的动力。责、权、利构成一个等边三角形,必须互相结合,求得平衡。这也是现代企业制度的一个基本要求。

经济法的任务和作用,就在于运用法律的手段来保证这个原则的实施。经济法保证贯彻按劳分配,兼顾效率与公平,在社会主义企业中主要表现在国家以利润留成、企业纳税后的收入等方式给企业以物质利益。企业贯彻了经济核算制,经营管理得好,利润就多,一般也就表明了这个企业贡献大。国家实行利润留成或者征税后,企业得到的收入就多,企业可以利用利润留成和税后收入作为发展生产的基金、集体福利基金和职工奖励基金,从而使集体有了物质利益,增加了职工个人的物质利益。在体制改革完成以后,将通过经济立法,明确规定中央、地方、企业对经济管理体制的权限,从法律上保证他们各自的物质利益。

第六节 坚持经济管理效率与公平相结合的原则

我国正在逐步建立社会主义市场经济体制,作为一种现代市场经济,它必然主动地要追求效率,最优化地配置资源,取得最大的利益,而我国要建立的这种经济的社会主义属性,又要通过宏观调控保持其方向,保障实现社会公平。这样,一定范围的经济关系为调整对象的经济法也自然地要加以反映,遵循兼顾公平与效率的原则。

所谓公平,简单说,就是平等。但这种平等不能仅仅等同于相同。经济法所要体现的公平有更深的含义。它包括:(1)机会均等。经济活动中的所有机会同时向所有的经济主体开放,除了这种活动本身所必然需要的条件外,没有任何其他附加条件加以阻止,不论是国有企业还是私营企业,大规模企业集团还是单个的个体工商户,不论是内资企业还是外资企业,都拥有相同的机会,经济主体可以放弃这种机会,但法律必然提供与保障。(2)规则相同。在任何经济活动中,都必须以同一的规则来约束和衡量参加的主体,不能因所有制、规模、地位、背景不同而发生法律上的倾斜,任何规则上的例外,都必须由法律明确规定。(3)允许结果不同。参与经济活动的主体自身条件各不相同,各有不同的行为能力,所以不必苛求结果上的表面性的同一。

所谓效率,就是指以尽可能少的资源消耗来取得尽可能多的结果。经济法所要体现的效率,一方面是要使各单个经济主体能充分发挥其能力,不必付出无谓的生产和交易成本,另一方面则要保证由各主体组成的整个社会经济肌体协调运转,减少摩擦,实现整体的最佳效益。

公平和效率,是一个社会经济活动的两个基本目标。在这两者之间,既有相互促进的一面,又有相互矛盾的一面。只要效率而不要公平,最终会降低效率;只要公平而不要效率,这种公平也很难维持。在同样的经济条件下,要想多一点效率就必须减少一点公平,想多一点公平也必定会减少一些效率。美国经济学家阿·奥肯在其《平等与效率——重大的选择》一书中提出了著名的"漏桶实验",认为通过税收把高收入家庭的部分收入转移到低收入家庭,以实现平等的过程中必定会有金钱的漏失,这种漏失是非效率的。美国法学家和经济学家罗纳德·科斯提出的"科斯定理"也说明了在存在交易成本的条件下,实现公平必然会在一定程度上损害效率。

公平与效率原则更多地体现在分配领域,"十二五"规划纲要中在分配调节上已提出"要更加注意社会公平,特别要关注就学、就业机会和分配过程中的公平。"党的十七大报告也早已指出"合理的收入分配制度是社会公平的重要体现。要坚持和完善按劳分配为主体,多种分配方式并存的分配制度,健全劳动、资本、技术、管理等生产要素按贡献参与分配的制度。初次分配和再分配都要处理好效率与公平的关系,再分配更加注重公平,逐步提高居民收入在国民收入分配中的比重。

当然,这并不是说公平与效率不能兼顾,相反"不同而和",二者是可以统一起来的,而且,为了更好地服务与规范市场经济发展,经济法必须同时兼顾公平与效率。

首先,在经济立法中,既要保证各市场主体能充分地自由地展开竞争,优胜劣汰,提高效率,又要保证各主体处于同等的竞争初始地位,不失公平。由于历史、体制和改革的影响,我国现在市场内的经济主体呈现复杂性和多样性的特点,既有国有大中型企业、城镇和乡村的集体企业,又有私有企业、合伙和个体工商户;既有内资企业,又有"三资"企业。他们的性质、特点、发展状况很不一致,共同推进我国市场经济效率的提高,但又需要各自调整,因此立法时,对各种经济主体都要作出立法规范,使其存在和活动有法可依,共同遵循市场经济竞争规则,对内外公民、法人都要实行国民待遇,一视同仁,使其享有相同的法律资格,同时还要区分情况,根据国家经济需求和产业政策,作出具体规定,以尽可能地使其发挥效用,提高效率,不能一刀切。如为更好地体现国家产业政策和经济布局,在海关、财政、税收等方面的法律、法规中为外商投资和经济特区提供优惠,正是为了在更大程度上提高我们整个国家经济的效率。事实已经证明经济法这样做的合理性。

在市场经济条件下,激烈的竞争与选拔机制造成的局部不公平有可能使经济秩序发生动荡,从而影响效率的发挥,因而经济立法中除对主体、运行和宏观调控立法外,还要重视社会保障立法。进行社会保险保障,在整个社会范围内维持必要的公平。

其次,在经济司法当中,也要遵循公平与效率兼顾的原则,对于因经济纠纷引起的诉讼司法机关进行裁判时,必须一视同仁,严格依据法律规定的程序办事,不能用程序来刁难当事人。不能因当事人的实际经济实力或诉讼标的大小而对裁判结果产生影响,使国家法律能够平等地施于当事人并产生公平的裁判。与此同时,经济司法中也要体现效率的原则,除案件本身应及时在法定期限内审结外,司法机关还应通过对具有典型意义的经济案件的审理,对整个社会的经济活动产生一种导向作用,引导市场主体更有效地从事经济活动,避免付出不必要的诉讼和纠纷的成本,同时将司法活动的情况反馈给立法和决策部门,使其在下一轮经济活动中制定出更富有效率的规则。

我国的市场经济运行时间尚不长,发育还不成熟,与此相适应的经济法制工作经验也还不多,因而对于公平与效率究竟以什么样的比例和顺序来统一兼顾才最合适,还有待进一步的实践。

第七节　经济民主与经济法制相结合的原则

人民群众管理国家事务,管理经济,这是由我们国家的社会性质和经济制度所决定的。它体现了政治与经济的统一。

一、民主与法制是我国国家机关的组织与活动的重要原则,也是经济立法的重要原则

所谓经济工作的民主制,最根本的就是人民有管理国家、管理各种企业的权利。经济法,尤其是企业法、农业合作经济法等经济组织法,可以为劳动者民主管理经济作出具体规定。以国有企业为例,当劳动者的主人翁地位在企业的各项制度中得到切实的保障,真正做到职工当家作主,使每一个劳动者以主人翁的姿态进行工作,他们的积极性才能得到充分发挥。经济法则切实保证职工群众管理企业,正确运用企业的自主权,充分调动广大职工的创造精神,办好企业,搞好生产。这是问题的一方面。另一方面,经济工作的民主制历来是集中指导下的民主,在民主的基础上又必须集中,这是经济工作的民主和集中的统一。对企业来说,要有经济上的自主和独立,对国家来说是法令的高度集中和统一。也就是说,国家为了执行自己的经济职能,在依靠地方机关、群众的主动精神的同时,对国民经济所有部门进行集中的宏观管理,使国家的利益和各个经济环节的利益相互结合起来,把集中与民主正确地结合起来。可见经济工作中的民主集中制原则,应该是经济法的基本原则之一,而且也是所有社会主义国家经济建设的原则。经济法的任务和作用就在于运用法律的形式来保证民主制原则的贯彻。

所谓经济工作中的法制原则,也就是运用法律手段管理经济的原则,即做到有法可依,有法必依,执法必严,违法必究。这是经济管理手段上的一个重要转变,也是一个新课题。为此,一方面要为调整经济矛盾,解决经济纠纷,打击经济犯罪活动提供法律规范;另一方面要严格依法办事,真正做到执法守法,切实地加强经济司法。这样,才能统一执行国家的计划、纪律和制度,才能充分发挥企业和职工的主动性、积极性。

二、市场经济在一定意义上是法制经济,是民主和法制相统一的经济

市场经济不是简单地指人们"下海赚钱",也不是指琳琅满目的商品和热热闹闹的夜市,市场经济与计划经济对比起来有其优越之处,但也不是十全十美。所谓市场经济,是指按照市场供求规律的要求,使市场在资源配置方面起基础性作用的经济,是高度社会化和市场化了的商品经济。其基本特征是具有公平、自由、平等的竞争,从而使整个社会资源得到优化的配置和有效使用,这是它的优越性。但另一方面,市场经济带有自发性、盲目性,以致带有经济发展的被动性。对这种经济模式和方式,要发挥其优越性,防止和克服其局限性就要靠法律,尤其是市场经济的激烈竞争和自由流通所呈现的千变万化瞬间速度,以及由于各主体的独立自主和相互之间经济利益的争夺与保护,还有由于竞争、优胜劣汰所带来的社会问题,国家对市场经济的宏观调控,为市场经济提供基础设施等经济的、政治的法律环境,以及由于社会主义市场经济的特殊性等。所有这些矛盾和问题的解决和规范,单靠长官的行政命令是远远不够的,甚至会适得其反,重要的是依靠法律,实行法治。在市场经济中,法律就是无声的命令,就是比赛的规则,就是至高无上的权威。市场经济的各主体相信和服从法律犹如"天主教徒信奉上帝、服从上帝一般"。当今世界市场经济的国家,也就是法制社会的国家。无论是欧美的老牌式的市场经济国家,还是亚太地区新兴的市场经济的国家,它们都是法制社会。所以说,市场经济从上述意义上来说,也就是法制经济,没有法制便没有市场经济的形成与发展,便没有市场的存在。可以说,市场经济把法制的观念、原则、精神提到了空前高度,得到了前所未有的重视,法律的尊严获得了史无前例的尊重。因为现代经济法律具有客观的规律性,统治阶级的意志性,国家的制定或认可性,行为规则的约束性,以及司法机关的强制性,因而富有现代经济法律的稳定、普遍、公平、效率、正义、权威的特性。现代经济法律的这些地位和特性是任何党派团体、领袖、长官的意志和旨意所替代不了的,是任何部门、地方、单位所控制不了的,也是任何规章制度不可替代、不可比拟的。

所谓市场经济也是民主和法制相统一的经济。因为市场经济包含参与市场经济活动的主体,享有广泛的经营自主权、自由权和平等权。这种自主权、自由权和平等权,是市场经济民主精神的集中体现,然而这种民主精神是依法享有的,是在国家宏观调控下进行的,所以说市场经济也是民主和法制相统一的经济。

三、加快经济立法的进程和严格经济执法

(一) 如何加快经济立法

(1) 进一步明确指导思想。即经济立法要同经济体制改革、对外开放、经济建设相适应。不仅要用立法来巩固改革开放和建设成果,把实践证明是正确的东西或是消极错误的东西用法律形式肯定或否定下来加以坚持发展或禁止限制,而且还要尽可能对一些应兴应革的事情做到先立法后行动,或者把改革发展决策同立法紧密结合,同步进行,并行不悖,以此用法律来引导、推进和保障改革开放与建设事业的深入发展,严禁借立法搞地方或部门保护主义。

(2) 要有经济立法规则。规划中要有立法重点,要注意立法平衡。从1983年至1986年国家实施了第一个五年立法规划以及在"七五"、"八五"、"九五"、"十五"、"十一五"计划期间也都有相应的立法规划,并都强调要以经济立法为重点,有体系目标和分项目标。但是由于指导检查不力,缺乏岗位责任制,虽然取得了不少成绩,立法数量不少,但只是完成什么程度算什么程度,结果很不平衡。

(3) 要充分发挥中央国家权力机关和地方国家权力机关对制定法律、法规两个积极性,注意改革和完善立法起草体制。由于我国人口众多,幅员辽阔,情况复杂,在维护法制统一性原则的前提下,发挥地方人民代表大会制定地方法规的积极性是十分重要的。地方性法规的制定有的是执行全国性法律过程中而制定的实施细则,有的是制定全国性法规还不成熟而先搞地方性法规,然后经过总结提高,再制定出全国通行法律。

(4) 抓好经济立法的各个环节。立法是一个系统工作,它要经过法律的立案与调查——法律草案稿的反复讨论和修改——法律草案的审议通过——法律的公布实施,它要有业务部门的负责主持,要有相邻部门的配合、协同进行,要有法律权威专家、行政执法部门、司法部门的直接参与。有的还要与国际社会联系、研讨。法律起草班子组成要有水平,要得力,其负责人要有权威,资金来源要充分,经费要有保障,时间安排要紧凑,既不要旷日持久,也不要仓促决策。要层层把关,一环扣一环,不断提高立法水平和立法技术的质量。

(5) 正确处理经济立法的质与量的关系,注意立法的平衡性。按照质与量相结合的原理,有人认为现在经济立法数量太多,质量不高。我们认为在计划经济体制条件下我们的经济立法比较齐全,现在市场经济体制,经济法律从数量与质量上都满足不了客观形势的需要。

(6) 有鉴别地消化和吸收外国经验。有人认为,凡是现代法律中已有的,反映现代化市场经济共同规律的法律概念、法律原则和法律制度,各国成功的立法经验和判例、学说、行之有效的新成果,都要大胆吸收和借鉴,不必另起炉灶,自搞一套,人为地设置障碍。也有人认为现代市场经济的规律是相同的,要吸收"反映现代化市场经济共同规律的法制概念、法律原则和法律制度"。众所周知,市场经济是世界各个国家、各个民族社会发展的必由之路,因而建立与市场经济相适应的现代法制也就成为一

种不可抗拒的历史潮流。但是由于各个国家的具体国情不同,即便是对"反映现代化市场经济共同规律的法律制度"也不能照抄照搬,必须是有鉴别地加以消化和吸收,从而具有各民族各国家自己的特色。

(二) 怎样严格经济执法

我们也非常赞同这样一种权威性估价,即当前存在的主要问题不再是"无法可依",而是"有法可依,执法不严,执法不公"的问题,如何增强法律的权威性和公正性,增强法律对权力的制约,是当今我国厉行法治所迫切需要解决的突出问题。从经济法制建设的角度来说,也同样存在一个严格执法的问题,为了解决问题,我们应当认真做到以下六点:第一,要提高法律的权威性和公正性,增强法律对各种权力的制约这个根本性问题,还要进一步完善人民代表大会制度,使国家权力机关行使宪法赋予的监督权和调查权,建立宪法、法律实施的专门监督机构。第二,要从提高广大消费者和经济工作者的法制意识入手,特别是要从各级领导干部的法制意识入手。这就必须摒弃"人治"思想,树立法制观念;必须分清法律支配权力与权力支配法律的界限,分清以身份为核心的特权等级观念与以契约为核心的法律平等观念的界限;必须处理党与法的关系,认真克服以党代法的弊端。第三,要创造一个良好的法制环境,包括人们强烈的法制观念,繁荣的法制文化,良好的法制环境,高素质的法律人才,配套的法律服务等等。第四,要健全司法监督制度,保证司法机关的清正廉洁;要加强行政执法的监督制度,尽快制定和执行行政程序法,把执法违法现象降到最低限度;特别是要把群众监督、舆论监督落到实处,充分发挥群众监督、舆论监督的威力。第五,要动员社会组织和社会力量,加强对经济法制的实施和监督。在这里行之有效的做法是,发挥各种社团法人的作用,抓好各行业的严格执法。在各行业中成立类似消费者协会、仲裁协会、法律协会、证券业协会、渔业协会等行业协会的自律性组织,发挥他们自我守法、执法、自我约束、自我监督的自律性功能。这对从各行业成员自我做起严格执法很有好处。如我国《消费者权益保护法》"消费组织"一章明确规定:"消费者协会和其他消费者组织是依法成立的对商品和服务进行社会监督的保护消费者合法权益的社会团体"。消费者协会为维护消费者的合法权益而规定了必须履行的七项服务职责和一项约束消费者组织自己的职责。又如我国《仲裁法》规定,仲裁协会是仲裁委员会的自律性组织,根据章程对仲裁委员会及其组成人员、仲裁员的违纪行为进行监督。中国仲裁协会是社会团体法人。仲裁委员会是中国仲裁协会会员,中国仲裁协会的章程由全国会员大会制定。又如我国《律师法》规定,律师协会是社会团体法人,是律师的自律性组织。全国设立全国律师协会,省、自治区、直辖市设立地方律师协会,设区的市,根据需要可以设立地方律师协会。律师必须参加所在地的地方律师协会,律师协会的章程,由全国会员代表大会统一制定,报司法行政部门备案。律师协会履行的职责是:依法维护律师的合法权益;全面提高律师自身素质;组织律师开展对外交流;调节律师执业活动中发生的纠纷以及法律规定的其他职责。如律师协会按照章程对律师予以奖励或者给予处分。我国《证券法》对证券业协会也作了专章规定,规定证券业协会是证券公司的自律性组织,是社会团体法人,证券公司必须加入证券业协会,为证券业协会会员,由全体会员组成的会员大会是证券业的权力机关,制定证券业章程,报证券监督管理部门备案并在证券监督管理部门的指导和监督下从事证券业协会的活动,履行证券协会的职责;加强学术界对立法的公开评论,以及对一些重大的典型案件的研讨,尤其是对执法要加强研究力度,组织专家学者深入第一线调查研究,并与司法部门一道解决司法中存在的难题,充分发挥政法院校和法学学术团体对立法、执法的理论、舆论作用。

实践证明,如果各行业的立法都像消费者权益保护法、仲裁法、律师法、证券法、银行法这样,都来明确规定成立各行业成员的自律性组织,作为社团法人进行活动,那将对纠正行业不正之风,对反腐倡廉,进行行为监督,对全社会成员执法守法形成良好的法制环境都有积极作用。

第五章 经济法律关系

本章将根据马克思主义的法学原理,对经济法律关系问题,包括经济法律关系的概念、经济法律关系的要素、引起经济法律关系产生的法律事实、经济法律关系的保护等作些论述。这些问题是经济法律规范在实际经济生活中的体现,是经济法学研究的重要内容。

第一节 经济法律关系的概念和意义

一、法律关系的一般概念

法律关系,就是发生法律效果的关系。其中最主要的内容是当事人之间产生的权利与义务关系,即人们根据法律规定而结成的各种权利和义务关系。它是人们在社会中相互结成的各种各样的社会关系中的一种。因为它是法律规范在调整人们行为过程中形成的权利与义务关系,所以,任何法律关系都是以相应的法律规定为前提的,没有相应的法律规范也就无所谓相应的法律关系。因此,法律关系是一种上层建筑的关系,也是一种意志关系,即通过人们的意志而形成,并且首先指的是统治阶级以法的形式所体现的国家意志。当然,任何具体的法律关系也可以以不同的形式反映这一法律关系主体或当事人双方或至少一方的意志。在社会主义制度下,大部分法律关系在产生时都是这样的。有的法律关系虽然在产生时并无任何当事人的意志,但实现时仍需要当事人的意志,所有法律关系的主体或当事人的意志又都不能违反国家统治阶级的意志,即不能违反法律的规定。当事人的行为如果违反法律规定,只能导致因其违法行为而带来的法律关系;当事人的行为如果符合法律规定,则导致因其合法行为带来的法律关系。对前一种法律关系,可能符合当事人的意志,但不符合国家统治阶级的意志,不能受到国家法律保护;后一种法律关系既符合当事人的意志,又符合国家统治阶级的意志,因此应当受到国家法律的保护。法律关系的这种上层建筑关系或意志关系,归根结底又根源于物质生活关系。法律关系是社会生产关系的反映。在论述经济法律关系之前,先简要地提及一下法律关系的一般理论是有益的。

二、经济法律关系的概念

根据法律关系根源于社会物质生活的马克思主义法学原理,在我们社会主义社会中,国家机关与社会主义经济组织之间,国家机关、社会经济组织与劳动者之间,在生产、分配、交换、消费的过程中,随时发生着各种各样的具体的经济关系。我国有关国家机关与某些社会经济组织同外国合营者(包括法人和自然人)之间,也发生某些经济关系。在这些经济关系中，属于经济法调整对象而又被经济法律法规调整时，就使这些现实的具体的经济关系，具有经济法律关系的性质，形成某种经济上的权利和义务关系，并由国家强制力确认下来，保障其实现。所以，"经济法律关系，概括地说，就是由经济法调整人们（国家机关、企业等）在经济管理和经济活动中所形成的经济权利和经济义务关系"①。

三、经济法律关系的特点

每个独立的法律部门都有自己特定的法律关系。例如，行政法有行政法律关系，民法有民事法律关系，刑法有刑事法律关系，等等。经济法律关系除了具有其他法律部门的法律关系共同具有的特点之外，还有自己独有的特点。这些特点是：

(1) 经济法律关系发生在国家对国民经济管理和市场运行过程之中。由于国民经济管理和市场运行的经济活动是综合性、广泛性的，因此，经济法律关系也就要反映这种特点。如受国民经济计划法调整而产生的国民经济计划法律关系、受基本建设法调整而产生的基本建设法律关系以及公司法律关系、企业法律关系、农业法律关系、商品流通法律关系、财政法律关系、金融法律关系、会计和审计法律关系、交通运输法律关系、自然资源法律关系、工业产权法律关系、对外经济法律关系、经济合同管理法律关系以及市场经济运行与宏观调控中的法律关系等。总之，经济法律关系是一定范围的纵横结合、交错、统一的法律关系。

(2) 经济法律关系的主体的一方，多数情况下是国家经济管理机关，并往往具有双重主体资格。这种双重主体资格表现为同一个主体处于纵向和横向的经济法律关系中，其法律地位是不同的。国家经济管理机关在纵向经济管理中与另一主体依法所结成的经济权利义务关系，往往属于领导与被领导的法律地位，是国家和经济实体之间的经济关系在法律上的体现。这时，国家经济管理机关的一方就不是以法人资格而是以国家协调、引导、监督经济的职能机关的资格，为实现国家经济的职能的需要，参加经济法律关系的。受管辖的经济机关、经济组织或公民则是以被领导的身份参加经济法律关系。国家经济管理机关在横向经济管理中与另一主体之间，不论其隶属关系如何，都是处于平等权利的法律地位，这时，国家经济管理机关、经济组织或公民都是以法人或公民资格参加经济法律关系。因此，由于法律地位不同，同一个经济主体在纵向和横向经济法律关系中所享有的权利和承担的义务是不同的。在纵向经济关系中为经济法主体时，享有经济权利和承担经济义务；在横向经济关系中为民事主体时，享有民事权利和承担民事责任；如果作为引导和监督横向经济关系的主体出现，按照经济法律规范规定，仍然是享有经济权利和承担经济义务的经济法主体。

(3) 经济法主体参加经济法律关系时结成的经济权利和义务关系都是比较稳固的、不能任意改变的。也就是说，主体所享有的经济权利是不能随意放弃的，所承担的经济义务是不能转让的。只有当权利义务关系完全实现，经济法律关系发生变更

---

① 参见刘隆亨：《经济法简论》，北京大学出版社1981年版。

或消灭时,才能随之改变。经济权利之所以不能放弃,这是因为经济法主体所拥有的经济权利往往同时又是其应尽的经济义务,是它作为国家组织、领导和管理经济工作的一种义务,直接体现国家意志。这与民事法律关系的自由意志是不同的。例如,在纵向经济管理中的经济权利,国家经济管理机关不能放弃,这是行使国家赋予它的经济义务,否则,就是失职。在国家同各经济组织之间的经济管理中,主体双方的经济权利受到侵犯时,也必须向侵犯权利的人提出赔偿请求。所谓经济义务不能转让,是指在纵向经济管理中,义务主体一般不能将自己应尽的义务转让给他人履行,更不能把责任当权利。如国家税务机关和海关依法征税,别的什么单位都无权征税。

(4) 经济法律关系主体之间的经济权利和义务往往是由主体单方面依照法律所进行的意思表示(决定)而产生的。它规定主体的另一方的行为规则和某种行为。主体的一方往往规定了主体另一方应当作出某种行为和不作出某种行为,并且有权对应当作出某种行为而不作出某种行为,对不应当作出某种行为而作出某种行为的另一主体(也就是说,对没有履行规定的义务的另一主体),直接进行强制和制裁。例如国家税务机关依法征税的经济权利或义务,是体现着国家意志的行为,是实现国家经济职能的一个重要方面。征税往往是国家权力机关或国家政府和国家税务机关按国家意志单方面决定的。企业作为履行义务人的一方,对国家征税要求,是不能自行否认其法律效力的。例如,负有纳税义务的企业,违反其履行纳税经济义务时,国家税务机关在自己的职权范围内可以直接进行行政的或经济的强制或制裁。在这里,有的同志认为经济法律关系的主体之间的权利义务关系,不完全是依照法律事实才能产生的,有些是由法律直接加以规定的,或由法律直接赋予国家经济管理机关一定权利的基础上产生的(不过制定法律法规也是一种作为)。在这种情况下,没有特定的义务主体,只是要求任何人不得妨碍主体行使经济权利,否则,任何人侵犯经济主体的权利,给国家造成经济损失时,应承担经济责任。持这种观点的同志的分析,有一定的道理,但是又怎么同法律关系的三要素不矛盾?还有待进一步研究。

(5) 经济法律关系中的权利义务关系,都是涉及经济利益的行为。当其权利受到侵犯或义务未能履行所造成的后果,是直接关系到整个国家的或公共的经济利益,而不仅仅是个别主体的利益。因此,对经济法律关系的保护和实现具有普遍的意义,是每个法人和公民所时刻要关心的问题。

经济法律关系的特点不止或不完全是上述这些。经济法律关系是经济法学研究的重大课题,许多新的情况需要进行深入的研究和概括。

四、研究经济法律关系的意义

由于经济法律关系是人们(包括国家经济管理机关、企业等)按照经济法律规范在进行经济管理和经济活动中所形成的一种权利义务关系,因此,经济法律关系同经济法律规范是紧密联系在一起的,没有经济法律规范也就无所谓经济法律关系。社会主义经济法律关系,正是社会主义经济法律法规调整人们(包括国家经济管理机关、企业等)进行经济管理和市场运行的结果。因此,研究经济法律关系也就是研究经济法律法规的实施。

由于经济法律关系中最主要的是双方(或多方)当事人之间的权利义务的关系,而且,每个法律关系的主体与国家机关之间也存在着密不可分的关系,严格监督经济法律关系参加者正确地行使权利和切实地履行义务,是加强整个社会主义法制不可缺少的条件。因此,研究经济法律关系,也就是研究社会主义法制,研究保护经济权利不受侵犯,促使经济义务的履行。加强社会主义法制也就是对社会主义法律关系的保护。

由于经济法律关系是受国家保护的法定权利和必须履行的法定义务联系起来的人们(国家经济管理机关、企业等)之间的一种社会关系,法学不同部门的研究对象虽然具有不同的特点,但都受法定权利和法定义务这个总矛盾所制约。因此,研究国家机关、经济组织在经济管理和经济活动中的权利与义务,是经济法学的重要内容。

在我国的经济调整和经济改革中提出的经济法律问题,归根结底是人们(包括国家经济管理机关、经济组织等)应该建立什么样的权利义务关系比较合适,并且任何经济立法都是解决人们(包括国家经济管理机关、经济组织等)之间的经济权利义务关系这个重要问题。通常说的经济关系紧张,从法律角度来说,就是权利与义务关系不协调的矛盾,要通过法律关系的调整来达到一致。由此看来,研究经济法律关系的意义很大。

第二节 经济法律关系要素之一——主体

经济法律关系的主体就是经济法律关系中的当事人,也就是在经济管理和经济活动中进行经济行为的当事人。经济法主体在法律上享有经济权利和承担经济义务。经济法主体的法律资格是由法律规定的。在我国,按照经济活动的实践经验和《民法通则》所提供的规定经济法律关系的主体包括国家经济管理机关、各种经济组织、事业单位、社会团体、其他社会组织以及和上述法人发生权利义务关系的公民。

一、国家经济管理机关

为了实现国家对经济工作的领导,在整个国民经济中,国家经济管理机关的法律地位是极为重要的。所谓法律地位,指的是国家经济管理机关的性质、职能、任务、隶属关系以及权利和义务等等。根据宪法和国务院组织法的有关规定,国务院设有经济管理机构,如国家发展与改革委员会、国家科学技术部、中国人民银行、财政部、国土资源部、信息产业部、农业部、劳动和社会保障部、商务部、铁道部、水利部、建设部、交通部、审计署等20多个有关部、委,以及国务院的一些管理经济的直属机构,如国家环保总局、国家统计局、国家工商行政管理总局、国家旅游局、海关总署、国家邮政电信总局、国家知识产权局、国家计量技术监督局、国家税务总局、中国民航总局等。此外,还有各地方相应的机构。以上这些都是我国的国家经济管理机关。国家经济管理机关为了实现其对国民经济管理和促进市场经济运行的职能,根据各自的职权,通常采取以下措施:

（1）通过制定经济政策、经济措施和经济管理方面的规章制度等手段，加强对国民经济各部门和各经济组织的领导、组织和管理。

（2）制定经济计划和部门预算，以此指导有关社会主义经济组织的发展。

二、经济组织

所谓经济组织，概括地说，是指从事生产、流通和服务性活动的独立经营、独立经济核算的单位。如工、交、商企业等，在经济法或民法里通常把它们当作企业法人来对待。

三、事业单位

事业单位是由国家财政拨款、不以生产和经营为目的、不实行独立经济核算的文化、教育、卫生等组织。它们是以法人资格参加经济法律关系的，它们有国家拨给的管理使用资金，如学校、科学研究单位等。

四、社会团体

社会团体是人民群众依自愿原则结合起来，进行社会活动的集体组织，包括人民群众团体、公益团体、文艺工作团体、学术研究团体等。它们也是以法人资格参加经济法律关系的，如工会等。

五、个体工商户和农村经营承包户

个体工商户和农村经营承包户也是经济法律关系的主体之一。这是我国经济体制改革和法制建设的重要成果，是社会主义经济的补充。与我国各种经济形式相联系，农村承包经营户是农村中大量存在的从事商品生产和经营活动，与我国农村合作经济组织相联系的一种组织形式，是农村社会主义商品经济的重要经营方式。因此，对这"两户"应当规定他们的法律地位，保护他们的合法权益，明确他们对国家对社会的经济责任。按照现行的规定，公民在法律允许的范围内，依法核准登记，从事工商经营的，为个体工商户。农村集体经济组织的成员，在法律允许的范围内，按照承包合同规定从事商品经营的，为农村承包经营户。个体工商户、农村承包经营户的合法权益，受法律保护。个体工商户和农村承包经营户的债务，个人经营的，以个人财产承担，家庭经营的，以家庭财产承担。

六、公民

公民同国家经济管理机关、企事业单位、社会团体发生权利义务关系时，也是经济法律关系的主体。例如，按照我国个人所得税法的规定，纳税人同税务机关在税务问题上发生争议，按行政程序解决不了时，可向法院提出诉讼。在这种情况下，纳税人与税务机关发生经济法律关系，纳税人就是其主体之一。这是我国以法律形式对公民在特定的情况下，作为经济法律关系的主体资格的认可。

七、国家在特殊情况下也是以主体资格参加经济法律关系的,如发行国库券、公债等

至于经济组织的分支机构、代理机构、企业内部的职能机构和生产单位、法人之间的联营等算不算经济法主体的范围?这要作具体分析。

经济组织的分支机构、代理机构,包括企业、中央银行、商业银行、政策性银行、人民保险公司的分支机构和代理机构。这些机构不是法人,只参加内部的经济法律关系;对外是以总企业、总行、保险总公司名义参加经济法律关系。

企业内部的职能机构是企业进行行政指挥管理的机构。它的主要职责是通过自身的业务活动,组织企业的生产经营活动。企业内部的生产单位是指企业内部从事生产、制造产品以及其他生产活动的生产单位和管理单位。它们一方面要完成厂部下达的各项指标,一级对一级负责;另一方面,为了完成任务,他们还要与工厂内部其他车间、工段发生各种经济联系。

随着我国经济管理体制的改革,各地出现了多种形式的联合体。这种法人的联合,可以扬长补短,发挥各个经济单位的优势,提高经济效益,加快生产建设的步伐。通过法人的联合,有助于按照经济规律沟通横向经济联系,也有利于按专业化协作原则改组工业。因此,促进法人的联合是我国的一项重要政策。法人联合体各方签署的协议和合同都应受国家经济法律的保护。经济联合体因具备法人的基本特征,也可以作为法人来对待。

第三节 经济法律关系要素之二——经济权利和经济义务

经济权利和经济义务共同构成了经济法律关系的内容。经济法律关系的内容决定着经济法律关系的实质,是经济法律关系最核心的要素。这种内容,也就是经经济法调整而由经济法所确认的某一社会关系的内容。这种内容体现为法律上的经济权利和经济义务。

一、经济权利和经济义务概念的内涵

法律上所称的权利,是指法律允许作一定行为的可能性,它包含下述三方面:(1)主体按照自己的意志作一定行为的可能性;(2)请求他人作一定行为或者不作一定行为的可能性;(3)必要时请求国家强制他人作一定行为的可能性。经济权利,是经济法律关系的主体依法律之规定自己从事或不从事一定的经济行为或要求他人从事或不从事一定的经济行为的可能性。由于经济权利受到国家法律的保障,因此,享有经济权利的主体,在法定的范围内,可以实现其经济意图,满足其经济利益的要求。经济权利的含义大致包括:(1)经济权利主体在法定的范围内,根据自己的意志,从事或不从事一定经济活动的资格;(2)经济权利主体可以要求他人作出或不作出一定行为的资格;(3)因他人的行为而有碍于自己经济权利的实现时,要求国家强制力加以保护的资格。

法律上所称的义务,是指按照法律或者他人的要求作一定行为或者不作一定行为的必要性。经济义务,是经济法律关系主体依法律之规定或者依经济权利主体的要求作一定行为或者不作一定行为的必要性。

经济权利和经济义务具有一致性,即权利与义务是相对而言的,没有无义务的权利,也没有无权利的义务。首先,经济权利主体实现其经济权利有赖于经济义务主体履行其义务。权利与义务表现的是同一行业,对一方当事人来讲是权利,对另一方而言是义务。经济权利与经济义务所指向的对象——客体,也往往是同一的。例如,纳税行为,对纳税人而言是其经济义务,对税务机关而言则是代表国家行使征税的经济权利。再如,国家对其领土范围内的矿藏享有所有权,矿藏是国家所有权关系的客体,也是其他任何主体承担不得侵犯的义务的客体。其次,任何经济权利都意味着权利主体在法律允许的范围内从事或不从事一定的经济行为,使自己的行为不超出这个范围是经济权利主体的义务;而任何经济义务也都意味着义务主体在法律要求的范围内应作或不作一定的行为,超过这个范围则属于义务主体的自由,即义务主体的权利。再以征税为例,税收是政府依法享有的权利,所有纳税义务人须照章纳税。但如果政府超过法律范围进行乱集资、乱收费、乱摊派时,任何人都有权抵制;这是因为政府的权力是人民通过法律赋予的,当法律未作出规定时,应推定为人民保留自己的权利。因此,在经济法律关系运行中,经济义务主体必须履行其义务,同时也要防止经济权利的滥用。

权利和义务是法学的两个基本范畴,任何法律都以规定主体的权利义务作为其主要的内容,因此有人称法学为权利义务之学。法总是通过规定主体的权利和义务,以权利和义务为机制,影响主体的行为动机,指引人们的行为,调节社会关系的。① 因此,在学习和研究经济法学的时候,一个首先的也是主要的任务,就是区分和掌握经济法律关系有哪些经济权利和经济义务,这也是一个基本方法。有的学者在研究经济法律关系时,引入了"经济职权"、"经济权限"、"经济职责"、"经济责任"等概念来分析经济法律关系。我们认为,这种探索的精神是可以理解的,但其观点似乎难以成立。所谓"职权",指职务范围内的权力,可以理解为主体的权利能力的范围,这并不是一个法律上的概念;所谓"权限",一般指权利和义务的总和,"职责",则是指职权和责任,这两个概念都是复合的概念,值得继续分析;法律上称"责任",是与义务密切相关的一个概念,责任以义务的存在为前提,并以义务人违反义务为发生责任的条件,无义务即无责任,虽有义务,而义务人能依法履行义务,也不发生责任。法律责任,在本质上是国家为保障法律关系实现而对违反义务人实行制裁的手段。由此可见,"经济职权"、"经济权限"、"经济职责"、"经济责任"等概念,很难正确分析经济法律关系的内容和实质,甚至还可能引起概念上的不清晰和观念上的误导。当然,经济法律关系在其内容上有其独特之处,应当继续探讨。权利和义务是无数法学家们几百年来探讨、解释、思索和采纳的最基本的法学范畴,可以说是整个法学的基石。我

---

① 参见沈宗灵主编:《法理学》,高等教育出版社1994年版,第33页。

们应通过经济权利和经济义务来分析经济法律关系的真正内涵,从而将经济法学建立在牢固而科学的理论基础上。

二、经济权利和经济义务的外延

经济权利和经济义务概念的外延,即其包括的内容和范围。国内有些学者在归纳经济权利和经济义务时,试图用穷举的方法将他们归纳起来,归结为几条、十几条甚至几十条。我们认为,经济权利和经济义务在每一具体的经济法律关系中都有着具体的体现,而经济法律规范是千千万万的,在学习每一具体的经济法律规范时,又要剖析其具体的权利义务关系。因此,采用穷举的方法将所有经济权利和经济义务排列起来,既不可能,也无必要。当然,作为举例说明,也未尝不可。我们需要的是在分析基础上的科学概括。

这里我们采取的一个基本方法,是分类概括总结、举例说明的方法。

(1) 依其主体的不同,可以将经济权利和经济义务区分为国家经济管理机关享有的经济权利与经济义务和其他经济法主体的经济权利与经济义务。

之所以要作这一分类,主要是为了说明国家经济管理机关享有的经济权利与经济义务的特殊性。这种特殊性体现在:

第一,经济权利与经济义务的原生性。即国家经济管理机关享有的权利或承担的义务均由法律直接规定,而不是源自合同或授权等法律行为。如我国原《涉外经济合同法》第7条规定:"中华人民共和国法律、行政法规规定应当由国家批准的合同,获得批准时,方为合同成立。"实际上规定了国家对经济合同享有审批权及权利的范围和效力;与此同时,也意味着国家承担相应的义务。

第二,经济权利与经济义务的同一性。法律对国家经济管理机关经济权利和经济义务的规定,一般仅从权利的角度规定,但应当推定其承担相应的义务。如我国《计量法》关于计量监督的规定,既是有关机关的经济权利,也是其经济义务。有关机关若怠于执行计量监督,要承担法律责任,因为义务是必须履行的。

第三,经济权利与经济义务的专属性。特定国家经济管理机关享有的经济权利和承担的经济义务只能由特定国家经济管理机关行使和履行,不能相互授予、转让、替代等等。如依我国有关法律,对一般进出口商品检验、进出口药品的卫生质量检验、进出口计量器具的量值检定分别由不同国家机关负责,其权利和义务都是专属的。

其他经济法主体的经济权利和经济义务一般不具有以上特征。如某渔业公司申领捕捞许可证后享有捕鱼权,这是单一的权利。即渔业公司不负捕鱼的义务,因为它可以行使也可以抛弃其捕鱼权,这种捕鱼权显然也没有专属性。

(2) 依经济权利的作用,可以将经济权利分为支配权、请求权、形成权、抗辩权及诉权。

所谓支配权,是指对于权利的标的可以直接为法律允许范围内行为之权利。支配权主要是指各种财产权,如国家对矿产资源、国有土地拥有支配权。公司的法人财产权也属支配权。

所谓请求权,是指经济法主体要求他人行为或不行为之权利。如合同当事人有权要求对方履行义务。再如,依我国《消费者权益保护法》的规定,消费者权益受到损害后,有权请求补偿和赔偿。

所谓形成权,是指依经济权利主体一方之意思表示,得使权利发生、变更、消灭或生其他法律上效果之权利。例如,企业的生产经营决策权、产品销售权等等;再如,依我国《测绘法》之规定,有关部门有发布重要测绘数据的权利。

所谓抗辩权,是指妨碍相对人行使其权利之对抗权。经济法使一部分主体享有请求权的同时,使其相对人在一定条件下享有抗辩权,以平衡社会利益。如我国《产品质量法》第29条规定,赋予生产者一定条件下的抗辩权,以对抗相对方的赔偿请求权。

所谓诉权,是指经济法律关系主体因自己的合法权益受侵犯或正当权利与他人发生争议时,有权请求国家司法保护与裁决。

(3) 依据经济权利和经济义务的内容不同,可以将经济权利区分为积极的经济权利和经济义务与消极的经济权利和经济义务。

积极的经济权利和经济义务是指权利或义务主体有从事一定行为(作为)的权利或义务。例如市场经济主体有参与市场竞争的权利,有依法纳税的义务;政府有关部门有进行宏观调控的权利与义务等。这些都是积极的经济权利和经济义务。

消极的经济权利和经济义务是指权利或义务主体有不从事一定行为(不作为)的权利或义务。例如,生产企业对有关部门侵犯其经营自主权进行的瞎指挥有不予理睬的权利,有的学者称"抵制瞎指挥权"。又例如我国企业有"拒绝摊派权",有不从事不正当竞争的义务。这些都是消极的经济权利和经济义务。

三、经济权利和经济义务的特征

作为经济法律关系内容的经济权利和经济义务有其不同于民事法律关系和行政法律关系内容的独特特征,这体现在:

(1) 经济权利和经济义务是公权利、公义务与私权利、私义务的混合。由于经济法的调整对象涉及"公法"与"私法"的范围,因此经济法律关系的内容兼有公权利与私权利、公义务与私义务。如国家亦享有"私权利"——财产权,公民亦享有公权利——诉权。经济法权利与义务的这一特征与作为私法的民法与作为公法的行政法不同。

(2) 经济权利与经济义务的社会本位。法律的发展由义务本位渐进于权利本位,乃是一般的规律,尤以民法最为明显。但自19世纪末20世纪初以来,法律对社会整体利益的保护已逐渐重于保护个人之权利。而经济法的产生正始于这一时代。经济法产生的动因之一就在于避免社会个人因其自身利益的追逐而抛弃社会公共利益,因此而为国家干预、为市场秩序的维持、为资源之保护。经济法律关系既不以权利为本位,又不以义务为本位,而是以社会为本位,维持社会整体利益与均衡。经济权利与经济义务也不以所谓"私权神圣"、"契约自由"为原则,而处处体现国家的干预与调节。比如反垄断法、资源法、能源法、消费者权益保护法等都体现了经济法律关系社会本位的内容。

第四节 经济法律关系要素之三——客体

一、经济法律关系客体的概念

法律关系客体又称权利客体,是权利义务所指向的对象。

经济法律关系的客体,亦称经济法客体,是经济法主体享有的经济权利和承担的经济义务所指向的对象。

客体是构成经济法律关系不可缺少的要素。在哲学上,客体是相对主体而言的,是指处于主体之外,而不依主体意识而转移的客观现象,是主体的认识与活动所作用的对象。在法学上,法律关系的客体,一方面,具有哲学意义上的客体的一般属性,不依主体的意识为转移,具有客观性,是独立于人的意识之外并能为人的意识所感知和人的行为所支配的客观世界中各种各样的现象,它不仅包括客观物质世界的各种现象,如土地、矿藏、工厂、机器等,而且包括客观精神世界的各种现象,如劳动、休息、商誉等;另一方面,法律关系客体又具有自己的特殊性,它能够满足主体的物质利益和精神需要,是满足权利人利益的各种各样的物质的和非物质的财富,它得到法律规范的确认和保护。因此,不是一切独立于主体而存在的客观现象都能成为法律关系的客体,只有那些能够满足主体利益的并得到国家法律确认和保护的客观现象才能成为法律关系的客体,成为主体的权利与义务所指向的对象。

经济法律关系的客体,既具有通常意义上法律关系客体的一般性,又具有自身的特殊性,是一般性和特殊性的统一。体现在:

(1) 经济法律关系的客体必须是经济法主体能够控制、支配的事物。因此在不同的生产力水平上,在不同的社会历史条件下,经济法律关系客体的范围是不同的。由于现代社会科学技术高速发展,社会经济的发达,人们能够控制、支配事物的范围也空前的广泛。过去一些不进入法律关系的事物也逐渐成为法律关系的客体,如遥远的小行星亦成为冠名权的客体,地震、台风也可进行测绘、预报。

(2) 经济法律关系的客体必须是国家经济法律法规允许进入经济法律关系成为其客体的物或行为。由于经济法律关系是受到经济法调整和保护的经济关系,所以,被允许在经济法律关系中充当客体的,必须是能够体现一定经济利益并且具有合法性的事物。非法的事物不为法律所保护,它所体现的经济利益不能合法化,因此也就无法实际承载经济权利和经济义务。

(3) 经济法律关系的客体是能直接体现一定的经济效益或者是可借以获得一定经济效益的物或行为。由于经济利益既是主体参与经济法律关系的动力源泉,也是经济权利和经济义务的核心内容,所以,只有能够体现一定经济利益的事物,才可以成为一定经济权利和经济义务的承载体。

二、经济法律关系客体的种类

（一）物

作为经济法律关系客体的物是指，经济法律关系的主体在事实上和法律上能够控制和支配的，国家经济法律、法规允许进入经济法律关系的，具有一定经济价值的客观存在。

作为经济法律关系客体的物和一般讲的物的概念是不同的。在物理学上，物质的特点是占有一定空间、具有一定质量等，如固体、液体、气体；能量的特点是可以做功，如声、光、电、热等。这都可以成为法律上的物。法律上的物包括了天然存在和人类的劳动产品，以及固定充当一般等价物的货币和有价证券等。物作为经济法律关系的客体，可作如下分类：

（1）生产资料和生活资料。生产资料，是指社会再生产过程中的劳动资料和劳动对象。生活资料，是指用来满足人们物质和文化生活需要的消费品。

（2）流通物、限制流通物和禁止流通物。流通物，是指在经济法主体之间可以自由转让的物。限制流通物，是指在经济流通中依法受到限制之物，这种限制既可表现为这种物只能在一定主体之间流通，又可以表现为这种物只能依特定的方式和程序才能流通。在我国，限制流通物包括：国家和集体某些专有财产，如土地；金银、外币禁止在国内市场流通；计划购销物品只能在完成计划购销任务后，才能在其他主体之间进行流转；武器、弹药、爆炸物、剧毒品、受管制的无线电器材等，涉及生产、生活和社会安全的重要的物，必须依照法律规定程序调拨使用，或者经有关主管部门的批准后购买，不得在市场上流通。禁止流通物，是依法不能参与经济流通之物，如矿藏、河流、铁路等。

（3）动产和不动产。不动产，是指不能移动或者移动会损失经济价值的物，如土地、建筑物及其他地上附着物、船舶、飞机等，在法律上往往视为不动产。动产，是指移动后其经济价值不受影响的物。

（二）行为

经济法律关系客体中的行为，是经济权利和经济义务所共同指向的作为或不作为。相互对应的经济权利和经济义务，通过这种行为的实施而同时得以实现。行为作为经济法律关系客体，须具备两个要件：

（1）它必须是能够体现或实现一定经济利益的行为；

（2）它必须是经济义务主体应经济权利主体的要求而实施的行为。

作为经济法律关系客体的行为，包括作为和不作为。从行为的具体内容上还可以分为：经济管理行为，如经济管理部门依法对企业进行检查监督，中央银行调整利率等；完成工作的行为，如加工承揽、建设工程承包行为等；提供劳务的行为，如设备检修、饮食服务、交通运输等行为。

（三）无形资产

经济法律关系客体中的无形财富，又称精神财富、智力成果，是指人类脑力劳动所创造的成果，以及和经济法律关系主体自身相联系的非物质财富，还包括各种信息、情报、资料等无形的经济利益的总称。

无形资产一般不具有直接的物化形态,它构成经济法律关系的客体,必须具备下列条件:

(1) 具有一定载体。无形财富通过物质化过程被固定下来,并以一定的实物形态或行为过程为其载体时,才能为人们直接或间接地看到、听到或触到,能供人利用。在社会实践中,手稿、印刷品、视听资料、计算机软件、操作过程等,都是无形财产的载体。

(2) 具有一定的经济价值。精神财富的经济价值,除了指无形财富的创造、收集、传递要耗费一定的劳动外,还指无形财富能转化为生产力因素,运用于社会生产过程,给人们带来经济利益。经济生活中,具有经济价值的精神财富,包括科学技术、经营管理和生产经验、商业信誉、信息情报等。

(3) 由经济法律、法规加以认可和规定。未经经济法认可的智力成果不受法律保护,也就不能成为经济法客体。经济法体系中,工业产权、科技奖励、技术合同等项法律制度对保护精神财富负有重要的使命。

无形财富很多,如商标、专利、专有技术、技术改进方案、合理化建议、经济信息、生产经营标记等。

第五节 经济法律关系的运行

一、引起经济法律关系的经济法律事实

经济法律关系是由经济法律事实所引起的,经济法律事实是引起经济法律关系的原因。如前所述,经济法律法规虽然是经济法律关系产生的前提,但经济法律规范本身并不产生经济法律关系,只有法律事实才引起经济法律关系的产生。所谓经济法律事实,就是引起经济法律关系产生、变更和消灭的事实。具体的经济法律关系,往往是由一个或几个经济法律事实形成的。一般说来,法律事实又分为行为和事件两类。

(1) 行为。行为是以人们的意志为转移的法律事实,如签订计划合同、达成贸易协定、企业的关闭停业和建设工程项目的停建、缓建等。行为又可分为很多种,但从法律意义来说,主要是研究合法行为和违法行为这两种。违法行为,有的是没有履行经济法律、法规规定的应作的一定义务的行为,有的是由于作出了经济法禁止的行为。在法律事实中,法律行为是大量的。

(2) 事件。事件是不以当事人意志为转移的法律事实,如由自然灾害造成工厂倒塌所引起的保险法律关系的赔偿问题,经济合同权利义务关系的中止引起的财产的清理等。

具体引起经济法律关系产生的法律事实,大致包括六种情况:(1) 由国家机关依照法律实施行政管理权而发生经济法律后果的行为,亦称经济行政行为。如财政税收政令的下达、各类经济事务的登记注册、有关管理机关对经济合同的鉴证、仲裁机构对合同的公断与裁定等。这些都能作为确立、变更经济法律关系的法律事实。

(2) 经济合法行为。(3) 经济违法行为。(4) 法院的判决与裁定的经济司法行为。(5) 非诉讼活动的司法行政性的公证行为。(6) 与上述五种行为相区别的一种法律事实,也就是与当事人意志无关的法律事实,即由于客观上一种不可抗拒的因素而引起经济法律关系变化的法律事实,也就是通常说的事件。

二、经济行为的合法与违法

这里所说的经济行为,就是引起经济法律关系的行为。它是经济法律关系主体为了发生、变更或消灭一定经济法律关系,而依法进行的一种合法行为。国家经济生活中的基本建设包工、商品的供应、国家的税收、银行的信贷和结算、货物的运送等经济活动,都是经济法律关系主体为了一定经济目的而产生经济法律关系的行为,这些都叫经济行为。其特征是经济法律关系主体有意识进行的一种意志行为,并且必须符合法律的规定。同时,这种经济行为还具有综合性、广泛性的特点。经济行为一般可以分为隶属关系的经济行为和平等关系的经济行为、受计划调节的经济行为和受市场调节的经济行为、有偿的经济行为和无偿的经济行为、双方的经济行为和多方的经济行为,等等。

在经济法调整的范围内所产生的各种各样的经济行为类别中,首先值得注意的是,什么是合法行为?什么是违法行为?因为这是涉及经济行为是否有效的问题。对于合法的经济行为应当注意它的成立条件,也就是说要注意确立经济行为是否有效的原则界限。对于不合法的经济行为,应当注意不合法的情节和性质,以便进一步研究所引起的不同后果。

合法的经济行为(合法行为)是从内容到形式符合法律规定,能发生行为人所想获得的经济效果的行为。所以,确定经济行为是否有效的原则界限对认定经济行为是否在法律上生效很重要。因为事实上并不是任何以产生经济效果为目的的经济行为都能产生人们所欲达到的经济效果。按照宪法的精神和其他有关法律、法令的规定,以及审判工作的实践,经济行为的有效应具备以下各项条件:

(1) 经济行为的内容必须合法。为了使经济行为取得法律上的效力,经济行为的内容必须符合法律的要求。因此,合法是经济行为有效的基本条件。凡经济行为的内容,当它与具体的法律规范以及党的方针政策不相抵触的情况下,都应该认为是合法的。

(2) 经济法律关系主体要有行为能力。例如,国家经济管理机关的行为能力,表现在国家赋予的各种经济职能。各种经济组织的行为能力,则体现在各种经济组织所制定并经主管机关批准的章程和条例里。因此,经济法律关系主体要进行经济行为,并使它能在法律上生效,那就应该在其法定的职权范围或业务范围以内去进行,即应符合经济法律关系主体行为能力的原则。这些原则是与党的关于经济工作的路线、方针、政策和国家的经济法律法规相适应的。因此,它也体现着国民经济计划和财政经济纪律的要求,若超出这个范围(假如一些部门、地区超越税收管辖权限,任意减免或增加税收,"税出多门",就势必造成财政收支不平衡,引起社会经济秩序的混乱),就会导致经济法律关系的无效,失去行为主体的资格。

(3)经济法律关系主体之间的意思表示,应当相互协调、真实、自愿。在纵向经济关系中,由于经济法律关系主体是国家经济管理机关与经济基层组织。他们所处的法律地位虽是上下隶属关系,但在经济工作中,还应发扬经济民主来调动基层经济组织的积极性和主动性。因此,双方的意思表示协调一致是极为重要的。如果在经济上产生某些矛盾,那也应当本着克服困难,服从全局,相互协调的原则,妥善处理。即使在一定条件下的某些横向经济关系中,经济法主体之间本来是以平等的法律地位出现的,因此,在意思表示方面,也要体现自愿与真实的要求。任何经济法律关系主体不得以势压人,也不允许在经济行为中,表里不一,弄虚作假。

(4)经济行为必须具备法定方式。经济行为必须立据为证,采用书面的形式,这在有关经济法律法规中是有明文规定的。例如,工商业登记、房产、土地、船舶登记等,通过登记的法定手续,才能在经济法律关系中生效,否则,经济行为就缺少法定手续,影响法律效力。这些法定的登记方式,对于保证经济行为的合法性、真实性,都能起一定的作用。

违法的经济行为(违法行为)一般可分为触犯经济法规的经济违法行为、触犯行政管理法规的经济违法行为、触犯刑事法律的经济违法行为。经济违法行为是一种法律上无效的行为。就它的内容来说,是同国家的经济法律、法规相抵触的。就它对社会损害性的大小来说,可分为严重经济违法行为和一般经济违法行为。严重的经济违法行为,如违反海关法,进行走私活动。一般经济违法行为有三种情况:一些极轻微的经济违法行为,可批评教育,免予处分;违反治安管理,损害公共财物的,进行经济行政上的罚款;违反经济协议的,则需要追究违约责任。

第六节 经济法律关系的保护

一、经济法律关系保护的实质

经济法律关系的保护,就内容方面来说,也就是严格监督法律关系参加者正确地行使权利和切实地履行义务,也就是加强经济方面的社会主义法制,维护经济法律规范规定的国家机关、法人和有关的自然人的法律地位不受侵犯,保护他们的权利,促使他们履行承担的各种义务。因为要保护一方所享受的经济方面的权利,就必然要求另一方切实履行经济方面的义务,所以,对法律关系的保护也可称为对经济权利的保护。

二、经济法律关系保护的方法

经济法律关系保护的方法,从广义上来说,就是国家通过经济立法活动和经济司法活动,来保护经济法律关系当事人权利义务的实现。从狭义上来说,经济法律关系的保护是对正常的经济法律关系的破坏行为依法追究法律责任的问题,对法律责任的追究也就是对正确的法律关系的维护。追究法律责任,包括下列几种方法:

(一) 各种经济制裁

(1) 赔偿经济损失。这是最常用的一种经济制裁。它是指一方因违反经济法规而给对方造成损失后的一种补偿。通过赔偿经济损失，一方面制裁经济违法行为，另一方面赔偿受害人的损失。

(2) 交付违约金。它是对不履行经济义务采取的一种经济制裁。

(3) 罚款。它是国家管理机关对所属的经济组织由于违反经济法规而依法强制缴纳一定数量金钱的一种处罚。如国家税务机关为了维护国家规定，对某经济组织或个人因偷税漏税所处的罚款；市场管理机关为了维护国家和消费者的利益对某商业组织或个人因违反市场管理或物价管理规定所处的罚款等，都属于这一类。这类罚款与刑法的罚金不同，前者是因违反国家经济行政管理法令给予的处罚，后者是因触犯经济方面的刑律而产生的。

(4) 强制收购。对违背国家的价格政策以及其他类似经济行为而情节较轻者，国家可按牌价强制收购，必要时可以贬价收购，以示制裁。

(5) 没收财产。它是对经济违法行为的当事人的有关财产或所有财产强制收归国有的一种经济制裁。这里有两种情况，一是在经济方面触犯刑律，把没收其财产作为一种刑罚，因此它与犯罪行为有密切联系。例如，违反禁运法的，没收其禁运物。这种没收主要适用于那些情节严重的走私犯等。采取这种没收财产的经济制裁，就可以从经济上消除他们继续犯罪的可能性，有利于社会主义经济秩序的稳定。再一种情况是在经济行政方面没收财产的情况，也是一种经济制裁。如海关对于走私活动尚不够起诉判刑时，采取没收其走私物品。违反市场管理的经济违法行为，在政令上也有没收商品的规定。

(6) 其他经济制裁如停止侵害、排除障碍、消除危害、返还财产、修理、重作、更换，等等。

(二) 行政制裁

行政制裁是指行政领导机关对违反经济法规的单位或个人，依行政程序而给予的处分。对单位可以采取批评、警告、停业整顿、吊销营业执照等处分方法。对公民可以采取警告、记过、记大过、降级、降职、留用察看、开除等处分方法。

(三) 刑事制裁

刑事制裁是对违反经济法律法规，造成严重后果，触犯了国家刑律的经济犯罪分子，依法给予的刑事制裁措施，刑事责任不只限于自然人，对于法人和社会组织也适用行政责任和经济责任以及适用刑事责任。

总之，为了保护经济法律关系，维护国家经济管理机关、经济组织和有关公民的合法经济权利，必须从行政管理上、经济司法上采取必要的强制措施，包括行政性处分、经济制裁以至刑事制裁。通过行政管理活动和司法活动保护经济法规定的在国民经济管理和各经济组织及其内部的经济活动中以及经济运行与宏观调控中当事人的权利不受侵犯。

与此同时，对经济法律关系的保护，经济法规定的各种奖励措施，也是重要方法。

第六章 经济法体系和经济法学科体系

建立和完善经济法体系是经济立法的重要目标和经济法制建设的基础,建立经济法学科体系是经济法学理论研究的目标之一。本章着重阐述了我国经济法体系的特征和基本框架,分析了我国在市场经济体制条件下经济法学科体系,并提出了学习研究经济法的重点和难点。

第一节 经济法体系

一、经济法体系的概念、意义和根据

(一) 经济法体系的概念和意义

经济法体系是指由经济法律规定所构成的一个有机系统。经济法体系是经济立法工作成果的总体现,是经济法基本理论的重要组成部分,是经济法教学的一个重要内容。对它研究得充分与否,不但影响到经济法理论的发展,而且也影响经济法和经济司法实践。例如,对经济法与民法体系的不同看法,就不能不影响经济法与民法的立法过程,使该立法的经济法或民事法可能不便很快地立起来;该审理的案件,法庭也可能会犹豫不决而导致审判作用不能充分发挥。同时,对经济法体系研究不充分也会使法律教学课程的设置和科学研究遇到一些困难。只有对经济法体系进行深入研究,并在实践中逐渐形成和建立起科学的经济法体系,经济立法才有更加明确的方向,才能更好地发挥经济法对经济关系的调整作用,才有利于把经济法规与经济司法更紧密地结合起来,才更有利于法律的运用,才更有利于提高教学质量。因此,建立合乎我国国情、能反映国民经济体系的法律要求和体现社会主义法制发展客观规律的经济法体系,对于整个法制建设都有重要作用。

(二) 建立经济法体系的客观根据

在整个法律体系中,经济法是一个同民法、刑法等并行的独立的法律部门,但是能否再提出建立一个经济法体系呢?也就是说,在一个独立的部门法中能否建立部门法体系呢?我们认为,不仅是必要的,而且是可能并有客观根据的。

首先,建立经济法体系是由经济法调整的经济关系的统一性、多样性以及整个国民经济管理的完整性、复杂性决定的。我国正处在社会主义初级阶段,现存的经济关系比较复杂,存在全民所有制、集体所有制、个体经济、股份制经济、合营企业、外资企业等经济形式,也就是存在着以国有经济为主导地位的多种经营形式并存的经济结构,经济法律、法规反映的内容也就相当广泛,形式也势必多样,是综合性和专业化相统一的整体。例如,可以根据经济法调整经济关系的某一侧面而划分为若干具体的经济法律门类,如调整国民经济管理关系中的计划关系而形成国民经济计划法;调整经济管理关系中的货币流通、信贷分配关系而形成金融法;调整经济管理关系中的有关经济监督的立法,如会计、审计、统计、计量、技术标准等特有技术如何运用而形成会计法、审计法、统计法、计量法、标准化法,等等。这些都属于经济法范围。但是他们又是具有不同特点的法律规范。因此,在经济法律部门中就存在各有差别的多种经济法律规范,各类经济法律规范之间又是紧密联系的。

其次,建立经济法体系也是由建设社会主义民主与完备社会主义法制的根本目标和根本任务所决定的,反映了社会主义民主与法制发展的客观要求。社会主义现代化与民主化是紧密相连的,没有社会主义现代化,民主化就没有强大的物质基础,没有社会主义民主化,社会主义现代化就没有统一的意志和群众力量,就没有法制的保障。社会主义法制的一个重要特点就在于它的统一性、完整性和科学性。它要求各个法律部门之间以及部门法内部都要形成形式完备、内容和谐一致、有机联系的整体,而不是一堆自相矛盾、杂乱无章的"流水账"。这样,才能使各个部门法在整个法律体系中有明确的地位和作用,才能建立起有利于维护和巩固社会主义的经济秩序,加强人民民主专政,充分发挥社会主义法制的威力。

因此我们党和国家多次提出要建立完备的经济法体系的任务。

二、经济法体系的特点和基本结构

我国经济法应当是一个具有"基本骨架"的、多层次的、配套齐全的、和谐一致的法律体系。具体说来,我国的经济法体系应该有以下几个特点:

(一)单一部门经济法与综合性职能经济法相结合

单一部门经济法与综合性职能经济法相结合是我国经济法的"基本骨架"。按照我国国民经济各部门分工、地位、作用的不同,依次制定各种特定的经济法律规范,对其活动进行调整,从而形成国民经济各种门类的经济法律规范。这种经济法,我们可以称为单个部门经济法律规范。这种单个部门经济法是同国民经济的各个部门及其内部层次相对应的,也就是说,应当与我国国民经济主要部门是一致的。我国国民经济的主要部门分为工业(包括材料工业、动力工业与加工工业)、农业(包括林业、畜牧业、水产业)、建筑业、运输业、商业与服务业(包括国内商业和外贸、旅游)、采掘业、科学研究与科学服务业、金融业与保险业、城市公共事业、环境治理与环境保护业等部门。因此,就要相应地制定工业、农业、基本建设、交通邮电、国内商业、外贸与旅游、自然资源与能源(包括采掘业)、科学技术、金融保险等各个门类的经济法律规范,即制定单个部门经济法律规范。

按照国家对国民经济管理的各种职能部门的共同要求,有必要制定综合性的职能经济法。例如关于计划的立法,是社会主义国家管理经济的主要手段;关于物价、财政税收、银行信贷的立法,是调节国民经济的杠杆;关于对外经济关系的立法,是发展国民经济的外部条件;等等。随着经济建设的发展和经济管理体制的改革,综合性的职能经济法规也将逐步完善和增加。综合性的职能经济法规与单个部门经济法规是我国经济法的核心部分,是我国经济法的基本骨架。

　　同时还必须指出这种单一的部门经济法和综合的职能经济法的结合,就其内容来说,既包括国民经济管理关系,也包括市场运行关系。有的学者把这种单一的部门经济法与综合性职能经济法相结合,说成是"经济行政法"或"行政经济法",这纯粹是把政府管理行政工作的经济事务与经济法混为一谈了,把国家权力机关对国民经济和市场运行的立法,以及把司法机关的执法活动同政府对国民经济和运行的行政管理行为混为一谈了。一个国家的国民经济的产生和发展以及通过市场体制的运作,只靠政府行政活动的法律规范,是管辖和支撑不了的,它一方面夸大了政府行政行为,另一方面也缩小了经济法的范围和降低了经济法的功能。所以,在这里经济行政法的观点是站不住脚的。

　　(二) 全国性经济法律法规、区域性经济法律法规和地方性经济法规相结合

　　全国性经济法律法规、地方性经济法规、经济特区经济法规相结合,这是由我国的立法体制决定的。在我国经济法体系中,中央权力机构和管理机构对经济立法负有重大的责任,起着主导的作用,但地方权力机构的立法、民族自治地方权力机关的立法和经济特区权力机构的立法也是我国经济法体系中不可缺少的部分,忽视地方性的经济法规是错误的。由于我国情况复杂,地方根据全国统一的经济法的精神,因地制宜地颁布地域性的经济法规是十分重要的。

　　在我国的经济发展和立法实践中,近年来又出现了区域性的经济领域及其立法的趋势。例如我国西部大开发,在"十五"计划中已作了重点布置和安排,这是横跨12省、市的大面积开发,是为协调地区之间的发展差距而进行的战略性经济开发。这不是某一个省、市地方经济发展的开发,而是区域性的经济开发。为了保障西部大开发的顺利实施和成功,全国人大常委会已经着手制定和完善有关保障实施西部大开发战略方面的法律,国务院也已经颁布了有关这方面的行政法规。很显然,这是经济法而不是行政法,是由中央国家权力机关和管理机关来制定的经济法,而不是由省级地方来制定的地方经济法(当然地方要实施),这种经济法我们叫区域经济法。由此可见,作为我国经济法体系的组成部分,既有全国性的经济法,又有区域性的经济法,还有地方性的经济法。

　　(三) 关于国民经济运行和宏观调控的立法内容,占有突出的地位

　　所谓宏观经济,就是在一个国家的国民经济中起全局性作用的经济,属于经济命脉性的经济,涉及国计民生基本生活性的经济。也就是指整个国民经济或国民经济总体及其经济活动和运行状态,如总供给与总需求;国民经济的总值及其增长速度;国民经济中的主要比例关系;物价的总水平;劳动就业的总水平与失业率;货币发行的总规模与增长速度;进出口贸易的总规模及其变动等。所谓宏观经济调控是指政府为实现社会总需求与社会总供给之间的平衡,保证国民经济持续、稳定、协调增长,而对社会经济运行实施调节与控制的政策、措施与制度的总称。所谓宏观经济学是把国民经济工作作为一个整体来考察,它分析国民经济中各个有关的经济总量及其变化,研究国民总收入、消费总水平、物价总水平、社会就业率、经济增长率及其相互

的关系,研究政府应采取什么样的政策、措施来影响各个经济总量及其相互关系,以达到就业充分、物价稳定、国际收支平衡和经济继续增长四大目标,宏观经济学又称总量经济学。

所谓宏观经济法,是由国家制定和规范的调整宏观经济调控关系的法律规范的总称,是经济法的基本内容或核心内容。宏观经济调控法的目的,就是准确地反映社会主义市场经济客观规律和民主法制发展规律的要求,保证市场各主体按法律规定进行活动,避免偏离客观规律和宏观调控的目标,使各种主体在国民经济市场运作活动中,正常有序、协调发展,这就是宏观经济调控法的目的和作用所在。宏观经济调控法要遵循一定的调控原则,包括资源优化配置、总量平衡、间接调控、统一协调和宏观经济效益五大原则。宏观经济调控的对象及范围,一般视为"公共物品"。宏观调控的主体及其权力的配置,既包括国家又包括社会。宏观调控的法律机制应包括对产品生产的投资机制、市场供应和销售的分配机制、市场发育与竞争的保护机制、宏观调控的协调与干预手段的法律制度的完善等。宏观调控的具体法律制度包括:(1)市场经济主体的准入和退出及其破产的法律制度;(2)财政、预算、税收、国债法律制度;(3)中央银行、政策性银行、货币政策、利率、汇率、外债法律制度;(4)工商登记、市场管理法律制度;(5)反垄断、反不正当竞争、产品质量、消费者权益保护法律制度;(6)计划和经济增长、固定资产投资、物价法律制度;(7)劳动就业、社会保障制度;(8)人口、资源、环境、可持续发展法律制度;(9)国有企业和国有资产以及政府采购法律制度;(10)外贸、外资、外汇的法律制度;(11)统计、会计、审计等经济监督和技术监督法律制度。宏观调控的方式,主要是运用财政政策和货币政策手段,宏观调控权力的制约与法律责任,防止权力的滥用,以及加大对宏观调控失误责任的追究。还要实行权力和责任的统一,防止有职无权和有权不负责任两种片面性。

宏观调控经济立法之所以在经济法体系中占有突出的地位,从中国经济发展的目标和环境来看,要实现第三步发展战略目标,需要"进行经济结构的战略性调整,取得实际性的进展"。特别是在西部大开发和加入WTO引发的经济大变革的关键时期,宏观经济法制的落后,不仅不能对经济起到超前引导和保障发展的作用,而且可能使初步确立的市场体系遭到扭曲和伤害,造成市场经济秩序混乱。只有将国家的宏观调控和市场的基础性调节有机地结合起来,将"两只手"协调地运用起来,及时加强宏观经济法制建设,加强宏观经济法理论的支撑,大力加强中国宏观经济的研究,才能促进宏观经济立法的出台,依法进行宏观调控,保证国民经济持续、健康、协调的发展。而建立在既协调又干预的经济法理论基础上的经济法学,对中国宏观经济调控法律的研究,应成为经济法学界研究的重中之重。

对于宏观经济调控的立法,是采取综合性的立法还是单行的立法,如果采取综合性的宏观调控立法,可以称作制定我国"宏观经济调控法"或"国民经济管理与运行法",或如20世纪80年代北京大学法律系的学者所提出的"经济法纲要"("经济关系基本法")。如果这种立法能够实现,我们认为可以把它作为经济法的二级法,但是从立法的经验来看,这种法是很难立起来的,因为综合性太强,很难综合起来,而宏观调控又是灵活多样的,不可能在一部综合性的立法中概括起来而又运用自如。所以我们认为,宏观经济调控立法还是以单行的立法为适宜。

(四)经济立法与经济司法和经济法的实施紧密结合

在经济法体系中,各种形式的经济法律规范是基本的,但是如果忽视经济司法组织机构和制度的建设,也是不完整的。因为它不能反映经济立法、执法、守法等整个经济法制建设的全过程及其总面貌。我国虽然不是以判例为主体法系的国家,但注意总结经济仲裁、经济检察、经济审判、经济律师、经济执法等实践的经验,特别是对典型审判案例的总结及其运用,对立法无疑是个促进。更重要的是,经济司法是贯彻执行经济法的组织保证,如果没有强有力的经济司法,经济法规就发挥不了应有的作用,也就不能建立完整的经济法体系。

(五)各经济法律法规在内容上的和谐一致与形式上的完备无缺相统一

经济法体系内部结构上的和谐一致,一般是指经济法作为一个独立的法律部门是由各项同类经济法律法规和相邻近的经济法律法规组成,而在各种经济法律法规之间应当是协调一致,相辅相成,并在同一方向上相互作用,而不是互相冲突。这就要求在制定经济法律法规的过程中,必须有统一的立法依据和指导原则,正确处理局部与全局的关系,做好经济法律法规的"废、改、立"和整理汇编工作。经济法体系的外部结构,一般是指各项经济法规(包括法律、法令、条例、施行细则以及有法律效力的解释和类推适用的法律文件等)自身有比较完善和统一的形式(包括各项经济法规的名称、篇、章、节、条、款的结构,条文设置的层次和逻辑性,文字用语表达形式,法律议案的提出、审议、通过、公布,法律生效日期、解释权限,有权修改或撤销的机关等是否合乎法定程序),如果各项经济法律、法规自身的形式不完备,那也是建不成一个完整的经济法体系的。这就要求在经济法的"立、改、废"过程中,要十分重视立法当中的技术问题,作好经济立法的组织、协调和规划工作。

经济法体系的内部结构还包括单行的部门经济法和综合的职能经济法之间内容的交叉,也就是说,你中有我,我中有你。例如《公路法》、《乡镇企业法》、《捐赠法》等都包含了税法的内容,而税法如《税收征管法》、《所得税法》、《流转税法》、《财产税法》等也都包含了国民经济各部门和市场体制运行方面的一些内容;就经济法的外部结构而言,也一定要处理好经济法同民商法、行政法、刑法、诉讼法之间的关系,不要重叠、矛盾、冲突,而要协调一致,趋向统一,防止疏漏。

根据对经济法特点的初步分析,经济法以宪法为依据,对经济法来说,宪法是"一级大法"。"宏观经济调控法"是经济法的主体法,也是经济法的"二级大法",综合职能经济法和单个部门或行业经济法是经济法的基本骨架,以数量众多的单行经济法律、法规、条例、章程及实施细则、办法以及地方各种经济法规组成多层次的经济法体系。而从地方立法来说,也需要建立完备的地方经济法规体系。以北京市为例,在服从宪法、法律、国务院行政法规的前提下,从 20 世纪 80 年代至 20 世纪末北京市的地方经济法规体系包括以下的内容:(1)城市规划和基本建设法规。如城市建设规划管理办法、加快卫星城市建设的规定、控制高层楼房住宅建设的规定等。(2)农业和乡村经济法规。如村民自治组织条例、农业植物检疫实施办法、渔业资源增殖保护费用征收办法等。(3)增强企业活力的法规。如横向联合实施办法、企业集团组织管理办法、计算机软件管理办法、电子产品振兴法规等。(4)财政财务和税收法规。如地方分税制办法、经济责任制管理办法、各类税收实施办法、会计制度管理办法、工资基金管理办法等。(5)金融、保险法规。如证券交易办法、农村借贷管理办法、资金市场管理办法、养老保险、失业保险、农业保险办法等。(6)能源、交通法规。如计划用电定量包干管理办法、征收电力建设资金的规定、城市道路桥梁管理办法、机动车辆管理办法。(7)市场流通和商业服务法规。如市场物价监督暂行办法、工业产品质量监督条例、加强商业服务业网点建设的补充规定、商业批发行业管理暂行办法等。(8)基建投资和建筑业法规。如建设工程质量管理监督办法、新建居住区公共设施配套规定、建筑企业营业管理办法等。(9)第三产业有关经济法规。如旅店业管理暂行办法、关于加强旅游区市场管理的规定、外地企业和个人来京兴办第三产业的若干规定等。(10)市级经济监督法规。如价格监督检查条例、统计工作管理暂行规定等。(11)水土资源和森林保护管理法规。如关于处理租赁土地的规定、农村建房用地管理办法、农村林木病虫害防治管理办法、节约用水管理办法等。(12)科学技术经济法规。如关于推动科研生产横向联合的若干规定、经济技术开发区管理条例、中关村科技园区管理条例、科学技术进步奖励办法、实施土地管理法办法等。(13)城市环境保护法规。如市容环境卫生管理规定、关于公共场所卫生管理的暂行规定、道路和公共场所环境卫生管理若干规定等。(14)进出口贸易和引进外资法规。如外商投资企业外汇管理暂行办法、关于鼓励出口创汇的几项规定等。(15)其他经济法规。(16)司法公正法规。如高级、中级人民法院,高级、中级人民检察院经济审判和经济检察的有关规定、经济仲裁的有关规定等。

总之,在完善地方经济法规体系过程中,必须坚持发扬社会主义民主,严格社会主义法制,即搞好依法治市,才能保证城市建设的健康发展。

三、逐步形成、发展和完善我国经济法体系

在我国,建立和完善如上所述的经济法体系是一件不容易的事,需要时间和条件,也就是说需要一个过程,不能性急,但又不能观望等待,要为建立我国自己的经济法体系积极创造条件。

第一,从经济立法来说,要注意立法的系列化问题。要全面规划,突出宏观经济立法的重点与把握全局的高度协调一致。这不是一个技术问题,而是一个根本指导思想问题,要求立法工作者胸有全局,远见卓识,预见未来,脚踏实地,精益求精,永不满足,不断"废、改、立",逐步制定和完善足以适应我国需要的各类经济法律法规,这是建立我国经济法体系的先决条件。

第二,要紧密结合经济体制改革,建立和完善社会主义市场经济体制的要求进行经济立法,并建立和健全经济立法机构和执法机构。这是建立我国经济法体系的又一个重要条件。我国正在进行具有伟大意义的经济体制改革,这次改革是国

民经济从管理制度到管理方法的大变动,是各方面经济权益的大调整,是权利与义务关系的大协调。经济体制的改革迫切需要经济法进行调整。具体说,就是要求通过经济法把党和国家对改革的重大措施法律化,巩固改革成果,指导改革工作。在改革中,已经颁布的一些经济法收到了应有的成效,对促进和保障改革工作的进行起了良好作用。经济改革既是我国经济法律体系建立的必要条件,也是经济法在实践中发挥作用的大好时机。问题是要把二者紧密结合起来,互相促进。那种在理论和实践上把改革和立法对立起来的观点现在不存在了。但如何使改革和立法并行不悖,需要认真研究和总结改革中经济立法的特点和应该注意的事项。例如,改革中的立法往往带有过渡性、多样性,经济立法更需要带有纲领性和灵活性。又如,改革涉及国民经济内部结构的变革和国民经济管理制度和管理方法的变化,而国民经济又总是一个有机的整体,因此,经济立法就要全面规划,统一地进行。又例如,针对经济法中科学技术法比较突出,经济效益比较明显的特点,注意经济技术分析是十分必要的。只有这样,才能不断提高经济立法的水平。总之,建立我国的经济法体系,必须同经济改革所要建立的国民经济管理体制、管理制度和方法紧密结合起来。可以说,经济法及其体系的前途和命运同我国经济建设、经济体制改革的前途和命运是联系在一起的。

同时,结合经济改革,建立和强化中央与地方经济执法的专门或综合机构也是十分重要的。

第三,要重视对经济法规的基本分类及其相互关系的研究。一般说来,建立经济法体系就是要把为数众多、内容不同、形式各异的各种经济法律规范,根据具体调整对象和方法的不同,进行科学的分类,揭示和区别不同门类经济法规相互之间的内在联系和自身的逻辑性,从而把各种经济法律法规按标准、按次序、按层次地组织成为和谐的统一的整体。这在我国的立法规划和标准教科书中都得到了体现。

第四,要全面加强经济法的理论研究和经济法学的建设。这也是建立我国经济法体系必不可缺的条件。经济法体系的建立,固然要靠我国经济立法和经济司法制度的完备,同时也离不开经济法学理论的研究和建设。只有这样,才能使经济法体系建立在科学的基础上。在经济法理论研究中,一定要坚持理论联系实际的原则,为我国的经济立法工作和整个经济法制建设服务;一定要培养高水平的经济法律专门人才,加强研究力量;一定要广泛开展经济法学大讨论,对重大的理论问题要集中各方面的力量进行突破。要在建设有中国特色的社会主义理论的指导下,努力创建我国的经济法体系和经济法学体系。

第二节 进行经济法学科体系的三次重大变革

本书体现了市场经济体制下学科体系的重大变革。

首版绪论中已经提到,经济法作为一个独立的法律部门的形成和作为一个学科的出现,从世界范围来说是在20世纪初期,在我国是改革开放政策实行以后。作为一门新兴的法律部门和法律学科,它的形成和出现引起了法律体系和法律学科体系的重要变化,对国家法制建设、社会经济生活和法学研究产生了深刻的影响,受到了社会各界普遍的关注。

新中国成立前,即使改革开放前,经济法作为一个法律部门和一门法律学科,也没有提到我国法制建设和法学研究的议程上来,就连"经济法律"、"经济法制"、"经济司法"、"经济法学"等概念也没有出现和使用过。众所周知,经济法学的研究、经济法制的建设、经济法人才的培养,都是在党的十一届三中全会以后,在坚持发扬社会主义民主、加强社会主义法制建设,在实现现代化的宏伟目标,进行改革开放的过程中产生、形成和发展起来的。尤其是我国的改革和开放,对经济法制建设和经济法学的研究影响最大。从经济法学科的研究来说,改革开放以来至今,经历了两个阶段,出现了经济法学科的重要发展和变革,并从 20 世纪末和 21 世纪初进入经济法发展的第三阶段。

第一个阶段,在计划经济和有计划的商品经济体制下,经济法学家们对经济法学科体系的研究和安排基本上是与这种经济体制相适应的。其思路是按经济计划及统计、基本建设、工农业生产、交通运输、商品流通、财政金融、会计审计、计量标准化、资源与能源、经济合同、对外经济关系、经济司法等这种经济活动的过程和结构来安排经济法律教学研究工作的。当时所有的经济立法也都是按照这种体系和框架来组织和安排的。当年所有的经济法教材也基本上是按这种模式来编排的。这种模式在当时的形势下还是比较合理、顺当的,对促进和加强经济法的教学、研究及其人才的培养,对促进经济立法的发展,保护改革开放的需要起了重要的作用。

第二个阶段,在由计划经济体制向社会主义市场经济体制转变的条件下,原来的经济法学科体系、教材体系的研究、编写和安排必须进行变革,必须体现市场经济客观规律的要求,必须反映国家经济体制的根本转变和国家经济建设发展目标的要求,体现党和国家的基本路线、基本方针和基本政策。在这种形势下,经济法学家们扬弃了原有经济法学科体系及教材体系的模式和不合理的因素,提出了新的学科体系及教材体系的研究和编写思路。我们认为,发展商品经济,建设社会主义市场经济体制,必须具备六个基本要素,我国经济立法和经济法学科体系的安排与研究,也必须与之相适应。(1)要有市场经济主体的广泛性、独立性、平等性和竞争性。对此,《经济法概论》第七版中安排了"市场经济主体法",从第七章至第十三章。(2)要培育各种市场,保障和规范市场的运行。对此,虽然目前我国市场尚不发育,法制还不完备,《经济法概论》第七版中安排了"市场经济运行法",从第十四章至第十九章。(3)要有国家宏观调控和监督。对此,《经济法概论》第七版中安排了"宏观调控与经济监督法",从第二十章至第二十八章。(4)要有一定的资源和商品及其合理分配与保护,对此,《经济法概论》第七版中安排了"资源分配与保护法",包括自然资源的分配与保护、矿产资源和能源的分配和保护、有形资产与无形资产特别是国有资产保护以及促进科技进步法的章节,从第二十九章至第三十二章。(5)要有法律保护及矛盾冲突的法律解决机制,《经济法概论》第七版中安排了经济矛盾和冲突的法律解决机制篇,从第三十三章至第三十六章。此外,市场经济要有社会经济保障法,包括劳动就业、养老保险、工伤、医疗保险等社会保险和商业保险,这是属于社会法的范畴,也就不再安排章节了。

所有这些都体现了市场经济对经济法学的要求,经济法学就是对这种市场经济客观规律、经济关系、经济立法的研究。

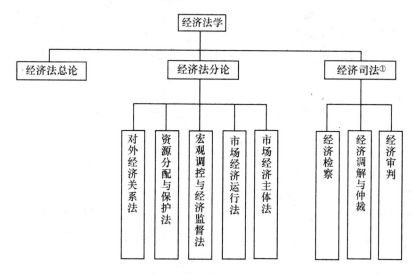

图6.1 市场经济条件下经济法学体系图

第三阶段,在转变经济发展方式和经济立法条件下,经济法学研究的新态势。(1)国际上出现的新情况与新问题。(2)国内出现的新领域与新探索。(3)研究方法上的新思维。

第三节 学习和研究经济法的几个重点、难点与具体方法

一、经济法学习与研究中应掌握的重点

由于经济法内容丰富,体系庞杂,与相邻近的学科界线不很清晰,因此在学习和使用经济法过程中,必须突出和把握以下几个方面的重点:

(一)在经济法基础理论方面,必须把握经济法的调整对象和作用这个重点,这是经济法的理论基石

经济法的调整对象,现在学术界争论比较多,但从经济法和经济法学产生、变化、发展的过程与规律来看,从经济法的基础理论与部门经济法的关系来看,特别是从经济法的立法机制(体系)来看,我们认为经济法的调整对象应当是国民经济管理关系、经济组织内部关系、市场运行关系和涉外经济关系四方面内容。其中最重要的是国

---

① 即经济矛盾和冲突的法律解决体制。

民经济管理关系的法律调整,这方面法律调整遇到的都是比较重大的法律问题。如包括:(1)确定各级经济主管部门,即中央、地方、企业以及职工等权利主体的法律地位。(2)确定国民经济管理的体制和范围。(3)确定国民经济管理的方向、原则和方法。(4)确定计划调节、市场调节的形式和范围,规定经济联合的形式。(5)确定国民经济管理机关和各种经济组织的经济责任、行政责任和法律责任等。至于涉外经济的法律调整,是我国在实行对外开放过程中为贯彻执行独立自主、平等互利、尊重国际惯例、贯彻特殊优惠政策,而在法律制度上采取的一种双轨制的表现,即国内立法和涉外立法。这种立法体制在比较相当长的时期内还会存在,它对引进外资、促进开放起着重要的作用,但是随着我国改革开放的深入、发展和与国际社会的全面接轨,特别是由实行"超国民待遇"到实行国民待遇的情况下,这种"双轨制"的立法不是越来越大,而是逐渐缩小,走向统一,也就是说涉外经济立法逐渐归并于、统一于国内立法,当然立法中涉外的因素是始终存在的。

至于经济法的作用问题,在一个国家的不同的历史发展阶段,经济法的作用是不同的。在我国计划经济体制时期和市场经济体制时期,经济法的作用也是不同的。尽管如此,经济法的作用从根本上来说,是体现国家对社会经济生活的干预,表现在国家对社会经济生活的反垄断和反不正当竞争,实现国家经济强制法律制度;表现在国家对经济生活的参与和组织,即国家直接参与某些生产经营活动和组织活动,以调节社会经济的结构和运行;表现在国家对社会经济生活的宏观调控,国家运用经济计划、经济政策和各种经济调节手段,引导和促进社会经济的协调、稳定和发展,只有从根本上理解和把握了经济法的这种根本性的作用,才能更好地区别和协调经济法同相关法律部门的关系。

(二)公司法是市场经济主体的基本法,即公司是市场经济活动最基本的主体

党的十四届三中全会的决议中指出:"以公有制为基础的现代企业制度是社会主义市场经济的基础","国有企业实行公司制,是建立现代企业制度的有益探索"。国家制定的公司法是现代企业制度的基本法,并指出具备条件的国有大中型企业,有的可以改组为国有独资公司,有的可以改为有限责任公司和股份有限公司,现有全国性行业总公司要逐步改组为控股公司。可见公司制是深化企业改革、建立现代企业制度的方向,公司法具有先进性和普遍性。《经济法概论》(第五版至第七版)对公司法的概念、有限责任公司、股份有限公司、外国公司的分支机构和违反公司法的法律责任,都在第二篇第八章作了重点的阐述。为了掌握公司法的精神实质,我们还应把《公司法》与三资企业法、外国公司法、企业法联系起来,加以比较研究。在这里应当指出的是:我国三资企业法是我国公司法的特别法,公司法是三资企业法的一般法。我国企业法和公司法都是规范经济主体的法律,但公司法更反映了市场经济的要求,是企业法的重大发展。为了与国际经济接轨,我国《公司法》的制定充分考虑到了与国际社会公司制度的关系,体现了与国际惯例衔接,如在公司设立的原则、组织形式和组织原则,以及在公司内部组织机构上,一方面考虑到了国际的先进经验,另一方面又结合了我国的实际情况,并且在公司和公司法的关系上还体现了我国《公司法》

颁布实施的过程就是一个使不规范的公司达到规范化的过程,这也是与外国公司法的不同之处。

(三)反垄断法和反不正当竞争法是市场经济运行的基本法,这也是我们学习与研究经济法应掌握的重点

按照市场经济的要求,发展商品经济,进行市场交易,必须要有市场的充分发育及其法律管理。如房地产市场、劳动市场、金融市场、技术市场、商品交易市场、建筑市场等,都要有相应的市场管理法,这方面的法律还不很完善,但是这两年我国不断颁布了《反不正当竞争法》、《广告法》、《产品质量法》与《消费者权益保护法》、《合同法》、《票据法》和《担保法》,以及《证券法》和《反垄断法》,这些都是市场经济运行保障的基本法律,归纳起来着重要掌握三个方面的内容:一是要划清正当竞争和不正当竞争的法律界线(见本书的第十五章第一节)。二是要遵守平等、自愿、等价、有偿、诚实信用的原则,维护公平公正的市场秩序。三是打击假冒伪劣行为。此外,还要注意信息立法,加强对流通领域的法制管理的研究。

(四)计划法、价格法、财税法、货币银行法、经济监督法等仍然是国家宏观调控的基本手段和基本的法律保障

国家的宏观调控是市场经济健康发展必不可少的重要因素,通过对本书相关章节的学习和研究,要掌握宏观调控的主要内容。这些内容包括:(1)宏观调控的目标、方针、方式、职权、责任等,以便使政府依法实施统筹规划、掌握政策、引导信息、组织协调、提供服务和监督检查的职能。(2)宏观调控的程序使国家的宏观调控建立在民主和科学的基础上,防止调控失误造成损失。(3)具体的调控方式、方法,如税收、信贷、预算、价格以及调控指标、投资指南、计划指导、贸易协调、产业导向、环境保护等方法的运用。

(五)物资、资源、能源的市场配置与保护法,这是市场经济的基础法

在充分运用市场,合理配置资源,增强社会和经济效益的前提下,通过对国家土地管理法、森林法、草原法、自然保护区和野生动物保护法的学习与研究,通过对国家矿产资源与能源保护法的学习和研究,通过对国有资产管理法、物资储备法、工业产权法律制度的学习和研究,充分掌握我国各类资源的实际状况,明确科学的管理体制,进行合理的分配和交流,充分发挥市场的基础性作用,减少物资、资源、能源及国有资产的流失,达到均衡、高效地开发与利用。这是经济法的基础篇。

(六)关于经济矛盾冲突的法律解决机制

在经济司法不健全的情况下,重点掌握《仲裁法》。我国1994年通过的《仲裁法》与以往的仲裁法规比较有以下几点不同:(1)仲裁机构的组织性质不同。由过去的行政型转变为社会民间型。(2)仲裁级别不同。由二级仲裁变为一级仲裁。(3)仲裁机构的组成和程序不同。比过去更为严格,更为简便。(4)法律效力不同。仲裁与审判具有同等的法律效力。

二、经济法学习中的难点

(一)内容繁多如何把握

由于经济法是由一系列单行的法律、法规组成的总称,是一种范围相当广的带有综合性特点的法律规范,致使读者不易系统掌握和记忆,使人感到眼花缭乱,这是学习研究中的一个难点。本书虽然精选了行之有效的 47 部法律和 20 个经济法规,覆盖面比较广,但是不全是法律、法规的内容搬家。因此通过学习能把握这许许多多法律、法规之间的内在联系,理顺它们之间的关系,使之系统化、条理化,形成一个有机整体。对此,我们认为比较理想的做法是:

(1)明确共性,掌握个性。把握经济法质的规定性的同时,即在把握经济法的调整对象和作用的功能的基础上,联系每部经济法律、法规的立法动机、任务、作用、适用范围和各项基本法律制度以及各种权利义务关系和法律奖惩的规定。最后把它与经济法的质的规定性联系起来,确定其法律、法规是经济的或行政的或民事的属性。

(2)明确属性进行分类。在确定每部法律、法规的经济法属性的基础上,按照社会主义市场经济的基本要素进行归类,哪是"主体法",哪是"运行法"、"宏观调控与经济监督法"、"资源分配与保护法"、"经济矛盾和冲突的法律解决机制"等类别,然后再对每个类别中各个法律、法规之间的相互关系与作用作进一步研究和掌握。

(二)关系复杂如何理解

由于经济法理论研究薄弱、经济法的基础理论研究不很深透,社会经济生活中对经济法、民法、行政法的适用,又常常交织在一起,在经济立法不完备,经济法、民法、行政法相互混淆,经济法与民法、行政法等相邻学科之间的关系不清的情况下,要真正掌握经济法与民法、行政法的界限,全面掌握经济法的内容难度较大。为此,明确特点,划清界限,明确区别,掌握联系,必须深刻理解经济法的基本概念、调整对象和范围,深刻理解经济法的地位与作用、经济法的调整原则和经济法律关系等,从而严格区分经济法与民法、行政法的界限。应当指出:经济法除了有如前所说的严格概念外,它的主要内容包括国家管理机关的职权和责任,国家管理机关在执行指挥活动中与公民、社会团体、国家机关彼此之间的权利义务,国家管理机关执行指挥活动的方式方法,国家管理机关的设立和撤销程序,国家行政区域划分,国家行政工作人员的任免、奖惩等。民法,按照我国《民法通则》第 2 条规定,是调整平等主体的公民之间、法人之间、公民和法人之间的财产关系和人身关系。这种财产关系和人身关系不是指所有的财产关系和人身关系,而只是指发生于平等主体之间的财产关系和人身关系。这些都显然与经济法是有严格区别的。

此外,还必须指出经济法要调整的领域中涉及经济犯罪和经济刑罚的问题,并且多年来在我国一些经济法律中也直接规定了有关经济犯罪和刑罚的条款,如公司法、税法、银行法、海关法等。这些有关刑法的规定既是经济法富有强制性的突出表现,表明经济立法更加成熟,又是刑法典的补充与发展。本书中也涉及经济刑法内容,但不是在经济法教学中所要求掌握的。

（三）内部相互脱节不配套（零乱重复）如何规范

由于我国经济建设持续高速发展，经济改革出现明显的阶段性，经济内部关系没有理顺，经济立法的滞后或超前，以及受权力的干预，致使现有的经济法律、法规内部相互矛盾、脱节、不配套，零乱、重复、不统一、不规范。这给我们学习研究经济法带来很大困难。例如，《全民所有制工业企业法》是有计划的商品经济的产物，《公司法》是社会主义市场经济的产物，两者间关系如何？至今不清楚。1993年制定的《农业法》以及全国人民代表大会通过的"九五"计划、"十五"计划、"十一五"计划和2010年远景目标规划纲要中有关农业方面的规划相比是否已失去了力量。这些更不是读者能解决的。

此外，经济司法的组织机构、受案范围、经济法律责任同经济法都不相称等，对于这些学习上的难点，我们只有通过认真学习与钻研提出来，请中央和地方的立法机关、请教学和科研部门加以解决。读者在学习过程中也可以发现难点，寻找突破难点的办法。

三、关于学习、研究经济法的几个具体方法

（一）注意对比，掌握特性

多读原始法律、法规分类（篇）归纳，进行比较，掌握重点和难点。在学习研究经济法过程中，多读原始法律、法规，掌握第一手资料十分重要。因为在实际工作中，要依法办事就要准确熟练地了解法律、法规的各种规定，切实掌握法律、法规的精神实质，如法规的调整对象、适用范围、生效期限、基本制度等都是最重要的内容。那种只看其他参考书、参考资料等跟着各种转手材料跑，而忽视原始法律、法规的研究和钻研的方法是不可取的，甚至会走偏方向，只有不断大量阅读原始的法律、法规，在此过程中借助工具书、参考书等辅助材料，加深对原始法律、法规的理解和把握，进而丰富这方面的法律知识，才是正确的方法。而在原始法律、法规很多的情况下一定要注意分类（篇）归纳整理，找出他们在法理方面的共同点（如经济法律关系、调整原则等）和具体适用对象、具体法律制度和具体法律责任的不同点。

（二）明确关系，深入理解

正确处理经济法、经济学、经济政策之间的关系，才能切实掌握经济法。经济法同经济的关系，同科学技术的关系，同经济政策的关系都十分密切。在学习研究经济法时，遇到涉及经济或技术问题，要深入到经济技术领域，同时还要求从法律的角度对其进行研究探讨，解决经济技术中的法律关系。经济法律、法规是国家的各项经济政策特别是各项基本政策或重大具体政策在经过实施被证明是正确或基本正确之后，才上升为法律化、制度化、条文化的。在学习研究经济法时，必须同时学习和了解国家的各项经济政策乃至技术政策。学习经济学，学习经济技术可帮助我们了解经济法的立法实践基础；掌握经济政策，可有助于我们明确经济法的立法原则；掌握经济法的立法动态，可以更好地把握经济法，发挥经济法的作用。

（三）联系实际,追踪发展

紧密联系经济建设、改革开放和法制工作的实际,"跟踪追击",不断获得经济法的新知识。经济法是门实践性很强的学科,必须紧密结合实践来学,要对我国的经济体制改革、经济建设、经济法制工作的现状趋势有基本的了解,否则就很难理解有关法律的立法依据,不易领会法的实质,尤其是随着改革开放的深入发展,新的经济组织、经营方式和新的情况与问题不断出现,都可能涉及经济关系的新变化,这种新变化不仅会引起经济法律、法规方面的"废、改、立",而且会引起经济法制建设这根链条上各个环节,如执法、守法、法律监督的变化。因此,在学习研究经济法时一定要"跟踪追击",及时掌握新的立法动态和经济司法实践,充实教学内容的不足。不仅要了解中央立法的统一性和综合性,以及地方立法的地区性和单一性,而且要了解各地经济司法的共性和个性,在学习经济法过程中,要充分发挥学习自主性,不断补充教学内容,克服教科书中的不完备之处,及时学习掌握新的经济法制建设的实践,注意与教学内容相互衔接。例如,我国的外汇管理体制发展的过程经历了1994年1月1日起施行的《关于进一步改革外汇管理体制的公告》后,于1996年4月1日起施行新的《中华人民共和国外汇管理条例》。1994年4月1日施行了《结汇、售汇及付汇管理暂行规定》,1996年7月1日起施行了《对外商投资企业实行银行结售汇的制度》。待条件成熟时再施行人民币资本项目可兑换,进而全面实现人民币可自由兑换的目标。

第二编 市场经济主体法

按照市场经济规律和市场经济体制的客观要求,在市场经济活动中,一定要有参与市场活动各个主体的合法性、多元性和竞争性,要有市场主体的准入和退出机制,这是建立经济体制,发展商品经济的一个基本要素。

本篇的主要内容是从理论上和立法实践上概括了我国市场经济主体的基本特点与各类主体及它们各自成立的条件、法律地位、活动原则与生产经营范围、权利义务关系以及应承担的法律责任等,最后用破产法结尾,展现市场主体准入与退出机制从本篇第七章至第十三章形成了一个比较完整的市场经济主体规范化的法律制度。

第七章 市场经济主体的多元性、独立性和竞争性

第一节 市场经济主体的多元性

市场经济主体是指参加市场经济活动,享有经济权利,承担经济义务的当事人。我国宪法明确规定,我国实行社会主义市场经济。以此为契机,我国的经济活动也势必由计划型、半计划型走向市场型。与此相适应,参与各种经济活动的主体呈现出新的特点,这就是市场经济的多元性和竞争性。

市场经济主体说到底是经济利益主体,在法律上则表现为各种权利的享受者。计划经济的主体是简单的,因为计划经济是一种高度集中的国有经济,是绝对的公有化。分配方式是统收统支。组织上是政企不分,企业是国家的附属单位,所以在法律上必然表现为一元化。法律对其经济活动的调整单调而低效。企业与个人为非独立的经济利益主体,只有以中央和地方政府为代表的国家才是完整的经济利益主体。在计划经济体制下,政府无所不能,总揽对计划的制订、修改、执行的职能,使计划覆盖了经济活动的各个领域。企业只是固定在庞大计划机器上的零部件,而个人只是附属在上面的一颗颗螺丝钉。企业和个人的利益得失完全取决于计划,毫无独立性可言,也必然毫无参与的积极性。自1984年实行有计划的商品经济以来,虽有一些反映商品经济内容的法人、公民等主体立法,但在计划经济为主的总前提下徒有其名,起不到应有的作用。特别是国有企业及其职工,仍然不同程度地依附于行政权力之下。

市场经济的主体是多元的,国家、企业、个人都是彼此独立的经济利益主体。这是因为市场经济依据价值规律,而价值规律体现的是商品的等价交换,这就必然要求

商品生产者和经营者具有独立和平等的经济地位,有独立的经济利益,能为自主的意思表示。在市场经济条件下,企业不分所有制、规模、实力,个人不分性别、年龄、出身,在市场上都是独立的、平等的参加者和竞争者,法律赋予其相同的生存和发展的权利和机会,只是他们的得失取决于自身的经济活动是否适应市场需求,是否对市场信号作出正确反映。显然,只有在这样的法律环境中企业才能真正成为合格的市场主体和名副其实的法人,特别是国有企业才能真正摆脱依附,成为自主经营、自负盈亏、自我束缚的经济实体,个人才能真正成为合格的经济权利主体。

据一般市场经济理论和我国市场经济实践,市场经济主体包括以下几个方面:

(一)企业

企业是以从事商品生产经营活动的,在经济上独立核算,自负盈亏,在法律上能以自己名义独立承担责任的,经主管机关核准登记的经济组织。企业是国民经济活动的基本单位,是发展市场经济的主力军,是经济法的基础主体。

企业的法律地位与其法律形态密切相关,而根据不同的标准,企业的法律形态又可作不同种类的划分。依所有制可分为国有企业、集体所有制企业、私营企业和三资企业。根据组合形式,又可分为独资企业、合伙企业、公司和联营企业。根据是否有法人资格,可分为企业法人和非法人企业,这是比较重要的一种分类。

企业法人是以从事生产、流通、科技等活动为内容,以获取利润和增加积累、创造财富为目的的一种营利性的社会经济组织。全民所有制企业、集体所有制企业符合国家规定的资金数额、组织章程、组织机构和场所,能独立承担民事责任,经主管机关核准登记,取得法人资格。在中国领域内成立的中外合资、中外合作和外资企业,符合法人条件的,经工商行政机关核准登记,取得法人资格。通过取得法人资格,企业法人可以以自己的名义享有权利、承担义务并排除外来干涉,这也是其参与市场竞争的基本条件,为更好地参与市场,提高经济效益,企业应该向着现代企业制度方向转化。转换国有企业,特别是大中型国有企业的经营机制,把企业推向市场,这是建立社会主义市场经济体制的中心环节,是巩固社会主义制度和发挥社会主义优越性的关键点。

非法人企业主要是指私营独资企业和合伙企业,在社会主义市场经济体制中,私营经济是社会主义公有制的补充。国家鼓励和引导私营企业的健康发展。独资企业,是指一个人投资的企业,投资者以个人财产对企业的债务承担无限责任,作为市场主体,独资企业必须在法律、法规和政策范围内从事经营,不受非法干预,同时应承担各种法律义务。合伙企业是以财产共有关系为基础建立的社会组织,由二人以上按照协议投资,共同经营,自负盈亏。合伙企业以自己名义参与市场活动,但各出资者要以个人财产对合伙企业债务承担无限责任。

联营企业是经济横向联合的一种形式,是结合不同部门、不同环节企业特长的一种特殊的新型主体,根据有关法律规定,联营企业有契约型联营和法人型联营两种形式。

(二)公司和企业集团

公司是指依法定程序和条件设立的,股东以其投资数额对公司负责,公司以其全部财产对外承担民事、经济责任的企业法人。我国《公司法》中规定的公司是指有限责任公司和股份有限公司。公司是现代经济制度中的一个重大发明,我国企业实行公司制,也是建立现代企业制度的有益探索。但鉴于我国现实经济发展水平,只能多采取有限责任公司的形式,少采取股份有限公司的形式。

企业集团是适应社会主义市场经济和现代社会化大生产而出现的一种具有竞争力的新市场主体,它是一种具有多层次组织机构的经济组织。集团成员可以以资金、设备、专利、技术、商标等作价相互投资,形成控股与参股关系,并在集团核心层统一经营管理下,按照协议或者出资分享利益承担责任。企业集团在法律上并非独立的法人,但可以以自己名义进行有关活动。企业集团的优势在于它可以起到优化资源配置、促进企业组织结构和产业结构调整、提高竞争力,因而党的十四大报告中提出:鼓励有条件的企业联合兼并,合理组建企业集团。

(三) 银行和其他金融机构

银行是商品经济和货币信用发展的产物,是经营货币信用的特殊企业,银行在我国市场经济中占有极为重要的地位。中国人民银行是中华人民共和国的中央银行,是政府银行,是银行的银行,在国务院领导下,制定和实施货币政策,对金融实施监督管理,它不是企业法人。商业银行是指依法成立的吸收公众存款、发放贷款、办理结算等业务的企业法人。我国现在除有工商银行、农业银行、建设银行和中国银行四大国有商业银行外,还有新兴的商业银行——股份制商业银行、城市合作商业银行,它们都是企业法人。非银行金融机构主要包括中国人民保险公司、农村信用合作社、城市信用合作社、金融信托投资公司、风险投资机构、企业财务公司等,也都是法人。此外,政策性银行,虽然是实行保本经营,也可列入企业法人。

(四) 公民、个体工商户和农村承包经营户

公民、个体工商户和农村承包经营户是基本的市场主体,他们进行着市场中大量而细小的经济活动,尤其是公民作为消费者身份进行的活动,带动了整个生产、流通和分配的环节,具有举足轻重的地位。

(五) 国家机关

国家机关是一个特殊的主体,它一般不参与市场的具体活动,只是在特定情况下才成为市场经济法律关系的主体。国家机关参与到经济关系中来必须依法进行。国家机关在以下情况下,才能成为市场经济法律关系主体:(1) 对国有资产进行宏观管理时;(2) 对市场经济进行宏观法律调控时;(3) 代表国家参与某些经济合同时,如代表国家参与承包经营和土地出让的合同等。

市场经济主体的这种多元化,决定了市场经济法律关系主体的多元性,经济法的一个重要任务就是要保持和保护这种多元的局面,这项工作有两个层次:一是维护各主体的独立自主性,尤其是保护企业自主权,使其正当权益不受行政权力的干涉。即使是国有企业,除了纳税和守法之外也不应有过多的义务,国有资产权要彻底与行政权分离,交由专业机构或公司行使以利于实现其保值增值。二是在横向关系中维护各主体的平等性,任何主体无论其性质、组织与实力,在市场上都不能有厚薄、轻重之分,它们的合法权益受到法律的同等保护,违法受到法律的同等制裁,概莫能外。

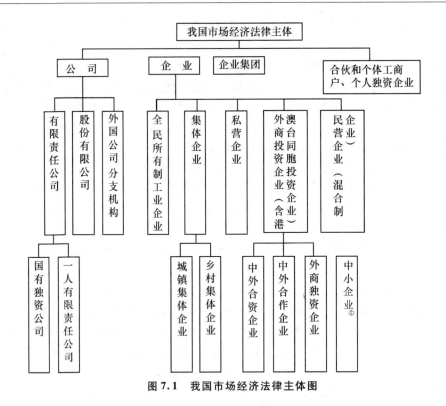

图 7.1 我国市场经济法律主体图

第二节 市场经济主体的独立性和竞争性

如果说多元性是市场经济主体组合在市场中而呈现的外部特征的话,那么独立性与竞争性则是市场主体在市场中得以存在和发展的内在特性。市场主体的高度能动性,正是在此基础上产生的。

一、市场经济主体的独立性

市场经济主体是市场力量的决定力,它既是市场需求的集合,也是市场供应的集合。市场经济主体本着利益最大化原则参与这对供需矛盾的前提是各个市场主体都是整个市场的独立的组成单元。它有权选择自己的组织形式,在瞬息万变的市场活动中,能够围绕目标不断调整自己的行为,可以自主决策商品生产经营的权利,而且拥有自主决策对生产要素的购买权和商品的销售权,它还应该可以实现自我调控,对其经济活动的后果承担全部风险。只有这样,市场主体才能保持机体的内部通畅和外部协调,组织好自己的人力、物力、财力,对市场信息作出快速灵敏的反应和准确、

---

① 中小企业是指在我国境内依法设立的有利于满足社会需要,增加就业,符合国家产业政策的生产规模属于中小型的各种所有制和各种形式的企业。中小企业划分的标准由国务院负责企业工作的部门根据企业的人数、销售额、资产总额等指标结合行业特点制定,报国务院批准。

经济的决策,将自己掌握的有限资源投向生产潜力最大的部门和地区,从而实现整个社会的资源优化配置。如果市场主体在收集信息和作出决策过程中受到不必要的外在干扰而作出错误判断,那么整个的社会经济必然是一种混乱无序或死气沉沉的现象。因此,市场主体独立性的确立和保护乃是市场经济的第一要义,纵观国外市场经济几百年的发达史,也无非是一个市场主体产生、异化、分化、组合的历史,而其独立性则是贯穿始终,这也是西方市场经济立法比较完备的基础。第二次世界大战以后,虽然企业间联系更加加强,政府干预也更为频繁,但都未侵犯到企业的自主权,相反是以企业独立性作为前提,以法律为保障的。

保证市场主体的独立,关键是要处理好企业与政府的关系。在规范的市场经济下,政府和企业可以说是有严格分工的,各司其职,互不干涉。但是由于历史体制的原因,我国很难做到这一点。传统经济体制下,政企不分,政府对企业干预过多,造成企业成了政府的附属物。国有企业完全没有市场主体的权利,不能以真正的商品生产者和经营者的身份参与市场竞争,也难以产生独立的经济利益,从而活力、动力全失,全社会经济环境恶化,资源浪费和无效劳动。因此,我国建立社会主义市场经济,第一步便是要把企业独立出来,使其成为产权关系明确,自主经营,自负盈亏,自我发展,自我约束的独立法人。经过三十多年的改革,个体企业、私营企业、外资企业及大部分集体企业和一部分国有企业已经比较独立,关键是还有很大一部分国有企业没有完全独立出来。

1992年7月1日国务院发布了《全民所有制工业企业转换经营机制条例》,对分离所有权和经营权作出了规定,可以说它是一份国有企业的独立宣言书,该条例共赋予国有企业十四项权能,"任何部门、单位和个人不得干预和侵犯"。这十四项权能包括:生产经营决策权;产品、劳务定价权;产品销售权;物资采购权;进、出口经营权;投资决策权;留用资金支配权;资产处置权;联营、兼并权;劳动用工权;人事管理权;工资、奖金分配权;内部机构设置权;拒绝摊派权等。

真正实现各种主体的市场独立,是一个系统、复杂的工程,需要各种力量共同努力,经济法在其中起重要作用。

二、市场经济主体的竞争性

所谓竞争,用列宁的话来说,就是"为共同市场而劳作的独立生产者之间的关系"。它包括生产者之间为追求生产利润最大化而展开的竞争,消费者之间为追求使用价值最大化而展开的竞争以及生产者、经营者和消费者之间的竞争。竞争,是市场经济的最高准则和灵魂,是市场主体为了自身的生存和发展而产生的一种自发的、理性的行为,其结果便是优胜劣汰。

竞争的核心内容有两条:第一,在平等较量的基础上优胜劣汰;第二,竞争的动机是经济主体追求利益最大化。通过优胜劣汰,从而使资源效益低的企业、地区和部门流向效益高的企业、地区和部门,由供过于求的部门流向供不应求的部门,从而实现资源优化配置,因此,竞争越充分,市场越能正常、有效地运行,市场之所以能通过竞争发挥这种机能与竞争的第二个核心内容密切相关。参与市场经济活动的各个主体,是独立的经济利益主体,有很强的利益激励和约束,它们彼此之间通过竞争来获取最大的利益并避免遭受利益的损失。收益最大化原则使竞争格外激烈,而利益的激励与约束越强,竞争越激烈,市场越能有效地运作。

市场经济主体的这种竞争性又表现出以下几个方面的特点:(1)强制性。一切市场主体都不可能逃避竞争,任何生产者都必须服从竞争,就像任何人都不能摆脱而只能服从自然规律,如地心引力一样。每个商品生产者把竞争强加给对方时,也强加给了自己。竞争对任何商品生产者和经营者的压力是一样的,不因其个人意志和感情而转移。这种强制性正是竞争作为一种经济规律的客观性之所在,也正是竞争为市场经济的发展开辟了道路。(2)利己性和排他性。商品生产的深刻机理就在于每个商品生产者都是为了自身获取经济利益。物质利益是竞争的真正轴心,正是这种获利欲望,驱动着各经济主体加入到竞争中去。在市场中,对立的各方为了自身的利益进行较量。没有利己性,就没有商品生产者之间物质利益的矛盾,没有这种矛盾,也就没有了竞争。恩格斯对此也有过论述,他说"竞争建立在利害关系上"。竞争的内在驱动力是利己的,但竞争的过程又是利他的,竞争的结果是有利于整个社会的发展。竞争的利己性必然产生排他性。在市场竞争中卖方总是希望把其他卖方排挤出市场,而买方也希望把其他买方排挤出市场,这在市场中有大量相同买者或卖者时尤为明显。正是由于排他,优胜劣汰的淘汰机制才得以彻底实现,只不过社会主义市场经济下的排他,更多表现为激励、鞭策和推动。(3)风险性。竞争中,由于未来经济生活不确定或各种无法预料的因素的影响,市场主体的实际收益可能与预期利益发生背离,其劳动耗费不能实现或不能全部实现,有遭受经济损失的可能性。竞争者的经济风险主要包括投资风险、生产风险和销售风险,风险首先主要来自于市场的波动,其次是来自于国家政策法令的变化。(4)自发性。商品生产者根据市场供求情况,自主地决定生产什么,生产多少,怎样进行生产和销售,并根据自己的现实利益和对未来利益的预期而自主进行生产经营,企业的独立性越大,其自主性就越强。自发性是竞争的固有特征,没有自发性,就没有真正的竞争。当然,这种自发性有两方面,一方面它是商品生产和流通的动力,另一方面,在一定条件下,它可能演变成盲目的,导致生产的无政府状态。

德国著名经济学家艾哈德曾经说过:"一种竞争的经济制度是所有经济制度中最经济,同时又最民主的制度,竞争是获致繁荣和保证繁荣最有效的手段。"竞争通过市场主体间的优胜劣汰,推动企业不断地加强经济管理和经济核算,促使企业不断进行技术革新和产品更新,努力提高劳动生产率,降低成本,节约开支,以最小的投入获得最大的产出,从而推动社会生产力的不断发展。历史上,竞争曾使资本主义的生产力奇迹般地按几何级数增长。在当今社会,竞争对社会生产力的作用也越来越明显和引起人们的注意。

市场经济主体的竞争性以及其中蕴涵的优越和不稳定方面都应引起法律的足够关注。一方面要用法律保护、建立和维护社会主义统一大市场,营造自由宽松公正的竞争环境。另一方面要通过反不正当竞争法和反垄断法,消费者与经营者权益保护法以及确立诚信的道德规范,制止和制裁各种妨碍和损害竞争的行为,用强制手段保护市场主体得以公平地竞争。

第八章 公　司　法

——市场经济主体与现代企业制度的基本法

党的十四届三中全会通过的《中共中央关于建立社会主义市场经济体制若干问题的决定》指出："以公有制为基础的现代企业制度是社会主义市场经济的基础"，"国有企业实行公司制，是建立现代企业制度的有益探索"。

本章主要论述了公司作为一种企业组织形式在社会主义市场经济运行中应当遵循的法律规范。

第一节　公司法的概念和我国《公司法》的颁布与修订

一、公司法的概念

（一）公司的概念

公司是依照公司法设立，以营利为目的的企业法人。这一定义的基本含义如下：

（1）公司是企业的一种组织形式。按照组织形式的不同，可以把企业分为独资企业、合伙企业、公司企业。作为企业的一种组织形式，公司具有各种企业所共有的属性，如具有经营自主权、具有营利性等等。

（2）公司是具有法人资格的企业。作为法人，公司必须是依法成立的；有必要的财产或经费；有自己的名称、组织机构和场所；能够独立承担民事责任的。

（3）公司是依照公司法设立的。它必须依照公司法规定的条件和程序设立。这是公司区别于其他企业法人之所在。

依照股东责任的不同，可以将公司分成以下四类：无限公司、有限公司、两合公司、股份有限公司。

（二）公司法的概念

公司法是规定各种公司的设立、组织、活动和解散以及其他对内对外关系的法律规范的总称。这是广义上的公司法概念。狭义上的公司法仅指冠以"公司法"名称的公司法典或单行法律、法规。

公司法的主要内容包括：公司的定义，公司的设立、变更、终止，公司的组织机构，股票和公司债券的发行和转让，公司的财务、会计管理，公司的合并和分立，公司的破产、解散和清算，等等。

二、我国公司法的颁布

《中华人民共和国公司法》（以下简称《公司法》）已由第八届全国人民代表大会

常务委员会第五次会议于1993年12月29日通过,自1994年7月1日起施行。该法分为11章,共230条。

《公司法》的颁布,适应了建立符合我国国情且与国际惯例接轨的具有中国特色的现代企业制度的需要。同时,《公司法》还为规范公司的组织和行为,保护公司、股东和债权人的合法权益提供了法律依据;此外,还有利于维护社会经济秩序,促进社会主义市场经济体制的建立和完善,从而推动国民经济的发展。

我国《公司法》第2条明确规定:本法所称的公司是指依照本法在中国境内设立的有限责任公司和股份有限公司。

1999年12月25日,第九届全国人大常委会第十三次会议通过了《关于修改〈中华人民共和国公司法〉的决定》。这次修改一是为了加强和健全公司法人治理结构,发挥监事会的作用;二是为了支持高新技术股份有限公司这种特别新兴的公司制度的发展而把它列入公司法的内容。2004年8月28日第十届全国人大常委会第十一次会议第二次通过了《关于修改〈中华人民共和国公司法〉的决定》,第十届全国人大常委会第十八次会议于2005年10月27日第三次通过了《关于修改〈中华人民共和国公司法〉的决定》,标志着我国公司法逐渐走向成熟和完善。如对一人有限责任公司的特别规定,这是过去没有的。我国修订后的现行《公司法》进一步完善了股东的知情权、保障制度和诉讼机制,扩充和规范了市场主体(自然人、各种法人和其他组织等),突出了大小投资者在投资于生产、流通、分配、消费各类经济特别是资本市场过程中的行为规范,规范了投资主体在市场运作中公司的设立、债券和股票的发行、上市、登记、结算各个环节所要遵守的市场秩序和承担的责任。在公司治理结构中对保护中小投资企业的权益也作了比较突出的规定,为投资者进入资本市场直接融资提供了发展的空间,为中小企业和亿万股民(随着我国人均国民生产总值的提高,居民家庭资产中金融资产比重在不断增长,急需通过资本市场为个人投资提供多种融资产品,经济的快速发展和投资者的需求呼唤着资本市场做大做强)获得资本市场收益提供了法律的保障。

第二节 关于有限责任公司的法律规定

一、有限责任公司的概念和法律特征

有限责任公司又称有限公司,是指由法律规定的一定人数的股东所组成,股东以其出资额为限对公司承担责任,公司以其全部资产对公司的债务承担责任的企业法人。简单地说,有限责任公司,是指股东以其出资额为限对公司承担责任,公司以其全部资产对公司的债务承担责任的企业法人。

有限公司的法律特征主要有:

(1)有限公司的股东均负有限责任。股东仅以其出资额为限对公司承担责任。

(2)有限公司的资本不分为等额股份,有限公司的股权表现形式不是股票,而是

由公司向股东签发股权证明书(即股单)或出资证明书。

(3) 有限公司的股东有最高人数的限制。我国《公司法》规定,有限公司股东的最高人数为50人。股份有限公司则没有股东最高人数的限制。

二、有限公司的设立

(一) 设立公司应当具备的条件

(1) 股东符合法定人数。有限公司由1个以上50个以下的股东共同出资设立。

(2) 股东出资达到法定资本最低限额。有限公司注册资本的最低限额为人民币3万元,法律、行政法规另有规定的,从其规定。股东可以用货币出资,也可以用实物、工业产权、非专利技术、土地使用权作价出资。

(3) 股东共同制定公司章程。

(4) 有公司名称,建立符合有限公司要求的组织机构。

(5) 有固定的生产经营场所和必要的生产经营条件。

(二) 公司章程的制定

设立有限公司,必须依照《公司法》制定公司章程。股东应当在公司章程上签名、盖章。公司章程对公司、股东、董事、监事、经理具有约束力。

有限公司章程应当载明下列事项:公司名称和住所;公司经营范围;公司注册资本;股东的姓名或者名称;股东的权利和义务;股东的出资方式和出资额;股东转让出资的条件;公司的机构及其产生办法、职权、议事规则;公司的法定代表人;公司的解散事由与清算办法,股东认为需要规定的其他事项。

(三) 公司的设立登记

股东的全部出资经法定的验资机构验资后,由全体股东指定的代表或者共同委托的代理人向公司登记机关申请设立登记,提交公司登记申请书、公司章程、验资证明等文件。法律、法规规定需要经有关部门审批的,应当在申请登记时提交批准文件。公司登记机关对符合法律规定条件的,予以登记,发给公司营业执照,对不符合法律规定条件的,不予登记。公司营业执照签发日期,为有限公司成立日期。有限公司成立后,应当向股东签发出资证明书。

三、有限公司的组织机构

(一) 股东会

1. 股东会的职权

有限责任公司股东会由全体股东组成。股东会是公司的权力机构,它依法行使下列职权:决定公司的经营方针和投资计划;选举和更换董事、由股东代表出任的监事,决定有关董事、监事的报酬事项;审议批准董事会和监事会或监事的报告;审议批准公司的年度财务预算、决算方案、利润分配方案和弥补亏损方案;对公司增加或者减少注册资本、发行公司债券作出决议;对股东向股东以外的人转让出资、对公司合并、分立、变更公司形式、解散和清算等事项作出决议;修改公司章程。

2. 股东会的议事规则

股东会会议分为定期会议和临时会议。

股东会会议由股东按照出资比例行使表决权。股东会对公司增加或者减少注册资本、分立、合并、解散或者变更公司形式作出决议,以及修改公司章程的决议,必须经代表 2/3 以上表决权的股东通过。

(二)董事会或执行董事

1. 董事会的职权

有限公司设董事会,其成员为 3 人至 13 人。董事会对股东会负责,行使下列职权:负责召集股东会,并向股东会报告工作;执行股东会的决议;决定公司的经营计划和投资方案;制定公司的年度财务预算、决算方案,利润分配方案,弥补亏损方案,增加或者减少注册资本的方案;拟定公司合并、分立、变更公司形式、解散的方案;决定内部管理机构的设置等等。

2. 有限公司的执行董事和董事会的议事规则

有限公司,股东人数较少和规模较小的,可以设一名执行董事,不设立董事会。执行董事可以兼任公司经理。

董事会会议由董事长召集和主持。董事会应当对所议事项的决定作成会议记录,出席会议的董事应在会议记录上签名。

(三)有限公司的经理(总经理)

有限公司设经理,经理由董事会聘任或解聘。经理行使下列职权:主持公司的生产经营管理工作,组织实施董事会决议;组织实施公司年度经营计划和投资方案;拟定公司内部机构设置方案,公司的基本管理制度;等等。

(四)有限责任公司的监事会或监事

有限公司可以设立监事会,其成员不得少于 3 人。股东人数较少或者规模较小的有限责任公司,可以设 1 至 2 名监事,不设监事会。董事、高级管理人员不得兼任监事。

监事会或监事依《公司法》第 54 条行使职权,对公司经营活动进行监督。

四、有限公司的公司债券和财务、会计

(一)有限公司的公司债券

根据法律的有关规定,为筹集生产经营资金,公司可以发行公司债券。发行公司债券,必须依照《证券法》规定的条件和程序。

公司债券可以转让。转让公司债券应当在依法设立的证券交易场所进行。公司债券的转让价格由转让人与受让人约定。

(二)有限公司的财务、会计

有限公司应当依照法律、行政法规和国务院财政主管部门的规定建立本公司的财务会计制度。公司应当在每一会计年度终了时制作财务会计报告,并依法经审查验证。

公司分配当年税后利润时,应当依照《公司法》规定提取公积金和法定公益金。

公司的公积金用于弥补公司的亏损,扩大公司生产经营或转为增加公司资本;公司的法定公益金用于本公司职工的集体福利。

五、有限公司的合并、分立与注册资本的增减

(一)有限公司的合并、分立

有限公司合并或者分立,应当由公司的股东会作出决议。公司合并可以采取吸收合并和新设合并两种形式。

公司合并,应当由合并各方签订协议,并编制资产负债表及财产清单。公司分立时,应当编制资产负债表及财产清单。

公司合并时,合并各方的债权、债务,应当由合并后存续的公司或者新设的公司承继。公司分立前的债务按所达成的协议由分立后的公司承担。

(二)注册资本的增减

有限公司增加注册资本时,股东认缴新增资本的出资,按照《公司法》设立有限公司缴纳出资的有关规定执行。

公司需要减少注册资本时,必须编制资产负债表及财产清单。公司减少资本后的注册资本不得低于法定的最低限额。公司增加或减少注册资本,应当依法办理变更登记。

六、有限公司破产、解散和清算

(一)公司破产

公司因不能清偿到期债务,被依法宣告破产的,由人民法院依照有关法律的规定,组织股东、有关机关及有关专业人员成立清算组,对公司进行破产清算。

因公司解散而清算,清算组发现公司财产不足清偿债务的,应立即向人民法院申请宣告破产。公司经人民法院裁定宣告破产后,清算组应将清算事宜移交人民法院。

(二)公司解散

公司有下列情形之一的可以解散:公司章程规定的营业期限届满或者公司章程规定的其他解散事由出现时;股东会决议解散;因公司合并或者分立需要解散的。

公司违反法律、行政法规被依法责令关闭的,应当解散。

(三)公司清算

公司依法被宣告破产或者解散的,应当依照《公司法》规定成立清算组。清算组在清算期间依照《公司法》第185条的有关规定行使职权。

清算组在清理公司财产、编制资产负债和财产清单后,应当制订清算方案,并报股东会或者有关主管机关确认。

有限公司财产在清偿后的剩余财产,按股东的出资比例分配。

清算结束后,清算组应当制定清算报告,报股东会或者有关主管机关确认,并报送公司登记机关,申请注销公司登记,公告公司终止。

清算组成员应当忠于职守,依法履行清算义务。

第三节 关于股份有限公司的法律规定

一、股份有限公司的概念和特征

股份有限公司(以下称股份公司),是由一定数目的股东组成,其全部资本分为等额股份,股东以其所持股份为限对公司承担责任,公司以其全部资产对公司的债务承担责任的企业法人。

股份公司的法律特征主要有:股份公司的全部资本分为等额股份,股份采取股票的形式;股份公司的股东以其所持股份为限对公司承担责任;股份公司的股东有最低人数的限制,而无最高人数的限制;股份有限公司的设立程序较为复杂。

二、股份公司的设立

(一) 设立公司应当具备的条件

(1) 发起人符合法定人数。设立股份公司,应当有 2 人以上 200 人以下为发起人,其中须有过半数的发起人在中国境内有住所。国有企业改建为股份公司的,发起人可少于 5 人,但应采取募集设立方式。

(2) 发起人认缴和社会公开募集的股本达到法定资本最低限额。股份有限公司注册资本的最低限额为人民币 500 万元。

(3) 股份发行、筹办事项符合法律规定。

(4) 发起人制定公司章程并经创立大会通过。

(5) 有公司名称,建立符合股份公司要求的组织机构,有固定的生产经营场所和必要的生产经营条件。

(二) 公司章程的制定

设立股份公司,必须依照《公司法》制定公司章程。股份公司章程应当载明下列事项:公司名称和住所;公司经营范围;公司设立方式;公司股份总数、每股金额和注册资本;发起人的姓名或者名称、认购的股份数;股东的权利和义务;董事会的组成、职权、任期和议事规则;公司法定代表人;监事会的组成、职权、任期和议事规则;公司利润分配办法;公司的解散事由和清算办法;公司的通知和公告办法;股东大会认为需要规定的其他事项。

(三) 发起人的出资和股份的公开募集

股份公司的设立,可以采取发起设立或者募集设立的方式。

以发起方式设立股份公司的,发起人必须认购公司应发行的全部股份;以募集方式设立股份公司的,发起人认购的股份不得少于公司股份总数的 35%。

发起人可以用货币出资,也可以用实物、工业产权、非专利技术、土地使用权作价出资。以发起方式设立股份公司的,发起人以书面认足公司章程规定发行的股份后,应即缴纳全部股款或办理其财产权的转移手续。

以募集方式设立股份公司的,除发起人按规定认购的股份以外,其余股份应当向社会公开募集。发起人向社会公开募集股份时,必须向国务院证券管理部门递交募股申请;未经国务院证券管理部门批准,发起人不得向社会公开募集股份。

(四) 公司创立大会

以募集设立方式设立股份公司的,发行股份的股款缴足后,发起人应当在30日内主持召开公司创立大会,创立大会由认股人组成。

创立大会应有代表股份总数1/2以上的认股人出席,方可举行。创立大会依照《公司法》第91条规定行使职权。

发起人、认股人缴纳股款或者交付抵作股款的出资后,除未按期募足股份、发起人未按期召开创立大会或者创立大会决议不设立公司的情形外,不得抽回其股本。

三、股份公司的组织机构

(一) 股东大会

1. 股东大会的性质和职权

股份公司由股东组成股东大会。股东大会是公司的权力机构,依法行使下列职权:决定公司的经营方针和投资计划;选举和更换董事、由股东代表出任的监事,决定有关董事、监事的报酬事项;审议批准董事会的报告和监事会的报告;审议批准公司的年度财务预算、决算方案、利润分配方案和弥补亏损方案;对公司增加或者减少注册资本、发行公司债券作出决议;对公司合并、分立、解散和清算等事项作出决议;修改公司章程。

2. 股东大会的议事规则

股东大会应当每年召开一次年会;有法定情形出现的,应当在2个月内召开临时股东大会。股东大会会议由董事会依法召集,董事长主持。

股东出席股东大会,所持每一股份有一表决权。股东大会作出决议,必须经出席会议的股东所持表决权的半数以上通过。股东大会对公司合并、分立或者解散公司作出决议,以及修改公司章程的决议,必须经出席会议的股东所持表决权的2/3以上通过。

(二) 董事会

1. 董事会的职权

股份公司设董事会,其成员为5人到19人。

董事会对股东大会负责,行使下列职权:负责召集股东大会,并向股东大会报告工作;执行股东大会的决议;决定公司的经营计划和投资方案;制定公司的年度财务预算、决算方案、利润分配方案和弥补亏损方案;制定公司增减资本的方案以及发行公司债券的方案;拟定公司合并、分立、解散的方案;等等。

2. 董事长的职权

董事长行使下列职权:主持股东大会和召集、主持董事会会议;检查董事会决议的实施情况;签署公司债券、公司股票。

3. 董事会的议事规则

董事会每年度至少召开两次会议。董事会会议应由 1/2 以上的董事出席方可举行,董事会作出决议,必须经全体董事的过半数通过。

董事会应当对会议所议事项的决定作成会议记录,出席会议的董事和记录员在会议记录上签名。董事应当对董事会的决议承担责任。

(三) 经理

股份公司设经理,经理由董事会聘任或者解聘。公司董事会可以决定,由董事会成员兼任经理。

经理对董事会负责,行使下列职权:主持公司的生产经营管理工作,组织实施董事会决议;组织实施公司年度经营计划和投资方案;拟订公司内部管理机构设置方案、公司基本管理制度;制定公司的具体规章;等等。

(四) 监事会

股份公司设监事会,其成员不得少于 3 人。董事、经理及财务负责人不得兼任监事。

监事会依照公司法规定行使职权,对公司日常经营管理活动进行监督。

四、股份公司的股份发行和转让

(一) 股份发行

股份公司的股份采取股票的形式。股票是公司签发的证明股东所持股份的凭证。

股份发行,实行公开、公平、公正的原则,必须同股同权,同股同利。

股票发行价格可以按票面金额,也可能超过票面金额,但不得低于票面金额。股票应当载明下列主要事项:公司名称;公司登记成立的日期;股票种类、票面金额及代表的股份数;股票的编号。股票可以为记名股票,也可以为无记名股票;但公司向发起人、国家授权投资的机构、法人发行的股票,应当为记名股票。

公司发行新股,必须依照《公司法》规定的条件和程序进行。

(二) 股份的转让

股东持有的股份可以依法转让。但发起人持有的本公司股份,自公司成立之日起 1 年内不得转让。公司董事、监事、经理应当向公司申报所持有的本公司的股份,每年转让的股份不得超过其所持有公司股份总数的 25%。股东转让其股份,必须在依法设立的证券交易场所进行。

公司不得收购本公司的股票,但为减少公司资本而注销股份或者与持有本公司股票的其他公司合并时除外。公司不得接受以本公司的股票作为抵押权的标的。

(三) 上市公司

上市公司是指所发行的股票经国务院或者国务院授权证券管理部门批准在证券交易所上市交易的股份有限公司。

股份公司申请其股票上市必须符合《公司法》和《证券法》规定的条件,并应当报经国务院或者国务院授权证券管理部门批准,依照有关法律、行政法规的规定报送有关文件。经批准的上市公司的股份,依照有关法律、行政法规上市交易。

上市公司必须按照法律、行政法规的规定,定期公开其财务状况和经营情况,在每会计年度内半年公布一次财务会计报告。

五、股份公司的公司债券和财务、会计

本章第二节介绍了有关有限责任公司债券和财务、会计的规定,股份公司的合并、分立与注册资本的增减,股份公司的破产、解散和清算与之相同。下面只谈谈关于股份公司的几个特殊规定。

上市公司经股东大会决议可以发行可转换为股票的公司债券,但应当报请国务院证券管理部门批准。公司债券可转换为股票的,除具备发行公司债券的条件外,还应当符合股票发行的条件。

股份公司的财务会计报告应当在召开股东大会年会的20日以前置备于本公司,供股东查阅;以募集方式设立的股份公司必须公告其财务会计报告。

六、股份公司的合并、分立与注册资本的增加

股份公司合并、分立应当由公司的股东大会作出决议。

股份公司合并、分立,必须经国务院授权的部门或者省级人民政府批准。

股份公司为增加注册资本发行新股时,股东认购新股应当按照《公司法》设立股份公司缴纳股款的有关规定执行。

七、股份公司的破产、解散和清算

公司因不能清偿到期债务,可依法破产,这与有限公司破产规定相同。

股份公司可以解散的情形之一是股东大会决议解散;有限公司可以解散的情形之一是股东会决议解散。

公司财产按规定清偿后的剩余财产,股份公司按照股东持有的股份比例分配;有限公司按照股东的出资比例分配。

公司除因公司合并或分立需要解散的以外,股份公司由股东大会确定清算组的人选;有限公司的清算组由股东组成。

第四节 关于一人有限公司的特别规定

一、一人有限公司的概念

按公司法规定,所谓一人有限公司是指只有一个自然人、股东或者一个法人股东的有限责任公司。其特点是一个自然人或一个法人;自然人或法人也就是股东;是有限责任公司而不是股份公司;以一个人一个公司为限。

二、一人有限责任公司的设立和组织机构

按我国《公司法》对"一人有限公司的特别规定"办理。而公司法没有规定的适用我国《公司法》关于"公司的设立"和"公司组织机构"的有关规定办理。至于一人有限公司的注册资本,公司法作了特别的规定:一人有限责任公司的注册资本最低限额为人民币10万元,股东应当一次足额缴纳公司章程规定的出资额。一人有限责任公司应当在公司登记中注明自然人独资或法人独资,并在公司营业执照中载明。

公司法还特别规定:一个自然人只能投资设立一个一人有限责任公司。该一人有限责任公司不能投资设立新的一人有限责任公司。一人有限责任公司章程由股东制定。一人有限责任公司不设股东会。股东作出决定公司的经营方针和投资计划时,应当采用书面形式,并由股东签名后置备于公司。

一人有限责任公司应当在每个会计年度终了时编制财务会计报告,并经会计师事务所审计。一人有限责任公司的股东不能证明公司财产独立于股东自己的财产的,应当对公司债务承担连带责任。

第五节 关于国有独资公司的法律规定

一、国有企业改建为公司

建立现代企业制度,是发展社会化大生产和市场经济的必然要求,是我国国有企业改革的方向。国有企业实行公司制,是建立现代企业制度的有益探索。规范的公司,能够有效地实现出资者所有权与企业法人财产权的分离,有利于政企分开,转换经营机制,企业摆脱对行政机关的依赖,国家解除对企业承担的无限责任;也有利于筹集资金、分散风险。具备条件的国有大中型企业,单一投资主体的可依法改组为独资公司,多个投资主体的可依法改组为有限责任公司或股份有限公司。国有股权在公司中占有多少份额比较合适,可按不同产业和股权分散程度区别处理。生产某些特殊产品的公司和军工企业应由国家独资经营。[①]

二、国有独资公司的概念和法律特征

国有独资公司是指国家授权投资的机构或者国家授权的部门单独投资设立的有限责任公司。

国有独资公司具有以下三个法律特征:

(1)国有独资公司是有限责任公司的一种具体类型。国家作为国有独资公司的出资者,对该公司的债务,仅以其向公司的出资额为限,承担责任。国有独资公司适用《公司法》关于有限责任公司组织和行为的一般性规定,而且还必须受《公司法》关

[①] 参见《中共中央关于建立社会主义市场经济体制若干问题的决定》(中国共产党第十四届中央委员会第三次全体会议1993年11月14日通过)。

于国有独资公司的特别规定的调整。

(2) 国有独资公司是由一个股东单独出资设立的。在国有独资公司中,代表国家投资并行使股权的,是国家授权投资的机构或者国家授权的部门。

(3) 国有独资公司的全部财产来源于国有资产,国家是该公司财产的最终所有者。

三、国有独资公司的设立

(一) 设立方式

按照我国《公司法》规定,设立国有独资公司有两种具体方式:(1) 新设设立。国家授权投资的机构或者国家授权的部门单独投资设立国有独资的有限责任公司。(2) 国有企业依法改建为国有独资公司。按我国法律规定,《公司法》施行前已设立的国有企业,符合《公司法》规定设立有限责任公司条件的,单一投资主体的,可以依照《公司法》改建为国有独资的有限责任公司。

(二) 设立条件

依上述两种具体方式设立国有独资公司,必须符合法定的条件和程序:

(1) 股东符合法定条件。设立国有独资公司的股东只能是经国家明确授权的代表国家投资的有关机构或者国家授权的有关部门。这样的机构或者部门既不同于依自主权而进行投资活动的国有企业,也不是负责执法的检查监督、进行宏观决策和宏观调控的政府行政管理部门。这些投资主体对依法投资设立的国有独资公司,不应是行政隶属关系,而是以产权联结为特征,处于股东与被投资公司的关系,股东依据其出资者的地位,享有和行使资产受益、重大决策和选择管理者等权利,按照以营利为目的的经济规律,实现国有资产的保值增值,而不是用行政命令的手段,指挥和干预国有独资公司的自主经营活动。

(2) 股东的出资必须达到法定注册资本最低限额。

(3) 制定公司章程。国有独资公司的公司章程由国家授权投资的机构或者国家授权的部门依照《公司法》规定制定,或者由董事会制定,报国家授权投资的机构或者国家授权的部门批准。

(4) 有公司的名称和住所,建立符合有限责任公司要求的组织机构。

(5) 缴纳应缴的出资。

(6) 公司登记注册。

四、国有独资公司的管理体制

国有独资公司作为有限责任公司,其内部组织机构同一般的有限责任公司,基本上是一样的,具有权力机构、经营决策机构和业务执行机构以及监督机构的不同层次,形成相互独立、权责分明、相互制衡的治理机制。此外,国有独资公司又有其特殊性,《公司法》根据国有独资公司的实际需要,又作了一些特殊规定:

(一) 投资主体的权利

作为国有独资公司投资主体的国家授权投资的机构或者国家授权的部门享有以

下权利:(1)对公司的合并、分立、解散、增减资本和发行公司债券等事项有决定权。(2)国有独资公司的资产转让,依照法律、行政法规的规定,由国家授权投资的机构或者国家授权的部门办理审批和财产转移手续。(3)国家授权投资的机构或者国家授权的部门依照法律、行政法规的规定,对国有独资公司的国有资产实施监督管理。

(二)国有独资公司的组织机构

(1)董事会。国有独资公司不设股东会,而必须设董事会。国有独资公司因仅为一个股东,所以设立股东会没有意义,也无实际需要。实行董事会制,通过董事会的合议性机构集体进行经营管理的重大决策,能够使国有独资公司作为独立的市场活动主体,在激烈的市场竞争中,发挥民主决策、科学决策的作用,以适应现代市场经济的需要。国有独资公司董事会成员为3人至13人,每届任期不得超过3年,董事会成员由国家授权投资的机构或者国家授权的部门按照董事会的任期委派或者更换,董事会成员中应当有公司职工代表,董事会中的职工代表由公司职工民主选举产生。董事会设董事长1人,可以视需要设副董事长;董事长、副董事长由国家授权投资的机构或者国家授权的部门从董事会成员中指定;董事长为公司的法定代表人。国有独资公司的董事会,依《公司法》第47条、第67条规定行使职权;国家授权投资的机构或者国家授权的部门,还授权董事会行使股东会的部分职权。

(2)监事会。国有独资公司监事会主要由国务院或者国务院授权的机构、部门委派的人员组成,并有公司职工代表参加。监事会的成员不得少于5人。监事会行使《公司法》规定的下列职权:第一,检查公司财务;第二,对董事、经理执行公司职务时违反法律、法规或者公司章程的行为进行监督;第三,国务院规定的其他职权。监事列席董事会会议。董事、经理及财务负责人不得兼任监事。

(3)经理。国有独资公司设经理,由董事会聘任或者解聘。经国家授权投资的机构或者国家授权的部门同意,董事会成员可以兼任经理。经理依《公司法》第50条规定行使职权。

国有独资公司的董事长、副董事长、董事、经理,未经国家授权投资的机构或者国家授权的部门同意,不得兼任其他有限责任公司、股份有限公司或者其他经营组织的负责人。

(三)国有独资公司的民主管理

国有独资公司的资产全部为国有资产,为了与宪法和其他有关法律相衔接,在国有独资公司内部,除依法设置董事会、经理等内部组织机构外,《公司法》第18条第2款规定,国有独资公司,"依照宪法和有关法律的规定,通过职工代表大会或者其他形式,实行民主管理"。

五、关于授权国有独资公司行使资产所有者权利的规定

《公司法》规定,经营管理制度健全、经营状况较好的大型国有独资公司,可以由国务院行使资产所有者的权利。

在《公司法》中作这项规定,主要是从我国现实经济活动的实际出发,有些由国务院直接设立并领导的特大型国有公司,已经具备比较大的经营决策权,具有比较健全的经营管理制度,经济效益和经营状况都很好,代表国家运用和经营管理着大规模的国有资产。对于这类国有独资公司,由国务院授权其代行某些资产所有者的权利,既保持政策的连续性,充分发挥这些大公司在国有资产保值增值方面的作用,也是探索国有资产管理和经营体制改革模式的有益试验。这对于通过实践,总结经验,最终建立适应市场经济要求的国有资产管理和经营体制具有积极的意义。

第六节 外国公司的分支机构的法律规定

一、外国公司的概念

外国公司是相对内国公司(即本国公司)而言的,它具有外国法人资格。区别内国公司和外国公司(即确定公司的国籍)的标准,国际上无一致的做法,各国及学者有不同的主张,主要有成员国籍主义、设立地主义(登记地主义)、住所地主义、准据法主义等。[①] 我国依据法人的设立登记地和准据法相结合的折衷主义来确定法人的国籍。我国《公司法》第192条规定:"本法所称外国公司是指依照外国法律在中国境外设立的公司。"

二、外国公司分支机构的设立

随着我国对外开放的扩大,外国企业到我国境内设立分支机构开展经营活动的增多,外商除设立三资企业外,也设立了一批代表处,同时还以合作、承包工程等形式,进行生产经营、咨询、代理等活动。因此我国《公司法》第九章专门规定了外国公司的分支机构。这是迄今为止我国法律中对外国公司分支机构作出的比较完整的规范。这一规定对于促进我国进一步对外开放,吸引外国的公司、企业或其他经济组织来我国进行长期的生产经营活动,加强对它们的监督管理都是十分必要的。

我国《公司法》规定,外国公司依照《公司法》规定可以在中国境内设立分支机构,从事生产经营活动。外国公司在中国境内设立分支机构,必须向中国主管机关提出申请,并提交其公司章程、所属国的公司登记证书等文件,经批准后,向公司登记机关依法办理登记,领取营业执照。外国公司分支机构的审批办法,由国务院另行规定。

我国政府主管机关受理审查外国公司在我国境内设立分支机构的申请,并依法进行批准,应当遵循三项基本的原则:(1) 该外国公司必须是在中国境外的某个国家或地区依法正式注册登记并开展营业活动,其到我国申请设立分支机构必须提交其公司章程和由登记国政府登记机关签发的公司登记证书及有关证明文件。(2) 该外国公司设置的分支机构,应当有明确的经营目的和业务范围。其经营目的和业务范围不得违反我国的法律、法规和社会公共利益,不得损害我国的社会道德风尚。

---

① 参见余先予主编:《冲突法》,法律出版社1989年版,第134—137页。

(3) 分支机构的经营活动应当符合我国的产业政策,有利于我国市场经济的发展。

外国公司在中国境内设立分支机构,必须符合《公司法》规定的必备条件:(1) 外国公司的分支机构应当在其名称中标明该外国公司的国籍及责任形式;(2) 外国公司必须在中国境内指定负责该分支机构的代表人或者代理人;(3) 外国公司必须按照规定向其在中国境内的分支机构拨付与其所从事的经营活动相适应的资金;(4) 外国公司的分支机构应当在本机构中置备该外国公司章程。

三、外国公司分支机构的法律地位及其活动

(一) 外国公司分支机构的法律地位

外国公司属于外国法人,其在中国境内设立的分支机构不具有中国法人资格。外国公司对其分支机构在中国境内进行经营活动承担民事责任。

(二) 外国公司分支机构的活动

经批准设立的外国公司分支机构,在中国境内从事业务活动,必须遵守中国的法律,不得损害中国的社会公共利益,其合法权益受中国法律保护。一般来说,外国公司分支机构以外国法人的名义在我国境内活动,与中国的公司法人在实体权利和诉讼权利上享有同等的民事权利,国家有特别限制的除外。外国公司分支机构在我国境内从事经营活动,取得收入,应当依法承担纳税的义务,接受我国税务机关的税收征收管理。外国公司分支机构在我国境内活动必须接受中国国家有关主管机关的监督。

四、外国公司分支机构的清算

外国公司分支机构的关闭有三种主要原因:(1) 外国公司出于某种原因或需要,自动撤销其设立的分支机构;(2) 外国公司分支机构因严重违法而被吊销批准证书,被政府主管机关责令关闭;(3) 设立该分支机构的外国公司破产或依法解散,而导致分支机构随之解散。

我国《公司法》第198条规定:"外国公司撤销其在中国境内的分支机构时,必须依法清偿债务,按照本法有关公司清算程序的规定进行清算。未清偿债务之前,不得将其分支机构的财产移至中国境外。"法律对外国公司分支机构的清算进行规定的着眼点,是保护债权人的利益和股东的利益,特别是保护国内债权人的利益。

外国公司在其分支机构依法完结清算后,应当按照我国有关规定办理分支机构注销登记手续,缴销营业执照。

第七节 违反公司法的法律责任

一、公司违反公司法的法律责任

(一) 虚假注册资本、虚假出资、抽逃出资的法律责任

虚报注册资本、提交虚假材料或者采取其他欺诈手段隐瞒重要事实取得公司登

记的,由公司登记机关责令改正,对虚报注册资本的公司,处以虚报注册资本金额5%以上15%以下的罚款;对提交虚假材料或者采取其他欺诈手段隐瞒重要事实的公司,处以5万元以上50万元以下的罚款;情节严重的,撤销公司登记或者吊销营业执照。公司的发起人、股东虚假出资,未交付或者未按期交付作为出资的货币或者非货币财产的,由公司登记机关责令改正,处以虚假出资金额5%以上15%以下的罚款。公司的发起人、股东在公司成立后,抽逃其出资的,由公司登记机关责令改正,处以所抽逃出资金额5%以上15%以下的罚款。

(二)公司违反关于财务、会计的规定的法律责任

公司违反《公司法》规定,在法定的会计账册以外另立会计账册的,责令改正,处以5万元以上50万元以下罚款。构成犯罪的,依法追究刑事责任。

公司不按照《公司法》规定提取法定公积金的,责令如数补足应当提取的金额,并可对公司处以20万元以下罚款。

公司向股东和社会公众提供虚假的或者隐瞒重要事实的财务会计报告,对直接负责的主管人员和其他直接责任人员处以3万元以上30万元以下罚款。构成犯罪的,依法追究刑事责任。

除以上两方面以外,《公司法》还就公司违反关于合并、分立、减少注册资本或者清算的规定的法律责任、公司违反关于依法开业和变更登记的规定的法律责任、外国公司擅自在中国境内设立分支机构的法律责任等方面作了详细规定。

二、董事、监事、经理违反公司法的法律责任

董事、监事、经理利用职权收受贿赂、其他非法收入或者侵占公司财产的,没收非法所得,责令退还公司财产,由公司给予处分。构成犯罪的,依法追究刑事责任。

董事、经理挪用公司资金或者将公司资金借贷给他人的,责令退还公司的资金,由公司给予处分,将其所得收入归公司所有。构成犯罪的,依法追究刑事责任。

董事、经理违反《公司法》规定,以公司资产为本公司的股东或者其他个人债务提供担保的,责令取消担保,并依法承担赔偿责任,将违法提供担保取得的收入归公司所有。情节严重的,由公司给予处分。

董事、经理违反《公司法》规定自营或者为他人经营与其所任职公司同类的营业的,除将其所得收入归公司所有外,并可由公司给予处分。

此外,《公司法》还就发起人、股东违反公司法的法律责任,清算组和清算组成员违反公司法的法律责任作了详细规定。

三、有关国家机关和直接责任人员违反公司法的法律责任

国务院授权的有关主管部门,对不符合《公司法》规定条件的设立公司的申请予以批准,或者对不符合《公司法》规定条件的股份发行的申请予以批准,情节严重的,对直接负责的主管人员和其他直接责任人员,依法给予行政处分。构成犯罪的,依法追究刑事责任。

国务院证券管理部门对不符合《公司法》规定条件的募集股份、股票上市和债券发行的申请予以批准,情节严重的,对直接负责的主管人员和其他直接责任人员,依法给予行政处分。构成犯罪的,依法追究刑事责任。

公司登记机关对不符合《公司法》规定条件的登记申请予以登记,情节严重的,对直接负责的主管人员和其他直接责任人员,依法给予行政处分。构成犯罪的,依法追究刑事责任。

公司登记机关的上级部门强令公司登记机关对不符合《公司法》规定条件的登记申请予以登记的,或者对违法登记进行包庇的,对直接负责的主管人员和其他直接责任人员依法给予行政处分。构成犯罪的,依法追究刑事责任。

依照《公司法》履行审批职责的有关主管部门,对符合法定条件的申请,不予批准的,或者公司登记机关对符合法定条件的申请,不予登记的,当事人可以依法申请复议或者提起行政诉讼。

四、资产评估、验资或者验证机构违反公司法的法律责任

承担资产评估、验资或者验证的机构提供虚假证明文件的,没收违法所得,并处违法所得1倍以上5倍以下的罚款,并可由有关主管部门依法责令该机构停业,吊销直接责任人员的资格证书。构成犯罪的,依法追究刑事责任。

承担资产评估、验资或者验证的机构因过失提供有重大遗漏的报告的,责令改正,情节较重的,处以所得收入1倍以上3倍以下的罚款,并可由有关主管部门依法责令该机构停业,吊销直接责任人员的资格证书。

《公司法》并对有关单位或者个人违反公司法的法律责任作了详细规定。

第八节 对公司法若干问题的深入探讨

公司法是规范市场经济主体的最重要的法律。对公司法中若干重要问题的深入探讨,有助于我们更深刻地理解公司的内在机制和在市场经济中的作用,掌握公司法深层次的问题。我国《公司法》自1993年12月29日颁布以来,于1999年12月25日、2004年8月28日、2005年10月27日又分别作了三次修订。本章前面比较全面地介绍了《公司法》的基本内容。下面对我国《公司法》在实践中需要进一步解决的几个重要问题,进行研究简述。

一、股份有限公司的若干问题

股份有限公司是《公司法》重要的章节,《公司法》有关股份公司的建立、组成、上市等问题,归纳有2章70条。但是,在股份公司正式运行当中出现了《公司法》中没有作出规定的问题。

(一) 股份公司发起人的规定

股份公司注册资本必须在人民币500万元以上,其中65%的股份可以向社会募集,所以股份公司的破产和倒闭,都将给社会带来巨大的影响。由于以上这些原因,《公司法》对股份公司发起人也作了相当严谨的规定。但是,我们也应看到,《公司法》第79条规定:"设立股份有限公司,应当有2人以上200人以下为发起人,其中须有过半数以上的发起人在中国境内有住所。"

这一条款制定得比较模糊,并没有明确指出,股份发起人的住所是必须在中国内地,还是包括我国香港、澳门和台湾地区。因为在我国股份公司发起后向社会募集的都是实缴股本,是一笔巨额资产,发起人负保管募集资金的重大义务,如果发生差错,后果不堪设想。

(二) 股东大会的表决程序

《公司法》第104条关于股东出席股东大会所作的规定指出,股东大会对"公司合并、分立、解散或者变更公司形式的决议,必须经出席会议的股东所持表决权的2/3以上通过"。而这"2/3"的表决权的概念也不十分清楚。它所指的是持有该股份公司所有股票的股东参加股东大会时必须有2/3以上通过才能有效,还是只指出席会议的股东的2/3以上就可以通过呢?

如上所述,股份公司的注册资本必须在500万元人民币以上,65%的股份可以向社会募集。所以,如何保证股东大会所通过的决议符合大多数股东的利益,是一个关键性的问题。目前,在我国持有某一家股份公司的股份的股东可以高达上千人或上万人。所以,制定出出席股东大会的必要人数是不可忽视的问题。

二、母子公司的问题

我国《公司法》第14条第2款规定:"公司可以设立子公司,子公司具有企业法人资格,依法独立承担民事责任。"这一规定,虽然为母子公司在我国公司企业结构中占有一席之地提供了法律依据,也与国际上通行的法律制度相一致,但是这一规定过于浅疏。一方面没有对母子公司关系的界定问题作出规定;另一方面,也没有对控股公司与被控股公司之间的关系的法律调整作出规定。鉴于这种情况,为了完备我国的《公司法》,特别是为了发展和完善我国的母子公司、控股公司的形式,我们通过借鉴世界各国母子公司的立法经验,结合我国集团公司发展的实践,有必要对母子公司关系进行专门的立法,从母子公司的基本概念入手,研究确定母子公司的各种功能、母子公司关系的构造和界定、母子公司法人治理结构、子公司及其少数股东的特别保护、母子公司与持股限制、母子公司与反垄断、母子公司与反避税以及母子公司与证券交易法之关联交易等。

第九章 国有企业法

——市场经济主体与现代企业制度的重要法律

党的十四届三中全会《关于建立社会主义市场经济体制若干问题的决定》强调,要继续贯彻《全民所有制工业企业法》和《全民所有制工业企业转换经营机制条例》。本章主要论述了以全民所有制工业企业为代表的国有企业在市场经济活动过程中的作用和应当遵循的原则、享有的权利、承担的义务及其他的有关规定。

第一节 全民所有制工业企业法的概念及其法律的颁布

一、全民所有制工业企业法的概念

(一)全民所有制工业企业的概念和地位

全民所有制工业企业,即国有工业企业,是指以生产资料的全民所有制为基础的、从事工业生产经营活动的、独立的社会主义商品生产和经营单位。企业是我国经济生活的重要细胞。全民所有制工业企业是国民经济的主导,是国家财政金融收入的主要来源,是社会主义国家繁荣富强,人民富裕,安居乐业的物质基础。

(二)全民所有制工业企业法的概念及其颁布

全民所有制工业企业法这一概念有广义和狭义之分。广义的全民所有制工业企业法,是指调整工业企业在生产经营过程中所发生的经济关系的各种法律规范的总称。狭义的全民所有制工业企业法仅指立法部门制定的工业企业法典,在我国即为《中华人民共和国全民所有制工业企业法》(以下简称《全民所有制工业企业法》)。我们这里主要是从狭义上来使用全民所有制工业企业法这一概念。

我国《全民所有制工业企业法》在1988年4月13日第七届全国人大第一次会议上通过,于1988年8月1日起施行,共分为8章69条。

二、全民所有制工业企业法的原则

根据我国《全民所有制工业企业法》的规定,全民所有制工业企业的生产经营活动应遵循以下六个基本原则:

(1)所有权与经营权相分离的原则。

(2)保证实现企业根本任务的原则。企业的根本任务是:根据国家计划和市场需求,发展商品生产,创造财富,增加积累,满足社会日益增长的物质和文化生活需要。

(3)坚持精神文明建设与物质文明建设并举的原则。

（4）企业必须依法生产经营和缴纳税金的原则。
（5）实行按劳分配和依法采取其他分配方式的原则。
（6）企业经营管理的财产和合法权益受法律保护的原则。

所有权与经营权分离的原则是我国《全民所有制工业企业法》的灵魂。所有权与经营权分离是我国经济体制改革的基本理论和基本实践，它是对改革成果的确认，成为全民所有制工业企业法的核心内容。

三、全民所有制工业企业法的基本内容

（1）企业的法律地位。我国《全民所有制工业企业法》明确规定："全民所有制工业企业是依法自主经营、自负盈亏、独立核算的社会主义商品生产和经营单位"。"企业依法取得法人资格，以国家授予其经营管理的财产承担民事责任"。这是对企业法律地位的高度概括。

企业是我国经济生活的基本细胞，它成为经济法律关系的主体原因在于能自主经营，自负盈亏，独立核算；在于对国家授予其经营管理的财产享有占有、使用和依法处分的权利；在于能以国家授予其经营管理的财产承担民事责任。企业是依法律程序设立的，有一定的组织机构和独立支配的财产，是能以自己的名义享有权利，承担义务的经济实体，具有法人资格。正确地确定企业的法律地位，有利于理顺政府与企业的关系，划清政府与企业的职责权限；有利于增强企业的活力，使企业充分竞争，优胜劣汰。

（2）企业的设立、变更和终止。企业的设立指企业的人为取得企业生产、经营的资格，依照法律程序所实施的一种创建行为。企业设立要具备下列条件：产品为社会所需；有能源、原材料、交通运输的必要条件；有自己的名称和生产经营场所；有符合国家规定的资金；有自己的组织机构；有明确的经营范围；法律、法规规定的其他条件。设立企业必须依法报请人民政府和政府有关业务部门，对设立企业的合理性和具备的条件进行审查，对具备设立企业条件的予以批准。然后审查企业是否履行了法定的审批程序，核定企业的生产经营范围，核发营业执照，对企业进行注册。被设立的企业经过登记程序后，即具备法人资格。

由于受主客观因素的影响，可能出现企业的主体资格或经营范围等方面的变化，这就是企业的变更。企业的主体变更包括合并和分立两种情况。企业内容的变更涉及面广，包括企业名称、住所、经营场所、法定代表人、经营性质、经营范围、经营方式、注册资金及增设或撤销分支机构等，企业的变更需要依法进行。

企业终止是指企业在不能或不宜继续从事生产经营活动的情况下，经过一定程序，终止生产经营活动，清理债权债务，使企业的法人资格消灭的行为。企业法规定企业终止的原因有：违反法律、法规被责令撤销；政府主管部门依法律、法规规定决定解散；依法被宣告破产；其他原因。

（3）企业的权利。指企业依法具有为或不为一定行为，以及要求他人为或不为一定行为的资格。它直接关系到企业能否成为独立的商品生产者和经营者。企业享

有生产经营计划权;物资选购权;产品自销权以及联合经营权;留用资金支配权;固定资产处置权;劳动人事权;抵制摊派权。

(4) 企业的义务。指企业依法具有作为或不作为一定行为的责任。大致可归纳为以下几方面:完成国家指令性指标,履行依法订立的合同的义务;遵守财务制度,依法缴纳税金、利润和费用的义务;保证产品质量和服务质量的义务;降低产品成本,提高劳动效率的义务;合理利用设备,保护国家财产的义务;搞好劳动保护和环境保护的义务;提高职工素质的义务。

(5) 企业的领导体制。我国《全民所有制工业企业法》规定:"企业实行厂长(经理)负责制。"厂长(经理)负责制指企业的生产经营管理工作由厂长(经理)统一领导。物质文明和精神文明建设由厂长(经理)负全面责任的一种企业内部领导制度。厂长是企业的法定代表人;厂长在企业中处于中心地位,对企业负有全面责任。厂长在依法行使职权的同时,必须依靠职工履行法律规定的企业的各项义务,支持职工代表大会、工会和其他群众组织的工作,执行职工代表大会作出的决定。企业要建立以厂长为首的生产经营管理系统,这种系统的模式是统一领导,分级负责。企业实行职工代表大会制下的民主管理,保证监督和加强党委对政治思想工作的领导是企业基层党组织的基本职能。我国法律对企业内部领导体制有专门的规定。

(6) 企业与政府的关系。要落实厂长负责制,在企业内部,要解决党政分工的问题;在企业外部,要解决政企职责分开问题。而要使政企职责分开,必须实现政府职能的转变,这是使厂长负责制实现的重要保证。政府对企业实行宏观管理,对企业下达指令性计划,保证完成指令性计划所需的物资供应,审批企业提出的基本建设、重大技术改造等计划,任免、惩罚厂长,根据厂长提议,任免、惩罚副厂级行政领导干部,考核、培训厂级行政领导干部。政府在实施对企业管理的同时,也需对企业尽其应有的义务。我国《全民所有制工业企业法》中的一些规定也体现了对政府行为的约束。

(7) 违反《全民所有制工业企业法》的法律责任。指行为人因实施了违法行为而必须承担的法律后果。我国《全民所有制工业企业法》第七章对法律责任作了专章规定,它是《全民所有制工业企业法》得以实施的重要保证,是《全民所有制工业企业法》的重要内容。根据主体不同,法律责任主要包括:企业的法律责任;企业领导干部的法律责任;政府有关部门领导干部的法律责任;妨害企业管理秩序行为人的法律责任。

四、全民所有制工业企业法的配套立法

对于我国《全民所有制工业企业法》没有解决的问题和只作了原则性规定的问题,就需留待配套立法解决。因此,我国《全民所有制工业企业法》的配套立法就成为保证它的有效实施,推进经济体制改革,完善企业法律制度的一个关键环节。

我国《全民所有制工业企业法》的配套法应包括以下法律、法规:有关两权分离的具体表现形式,如承包、租赁经营的法规;有关工业投资参股、发行债券的法规;有关股份制经营的法规;有关国家所有权的行使的法规;有关企业破产的完备的法律、法规;有关企业对资产的处分和新增资产的法律地位的法规;有关企业生产经营活动的法规;有关企业内部关系的法规;有关对企业实施监督的法规。

制定国有资产管理法是解决两权分离的重要措施。国有资产管理法是调整国有资产所有者与经营者之间在国有资产的占有、使用、收益和处分中所发生的经济关系的法律规范的总称。它根据政企分开、两权分离的要求,使国家加强宏观管理、减少直接控制而建立起新型的国有资产体系。

承包经营是全民所有制工业企业采取的较为普遍的一种经营方式,是对所有权与经营权分离原则的具体化,其主要内容是:包上交国家利润,包完成技术改造任务,实行工资总额与经济效益挂钩。一般通过订立承包经营合同的方式来贯彻承包经营责任制,双方权利义务由合同规定。

与承包经营一样,租赁经营也是对所有权与经营权分离原则的具体化,是在不改变企业的全民所有的性质的前提下,实行所有权与经营权分离,以国家授权单位为出租方将企业有期限地交给承租方经营,承租方向出租方交付租金并依合同规定对企业实行自主经营方式。

对于破产诉讼程序加以规定的法律就是破产法。随着经济体制改革的不断深化,为了增强企业竞争意识,增强企业内部动力和外部压力,加强责任制和民主管理,2006年8月27日颁布的《中华人民共和国企业破产法》,对破产的申请和受理;管理人、债务人财产、破产费用和共益债务、债权申报、债权人会议、重整、和解、破产清算、法律责任等问题都作了详细的规定。只有在实行破产制度以后,由于企业依法必须承担破产的经济后果,才能促使企业自主权的落实。制定破产法的理论依据是所有权与经营权适当分离的原则。实行所有权与经营权分离后,企业以国家授予它经营管理的财产承担民事责任,企业的这种对民事责任的独立承担,是适用破产法的基本前提。

五、对全民所有制工业企业法作用的评述

我国《全民所有制工业企业法》除了适用于全民所有制工业企业以外,其原则也适用于全民所有制交通运输、邮电、地质勘探、建筑安装、商业、外贸、物资、农林、水利企业。这部重要的基本法律,对于其他所有现行的关于全民所有制工业企业的法规起着统帅的作用,具有更高的法律效力。

我国《全民所有制工业企业法》不仅对于搞活全民所有制工业企业和其他全民所有制企业有着重要意义,而且对于促进我国经济体制改革的顺利进行,促进我国国民经济建设的发展,也产生了重要影响。

我们认为,由于我国《全民所有制工业企业法》诞生在20世纪80年代,反映了扩大企业自主权、实行有计划的商品经济的法律要求,由改革开放的延续性和我国市场经济从计划经济体制演变而来。因此,《全民所有制工业企业法》的某些基本原则和制度,至今仍然符合中国的实际,如两权分离、政企分开、政府宏观调控职能、企业权利和义务、厂长、党委的责任等规定,仍然具有合理性。但是同市场经济对现代企业制度的要求相比较,还存在很大差距,有些规定已经过时了,如政府指令性计划指标对企业的普遍要求、全民所有制的绝对地位和单一的结构形式等,同市场对资源配置的基础性作用的要求,实现全民所有制、公有制可以有多种形式的要求相比,已经很不相适应了。在这种情况下,《全民所有制工业企业法》的作用和意义就带有一定的局限性了。

六、全民所有制工业企业法与公司法的关系研究

1988年4月制定的《全民所有制工业企业法》和1994年7月1日起施行的《公司法》都是我国经济体制改革成果的产物,都是管理、协调、发展我国企业的重要法律依据和重要法律制度。但是,由于这两部法律产生的具体时代背景不同,《全民所有制工业企业法》是有计划商品经济体制下的产物,反映了这种经济体制的本质和特征;《公司法》是在我国开始进入市场经济体制条件下的产物,反映了这种经济体制的本质和特征。按照企业的发展规律和公司的基本特征,公司,特别是股份有限公司是企业发展的高级形式。实行公司制,是我国进行现代企业制度的重要探索。从我国的实际情况出发,在实施这两部法的过程中,如何处理好两者的关系,是一个重要的课题,尚待于深入研究。

我们认为,按照我国现行《宪法》和有关的法律法规,公有制为主体,多种所有制经济共同发展,是我国基本的经济制度。在我国,公有制的实现可以采取多种形式。全民所有制占国家经济命脉的支配地位,在国民经济中起主导作用,非公有制是我国社会主义经济的重要组成部分。在我国建立现代企业制度过程中,制定和实施《公司法》,是建立现代企业制度的基本准则。对原有的我国企业制度有的进行股份制改造,按照现代企业制度的要求,转变了企业经营机制;有的经过创造条件和重组向现代企业制度的方向进行转变;而在《公司法》实施以后,新建立的企业都是按照公司法规定的要求建立和发展起来的。因此,建议对公司法要不断完善,充分发挥它的作用,对原有的《全民所有制工业企业法》,也可以合并到《公司法》中,使这两法成为一个法;也可以在我国对企业制度实行双轨制的立法,那就是说除了《公司法》还有《全民所有制工业企业法》,并且对现有的《全民所有制工业企业法》也进行修改,这样做的好处是对企业的两种形态可以进行比较和竞争,缺点是企业的标准可能不统一。但无论如何,凡是对发展生产力有好处,我们应当支持,不同意对《全民所有制工业企业法》既不修改使用、又不废止这种不伦不类的状态。

第二节 全民所有制工业企业转换经营机制的规定

一、《全民所有制工业企业转换经营机制条例》的制定

(一)《全民所有制工业企业转换经营机制条例》(以下简称《条例》)的制定和颁布

1992年7月,《条例》经国务院第106次常务会议讨论通过,并经李鹏总理签署

发布实施。《条例》共 7 章 54 条,包括总则、企业经营权、企业自负盈亏的责任、企业的变更和终止、企业和政府的关系、法律责任和附则,进一步明确了全民所有制企业的法律地位和政企职责分开的原则,同时对《全民所有制工业企业法》的一些原则规定作了具体的表述和延伸,实际上是《全民所有制工业企业法》的实施细则。

(二)《条例》的指导思想

(1)《条例》体现了《全民所有制工业企业法》的立法精神和基本原则。《条例》依据《全民所有制工业企业法》,具体界定了企业经营权以及政府与企业的关系,同时具体表述和延伸了《全民所有制工业企业法》的一些原则性规定,使之更具有针对性和可操作性。

(2)《条例》体现中央工作会议提出的搞好国有大中型企业的精神。《条例》在保障国家对企业财产所有权的前提下,围绕落实企业经营自主权,对《全民所有制工业企业法》的规定进一步细化,赋予企业享有 14 条经营权。

二、全民所有制工业企业转换经营机制的具体内容

(一)关于企业经营权问题

转换经营机制的前提是落实企业经营权,关键是落实生产经营决策权、投资决策权、产品定价权、进出口经营权、人事劳动权、工资奖金分配权。《条例》在这些方面都有了一些突破。

(1)扩大企业生产经营决策权。《条例》对指令性计划的实现形式以及实现指令性计划各方的权利与义务等作了新的规定。

(2)企业的投资决策权。企业的投资权限主要依企业自身的投资能力确定;此外,鼓励企业利用留利增加新的投入,并强化了投资责任。

(3)企业产品定价权。除个别的日用工业消费品价格、少数生产资料价格由政府定价外,其余的产品价格和企业提供的劳务价格由企业自主定价。

(4)企业进出口经营权。《条例》赋予了企业更大的进出口权,同时还简化了企业经营出入境业务人员的审批手续。

(5)企业劳动人事与工资、奖金分配权。企业的招工时间、条件、方式和数量由企业自主决定。企业应把职工的劳动所得与劳动成果联系起来,拉开分配档次;建立适合本企业特点的工资制度。

企业必须打破干部终身制,有权实行管理人员和技术人员聘用制、考核制。

(二)关于企业的自负盈亏问题

在赋予企业充分经营权的同时,必须强化企业自负盈亏的责任。建立企业自我约束机制,正确处理国家、企业、职工三者的利益关系。

《条例》强化了厂长对企业盈亏的责任,厂长对企业盈亏负有直接经营责任。《条例》还规定了企业实行工资总额和经济效益挂钩的办法。

《条例》还增强了企业上缴利润欠收自补的责任,强化了企业对潜亏应负的责任。此外,为了解决分配向个人倾斜问题,《条例》规定,企业必须建立分配约束机制和监

督机制;企业必须坚持工资总额增长幅度低于本企业经济效益增长幅度,职工实际平均收入增长幅度低于本企业劳动生产率增长幅度的原则。

(三)关于企业的关停并转问题

企业可以通过转产、停产整顿、合并、分立、解散、破产等方式,进行企业的产品结构和组织结构调整,并采取多种措施,妥善处理企业债务,安置好企业的富余职工。

企业合并(含兼并)是调整组织结构的主要途径。《条例》规定了合并的法定条件和两种合并形式。兼并是一种有益的合并形式,企业兼并其他企业,由企业自主决定;企业被兼并需报政府主管部门的批准。

企业关闭在法律上一般称为企业终止。企业终止包括政府决定的解散和依法破产。《条例》规定了企业关闭的法定条件,体现了少关闭,多并转的精神。

(四)关于企业和政府的关系问题

企业转换经营机制,政府必须转变职能。《条例》主要从转换企业经营机制的角度,原则界定了政府与企业的关系。

企业的财产属于国家所有,国务院代表国家行使企业财产的所有权。依照政企职责分开的原则,政府和政府有关部门应转变职能,改革管理企业的方式,为企业转换经营机制创造条件,提供服务。此外,政府应尽量减少对企业的行政干预,否则,将负一定的法律责任。

与此同时,1994年7月24日国务院发布了《国有企业财产监督管理条例》,该条例对国有企业财产管理体制和监督体制,对国有企业财产的保值和增值作了进一步的规定。

第三节 深化国有企业改革建立现代企业制度

在中国共产党十四届三中全会以后的若干年里,全国各地搞了不少现代企业制度的试点,根据国家经济贸易委员会的抽样调查,2001年,已进行产权多元化改组的国有企业已达到64.18%,国有股份均值为66.52%。考虑到破产、被非国有企业兼并或渗透而已经转变成为非国有企业的原国有企业,以上两个数字的浮动估计在75%以上和50%以下。2001年底,全国国有中小企业已有81.4%实施了改制。在已改制的国有中小企业中,实行股份合作制和合资形式的占51%。2001年,母公司登记注册为国有的企业集团有1772个,其中母公司改制为公司制的企业集团有1269个,占71.61%。在这1269个企业集团中,母公司改制为非国有独资公司的有468个,占36.88%。但其中不少试点企业并未显著地实现股权多元化,许多大中型企业国有股"一股独大"的状况仍然没有根本改变,有些企业甚至只是换了个牌子,与真正的符合市场经济内在要求的企业制度相比,形似而神不似。过去从中央到地方的企业改革,多是中小国有企业改革,改革的国企中有不少已经实现了股权的多元化,有的则实现了非国有化。相比之下,一些大型国有企业仍未实现股权多元化,甚至尚未改成公司制。

中国共产党十六届三中全会提出要"推行公有制的多种有效实现形式。坚持公有制的主体地位,发挥国有经济的主导作用。积极推行公有制的多种有效实现形式,加快调整国有经济布局和结构"。全会第一次提出要大力发展混合所有制经济,实现投资主体多元化,使股份制成为公有制的主要实现形式。与以前只提混合所有制、股份制资本主义可以用、社会主义也可以用相比,表述上的差别意味着今后将会有更多的国有企业特别是大型和特大型国有企业也要走股权多元化道路,更多的国有企业会引入非国有资本。"需要由国有资本控股的企业,应区别不同情况实行绝对控股或相对控股。完善国有资本有进有退、合理流动的机制,进一步推动国有资本更多地投向关系国家安全和国民经济命脉的重要行业和关键领域,增强国有经济的控制力。其他行业和领域的国有企业,通过资产重组和结构调整,在市场公平竞争中优胜劣汰。发展具有国际竞争力的大公司大企业集团。继续放开搞活国有中小企业。"

为实现此目标全会还进一步提出,要完善公司法人治理结构。按照现代企业制度要求,规范公司股东会、董事会、监事会和经营管理者的权责,完善企业领导人员的聘任制度。股东会决定董事会和监事会成员,董事会选择经营管理者,经营管理者行使用人权,并形成权力机构、决策机构、监督机构和经营管理者之间的制衡机制。企业党组织要发挥政治核心作用,并适应公司法人治理结构的要求,改进发挥作用的方式,支持股东会、董事会、监事会和经营管理者依法行使职权,参与企业重大问题的决策。要坚持党管干部原则,并同市场化选聘企业经营管理者的机制相结合。中央和地方党委要加强和改进对国有重要骨干企业领导班子的管理。要全心全意依靠职工群众,探索现代企业制度下职工民主管理的有效途径,维护职工合法权益。继续推进企业转换经营机制,深化劳动用工、人事和收入分配制度改革,分流安置富余人员,创造企业改革发展的良好环境。

第四节 企业集团制度

一、企业集团概述

企业集团是社会化大生产和商品经济发展的产物。在现代化社会大生产高度发展的条件下,各国经济组织为了谋求自身的发展,以使自己在激烈的竞争中立于不败之地,除了积极自我发展外,还走上联合的道路,以群体姿态参与经济。于是,随着企业联合形式的不断演变,在世界经济领域企业集团便应运而生了。

企业集团作为一种经济联合形式,在国外已有百余年的历史(正式的"企业集团"称谓出现于第二次世界大战后)。19世纪末,随着资本主义自由竞争逐渐向垄断的过渡,生产越来越集中到大的企业中去,产生了一些具有初级形态的垄断联合组织,如卡特尔、辛迪加等,可视为企业集团的雏形。随后,以电气化为代表的新兴技术进一步促进了生产和资本的集中,产生了更为高级的垄断联合形式——托拉斯。进入20世纪以后,更出现了包括工业、商业、交通运输、金融、保险等多种行业相互交融的混合联合体形式"康采恩",至此,严格意义上的企业集团发育成熟。第二次世界大战以后,世界经济中举足轻重的跨国公司的出现,可以说是企业集团的最新表现形态和发展趋向。

同世界一般做法一样,我国的企业集团也是以企业联合开始发展的,但真正的实践还是在党的十一届三中全会后。1980年7月,国务院提出在所有制关系、隶属关系、财务关系互不变前提下实行经济联合,1986年3月,国务院又发布了《关于进一步推进横向经济联合若干问题的规定》,并第一次使用了"企业集团"的称谓。1987年12月,国家体改委、国家经委联合发布了《关于组建和发展企业集团的几点意见》,第一次以政府文件的形式对企业集团的含义、组建、内部管理和外部条件等作了较为详细的规定,企业集团在我国获得空前发展。随着《公司法》的颁布,企业集团在我国的进一步发展将有法可依,沿着规范的道路进行。截至2011年底我国著名企业集团1480家。

二、企业集团的概念和特征

企业集团是一种企业联合形式,但其确切含义如何,理论界至今尚无定论。企业集团较为发达的美国、德国、日本等国,对企业集团定义也很不统一。我们认为,企业集团是若干企事业单位通过一定方式联结,自愿在统一管理的基础上组成的具有多层次结构的经济联合组织。它主要有如下法律特征:

(1) 企业集团的构成单元是若干具有独立地位的法人。企业集团区别于一般企业,不在于其规模大小,而在于企业集团是由多个主体联合组成,且这些单位都具有独立的经济利益和独立的行为能力,即有法人资格。除企业单位外,一些科研事业单位也可以成为企业集团的成员。

(2) 企业集团组建的自主性。由于组成企业集团的各成员是独立的法人,不存在行政公司那样上下级领导与被领导的隶属关系,因此,这些法人互相联合时,必然也必须遵循自主自愿的原则。

(3) 企业集团以一定方式结合。比较规范的企业集团主要有两种联结方式:财产和契约。以财产为联结方式,是指各企业以各种有形财产或无形财产折价入股。根据控股参股的不同而成为企业集团不同层级的组成部分,以契约作为联结方式是指企业集团各成员单位之间联合关系的形成及其各自权利义务,都是由经济联合协议或合同规定,上升为经济法律关系,用以约束各方。

(4) 企业集团统一经营管理。这是企业集团的重要特征与优势,通过企业集团核心的控制与支配,各单位协调一致行动,以实现利益最大化。

三、企业集团的法律地位

企业集团一般由核心层、紧密层和附连层组成。核心层是指处于集团中心地位、具有母公司性质的集团公司及其分支机构;紧密层是指由集团公司控股的企业和一些租赁承包的企业;附连层则是指集团公司参股的企业和与集团公司有稳定协作关系的企业构成,这一层处于企业集团的外围。这三层中的成员都是有独立地位的法人组织,独立享受权利,承担义务,在加入企业集团后,这种地位并没有发生变化,仍有其独立的财产权和经济利益。而企业集团整体的法律地位,曾经有过争论,现在理论界已基本取得共识,即不具有法人资格。企业集团的性质和特征决定了它不能同时具备法律所要求的法人组织、财产和人身三特征。企业集团是由多个法人联合而成的经济联合组织,是法人的职合,而不是联合成法人。企业集团本身不能享有债权,也无需承担债务。

四、我国企业集团的发展模式

改革开放以后,我国的企业集团从无到有、由小到大迅速发展起来,并一度形成"企业集团热"。这些企业集团出现的时间虽然不长,但都体现了对提高企业的效益,发展民族工业,促进产业结构调整,协调跨地区、跨部门的经济发展等方面的积极作用,显示了强大的生命力。但是企业集团制度本身还很不完善,存在着许多急需解决的问题,如缺乏稳定性和凝聚力,与政府部门关系不能理顺,企业产权关系界定不清,内部管理体制混乱,缺乏科学性和效率等,这都表明我国企业集团制度还需进一步完善。随着《公司法》的颁布,我们可以看出,股份制应是我国企业集团进一步发展的出路所在。

企业集团股份制包括股份公司集团化和现有企业集团的股份制改组,股份公司集团化概括而言,就是通过参股或股权渗透,将各级公司连接起来,具体方式可采用收购、承包、租赁、分立等多种形式。企业集团的股份制改组则有两层含义:一是通过股份制规范将核心企业和各成员企业改组为同质的股份制公司;二是主要通过核心企业对成员企业的参股和成员企业间的相互参股构成整个企业集团不可分割的资产纵向和横向联系网,其关键之处在于资产评估和产权界定,企业所有权和经营权适度分离与有效结合,即建立现代的企业制度。

在企业集团的多层次结构中,集团公司通过股份制构建母子公司结构,控制各级子公司,主要是人事任免和经营管理、决策,子公司不能持有集团公司的股份。集团公司与附连层成员企业之间,有的具有参股的资金关系但没有达到控股的程度,而更多的是凭借集团章程或契约来维护相互关系和整个集团统一运行的。

与企业集团股份化相适应,集团的领导体制亦应作出调整。对此,国家并没有强求一律的规定。我们认为比较理想的方式应是在董事会领导下的总经理负责制。这种体制,由董事会负责集团生产经营的决策,由总经理全面负责日常生产经营活动的组织和指挥,这种方式的合理性已被国外企业集团的发展实践所证明。它真正体现了企业所有权与经营权的分离,决策权与执行权分离,集权与分权相结合的现代化大型企业集团管理要求。

在国家机构改革、实行对国民经济结构调整和企业重组过程中,为了实现政企分开,把各专业局改为公司,实行企业和国家机构脱钩,加强国家的宏观调控,发挥各专业技术的作用,这些年来,我国陆续建立了一批大型的企业集团或总公司,按照现代企业制度的要求进行管理。

(1) 在对外方面有：中国海洋石油总公司、中国化工进出口总公司、中国粮油食品进出口（集团）有限公司、中国五金矿产进出口总公司、中国远东国际贸易总公司、中国经济技术投资担保有限公司、中国外轮理货总公司、中国水利电力对外公司、中国桥梁有限公司等。

(2) 在工农商业方面有：中国船舶重工业集团公司、中国船舶工业集团公司、中国海运（集团）总公司、中国石油化工集团公司、中国石油天然气集团公司、中国第一汽车集团公司、中国第一重型机械集团公司、中国第二重型机械集团公司、中国建筑工程总公司、东风汽车公司、中国东方电汽集团公司、中国铝业集团公司、中国冶金建设总公司、中国化工建设总公司、中国纺织物资（集团）总公司、中国房地产开发公司、中国华录集团有限公司、中国新兴集团总公司、中国招商局集团有限公司、中国水利投资公司、中国种子集团公司、中国农垦（集团）总公司等。

(3) 在科学技术方面有：中国航天科技集团公司、中国核工业建设集团公司、中国核工业集团公司、中国航空工业第一、第二集团公司、航天机电集团公司、中国兵器装备集团公司、中国联合通信有限公司、中国四维测绘技术总公司、中国通用技术（集团）控股有限公司等。

(4) 其他方面还有：中国光大集团公司、中国医药集团总公司、中国华诚集团、神华集团有限公司等。"十五"计划纲要指出："通过上市兼并、联合、重组等形式，形成一批拥有著名品牌和自主知识产权、主业突出、核心能力强的大公司和企业集团，提高产品集中度和产品开发能力。"这是公司、企业组织结构调整和发展的需要。

五、完善我国的企业集团制度的立法

《公司法》的出台，为我国企业集团的进一步发展提供了法律依据和保障，但由于企业集团本身的复杂性，仅有这些是不够的，还应加快完善有关企业登记、政府职能部门的经济调控与监督等多方面的法律、法规，并适当制定一些新的法律、法规，将企业集团的发展完全纳入法制化轨道。如公司法应进一步明确规定企业集团由于统一经营所产生的债务责任；有关企业登记的法律、法规应对企业集团的组建程序作出特殊规定，就目前而言，企业集团尚不能进行登记注册；国家为了完善对企业集团的监督和制约，亦应相应调整税收、工商、审计等有关法律、法规；另外，立法机关也要适时制定有关法律，以支持、扶植企业集团进行外向型发展，增强我国产品在国际市场上的竞争力，建立我国自己的跨国公司。当然这需要有一个立法探索的过程，不能操之过急。2008年我国《反垄断法》的实施既标志着我国大型企业集团的蓬勃发展，也反映了我国的大型企业集团将完全自主进入市场公平竞争的年代。

第十章 乡镇企业法

——市场经济主体与现代企业制度的又一重要法律

根据我国宪法的规定,各种形式的合作经济都是社会主义劳动群众集体所有制经济,国家保护集体经济组织的合法权利和利益,鼓励、指导和帮助集体经济的发展。集体企业法,就是调整这种经济性质的经济组织法律规范的总称。在我国,这种法律规范主要由城镇集体企业的法律规定和乡村集体企业的法律规定组成,还有与此有关的《中华人民共和国乡镇企业法》。

第一节 乡镇企业法的概念、任务、方针政策以及主管部门的规定

一、乡镇企业法的概念和任务的规定

为了扶持和引导乡镇企业持续、健康发展,保护乡镇企业的合法权益,规范乡镇企业的行为,繁荣农村经济,促进社会主义现代化建设,1996年10月29日第八届全国人大常委会第二十二次会议通过了《中华人民共和国乡镇企业法》(以下简称《乡镇企业法》),自1997年1月1日起正式施行。

乡镇企业,是指农村集体经济组织或者农民投资为主,在乡镇(包括所辖村)举办的承担支援农业义务的各类企业。其中投资为主指的是农村集体经济组织或者农民投资超过50%,或者虽不足50%,但能起到控股或者实际支配作用。同时,乡镇企业符合企业法人条件的,依法取得企业法人资格。乡镇企业法是指有关乡镇企业的组织、经营活动及其管理的法律,是规范乡镇企业的行为,保护乡镇企业合法权益的法律。

乡镇企业作为农村经济的重要支柱和国民经济的重要组成部分,它的主要任务是:根据市场需要发展商品生产,提供社会服务,增加社会有效供给,吸收农村剩余劳动力,提高农民收入,支援农业,推进农业和农村现代化,促进国民经济和社会事业发展。

二、乡镇企业法的方针政策及主管部门的规定

我国发展乡镇企业,坚持以农村集体经济为主导、多种经济成分共同发展的原则。同时,地方各级政府按照统一规划、合理布局的原则,将发展乡镇企业同小城镇建设相结合,引导和促进乡镇企业适当集中发展,逐步加强基础设施和服务设施建设,以加快小城镇建设。

国家对乡镇企业采用积极扶持、合理规划、分类指导、依法管理的政策方针。国家鼓励和重点扶持经济欠发达的地区、少数民族地区发展乡镇企业,鼓励经济发达地区的乡镇企业或者其他经济组织采取多种形式支持经济欠发达地区和少数民族地区举办乡镇企业。国家保护乡镇企业的合法权益,乡镇企业的合法财产不受侵犯。任何组织或者个人不得违反法律、行政法规干预乡镇企业的生产经营、撤换企业负责人;不得非法占有或者无偿使用乡镇企业的财产。除法律、行政法规另有规定外,任何机关、组织或者个人不得以任何方式向乡镇企业收取费用、进行摊派。

国务院乡镇企业行政管理部门和有关部门按照各自的职责对全国的乡镇企业进行规划、协调、监督、服务;县级以上地方各级人民政府乡镇企业行政管理部门和有关部门按照各自的职责对本行政区域内的乡镇企业进行规划、协调、监督和服务。

第二节 乡镇企业的设立、组织机构和优惠政策的规定

乡镇企业法规定,经依法登记设立的乡镇企业,应向当地乡镇企业行政管理部门办理登记备案手续。乡镇企业改变名称、住所或者分立、合并、停业、终止等,在依法办理变更登记、设立登记或者注销登记后,还应报乡镇企业行政管理部门备案。

乡镇企业在城市设立的分支机构,或者农村集体经济组织在城市开办的并承担支援农业义务的企业,按照乡镇企业对待。农村集体经济组织投资设立的乡镇企业,其企业财产权属于设立该企业的全体农民集体所有。乡镇企业按照法律、行政法规规定的企业形式设立,投资者按照有关法律、行政法规决定企业的重大事项,建立经营管理制度,依法享有权利和义务。

我国《乡镇企业法》还规定乡镇企业停业、终止,已经建立社会保险制度的,按照有关规定安排职工;依法订立劳动合同的,按照合同的约定办理。原属于农村集体经济组织的职工有权返回农村集体经济组织从事生产,或者由职工自谋职业。

我国《乡镇企业法》规定,国家根据乡镇企业发展的情况,在一定时期内对乡镇企业减征一定比例的税收。减征税收的税种、期限和比例由国务院规定。

另外,国家对符合下列条件的中小型乡镇企业,根据不同情况实行一定期限的税收优惠:

(1) 集体所有制乡镇企业开办初期经营确有困难的;
(2) 设立在少数民族地区、边远地区和贫困地区的;
(3) 从事粮食、饲料、肉类的加工、贮存、运销经营的;
(4) 国家产业政策规定需要特殊扶持的。

以上情况的优惠的具体办法,由国务院规定。

国家还运用信贷手段,鼓励和扶持乡镇企业发展。对于符合上述税收优惠条件之一并且符合贷款条件的乡镇企业,国家有关金融机构可以给予优先贷款,对其中生产资金困难且有发展前途的可以给予优惠贷款。

国家在对确实困难的乡镇企业提供优惠的同时,还积极培养乡镇企业人才,鼓励

科技人员、经营管理人员及大中专毕业生到乡镇企业工作,通过多种方式为乡镇企业服务。乡镇企业通过多渠道、多形式培训技术人员、经营管理人员和生产人员,并采取优惠措施吸引人才。

在技术合作方面,国家采取优惠措施,鼓励乡镇企业同科研机构、高等院校、国有企业及其他企业、组织之间开展各种形式的经济技术合作。

第三节 乡镇企业的经营管理制度

我国的乡镇企业依法实行独立核算、自主经营、自负盈亏。具有企业法人资格的乡镇企业依法享有法人财产权。

乡镇企业依法实行民主管理,投资者在确定企业经营管理制度和企业负责人作出重大经营决策和决定职工工资、生活福利、劳动保护、劳动安全等重大问题时,应当听取本企业工会或者职工的意见,实施情况要定期向职工公布,接受职工监督。

乡镇企业从税后利润中提取一定比例的资金,用于支援农村和农村社会性支出,其比例和管理使用办法由省、自治区、直辖市人民政府决定。县级以上人民政府依照国家有关规定可以设立乡镇企业发展基金。基金由下列资金组成:

(1) 政府拨付的用于乡镇企业发展的周转金;
(2) 乡镇企业每年上缴地方税金增长部分中一定比例的资金;
(3) 基金运用产生的收益;
(4) 农村集体经济组织、乡镇企业、农民等自愿提供的资金。

乡镇企业发展基金专门用于扶持乡镇企业发展,其适用范围如下:

(1) 支持少数民族地区、边远地区和贫困地区发展乡镇企业;
(2) 支持经济欠发达地区、少数民族地区与经济发达地区的乡镇企业间进行经济技术合作和举办合资项目;
(3) 支持乡镇企业按照国家产业政策调整产业结构和产品结构;
(4) 支持乡镇企业进行技术改造、开发名特优新产品和生产传统手工产品;
(5) 发展农用生产资料,或者直接为农业生产服务的乡镇企业;
(6) 发展从事粮食、饲料、肉类的加工、贮存、运销经营的乡镇企业;
(7) 支持乡镇企业职工的职业教育和技术培训;
(8) 其他需要扶持的项目。

乡镇企业发展基金的设立和使用办法由国务院规定。

国家还鼓励乡镇企业开展对外经济技术合作与交流,建设出口产品生产基地,增加出口创汇。对于具备条件的乡镇企业依法经批准可以取得对外贸易经营权。

乡镇企业应当按照市场需要和国家产业政策,合理调整产业结构和产品结构,加强技术改造,不断采用先进的技术、生产工艺和设备,提高企业经营管理水平。

乡镇企业应当按照国家有关规定,建立财务会计制度,加强财务管理,依法设置会计账册,如实记录财务活动。

第四节 乡镇企业应遵守的法律及其法律责任的规定

一、乡镇企业应遵守的有关经济法律规定

举办乡镇企业,其建设用地符合土地利用总体规划,严格控制、合理利用和节约使用土地,凡有荒地、劣地可以利用的,不得占有耕地、好地。举办乡镇企业使用农村集体所有的土地,应当依照法律、法规的规定,办理有关用地批准手续和土地登记手续。乡镇企业使用农村集体所有的土地,连续闲置 2 年以上或者因停办闲置 1 年以上的,应当由原土地所有者收回该土地使用权,重新安排使用。

乡镇企业应当依法合理开发和使用自然资源。乡镇企业从事矿产资源开采,必须依照有关部门批准,取得采矿许可证、生产许可证,实行正规作业,防止资源浪费,严禁破坏资源。

乡镇企业必须按照国家统计制度,如实报送统计资料。对于违反国家规定制定的统计调查报表,乡镇企业有权拒绝填报。

乡镇企业应当依法办理税务登记,按期进行纳税申报,足额缴纳税款。各级人民政府应当依法加强乡镇企业的税收管理工作。有关管理部门不得超越管理权限对乡镇企业减免税。

乡镇企业应加强产品质量管理,努力提高产品质量;生产和销售的产品必须符合保障人体健康、人身、财产安全的国家标准和行业标准;不得生产、销售失效、变质产品和国家明令淘汰的产品;不得在产品中掺杂、掺假、以假充真、以次充好。

乡镇企业应当依法使用商标,重视企业信誉;按照国家规定,制定所生产经营的商品标识,不得伪造产品的产地或者伪造、冒用他人厂名、厂址和认证标志、名优标志。

乡镇企业必须遵守有关环境保护的法律、法规,按照国家产业政策,在当地人民政府的统一指导下,采取措施,积极发展无污染、少污染和低资源消耗的企业,切实防治环境污染和生态破坏,保护和改善环境。

地方人民政府应当制定和实施乡镇企业环境保护规划,提高乡镇企业防治污染的能力。

二、法律责任的规定

乡镇企业不得采用或者使用国家明令禁止的严重污染环境的生产工艺和设备;不得生产和经营国家明令禁止的严重污染环境的产品。排放污染物超过国家或者地方规定标准、严重污染环境的,必须限期治理,逾期未完成治理任务的,依法关闭、停产或者转产。

乡镇企业违反国家产品质量、环境保护、土地管理、自然资源开发、劳动安全、税收及其他有关法律、法规的,除依照有关法律、法规处理外,在其改正之前,应当根据

情节轻重停止其享受本法规定的部分或者全部优惠。

乡镇企业违反乡镇企业法的规定,不承担支援农业义务的,由乡镇企业行政管理部门责令改正,在其改正之前,可以停止其享受本法规定的部分或者全部优惠。

第五节 关于城镇集体所有制企业的规定

一、城镇集体所有制企业的概念和原则

（一）城镇集体所有制企业的概念

国家为了扶持和指导以及保障城镇集体经济的健康发展,1991年9月9日,国务院颁布了《中华人民共和国城镇集体所有制企业条例》(以下简称《城镇集体企业条例》),条例第4条明确规定:城镇集体所有制企业(以下简称集体企业)是财产属于劳动群众集体所有、实行共同劳动、在分配上以按劳分配为主体的社会主义经济组织。

属于劳动群众集体所有是指属于本集体企业的劳动群众集体所有;或属于集体企业的联合经济组织范围内的劳动群众集体所有;或属于两个或两个以上的集体企业投资者。

（二）城镇集体企业应遵循的原则

《城镇集体企业条例》规定:"集体企业应当遵循的原则是:自愿组合、自筹资金、独立核算、自负盈亏,自主经营、民主管理,集体积累、自主支配,按劳分配,入股分红。"

集体企业应当发扬艰苦奋斗、勤俭建国的精神,走互助合作,共同富裕的道路。

二、城镇集体企业的设立、变更和终止

（一）城镇集体企业的设立条件、审批和登记

（1）城镇集体企业的申请设立必须具备下列条件:有企业名称、组织机构和企业章程;有固定的生产经营场所、必要的设施并符合规定的安全卫生条件;有符合国家规定并与其生产经营和服务规模相适应的资金数额和从业人员;有明确的经营范围;能够独立承担民事责任;法律、法规规定的其他条件。

（2）设立这类集体企业应当经省级人民政府的审批部门批准,并依法经工商行政管理机关核准登记,领取《企业法人营业执照》,取得法人资格后,方得开始生产经营活动。

（二）城镇集体企业的变更和终止

集体企业的合并、分立、停业、迁移或者主要登记事项的变更,必须符合国家的有关规定,由企业提出申请,报经原审批部门批准,依法向原登记机关办理变更登记。合并、分立前的集体企业的权利和义务,由合并、分立后的法人享有和承担。

集体企业因下列原因之一而终止:企业无法继续经营而申请解散,经原审批部门

批准;依法被撤销;依法宣告破产;其他原因。

集体企业终止的,应当依法清算企业的财产。企业财产清算后的剩余财产,必须按法定办法处理。集体企业终止,必须依法办理注销登记并公告。

三、城镇集体企业的权利和义务

(一)城镇集体企业权利的主要内容

(1)财产所有权。企业对其全部财产享有占有、使用、收益和处分的权利,有权拒绝任何形式的平调。

(2)生产经营方面的权利包括:生产经营自主权;定价权;外贸权;贷款申请权;联营投资权。

(3)享受优惠权。企业有权享受国家法律、法规和政策规定给予集体企业的各种优惠待遇。

(4)劳动人事管理权。企业有权依照国家规定确定适合本企业情况的经济责任制形式、工资形式和奖金、分红办法;有权按照国家规定决定本企业的机构设置、人员编制、劳动组织形式和用工办法,录用和辞退职工;有权依法奖惩职工。

(二)城镇集体企业义务的主要内容

(1)企业对国家的义务包括:遵守法律、法规的义务;依法缴纳税金和费用的义务;加强财务管理、接受审计监督的义务。

(2)企业对社会的义务包括:保证产品质量和服务质量,对用户和消费者负责的义务;依法履行合同的义务;保护环境的义务。企业应当落实环境保护措施,防止污染和破坏环境。

(3)企业对职工的义务包括:维护职工合法权益,尊重职工的民主管理权利,改善劳动条件,搞好计划生育,提高职工物质文化生活水平;改善经营管理,推进技术进步,提高企业的经济效益;贯彻安全生产制度,落实劳动保护措施,作好企业的内部安全保卫工作;加强对职工的教育和技术业务培训,提高职工队伍素质。

四、城镇集体企业的内部管理制度

(一)城镇集体企业的职工(代表)大会

集体企业实行民主管理,必须建立、健全职工(代表)大会制度。

职工(代表)大会在法律、法规的规定范围内行使以下职权:制定、修改企业章程;按照国家规定选举、罢免、聘用、解聘厂长、副厂长;审议厂长提交的各项议案,决定企业经营管理的重大问题;审议并决定企业职工工资形式、工资调整方案、奖金和分红方案、职工住宅分配方案和其他有关职工生活福利的重大事项;审议并决定企业的职工奖惩办法和其他重要规章制度;法律、法规和企业章程规定的其他职权。

职工代表大会代表由职工选举产生。依照企业章程规定定期召开。

(二)城镇集体企业的厂长(经理)

集体企业实行厂长(经理)负责制。厂长对企业职工(代表)大会负责,是集体企业的法定代表人。

厂长由企业职工(代表)大会选举或者招聘产生。由集体企业联合经济组织投资开办的集体企业,厂长可以由该联合经济组织任免。投资主体多元化的集体企业,其中国家投资达到一定比例的,其厂长可以由上级管理机构按照国家有关规定的条件任免。

厂长在法律、法规的规定范围内行使下列职权:领导和组织企业日常生产经营和行政工作;主持编制并向职工(代表)大会提出企业的中长期发展规划、年度生产经营计划、固定资产投资方案;主持编制并向职工(代表)大会提出企业机构设置的方案,决定劳动组织的调整方案;按照国家规定任免或者聘任、解聘企业中层行政领导干部,但法律、法规另有规定的,服从其规定;提出企业年度财政预算、决算方案和利润分配方案以及企业的经济责任制、工资调整、劳动保护等方案、奖惩办法和其他重要的规章制度;奖惩职工;遇到特殊情况时,提出召开职工(代表)大会的建议;企业章程规定的其他职权。

厂长有下列职责:贯彻执行党和国家的方针、政策,遵守国家的法律、法规,执行职工(代表)大会的决议;组织职工完成企业生产经营任务和各项经济技术指标,推进企业技术进步,提高经济效益,增强企业发展能力;严格遵守财经纪律,坚持民主理财,定期向职工公布财务账目;保护企业的合法权益和职工在企业内的正当权利;办好职工生活福利和逐步开展职工养老、待业等保险;组织落实安全卫生措施,实现安全文明生产;定期向本企业职工(代表)大会报告工作,听取意见,并接受监督;法律、法规和企业章程规定的其他职责。

第六节 关于乡村集体所有制企业的规定

一、乡村集体所有制企业的概念和任务

(一) 乡村集体所有制企业的概念

国家为了鼓励和扶持乡村集体所有制企业的健康发展,1990年6月3日,国务院颁布了《中华人民共和国乡村集体所有制企业条例》(以下简称《乡村集体企业条例》),乡村集体所有制企业是我国社会主义公有制经济的组成部分。

乡村集体所有制企业(以下简称企业),是在乡村区域内设立的、以生产资料的劳动群众集体所有制为基础的、独立的商品经济组织。

乡村集体所有制企业实行自主经营,独立核算,自负盈亏;实行多种形式的经营责任制,企业可以在不改变集体所有制性质的前提下,吸收投资入股。

(二) 乡村集体所有制企业的任务

乡村集体所有制企业的主要任务是:发展商品生产和服务业,满足社会日益增长的物质和文化生活的需要;调整农村产业结构,合理利用农村劳动力;支援农业生产和农村建设,增加国家财政和农民的收入;积极发展出口创汇生产;为大工业配套和

服务。

乡村集体所有制企业的设立、变更、终止以及权利和义务的规定与城镇集体所有制企业的规定相类似,其详细内容参见《乡村集体企业条例》,此处不再赘述。

二、乡村集体所有制企业的内部领导制度

企业的财产所有者有权依法决定企业的经营方向、经营形式、厂长(经理)人选或者选聘方式,依法决定企业税后利润在其与企业之间的具体分配比例,有权作出关于企业分立、合并、迁移、停业、终止、申请破产等决议。企业所有者应当为企业的生产、供应、销售提供服务,并尊重企业的自主权。

实行承包或者租赁制的企业,企业所有者应当采取公开招标方式确定经营者,不具备条件的,也可以采取招聘、推荐等方式选用经营者。

第十一章 私营企业、合伙企业和个人独资企业的规定

私营企业、合伙企业、个人独资企业是我国公民个人出资经营的经济实体,是现代企业制度的特别形式,其资产属公民个人所有,这是它们与全民所有制企业、集体所有制企业、外商投资企业的主要区别所在。这些年来,我国私营企业和合伙企业、个人独资企业有了相当的发展,它们对于繁荣社会主义市场经济、扩大消费和就业所起的积极的重要作用,已被人们所公认。由于这类经济主体之间有一定联系和共同之处,所以把它们放在一起在本章中加以阐述讨论。

第一节 关于私营企业的规定

一、私营企业的概念和法律特征

(一)私营企业的概念

私营企业是指企业资产属于私人所有、雇工8人以上的营利性的经济组织。私人企业法是调整私人企业的设立和退出、权利和义务的法律规范的总称。

(二)私营企业的法律特征

私营企业具有以下基本特征:(1)私营企业是营利性的经济组织。私营企业是经济组织,按照价值规律的要求,独立从事商品经济活动,以营利为目的。(2)私营企业中存在着雇佣劳动关系。私营企业有雇工8人以上,企业投资者即企业主同工人的关系,是雇佣劳动的关系。(3)私营企业资产属于私人所有。私营企业的资产是由私人投资形成的,属于私人所有。

(三)有关私营企业的法律规范

私营企业必须在国家法律、法规和政策规定的范围内从事经营活动。

1999年3月15日第九届全国人民代表大会第二次会议通过的《中华人民共和国宪法修正案》规定:"在法律规定的范围内的个体经济、私营经济等非公有制经济,是社会主义市场经济的重要组成部分。国家保护个体经济、私营经济的合法的权利和利益。国家对个体经济、私营经济实行引导、监督和管理。"这是我国对私营企业基本政策在法律上的体现。1988年6月,国务院发布了《中华人民共和国私营企业暂行条例》(以下简称《条例》)。该《条例》分为总则、私营企业的种类、私营企业的开办和关闭、私营企业的权利和义务、私营企业的劳动管理、私营企业的财务和税收、监督与处罚、附则等八章,共48条。1989年1月,国家工商行政管理局发布了《中华人民共和国私营企业暂行条例施行办法》(以下简称《施行办法》),共39条。这部《条例》及其《施行办法》是有关私营企业的重要法规。

二、私营企业的种类

我国私营企业分为独资企业、合伙企业和有限责任公司三种。

(一) 私营独资企业

独资企业是指1人投资经营的企业。其特点是:(1) 投资者仅为1个自然人;(2) 独资企业不取得法人资格,独资企业投资者对企业债务负无限责任。

(二) 私营合伙企业

合伙企业是指2人以上按照协议投资、共同经营、共负盈亏的企业。其特点是:(1) 投资者为2个以上资产独立的投资主体;(2) 全体合伙人共同经营,相互间存在代理关系;(3) 合伙企业赖以存在的法律基础是合伙协议,合伙人依合伙协议投资、经营、分享盈余和负担债务,合伙协议必须为书面形式;(4) 合伙企业不取得法人资格,合伙人对企业债务负连带无限责任。

(三) 私营有限责任公司

有限责任公司是指投资者以其出资额对公司负责,公司以其全部资产对公司债务承担责任的企业。其特点是:

(1) 私营有限责任公司必须符合我国《公司法》关于有限责任公司的规定。

(2) 私营有限责任公司必须符合《私营企业暂行条例》关于有限责任公司的规定:公司名称标明有限责任公司或者有限公司的字样;有符合《条例》规定的公司章程;投资者为2人以上30人以下;投资者超过30人的,应当向工商行政管理机关作专项申报,经同意后始得办理登记;注册资金取得合法的验资证明;投资者转让出资应当取得其他投资者的同意,投资者为3人以上的,需要取得半数以上的投资者的同意;不得减少注册资金;不得向社会发行股票。

(3) 有限责任公司依法取得法人资格。

三、私营企业的设立、变更和终止

(一) 申请开办私营企业应当具备的条件

(1) 与生产经营和服务规模相适应的资金和从业人员;

(2) 固定的经营场所和必要的设施;

(3) 符合国家法律、法规和政策规定的经营范围。

(二) 开业登记

申请开办私营企业,必须持有关证件,向企业所在地工商行政管理机关办理登记,经核准发给营业执照后,始得营业。

工商行政管理机关自受理申请之日起30日内作出审核决定。符合条件的,核准登记,发给营业执照;不符合条件的,不予登记,并应当书面通知申请人。

(三) 私营企业的变更

私营企业分立、合并、转让、迁移以及改变经营范围等主要登记事项的,应当向工商行政管理机关办理变更登记或重新登记。

（四）私营企业的终止

私营企业歇业，应当进行财产清算，偿还债务。在距歇业 30 日前，应向工商行政管理机关提出申请，经核准后办理注销登记。

私营企业破产，应当依法进行破产清算，偿还债务，注销登记。

四、私营企业的权利和义务

（一）私营企业的权利

私营企业作为独立的市场主体，依法享有权利，受法律保护，任何个人、组织或国家机关不得侵犯。这些权利主要有：

（1）财产所有权。私营企业投资者对其财产依法享有所有权，其财产可以依法继承。

（2）自主经营权。私营企业在核准登记的范围内，自主经营；有权与其他企事业单位订立合同；有权按国家有关规定，制订企业商品价格和收费标准；对企业税后利润，在偿还贷款和留足必要的生产发展基金后，有权自主决定其分配和使用；有权拒绝来自各方面、各种形式的乱摊派；等等。

（3）人事劳动管理权。私营企业有权决定本企业的机构设置及人员编制；有权依法招用、辞退职工；有权决定本企业的工资制度。

（4）工业产权。工业产权是一种无形财产权，如私营企业拥有的发明创造专利权、注册商标专用权、专有技术转让权和企业名称专用权等。

（二）私营企业的义务

遵守国家法律、法规和政策；依法缴纳税金和费用；建立、健全企业的财务会计制度；作好劳动保护工作，实行劳动保险；支持企业工会工作；服从国家有关机关的监督管理。

五、国家对私营企业的监督管理

改革开放以来，私营企业的发展对于繁荣市场、丰富人民的物质文化生活起了积极作用，大部分私营企业能够诚实劳动、合法经营，为社会主义市场经济的发展作出贡献，成为我国社会主义市场经济的重要组成部分。但是，目前还有相当一些私营企业存在各种问题，主要体现在：扰乱正常的经济秩序；侵犯他人商标和专有名称，制造假冒伪劣产品；经营管理混乱，特别是财务制度混乱；偷税、漏税现象严重；违反劳动保护规定，劳动条件恶劣，招用童工，侵犯职工合法权益；掠夺性开采资源，严重破坏和污染环境；等等。因此，国家在保护私营经济的合法权利和利益的同时要对私营经济进行引导、监督、管理，其含义是，严格依照法律、法规和国家政策规定，对私营企业，不该管的不要管，绝不允许任何国家机关、组织和个人侵犯私营企业的合法权益；该管的不仅要管，而且要管住、管好。

（一）工商行政管理机关的监督管理

工商行政管理机关应当加强对私营企业的监督管理，保护合法经营，查处违法经营活动。

工商行政管理机关对私营企业履行下列管理职责:(1)办理开业登记、变更登记、重新登记、注销登记;(2)监督私营企业依照登记事项和核准的经营范围从事生产经营活动;(3)制止和查处私营企业的违法经营活动;(4)保护私营企业的合法经营,制止对私营企业的摊派;(5)指导私营企业协会的工作;(6)国家授予的其他管理职责。

(二)其他国家机关对私营企业的监督管理

国家的财政税务机关、金融机关、物价管理机关、技术监督机关、商标管理机关、劳动管理机关、环保管理机关等职能部门,应当按照各自的分工,加强和改善对私营企业的财务、税收、金融、价格、标准化、计量、质量、商标、劳动、环境保护等方面的管理,监督私营企业贯彻执行有关法律、法规。

国家的工业、矿山资源、建筑、交通运输、商业、能源等行业主管部门,应当在各自的职责范围内,对私营企业的生产经营活动进行业务指导、帮助和管理,监督私营企业依法经营。

第二节 关于合伙企业的法律规定

我国《民法通则》对个人合伙作了原则规定,《私营企业暂行条例》第6条、第8条也对合伙企业的概念和特征作了简单的规定。对于现实生活中不断增加的大量合伙企业,需要具有可操作性的具体法规进行调整。因此,1997年2月23日,第八届全国人大常委会第二十四次会议通过了《中华人民共和国合伙企业法》,自1997年8月1日起施行。合伙企业是"古老"而又生命力很强的、简便而又富有适应性的市场主体。为了规范合伙企业在市场经济中的主体地位和行为,保护合伙企业及其合伙人、债权人的合法权益,维护社会经济秩序,于2006年8月27日第十届全国人大常委会第二十三次会议通过了《关于修订〈中华人民共和国合伙企业法〉的决定》,并于2007年6月1日起施行。该法共分总则、普通合伙企业(合伙企业设立、合伙企业财产、合伙事务执行、合伙企业与第三人关系、入伙、退伙、特殊的普通合伙企业)、有限合伙企业、合伙企业解散与清算、法律责任、附则等6章109条。此次修订主要弥补了原合伙企业法对合伙企业范围狭小和合伙企业类别单一的不足,专门增添了有限合伙企业一章;明确了法人和其他组织可以成为合伙人;确定对合伙企业不征所得税。合伙企业的生产经营所得,向合伙人分配后,由合伙人依法缴纳所得税。

一、合伙企业和合伙企业法的概念、活动原则及法律特征

(一)合伙企业和合伙企业法的概念

合伙企业是指自然人、法人和其他组织依照我国合伙企业法在中国境内设立的普通合伙企业和有限合伙企业。

普通合伙企业由普通合伙人组成,合伙人对合伙企业债务承担无限连带责任。

我国合伙企业法对普通合伙人承担责任的形式有特别规定的,从其规定。

有限合伙企业由普通合伙人和有限合伙人组成,普通合伙人对合伙企业债务承担无限连带责任,有限合伙人以其认缴的出资额为限对合伙企业债务承担责任。

合伙企业法是调整合伙企业关系的法律规范的总称,具体包括合伙企业的主体范围(自然人、法人、其他组织)、类别(普通合伙、有限合伙、普通特殊合伙)、活动原则、登记设立、经营管理、解散清算、法律责任等方面的内容。

(二)合伙企业法的活动原则和法律特征

(1)合伙企业为契约式联合企业。合伙企业是根据合伙共同签订的契约(协议)而成立的企业组织形态,因此,该法规定"合伙协议依法由全体合伙人协商一致、以书面形式订立"。合伙协定既是合伙企业设立的法律依据,又是调整合伙企业内部关系的基本文件。

(2)设立合伙企业,应当遵循自愿、平等、公平、诚实信用原则。

(3)合伙企业的生产经营所得和其他所得,按照国家有关税收规定,由合伙人分别缴纳所得税。

(4)合伙企业及其合伙人必须遵守法律、行政法规,遵守社会公德、商业道德,承担社会责任。

(5)合伙企业及其合伙人的合法财产及其权益受法律保护。

二、普通合伙企业的设立、出资、财产、事务执行的规定

(一)普通合伙企业的设立

申请设立合伙企业,应当向企业登记机关提交按规定的材料,若涉及经营范围中有属于法律、法规限定批准的事项的,还应当依法经过批准,并在登记时提交批准文件。申请人提交的登记申请材料齐全、符合法定形式,企业登记机关能够当场登记的,应予当场登记,发给营业执照。不能当场登记的申请,企业登记机关应当在规定的时间内,作出是否登记的决定。予以登记的,发给营业执照;不予登记的,应当给予书面答复,并说明理由。合伙企业的营业执照签发日期,为合伙企业成立日期。合伙企业领取营业执照前,合伙人不得以合伙企业名义从事合伙业务。

设立普通合伙企业应当具备以下条件:具有两个以上合伙人;有书面合伙协议;有合伙人认缴或者实际缴付的出资;有合伙企业的名称和生产经营场所;法律、行政法规规定的其他条件。合伙人为自然人的,应当具有完全民事行为能力。但法律规定国有独资公司、国有企业、上市公司以及公益性的事业单位、社会团体不得成为普通合伙人。

(二)普通合伙企业设立出资、财产和事务执行

(1)为了便于合伙人的合伙出资方便,该法规定了如下的多种出资形式。如合伙人可以用货币、实物、知识产权、土地使用权或者其他财产权利出资,也可以用劳务出资。合伙人以实物、知识产权、土地使用权或其他财产权利出资,需要评估作价的,可以由全体合伙人协商确定,也可以由全体合伙人委托法定评估机构评估。合伙人

以劳务出资的,其评估办法由全体合伙人协商确定,并在合伙协议中载明。以非货币财产出资的,依照法律、行政法规的规定,需要办理产权转移手续的,应当依法办理。

(2) 合伙协议的概念、内容、生效和履行。合伙协议除该法规定应当记载的事项外[①],合伙协议经全体合伙人签名、盖章后生效。合伙人按照合伙协议享有权利,履行义务。除合伙协议另有约定的外,修改或者补充合伙协议,应当经全体合伙人一致同意;合伙协议未约定或者约定不明确的事项,由合伙人协商决定;协商不成的,依照《合伙企业法》和其他有关法律、行政法规的规定处理。

(3) 普通合伙企业的财产。所谓合伙企业财产,是指包括合伙人的出资、以合伙企业名义取得的收益和依法取得的其他财产。除该法另有规定的除外,合伙人在合伙企业清算前,不得请求分割合伙企业的财产;合伙人向合伙人以外的人转让其在合伙企业中的全部或者部分财产份额时,须经其他合伙人一致同意。合伙人向合伙人以外的人转让其在合伙企业中的财产份额的,在同等条件下,其他合伙人有优先购买权。合伙人以外的人依法受让合伙人在合伙企业中的财产份额的,经修改合伙协议即成为合伙企业的合伙人。合伙人以其在合伙企业中的财产份额出质的,须经其他合伙人一致同意。合伙企业应当依照法律、行政法规的规定建立企业财务、会计制度。

(4) 普通合伙企业事务执行。所谓合伙事务执行是指,合伙企业可以委托一个或者数个合伙人对外有权代表合伙企业,执行合伙事务。按照法律规定,合伙人对执行合伙事务享有同等权利。我国《合伙企业法》还规定了合伙执行人和合伙人的权限和职责。

第一,合伙执行人的产生和职责。按照合伙协议约定或者经全体合伙人决定,执行事务合伙人应当定期向其他合伙人报告事务执行情况以及经营和财务状况,其执行合伙事务所产生的收益归合伙企业,所产生的费用和亏损由合伙企业承担。合伙人分别执行合伙事务的,执行事务合伙人有权可以对其他合伙人执行的事务提出异议。

第二,依照法律规定,委托一个或者数个合伙人执行合伙事务的,其他合伙人不再执行合伙事务。不执行合伙事务的合伙人有权监督执行事务合伙人执行合伙事务的情况。

第三,合伙人对合伙企业有关事项作出决议,按照合伙协议约定的表决办法办理。

第四,在合伙事务执行过程中,合伙企业遇有重大事项的变更应当经全体合伙人一致同意。

第五,合伙人不得自营或者同他人合作经营与本合伙企业相竞争的业务,不得同本合伙企业进行交易,不得从事损害本合伙企业利益的活动。

第六,合伙企业的利润分配、亏损分担,按照合伙协议的约定办理;合伙协议未约

---

① 我国《合伙企业法》第18条规定了合伙协议应当载明的事项。

定或者约定不明确的,由合伙人协商决定;协商不成的,由合伙人按照实缴出资比例分配、分担;无法确定出资比例的,由合伙人平均分配、分担。合伙人按照合伙协议的约定或者经全体合伙人决定,可以增加或者减少对合伙企业的出资。

第七,被聘人员的职责。被聘任的合伙企业的经营管理人员应当在合伙企业授权范围内履行职务。

(三)合伙企业与第三人关系

(1)合伙企业对合伙人执行合伙事务以及对外代表合伙企业权利的限制,不得对抗善意第三人。所谓合伙企业第三人,即民事诉讼中的第三人,也就是指在已经开始诉讼中,对他人之间的诉讼标的,具有全部的或部分的独立请求权,或者虽然不具有独立请求权,但案件的处理结果与其有法律上的利害关系的人。

(2)合伙企业对其债务,应先以其全部财产进行清偿。合伙企业不能清偿到期债务的,合伙人承担无限连带责任。合伙人由于承担无限连带责任,清偿数额超过该法规定的其亏损分担比例的,有权向其他合伙人追偿。

(3)合伙人发生与该合伙企业无关的债务,相关债权人不得以其债权抵销其对该合伙企业的债务;也不得代位行使合伙人在该合伙企业中的权利。

(4)合伙人的自有财产不足清偿其与合伙企业无关的债务的,该合伙人可以以其从合伙企业中分取的收益用于清偿;债权人也可以依法请求人民法院强制执行该合伙人在合伙企业中的财产份额用于清偿。人民法院强制执行合伙人的财产份额时,应当通知全体合伙人,其他合伙人有优先购买权;其他合伙人未购买,又不同意将该财产份额转让给他人的,依照该法退伙人退伙的规定为该合伙人办理退伙结算,或者办理削减该合伙人相应财产份额的结算。

(四)普通合伙企业入伙、退伙的规定

(1)新合伙人入伙,应当经全体合伙人一致同意,并依法订立书面入伙协议。新入伙人与原合伙人享有同等权利,承担同等责任。新入伙人对入伙前合伙企业的债务承担无限连带责任。

(2)合伙企业退伙按其发生的原因:一是自愿退伙,即合伙人自主决定提出退伙。二是当然退伙。即出现行法律规定的事由出现致使合伙人当然丧失合伙人资格,而退出合伙。如个人丧失偿债能力。三是除名退伙。即出现某些事由时,由其他合伙人一致同意将某一合伙人除名而使其退出合伙。如未履行出资义务

无论哪种原因引起的退伙,均应按退伙时的财产状况进行清算,退还合伙人的财税份额。退伙时如合伙企业财产少于合伙企业债务的,退伙人应按约定的比例退还。退伙人对给合伙企业造成的损失负有赔偿责任的,相应扣减其应当赔偿的数额。

(五)特殊的普通合伙企业

普通合伙企业按照该法的规定有两种情况,一是一般的普通合伙企业,二是特殊的普通合伙企业。该法对一般的普通合伙企业的法律制度的规定包括,合伙企业设立制度、合伙事务执行制度和入伙、退伙制度。而特殊的普通企合伙企业在法律的适用上与一般的普通合伙企业有许多相同之点,也就是说是适用一般的普通合伙企业

的规定。

所谓特殊的普通合伙企业,是指以专业知识和专门技能为客户提供有偿服务的专业服务机构。

特殊的普通合伙企业是指按法律的有关规定,"一个合伙人或者数个合伙人在执业活动中因故意或者重大过失造成合伙企业债务的,应当承担无限责任或者无限连带责任,其他合伙人以其在合伙企业中的财产份额为限承担责任"的普通合伙企业。

特殊的普通合伙企业的法律适用,除了作出上述对特殊的普通合伙企业的定义,还对其承担的责任、建立执行风险基金等作出了特别规定。例如,规定合伙人在执业活动中非因故意或者重大过失造成的合伙企业债务以及合伙企业的其他债务,由全体合伙人承担无限连带责任。又如,合伙人执业活动中因故意或者重大过失造成的合伙企业债务,以合伙企业财产对外承担责任后,该合伙人应当按照合伙协议的约定对给合伙企业造成的损失承担赔偿责任。特殊的普通合伙企业应当建立执业风险基金、办理职业保险。执业风险基金用于偿付合伙人执业活动造成的债务。执业风险基金应当单独立户管理。

三、有限合伙企业的有关规定

有限合伙企业及其合伙人法律适用问题,除了上面的有关规定外,主要还有以下内容:

(1)有限合伙企业设立应具备的条件中,特别强调有限合伙企业由2个以上50个以下合伙人设立;同时至少应当有一个普通合伙人参加。

(2)有限合伙协议的载明事项特别强调,执行事务合伙人应具备的条件和选择程序;执行事务合伙人权限与违约处理办法;执行事务合伙人的除名条件与更换程序;有限合伙人入伙、退伙的条件、程序以及相关责任;有限合伙人和普通合伙人相互转变程序。

(3)有限合伙企业的出资和普通合伙企业出资所不同的是,不得以劳务出资。并且应当按照合伙协议的约定按期足额缴纳出资。

(4)有限合伙企业的登记事项中,强调应当载明有限合伙人的姓名或者名称及认缴的出资数额。

(5)对有限合伙企业的执行事务,规定应由普通合伙人执行合伙事务。执行事务合伙人可以要求在合伙协议中确定执行事务的报酬及报酬提取方式。有限合伙人不执行合伙事务,不得对外代表有限合伙企业。有限合伙人法律规定的有关行为,不得视为执行合伙事务。

(6)有限合伙企业合伙人与普通合伙企业合伙人的活动相比,有限合伙人的自由权限和活动放宽了。如合伙协议另有约定的除外。有限合伙人可以同本有限合伙企业进行交易;可以自营或者同他人合作经营与本有限合伙企业相竞争的业务;可以将其在有限合伙企业中的财产份额出质;可以按照合伙协议的约定向合伙人以外的人转让其在有限合伙企业中的财产份额。但同样还规定,第三人有理由相信有限合伙人为普通合伙人并与其交易的,该有限合伙人对该笔交易承担与普通合伙人同样的责任。有限合伙人未经授权以有限合伙企业名义与他人进行交易,而造成损失的,该有限合伙人应当承担赔偿责任。

(7) 有限合伙企业的债务清偿。有限合伙人的自有财产不足清偿其与合伙企业无关的债务的,该合伙人可以以其从有限合伙企业中分取的收益用于清偿;债权人也可以依法请求人民法院强制执行该合伙人在有限合伙企业中的财产份额用于清偿。人民法院强制执行有限合伙人的财产份额时,应当通知全体合伙人。在同等条件下,其他合伙人有优先购买权。

(8) 有限合伙企业有关入伙与退伙的规定。

第一,新入伙的有限合伙人对入伙前有限合伙企业的债务,以其认缴的出资额为限承担责任。

第二,有限合伙人有法律规定的情形,如自然人死亡或被宣告死亡,被吊销营业执照、责令关闭、撤销或被宣告破产,合伙人在合伙企业中的全部财产额被人民法院强制执行的情形之一者,当然退伙。

第三,作为有限合伙人的自然人在有限合伙企业存续期间丧失民事行为能力的,其他合伙人不得因此要求其退伙。

第四,作为有限合伙人的自然人死亡、被依法宣告死亡或者作为有限合伙人的法人及其他组织终止时,其继承人或者权利承受人可以依法取得该有限合伙人在有限合伙企业中的资格。

第五,有限合伙人退伙后,对基于其退伙前的原因发生的有限合伙企业债务,以其退伙时从有限合伙企业中取回的财产承担责任。

(9) 有限合伙人与普通合伙人的相互转化及其债务关系的处理。普通合伙人转变为有限合伙人,或者有限合伙人转变为普通合伙人,应当经全体合伙人一致同意;有限合伙人转变为普通合伙人的,对其作为有限合伙人期间有限合伙企业发生的债务承担无限连带责任;普通合伙人转变为有限合伙人的,对其作为普通合伙人期间合伙企业发生的债务承担无限连带责任。

四、合伙企业解散和清算

(一) 合伙企业解散的概念和条件

合伙企业解散是指合伙企业的散伙、解除、消失。

我国《合伙企业法》规定,合伙企业有下列情形之一的,应当解散:(1) 合伙期限届满,合伙人决定不再经营;(2) 合伙协议约定的解散事由出现;(3) 全体合伙人决定解散;(4) 合伙人已不具备法定人数满30天;(5) 合伙协议约定的合伙目的已经实现或者无法实现;(6) 依法被吊销营业执照、责令关闭或者被撤销;(7) 法律、行政法规规定的其他原因(如有限合伙企业仅剩有限合伙人的,应当解散;有限合伙企业仅剩普通合伙人的,转为普通合伙企业)。

(二) 合伙企业清算的概念、清算人和清算的执行事项

合伙企业清算是指由清算人对被解散的企业或组织,依法进行债权、债务的清理

和分配活动。

合伙企业解散应当由清算人进行清算。清算人由全体合伙人担任,或经全体合伙人过半数同意,也可由解散的合伙企业指定一个或者数个合伙人,或者委托第三人,担任清算人。或还可以由解散合伙企业的合伙人或者其他利害关系人申请向法院指定清算人。

清算人在清算期间执行下列事务:(1)清理合伙企业财产,分别编制资产负债表和财产清单;(2)处理与清算有关的合伙企业未了结事务;(3)清缴所欠税款;(4)清理债权、债务;(5)处理合伙企业清偿债务后的剩余财产;(6)代表合伙企业参加诉讼或者仲裁活动。(7)清算人在规定的时间内,将合伙企业解散事项通知债权人①,应当对债权进行登记,并在报纸上公告。(8)清算人在清算结束后应当编制清算报告。

(三)对合伙企业财产清偿的顺序

合伙企业财产按支付清算费用和职工工资、社会保险费用、法定补偿金以及缴纳所欠税款、清偿债务的顺序进行。对其剩余的财产,按普通合伙企业的规定进行分配。

(四)合伙企业的注销登记

合伙企业不能清偿到期债务的,债权人可以依法向人民法院提出破产清算申请,也可以要求普通合伙人清偿。合伙企业依法被宣告破产的,普通合伙人对合伙企业债务仍应承担无限连带责任。清算期间,合伙企业存续,但不得开展与清算无关的经营活动;清算结束,对清算人应编制的清算报告,经全体合伙人签名、盖章后,在规定的时间内向企业登记机关报送清算报告,申请办理合伙企业注销登记。

合伙企业注销后,原普通合伙人对合伙企业存续期间的债务仍应承担无限连带责任。

五、合伙企业有关法律责任的规定

(1)合伙企业法对法律责任作了全面的规定,从法律责任主体看包括:合伙人的责任、合伙执行人的责任、清算人的责任、主管机关工作人员的责任、合伙企业的法律责任。

(2)从法律责任形式和内容看,包括:责令改正、责令限期改正、责令停止;罚款;赔偿责任;违约责任;行政处分责任;撤销企业登记责任;刑事责任。其中对造成损失的赔偿责任作了特别突出的规定,有6处提到赔偿责任,这是为了切实保护合伙企业和合伙人合法权益的需要。

(3)对合伙协议争议解决机制也有明确规定。合伙人违反合伙协议的,应当依法承担违约责任。合伙人履行合伙协议发生争议的,合伙人可以通过协商或者调解

---

① 债权人应当自接到清算人发出的通知书规定的时间内,向清算人申报债权。债权人申报债权,应当说明债权的有关事项,并提供证明材料。

解决。不愿通过协商、调解解决或者协商、调解不成的,可以按照合伙协议约定的仲裁条款或者事后达成的书面仲裁协议,向仲裁机构申请仲裁。合伙协议中未订立仲裁条款,事后又没有达成书面仲裁协议的,可以向人民法院起诉。

(4) 对违反法律规定,应当承担民事赔偿责任和缴纳罚款、罚金,其财产不足以同时支付的,先承担民事赔偿责任。

(5) 非企业专业服务机构依据有关法律采取合伙制的,其合伙人承担责任的形式可以适用我国《合伙企业法》关于特殊的普通合伙企业合伙人承担责任的规定。

第三节 关于个人独资企业的法律规定

为了规范个人独资企业的行为,保护个人独资企业投资人和债权人的合法权益,维护社会经济秩序,促进社会主义市场经济的发展,第九届全国人大常委会第十一次会议于1999年8月30日通过了《中华人民共和国个人独资企业法》,于2000年1月1日起施行。为了确认个人独资企业的经营资格,规范个人独资企业登记行为,国家工商行政管理局于2000年1月13日公布了《个人独资企业登记管理办法》,自公布之日起施行。

一、个人独资企业的概念与法律特征

根据我国《个人独资企业法》的规定:所谓个人独资企业,是指依照我国《个人独资企业法》在中国境内设立,由1个自然人投资,财产为投资人个人所有,投资人以其个人财产对企业债务承担无限责任的经营实体。简言之,就是由1个自然人单独投资并经营的企业。

个人独资企业具有以下法律特征:(1) 个人独资企业是1个自然人投资的企业形式。这同需要由2人以上的人共同投资设立的合伙企业与公司企业相区别,而且该投资人仅限于自然人,非自然人单独投资设立企业的在法律上均不是个人独资企业。(2) 个人独资企业的投资者对企业的所有事务享有绝对的支配权与控制权。(3) 个人独资企业的一切经营成果或后果由投资者单独享有或承担,即企业的资产、收益归其所有,亏损由其承担,投资人以其个人财产对企业债务承担无限责任。(4) 个人独资企业是非法人企业,企业只是自然人进行商业活动的特殊形态,投资人的人格与独资企业的人格并未分离,这是它同法人型企业的本质区别。

二、个人独资企业的设立

在我国,个人独资企业必须依《个人独资企业法》及其他有关法律规定设立。

设立个人独资企业应当具备下列条件:

(1) 投资人为1个自然人。法律、行政法规禁止从事营利性活动的人,如公务员,不得作为投资人申请设立个人独资企业。(2) 有合法的企业名称。即其名称中不得使用"有限"、"有限责任"或者"公司"字样。(3) 有投资人申报的出资。(4) 有

固定的生产经营场所和必要的生产经营条件。从事临时经营、季节性经营、流动经营和没有固定门面的摆摊经营,不得登记为个人独资企业。(5) 有必要的从业人员。

申请设立个人独资企业,应当由投资人或者其委托的代理人向个人独资企业所在地的工商行政管理机关申请设立登记。其登记事项包括:企业名称、企业住所、投资人姓名和居所、出资额和出资方式、经营范围及方式。投资人申请设立登记,应向登记机关提交下列文件:(1) 投资人签署的个人独资企业设立申请书;(2) 投资人身份证明;(3) 企业住所证明;(4) 国家工商行政管理局规定提交的其他文件。委托代理人申请设立登记的,应当出具投资人的委托书和代理人的身份证明或者资格证明。

个人独资企业不得从事法律、行政法规禁止经营的业务;从事法律、行政法规规定必须报经有关部门审批的业务,应当在申请设立登记时提交有关部门的批准文件。

投资人可以以货币出资,也可以采取实物、土地使用权、知识产权或其他财产权利作价出资。投资人申报的出资额应当与企业的生产经营规模相适应。至于出资方式,投资人可以以个人财产出资,也可以以家庭共有财产作为个人出资,对后者投资人应当在设立登记申请书上予以注明。

登记机关应当在收到设立申请文件之日起 15 日内作出核准登记或不予登记之决定。予以核准的,发给营业执照;不予核准的,发给企业登记驳回通知书,说明理由。

个人独资企业营业执照签发之日为个人独资企业成立日期,在此之前,投资人不得以个人独资企业名义从事经营活动。独资企业要设立分支机构的,应在分支机构所在地的登记机关申请登记,领取营业执照。

三、个人独资企业投资人的权利与义务

个人独资企业投资人对企业的财产享有所有权,即可以依法占有、使用、受益、处分,对企业的生产经营活动有完全的决策权和控制权,其有关权利可以依法进行转让或继承。个人独资企业可以依法申请贷款,取得土地使用权,并享有法律、法规规定的其他权利。

相应地,个人独资企业投资人也承担一定的义务:(1) 应当依法设置会计账簿,进行会计核算;(2) 招用职工的,应依法与其签订劳动合同,保障职工的劳动安全,按时、足额发放职工工资;(3) 应当按国家规定参加社会保险,为职工缴纳社会保险费;(4) 依法纳税;(5) 个人独资企业应以个人财产对企业债务承担无限责任;如投资人在申请设立登记时明确以家庭共有财产作为个人出资的,应当依法以家庭共有财产对企业债务承担无限责任。

四、个人独资企业的事务管理

个人独资企业投资人可以自行管理企业事务,也可以委托或聘用其他有民事行为能力的人负责企业的事务管理。投资人委托或聘用他人管理个人独资企业事务,应当与受托人或者被聘用的人签订书面合同,明确委托的具体内容和授予的权利范

围。受托人或者被聘用的人员应当履行诚信、勤勉义务,按照与投资人签订的合同负责企业的事务管理,不得有下列行为:(1)利用职务上的便利,索取或者收受贿赂;(2)利用职务或者工作上的便利侵占企业财产;(3)挪用企业的资金归个人使用或者借贷给他人;(4)擅自将企业资金以个人名义或者以他人名义开立账户存储;(5)擅自以企业财产提供担保;(6)未经投资人同意,从事与本企业相竞争的业务;(7)未经投资人同意,同本企业订立合同或者进行交易;(8)未经投资人同意,擅自将企业商标或者其他知识产权转让给他人使用;(9)泄露本企业的商业秘密;(10)法律、行政法规禁止的其他行为。

投资人对受托管理人在正常经营中的行为有监督权,可以解除违反聘用合同或有其他违法行为者的职权,对于其正常履行职权带来的收益归投资人所有,如有损失由投资人承担。

投资人对受托人或者被聘用的人员职权的限制,不得对抗善意第三人。

五、个人独资企业的解散和清算

个人独资企业有下列情形之一时,应当解散:投资人决定解散;投资人死亡或者被宣告死亡,无继承人或者继承人决定放弃继承;被依法吊销营业执照;法律、行政法规规定的其他情形。

个人独资企业解散,由投资人自行清算或者由债权人申请人民法院指定清算人进行清算。投资人自行清算的,应当在清算前15日内书面通知债权人,无法通知的,应当予以公告。债权人应当在接到通知之日起30日内,未接到通知的应当在公告之日起60日内,向投资人申报其债权。在清算期间,个人独资企业不得开展与清算目的无关的经营活动。个人独资企业解散的,财产应按规定顺序清偿:(1)所欠职工工资和社会保险费用;(2)所欠税款;(3)其他债务。

在清偿债务之前,投资人不得转移、隐匿财产。个人独资企业财产不足以清偿债务的,投资人应当以其个人的其他财产予以清偿;假如投资人在申请设立登记时明确以家庭共有财产为个人出资的,应以家庭共有财产予以清偿。清算结束后,投资人或人民法院指定的清算人应当编制清算报告,并于15日内到登记机关办理注销登记。

个人独资企业解散后,原投资人对个人独资企业存续期间的债务仍应承担偿还责任,但债权人在5年内未向债务人提出清偿请求的,该责任消灭。

第十二章 外商投资企业法

第一节 我国外资引进的发展和政策规定

一、我国利用外资概况

(一) 新中国建立到改革开放以前我国利用外资情况

从新中国建立到党的十一届三中全会以前,我国利用外资的特点是数量少、规模小,以利用外方贷款的方式为主。20世纪50年代,我国通过政府贷款的方式引进外资,从苏联获得74亿旧卢布贷款,引进156项技术设备,用于"一五"时期重点建设。20世纪60年代以后,我国通过卖方信贷方式,从日本、西欧进口大批成套设备和技术,其中包括从日本进口维尼龙成套设备、13套大型化肥成套设备、4套大型化纤成套设备、武钢1.7米轧机、燕化、吉化成套设备等。1978年,我国以现汇支付的形式签订了22个引进项目,引进成套设备和技术达78亿美元,由于执行中超过国力,现汇支付困难,由中国银行借入75亿美元,利息损失较大。

(二) 改革开放后我国利用外资状况

党的十一届三中全会后,我国政府把对外开放确立为基本国策。这一时期我国利用外资的特点是:(1) 规模大、数量多;(2) 由利用贷款为主转向重点吸收直接投资;(3) 利用外资额一直呈增长趋势。例如,从1982年的124.57亿美元到1993年达389.60亿美元,1996年已达400多亿美元。截至2000年5月底,全国共有外商投资企业34.95万家,协议外资金额6323亿美元,实际利用外资金额3206亿美元,这不仅给我国带来了资金,而且还带来了外国的先进技术设备和管理经验[①]。

目前,我国的投资环境日益改善,投资领域不断拓宽,开放地区正在扩大,中国巨大的市场和蓬勃发展的经济吸引了大量的外国直接投资。据统计,截至1995年底,已注册的外商投资企业达23.4万户,比上年末增加2.8万户,其数量是1991年的6倍。1995年全年使用外资484亿美元,我国已经成为仅次于美国的全球第二大投资地。

1996年至2000年,我国累计吸收外商直接投资2134.8亿美元(实际到位资金额),比"八五"期间增长87%,年均吸收外资规模保持在400亿美元以上。自1993年以来,我国一直是吸收外商直接投资最多的发展中国家。

---

① 见《金融时报》2000年7月30日。

二、我国外资引进的政策

根据我国宪法规定,按照《我国国民经济和社会发展"九五"计划和2010年远景目标纲要》的规定与"十五"计划纲要的要求,未来的中国将坚定不移地实行对外开放政策,加快对外开放步伐,发展开放型经济,积极引进外来资金、技术和管理经验。利用外资的重点是吸收外国直接投资,在我国设立外商投资企业。具体而言,今后我国外资引进的政策是:

(一)扩大对外开放程度,提高对外开放水平,积极合理有效地利用外资的政策

今后要继续改善投资环境,拓宽领域,优化结构,增辟融资渠道,加强国内配套,扩大外商直接投资规模,提高利用外资水平。根据改革和发展的要求,扩大对外开放范围,逐步开放国内市场。扩大能源、交通等基础设施的对外开放,有步骤地开放金融、保险、商业、外贸等服务领域。我们吸收和利用外资的目的,就是发挥我国市场、资源和劳动力的比较优势,吸引外来资金和技术,促进我国社会生产力的发展,促进我国经济增长的质量和效益。

(二)逐步统一内外资企业政策,与国际通行规则相衔接,实行国民待遇的政策

国民待遇是指一国对外国的货物、人员、企业、商务活动,给予和本国货物、人员、企业、商务活动相同的待遇。目前,国民待遇原则主要用于国际贸易和国际投资领域。国际上东道国对外国投资者的待遇原则通常有不歧视待遇、最惠国待遇、国民待遇等几种。在国民待遇原则下,东道国允许外国投资者在本国有进行企业活动的自由,并给予与国内投资者同等的待遇。除国际法上公认的对国民待遇的合理的例外,如有关国防、自然资源开发及某些关键经济部门——无线电通信、国内及沿海航运、国内空运、土地矿业开发、水利电力开发等外,一般不加限制,外资进入有较大自由。国民待遇相对于不歧视待遇、最惠国待遇而言,是对外国投资者歧视最少的待遇原则。

我国过去外资政策的特点是:(1)内外资企业的差别待遇。三资企业充分享受投资决策权、进出口权、机构设置权、中层干部任免权、职工辞退权等自主经营权,而国有大中型企业的14项权利许多都没有落实;内资企业承担了很多的社会义务,富余人员多、技改任务重,而三资企业并不存在这方面的问题;三资企业享有高度的税收优惠,包括"两免三减"的定期优惠,特区和沿海开发区等的低税率、再投资退税、原料和设备进口免征关税,还享有在外汇管理上的优惠,这些内资企业都不享有。外资企业实际上是超国民待遇。(2)地区差别待遇。(3)我国对外资活动的规范,基本上是根据有关外资的专门法律,后者与内资适用的法律规范是分立的,这成为偏离国民待遇的一种法律表现。

我国实行如上的外资政策,目的是积极引进外资和国外的先进技术,提高创汇能力,平稳和改善国际收支,同时,尽量减少外资对民族工业的冲击。这一政策确实收到了明显的效果。但是,随着国内外经济环境的变化,也逐渐暴露出一些问题:(1)我国现行外资政策在某些方面有悖于国民待遇原则,这给我国实行进一步对外

开放、进入国际市场,带来了障碍。(2)导致内外资企业的不平等竞争。内资企业本来就包袱重,技术较落后,自主权少,三资企业又享有各种优惠,造成对民族工业的冲击。(3)导致地区差异扩大。较发达的沿海地区享受较优惠的外资政策,对内陆地区的优惠却较少,使我国的东西部地区差距呈扩大的趋势。这种政策不仅引起外商的不满,对国内的经济发展也存在消极的影响。(4)使政策结构复杂化。不同地区实行不同外资待遇,地区外资政策的多层次性、内外资分别立法等等做法,使外资政策复杂化,外商不易理解和把握我国的投资环境,客观上造成外商投资决策的拖延,不利于引进外资。

今后我国将对上述外资政策进行调整。包括:(1)向国际规则靠拢,逐步实行国民待遇原则,为我国进一步扩大对外开放、参与国际经济、引进外资创造条件。我国实行国民待遇政策,意味着:第一,继续扩大开放范围,开放国内市场;第二,对内外资企业一视同仁,将与世界上大部分国家一样,给外国投资者以国民待遇,使内外资企业在平等条件下进行市场竞争。(2)以产业政策取代地区政策,以统一的立法取代专门的外资法。

未来吸引外资,主要靠有吸引力的市场,靠优越的投资环境,靠健全的法制,靠高效的管理,而不能靠"让市场、让股份、让利润"的三让政策。

(三)对外商投资企业实行依法管理,积极引导的宏观调控政策

江泽民同志曾指出:"必须明确一个原则,就是利用外资的主动权一定要始终掌握在我们自己手里。"为此我们对外商投资企业要实行依法管理,积极引导的宏观调控政策。首先,要依法管理外商投资企业,保护中外投资者和职工的正当权益。对于外商投资企业,我们要坚持"法治"的原则,即外商投资企业要依法设立、依法经营;我国政府要对其依法管理、依法保护。"法治"不仅是公平合理地保护中外各方的合法权益,而且也是我们增加政府工作透明度,改善投资软环境的重要方面。要依照我国国情和国际经济活动的一般准则,制定和完善涉外经济法规,规范外商的投资经营活动,维护国家利益,弘扬社会主义精神文明。其次,引导外商参与国家鼓励的基本建设项目和现有企业的技术改造。重点是:农业综合开发和能源、交通、重要原材料的建设项目;拥有先进技术,能够改进产品性能、节能降耗和提高企业技术经济效益的技改项目;能够提高产品档次、扩大出口创汇的项目;能够综合利用资源、防治环境污染技术的项目。国家通过对外发布信息,加强引导。

第二节 中外合资经营企业的法律规定

一、中外合资经营企业的概念与立法概况

中外合资经营企业(以下简称中外合营企业),是指中国合营者与外国合营者依照中华人民共和国法律的规定,在中国境内共同投资、共同经营并按投资比例分享利润、分担风险及亏损的企业。

在中国境内登记设立的中外合营企业是中国法人,受中国法律的保护与管辖。我国《宪法》规定:"中华人民共和国允许外国的企业和其他经济组织或者个人依照中华人民共和国法律的规定在中国投资,同中国的企业或者其他经济组织进行各种形式的经济合作。在中国境内的外国企业和其他外国经济组织以及中外合资经营的企业,都必须遵守中华人民共和国的法律。它们的合法的权利和利益受中华人民共和国法律的保护。"1979年7月第五届全国人大第二次会议通过了《中华人民共和国中外合资经营企业法》,1990年4月第七届全国人大第三次会议对其进行了第一次修订。为了适应我国加入世贸组织的进程,建立符合国际惯例和规则的社会主义市场经济法律制度,第九届全国人大第四次会议于2001年3月14日又通过了《关于修改〈中华人民共和国中外合资经营企业法〉的决定》,其修改的内容包括:删除了关于自行解决外汇收支平衡的条款和关于企业所需原材料、燃料、配件等应尽先在中国购买的条款,修改了关于产品必须出口和关于企业生产计划备案的条款,以及为了与我国后来制定的《中外合作企业法》、《外资企业法》的规定协调一致,对现行《中外合资经营企业法》第6条第4款修改为:"合营企业职工的录用、辞退、报酬、福利、劳动保护、劳动保险等事项,应当依法通过订立合同加以规定。"对第8条第4款规定的"中国的保险公司"修改为"中国境内的保险公司"。对第9条的第1款、第2款合并为第1款,修改为:"合营企业在批准的经营范围内所需的原材料、燃料等物资,按照公平合理的原则,可以在国内市场或者在国际市场购买。"另外还增加了一条为:"合营企业的职工依法建立工会组织,开展工会活动,维护职工的合法权益。""合营企业应当为本企业工会提供必要的活动条件。"对第14条仅规定的"合营各方发生纠纷时可以通过仲裁方式解决"之后边,增加一款规定:"合营各方没有在合同中订有仲裁条款的或者事后没有达成书面仲裁协议的,可以向人民法院起诉。"原第15条规定:"本法修改权属于全国人民代表大会",但为了提高立法效率,修改为本法修改权属于全国人大常委会。这些都是为了满足WTO有关投资协议,不得对企业提出当地含量要求的非歧视原则,以及企业享有充分的自主权原则的要求,是为了使我国对三资企业的法律协调一致起来。我国《中外合资经营企业法》是我国关于中外合资经营企业的基本法律和法规。其他有关法规,例如,《中外合资经营企业合营各方出资的若干规定》、《中外合资经营企业劳动管理规定》、《中外合资经营企业合营期限暂行规定》、《中外合资经营企业会计制度》、《外商投资企业和外国企业所得税法》等,都是与中外合营企业须臾相关的重要法律和法规。

二、中外合营企业的设立与组织形式

(一)中外合营企业的设立条件

在中国境内设立的合资企业,应能促进中国经济的发展和科学技术水平的提高,符合下列一项或数项要求:(1)采用先进的技术设备和科学管理方法,能增加产品品种,提高产品质量和产量,节约能源和材料;(2)有利于企业技术改造,能作到投资少、见效快、收益大;(3)能扩大产品出口,增加外汇收入;(4)能培训技术人员和经营管理人员。国家计委、经贸委和外经贸部1995年发布了《指导外商投资方向暂行规定》和《外商投资产业指导目录》对外商投资项目分类为鼓励、允许、限制、禁止四类,这个目录将定期编制,适时修订,设立合资、独资企业必须遵守。以下项目禁止外商投资:(1)属于危害国家安全和损害社会公共利益的;(2)属于对环境造成污染损害,破坏自然资源或者损害人体健康的;(3)属于占用大量耕地,不利于保护开发土地资源,或者危害军事设施安全和使用效能的;(4)属于我国特有工艺和技术生产产品的;(5)属于国家法律、法规规定禁止的其他项目。

(二)中外合营企业的设立程序

(1)立项。合资中方向有关主管部门提交项目建议书和可行性研究报告,完成准备工作。有关部门批准后,各方才能正式进行谈判。

(2)洽谈订约。中外双方合营者在平等、公平、自愿的基础上谈判订立协议、合同及章程。

(3)审批。其一,审批机关一般是国务院对外经济贸易主管部门。具备一定条件的,国务院对外经济贸易主管部门可以委托有关省、自治区、直辖市政府和国务院有关部、局审批。其二,审批期限。自收到全部报送文件起3个月内决定批准或不批准。

(4)登记注册,核发营业执照。

(三)中外合营企业的组织形式

中外合资经营企业的组织形式为有限责任公司,经批准的,也可以设立股份有限公司。

三、中外合营企业的资本

(一)合营各方的出资

合营各方都可以用下列方式出资:(1)货币出资,外方投资的现金,必须是外汇管理局认可的外汇现金;(2)实物出资,即用建筑物、厂房、机器设备或其他物料作价出资;(3)用工业产权、专有技术、场地使用权等作价出资。

以实物、工业产权、专有技术作为出资的,其作价由合营各方按照公平合理的原则协商确定,或者聘请合营各方同意的第三者评定。如果场地使用权未作为中国投资者投资的一部分,合资企业应向中国政府缴纳使用费。

作为外国合营者出资的机器设备或其他物料,必须符合下列各项条件:(1)为企业生产所必不可少的;(2)中国不能生产,或虽能生产,但价格过高或者技术性能和供应时间上不能保证需要的;(3)作价不得高于同类机器设备或其他物料当时国际市场价格。

作为外国合营者出资的工业产权或专有技术,必须符合下列条件之一:(1)能生产中国急需的新产品或出口适销产品的;(2)能显著改进现有产品的性能、质量,提高生产效率的;能显著节约原材料、燃料、动力的。外国合营者以工业产权或专有技术作为出资,应提交该工业产权或专有技术的有关资料;应经中国合营者的企业主管部门审查同意,报审批机构批准。

（二）出资期限

中外合营企业要注意各方投资的按时到位,特别要防止外方的假出资或抽逃应承担的出资。为此,合营各方应当在合营合同中订明出资期限,并且应当按照合同规定的期限缴清各自的出资。逾期未缴或未缴清的,应按合同规定支付迟延利息或赔偿损失。合营各方缴付出资后,应由中国的注册会计师验证,出具验资报告后,由合资企业发给出资证明书,报送原审批机关和工商行政管理机关备案。

（三）中外合营企业的投资比例

投资比例是指合营各方在注册资本中所占的份额。我国法律规定,中外合营企业外国投资者的投资比例一般不低于25%。外国投资者投资比例无上限限制。

（四）中外合营企业的资本构成

中外合营企业的资本由两部分构成:注册资本和借入资本,两者合称为投资总额,即按合资企业的合同、章程规定的生产规模,需要投入的基本建设资金和流动资金的总和。

合营企业的注册资本,是指记载在合同、章程上,并经主管机关核准登记的资本总额。它是合营各方认缴的出资额之和,是合营各方为设立合资企业同意投入的资本总额。注册资本是企业进行生产经营活动的基础,是承担责任的限度,是股权和利润分配的法律依据。我国法律规定,合营企业在合营期间不得减少其注册资本。合资一方如向第三者转让其全部或部分出资,须经合资他方同意,并经审批机构批准。合资一方转让其出资额时,合资另一方有优先购买权。合资一方向第三者转让出资额的条件,不得比向合资另一方转让的条件优惠。

合营企业的借入资本,是指合营企业在注册资本达不到投资总额的情况下,以合资企业名义向银行借款,用以购置部分固定资产和充当运转的那部分流动资金,合营企业为有限责任性质,合营各方以其各自的出资额为限对企业的债务承担责任。在投资总额一定的前提下,借入资本过多,意味着注册资本在投资总额中所占的比重过小。在实践中,外商常常要求压低注册资本在投资总额中的比例,想尽可能多地利用贷款,减少出资,这样有利于他们少担风险,多获利润。但是,如果合营企业的借入资本（即贷款债务）很大,注册资本（股权）很小,一方面,企业创造的利润有相当一部分被银行以利息形式拿走了,企业还贷负担重,国际商业贷款计算复利,会形成丰产不丰收的情况;另一方面,一旦合营企业亏损,合资各方仅以很小的出资额为限对企业债务负责,投资总额中的企业贷款部分通常在签订借款合同时,就约定了优先受偿权,所以对债权人的保障非常弱。鉴于此种情况,国际上很多国家都规定了有限责任公司的债与股的比例,以保护债权人的合法利益。我国是通过规定注册资本与投资总额的比例来控制债与股的比例的。

注册资本与投资总额的比例,应当遵守如下规定:

（1）合资企业的投资总额在300万美元以下（含300万美元）的,其注册资本至少占投资总额的7/10。

(2) 合资企业的投资总额在 300 万美元以上至 1000 万美元(含 1000 万美元)的,其注册资本至少应占投资总额的 1/2,其中投资总额在 420 万美元以下的,注册资本不得低于 210 万美元。

(3) 合资企业的投资总额在 1000 万美元以上至 3000 万美元(含 3000 万美元)的,其注册资本至少仍占投资总额的 2/5,其中投资总额在 1250 万美元以下的,注册资本不得低于 500 万美元。

(4) 合资企业的投资总额在 3000 万美元以上的,其注册资本至少仍占投资总额的 1/3,其中投资总额在 3600 万美元以下的,注册资本不得低于 1200 万美元。

四、中外合营企业的组织机构和利润分配

(一) 中外合营企业的组织机构

合营企业一般按有限责任公司进行组织。企业的董事会是合营企业的最高权力机构。董事会由 3 人以上董事组成,其职权是按合营企业章程的规定,讨论决定合营企业的一切重大问题,如企业发展规划、生产经营活动方案、收支预算、人事任免等。

合营企业的经营管理机构,负责企业的日常经营管理工作。经营管理机构通常包括总经理 1 人,副总经理若干人,其他高级管理人员若干人等。

(二) 中外合营企业的利润分配

利润是企业在一定期间的经营成果,包括营业利润、投资净收益和营业外收支净额。

合营企业缴纳所得税后的利润按下列顺序分配:(1) 支付各项赔偿金、违约金、滞纳金、罚息、罚款;(2) 弥补企业以前年度亏损;(3) 提取储备基金、企业发展基金和职工奖励及福利基金;(4) 向投资人分配利润。

五、中外合营企业的合营期限

合营企业的合营期限是指合营企业从依法成立之日起到合营期满为止的存在时间。我国《中外合资经营企业法》规定,合营企业的合营期限,按不同行业、不同情况,作不同约定。

举办合营企业,属于下列行业或者情况的,合营各方应当依照有关法律、法规的规定,在合营合同中约定合营期限:(1) 服务性行业,如饭店、公寓、写字楼、娱乐、饮食、出租汽车、彩扩洗相、维修、咨询等;(2) 从事土地开发及经营房地产的;(3) 从事资源勘查开发的;(4) 从事国家规定限制投资项目的;(5) 法律、法规规定其他需要约定合营期限的。

举办合营企业,属于国家规定鼓励和允许投资的项目,除上述行业或情况以外,合营各方可以在合同中约定合营期限,也可以不约定合营期限。

我国《中外合资经营企业法》在三十多年实施中还出现了一些新情况、新问题,如中方合营者是否应当增加个人,合营企业是否应当采取股份有限公司形式,外方投资比例是否必须要求达到 25%,合营企业的高级职员是否必由合营各方分别担任等问

题,应当充分重视,经过深入调查研究和充分论证,在条件成熟时,再修订完善。总之,我国《中外合资经营企业法》是一部好法,只有不断地修订完善,才能更好地发挥作用。

第三节 中外合作经营企业的法律规定

一、中外合作经营企业的概念与立法概况

中外合作经营企业,是指外国的企业和其他经济组织或者个人(以下简称外国合作者)同中国的企业或其他经济组织(以下简称中国合作者),依照中华人民共和国法律的规定,在中国境内共同举办的,按合作企业合同的约定分配收益或者产品、分担风险和亏损的企业。

1988年4月,第七届全国人大第一次会议通过了《中华人民共和国中外合作经营企业法》(以下简称《中外合作经营企业法》),计28条。1995年9月,对外经济贸易合作部经国务院批准发布了《中华人民共和国中外合作经营企业法实施细则》,共10章58条。以上是我国有关中外合作经营企业的基本法律和法规。

为了履行WTO规则的需要,2000年10月31日第九届全国人大常委会第十八次会议通过关于修改《中外合作经营企业法》的决定。按照国民待遇、市场开放以及公开、平等、透明的原则,对该法第19条进行了修改,删去了第20条,并对该法部分条文的顺序作了相应调整。

二、中外合作经营企业的地位与法律特征

(一) 中外合作经营企业的法律地位

中外合作经营企业属于契约式的合营企业。中外合作者的投资或者提供的合作条件,并不折算成股份。因此也就不存在按持有股份的比例分配收益或者产品、分担风险和亏损的问题。中外合作者按何种比例进行收益或者产品的分配、风险和亏损的分担,完全依双方契约约定。

(二) 中外合作企业的法律特征

中外合作经营企业的法律特征,是与中外合资经营企业相比较而言的。中外合作经营企业是在我国《中外合资经营企业法》公布以后利用外资的实践中最早在广东省出现的,很快发展到全国。中外合作经营企业在创办过程中参照了我国《中外合资经营企业法》的规定。因此与合资企业在许多方面有相同之处,主要体现在:(1) 两者都是依中国法律在中国境内设立的外商投资企业;(2) 两者都是由中外当事人双方共同投资、共同经营、共负盈亏的企业;(3) 双方当事人资格相同,即外方当事人包括外国企业、其他经济组织或者个人,中方当事人只能是中国的企业或者其他经济组织。

同时,中外合作经营企业与中外合资经营企业亦有一些重大差别,主要体现在:

(1) 中外合作经营企业是契约式合营企业,中外合资经营企业是股权式合营企业,这是两类企业最根本的区别所在。

(2) 中外合作经营企业有的可以依法取得法人资格,有的可以办成不具有法人资格的合伙企业。中外合资经营企业则采公司制,依法设立,即具有法人资格。

(3) 中外合作经营企业中外合作双方依法以合同约定投资或者合作条件,这使合作企业的投资方式更加灵活。在实践中,中外合作经营企业一般是外国合作者提供资金、技术和设备,中方合作者提供基础条件,如场地使用权、现有厂房和设备、劳务等,中外双方以非现金投资作为合作条件的,可以不以货币形式作价,所有投资均不计股,不折算成投资比例。而中外合资企业各方以实物、工业产权等进行投资的,则必须作价并折算成具体股权。

(4) 中外合作企业在管理体制上可以采取董事会负责制,也可以采取联合管理制,还可以采取委托管理制等其他管理形式。而中外合资企业则实行单一的董事会领导下的总经理负责制。

(5) 中外合作企业按照合同的约定,分配收益或者产品,承担风险和亏损责任。中外合资经营企业则按合营双方的注册资本比例,分享利润和分担风险及亏损。

(6) 中外合作经营企业,在合作合同中约定合作期满时合作企业的全部固定资产归中国合作者拥有的前提下,外国合作者在合作期限内可以依合同的约定在合作期限内先行回收投资。中外合资企业中外双方只有依法解散时才能回收自己的资本,清算后的剩余财产按原来双方的出资比例进行分配。

三、中外合作经营企业的若干法律问题

(一) 中外合作企业的设立

中外合作企业创办初期,主要是在旅游、交通等第三产业中发展起来的,后来发展到第一、第二产业。为了调整投资的导向,我国《中外合作经营企业法》明确规定,国家鼓励举办产品出口的或者技术先进的生产型合作企业。产品出口企业,是指产品主要用于出口,年度外汇总收入额减除年度生产经营外汇支出额和外国投资者汇出分得利润所需外汇额后,外汇有结余的生产型企业。先进技术企业,是指外国投资者提供先进技术,从事新产品开发,实现产品升级换代,以增加出口创汇或者替代进口的生产型企业。

申请设立中外合作企业,应当将中外合作者签订的协议、合同、章程等文件报国家对外经济贸易主管部门或国务院授权的部门和地方政府审查批准。审查机关应当自接到申请之日起45天内决定批准或者不批准。

中外合作企业的协议、合同、章程自审批机关颁发批准证书之日起生效。自接到批准证书之日起30天内向工商行政管理机关申请登记,领取营业执照。中外合作企业的营业执照签发日期,为该企业的成立日期。中外合作企业应当自成立之日起30天内向税务机关办理税务登记。

(二) 中外合作企业的组织形式

中外合作企业可分为法人型合作企业和非法人型合作企业。法人型合作企业是有限责任公司的形式,依法取得法人资格。

非法人型合作企业,实际上是一种合伙企业。法律对其要求是:(1)合作企业及合作各方,依照中国民事法律的有关规定,承担民事责任;(2)合作企业应当向工商行政管理机关登记合作各方的投资或者提供合作的条件;(3)合作各方的投资或提供的合作条件,为合作各方分别所有;经各方约定,也可共有或部分共有;合作企业经营积累的财产,归各方共有;(4)设立联合管理机构,代表各方共同管理合作企业;(5)合作各方的投资或提供的合作条件由合作企业统一管理和使用;(6)合作企业在企业所在地设置统一的会计账簿,合作各方还应当设置各自的账簿。

（三）中外合作企业的物资进口和产品出口问题

按照2000年10月31日第九届全国人大常委会第十八次会议修改的《中外合作经营企业法》的规定:合作企业可以在经批准的经营范围内,进口本企业需要的物资,出口本企业生产的产品。合作企业在经批准的经营范围内所需的原材料、燃料等物资,按照公平、合理的原则,可以在国内市场或者在国际市场购买。

（四）中外合作企业的收益分配

中外合作者可以采用分配利润、分配产品或者合作各方共同商定的其他方式分配收益。分配比例,由合作双方协商,在合同中规定。采用分配产品或者其他方式分配收益的,应当按照税法的有关规定,计算应纳税额。

（五）外商资本回收问题

这是中外合作经营不同于中外合资经营之处。合作各方或一方约定在合作项目投产或开业后一定期间内,逐年回收其资金本金,到期满为止,全部回收其资本。故外商投资兴办合作经营项目,至少可以保本。

外国合作者在合作期限内可以申请按照下列方式先行回收其投资:(1)在按照投资或者提供合作条件进行分配基础上,在合作企业合同中约定扩大外国合作者的收益分配比例;(2)经财政税务机关按照国家有关税收的规定审查批准,外国合作者在合作企业缴纳所得税前回收投资;(3)经财政税务机关和审查批准机关批准的其他回收投资方式。外国合作者先行回收投资的,中外合作者应当依照有关法律的规定和合作企业合同的约定,对合作企业的债务承担责任。依上述(2)、(3)项先行回收投资的申请,应当具体说明先行回收投资的总额、期限和方式,经财政税务机关审查同意,报审查批准机关审批。

外商先行收回资本,不计利息。不能以企业流动资金偿还回收本金。合作企业的亏损未弥补前,外国合作者不得先行回收投资。

（六）合作期满后资产归属问题

一般情况是合作经营项目期满后,在保持正常生产和经营的情况下,全部资产不再作价,无偿归中国合作者所有,这对我方既有利,也有理。因为外商投资本金已在合作期间内逐年摊还,到期满已全部回收,并已从项目经营中获得应得的利润,所以,我方收回全部资产,实际上是平等互利原则的具体化。至于外国合作者不回收本金的合作项目,清算后剩余财产的归属,则按合同规定另行处理。

四、中外合作经营企业的作用

中外合作经营是国际上通常采用的合作方式之一。中外合作经营企业也是国际直接投资的一种重要的企业形式。中外合作经营企业在我国发展相当迅速,较之中外合资经营企业,具有下述优点:

(1) 不受国内配套投资的制约,有利于扩大吸收外资。合作企业投资方式灵活,一般由外商提供资金、技术、设备,中方提供场地使用权、现有厂房设施、劳务等合作条件作为出资。这样,可以减轻我方在引进外资过程中国内配套投资的负担,有利于吸收更多的外资。

(2) 外方能保本,我方也有利。外方可以依法在一定条件下按照合作企业合同的约定在合作期限内先行回收投资,从而使外商的投资原本和利润均有保证。同时,中国合作者除可得到合同约定的分成利润和产品以外,还可获得劳务工资、原料及物资供应所应得的外汇收入。在外商先行回收投资后,合作期满时企业的全部固定资产归中方所有。这样既增强了外国投资者的安全感,又符合平等互利的原则。

(3) 灵活简便,适应性强。中外合作企业是一种契约式合营,合作各方的权利义务均由合同加以规定。这种契约性安排增加了灵活性,使得企业在设立程序、投资方式、管理方式以及收益分配方式等许多方面都比中外合资经营企业简便灵活,因而适应性强。

第四节 外资企业的法律规定

一、外资企业法的概念

按照法律的规定,"外资企业是指依照中国有关法律在中国境内设立的全部资本由外国投资者投资的企业,不包括外国的企业和其他经济组织在中国境内的分支机构"[①]。法律规定的外资企业这个定义告诉我们:区别是不是外资企业,第一,是看该企业的全部资本是不是外国投资者(包括外国公司企业、其他经济组织和外国公民)投资的,如果全部资本是外国投资者投资办的,才叫外资企业。这同合营企业是不一样的。第二,是在我国境内设立机构独立经营的企业,而不是只向我国境内投资、不设立企业的借贷活动。第三,这种全部资本由外国投资者投资的企业所进行的经营活动,并不因为同中国企业或其他经济组织从事某种合作生产、合作经营活动,而改变外资企业的属性。因为这种合作生产、合作经营往往是由两个或两个以上的独立法人所从事的某种生产经营活动,它并不改变原来法人的地位和性质。第四,这种外资企业也不同于外国的企业和其他经济组织在中国境内设立的分支机构,因为从法律观点来看,这些分支机构不是一个独立的法人,没有独立的财产、核算管理和决策

---

① 见《中华人民共和国外资企业法》第2条。

机构,他们只是外国总公司的一部分,是总公司与分支机构的关系,而不是母公司与子公司的关系。

允许外国投资者在我国开办外资企业,是我国直接利用外资的主要形式之一。[①] 自1980年国家提出鼓励外国公民或企业来华投资设厂、开办企业以来,首先在经济特区试办了外资企业,接着在沿海开放城市探索兴办外资企业。到1985年底,全国批准设立的外资企业已有120家。实践证明,设立外资企业对我国引进外资和技术是一种可行的方式。为了推动外资企业迅速、正常发展,除了要有正确、稳定的原则和政策,有科学的管理和监督,有良好的环境外,还必须有完备的法律。

1980年以来,国家在外资企业的立法方面作了不少工作,对和外资企业有关的一些问题,作了明确规定。在此基础上,1986年4月12日,第六届全国人大第四次会议通过了《中华人民共和国外资企业法》(以下简称《外资企业法》)。这是国家允许在我国境内开办外资企业的基本法,是完善我国外资企业立法的重大步骤。它对促进外资企业在我国的发展有着重要的意义。

按照WTO的规则,2000年10月31日第九届全国人大常委会第十八次会议通过了关于修改《外资企业法》的决定。按照国民待遇、市场开放和公开、平等、透明的原则,对《外资企业法》第3条第1款、第15条进行了修改,删去了第11条第1款和第18条第3款,并对该法部分条文的顺序作了相应调整。

二、我国《外资企业法》的主要内容

我国《外资企业法》共计24条,主要内容有以下三个方面:

(一) 外资企业的设立、展期和终止的法定程序

(1) 外资企业成立的法律程序。按照我国《外资企业法》的规定,外资企业成立的具体步骤是:第一,提出设立外资企业的申请。申请时应提交设立外资企业的申请书、外资企业章程(草案)、董事会的人选名单和投资的资信证明文件。第二,对设立外资企业申请的审批。对设立外资企业的申请,由国务院对外经济贸易的主管部门或者国务院授权的机关审查批准。审查批准机关应当在接到申请之日起90天内决定批准或者不批准。第三,登记和成立。外国投资者应当在接到批准证书之日起30天内向工商行政管理机关申请登记,领取营业执照。营业执照的签发日期,为该企业成立日期。

(2) 外资企业展期的决定程序。外资企业的经营期限由外国投资者申报,由审查批准机关批准。期限需要延长的,应当在期满180天以前向审查批准机关提出申请。审查批准机关应当在接到申请之日起30天内决定批准或者不批准。

(3) 外资企业终止的法定程序。外资企业在出现某种可能终止的情况时,应依法定程序办理终止手续。其具体程序是:第一,向工商行政管理机关办理注销登记手

---

① 利用外资有直接形式和间接形式两种。借贷是间接投资方式。合资经营、合作生产、外资企业等是直接投资形式。发展中国家最需要的是直接外资的形式。

续,缴销营业执照;第二,及时公告,按照法定程序进行清算。在清算完结前,除为了执行清算外,外国投资者对企业财产不得处理。

(二) 外资企业的法律地位

外资企业的法律地位主要包括三个方面的问题,一是适用法律的问题;二是取得中国法人资格的问题;三是法律保护问题。

(1) 适用法律的问题。适用法律的问题也就是外资企业必须遵守中国的法律、法规的问题,这是外资企业取得法律地位的前提条件,也是任何一个主权国家在开办外资企业时规定该外资企业应适用何种法律的权利。我国《外资企业法》规定,在我国境内设立的外资企业应适用中国法律,其具体表现,除了上面已谈到的外资企业的设立、展期和终止必须符合中国法律规定的程序外,还有以下几点:第一,设立外资企业,必须有利于中国国民经济的发展。国家鼓励举办技术先进或产品出口的外资企业。第二,外资企业在经营活动中的权利与义务由中国法律规定。第三,中国政府的有关机构经法律授权,可以对外资企业进行必要的监督和管理。例如,财政税务部门有权对外资企业的财务、会计和纳税情况进行检查。第四,依照中国法律程序,对外资企业实行处罚或"征收"。

(2) 外资企业取得中国法人资格的问题。我国《外资企业法》规定:"外资企业符合中国法律关于法人条件的规定,依法取得中国法人资格。"[①]这里所说的中国法律,是指我国《民法通则》。根据我国《民法通则》第37条规定,外资企业应具备四个条件才可取得中国法人的资格:一是依《外资企业法》及其相关法律而成立;二是外国投资者实施投资,使外资企业拥有必要的、独立的财产;三是外资企业有自己的名称、组织机构(如董事会)和场所;四是以外资企业的名义和财产,能够独立承担民事责任。

(3) 对外资企业的法律保护问题。根据宪法和有关外资企业的法律,中国政府对外资企业的合法权利和利益进行保护。我国《外资企业法》规定:外国投资者在中国境内的投资、获得的利润和其他合法权益,受中国法律保护;外国投资者从外资企业获得的合法利润、其他合法收入和清算后的资金,可以汇往国外;外资企业的外籍职工的工资收入和其他正当收入,依法缴纳个人所得税后,可以汇往国外;外资企业依照经批准的章程进行经营管理活动,不受干涉。

由于我国对开办外资企业采取鼓励政策,因此在我国的立法实践中,在税收等方面,对外资企业实行了比国内企业更为优惠的待遇。同时,为了我国的社会公共利益,也对外资企业作了必要的限制,如禁止外资企业进入某些行业。[②] 我国《外资企业法》还规定:"国家对外资企业不实行国有化和征收;在特殊情况下,根据社会公共利益的需要,对外资企业可以依照法律程序实行征收,并给予相应的补偿。"[③]这是与大多数发展中国家一贯坚持的"适当的"补偿原则相近似的。

---

① 见《中华人民共和国外资企业法》第8条。
② 国家禁止或者限制设立外资企业的行业,由国务院规定。
③ 《中华人民共和国外资企业法》第5条。

（三）外资企业的权利和义务

在我国的外资企业一经成立，就是从外资企业的营业执照签发之日起，就享有我国《宪法》、《外资企业法》、《关于鼓励外商投资的规定》等有关法律、法规所规定的权利，承担相应的义务。

（1）外资企业的权利。外资企业依法所享有的权利大致分为财产所有权（包括有形财产所有权和无形财产所有权）、企业经营管理权和解决纠纷的诉权三个方面。

第一，外资企业的有形财产所有权和无形财产所有权。外资企业自依法在中国设立并实施其投资行为开始，在外资企业的存在期间，依法对自己的财产享有占有权、使用权、收益权和处分权。

外资企业对自己的财产有实际控制的权利，有权拒绝任何单位未经法律许可而任意抽调其设备、材料，或不合理收费。

外资企业对自己的资金、设备、技术等财产享有自主地无须他人同意而利用的权利。

外资企业有收取其经营所得的利益的权利。除收取一般的经营所得利益之外，享有退税的优惠待遇。例如，外资企业将缴纳所得税后的利润在中国境内再投资的，可以依照国家规定申请退还再投资部分已缴纳的部分所得税税款。产品出口或技术先进的企业享有更多的税收优惠。这对外资企业也是一种收益。

外资企业对其财产有处置权。我国《外资企业法》第19条第1款规定："外国投资者从外资企业获得的合法利润、其他合法收入和清算后的资金，可以汇往国外。"这是外资企业所享有的一种特殊的处分权。

外资企业的无形财产权，是指外资企业作为中国法人并根据有关法律而享有的专利权、专有技术、商标权、版权、场地使用权、商号（名称）权以及其他特许权。外资企业发明创造的技术，可以根据我国《专利法》的规定，直接向中国专利局申请专利，经批准后就可以在中国境内获得法律的保护。外资企业将自己的产品上所要使用的特殊标记可向我国主管机关申请，经注册、批准后，便可作为商标注册人享有商标专用权，并受法律保护。根据我国《民法通则》第99条第2款的规定，外资企业作为中国法人享有自己的名称权。

第二，外资企业的经营管理权。我国《外资企业法》第11条规定："外资企业依照经批准的章程进行经营管理活动，不受干涉。"根据规定，外资企业可取得独立自主的经营管理权。它包括经营决策权、租用土地权、雇用职工权、债权、对外贸易权等。"外资企业有自行制定生产经营计划的权利。按照该法第10条"外资企业分立、合并或者其他重要事项变更，应当报审查批准机关批准，并向工商行政管理机关办理变更登记手续"的规定，外资企业可以作出分立、合并等重要事项的变更的决策。外资企业在其经营范围内可以与他人签订经济合同，依合同而享有权利的外资企业，即是债权人。根据我国《外资企业法》第12条"外资企业雇佣中国职工应当依法签订合同，并在合同中订明雇佣、解雇、报酬、福利、劳动保护、劳动保险等事项"的规定，这就说明外资企业有雇用中国职工和外籍职工的权利。

外资企业依法享有本企业所需物资的购买权。我国《外资企业法》第 15 条规定：外资企业在批准的经营范围内所需的原材料、燃料等物资，按照公平、合理的原则，可以在国内市场或者在国际市场购买。

第三，诉权。诉权是外资企业为解决与他人或单位的经济纠纷或侵权行为而在法律上行使的权利。这种权利可分为仲裁权和诉讼权。有关这方面的法律规定按我国《民事诉讼法》中关于我国涉外民事案件的仲裁与诉讼的规定办理。

(2) 外资企业的义务。我国法律为外资企业设定相应的义务是为了便于国家对外资企业经营活动的控制，保持由于设立外资企业而产生的各种社会经济关系的相对稳定。外资企业的具体义务包括登记义务、营业中的义务、管理中的义务、纳税义务和接受监督检查的义务。

第一，登记义务。外国投资者想在中国设立外资企业，必须承担注册登记方面的义务。履行登记手续，依法成立后，应当在审批机关核准的期限内在中国境内投资，并在 30 天之内向当地税务部门办理开业税务登记。逾期不投资的，工商行政管理机构有权吊销其营业执照。外资企业在作出分立、合并或其他重要事项变更的决策时，应承担办理必要的审批和变更登记手续的义务。在外资企业终止时，还有义务向工商行政管理部门办理注销登记手续，缴销营业执照，并在停业前 30 天内向税务部门办理停业税务登记。

第二，营业中的义务。外资企业在营业活动中要承担的义务，首先是在营业执照规定的经营范围内进行其经营活动。其次，"应当在中国银行或者国家外汇管理机关指定的银行开户"；"外资企业的外汇事宜，依照国家外汇管理规定办理"，"外资企业的各项保险应当向中国境内的保险公司投保"；"外资企业在批准的经营范围内需要的原材料、燃料等物资，……可以在国内市场或者国际市场购买"。此外，外资企业在选址、设计、建设、生产时，还有义务注意并防止对环境的污染和破坏；各种有害物质的排放必须遵守国家规定的标准等。

第三，管理中的义务。我国《外资企业法》规定了外资企业在管理中应承担的义务。例如，外资企业在雇用中国职工时，应依照中国有关劳动管理方面的法律与中国职工签订劳务合同；外资企业应为企业职工依法建立的工会组织"提供必要的活动条件"；"外资企业必须在中国境内设置会计账簿，进行独立核算，按照规定报送会计报表，并接受财政税务机关的监督"。

第四，纳税义务。外资企业要按照国家有关税收的规定纳税。目前，我国法律为外资企业设定的税种有关税、工商统一税、土地使用税、房地产税、车船使用牌照税、牲畜交易税以及企业所得税等。

第五，接受监督检查的义务。根据我国《外资企业法》的规定，我国工商行政管理机关有权对外资企业的投资情况进行检查和监督。外资企业要接受我国财政税务机关的财务和纳税监督。外资企业拒绝在中国境内设置会计账簿的，财政税务机关可以处以罚款，工商行政管理机关可以责令停止营业或者吊销营业执照。

第十三章　企业破产法

——市场主体救济与退出机制的基本法

本篇从公司法到个人独资企业法,都是阐述市场经济的主体及其市场准入,那么本章企业破产法就是专讲市场经济主体的退出,有进有退是市场经济竞争规律的必然结果,经济法重在对市场经济主体准入和退出的法律研究和保护。

第一节　实行破产制度的意义和我国破产法的产生及发展

一、破产和破产法的概念

从法律上讲,破产首先是一种状态,它是指债务人因丧失清偿能力而不能对全部债权人之债权进行清偿的状态;其次,破产是一种程序,它是指当债务人的全部资产不足以抵偿债务或债务人不能清偿到期债务时,依法将其财产全部抵偿其所欠的债务,并依法免除其无法偿还的债务的过程。

破产法有狭义与广义之分。狭义的破产法仅指对债务人财产进行破产清算的法律。广义的破产法则还包括以避免债务人破产为主要目的的各种关于和解、整顿、企业重整等制度的法律。现代意义上的破产法均是由规定破产清算与避免破产的法律制度共同组成的。

二、破产的意义

"物竞天择,适者生存"是自然界生物进化所遵循的一个基本规律——自然选择规律。同样,在市场竞争中,企业之间也存在着生存竞争和自然选择,所遵循的规则就是优胜劣汰。破产是市场经济优胜劣汰的自然体现。其意义体现在:

(一)保护债权人

由于破产的债务人处于"经济恶化"的状态,如果债权人通过民事诉讼的执行程序个别受清偿,那么就会使一部分债权人的债权获满足,而另一部分债权人的债权因落空而得不到满足。因此,根据"债权人平等"原则,为了保证所有债权人的债权都能得到公平的满足,就需要设立破产程序来处理债务人的资产。在破产程序中,所有债权人的债权都成了破产债权,而不论其债权额的大小,清偿期限的先后,均平等地通过破产程序按比例受清偿。易言之,也就是将债务人不能清偿的部分债务风险按债权额的比例公平地"分配"给所有的债权人。这样既保护了各债权人的债权,又避免了债权人与债务人、债权人与债权人之间可能发生的纷争。

(二) 救济债务人

破产不仅是公平地保护各债权人,对债务人也是一种法律上的救济。通过破产程序,债务人一方面可以免去债权人的个别追诉和个别执行的烦恼和费用,另一方面由于执行破产程序后,债务人的财产成为破产财产而由清算组(即破产管理人)管理,债务人除尽说明义务外,不再有管理自己财产的义务,这样债务人可另图发展,以谋"东山再起"的机会。而且,在破产程序终结后,对剩余债务不再负清偿责任,这样更为债务人的发展免除了后顾之忧。

(三) 防止社会经济的震荡

社会经济的发展、社会的分工,使企业之间在经营上存有相互依赖的关系,绝对孤立地存在而又不与他人发生关系的企业是不存在的。因而若有某个企业"资不抵债"而又无破产程序去清理其负债,势必会造成债务膨胀,使得与之交易的债权人所受损害也随之相增,最终可能拖累一大批债权人,导致连锁崩溃,造成社会经济的震荡。而设立破产制度,则可及时地制止债务膨胀,避免因诸如"三角债"的蔓延而对经济运行带来的负面影响。

(四) 除旧布新,优化社会资源配置

在市场竞争中,有的企业能够抓住机遇,不断开发和采用先进的科学技术,加强管理,开拓市场,从而得到发展壮大;有的企业则或者因为设备老化,技术落后,产品失去市场,或者因为决策失误,坐失良机,经营不善,管理混乱,导致严重亏损,负债累累,陷入无法自拔的困难境地,甚至破产倒闭。应该看到,我国每年有几十万家新企业注册登记,加入市场竞争的大军;与此同时,每年出现一批企业破产倒闭,这正是市场经济发展、新陈代谢的正常现象。破产制度使整个社会经济得以保持生机和活力,使社会资源更多地满足新的、有活力的经济增长的需要,使债权人的债权得以实现,有助于资金周转、交易的实现,有助于整个社会经济的发展。

同时,我们应该看到破产的另一面。就债权人方面而言,由于实施破产费用大、时间长、耗费精力多,且又要优先支付工资、税收等,破产终结时,债权人所得的利益与债权额相比可能是微不足道的;就债务人方面言之,债务人的财产经破产程序变价清偿后,其经营的事业即毁于一旦,要"起死回生"并非易事,债务人的经营之道、商业秘密、商誉等也很可能会随着破产而付之东流,这对社会也是一种损失;就社会生活方面言之,破产带来大批的人员失业,社会经济的局部混乱,各方面的利益的冲突与重新调整等,大的企业或大批企业的破产,更会造成社会震荡,给社会经济造成负面影响,如1995年巴林银行事件就造成了国际金融市场的波动。2008年美国雷曼兄弟房地产公司的破产是美国和国际金融危机的导火线。因此,对于企业破产,也要充分认识到其消极的一面,对具体企业要尽力挽救,通过改造、整顿、兼并、减员等方式解决问题,不少国家还制定了和解、破产保护、公司更生、股份公司整理及特别清算制度等预防破产的法律制度。经过努力仍要破产的,要注意保护债权,维护名牌的声誉,作好人员安置、社会保障工作,作深入细致的善后工作,减少破产的负效应。只有这样,才能通过破产机制促进优胜劣汰和资源的优化配置,充分发挥体制改革带来的活

力和市场竞争机制的作用。

总之,制定企业破产法,有利于规范企业破产程序,公平清理债权债务,保护债权人和债务人的合法权益;有利于促进企业改革和发展,合理配置社会资源,发展经济,维护社会主义市场经济秩序。

三、我国《企业破产法(试行)》的颁布和《企业破产法》的诞生

1986年12月2日第六届全国人大常委会第十八次会议经过激烈的讨论通过了《中华人民共和国企业破产法(试行)》。1991年4月第七届全国人大第四次会议通过了《中华人民共和国民事诉讼法》,该法第十九章规定了"企业法人破产还债程序"。1991年和1992年最高人民法院又发布了《关于贯彻执行〈中华人民共和国企业破产法(试行)〉若干问题的意见》和《关于适用〈中华人民共和国民事诉讼法〉若干问题的意见》两个司法解释文件。

我国《企业破产法(试行)》从适用范围来看,只适用于全民所有制企业,该法第2条规定:"本法适用于全民所有制企业。"我国《民事诉讼法》中的"企业法人破产还债程序"适用于全民所有制企业以外的企业法人,该法第206条规定:"全民所有制企业的破产还债程序适用中华人民共和国企业破产法的规定。"依最高人民法院《关于适用〈中华人民共和国民事诉讼法〉若干问题的意见》第240条规定,民事诉讼法破产还债程序的适用对象是具有法人资格的集体企业、非国有企业组成的联营企业、私营企业以及设在中国境内的中外合资经营企业、中外合作经营企业和外资企业。另外,由于我国《民事诉讼法》中关于企业破产还债程序的法律条文只有8条(第199条至第206条),条文少,缺乏可操作性,为弥补此不足,最高人民法院《关于适用〈中华人民共和国民事诉讼法〉若干问题的意见》第253条规定:"人民法院审理破产还债案件,除适用民事诉讼法第十九章的规定外,并可参照《中华人民共和国企业破产法(试行)》的有关规定"。这一扩大性解释,使得《企业破产法(试行)》扩大了它的适用范围。截至2010年底,我国破产制度不仅适用于企业法人,而且也适用于包括个体工商户、个人合伙以及农村承包经营户和农民专业合作社在内的自然人。2006年8月27日第十届全国人大常委会第二十三次会议通过了《中华人民共和国企业破产法》,自2007年6月1日施行,原《中华人民共和国企业破产法(试行)》同时废止。《企业破产法》共分总则、申请和受理、管理人、破产人财产、破产费用和共益债务、债权申报、债权人会议、重整、和解、破产清算、法律责任、附则等12章共计136条。与原《企业破产法(试行)》相比,由原有的6章43条增至12章136条,不仅结构和条文发生了重大的变化,而且内容也有重大的更新。

四、我国《企业破产法》的基本特点

(1)在适用范围上,该法的适用范围扩大了。它不仅适用于我国领域内人民法院对破产案件的判决和裁定,而且依该法开始的破产程序也适用于债务人对在我国领域外的财产,还适用于对外国法院作出的判决、裁定,涉及债务人在我国领域内的

财产,申请或请求人民法院承认和执行的,人民法院根据我国缔结或参加的国际条约,或者按照互惠原则进行审查,认为符合"三不"①条件的,裁定承认和执行。至于破产案件审理程序,该法有规定的按规定办,该法没有规定的,按民事诉讼法的有关规定办,而人民法院对破产案件的管辖也是按属地原则办理,也就是说破产案件由债务人所在地的人民法院管辖,该法还规定:对其他法律规定企业法人以外的组织清算,属于破产清算的,参照适用本法的规定程序。

(2) 在破产界定上,该法对破产界定的原因新加"资不抵债"的规定。

(3) 在破产程序上,面临破产的企业增添了"重组"的重要程序。

(4) 破产申请受理后,新增添了"管理人",成了法院与债务人、债权人的重要关系人。

(5)《企业破产法》强调了审理破产案件要依法保护企业职工的合法权益,以及依法追究破产企业管理人员的法律责任。

(6) 新添了对企业法人破产的特殊规定。《企业破产法》第2条规定:"企业法人不能清偿到期债务,并且资产不足以清偿全部债务或者明显缺乏清偿能力的,依照本法规定清理债务。企业法人有前款规定情形,或者有明显丧失清偿能力可能的,可以依照本法规定进行重整。"例如,国务院金融监督管理机构可以向人民法院提出对商业银行、证券公司、保险公司等金融机构进行重整或者破产清算的申请。国务院金融监督管理机构依法对出现重大经营风险的金融机构采取接管、托管等措施的,可以向人民法院申请中止以该金融机构为被告或者被执行人的民事诉讼程序或者执行程序。

第二节 企业破产的条件、界限和申请受理程序的法律规定

一、破产的条件和界限

我国原《企业破产法(试行)》第3条规定:"企业因经营管理不善造成严重亏损,不能清偿到期债务的,依照本法规定宣告破产。"②该法对破产界限的规定,既参照了一些国家的规定,同时又着重考虑了当前我国全民所有制企业的自主权尚未完全落实、价格体系尚未理顺、造成企业亏损的原因比较复杂的实际情况。根据新的情况和为了便于司法操作,我国《企业破产法》第2条修改为"企业法人不能清偿到期债务,并且资产不足以清偿全部债务或者明显缺乏清偿能力的,依照本法规定清理债务。企业法人有前款规定情形,或者有明显丧失清偿能力可能的,可以依照本法规定进行重整。"这样就将"资不抵债和明显缺乏清偿能力"与"企业法人不能赔偿到期债务"

---

① (1) 不违反中华人民共和国法律的基本原则;(2) 不损害国家主权、安全和社会公共利益;(3) 不损害中华人民共和国领域内债权人的合法权益的。

② 所谓"不能清偿到期债务",是指:(1) 债务的清偿期限已经届满;(2) 债权人已要求清偿;(3) 债务人明显缺乏清偿能力。债务人停止支付到期债务并呈连续状态,如无相反证据,可推定为"不能清偿到期债务"。

并列为破产原因,这既是体现对企业破产事件的谨慎态度,又体现了对破产界限的完整性。学术界对"资不抵债"引起破产持有不同意见,认为资不抵债企业在中国不能破产。① 按照上述规定,被宣告破产的企业可能性是比较少的。但由于存在破产的威胁,将有利于促进濒临破产的企业努力改善经营管理,争取转亏为盈。

二、破产的申请

按照我国《企业破产法》的有关规定,债务人具有对该法规定的破产情形,可以向人民法院提出重整、和解或者破产清算申请。债务人不能清偿到期债务,债权人可以向人民法院提出对债务人进行重整或者破产清算的申请。

为了便于法院的审查和操作,我国《企业破产法》还规定:除向人民法院提出破产申请,应当提交破产申请书②和有关证据之外,债务人提出申请的还应当向法院提交财产状况说明、债务清册、债权清册、有关财务会计报告、职工安置预案以及职工工资的支付和社会保险费用的缴纳情况。

三、破产受理

(1) 法院应当自收到破产申请之日起限期内裁定是否受理。人民法院对债权人提出申请的,应当自收到申请之日起限期内通知债务人。债务人对申请有异议的,应当自收到通知之日起限期内向法院提出,法院应当自异议期满之日起限期内裁定是否受理。人民法院受理破产申请的,应当自裁定作出之日起限期内送达申请人。若是债权人提出申请的,法院应当自裁定作出之日起限期内送达债务人,债务人应当自裁定送达之日起限期内向法院提交财产状况说明、债务与债权清册、有关财务会计报告,以及职工工资的支付和社会保险费用的缴纳情况(以下简称"五项清单")。

(2) 人民法院裁定不受理破产申请的,应当自裁定作出之日起限期内送达申请人并说明理由,人民法院受理破产申请后至破产宣告前,经审查发现债务人不符合该法规定重整或破产情形的,可以裁定驳回申请。这一规定有利于防止假破产真逃债的现象发生。人民法院应当自裁定受理破产申请之日起限期内通知债权人和予以公告。

(3) 自人民法院受理破产申请的裁定送达债务人之日起,到破产程序终结之日,债务人的有关人员(包括企业法人代表、企业财务管理人员和其他经营管理人员)应承担该法规定的义务。③

(4) 人民法院受理破产申请后:第一,债务人对个别债权人的债务清偿无效。第

---

① 笔者认为这种观点有一定道理,因为在现实生活中有负债经营的经营方式。然而从对破产的界限来说,必须把我国《企业破产法》第 2 条的规定全面来看,对其破产的原因与现象表述是清晰的。

② 其申请书应当载明:(1)申请人和被申请人的基本情况;(2)申请目的、事实和理由;(3)人民法院认为应当载明的其他事项。

③ (1)妥善保管其占有和管理的财产、印章和账簿、文书等资料;(2)根据人民法院、管理人的要求进行工作,并如实回答询问;(3)列席债权人会议并如实回答债权人的询问;(4)未经人民法院许可,不得离开住所地;(5)不得新任其他企业的董事、监事、高级管理人员。

二,债务人的债务人或者财产持有人应当向管理人清偿债务或者交付财产。第三,有关债务人财产的保全措施应当解除,执行程序应当中止。第四,已经开始而尚未终结的有关债务人的民事诉讼或者仲裁应当中止;在管理人接管债务人的财产后该诉讼或者仲裁继续进行。第五,有关债务人的民事诉讼,只能向受理破产申请的人民法院提起。

四、关于法律责任的规定

破产企业如果有隐匿、私分或无偿转让财产,非正常压价出售财产,对原来没有财产担保的债务提供财产担保,对未到期的债务提前清偿,放弃自己的债权等行为之一者,对法定代表人和直接责任人员给予行政处分。破产企业的法定代表人和直接责任人员的行为构成犯罪的,依法追究刑事责任。

企业宣布破产后,由政府监察部门和审计部门负责查明企业破产的责任。破产企业的法定代表人对企业破产负有主要责任的,给予行政处分。破产企业的上级主管部门对企业破产负有主要责任的,对该上级主管部门的领导人,给予行政处分。

破产企业的法定代表人和破产企业的上级主管部门的领导人,因玩忽职守造成企业破产,致使国家财产遭受重大损失的,依照我国《刑法》的有关规定追究刑事责任。

第三节 法院和管理人

一、人民法院是实施企业破产程序的主管机关和最后审查裁定的司法机关

人民法院对破产的审查、重整与和解、破产清算、破产财产的分配与处理等,负有直接的重要的职责。

管理人由人民法院指定。指定管理人的办法和确定管理人报酬的办法由最高人民法院规定。管理人可以由有关部门、机构的人员组成的清算组或者由依法设立的律师事务所、会计师事务所、破产清算事务所等社会中介机构担任。但最后也得由人民法院按照债务人实际情况在征询有关中介机构的意见后,指定该机构具备相关专业知识并取得执业资格的人员担任管理人。个人担任管理人的,应当参加执业责任保险。

有下列情形之一的,不得担任管理人:(1)因故意犯罪受过刑事处罚;(2)曾被吊销相关专业执业证书;(3)与本案有利害关系;(4)人民法院认为不宜担任管理人的其他情形。管理人辞去职务应当经人民法院许可。人民法院是实施企业破产程序的主管机关和最后审查裁定的司法机关。

二、管理人的职责

管理人履行下列职责:(1)接管债务人的财产、印章和账簿、文书等资料;(2)调查债务人财产状况,制作财产状况报告;(3)决定债务人的内部管理事务;(4)决定

债务人的日常开支和其他必要开支;(5)在第一次债权人会议召开之前,决定继续或者停止债务人的营业;(6)管理和处分债务人的财产;(7)代表债务人参加诉讼、仲裁或者其他法律程序;(8)提议召开债权人会议;(9)人民法院认为管理人应当履行的其他职责。此外,人民法院受理破产申请后,管理人对破产申请受理前成立而债务人和对方当事人均未履行完毕的合同,有权决定解除或者继续履行,并通知对方当事人。

在第一次债权人会议召开之前,管理人决定继续或者停止债务人的营业或者有我国《企业破产法》第69条规定的有关行为之一的,都应当及时报告债权人委员会。未设立债权人委员会的,应及时报告人民法院。管理人经人民法院许可,可以聘用必要的工作人员。由人民法院确定的管理人的报酬。债权人会议对管理人的报酬有异议的,有权向人民法院提出。管理人应当勤勉尽责,忠实执行职务。管理人没有正当理由不得辞去职务。对债权人会议认为管理人不能依法公正执行职务或者有其他不能胜任职务情形的,可以申请人民法院予以更换。

第四节 债务人和债务人财产

一、债务人和债务人财产的概念

债务人是债权人的对称,债务人是指因经营管理不善不能清偿到期债务,并且资产不足以清偿全部债务的企业法人或自然人。

破产申请受理时属于债务人的全部财产,以及破产申请受理后至破产程序终结前债务人取得的财产,均为债务人财产。维护债务人的财产是保护债权人和债务人合法权益的重要物质基础,是涉及破产人"起死回生"的重要条件,是涉及债权人的根本利益,也是支付破产费用和公共债务的资金来源。总之债务人财产是能否实施破产制度的根本性问题。

二、在实施整个破产程序过程中,为净化和维护破产财产的法律规定

人民法院受理破产申请前1年内,涉及债务人财产的如下行为,管理人有权请求人民法院予以撤销:(1)无偿转让财产的;(2)以明显不合理的价格进行交易的;(3)对没有财产担保的债务提供财产担保的;(4)对未到期的债务提前清偿的;(5)放弃债权的。

人民法院受理破产申请前6个月内,债务人有不能清偿到期债务,并且资产不足以清偿全部债务或者明显缺乏清偿能力的情形,仍对个别债权人进行清偿的,管理人有权请求人民法院予以撤销。

涉及债务人财产的如下行为无效:(1)为逃避债务而隐匿、转移财产的;(2)虚构债务或者承认不真实的债务的。

因违反我国《企业破产法》有关规定的行为而取得的债务人的财产,管理人有权

追回。

人民法院受理破产申请后,债务人的出资人尚未完全履行出资义务的,管理人应当要求该出资人缴纳所认缴的出资,而不受出资期限的限制。

债务人的董事、监事和高级管理人员利用职权从企业获取的非正常收入和侵占的企业财产,管理人应当追回。

人民法院受理破产申请后,管理人可以通过清偿债务或者提供为债权人接受的担保,取回质物、留置物。

此外,还有三条净化债务人财产的三条法律措施。(1)债务人占有的不属于债务人的财产,该财产的权利人可以通过管理人取回。(2)出卖人已将买卖标的物向作为买受人的债务人发运,债务人尚未收到且未付清全部价款的,出卖人可以取回在运途中的标的物。但是,管理人可以支付全部价款,请求出卖人交付标的物。(3)债权人在破产申请受理前对债务人负有债务的,可以向管理人主张抵销。

第五节　债权申报和债权人会议

一、债权的概念和债权的申报

(一)债权的概念

债权是与债务对称的概念,是指对债务人的债务享有违约责任等权利,有的只有收益处分。

(二)债权的申报

债权申报是债权人对破产人行使权利的重要步骤。人民法院受理破产申请时,对债务人享有债权的债权人,可依照本法规定的程序行使权利。附条件、附期限的债权和诉讼、仲裁未决的债权,债权人也可以申报。债权人应当在法院确定的债权申报期限内向管理人申报债权。

(三)申报债权期限的计算

人民法院受理破产申请后,应当确定债权人申报债权的期限。债权申报期限自法院发布受理破产申请公告之日起计算,最短不得少于30日,最长不得超过3个月。未到期的债权,在破产申请受理时视为到期。附利息的债权自破产申请受理时起停止计息。

但债务人所欠职工的工资和医疗、伤残补助、抚恤费用,所欠的应当划入职工个人账户的基本养老保险、基本医疗保险,以及法律、行政法规规定应当支付给职工的补偿金,不必申报,由管理人调查后列出清单并予以公示。职工对清单记载有异议的,可以要求管理人更正;管理人不予更正的,职工可以向人民法院提起诉讼。

(四)申报债权的说明和对连带债务人的债权申报

债权人申报债权时,应当书面说明债权的数额和有无财产担保,并提交有关证据。申报的债权是连带债权的,也应当说明。

连带债权人可以由其中一人代表全体连带债权人申报债权,也可以共同申报债权。

债务人的保证人或者其他连带债务人已经代替债务人清偿债务的,以其对债务人的求偿权申报债权。债务人的保证人或者其他连带债务人尚未代替债务人清偿债务的,以其对债务人的将来求偿权申报债权。

连带债务人数人被裁定适用我国《企业破产法》规定的程序的,其债权人有权就全部债权分别在各破产案件中申报债权。

(五)求偿权申报债权的三种情况

(1)管理人或者债务人依照我国《企业破产法》规定解除合同的,对方当事人以因合同解除所产生的损害赔偿请求权申报债权。(2)债务人是委托合同的委托人,被裁定适用我国《企业破产法》规定的程序,受托人不知该事实,继续处理委托事务的,受托人以由此产生的请求权申报债权。(3)债务人是票据的出票人,被裁定适用我国《企业破产法》规定的程序,该票据的付款人继续付款或者承兑的,付款人以由此产生的请求权申报债权。

管理人收到债权申报材料后,应当登记造册,对申报的债权进行审查,并编制债权表。该表应当提交第一次债权人会议核查。债务人、债权人对债权表记载的债权无异议的,由人民法院裁定确认。

在人民法院确定的债权申报期限内,债权人未申报债权的,可以在破产财产最后分配前补充申报。但债权人未依照我国《企业破产法》规定申报债权的,不得依照该法规定的程序行使权利。

二、债权人会议与债权人委员会

(一)债权人会议的组成、职权和相关问题的规定

(1)债权人会议的组成。第一,依法申报债权的债权人为债权人会议的成员,有权参加债权人会议,享有表决权。

债权尚未确定的债权人,不得行使表决权。对债务人的特定财产享有担保权的债权人,未放弃优先受偿权利的,不享有表决权。债权人可以委托代理人出席债权人会议,行使表决权。但应当向人民法院或者债权人会议主席提交债权人的授权委托书。

第二,债权人会议应当有债务人的职工和工会的代表参加,对有关事项发表意见。

第三,债权人会议设主席1人,主持债权人会议。

(2)债权人会议行使下列主要职权:核查债权;申请人民法院更换管理人,审查管理人的费用和报酬;监督管理人;选任和更换债权人委员会成员;决定继续或者停止债务人的营业;通过重整计划;通过和解协议;通过债务人财产的管理方案;通过破产财产的变价方案;通过破产财产的分配方案;人民法院认为应当由债权人会议行使的其他职权。债权人会议应当对所议事项的决议作成会议记录。

(3) 债权人会议的召开和决议。第一次债权人会议由人民法院召集,自债权申报期限届满之日起限期内召开。

以后的债权人会议,在人民法院认为必要时,或者管理人、债权人委员会、占债权总额1/4以上的债权人向债权人会议主席提议时召开。召开债权人会议,管理人应当提前15日通知已知的债权人。

债权人会议的决议,由出席会议的有表决权的债权人过半数通过,并且其所代表的债权额占无财产担保债权总额的1/2以上。但是,本法另有规定的除外。

债权人认为债权人会议的决议违反法律规定,损害其利益的,可以自债权人会议作出决议之日起15日内,请求人民法院裁定撤销该决议,责令债权人会议依法重新作出决议。债权人会议的决议,对于全体债权人均有约束力。

根据我国《企业破产法》的有关规定,如债务人财产的管理方案、破产财产的变价方案,经债权人会议表决未通过的,由人民法院裁定。破产财产的分配方案,经债权人会议二次表决仍未通过的,由人民法院裁定。

(二) 债权人委员会

债权人会议可以决定设立债权人委员会。债权人委员会由债权人会议选任的债权人代表和一名债务人的职工代表或者工会代表组成。债权人委员会成员应当经人民法院书面决定认可。

债权人委员会行使的职权包括:(1) 监督债务人财产的管理和处分;(2) 监督破产财产分配;(3) 提议召开债权人会议;(4) 债权人会议委托的其他职权。

债权人委员会执行职务时,有权要求管理人、债务人的有关人员对其职权范围内的事务作出说明或者提供有关文件。管理人、债务人的有关人员违反本法规定拒绝接受监督,债权人委员会有权就监督事项请求人民法院作出决定;人民法院应当在限期内作出决定。

管理人实施有关法律规定的行为[①],应当及时报告债权人委员会。未设立债权人委员会的,管理人实施前款规定的行为应当及时报告人民法院。

第六节 破产重整与和解

一、破产重整的概念

破产重整是我国《企业破产法》新引入的一项制度,是对可能或已经发生破产原因但又有希望再生的债务人,通过各方利害关系人的协商,并借助法律强制性地调整他们的利益,对债务人进行生产经营上的整顿和债权债务关系上的清理,以期摆脱财务困境,重获经营能力的特殊法律程序。破产重整制度作为公司破产制度的重要组

---

① (1) 涉及土地、房屋等不动产权益的转让;(2) 探矿权、采矿权、知识产权等财产权的转让;(3) 全部库存或者营业的转让;(4) 借款;(5) 设定财产担保;(6) 债权和有价证券的转让;(7) 履行债务人和对方当事人均未履行完毕的合同;(8) 放弃权利;(9) 担保物的取回;(10) 对债权人利益有重大影响的其他财产处分行为。

成部分,已为多数市场经济国家采用。它的实施,对于弥补破产和解、破产整顿制度的不足,防范大公司破产带来的社会问题,具有不可替代的作用。

二、重整申请和重整期限

(一)重整申请人经法院审批和公告

债务人或者债权人可以依照我国《企业破产法》规定,直接向人民法院申请对债务人进行重整。出资额占债务人注册资本的1/10以上的出资人,可以向人民法院申请重整。人民法院经审查认为重整申请符合法律规定的,应当裁定债务人重整,并予以公告。

(二)重整期限和重整期限中债务人和管理人职责变化

自人民法院裁定债务人重整之日起至重整程序终止,为重整期间。

在重整期间,经债务人申请和法院批准,债务人可以在管理人的监督下自行管理财产和营业事务;依法已接管债务人财产和营业事务的管理人应当向债务人移交财产和营业事务,管理人的职权由债务人行使;管理人负责管理财产和营业事务的,可以聘任债务人的经营管理人员负责营业事务。在重整期间,对债务人的特定财产享有的担保权暂停行使。但是,担保物足以危害担保权人权利的,担保权人可以向法院请求恢复行使担保权。在重整期间,债务人或者管理人为继续营业而借款的,可以为该借款设定担保。在重整期间,债务人的出资人不得请求投资收益分配;债务人的董事、监事、高级管理人员不得向第三人转让其持有的债务人的股权。

在重整期间,有如下情形之一的,经管理人或者利害关系人请求,人民法院应当裁定终止重整程序,并宣告债务人破产:

(1)债务人的经营状况和财产状况继续恶化,缺乏挽救的可能性;(2)债务人有欺诈、恶意减少债务人财产或者其他显著不利于债权人的行为;(3)由于债务人的行为致使管理人无法执行职务。

三、重整计划的制订和批准

债务人或者管理人应当自人民法院裁定债务人重整之日起一定期限内向法院和债权人会议提交重整计划草案。未按期提出重整计划草案的,人民法院应当裁定终止重整程序,并宣告债务人破产。

债务人自行管理财产和营业事务的,由债务人制作重整计划草案。管理人负责管理财产和营业事务的,由管理人制作重整计划草案。

重整计划草案的内容包括:(1)债务人的经营方案;(2)债权分类;(3)债权调整方案;(4)债权受偿方案;(5)重整计划的执行期限;(6)重整计划执行的监督期限;(7)有利于债务人重整的其他方案。

下列各类债权的债权人参加讨论重整计划草案的债权人会议,依照下列债权分类,分组对重整计划草案进行表决:(1)对债务人的特定财产享有担保权的债权;(2)债务人所欠职工的工资和医疗、伤残补助、抚恤费用,所欠的应当划入职工个人账户的基本养老保险、基本医疗保险费用,以及法律、行政法规规定应当支付给职工的补偿金;(3)债务人所欠税款;(4)普通债权。

人民法院在必要时可以决定在普通债权组中设小额债权组对重整计划草案进行表决。人民法院应当自收到重整计划草案之日起一定期限内召开债权人会议,对重整计划草案进行表决。要有出席会议的同一表决组的债权人过半数同意重整计划草案,并且其所代表的债权额占该组债权总额的 2/3 以上的,重整计划草案才算该组通过。债务人或者管理人应当向债权人会议就重整计划草案作出说明,并回答询问。

各表决组自重整计划通过之日起限期内,债务人或者管理人应当向人民法院提出批准重整计划的申请。人民法院经审查认为符合法律有关规定的,应当自收到申请之日起限期内裁定批准,终止重整程序,并予以公告。

未通过重整计划草案的,而债务人、债权人、管理人又都分别认为和协商认为是可行的,法院应当在限期内批准终止重整程序,予以公布。或者重整计划草案未获得通过且未依照法律有关规定获得批准,或者已通过的重整计划未获得人民法院批准的,人民法院应当裁定终止重整程序,并宣告债务人破产。

四、重整计划的执行

(一)重整计划由债务人负责执行

自人民法院裁定批准重整计划之日起,在重整计划规定的监督期内,由管理人监督重整计划的执行。在监督期内,债务人应当向管理人报告重整计划执行情况和债务人财务状况。管理人应当向人民法院提交监督报告。自监督报告提交之日起,管理人的监督职责终止。管理人向人民法院提交的监督报告,重整计划的利害关系人有权查阅。经管理人申请,人民法院可以裁定延长重整计划执行的监督期限。

(二)经人民法院裁定批准的重整计划,对债务人和全体债权人均有约束力

债权人未依照法律有关规定申报债权的,在重整计划执行期间不得行使权利;在重整计划执行完毕后,可以按照重整计划规定的同类债权的清偿条件行使权利。

债权人对债务人的保证人和其他连带债务人所享有的权利,不受重整计划的影响。

债务人不能执行或者不执行重整计划的,人民法院经管理人或者利害关系人请求,应当裁定终止重整计划的执行,并宣告债务人破产。

人民法院裁定终止重整计划执行的,债权人在重整计划中作出的债权调整的承诺失去效力。债权人因执行重整计划所受的清偿仍然有效,债权未受清偿的部分作为破产债权。前述规定的债权人,只有在其他同顺位债权人同自己所受的清偿达到同一比例时,才能继续接受分配。

按照重整计划减免的债务,自重整计划执行完毕时起,债务人不再承担清偿责任。

五、破产和解

破产和解,是指人民法院受理破产案件后,在破产程序终结前,债务人与债权人之间就延期偿还和减免债务问题达成协议,中止破产程序的一种方法。和解是一种特殊的法律行为。双方法律行为以当事人的意思表示一致为条件,而和解这种法律行为不仅需要债权人会议与债务人意思表示一致,而且要经过人民法院裁定认可,方能成立。

和解的提出和批准。债务人可以依照我国《企业破产法》的有关规定,直接向人民法院申请和解;也可以在人民法院受理破产申请后、宣告债务人破产前,向人民法院申请和解,并提出和解协议草案。人民法院经审查认为和解申请符合法律规定的,应当裁定和解,予以公告,并召集债权人会议讨论和解协议草案。对债务人的特定财产享有担保权的权利人,自人民法院裁定和解之日起可以行使权利。

债权人会议通过和解协议的决议,由出席会议的有表决权的债权人过半数同意,并且其所代表的债权额占无财产担保债权总额的 2/3 以上。

债权人会议通过和解协议的,由人民法院裁定认可,终止和解程序,并予以公告。管理人应当向债务人移交财产和营业事务,并向人民法院提交执行职务的报告。

对和解协议草案经债权人会议表决未获得通过,或者已经债权人会议通过的和解协议未获得人民法院认可的,人民法院应当裁定终止和解程序,并宣告债务人破产。

经人民法院裁定认可的和解协议,对债务人和全体和解债权人均有约束力。

和解债权人是指人民法院受理破产申请时对债务人享有无财产担保债权的人。和解债权人未依照法律有关规定申报债权的,在和解协议执行期间不得行使权利;在和解协议执行完毕后,可以按照和解协议规定的清偿条件行使权利。和解债权人对债务人的保证人和其他连带债务人所享有的权利,不受和解协议的影响。债务人应当按照和解协议规定的条件清偿债务。按照和解协议减免的债务,自和解协议执行完毕时起,债务人不再承担清偿责任。

因债务人的欺诈或者其他违法行为而成立的和解协议,人民法院应当裁定无效,并宣告债务人破产。

债务人不能执行或者不执行和解协议的,人民法院经和解债权人请求,应当裁定终止和解协议的执行,并宣告债务人破产。人民法院裁定终止和解协议执行的,和解债权人在和解协议中作出的债权调整的承诺失去效力。和解债权人因执行和解协议所受的清偿仍然有效,和解债权未受清偿的部分作为破产债权。为和解协议的执行提供的担保继续有效。

人民法院受理破产申请后,债务人与全体债权人就债权债务的处理自行达成协议的,可以请求人民法院裁定认可,并终结破产程序。

第七节 破产清算

一、破产宣告和破产人、破产财产、破产债权的概念

破产宣告，是法院依据当事人的申请或法定职权裁定宣布债务人破产以清偿债务的活动。

人民法院依法宣告债务人破产的，应当自裁定作出之日起限期内送达债务人和管理人，同时自裁定作出之日起限期内通知已知债权人，并予以公告。

债务人被宣告破产后，债务人称为破产人，债务人财产称为破产财产，人民法院受理破产申请时对债务人享有的债权称为破产债权。

破产宣告前，有下列情形之一的，人民法院应当裁定终结破产程序，并予以公告：(1)第三人为债务人提供足额担保或者为债务人清偿全部到期债务的；(2)债务人已清偿全部到期债务的。

所谓优先债权是指对破产人的特定财产享有担保权的权利人，对该特定财产享有优先受偿的权利。所谓普通债权是指享有法律有关规定权利的债权人行使优先受偿权利未能完全受偿的，其未受偿的债权作为普通债权；放弃优先受偿权利的，其债权作为普通债权。

二、破产财产的变价和分配

管理人应当及时拟订破产财产变价方案，提交债权人会议讨论。管理人应当按照债权人会议通过的或者人民法院依照法律有关规定裁定的破产财产变价方案，适时变价出售破产财产。

除债权人会议另有决议或有国家规定的外，变价出售破产财产应当通过拍卖进行。

破产财产在优先清偿破产费用①和共益债务②后，其分配应当依照下列顺序进行清偿：(1)破产人所欠职工的工资和医疗、伤残补助、抚恤费用，所欠的应当划入职工个人账户的基本养老保险、基本医疗保险费用，以及法律、行政法规规定应当支付给职工的补偿金；(2)破产人欠缴的除前项规定以外的社会保险费用和破产人所欠税款；(3)普通破产债权。破产财产不足以清偿同一顺序的清偿要求的，按照比例分

---

① 人民法院受理破产申请后发生的下列费用：(1)破产案件的诉讼费用；(2)管理、变价和分配债务人财产的费用；(3)管理人执行职务的费用、报酬和聘用工作人员的费用，称为破产费用。

② 人民法院受理破产申请后发生的下列债务：(1)因管理人或者债务人请求对方当事人履行双方均未履行完毕的合同所产生的债务；(2)债务人财产受无因管理所产生的债务；(3)因债务人不当得利所产生的债务；(4)为债务人继续营业而应支付的劳动报酬和社会保险费用以及由此产生的其他债务；(5)管理人或者相关人员执行职务致人损害所产生的债务；(6)债务人财产致人损害所产生的债务，称为共益债务。破产费用和共益债务由债务人财产清偿。

配。破产企业的董事、监事和高级管理人员的工资按照该企业职工的平均工资计算。破产财产的分配应当以货币分配方式进行。

管理人应当及时拟订破产财产分配方案,提交债权人会议讨论。破产财产分配方案应当载明下列事项:(1)参加破产财产分配的债权人名称或者姓名、住所;(2)参加破产财产分配的债权额;(3)可供分配的破产财产数额;(4)破产财产分配的顺序、比例及数额;(5)实施破产财产分配的方法。债权人会议通过对其拟订的财产分配方案后,经由管理人将该方案提请人民法院裁定认可,由管理人执行。在执行中应注意对涉及债和债权人的三个提存,即对于附生效条件或者解除条件的债权,管理人应当将其分配额提存;债权人未受领的破产财产分配额,管理人应当提存;对于诉讼或者仲裁未决的债权,管理人应当将其分配额提存。

三、破产程序的终结

破产程序终结的两种情况。一是破产人无财产可供分配的,管理人应当请求人民法院裁定终结破产程序。二是管理人在对破产财产分配完结后,应当及时向人民法院提交破产财产分配报告,并提请法院裁定终结破产程序。人民法院应当自收到管理人终结破产程序的请求之日起在限期内作出是否终结破产程序的裁定。裁定终结的,应当予以公告。

管理人应当自破产程序终结之日起在限期内,持人民法院终结破产程序的裁定,向破产人的原登记机关办理注销登记。管理人于办理注销登记完毕的次日终止执行职务。

破产清楚终结并不等于清算完了,因为还存在是否追加分配和有可能依法继续承担赔偿责任的问题。例如,自破产程序依法律的有关规定终结之日起2年内,有下列情形之一的,债权人可以请求人民法院按照破产财产分配方案进行追加分配:发现有依我国《企业破产法》第31条、第32条、第33条、第36条规定应当追回的财产的;发现破产人有应当供分配的其他财产的。但当发现财产数量还不足以支付分配费用的,不再进行追加分配,由人民法院将其上交国库。破产人的保证人和其他连带债务人,在破产程序终结后,对债权人依照破产清算程序未受清偿的债权,依法继续承担清偿责任。

第八节 法律责任

企业董事、监事或者高级管理人员违反忠实义务、勤勉义务,致使所在企业破产的,依法承担民事责任。有前述规定情形的人员,自破产程序终结之日起3年内不得担任任何企业的董事、监事、高级管理人员。

有义务列席债权人会议的债务人的有关人员,经法院传唤,无正当理由拒不列席债权人会议的,法院可以拘传,并依法处以罚款。债务人的有关人员违反该法规定,拒不陈述、回答,或者作虚假陈述、回答的,法院可以依法处以罚款。

债务人违反法律的有关规定,拒不向法院提交或者提交不真实的财产状况说明、债务清册、债权清册、有关财务会计报告以及职工工资的支付情况和社会保险费用的缴纳情况的,法院可以对直接责任人员依法处以罚款。债务人违反法律的有关规定,拒不向管理人移交财产、印章和账簿、文书等资料的,或者伪造、销毁有关财产证据材料而使财产状况不明的,法院可以对直接责任人员依法处以罚款。

债务人有我国《企业破产法》第31条、第32条、第33条规定的行为,损害债权人利益的,债务人的法定代表人和其他直接责任人员依法承担赔偿责任。

债务人的有关人员违反法律的有关规定,擅自离开住所地的,法院可以予以训诫、拘留,可以依法并处罚款。

管理人未依照法律的有关规定勤勉尽责,忠实执行职务的,法院可以依法处以罚款;给债权人、债务人或者第三人造成损失的,依法承担赔偿责任。

违反法律的有关规定,构成犯罪的,依法追究刑事责任。

第九节 市场经济主体退出的法律机制

一、市场经济主体退出的概念和意义

本书第九章至第十二章,我们着重阐述了市场经济主体的准入机制,包括各类主体成立的要件和程序,并且对准入机制的阐述和规定也比较具体,而第十三章又讲了企业破产法,这实际上说的是市场经济主体的退出机制,但是不完整。什么是市场经济主体的退出呢?我们认为,市场主体的退出是指以企业为核心的市场经济各类主体的资格和能力的消失状态。如主体被撤销、关闭、解散、破产等。在市场经济体制下,市场经济的主体有进入就有退出,这是市场经济基本规律,包括供求规律、竞争规律、价值规律、物质利益规律所决定的。在健全的市场竞争机制下面,通过市场主体的退出,有利于公平、公正、合理的竞争,有利于规范市场经济秩序,有利于实现资源的优化配置,有利于保护参与市场经济运行各主体的合法权益,有利于促进市场经济的持续、高效、健康的发展。但是人们对市场经济主体的进入往往是一往无前,积极性很高,这方面的法律法规也比较完备。而对市场经济主体的退出,常常是意识缺乏,思想准备不足,在这方面的法律法规研究和制定也比较欠缺,今后我们要重点研究市场主体的退出机制。

二、市场经济主体退出的法律形式

根据我国已有的法律规定,市场经济主体有两大类,一是法人,尤其是企业法人,二是自然人。自然人作为市场主体的退出形式有死亡、非企业法人破产、丧失行为能力和权利能力。法人尤其是企业法人,作为市场经济主体的退出形式,归纳起来有以下五种情况:(1)按照法人章程、合同协议、契约规定,生产经营开发应用期满,自行解散,这叫做自动退出;(2)违反国家政府法律、法规,责令关闭撤销;(3)因法人分

立、合并而引起原法人资格消失解散;(4)因法人资不抵债,依法破产;(5)因国家对经济结构的重大调整和其他战略的转移,而使法人转产或停业终止。

三、市场经济主体退出要注意的法律问题

市场经济主体的退出,实际上是对市场经济存续主体利益的分配和再分配,是对它们法律地位的存在和消失,是对他们权利和义务关系的变更,作好了如前所述,作用很大;作不好,会引起市场秩序的混乱和社会的不安定。因此,为了作好市场经济主体的退出,从外部来说,首先是国家和政府要有完备的法律机制,对各类不同主体退出的条件和程序要有明确的规定,而执法机关包括国家政府机关、法院和检察机关,都要确实明了情况,依法办事。其次,退出市场经济各主体与各部门、各方面的债权债务关系要处理好,要分清哪是公众之债,哪是私人之债,为防止社会剧烈震荡,必要时并采取折中形式予以协调。从内部来说,对退出市场经济的各主体,职工和干部之间,总机构和分支机构之间,母公司和子公司之间,供、产、销各环节之间,都要协调各种关系,有先有后,妥善解决,避免不必要的风险。而社会、国家和舆论都要加强对这方面的监督。

第三编 市场经济运行法

发展市场经济一定要有广阔的市场,要有促进市场运行和竞争的经济法律机制。这是保证市场经济朝着统一开放、有序竞争、监督管理方向运行的又一基本要素。为此,第三编从理论和立法实践方面叙述了市场发育与国家对市场的引导和监督的法律规范,主要包括市场经济公平竞争法、产品质量法和消费者权益保护法、商品流通管理法和城市房地产管理法、促进资金筹集和流通的法律以及合同管理法律规定(见第十四章至第十九章)。本书试图弄清它们之间的内在联系和它们各自在市场运行中的总体意义和具体作用。

第十四章 市场的发育和市场运行法律机制

第一节 我国各类市场的形成与发展

我国正在建设社会主义市场经济体制。市场经济的重要内容之一便是培育、发展和完善、规范各类市场,建设统一开放、诚实守信、竞争有序的市场体系。

市场,是商品交换或商品流通的场所和领域。商品生产者在市场上购买他所需要的生产资料,出售他的商品,在市场上让渡商品的使用价值,实现商品的价值,商品活动的参加者通过市场的交换活动,互换自己的劳动成果。所以市场是商品经济关系集中表现的地方,是现代市场经济基本框架的基本构成要素。建立、培育和发展市场体系是我国所要建立的社会主义市场经济体制的一个重要环节。同时又是我国发展市场经济的客观要求,是建立现代企业制度的外部条件,是发挥市场机制作用的物质载体,是实现间接宏观调控的必要前提,是达到资源合理配置的重要保障。

社会主义市场体系经过这几年的发展,逐渐趋于完善。社会主义市场体系可以划分为两部分:一是商品市场,一是生产要素市场,而生产要素市场又可分为金融市场、房地产市场、中介市场、技术市场、信息市场、劳务市场、建筑市场、物流市场等,构成一个整体。

在现代市场经济中,商品市场是整个市场体系的核心和基础,没有发达和完善的商品市场,其他各类市场都无从谈起。因此加速商品市场的完善应放在健全社会主义市场体系的首位。

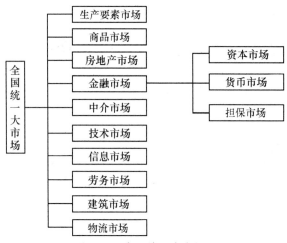

图 14.1　全国统一大市场图

我国的商品市场同其他市场相比发展相对比较早、比较快。但是,在计划经济体制下,我国的商品市场一直比较单一和脆弱,商品品种和数量少,流通模式也很单一,大部分商品呈现供不应求的局面,人民生活得不到满足。改革开放以来,随着多种所有制形式、多条流通渠道、多种经营方式、多种商品形式的发展,我国商品市场才开始逐渐壮大规模。按照"九五"计划和"2010年远景目标",要求到"九五"计划末,在消费需求稳步回升,人民生活继续改善的情况下,社会消费品零售总额达34153亿元,增长速度为11.4%;住房、旅游等新的消费点逐步形成;电话网和移动电话网规模居世界第二位;电子通讯产品的制造和应用成为我国市场的第一大产业。"发展和完善商品市场,培育和规范要素市场,逐步形成统一开放、竞争有序的市场体系",已经有了相当的规模。按照"十五"计划纲要的要求,要进一步开放市场,继续发展商品市场,重点培育和发展要素市场,建立和完善全国统一、公平竞争、规范有序的市场体系,其任务十分重要而艰巨。

在适用商品市场方面,继续发展商品市场,积极发展大宗商品批发市场,放开商品零售市场,改革价格管理体制,市场的开放主要是价格的放开和管理,形成完善的市场价格机制和健全政府价格的决策机制。

在发展完善的银行融资为主的金融市场方面,在《中国人民银行法》和《商业银行法》颁布以前,银行附属于行政机构,没有独立性,对经济的调控作用不明显,金融市场也很虚弱。国家通过立法强化了中央银行的地位和作用,完善了政策性银行的经营机制,加快了国家专业银行向商业银行转变的步伐,并进一步深化利率改革,初步建立以市场利率为基础的可调控的利率体系:(1)要稳妥地发展资本市场;(2)建立统一安全、高效开放的国债市场;(3)加快发展企业债券市场;(4)完善和发展以同行拆借、票据贴现、短期债券业务为主的货币市场;(5)形成有序、适度竞争的保险市场;(6)加强对证券市场的监管,提高对直接融资的比重;(7)疏通储蓄转化为投资的渠道,积极稳妥地发展多种融资方式;(8)发展产业投资基金和票据市场;

(9) 完善外汇市场和建立黄金基金交易市场。

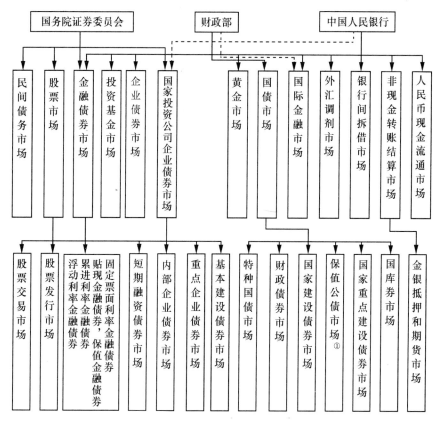

图 14.2 中国金融市场体系图

在房地产市场和经营性土地的商品市场方面,过去由于城市住房实行供给制和福利化,住房分配极不合理,一方面抑制了房地产市场的发展,另一方面也造成 20 世纪 90 年代初房地产市场过热的局面。对此,土地作为生产要素,应最大限度地进入市场。国家将根据法律规定,垄断城镇土地一级市场,规范二级市场,使房地产市场能合法合理地发展。同时深化土地使用制度改革,全面推行经营性用地、招标拍卖制度。

在劳务市场方面,在计划经济体制下我们不承认劳动力是商品,也无所谓劳务市场。劳务市场是伴随着用工制度改革兴起的,以后要进一步进行工资制度改革,促使劳动力合理流动和劳动资源的合理配置,使劳动力价格逐步市场化。同时,坚持城乡统筹就业的改革方案,推动城乡劳务市场进一步一体化。

在建筑市场方面,"八五"期间,建筑业增加值在国民生产总值中,仅次于农业和工业,位居第三。建筑业还积极开拓国际市场,1994 年完成营业额将近 60 亿美元,出现了建筑市场各种所有制企业群雄并争的局面。"九五"期间,发现了建筑质量的严

---

① 曾发行过这种公债,后来没有了。

重问题,进行了立法和整顿,"十五"期间,国家在扶持与鼓励的同时,加强管理,严保质量,实行公开和规范化,发挥建筑市场的作用。

技术、信息市场在我国市场体系中都是新成员,是在我国其他层次的市场发展的基础上发展起来的。为实现我国信息技术的跨越式发展,加快推进国民经济信息化的进程和比重,信息技术和信息产业市场,在我国有着广泛的前途。经济全球化,我国的技术和信息市场还要与国际接轨。

以上各类各层次市场的划分,并不是对市场的割裂与分离,相反,各种市场互相作用,互相渗透,互相补充,共同构成完整的、多层次的社会主义经济大市场,这个市场的特点可用八个字概括,那就是:统一、开放、竞争、有序。

第二节　国家对市场的引导和监管

由于社会主义市场经济在一定意义上说是法制经济,培育和发展市场体系,离不开有关市场的法制建设和依法管理与监督。国家一方面对市场的发展进行引导,建立起正常的市场进入、退出、竞争和交易程序,另一方面,也要加强对各类市场运行的监督,纠正和制裁不利于公平交易和平等竞争的行为,保护经营者和消费者的合法权益,做到"活而不乱,管而不死"。"活而不乱"是指通过市场管理活动,促进市场机制充分发挥作用,做到流通渠道畅通,上市商品丰富,交易活跃,买卖方便;同时,又要保证良好的市场秩序,防止出现市场经济秩序混乱的情况。"管而不死"是指按照国家的法律和政策进行市场管理。凡属违法的交易活动,就要干预坚决查办;凡属正当的交易活动,就要坚决保护,不得乱加干预。

一、制定和完善市场法律、法规

加强市场引导和监督,首先要制定相关的法律和市场规则,做到有法可依。这里所涉及的法律和法规很多,主要有:经济方面的合同管理法、价格法、商标法、广告法、招标投标法、计量法、产品质量法、反不正当竞争法、反垄断法、反暴利法、消费者权益保护法、中央银行法及其货币法、证券法、房地产法、劳动法等,以及各种具体的规章制度,应该说改革开放,特别是1992年以来,我国的立法部门和国务院法制部门已陆续制定和颁布了一系列同市场管理有关的法律、规定,为市场体系的培育和发展提供了初步的法律依据。但同时也应该看到,这种法律构架还不完备。一方面不少应制定的法律还未制定出来或层次不够,另一方面已颁布的法律规范中也有一些同实际结合不够紧密的地方,使之执行起来产生许多问题。因此,在促进市场运行的法律机制方面还有很多工作要作。

二、依法实施对市场运行的引导和监督管理

对市场运行的引导和监督管理是指以政府和社会为主体,为了维护市场秩序,根据市场立法和市场规则的要求,采取各种手段,对市场交易运行过程所进行的指导和

监督。对市场引导的手段包括行政手段、经济手段和法律手段,并以法律手段为主。对市场引导主要包括四方面的内容:一是对参与市场运行主体的引导和监督管理。审查进入市场参与市场经济活动的有关当事人的资格。任何未经核准登记,没有取得营业执照的经济组织和个人,都不准进入市场。主管部门应限制无注册资本、无场地、无机构、无人员的"四无企业"参与市场,限制党政机构干部进入市场经商办企业,对于未取得合法经营资格或从事违法活动的企业和个人,都要从市场中清除出去,确保市场主体的合法性。二是对参与市场运行的客体的检查监督与管理。市场主管部门应严格限制假冒伪劣商品进入市场,并对生产和运销这类商品的企业或个人给予法律制裁。同时,要对各类专门市场机构进行管理和监督,为市场主体提供公平交易和平等竞争的条件。三是对市场行为的引导和管理监督。在市场交易中,市场主体不能侵害消费者,不能缺斤短两,以次充好,变相涨价和降低服务标准,更不允许欺行霸市。另外,还要依法限制不正当竞争和垄断市场的行为,打破部门和地区封锁。四是对价格的监督管理。价格管理是国家引导和监督市场的重要内容,是国家和社会对市场机制决策和调节价格的手段和补充,包括对非竞争性、自然垄断性商品和服务的价格,应由政府物价管理部门制定、调整和监督执行。如铁路运价、电价、邮电付费、公共运输票价、城市居民用水、用电、用气价格等。同时也要引入竞争机制并实行政府听证会制度,另外还要制止哄抬物价和地方政府、主管部门擅自提价。实行价格申报和明码标价制度。

总之,国家和社会通过制定和完善市场规则,加强市场引导管理和物价监督,做到规范流通秩序,打破地区封锁和部门侵害,制止不正当竞争,保护生产者和消费者的合法权益,发展和规范市场中介组织,严格资格认定,发挥好服务、沟通、公证、监督作用。

第十五章　市场经济公平竞争法

反不正当竞争法、反垄断法和广告法都是促进市场竞争和保护市场竞争的重要法律,这三部法律之间既有联系,又有区别;但都是保障市场经济正常运行和保护市场经济秩序的主要法律,本章着重阐述这三部法律的概念、原则、作用和基本内容。

第一节　反不正当竞争法

一、反不正当竞争法的概念及其作用

竞争是市场经济最基本的运行机制。竞争可以给经营者以动力和压力,竞争可以使经营者优胜劣汰。在日益激烈的市场竞争中,经营者采取正当的竞争手段可以使企业改善经营管理水平,提高产品质量,从而占有市场、拓展市场。反之就会破坏公平竞争秩序,影响市场经济的健康发展,最终使该企业产品被市场竞争的洪流所淘汰。为保证正常的经济秩序,促进经济发展,国家必须用反不正当竞争法这个法律手段来规范生产者、经营者的行为,用强力排除不正当竞争。1993年9月2日,我国第八届全国人大常委会第三次会议审议通过了《中华人民共和国反不正当竞争法》(以下简称《反不正当竞争法》),并于同年12月1日起施行。

(一) 不正当竞争行为的概念和特征

不正当竞争行为是指从事商品活动的经营者或营利性服务的法人、经济组织或个人,违反《反不正当竞争法》的有关规定,损害其他经营者的合法权益,扰乱社会经济秩序的行为。不正当竞争行为的特征主要有:

(1) 不正当竞争行为的主体是经营者。不正当竞争行为发生在商品的生产和经营过程中。行为人的直接目的是追求经济利益,如企业的经营者、经济组织或个人,为了营利、争夺名誉等采用非法手段排挤削弱竞争对手妨害其他经营者的正当经营活动,侵害其他经营者的合法权益。

(2) 不正当竞争行为是违法行为。不正当竞争者的行为明显地违反《反不正当竞争法》的自愿、平等、公平、诚实信用的原则或违背了公认的商业道德,应认定为不正当竞争行为。

(3) 不正当竞争行为是危害行为。不正当竞争行为,是从个人或小团体的利益出发,不惜损害国家、集体或他人的利益,采用不正当的手段,以达到自己盈利的目的,从而使国家、社会的整体利益和其他竞争者的合法权益受到损害。

(4) 不正当竞争行为是不平等的行为。公平交易和竞争,历来是商业活动中的基本准则,不正当竞争行为人采用非法手段直接地或间接地制造不平等的竞争条件

与竞争对手竞争。这样的竞争结果,也是不平等的。

(二)反不正当竞争法的概念和作用

反不正当竞争法是国家规范市场经济行为的准则,是调整和制止不正当竞争行为过程中发生的经济关系的法律规范的总称。

在现代立法系统中,竞争法应该包括反垄断、反限制竞争和反不正当竞争等法律内容。由于各国立法时间、社会制度和国内、国际的经济环境的不同,在立法选择上各有不同的特点。反不正当竞争法是国家规范市场竞争行为的准则。目前很多国家都公布了专门的法律禁止或制止不正当竞争行为。我国也颁布有《反不正当竞争法》。

反不正当竞争法是商品经济活动中的重要法规。有些国家把反不正当竞争法称为"经济宪法"。反不正当竞争法限制、制止不正当竞争行为,鼓励有效、公平的竞争。它的主要作用表现在:

(1)它充分发挥竞争的积极作用。反不正当竞争法保护合法竞争,限制消极竞争,制止非法竞争。

(2)它能够维护有效的、公平的竞争。反不正当竞争法反映国家用强制手段保证、调节市场机能的正常运行,引导社会资源在公平竞争条件下合理配置。

(3)它能够保护消费者的合法权益。反不正当竞争法通过对竞争行为的规定,保护消费者的合法权益。

二、不正当竞争行为的表现形式

不正当竞争行为在市场经济活动中的表现形式是多种多样的。根据我国《反不正当竞争法》的有关规定,不正当竞争行为常见的形式有以下几种:

(一)损害竞争对手利益的行为

凡采取损害竞争对手的利益,获取自己利益的行为都是不正当竞争行为,主要有:

(1)假冒他人注册商标的行为。注册商标是商品生产者和经营者在某种商品的生产、加工、制造、销售等商业活动过程中的特有的标志,也是区别于其他同类商品的特有标志。注册商标受国家商标法保护,它是商标注册人特有的专用权,未经许可任何人不得在任何商品上使用,凡冒用他人的注册商标者视为侵犯注册商标专用权的行为。

(2)假冒知名商品特有的名称、包装、装潢的行为。商品的名称、包装、装潢是商品特有的外表特征。它是区别于其他商品的重要标志,也是商品生产者和经营者特有的商业信誉和声誉,尤其是知名商品的名称、包装、装潢更是引人重视。这种行为的表现,一种是擅自使用与知名商品相同的名称、包装、装潢;另一种是使用与知名商品相近的名称、包装、装潢,造成以假乱真,混淆真假,使消费者误认为该商品也是知名商品,起到误购的目的。

(3)擅自使用他人的企业名称或姓名,引人误认为是他人的商品的行为。企业名称或姓名一经登记,登记者就享有专有权,他人未经允许不能使用和冒用。

(4)伪造或冒用产品质量标志,伪造产品产地的行为。产品的质量标志,特别是名优产品质量标记,是国家认可并予以保护的,产品质量的特殊符号,任何人不经许可不得冒用和借用。商品的产地是一种工业产权,世界许多国家都有保护产品产地的条款,我国也不例外。

(二)商业贿赂行为

商业贿赂行为是指经营者在市场经济活动中,为争得交易的机会,特别是争得战胜竞争对手、占领销售的优势,所采取的各种不正当竞争行为:

(1)采用回扣方式。在经济活动和商品交易中,为争取交易机会通过秘密方式由经营者的一方向另一方付给现金回扣、高档财物、名贵产品等。

(2)提供高级服务招待。在经济活动和商品交易中,为获取高额利益,以用回扣方式为经营的对方提供高级招待、免费度假、旅游、高档宴请等各种高级服务。

(3)提供高报酬的其他方式。在经济活动和商品交易中,为推销商品或其他经营目的,为经营者对方秘密提供其他高额报酬,如装修房屋、购买房地产,为子女入学和解决就业提供各种经费、方便等。

(三)侵犯他人商业秘密的行为

所谓商业秘密是指受国际、国内法律保护,不为公众所知悉,能为权利人带来经济利益,具有实用价值,并经权利人采取保密措施的技术信息和经营信息、生产经验等的总称。如企业生产经营者的生产技能、经验,生产的工艺流程,各种名特产品生产的原料配方、生产秘诀等,以及生产和经营者的各种技术设计图纸、经营秘密等。侵犯商业秘密的形式很多,主要有:

(1)以盗窃、利诱、胁迫或其他不正当手段获取其他权利人所持有的商业秘密。盗窃商业秘密包括企业内部知情人员和外部人员,或内外人员勾结等方式盗窃权利人的商业秘密。利诱手段一般指行为人向掌握和了解商业秘密的人员直接或间接地提供各种财物、提供优厚的条件或某些许诺条件,诱使内部人员为其提供该企业商业秘密。胁迫手段是指行为人用威胁、强制的方法,迫使知情人为其提供该企业的商业秘密。其他手段,如借向对方学习、参观、洽谈、与对方合作等方式从权利人那里骗取或套取商业秘密。

(2)披露、使用或者允许他人使用以不正当手段获取权利人的商业秘密。披露是指未经允许而通过一定的渠道故意泄露权利人的商业秘密,如采用新闻采访、经验介绍等。"使用"或允许他人使用是指以不正当手段获取他人商业秘密后,"使用"或允许他人使用,但必须是有其他经济性的报酬。

(3)违反约定或违反权利人有关保守商业秘密的要求,披露、使用或允许他人使用其所掌握的商业秘密。现实经济活动中常出现的上述行为,一种是本企业人员,特别是本企业掌握、了解商业秘密的人员为牟取个人的利益而泄露该企业的商业秘密;另一种是企业之外人员采取非法手段通过掌握、了解权利人商业秘密的人员获取商业秘密。

(4) 第三人明知或应知上述三种行为是违法行为,获取、使用或披露他人的商业秘密,也视为侵犯他人商业秘密。

(四) 虚假广告和宣传行为

常见的虚假广告和宣传行为有:

(1) 经营者制作虚假广告,即经营广告者利用广告或其他方法对商品质量、制作成分、性能、用途、生产者、有效期限、产地等作引人误解的虚假宣传。这类虚假广告都是营利性的。

(2) 广告经营者代理、设计、制作、发布的虚假广告。即广告经营者在明知是虚假广告或应当知道是虚假广告的情况下,而实施广告、宣传的行为。

(五) 倾销商品的行为

倾销商品行为,是指商品的生产经营者为排挤竞争对手,达到支配、控制、垄断市场的目的,以非正常的价格出售商品的行为。

根据我国《反不正当竞争法》第11条的规定,在下列情况下,以低于成本的价格出售商品的行为,不属于倾销行为。如:(1) 销售鲜活商品的;(2) 处理有效期限即将到期的商品或者其他积压的商品;(3) 季节性降价;(4) 因清偿债务、转产、歇业降价销售商品。

(六) 实行地区、部门封锁销售,限制竞争的行为

我国《反不正当竞争法》规定,政府及其所属部门滥用行政权力限制竞争的行为有:(1) 限定他人购买其指定的经营者的商品;(2) 限制其他经营者正当的经营活动;(3) 限制外地商品进入本地市场;(4) 限制本地商品流向外地市场。

(七) 附加条件的销售行为

附加条件的销售行为是指商品经营者在销售商品时,违背消费者的意愿强迫消费者接受的不合理销售条件,损害消费者的利益的行为。如:(1) 违反消费者意愿搭售某种商品为条件;(2) 在签订合同,商品成交时,经营者一方向另一方提出不合理的条件,以限制对方的正常经营活动。

(八) 不正当设奖销售行为

设奖销售是指经营者为推销自己的商品,提供奖品或奖金以附赠式有奖销售和抽奖式有奖销售。我国《反不正当竞争法》第13条规定,经营者不得进行以下有奖销售:(1) 采用谎称有奖或者故意让内定人员中奖的欺骗方式进行有奖销售;(2) 利用有奖销售的手段推销质次价高的商品;(3) 抽奖式的有奖销售,最高奖的金额超过5000元的。

(九) 损害、诋毁竞争对手商业信誉和商品声誉的行为

这种行为一般指经营者利用广告、报纸等宣传方式,人为地公开发表不真实的信息、贬低、损害对手的企业名誉和商品声誉,以提高自己商品的声誉的不正当行为。

(十) 投标招标中的不正当竞争行为

在现行招标投标中,存在的不正当竞争行为有:(1) 恶意串通投标行为。一般是两个以上经营者,为获取非法商业利益,互相勾结和配合,以损害国家、社会或他人的

合法利益的行为;(2)投标者和招标者之间相互勾结,以排挤竞争对手的行为。

(十一)强制交易行为

强制交易行为是指权力机关或部门利用行政权力和某种业务特有的权力限制经营者购买、使用或不允许购买、使用某种商品的商业交易行为。这种行为的主体一种是公用企业主管部门或行政机关、政府部门,另一种是依法具有独占地位的经营者。

三、对不正当竞争行为的监督检查

(一)监督检查部门

我国《反不正当竞争法》第16条规定:县级以上监督检查部门对不正当竞争行为,可以进行监督检查;法律、行政法规规定由其他部门监督检查的,依照其规定。除此之外,有些部门如物价、计量、技术监督、商品检验、银行等部门也可依照法律、行政法规的规定,对不正当竞争行为进行监督检查。

(二)监督检查的职权

监督检查部门的职权主要有下列几项:

(1)按规定程序询问被检查的经营者、利害关系人、证明人,并要求提供证明材料或者与不正当竞争行为有关的其他资料。

(2)查询、复制与不正当竞争行为有关的协议、账册、单据、文件、记录、业务函电和其他资料。

(3)检查不正当竞争行为的有关财物,必要时可以责令被检查的经营者说明该商品的来源和数量,暂停销售,听候检查,不得转移、隐匿、销毁该财物。

四、违反不正当竞争法的法律责任

(一)民事法律责任

不正当竞争行为人的民事法律责任有:

(1)停止侵害他人的不正当竞争行为。根据反不正当竞争法的规定,凡假冒其他企业的注册商标,擅自使用知名产品的特有名称、包装、装潢等,以排挤竞争对手为目的,倾销商品、侵犯他人商业秘密等行为,责令其停止侵害他人的不正当竞争行为,并为被侵害人消除影响,恢复名誉。

(2)赔偿他人经济损失。行为人的不正当竞争给他人带来经济损失,行为人应给予经济补偿。赔偿的数额,应以被害人实际发生的,可计算的损失为依据。难以计算的,赔偿额为侵权人在侵权期间因侵权所获得的利润;并应承担被侵害的经营者因调查该经营者侵害其合法权益行为所支付的合理费用。

(二)行政法律责任

不正当竞争行为人应承担的行政法律责任有:

(1)强制行为人停止不正当竞争行为。例如强制停止虚假广告宣传行为、倾销商品行为、不正当设奖销售行为。

(2)没收非法所得。对假冒名优商品、商标,擅自使用知名商品特有的名称、包装、装潢,制作、发布虚假广告等行为,所得利润,应予以没收。

(3) 处以罚款。对擅自使用知名商品特有的名称、包装、装潢,对采用财物或其他手段进行贿赂,对违反规定的有奖销售,对侵犯他人商业秘密等不正当竞争行为者给予金额不等的罚款。

(4) 吊销营业执照。不正当竞争行为者经教育不改,给他人造成经济损失和其他影响者,可以取消其营业资格。

(三) 刑事法律责任

不正当竞争行为人的行为,触犯我国刑法应依法承担刑事法律责任。

(1) 根据不正当竞争法的规定,行为人销售伪劣商品,采用贿赂手段以销售或者购买商品等行为,情节严重,构成犯罪的,依法追究刑事法律责任。

(2) 对监督检查部门工作人员,滥用职权,玩忽职守和徇私舞弊,故意包庇犯罪行为人不受追诉,构成犯罪的,依法追究其刑事法律责任。

第二节 我国《反垄断法》的基本内容

一、市场经济与反垄断和我国《反垄断法》的颁布

竞争是市场经济的灵魂。只有通过竞争,才能实现反映真实供求关系的价格信息;竞争通过择优汰劣,使资源由效益低的企业、地区和部门流向效益高的企业、地区和部门,由供过于求的部门流向供不应求的部门,从而促使资源配置的优化,获得最大的经济效益。

竞争的核心内容有两条:(1) 在平等较量的基础上优胜劣汰;(2) 竞争的动机是经济主体收益最大化。传统民法倡导的"平等"、"自由"、"私法自治"、"所有权神圣不可侵犯"等观念,正是市场经济自由竞争的反映。

竞争发展到一定阶段必然导致生产和资本的集中,导致垄断。追求利润最大化的内在动力和激烈竞争的外在压力促使着市场经济朝着生产和资本集中、垄断化的方向发展。同时,公司形式的出现,特别是股份公司的产生和发展对生产和资本的集中起到了巨大的促进作用。垄断作为商品经济发展到一定阶段上的产物,其本身表明了一种社会进步,标志着商品经济和科学技术已发展到相当的程度,标志着规模经济的形成和劳动生产力的提高。但垄断是竞争的消极表现,这种消极性从整个社会的市场秩序看,它限制了竞争积极作用的发挥,削弱了竞争,破坏了市场经济的动力机制,同时造成了市场竞争的不公平,侵犯了其他经营者和消费者的利益。垄断危害的另一方面,就是经济上的集中导致政治上的专制和独裁,导致民主政治的破坏。

现代反垄断法起源于美国。一般认为,美国1890年制定的《谢尔曼法》是第一部系统的、目的明确的现代反垄断法。此后,美国又制定和公布了一系列相关的法律、法规和司法判例,构成了美国比较完备的反垄断法体系。但直到第二次世界大战结束,反垄断法只是在美国获得独立的发展。第二次世界大战使人们认识到垄断组织

作为战争祸根的严重危害,1945年纳粹政权崩溃后,德国与英、美、法等同盟国签署了《波茨坦协议》,提出:"尽可能快地消灭因卡特尔、辛迪加、托拉斯等垄断集团的形成造成的过分的经济集中"。战后各国逐渐认识到垄断在经济上、政治上的危害,纷纷制定反垄断法。20世纪60年代以来各发达国家几乎均有反垄断立法,而且反垄断也逐步扩展到社会生活领域,向国际化发展。美国的"微软案"标志着美国反垄断由严到宽和由宽到严的历史发展过程,表明美国为了维护经济的公平、公开竞争,为了市场的自由与公正,不惜牺牲个别企业的经济利益,哪怕是巨大的经济损失,美国的"微软案"对美国反垄断有重要影响,对国际反垄断的影响也不能低估。

我国曾经在一个相当长的时期,实行高度集权的计划经济体制,社会生产、交换、分配和消费均由国家垄断,社会经济生活中基本不存在竞争。改革开放引入了竞争机制,国家已经陆续颁布了若干法规,例如《关于开展和保护社会主义竞争的暂行规定》(1980年10月17日)、《价格管理条例》(1987年9月11日)、《关于清理整顿公司的规定》(1988年10月3日)等,都对垄断作出规制。1987年8月,我国正式开始了反垄断法起草工作。在历经多年酝酿、数次被全国人大列入立法计划之后,2007年8月30日第十届全国人大常委会第二十九次会议通过了《中华人民共和国反垄断法》(以下简称《反垄断法》)。该法共分总则,垄断协议,滥用市场支配地位,经营者集中,滥用行政权力排除、限制竞争,对涉嫌垄断行为的调查,法律责任,附则等8章57条,于2008年8月1日起施行。该法为营造公平和谐有序的竞争环境提供了法律保障。

二、我国《反垄断法》的基本内容

(一)概述

1. 关于立法的目的、目标和适用范围

我国《反垄断法》的立法目的是:为了预防和制止垄断行为,保护市场公平竞争,提高经济运行效率,维护消费者利益和社会公共利益,促进社会主义市场经济健康发展。

国家制定和实施与社会主义市场经济相适应的竞争规则,完善宏观调控,健全统一、开放、竞争、有序的市场体系。

我国《反垄断法》规定,我国境内经济活动中的垄断行为,适用本法;我国境外的垄断行为,对境内市场竞争产生排除、限制影响的,适用本法。经营者依照有关知识产权的法律、行政法规规定行使知识产权的行为,不适用本法;但是,经营者滥用知识产权,排除、限制竞争的行为,适用本法。

2. 垄断行为的内容和形式

我国《反垄断法》规定的垄断行为包括:(1)经营者达成垄断协议;(2)经营者滥用市场支配地位;(3)具有或者可能具有排除、限制竞争效果的经营者集中;(4)滥用行政权力排除、限制竞争。

经营者①可以通过公平竞争、自愿联合,依法实施集中,扩大经营规模,提高市场竞争能力。具有市场支配地位的经营者,不得滥用市场支配地位,排除、限制竞争。

国有经济占控制地位的关系国民经济命脉和国家安全的行业以及依法实行专营专卖的行业,国家对其经营者的合法经营活动予以保护,并对经营者的经营行为及其商品和服务的价格依法实施监管和调控,维护消费者利益,促进技术进步。

国有经济占控制地位的行业,依法实行专营、专卖行业的经营者应当依法经营,诚实守信,严格自律,接受社会公众的监督,不得利用其控制地位或者专营专卖地位损害消费者利益。

行政机关和法律、法规授权的具有管理公共事务职能的组织不得滥用行政权力,排除、限制竞争。

3. 领导体制、主管部门和行业协会

国务院设立反垄断委员会,负责组织、协调、指导反垄断工作,履行下列职责:(1) 研究拟订有关竞争政策;(2) 组织调查、评估市场总体竞争状况,发布评估报告;(3) 制定、发布反垄断指南;(4) 协调反垄断行政执法工作;(5) 国务院规定的其他职责。国务院反垄断委员会的组成和工作规则由国务院规定。国务院反垄断委员会现已建立,并按工作规则开展了反垄断工作。

国务院规定的承担反垄断执法职责的机构②(以下统称国务院反垄断执法机构)依法负责反垄断执法工作。国务院反垄断执法机构根据工作需要,可以授权省、自治区、直辖市人民政府相应的机构,依照该法规定负责有关反垄断执法工作。

行业协会应当加强行业自律,引导本行业的经营者依法竞争,维护市场竞争秩序。

(二) 垄断协议

垄断协议,是指排除、限制竞争的协议、决定或者其他协同行为。

根据我国《反垄断法》的规定,禁止具有竞争关系的经营者达成下列垄断协议:(1) 固定或者变更商品价格;(2) 限制商品的生产数量或者销售数量;(3) 分割销售市场或者原材料采购市场;(4) 限制购买新技术、新设备或者限制开发新技术、新产品;(5) 联合抵制交易;(6) 国务院反垄断执法机构认定的其他垄断协议。

禁止经营者与交易相对人达成下列垄断协议:(1) 固定向第三人转售商品的价格;(2) 限定向第三人转售商品的最低价格;(3) 国务院反垄断执法机构认定的其他垄断协议。

经营者能够证明所达成的协议属于下列情形之一的,不适用我国《反垄断法》第13条、第14条的规定:(1) 为改进技术、研究开发新产品的;(2) 为提高产品质量、降低成本、增进效率,统一产品规格、标准或者实行专业化分工的;(3) 为提高中小经营者经营效率,增强中小经营者竞争力的;(4) 为实现节约能源、保护环境、救灾救助等

---

① 我国《反垄断法》所称经营者,是指从事商品生产、经营或者提供服务的自然人、法人和其他组织。
② 现由国家发改委、工商行政管理总局、商务部三机构联合执法。

社会公共利益的;(5)因经济不景气,为缓解销售量严重下降或者生产明显过剩的;(6)为保障对外贸易和对外经济合作中的正当利益的;(7)法律和国务院规定的其他情形。属于上述(1)、(2)、(3)、(4)、(5)种情形,不适用被禁止的垄断协议的规定的,经营者还应当证明所达成的协议不会严重限制相关市场①的竞争,并且能够使消费者分享由此产生的利益。

行业协会不得组织本行业的经营者从事垄断协议禁止的垄断行为。

(三)滥用市场支配地位

市场支配地位,是指经营者在相关市场内具有能够控制商品价格、数量或者其他交易条件,或者能够阻碍、影响其他经营者进入相关市场能力的市场地位。

禁止具有市场支配地位的经营者从事下列滥用市场支配地位的行为:

(1)以不公平的高价销售商品或者以不公平的低价购买商品;(2)没有正当理由,以低于成本的价格销售商品;(3)没有正当理由,拒绝与交易相对人进行交易;(4)没有正当理由,限定交易相对人只能与其进行交易或者只能与其指定的经营者进行交易;(5)没有正当理由搭售商品,或者在交易时附加其他不合理的交易条件;(6)没有正当理由,对条件相同的交易相对人在交易价格等交易条件上实行差别待遇;(7)国务院反垄断执法机构认定的其他滥用市场支配地位的行为。

认定经营者具有市场支配地位,应当依据的因素包括:(1)该经营者在相关市场的市场份额,以及相关市场的竞争状况;(2)该经营者控制销售市场或者原材料采购市场的能力;(3)该经营者的财力和技术条件;(4)其他经营者对该经营者在交易上的依赖程度;(5)其他经营者进入相关市场的难易程度;(6)与认定该经营者市场支配地位有关的其他因素。

有这些情形之一的,可以推定经营者具有市场支配地位:(1)一个经营者在相关市场的市场份额达到1/2的;(2)两个经营者在相关市场的市场份额合计达到2/3的;(3)三个经营者在相关市场的市场份额合计达到3/4的。

有前述两个或三个经营者在相关市场份额合计达到2/3或3/4这两项规定的情形,其中有的经营者市场份额不足十分之一的,不应当推定该经营者具有市场支配地位。被推定具有市场支配地位的经营者,有证据证明不具有市场支配地位的,不应当认定其具有市场支配地位。

(四)经营者集中

经营者集中是指下列情形:(1)经营者合并;(2)经营者通过取得股权或者资产的方式取得对其他经营者的控制权;(3)经营者通过合同等方式取得对其他经营者的控制权或者能够对其他经营者施加决定性影响。

经营者集中达到国务院规定的申报标准的,经营者应当事先向国务院反垄断执法机构申报,未申报的不得实施集中。经营者集中有下列情形之一的,可以不向国务院反垄断执法机构申报:(1)参与集中的一个经营者拥有其他每个经营者50%以上

---

① 本法所称相关市场,是指经营者在一定时期内就特定商品或者服务进行竞争的商品范围和地域范围。

有表决权的股份或者资产的;(2) 参与集中的每个经营者50%以上有表决权的股份或者资产被同一个未参与集中的经营者拥有的。经营者向国务院反垄断执法机构申报集中,应当提交相应的文件、资料。① 经营者提交的文件、资料不完备的,应当在国务院反垄断执法机构规定的期限内补交文件、资料。经营者逾期未补交文件、资料的,视为未申报。

国务院反垄断执法机构应当自收到经营者提交的符合法律规定的文件、资料之日起限期内,对申报的经营者集中进行初步审查,作出是否实施进一步审查的决定,并书面通知经营者。国务院反垄断执法机构作出决定前,经营者不得实施集中。国务院反垄断执法机构作出不实施进一步审查的决定或者逾期未作出决定的,经营者可以实施集中。

国务院反垄断执法机构决定实施进一步审查的,应当自决定之日起限期内审查完毕,作出是否禁止经营者集中的决定,并书面通知经营者。作出禁止经营者集中的决定,应当说明理由。审查期间,经营者不得实施集中。有下列情形之一的,国务院反垄断执法机构经书面通知经营者,可以延长前款规定的审查期限,但最长不得超过60日:(1) 经营者同意延长审查期限的;(2) 经营者提交的文件、资料不准确,需要进一步核实的;(3) 经营者申报后有关情况发生重大变化的。国务院反垄断执法机构逾期未作出决定的,经营者可以实施集中。

审查经营者集中,应当考虑下列六种因素:(1) 参与集中的经营者在相关市场的市场份额及其对市场的控制力;(2) 相关市场的市场集中度;(3) 经营者集中对市场进入、技术进步的影响;(4) 经营者集中对消费者和其他有关经营者的影响;(5) 经营者集中对国民经济发展的影响;(6) 国务院反垄断执法机构认为应当考虑的影响市场竞争的其他因素。

经营者集中具有或者可能具有排除、限制竞争效果的,国务院反垄断执法机构应当作出禁止经营者集中的决定。但是,经营者能够证明该集中对竞争产生的有利影响明显大于不利影响,或者符合社会公共利益的,国务院反垄断执法机构可以作出对经营者集中不予禁止的决定。对不予禁止的经营者集中,国务院反垄断执法机构可以决定附加减少集中对竞争产生不利影响的限制性条件。

国务院反垄断执法机构应当将禁止经营者集中的决定或者对经营者集中附加限制性条件的决定,及时向社会公布。

对外资并购境内企业或者以其他方式参与经营者集中,涉及国家安全的,除依法规定进行经营者集中审查外,还应当按照国家有关规定进行国家安全审查。

(五) 滥用行政权力排除、限制竞争

行政垄断,是指政府机关滥用行政权力参与微观经济活动,扣除和限制竞争的行为。行政垄断是我国在由计划经济向市场经济转轨过程中形成的一种特殊的垄断形

---

① (1) 申报书;(2) 集中对相关市场竞争状况影响的说明;(3) 集中协议;(4) 参与集中的经营者经会计师事务所审计的上一会计年度财务会计报告;(5) 国务院反垄断执法机构规定的其他文件、资料。申报书应当载明参与集中的经营者的名称、住所、经营范围、预定实施集中的日期和国务院反垄断执法机构规定的其他事项。

态,是反垄断的关键问题。我国《反垄断法》对行政垄断作出了以下规定:

(1) 行政机关和法律、法规授权的具有管理公共事务职能的组织不得滥用行政权力,限定或者变相限定单位或者个人经营、购买、使用其指定的经营者提供的商品。

(2) 行政机关和法律、法规授权的具有管理公共事务职能的组织不得滥用行政权力,实施下列行为,妨碍商品在地区之间的自由流通:第一,对外地商品设定歧视性收费项目、实行歧视性收费标准,或者规定歧视性价格;第二,对外地商品规定与本地同类商品不同的技术要求、检验标准,或者对外地商品采取重复检验、重复认证等歧视性技术措施,限制外地商品进入本地市场;第三,采取专门针对外地商品的行政许可,限制外地商品进入本地市场;第四,设置关卡或者采取其他手段,阻碍外地商品进入或者本地商品运出;第五,妨碍商品在地区之间自由流通的其他行为。

(3) 行政机关和法律、法规授权的具有管理公共事务职能的组织不得滥用行政权力,以设定歧视性资质要求、评审标准或者不依法发布信息等方式,排斥或者限制外地经营者参加本地的招标投标活动。

(4) 行政机关和法律、法规授权的具有管理公共事务职能的组织不得滥用行政权力,采取与本地经营者不平等待遇等方式,排斥或者限制外地经营者在本地投资或者设立分支机构。

(5) 行政机关和法律、法规授权的具有管理公共事务职能的组织不得滥用行政权力,强制经营者从事本法规定的垄断行为。

(6) 行政机关不得滥用行政权力,制定含有排除、限制竞争内容的规定。

(六) 对涉嫌垄断行为的调查措施

对涉嫌垄断行为的调查是实施反垄断法的重要程序和步骤。我国《反垄断法》就反垄断执法机构对涉嫌垄断行为的调查作了重要的规定,包括对涉嫌垄断行为的举报(用书面形式并提供相关事实和证据),反垄断执法机构应当为举报人保密;包括对涉嫌垄断行为的调查。其调查的步骤和注意事项都有明确的规定。

首先,反垄断执法机构调查涉嫌垄断行为,可以采取下列措施:(1)进入被调查的经营者的营业场所或者其他有关场所进行检查;(2)询问被调查的经营者、利害关系人或者其他有关单位或者个人,要求其说明有关情况;(3)查阅、复制被调查的经营者、利害关系人或者其他有关单位或者个人的有关单证、协议、会计账簿、业务函电、电子数据等文件、资料;(4)查封、扣押相关证据;(5)查询经营者的银行账户。采取上述规定的步骤和措施,应当向反垄断执法机构主要负责人书面报告,并经批准。

其次,在反垄断执法过程中的注意事项包括:(1)反垄断执法机构调查涉嫌垄断行为,执法人员不得少于二人,并应当出示执法证件。执法人员进行询问和调查,应当制作笔录,并由被询问人或者被调查人签字。(2)反垄断执法机构及其工作人员对执法过程中知悉的商业秘密负有保密义务。(3)被调查的经营者、利害关系人有权陈述意见。反垄断执法机构应当对被调查的经营者、利害关系人提出的事实、理由和证据进行核实。(4)被调查的经营者、利害关系人或者其他有关单位或者个人应当配合反垄断执法机构依法履行职责,不得拒绝、阻碍反垄断执法机构的调查。

(5) 反垄断执法机构对涉嫌垄断行为调查核实后,认为构成垄断行为的,应当依法作出处理决定,并可以向社会公布。

再次,终止调查与恢复调查的条件。对反垄断执法机构调查的涉嫌垄断行为,被调查的经营者承诺在反垄断执法机构认可的期限内采取具体措施消除该行为后果的,反垄断执法机构可以决定中止调查。中止调查的决定应当载明被调查的经营者承诺的具体内容。反垄断执法机构决定中止调查的,应当对经营者履行承诺的情况进行监督,经营者履行承诺的,反垄断执法机构可以决定终止调查。有下列情形之一的,反垄断执法机构应当恢复调查:(1)经营者未履行承诺的;(2)作出中止调查决定所依据的事实发生重大变化的;(3)中止调查的决定是基于经营者提供的不完整或者不真实的信息作出的。

(七) 法律责任

经营者违反规定,达成并实施垄断协议的,由反垄断执法机构责令停止违法行为,没收违法所得,并处上一年度销售额1%以上10%以下的罚款;尚未实施所达成的垄断协议的,可以处50万元以下的罚款。

经营者主动向反垄断执法机构报告达成垄断协议的有关情况并提供重要证据的,由反垄断执法机构可以酌情减轻或者免除对该经营者的处罚。

行业协会违反规定,组织本行业的经营者达成垄断协议的,由反垄断执法机构可以处50万元以下的罚款;情节严重的,社会团体登记管理机关可以依法撤销登记。

经营者违反规定,滥用市场支配地位的,由反垄断执法机构责令停止违法行为,没收违法所得,并处上一年度销售额1%以上10%以下的罚款。

经营者违反规定实施集中的,由国务院反垄断执法机构责令停止实施集中、限期处分股份或者资产、限期转让营业以及采取其他必要措施恢复到集中前的状态,可以处50万元以下的罚款。

对垄断协议、滥用市场支配地位、实施集中规定的罚款,在确定具体罚款数额时,应当考虑违法行为的性质、程度和持续的时间等因素。

经营者实施垄断行为,给他人造成损失的,依法承担民事责任。

行政机关和法律、法规授权的具有管理公共事务职能的组织滥用行政权力,实施排除、限制竞争行为的,由上级机关责令改正;对直接负责的主管人员和其他直接责任人员依法给予处分。反垄断执法机构可以向有关上级机关提出依法处理的建议。

对反垄断执法机构依法实施的审查和调查,拒绝提供有关材料、信息,或者提供虚假材料、信息,或者隐匿、销毁、转移证据,或者有其他拒绝、阻碍调查行为的,责令改正,对个人和单位处以罚款;情节严重的,对个人处2万元以上10万元以下的罚款,对单位处20万元以上100万元以下的罚款;构成犯罪的,依法追究刑事责任。

对反垄断执法机构依据经营者集中具有或者可能具有排除、限制竞争效果的;对于不予禁止的经营者集中可以决定附加减少集中对竞争产生不利影响的限制性条件不服的,可以先依法申请行政复议;对行政复议决定不服的,可以依法提起行政诉讼。对反垄断执法机构作出的前款规定以外的决定不服的,可以依法申请行政复议或者提起行政诉讼。

反垄断执法机构工作人员滥用职权、玩忽职守、徇私舞弊或者泄露执法过程中知悉的商业秘密,构成犯罪的,依法追究刑事责任;尚不构成犯罪的,依法给予处分。

三、我国《反垄断法》的实施状况研究

自 2008 年 8 月 1 日我国《反垄断法》实施以来,反垄断案件不断发生,案件涉及的地域逐步扩大,《反垄断法》实施初期仅有北京、上海、重庆 3 个直辖市的相关法院受理过垄断民事纠纷案件,现在受理过该类案件的法院已经扩大到浙江、山东、湖南等地法院。截至 2011 年年底,全国地方法院共受理垄断民事一审案件 61 件,审结 53 件,审结案件中原告胜诉的案件较少。

在实施我国《反垄断法》过程中,还遇到了经济学上的垄断与《反垄断法》规定的垄断不是同一个概念,因此造成公众感受与裁判有一些误差。经济学上垄断通常是指独家经营,或在一个领域内有极少数经营者,构成市场寡占;反垄断法上,垄断有三种基本形式:垄断协议、滥用市场支配地位和涉及垄断经营的集中。经济学上的垄断不一定构成反垄断法上的垄断行为。裁判认定的垄断行为,首先是按照我国《反垄断法》规定来衡量该行为是否是垄断行为,其次诉讼还涉及其他问题,比如证据能否证明垄断行为存在、成立,以及不正当竞争造成的危害等。

2012 年 5 月 8 日最高人民法院召开了《关于审理因垄断行为引发的民事纠纷案件应用法律若干问题的规定》新闻发布会,这是最高人民法院出台的反垄断审判首部司法解释。据最高人民法院民事庭介绍,三年多来,法院受理垄断民事纠纷案件呈现若干特点:(1)原告胜诉案件较少;(2)被诉垄断行为涉及的商业领域有逐步扩大趋势,涵盖交通、医药、食品、家用电器、信息网络等领域;(3)案件类型呈多样化趋势,既有滥用市场支配地位行为引发的案件,又有垄断协议行为引发的案件,但前者数量上仍然占优;(4)诉请象征性赔偿或者小额赔偿的案件减少,诉请较大数额赔偿的案件增多,截至 2012 年 5 月初,最大索赔数额多达两亿余元。

2012 年 6 月 1 日正式实施的《关于审理因垄断行为引发的民事纠纷案件应用法律若干问题的规定》,共 16 条,主要明确了四个方面的内容:(1)垄断民事纠纷案件的基本类型与原告资格;(2)原告的起诉方式;(3)垄断民事纠纷案件的管辖;(4)举证责任问题。从我国反垄断民事诉讼实践看,原告取证难,因此上述司法解释适当减轻了原告的举证责任,这有利于反垄断,为促进市场结构的完善和市场经济的健康发展提供了坚强有力的司法保障。

第三节 广 告 法

一、广告法的概念和作用

(一)广告法的概念

广告,是指商品经营者或服务者提供费用,通过一定媒介和形式,直接或间接地

介绍自己所推销的商品或所提供的服务的商业宣传活动。

广告法则是指调整广告活动中的各种法律规范的总称。广告法是国家用来保护社会经济秩序,保护经营者和广大消费者的权益;是国家通过对广告活动进行审查、监督、检查等使用手段,以保证广告活动的真实、可信。《中华人民共和国广告法》(简称《广告法》)是我国第八届全国人大常委会第十次会议于1994年10月27日通过的,并自1995年2月1日起施行。

任何广告活动都由广告主、广告经营者、广告发布者三个主体组成。广告主是指为推销商品或者提供服务,自行或者委托他人设计、制作、发布广告的法人、其他经济组织或者个人。广告经营者是指受委托提供广告设计、制作、代理服务的法人、其他经济组织或者个人。广告发布者是指为广告主或者广告主委托的广告经营者发布广告的法人或者其他经济组织。

广告法的调整对象是广告管理中的各种经济关系。即:第一,国家为保障对广告的有效管理,确立广告管理体制中所产生的经济关系;第二,是对广告主、广告经营者、广告发布者主体的资格进行审查、监督所产生的经济关系;第三,对广告内容管理所产生的经济关系;第四,对广告违法行为进行制裁所产生的经济关系。

(二) 广告法的作用

广告法的作用主要有两个,一是商品经营者或服务提供者通过广告这种媒介或形式,为推销自己的商品或所提供的服务所进行的宣传或介绍,从而为商品的推销和服务业的发展提供一种信息和媒介;二是为规范广告的活动,促进广告业的健康发展,保护消费者的合法权益,维护社会经济秩序提供一种法律依据或保障。

二、我国《广告法》的适用范围和原则

(一) 我国《广告法》的适用范围

我国《广告法》第2条规定:"广告主、广告经营者、广告发布者在中华人民共和国境内从事广告活动,应当遵守本法。"该规定,其一是广告的主体是广告主、广告经营者、广告发布者;其二是广告产生的基础在商业,商业广告是大量的、主要的,广告法所调整的是商业性的广告。这种广告的特征是:(1) 广告是为了推销商品或提供服务而发行的;(2) 广告主承担费用,就是说广告是一种付出经费的宣传活动;(3) 广告活动通过一种媒介和形式,如电台、报纸、刊物等;(4) 广告是介绍商品和服务的宣传活动;(5) 广告有明确的广告主,广告内容由广告主提供。以上几点说明了我国《广告法》的适用范围。

(二) 我国《广告法》的原则

我国《广告法》的原则,在我国《广告法》的总则部分已有明确规定,主要有:

(1) 广告的真实可信原则。这是我国《广告法》的首要原则。它要求广告内容一定要真实,不得有虚假内容,不得欺骗和误导消费者。凡是内容不真实或不确切的广告,一律不得承接。

(2) 广告的合法原则。广告的合法原则是指广告的内容必须合法。我国《广

法》总则规定广告主、广告经营者、广告发布者从事广告活动,应当遵守法律、行政法规,一切违法的广告都是不允许的。

(3)广告内容应符合社会主义精神文明建设的原则。因广告有导向作用,所以,凡发布的广告,内容应当有利于人民的身心健康,有利于保护消费者合法权益,遵守社会公德和职业道德。

(4)正当竞争原则。广告主、广告经营者、广告发布者不得在广告中贬低其他经营者或服务者等。

(5)广告具有可识别性原则。该原则指广告应当具有明显标记,使消费者易于识别,以免混同于其他宣传形式。

我国《广告法》中具体规定了严格禁止的广告内容,主要有:第一,不得使用中华人民共和国国旗、国徽、国歌;第二,不得使用国家机关和国家机关工作人员的名义;第三,不得使用国家级、最高级、最佳等用语;第四,不得妨碍社会安定和危害人身、财产安全,不得损害社会公共利益;第五,不得妨碍社会公共秩序和违背社会良好风尚;第六,不得含有淫秽、迷信、恐怖、暴力、丑恶的内容;第七,不得含有民族、种族、宗教、性别歧视的内容;第八,不得妨碍环境和自然资源保护;第九,不得有法律、行政法规规定禁止的其他情形;第十,广告不得损害未成年人和残疾人的身心健康。

我国《广告法》中还对一些商品广告作了专门限制性规定。如:第一,药品、医疗器械广告,不得含有不科学的表示、功效的断言或保证;不得说明治愈率或有效率;不得与其他药品、医疗器械的功效和安全性比较;不得利用医药科研单位、学术机构、医疗机构或专家、医生、患者的名义和形象作证明;麻醉药品、精神药品、毒性药品、放射性药品等特殊药品不得作广告。第二,农药广告,既要保证农业生产,又要注意安全,对此作了专门规定。如不得使用无毒、无害等表明安全性的绝对化断言,不得使用含有不科学的表示功效的断言或保证。第三,对烟草商品的广告,作了三项严格性限制,指明禁止利用广播、电视、报纸、期刊、电影发布烟草广告,禁止在法定的公共场所设置烟草广告。第四,对食品、酒类、化妆品广告,必须有卫生检验的许可证明,同时不得使用医疗用语或与药品容易混淆的用语。

三、广告活动

广告活动是广告主、广告经营者、广告发布者之间依法进行的订立合同,明确各自权利和义务的全过程。我国《广告法》对广告主、广告经营者、广告发布的活动作如下规定:

(1)广告主、广告经营者、广告发布者之间在广告活动中应当依法订立书面合同,并严格遵守各自的权利和义务。

(2)广告主自行或委托他人设计制作、发布的广告,应当具有真实的、合法的、有效的证明文件,应当在自己经营和服务项目的范围内发布广告。广告经营者、广告发布者应当具有合法的经营资格。

(3)广告主或广告经营者在广告中使用他人名义、形象的,应事先取得他人的书面同意。

（4）广告经营者应当具有必要的专门技术人员和技术设备,必须进行经营登记,依法办理手续。广播电台、电视台、报刊、出版单位的广告业务,应当由其专门从事广告业务的机构办理,兼营广告业务登记。

（5）广告经营者、广告发布者,应当依据法律、法规等有关要求严格建立查验证明文件、核实广告、广告内容、承接广告业务等项制度。对不合格、不健康的广告不得制作和发布。

（6）广告经营者、广告发布者应公开收费标准和收费办法,并应向物价局、工商行政管理部门申报、备案。

（7）广告发布者应如实、主动地向广告主、广告经营者提供广告发行的收视、收听和发行量等资料。

（8）户外广告,应当由当地县以上地方政府组织广告监督管理,城市建设、环境保护、公安机关等有关部门负责制作,一般经营者、经济组织不得设置。

四、广告的审查和监督

（1）广告审查的范围。凡利用广播、电影、电视、报纸、期刊以及其他媒介发布药品、医疗器械、农药、兽药等商品广告和法律、行政法规规定应当进行审查的其他广告,必须在发布前依照有关法律、行政法规由有关行政主管部门进行审查,未经审查和审查不合格的广告不得发布。

（2）广告审查机关。这是指有关行政主管部门,如药品广告应按照药品管理法由卫生部门审查。

（3）广告主申请广告审查,应当依照法律、行政法规向广告审查机关提交有关证明文件。任何单位和个人不得伪造、变造或转让广告审查决定文件。

（4）广告监督管理机关是县级以上人民政府工商行政管理部门。

五、违反我国《广告法》的法律责任

（一）违反我国《广告法》应承担的民事责任

根据我国《广告法》规定,发布虚假广告,欺骗和误导消费者,使购买商品或接受服务的消费者的合法权益受到损害的,由广告主,依法承担民事责任;广告经营者、广告发布者明知或应当知道广告虚假,仍设计、制作、发布的,应承担连带民事责任。广告经营者、广告发布者不能提供广告主的真实名称、地址的,应承担全部民事责任。广告主、广告经营者、广告发布者有下列行为者应视为侵权行为,依法承担民事责任:在广告中损害未成年人或残疾人的身心健康的行为;假冒他人专利的行为;贬低其他生产经营者的商品或服务的行为;广告中未经同意使用他人名义、形象的行为;其他侵犯他人合法民事权益的行为。

（二）违反我国《广告法》应承担的行政责任

（1）责令停止发布广告。一般指非法经营广告和越权经营广告的行为。（2）停

止广告业务。一般指广告经营者帮助广告主发布禁止性广告行为和虚假广告行为等。(3)没收非法所得广告费用。(4)处以罚款。对于虚假广告行为、为盈利越权经营广告的行为等,一般处以1倍以上5倍以下的罚款。(5)以等额的广告费在相应范围内公开更正消除影响。对那些虚假广告,并造成恶劣影响而从中牟利的,由广告监督管理机关责令广告主停止发布,处以等额广告费用,在相应范围内公开更正,消除影响,并处广告费用1倍以上5倍以下罚款。(6)吊销营业执照或广告许可证。主要是广告经营者帮助广告主发布虚假广告的行为。

(三)违反我国《广告法》应承担的刑事责任

对于违反我国《广告法》,情节严重,造成一定的经济损失和其他损害,构成犯罪的,按我国《刑法》规定应追究刑事责任。(1)利用广告对商品或服务作虚假广告宣传,情节严重,构成犯罪的。(2)违反我国《广告法》规定的,由广告监督机关责令其负刑事责任。(3)广告主提供虚假证明文件,伪造、变造或者转让广告审查决定文件,情节严重构成犯罪的。(4)广告监督机关和广告审查机关工作人员玩忽职守、滥用职权、徇私舞弊,构成犯罪行为的。

第十六章 产品质量法和消费者权益保护法

产品质量法是关于生产经营者提高产品质量和经济效益的法律。消费者权益保护法是关于消费者在消费过程中的权益保护的法律。两者具有密切的联系,都是保证市场经济正常运行的重要法律,本章着重简述两部法的基本概念、原则、作用与基本法律制度。

第一节 产品质量法与农产品质量安全法

一、产品质量法的概念和原则

(一)产品质量法的概念

产品是指经过加工、制作具有使用价值的物品。它可以是商品,也可以是非商品。我国产品质量法中的产品主要是指经过加工、制作有使用价值并用于销售的产品,它不包括建筑工程和虽经加工、制作但不用于销售的产品。

产品质量是由多种因素所组成的具有一定特征和特性的产品,它包括产品物体的使用性能、安全性能、可维修性、经济价值性等。产品质量是产品的生命,是产品生存和发展的前提条件,是市场发展中影响竞争优劣的重要因素。

产品质量法是调整产品生产、流通(销售)和消费过程中,因产品质量所发生的当事人之间的经济权利和经济义务关系及其监管的法律规范的总称。产品质量法包括关于对产品质量监督和管理、产品质量责任、产品质量损害赔偿、罚则以及处理质量争议等方面的法律规定。

产品质量法在世界范围内已有上百年的历史,但在我国只有十多年的时间。新中国建立以来,我国虽没有产品质量法,但对保证产品质量的法规、条例、规章还是不少的。随着社会主义市场经济的发展,随着经济体制的改革,有些地区和企业为追求单纯的经济效益,不顾消费者的利益,商品市场上出现一些价格高、质量差的假冒伪劣产品,严重地冲击着市场经济,扰乱着社会秩序,危害着国家和消费者的利益。为此,1993年2月22日第七届全国人大常委会第三十次会议通过并发布了《中华人民共和国产品质量法》(以下简称《产品质量法》)。自同年9月1日起施行。从此,我国产品质量有了立法,国家和人民的利益有了保证的依据。《产品质量法》实施以来,我国产品质量的总体水平有了较大提高,企业的质量管理工作有所加强,产品质量国家监督抽查合格率有所上升。但是面对将加入WTO所带来的机遇和挑战,我国产品质量状况还远不能适应形势发展和市场变化的需要。产品档次低、质量差、假冒伪劣屡禁不止,这些与地方保护主义严重、质量管理滑坡、市场监督机制不完善、监督乏力、现行产品质量法规定的处罚力度不够、行政执法机关缺乏必要的执法手段有关。为了解决上述问题,第九届全国人大常委会第十六次会议于2000年7月8日通过了关于修改《中华人民共和国产品质量法》的决定。修订的《产品质量法》由原来的51条增加到现在的74条,其中新增加了25条,删除2条,修改了20条,近2/3的条文有所修改,主要是进一步明确了各级政府在产品质量工作中的责任,建立企业产品质量约束机制,加强了行政执法机关的执法手段,特别是对生产、销售伪劣产品的行为加大了法律制裁的力度。此外,在对产品质量监督部门以及产品质量检验机构、认证机构等社会中介组织赋予质量监督、质量评价权力的同时,增加了承担相应法律责任和防止滥用权力的规定。

(二) 产品质量法的原则

产品质量立法应遵循国家宏观调控与市场引导相结合,生产者、经营者(销售者)承担质量责任,保护国家、用户和消费者的利益原则,具体有:

(1) 坚持产品质量标准原则。发展社会主义市场经济,保护国家、用户和消费者利益,必须保证并不断提高产品质量。这是产品质量法的基本因素。

(2) 国家对产品质量实行统一立法,贯彻质量责任制原则。统一立法是指国家对产品质量的管理,必须由国家制定统一的产品质量法。各地区在国家统一管理标准下,区别各地情况,因地制宜地制定地方性法规。特别是对可能危及人身健康和生命、财产安全方面的产品实行强制性管理,严格质量管理制度。

(3) 贯彻奖优罚劣的管理原则。对优质产品和优质产品的企业和经营者给予奖励,引导鼓励企业进一步改进管理,提高产品质量,对假冒伪劣产品的生产者和经营者给予严厉的制裁。

(4) 实行管理和监督相结合的原则,进行普遍的质量监督和各级各部门的质量管理。

二、产品质量监督管理

(一) 产品质量监督管理机构

(1) 各级人民政府应当把提高产品质量纳入国民经济和社会发展规划,加强对产品质量工作的统筹规划和组织领导,引导、督促生产者、销售者加强产品质量管理,组织各有关部门依法采取措施,制止产品生产、销售中违反《产品质量法》规定的行为,保障我国《产品质量法》的施行。

(2) 国务院产品质量监督部门主管全国产品质量监督工作。国务院有关部门在各自的职责范围内负责产品质量监督工作。县级以上地方产品质量监督部门主管本行政区域内的产品质量监督工作。县级以上地方人民政府有关部门在各自的职责范围内负责产品质量监督工作。各级人民政府工作人员和其他国家机关工作人员不得滥用职权、玩忽职守或者徇私舞弊,包庇、放纵本地区、本系统发生的产品生产、销售中违反《产品质量法》规定的行为,或者阻挠、干预依法对产品生产、销售中违反《产品质量法》规定的行为进行查处。各级地方人民政府和其他国家机关有包庇、放纵产品生产、销售中违反《产品质量法》规定的行为的,依法追究其主要负责人的法律责任。任何单位和个人有权对违反本法规定的行为,向产品质量监督部门或者其他有关部门检举。任何单位和个人不得排斥非本地区或者非本系统企业生产的质量合格产品进入本地区、本系统。

(3)产品质量检验机构必须具备相应的检测条件和能力。经省级以上人民政府产品质量监督管理部门或其授权的部门考核合格后,方可承担产品质量检验工作。法律、行政法规对产品质量检验机构另有规定的,依照有关法律、行政法规规定执行。

(二)社会团体和社会舆论的监督

社会团体主要有各级消费者协会和其他消费者组织;社会舆论主要指各地、各级的电视、广播、报纸、刊物等社会舆论媒介,有权依照国家产品质量法进行监督。

(三)产品用户和消费者的直接监督

产品用户和消费者有权就产品质量问题向产品的生产者、销售者查询,有权向产品质量的监督部门、工商行政管理部门及有关的监督职能部门或消费者协会等组织部门提出申诉,由有关部门负责查处。

(四)产品质量监督管理制度

产品质量的管理和监督制度,是严格的、多方位的、自成体系的制度。总结多年的实践经验,主要有以下几种制度:

(1)企业内部严格质量管理制度。我国《产品质量法》规定生产者、销售者应当建立健全内部产品质量管理制度,严格实施岗位质量规范、质量责任以及相应的考核办法。

(2)企业质量体系认证制度。该制度是国务院产品质量监督管理部门或由它授权的认证机构,按照国家标准、行业标准和国际标准,对企业申请的企业质量体系的内容和技术标准,进行审查和鉴定,以确认其是否合格的一种管理制度。

(3)产品质量认证制度。该制度是依据具有国际水平的产品标准和技术要求,经过认证机构确认,并通过颁发认证证书和产品质量认证标志的形式,证明产品是否符合应达到的标准和技术要求。产品质量认证分安全认证和合格认证。安全认证的产品必须符合产品质量法的有关规定。合格认证的产品必须是符合标准化法的有关规定。

(4)产品质量检验制度。该制度是检验机构依据国家、行业和国际的特定标准,对产品进行检测,判定是否合格的全过程。产品质量检验制度包括:一是对企业产品的检验。按国家有关标准通过一定的检测手段,检定产品是否合格,是否优质等。这首先需要由企业自己内部严格的检验,认定是否合格,是否可以推入市场。其次是企业外部的检验。二是对企业的检验,合格者由国家有关部门颁发生产许可证。

(5)抽查为主要方式的监督检查制度。这种检查制度是国家对特定范围的产品进行抽查。特别是对可能危及人体健康和人身、财产安全的产品要严格监督检查。对抽查结果,必须由国家指定报刊负责公布。

(6)奖惩制度。对产品质量管理方法先进和产品质量达到国家、国际先进水平,成绩显著的单位和个人,给予奖励。产品质量监督部门和有关部门应当为检举人保密,并按照省、自治区、直辖市人民政府的规定给予奖励。对各种假冒伪劣产品和以次充好的商品等行为实行制裁措施。

三、生产者、销售者的产品质量责任和义务

(一) 生产者的产品质量责任和义务

按照我国《产品质量法》规定,生产者对其生产的产品质量负责。产品质量应当符合以下要求:(1) 不存在危及人身、财产安全的不合理的危险,有保障人体健康和人身、财产安全的国家标准、行业标准的,应当符合该标准;(2) 具备产品应当具备的使用性能,但是,对产品存在使用性能的瑕疵作出说明的除外;(3) 符合在产品或者其包装上注明采用的产品标准,符合以产品说明、实物样品等方式表明的质量状况。

产品或者其包装上的标识必须真实,并符合下列要求:(1) 有产品质量检验合格证明;(2) 有中文标明的产品名称、生产厂厂名和厂址;(3) 根据产品的特点和使用要求,需要标明产品规格、等级、所含主要成分的名称和含量的,用中文相应予以标明;需要事先让消费者知晓的,应当在外包装上标明,或者预先向消费者提供有关资料;(4) 限期使用的产品,应当在显著位置清晰地标明生产日期和安全使用期或者失效日期;(5) 使用不当,容易造成产品本身损坏或者可能危及人身、财产安全的产品,应当有警示标志或者中文警示说明,裸装的食品和其他根据产品的特点难以附加标识的裸装产品,可以不附加产品标识。

生产者不得生产国家明令淘汰的产品;不得伪造产地;不得伪造或者冒用他人的厂名、厂址;不得伪造或者冒用认证标志等质量标志;不得掺杂、掺假,不得以假充真、以次充好;不得以不合格产品冒充合格产品。

生产者对易碎、易燃、易爆、有毒、有腐蚀性、有放射性等危险物品以及储运中不能倒置和其他有特殊要求的产品,其包装质量必须符合相应要求,依照国家有关规定作出警示标志或者中文警示说明,标明储运注意事项。

(二) 销售者的产品质量责任和义务

(1) 认真执行进货检查验收制度。对选进的商品和货物应验明其产品合格证明和其他标识。

(2) 保证销售产品的质量。不销售失效和过期变质的产品。首先不选进过期产品;其次采取措施保证产品不变质;再次是不销售过期失效的产品。

(3) 所销产品要符合各种产品标识和包装标识。

(4) 销售产品不得掺杂、掺假;不得以假充真、以次充好;不得销售不合格和冒充合格的产品。

(5) 不得伪造产地;不得伪造或者冒用他人的厂名、厂址;不得伪造或冒用认证标志、名优标志和质量等级标志。

四、损害赔偿和罚则

(一) 违反我国《产品质量法》的损害赔偿责任

(1) 生产者的赔偿责任。因产品存在缺陷造成人身、缺陷产品以外的其他财产

损害的,生产者应承担赔偿责任。但有证据证明产品未投入流通的或产品投入流通时,引起损害的缺陷尚不存在的;或将产品投入流通时的科学技术水平尚不能发现缺陷的存在的,生产者可以不承担赔偿责任。

因产品存在缺陷造成人身、他人财产损害的,属于产品生产者的责任,由产品销售者赔偿的,产品销售者有权向产品生产者追偿。

(2) 销售者的赔偿责任。售出的产品不具备产品应当具备的使用性能而事先未作说明的,不符合在产品或其包装上注明采用的产品标准的,不符合以产品说明、实物样品等方式表明的质量状况的,给购买产品的消费者造成损失的;由于销售者的过错使产品存在缺陷,造成人身、他人财产损害的;或不能指明缺陷产品的生产者、也不能指明缺陷产品的供货者的,销售者应当承担赔偿责任。

(3) 侵害人的赔偿范围和诉讼时效。由于产品缺陷造成受害人人身伤害而产生的医疗费、治疗期间的护理费、因误工减少的收入等费用;造成残疾而产生的残疾者生活自助费、生活补助费、残疾赔偿金以及由其扶养的人所必需的生活费等费用;造成受害人死亡而产生的丧葬费、死亡赔偿金以及由死者生前扶养的人所必需的生活费用;造成受害人的其他重大损失的,侵害人应承担赔偿责任。

因产品存在缺陷造成损害要求赔偿的诉讼时效期间,从当事人知道或应当知道其权益受到损害时起为2年。因产品存在缺陷造成损害要求赔偿的请求权,在造成损害的缺陷产品交付最初消费者满10年丧失;但是,尚未超过明示的安全使用期的除外。

(二) 违反我国《产品质量法》的民事、行政、刑事责任

(1) 构成民事责任并予以处罚的行为:生产、销售不符合保障人体健康和人身、财产安全的国家标准、行业标准的产品的;在产品中掺杂、掺假,以假充真,以次充好,或者以不合格产品冒充合格产品的;生产国家明令淘汰的产品的;销售国家明令淘汰并停止销售的产品的;销售失效、变质的产品的;伪造产品产地的;伪造或冒用他人厂名、厂址的;伪造或者冒用认证标志等质量标志的;产品标识不合法的;拒绝接受依法进行的产品质量监督检查的;隐匿、转移、变卖、损毁被产品质量监督部门或者工商行政管理部门查封、扣押的物品的,应处以罚款或没收违法所得或责令停止生产、销售或没收违法生产、销售的产品,或责令改正或责令停业整顿,情节严重的可以吊销营业执照。

产品质量检验机构、认证机构伪造检验结果或者出具虚假证明的;出具的检验结果或证明不实的;对不符合认证标准而使用认证标志的产品,未依法要求其改正或取消其使用认证标志资格的,应处以罚款或没收违法所得或承担相应的赔偿责任,情节严重的可以撤销其检验资格、认证资格。

(2) 构成行政责任并予以处罚的行为:各级人民政府工作人员和其他国家机关工作人员有包庇、放纵产品生产、销售中违法行为的;向从事违法生产、销售活动的当事人通风报信,帮助其逃避查处的;阻挠、干预产品质量监督部门或工商行政管理部门依法对产品生产、销售中的违法行为进行查处,造成严重后果的;向社会推荐生产者的产品或以监制、监销等方式参与产品经营活动的;滥用职权、徇私舞弊的,应责令改正,消除影响,没收违法收入,不构成犯罪的,依法给予行政处分。

(3) 情节严重,构成犯罪依法追究刑事责任的行为:生产或销售不符合保障人体健

康和人身、财产安全的国家标准、行业标准的产品,构成犯罪的;生产者或销售者在产品中掺杂、掺假,以假充真,以次充好或以不合格产品冒充合格产品,构成犯罪的;生产国家明令淘汰的产品或销售失效、变质的产品,构成犯罪的;以行贿、受贿或者其他非法手段推销、采购违法产品(不合格产品、假冒伪劣产品),伪造或冒用他人的厂名、厂址、厂地;伪造冒充认证标志、名优标志等构成犯罪的;伪造检验数据或者伪造检验结论,构成犯罪的;国家工作人员利用职务,对明知有违反产品质量法规定构成犯罪的行为的企业事业单位或个人故意包庇使其不受追诉,构成犯罪的;从事产品质量监督管理的国家工作人员,滥用职权、玩忽职守、徇私舞弊,构成犯罪的;以暴力、威胁方法阻碍从事产品质量监督管理的国家工作人员依法执行职务的,依照刑法有关规定需要追究刑事责任的。

五、建立缺陷汽车产品召回制度

缺陷汽车产品召回制度是指对某一批次、类型的汽车产品,由于设计、制造、服务存在缺陷,危及人身安全、财产安全,以及不符合国家标准和行业标准,由其制造者(包括进口商)按照法定程序对该类缺陷汽车进行修理、更换、收回等方式以消除其不利影响的法律制度。对有缺陷的汽车产品,生产企业主动实行召回制度。其目的,一方面有利于保证汽车生产的公司企业在市场上的质量竞争,有利于维护汽车产品消费者的合法权益;另一方面也有利于维护汽车生产企业的市场声誉。这是市场经济走向成熟的重要表现。这一制度在美国、日本的大型汽车工业的厂家早已实行了多年。我国也要建立产品质量召回制度,并且首先选择了汽车产品。目前,国务院法制办正在草拟《缺陷汽车产品召回条例》。

六、农产品质量与安全

讲产品质量不仅包括工业产品质量,也包括农业产品质量,不仅包括经济质量,也包括生活质量,质量问题也是个安全问题。为保障农产品质量安全,维护公众健康,促进农业和农村经济发展,2006年4月29日第十届全国人大常委会第二十一次会议通过了《中华人民共和国农产品质量安全法》(以下简称《农产品质量安全法》),自2006年11月1日起施行。该法共分总则、农产品质量安全标准、农产品产地、农产品生产、农产品包装和标识、监督检查、法律责任、附则等8章56条。

市场经济发展的实践经验证明,产品质量的法律规范始终是整顿规范发展市场经济秩序的重要法律制度。这是因为产品质量同商品生产、商品交换、商品市场紧密联系在一起,同生产经营者与广大消费者的切身利益紧密联系在一起,是他们之间矛盾、利益的焦点和均衡点,是标志着商品的价值和使用价值、成本、利润的载体。为解决商品质量问题,每年打假、检查、监督不断进行,但难以解决。因此,有的学者建议要专门制定《产品责任法》,解决对产品的缺陷而建立的责任制度。我们认为这种《产品责任法》与《产品质量法》是两个既有区别又相联系的法律,《产品责任法》也包括了产品质量的问题,《产品质量法》也包含了产品责任的问题,在国外这两个法是分开建立的,但在我国现阶段要分开是不容易的,并且其矛盾的焦点是产品质量问题。应该说《产品责任法》是《产品质量法》的配套法。

第二节 消费者权益保护法与侵权责任法

一、消费者权益保护法概述

(一) 消费者权益保护法的概念

每个现实社会中的人都要在社会生活中接受他人提供的商品和服务,或向他人提供商品和服务,这就构成社会生活中的消费者和消费者权益。对于消费者权益的保护,全世界把每年3月15日定为国际消费者权益日。自1987年"3·15"第一次落户到中国已经二十多年,反垄断、反不正当竞争成了"3·15"的重头戏,反对坑蒙拐骗和假冒伪劣成了每年"3·15"的热点。

所谓"消费者",国际标准化组织认为,消费者是以个人消费为目的而购买或使用商品和服务的个体社会成员。由于消费者使用、购买商品和接受服务的需要,必然要由生产者、经营者提供商品和服务,这就产生了消费者和生产者、经营者之间的权利、义务关系,国家和社会也有相应的保护权利、义务的责任。因此,消费者权益,就是指消费者依法应享有的权利以及该权利应受到保护时给消费者带来的应得的利益。消费者权益保护法,则是指国家调整经营者、消费者在保护消费者利益过程中所发生的社会关系的法律规范的总称。因此,消费者权益保护法的调整对象是在保护消费者权益过程中发生的国家、经营者、消费者相互之间各种经济关系、权利义务关系以及监督管理关系等。

(二) 我国《消费者权益保护法》的颁布

我国《消费者权益保护法》于1993年10月31日由第八届全国人大常委会第四次会议审议和通过,并于1994年1月1日起实施。《消费者权益保护法》分总则、消费者的权利、经营者的义务、国家对消费者合法权益的保护、消费者组织、争议的解决、法律责任及其附则等8章55条。

我国《消费者权益保护法》的适用范围,即指在保护消费者的合法权益,为维护社会经济秩序中所涉及的以下内容:其一是消费者为生活消费需要购买使用商品或接受服务,其权益应受该法保护;其二是经营者为消费者提供生产、销售的商品或者提供服务应当遵守该法;该法未作规定的,应当遵守其他有关法律、法规。另外,农民购买、使用直接用于农业生产的生产资料亦应参照该法执行。

我国《消费者权益保护法》的基本原则是:第一,经营者与消费者进行交易应当遵守自愿、平等、公平、诚实信用的原则;第二,国家采取措施保护消费者依法行使权利,维护消费者合法权益的原则;第三,一切社会组织和个人对损害消费者合法权益的行为进行社会监督的原则。

二、消费者的权利

根据我国《消费者权益保护法》的规定,消费者有以下权利:

（一）保障消费的安全权

保障消费的安全权是消费者最基本的权利。它是指消费者在购买、使用商品和接受服务时所享有的保障其人身、财产安全不受损害的权利。同时也要求经营者提供商品和服务时必须绝对安全可靠。

（二）知悉商品或服务真情的权利

知悉真情权是指消费者享有了解和熟悉所购买使用的商品和服务的真实情况的权利。消费者应熟知经营者提供的商品的价格、产地、生产者、用途、性能、规格、等级、主要成分、生产日期、有效期限、检验合格证明、使用方法说明书和服务的内容、规格、费用等情况。

（三）选择商品或服务的自主权

选择商品或服务的自主权是指消费者可以根据自己的意愿、爱好、经验，自主选择商品和服务项目的权利。包括：(1) 自主选择商品或服务的经营者；(2) 自主选择商品品种或者服务方式；(3) 自主选定购买或不购买、接受或不接受某项服务；(4) 在选择商品和服务时比较、鉴别和挑选的权利。

（四）公平交易权

消费者在购买、使用商品或服务时，有权获得质量保障、价格合理、计量准确等公平交易的权利。保证消费者的经济利益不受损害。此外，消费者有权拒绝经营者的强制交易行为。

（五）依法求偿权

消费者权益受到损害后，有获得补偿和赔偿的权利。

（六）依法结社权

依法结社权即消费者有依法成立维护消费者自身合法权益的社会团体的权利。消费者依单一的力量难以维护自己的权利，因此法律允许消费者成立维护自身利益的社会团体以求得社会舆论的保护。

（七）获知求教权

获知求教权又称受教育权，是指消费者有权获得有关消费和消费者权益保护知识的权利。如掌握和了解商品或服务的知识、使用技能、性质、特点等和处理意外事故的方法，识别伪劣商品的知识等。

（八）维护尊严权

维护尊严权又称人格尊严权，是指消费者在购买、使用商品或接受服务时，应享有的人格尊严、民族风俗习惯、信仰等权利。

（九）监督权

消费者有对商品或服务进行监督、批评的权利，有检举、控告侵害消费者权益行为的权利。

三、经营者的义务

（一）依法履行的义务

经营者向消费者提供商品或服务，应当依照我国《产品质量法》和其他有关法律、法规,必须严格履行义务。此外,经营者和消费者有约定的,应当按约定履行义务,但双方的约定不得违背法律、法规的规定。

（二）听取意见,接受监督的义务

经营者应当或必须听取来自消费者对商品或服务的批评意见,接受消费者的监督。

（三）保障人身和财产安全的义务

经营者应当保证其提供的商品和服务符合保障人身、财产安全的要求。经营者对可能危及人身、财产安全的商品和服务,应当向消费者作出真实的说明和明确的警示。经营者发现其提供的商品或服务存在严重缺陷时,应当立即向有关行政部门告知,并采取防止危害发生的措施。

（四）不作虚假宣传的义务

经营者应当向消费者提供有关商品或者服务的真实信息,不得作引人误解的虚假宣传,否则会构成侵犯消费者权益的行为。此外,经营者对消费者就其提供的商品或服务的质量和使用方法等具体问题提出询问,应当作出真实、明确的答复。在价格标志方面,商店应提供明码标价。

（五）提供购货凭证和服务单据的义务

经营者提供商品或者服务,应当按照国家有关规定或商业惯例向消费者出具购货凭证或服务单据;消费者索要购货凭证或服务单据的,经营者必须出具。

（六）提供符合标准的商品或服务的义务

经营者应当保证在正常使用商品或接受服务的情况下,提供符合标准质量、性能、用途和有效期限的商品或服务;经营者以广告、产品说明、实物样品或者其他方式表明商品或服务质量状况的,应当保证其提供的商品或服务的实际质量与表明状况相符合,如有不符合,按国家有关规定或与消费者的约定,经营者应承担包修、包换、包退等责任,不得故意拖延,无理拒绝。

（七）不得从事不公平、不合理的交易的义务

为保证消费者公平合理交易的权利,经营者不得以格式合同、通知、声明、店堂告示等方式作出对消费者不公平、不合理的规定,否则承担民事责任。

（八）不得侵犯消费者人身权的义务

消费者的人身自由、人格尊严不受侵犯。经营者不得对消费者进行侮辱、诽谤,不得搜查消费者的身体及其携带的物品,不得侵犯消费者的人身自由。

四、国家对消费者合法权益的保护

（一）国家对消费者合法权益的保护手段

（1）国家以立法形式保护消费者的合法权益。我国很重视消费者合法权益的保护,为此全国人大常委会审定并颁布了我国《消费者权益保护法》以及其他法规和条例。

（2）各级政府机关对消费者合法权益的保护。各级人民政府、工商行政管理部门和其他有关行政部门从不同的角度加强领导、组织、协调、监督,做好保护消费者合法权益的工作。

（3）人民法院及有关执法机关对消费者合法权益的保护。人民法院和有关执法机关依照法律、法规受理并及时审理侵犯消费者合法权利的诉讼案件，惩处侵犯消费者权益的违法犯罪行为。

（二）消费者保护的社会组织和团体对消费者合法权益的重要保护作用

（1）向消费者提供消费信息和咨询服务；

（2）参与有关行政部门对商品和服务的监督检查；

（3）就消费者合法权益的问题向有关行政部门反映、查询、提出建议；

（4）受理消费者的投诉，并对投诉事项进行调查、调解；

（5）投诉事项涉及商品和服务质量问题的，可以提请鉴定部门鉴定；鉴定部门应当告知鉴定结论；

（6）就损害消费者合法权益的行为，支持受损害的消费者提起诉讼；

（7）对损害消费者合法权益的行为，通过大众传播媒介予以揭露、批评。

五、消费者权益争议解决途径和违反我国《消费者权益保护法》的法律责任

（一）消费者权益争议解决途径

消费者和经营者发生权益争议，可通过以下途径解决：第一，与经营者协商和解；第二，请求消费者协会调解；第三，向有关行政部门申诉；第四，根据与经营者达成的仲裁协议，提请仲裁机构仲裁；第五，向人民法院提起诉讼。

（二）违反我国《消费者权益保护法》的法律责任

第一，违反我国《产品质量法》及其他法律、法规应承担民事责任的情况。主要有：(1) 商品存在缺陷的；(2) 不具备商品应具备的使用性能而在出售时未作说明的；(3) 不符合在商品或其包装上注明使用商品标准的；(4) 不符合商品说明、实物样式等方式表示质量状况的；(5) 生产国家明令淘汰的商品或销售失效、变质的商品的；(6) 销售的商品数量不足的；(7) 服务内容和费用违反约定的；(8) 对消费者提出的修理、重作、更换、退货、补足商品数量、退还货款和服务费用或赔偿损失的要求，故意拖延、无理拒绝的；(9) 法律、法规规定的其他损害消费者权益的情形。

第二，侵犯人身权应承担民事责任的情况。主要有：(1) 经营者提供商品或服务造成消费者或其他受害人人身伤害的，应支付医疗费、治疗期间的护理费、因误工减少收入等费用，造成残疾的，还应支付残疾者生活自助用具费、生活补助费、残疾赔偿金以及由其扶养的人所必需的生活费等；(2) 经营者提供商品或服务造成消费者或其他受害人死亡的，应支付丧葬费、死亡赔偿金以及由死者生前扶养的人所必需的生活费等；(3) 侵害消费者的人格尊严或侵犯消费者人身自由的，应当停止侵害、恢复名誉、消除影响、赔礼道歉，并赔偿损失。

第三，侵犯财产权应承担民事责任的情况。主要有：(1) 经营者提供商品或服务，造成消费者财产损害的，应按消费者的要求，以修理、重作、更换、退货、补足商品数量、退还货款和服务费用或赔偿损失等方式承担民事责任。经营者与消费者另有约定的按照约定履行。(2) 经营者提供的商品，依法经有关行政部门认定不合格，消费者要求退货的,经营者应当负责退货。

第四,违约应承担民事责任的情况。主要有:(1)对国家规定或经营者与消费者约定包修、包换、包退的商品经营者应当允许。在保修期内两次修理仍不能正常使用的,经营者应负责更换或退货。(2)经营者以邮购方式或预收款方式提供商品或服务的,未按约定提供的,应按消费者要求退回货款或者预付款,并支付利息和其他合理费用。

第五,欺诈行为应承担的民事责任。经营者提供商品或服务有欺诈行为的,应当按消费者的要求增加赔偿受害者受到的损失,增加赔偿金额为消费者购买商品的价款或接受服务的费用的1倍。

第六,违法经营的经营者应承担的行政责任的情况。经营者有以下情形之一,我国《产品质量法》和其他有关法律、法规对处罚机关和处罚方式有规定的,依照法律、法规的规定执行;法律、法规未作规定的,由工商行政管理部门责令改正,可以根据情节单处或者并处警告、没收违法所得、处以违法所得1倍以上5倍以下罚款,没有违法所得的,处以1万元以下的罚款;情节严重的,责令停业整顿、吊销营业执照:(1)生产、销售的商品不符合保障人身、财产安全要求的;(2)在商品中掺杂、掺假,以假充真,以次充好,或以不合格商品冒充合格商品的;(3)生产国家明令淘汰的商品或销售失效、变质的商品;(4)伪造商品的产地,伪造或冒用他人厂名、厂址,伪造或冒用认证标志、名优标志等质量标志的;(5)销售的商品应当检验、检疫而未经检验、检疫或伪造检验、检疫结果的;(6)对商品或者服务作虚假宣传的;(7)对消费者提出的修理、重作、更换、退货、补足商品数量、退还货款和服务费用或者赔偿损失的要求,故意拖延或者无理拒绝的;(8)侵害消费者人格尊严或人身自由的;(9)法律、法规规定侵害消费者权益的其他行为。

第七,违法经营的经营者应承担的刑事责任。根据我国《消费者权益保护法》的规定,应追究经营者刑事责任的行为有:(1)经营者提供商品或服务造成消费者或其他受害人人身伤害,构成犯罪的;(2)经营者提供商品或服务造成消费者或其他受害人死亡,构成犯罪的;(3)以暴力、威胁等方式阻碍有关行政部门工作人员依法执行职务的,应依法追究刑事责任的;国家机关工作人员有玩忽职守或包庇经营者侵害消费者合法权益的行为,情节严重,构成犯罪的,依法追究刑事责任的。

六、维护消费者和企业的合法权益,打击假冒伪劣商品

为了保护消费者和企业的合法权益,维护社会主义市场经济秩序,促进改革开放和国民经济健康发展,2000年10月24日国务院发出了关于开展严厉打击制售假冒伪劣商品违法犯罪活动联合行动的决定。决定要求:

(1)统一思想,提高认识。我国制售假冒伪劣商品的违法犯罪活动主要表现为:假冒伪劣商品品种多、数量大、范围广;有些地方区域性、集团性、大规模地制假售假问题越来越突出;有些地区拒绝、阻碍或者以暴力手段抗拒国家工作人员依法执行打假任务的事件时有发生。这些行为严重损害了国家和人民的利益,侵犯了消费者和企业的合法权益。

（2）突出重点,明确目标。重点查处假冒伪劣农药、复混肥、种子、建筑用钢材、汽车配件、卷烟、药品、一次性输液（输血、注射）器、化妆品等9类商品；重点整顿群众反映强烈、假冒伪劣商品充斥的集散地和具有明显一地一品或一地多品制假售假、在全国产生恶劣影响的地区。同时,还要严厉查处外商投资企业举报投诉的制假售假案件。

（3）集中力量查处大案要案,严厉惩治违法犯罪分子。打假联合行动一定要集中力量突破一批涉及面广、数额巨大、危害严重、影响恶劣的大案要案,依法从快、从重惩处一批制假售假违法犯罪的首恶分子和惯犯,形成对违法犯罪分子的震慑力量。

（4）标本兼治,强化法制。贯彻"集中打击与日常监督相结合,重点打击与综合治理相结合,加强市场监管与引导企业自律相结合,打假治劣与扶优扶强相结合"的方针。

（5）加强领导,狠抓落实。第一,加强对打假联合行动的领导和协调,国务院决定成立全国打假工作协调小组；第二,落实打假工作领导责任制；第三,充分发挥舆论监督作用；第四,制定打假举报奖励办法；第五,建立打假联合行动通报制度。

七、侵权责任法对消费者权益的保护

为保护民事或经济主体的合法权益,明确侵权责任,预防并制裁侵权行为,促进社会和谐稳定,2009年12月26日第十一届全国人大常委会第十二次会议通过了《中华人民共和国侵权责任法》（以下简称《侵权责任法》）,自2010年7月1日起施行。该法共分一般规定、责任构成和责任方式、不承担责任和减轻责任的情形、关于责任主体的特殊规定、产品责任、机动车交通事故责任、医疗损害责任、环境污染责任、高度危险责任、饲养动物损害责任、物件损害责任、附则等12章92条。其中由于侵权而导致的"产品责任"一章的规定在很大程度上是侵犯了消费者的合法权益,因此我们在阐述消费者权益保护法之后还单把"产品责任"一章与消费者权益保护法合并为重要一节。

（1）因产品存在缺陷造成他人损害的,生产者应当承担侵权责任。明知产品存在缺陷仍然生产、销售,造成他人死亡或者健康严重损害的,被侵权人有权请求相应的惩罚性赔偿。因产品缺陷危及他人人身、财产安全的,被侵权人有权请求生产者、销售者承担排除妨碍、消除危险等侵权责任。

（2）因销售者的过错使产品存在缺陷,造成他人损害的,销售者应当承担侵权责任。销售者不能指明缺陷产品的生产者也不能指明缺陷产品的供货者的,销售者应当承担侵权责任。因产品存在缺陷造成损害的,被侵权人可以向产品的生产者请求赔偿,也可以向产品的销售者请求赔偿。产品缺陷由生产者造成的,销售者赔偿后,有权向生产者追偿。因销售者的过错使产品存在缺陷的,生产者赔偿后,有权向销售者追偿。

（3）因运输者、仓储者等第三人的过错使产品存在缺陷,造成他人损害的,产品的生产者、销售者赔偿后,有权向第三人追偿。产品投入流通后发现存在缺陷的,生产者、销售者应当及时采取警示、召回等补救措施。未及时采取补救措施或者补救措施不力造成损害的,应当承担侵权责任。

第十七章　商品流通管理法和城市房地产管理法

第一节　商品流通管理法

一、我国商品流通管理法概述

所谓商品流通管理法,是指调整商品在生产、交换、分配、消费等环节中产生的经济关系的法律规范的总称。它是我国经济法的重要组成部分。

我国有世界上最大的消费者市场。用于消费的各种商品数量非常大,流通程序也比较复杂,但是,由于历史和体制的原因,我国商品流通和管理的法律工作很不健全,商品流通管理市场很多处于混乱和失控的状态,最突出的表现便是假冒伪劣商品泛滥,并且呈愈演愈烈之势,虽有每年的打假工作,但不能从根本上解决问题,假冒伪劣商品极大地危害着广大群众的生命财产安全,破坏着我国的商业秩序,贬损我国的产品形象,与之相牵连的商品质检松弛,把关不严,供销领域回扣成风之类现象,都急需我国商品流通管理的法制工作加强统一与加大力度。

对商品流通的管理,同整个国家的经济体制和生产发展水平密切相关。新中国对商品的管理经历了三个阶段:第一阶段是国家对商品严格的计划管理。第二阶段是对商品实行分类管理,即把商品划为三类:一类商品是指关系国计民生的重要商品,由国务院管理。二类商品是指比较重要的商品,由国务院有关部委管理。三类商品是指上述一、二类商品以外的所有商品,交由地方自行管理。第三阶段是随着我国市场经济体制的逐步确立,市场对资源(包括商品资源)配置的基础性作用越来越大,国家逐渐将更多的商品推向市场,实行价格放开,由市场决定其供需与价格,接受价值规律的调整,并用法律对其商品价格放开范围和方式作出明确规定。第三阶段法律工作的作用越来越重要。

二、一些商品流通管理的法律规定

(一) 药品管理法

药品属于特殊商品,是人类防病治病、卫生保健和计划生育所不可缺少的商品。为此,我国专门制定了《药品管理法》,并于1985年7月1日起实施。这是一部关系到人民群众用药安全和身体健康的重要法律。2001年2月28日第九届全国人大常委会第十二次会议通过了《关于修改〈中华人民共和国药品管理法〉的决定》,此次修改的主要内容包括:药品监督管理部门对药品生产企业、经营企业进行有关规范论证和论证后跟踪检查;处方药不得在大众传媒发布广告;药品监督管理部门及其设置的药品检验机构不应参与药品的生产经营活动,不应以其名义推荐或者监制、监销药品;药品质量抽查不得向被检查者收费,对违法收费的追究法律责任。

药品的管理,包括以下几个方面:(1)药品标准的管理。国务院卫生行政部门颁布的《中华人民共和国药典》和药品标准为国家药品标准。国务院卫生行政部门的药典委员会,负责组织国家药品标准的制定和修订。(2)药品研究的管理。研制新药,必须按规定向国家的卫生行政管理部门报请审批和鉴定,发给证书方可生产。对已生产的药品也要进行再评价。(3)药品生产的管理。进行药品生产的企业必须依法经审批同意,并取得许可证。药品生产必须按工艺规程进行,所用原料、包装和质量必须达到规定要求。(4)药品经营的管理。药品经营企业必须依法经批准并取得许可证,进行药品收购、分装、储存、销售时必须符合有关规定。(5)药品使用的管理。医疗单位配制和使用药品必须依法进行,把好质量关。(6)药品进出口的管理。(7)特殊药品的管理。

对药品的监督,由卫生行政部门、药品检验机构、药品监督员和市场管理部门进行。

(二)金银制品管理法

我国《金银管理条例》规定:"一切出土无主金银,均为国家所有,任何单位和个人不得熔化、销毁或占有。""国家管理金银的主管机关为中国人民银行。"

金银制品作为一种贵重商品,其管理主要有五个方面:(1)金银制品经营单位,必须依法经中国人民银行和主管部门审查批准,并办理工商登记,取得营业执照,方能经营金银制品的业务。(2)经营方式。经国家有关部门批准的单位和个人,可以依法对金银制品进行加工、修理和销售。(3)金银制品的经营价格,必须执行国家的规定,即包括金银制品的收购、加工、修理和销售,均须执行国家统一规定的价格。一切单位不得计价使用金银,禁止私相买卖和借贷抵押金银。(4)经营监督。根据国家规定,中央银行部门可以对一切金银的生产、收购、配售、加工、修理、销售和管理,实行全面监督检查。(5)金银制品的经营责任。

(三)危险商品管理法

危险商品,是指如果管理不善有可能导致人民生命财产损失的商品,主要包括易燃易爆和剧毒商品。对危险商品要依法加强管理,主要包括以下几个方面:(1)安全生产。进行危险商品的生产,必须经过有关部门的批准,取得生产许可证。生产的各个环节直至最后的检验、包装,一定要严格控制。(2)安全经营。凡经营危险商品的商业网点均须由商业部门、公安部门或有关主管部门共同商定,并依法进行登记,领取营业执照。(3)安全储存。对危险商品的入库、出库、保管、装卸等,均须严格按照有关安全管理制度和技术规程行事。(4)安全运输。(5)安全使用。

(四)进出口商品管理法

进口商品,主要通过下列各环节来加强管理:(1)主管部门审批。无论进口何种商品,进口单位都必须依法申请批准,之后才可以对外谈判、签约。(2)外贸部门对符合国家规定的进口项目,发给进口许可证。(3)中国银行凭有关批准文件或凭证,办理开证、付汇手续。(4) 海关部门查验。

出口重要和比较重要的商品,实行出口许可证制度。未经许可,不得出口。

(五) 国家储备商品管理法

国家储备商品,是国家为了保证经济建设和人民生活需要以及为防备不测事件而储备的商品。国家储备商品的种类主要有：人民生活必需品,如粮食、食油、食糖、棉花等；产销变化大,时多时少的商品,如生猪；救灾需要的商品；保证少数民族需要的商品；其他商品。

国家对储备商品的管理,包括以下几方面：(1) 质量管理。储备商品必须按国家规定的品种、等级、标准进行储备,保证质量。(2) 价格管理。储备商品必须按国家规定的作价原则定价。(3) 仓储管理。储备商品必须按照国家规定做好入库、"四防"等工作。(4) 定期轮换管理。(5) 财务管理。储备商品的费用和利息必须按国家规定计算和负担,并作好财务预算、决算。(6) 法律责任。

三、专卖商品管理法

简单讲,专卖商品就是实行国家垄断的商品。专卖商品一般消费量比较大,而且税率比较高,可以有力地支持财政,但需要适当控制。专卖制度自古就有,当时叫做"榷"。现在我国对某些商品还在实行专卖制度,这样可以有计划地发展专卖商品的生产,提高专卖品的质量,支援国家建设,专卖商品管理最主要的是对烟草的专卖管理。

根据1991年6月29日第七届全国人大常委会第二十次会议通过的《中华人民共和国烟草专卖法》(1992年1月1日起施行),烟草专卖品指的是卷烟、雪茄烟、烟丝、复烤烟叶、烟叶、卷烟纸、滤嘴棒、烟用丝束、烟草专用机械。

对烟草的专卖管理体现在以下十个方面：

(1) 统一领导。设立国家烟草专卖局,对烟草专卖进行全面的行政管理。设立中国烟草总公司,统一领导,全面经营管理烟草行业的产供销、人财物和对外贸易。

(2) 统一计划。烟草的生产和收购,都要实行计划管理,不得擅自变更。

(3) 统一生产。烟草生产必须由烟草公司按国家计划统一安排,任何单位和个人都不得自行生产。

(4) 统一收购。烟叶由烟草公司或者其委托单位按照国家规定的收购标准、价格统一收购,其他单位和个人不得收购。

(5) 统一调拨。烟叶、复烤烟叶的调拨计划由国家计划部门下达,单位、个人不得变更。

(6) 统一销售。烟草公司统一委托单位,统一批发经营,进行零售,必须依法申请领取专卖许可证。

(7) 统一价格。收购价格由国家物价局会同烟草总公司制定,出厂和销售价格由烟草公司统一制定。

(8) 统一印制使用注册商标。

(9) 统一运输。

(10) 统一对外。国家烟草专卖局管理烟草行业的进出口贸易和对外经济技术合作,对涉外烟草经营企业实行特种烟草专卖经营企业许可证制度。

违反烟草专卖管理规定的,要依法承担责任。

与此同时,国家对盐、粮食、棉花等产品实行垄断,不得私营、私贩、私运,国家严厉禁止对食盐的私自经营。

四、拍卖管理法

拍卖是指以公开竞价的形式,将特定物品或者财产权利转让给最高应价者的买卖方式。为规范拍卖行为,维护拍卖秩序,保护拍卖活动各方当事人的合法权益,第八届全国人大常委会第二十次会议于1996年7月5日通过了《中华人民共和国拍卖法》(简称《拍卖法》),于1997年1月1日起施行,该法共6章69条,对拍卖活动原则、拍卖标的、拍卖当事人、拍卖程序、法律责任都作出了规定。

(一)拍卖活动原则

拍卖活动应当遵守有关法律、行政法规,遵循公开、公平、公正、诚实信用的原则。

(二)拍卖标的

拍卖标的应当是委托人所有或者依法可以处分的物品或者财产权利。

(三)拍卖当事人

拍卖当事人包括拍卖人、委托人、竞买人和买受人。拍卖人是指依照我国《拍卖法》和《公司法》设立的从事拍卖活动的企业法人。委托人是指委托拍卖人拍卖物品或者财产权利的公民、法人或者其他组织。竞买人是指参加竞购拍卖标的的公民、法人或者其他组织。买受人是指以最高应价购得拍卖标的的竞买人。

(四)拍卖程序

拍卖程序包括:(1)委托人委托拍卖人拍卖其物品或财产权利。(2)拍卖人应当于拍卖日7日前发布拍卖公告,并展示拍卖标的。(3)拍卖实施。拍卖师应当于拍卖前宣布拍卖规则和注意事项,然后竞买人参加竞买,竞买人的最高应价经拍卖师

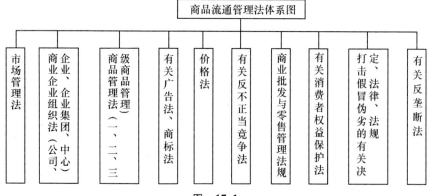

图 17.1

落槌或者以其他公开表示买定的方式确认后,拍卖成交。拍卖成交后,买受人和拍卖人签署成交确认书。

第二节 商业组织管理法

一、商业组织的法律规定

根据我国近年来商业体制改革的初步经验和今后的发展方向,结合新中国成立以来商业管理的经验教训,在我国制定商业组织法和商品管理法是很必要的。

所谓商业组织法,从广义上来说,就是对商业行政管理系统和商业企业系统的组织机构、职责权限和活动原则的法律规定。在我国,商业行政管理机构分为两个管理系统,一个是商业部及其地方机构,另一个是国家工商行政管理局及其地方机构。商业部及其地方机构的职责是贯彻执行国家关于商业粮食、农业生产资料或土特产品的方针、政策和法规;编制并组织实施商业粮食计划,组织城乡商品流通,活跃市场;领导和管理所属商业组织和供销合作社;运用经济杠杆调节商业组织和企业的经济活动;协调商业和工业、农业等国民经济部门的关系;组织全国粮食供应平衡,并从事粮食购、销、调、存等工作,为农民推销产品,供给生产和生活资料,进行产前产后服务。国家工商行政管理局及其地方机构的职责主要是监督检查工商业活动中贯彻执行党和国家方针政策,遵守法制的情况,打击投机倒把和其他违法犯罪活动,调处有关争议,维护经济秩序,它的经常性工作是企业登记、市场管理、商标管理、合同管理等。

从狭义上来说,商业组织法指的是商业企业系统的组织机构、法律地位、职责权限、活动原则和管理制度的法律规定。在我国,商业企业系统包括商业专业公司和商业企业、贸易中心和批发组织。

商业专业公司是国家管理商业企业的一个环节,是直接从事商业活动的经济实体。商业专业公司又分为全国性的商业专业公司和地方性的商业专业公司。全国性的专业公司,一般都是在1982年商业部机构改革前后,根据商品购销业务活动的需要由专业局改成的,全国设立了中国百货公司、中国纺织品公司、中国五金交电化工公司、中国土产杂品公司、中国食品公司、中国副食品公司、中国油脂公司等,各地根据业务需要设立了分支机构。地方性专业公司是地方商业部门设立的经营地方性业务的专业机构。

专业公司作为经济组织,按其业务可以划分为三种不同的类型,它们的法律地位和行为能力都是不同的。有的专业公司不直接从事商品经营,只负责组织商品分配、帮助所属企业改善经营管理,并负有监督、检查企业贯彻执行方针、政策、计划的责任,但不是行政性公司。有的专业公司承担管理兼搞经营,例如有些省、市专业公司兼营批发业务。还有一种专业公司则是直接从事商品购销业务活动的。

商业企业是从事商业经营活动的经济组织。我国从事商业经营活动的企业按所有制划分,有国有商店、集体商业组织(合作社和其他多种形式的合作商店)、个体商业户和多种所有制联营的商业企业。按经营规模大小划分,又可分为大中型国有商业企业和小型国有商业企业。按商品流转环节划分,有批发商店和零售商店。批发商店是负责收购工农业产品,以供应生产部门再生产和供零售商业转卖的商业企业,也称为批发公司。零售商店,是以商品直接供应消费者、社会集团和单位的商业企业。

贸易中心是商品批发交易市场,也是一种经济组织形式。它们可以是经济联合体,也可以是独立体,可以建立综合贸易中心,也可以建立专业贸易中心。各种贸易中心实行开放经营,打破条条块块、地区、行业界限,通过贸易中心,实现对多种形式批发商业的领导和管理。

对以上商业公司、企业应当像工业企业那样制定专门的法律、法规,确立他们的法律地位、权利义务、内部领导体制、职工奖惩等法律制度。

二、商品管理的法律规定

商业企业系统的组织活动是与国家对商品的管理紧密联系在一起的。在实行有计划的商品经济的国家里,在商品生产不发达和商品经济供应还比较紧的国家里,国家放弃对商品的管理是不可能的。我国按照各种商品在国民经济中的重要程度和需要调剂的范围,根据计划管理和市场调节相结合的原则,实行分类分级管理,并将主要商品划分为三类:一类商品是指关系国计民生的重要商品。这类商品从农业方面来说包括粮食、棉花、油料、烤烟、黄红麻、生猪。从工业方面来说,包括煤炭、原油及各种油品、钢材、有色金属、木材、水泥、基本化工原料、化肥、重要机电设备、化纤、新闻纸、卷烟以及军工产品等。这类商品由国务院管理,具体工作由国务院委托有关部、委负责。其收购、调拨、进出口指标计划的编制,要在全国计划会上进行平衡,并报国务院批准,由国家计委用指令性指标形式统一下达,非经国务院批准,不得变动。二类商品是指比较重要的商品。它们或者是生产集中、供应面长的商品,或者是生产分散,需要保证重点地区供应或必须保证特殊需要的商品。这类商品,如海水产品、海带、人参、燕窝、鱼翅、干贝、鱼唇、鲍鱼等,由国务院有关部、委管理。其收购、调拨、进出口指标,非经有关部、委批准,不得变动。具体做法采取统一计划,差额调拨,品种调剂,保证上调,一年一定的办法。三类商品是指上述一、二类商品以外的所有商品。这类商品品种繁多,产销情况复杂,国务院有关部、委不便于也不需要直接管理,而由地方自行管理。对于其中某些因出口特殊需要以及需要在地区间进行调剂的品种,可同地方协商,由地方有关部门安排计划,或以购销合同形式间接纳入计划。

国务院批转的商业部《关于当前城市商业体制改革若干问题的报告》中规定:部管计划商品范围适当缩小,工业品(包括非日用品)由现在的39种减为26种。国务院批转国家经济体制改革委员会、商业部、农牧渔业部《关于进一步做好农村商品流通工作的报告》中规定:继续减少统购、派购品种,将商业部系统现行管理的一、二类农副产品由 21 种减为 12 种。1985 年 1 月 1 日,中共中央、国务院发布的《关于进一步活跃农村经济的十项政策》,决定改革农副产品统购派购制度。从 1985 年起,除个别品种外,国家不再向农民下达农产品统购派购任务,按照不同情况分别实行合同定购和市场收购。对粮食、棉花取消统购,改为合同定购。由商业部门在播种季节前与农民协商,签订定购合同。定购以外的粮食可以自由上市,定购以外的棉花也允许农民自销。放开以后,国有商业要积极经营,参与市场调节。同时,一定要采取切实措施,保障城市消费者的利益。总之,国家对商品管理不管采取自上而下,统一调拨或分配,还是合同定购、市场收购以及完全的自产自销的办法,法律对其管理范围和方式要有明确的规定,并通过适当的商业组织形式来实现。

发展商业的特许经营形式。所谓特许经营是指现代商业企业的一种经销模式,它是由特许者把自己所拥有的商标(服务商标)、商号、专利产品和专利技术以及经营方式等企业智力资源,以特许经营合同形式授予加盟者,让其加盟者在授权者的经营方式下规范操作,从事某种特殊许可的经营活动,并且定期向特许者支付相应费用的一种商业模式。它是国际上流行的商业模式之一。这种形式在我国已经出现,发展这种商业特许经营形式,有利于商业分销领域的结构调整,有利于规范市场秩序,也有利于优秀商业企业迅速扩大规模、实现品牌战略,还有利于合理利用分散的民间资本和增加就业,并将有可能成为国民经济的新增长点。

第三节 城市房地产管理法

在市场经济条件下,土地、房屋、地产都是商品,都可以进行交换;在城市把房产、地产作为一种特殊的商品进行市场开发是很有发展前途的,问题是需要实行正确的政策和严格的法律管理,以促进房地产业的健康发展。

一、城市房地产管理法概述

城市房地产管理法是指调整在中华人民共和国城市规划区国有土地范围内取得房地产开发用地的土地使用权,从事房地产开发、交易、管理的法律规范的总称。

多年来,伴随着土地使用制度的改革,住房商品化政策和城镇住房制度改革的推进,房地产业发展迅速,因此,《中华人民共和国城市房地产管理法》(以下简称《城市房地产管理法》)于 1994 年 7 月 5 日经第八届全国人大常委会第八次会议通过,2007 年 8 月 30 日第十届全国人大常委会第二十九次会议对该法作了修订。该法对于加强城市房地产的管理,维护房地产市场秩序,保障房地产权利人的合法权益,促进房地产业的健康发展发挥了重要作用。

我国《城市房地产管理法》的立法原则是:国家依法实行国有土地有偿、有限期使用制度的原则;国家根据社会、经济发展水平,扶持发展居民住宅建设,逐步改善居民的居住条件的原则。"为了公共利益的需要,国家可以征用国有土地上单位和个人的房屋,并依法给予拆迁补偿,维护被征收人的合法权益;征收个人住宅的,还应当保障被征收人的居住条件"。这是 2007 年修订的《城市房地产管理法》新增加的一条重要原则。

城市房地产开发、交易的主管部门是国务院及地方各级建设行政主管部门和土地管理部门。

二、房地产开发取得用地的法律形式及其有关规定

（一）土地使用权出让

土地使用权出让是指国家将国有土地使用权在一定年限内出让给使用者,由土地使用者向国家支付土地使用权出让金的法律形式。城市规划区内的集体所有的土地,经依法征用为国有土地后,该幅国有土地的使用权方可有偿出让。

土地使用权出让,由市、县人民政府有计划有步骤地进行。出让的每幅地块、用途、年限和其他条件,由市、县人民政府土地管理部门会同城市规划、建设、房产管理部门共同拟定方案,按照国务院规定,报经有批准权的人民政府批准后,由市、县人民政府土地管理部门实施。

土地使用权出让,可以采取拍卖、招标或者双方协议的方式,土地使用权出让应当签订书面出让合同,该合同应订明用途、年限、出让金等条款。其中,土地使用权出让最高年限由国务院规定。

（二）土地使用权划拨

土地使用权划拨是指县级以上人民政府依法批准,在土地使用者缴纳补偿、安置等费用后将该幅土地交付其使用,或者将土地使用权无偿交付给土地使用者使用的法律形式。与出让形式不同,以划拨形式取得使用权的,除法律、行政法规另有规定的外,没有使用期限的限制。

三、房地产开发的原则和组织形式

房地产开发,是指在依据《城市房地产管理法》取得国有土地使用权的土地上进行基础设施和房屋建设的行为。房地产开发必须严格执行城市规划,按照经济效益、社会效益、环境效益相统一的原则,实行全面规划、合理布局、综合开发、配套建设。

从事房地产开发的组织是房地产开发企业,房地产开发企业是以营利为目的的从事房地产开发和经营的企业。

四、房地产交易行为的有关规定

（一）一般规定

房地产交易包括房地产转让、抵押和房屋租赁。国家实行房地产价格评估制度和房地产成交价格申报制度,房地产转让、抵押时,房屋的所有权和该房屋占用范围内的土地使用权同时转让、抵押,房地产转让和抵押应到有关部门办理登记。

（二）房地产转让的规定

房地产转让是指房地产权利人通过买卖、赠与或者其他合法方式将其房地产转

移给他人的行为。房地产转让应符合法定条件,同时应签订书面转让合同。

(三) 房地产抵押的规定

房地产抵押是指抵押人以其合法的房地产以不转移占有的方式向抵押权人提供债务履行担保的行为。债务人不履行债务时,抵押权人有权依法以抵押的房地产拍卖所得的价款优先受偿。依法取得的房屋所有权连同该房屋占有范围内的土地使用权和以出让方式取得的土地使用权,可以设定抵押权。抵押时,该土地使用权证书、房屋所有权证书办理抵押登记,同时应签订书面合同。

(四) 房屋租赁的规定

房屋租赁是指房屋所有权人作为出租人将其房屋出租给承租人使用,由承租人向出租人支付租金的行为。房屋出租应当签订书面租赁合同,约定租赁期限。

(五) 中介服务机构的规定

房地产中介服务机构包括房地产咨询机构、房地产价格评估机构和房地产经纪机构。房地产中介服务机构应当具备法定的条件。设立房地产中介服务机构,应当向工商行政管理部门申请设立登记,领取营业执照后,方可开业。国家实行房地产价格评估人员资格认证制度。

五、违反我国《房地产管理法》的法律责任

有以下情况之一的,应区分不同情节予以相应的行政制裁:擅自批准出让或擅自出让土地使用权用于房地产开发的;未取得营业执照擅自从事房地产开发业务的;违法转让土地使用权的;违法转让房地产的;违法预售商品房的;未取得营业执照擅自从事房地产中介服务业务的;没有法律、法规规定依据,向房地产开发企业收费的。

在实现城乡结合和城乡一体化后,房产业管理便成为普遍性的了,建议在一定时期后把城市房地产管理法的名称改为"房地产法"。

第十八章 合同管理法律规定

合同是市场经济联结的纽带,是市场经济运行普遍的、基本的法律形式。我国改革开放和社会主义市场经济的最终目的是建立全国统一的大市场,也是为了适应社会的发展以及与国际规则接轨。将合同关系列入经济法的内容,这在理论和实践上都是可行的和必要的。统一的合同法的制定与实施有利于保障经济秩序和生活秩序的正常进行,有利于促进社会主义市场经济的繁荣与发展。本章主要论述了合同法的统一、合同的订立与效力、合同的履行以及国家对各种类型的合同的管理。

第一节 合同法的统一

第九届全国人大第二次会议之前,我国共制定了三部经济合同法。一是1981年12月13日第五届全国人大第四次会议制定的《中华人民共和国经济合同法》,它是调整平等主体之间为实现一定经济目的,明确相互权利义务关系而订立的经济合同关系的法律规范。二是1985年3月31日第六届全国人大常委会第十次会议制定的《中华人民共和国涉外经济合同法》,它是调整涉外经济合同关系的基本法。三是1987年6月23日第六届全国人大常委会第二十一次会议制定的《中华人民共和国技术合同法》,它是调整关于技术合同的基本立法。

我国原有的上述三部并存的合同法各自规范不同的合同关系和领域,相互存在着不一致和不协调,在计划经济向社会主义市场经济转变过程中已经不适应实际的需要,迫切要求制定一部统一的、较为完备的现代化的合同法。同时,我国改革开放和发展社会主义市场经济的最终目的是要建立全国统一的大市场,要和国际规则接轨,而制定统一的合同法有利于保证社会主义市场经济健康发展,也有利于我国的自然人和企业法人在国际交往中有法可依。尤其是公民的衣食住行、公司企业的营业行为、科学技术的开发和成果的转化、对外经贸往来等都离不开合同。因此,制定统一的合同法,规范各类合同的订立、履行和违约责任等,对保障经济秩序和生活秩序的正常进行,对促进社会主义市场经济的繁荣与发展具有十分重要的意义。

1999年3月15日,第九届全国人大第二次会议通过了《中华人民共和国合同法》(以下简称《合同法》),并于1999年10月1日起施行。这部《合同法》是在前述三法的基础上加以补充、完善,同时,充分借鉴、吸收了国内外司法实践及立法的经验后,重新修订的。这部统一《合同法》制定的指导思想是:(1)尽量采用反映现代市场经济客观规律的共同规则和与国际公约和国际惯例协调一致;(2)遵守法律与契约自由原则;(3)结合现实性和前瞻性原则;(4)兼顾经济效率与社会公平;(5)规范性与可操作性相结合。这次立法以"统一"为原则,即统一合同法的调整范围及其他法律关系,调整平等主体之间的合同关系;坚持统一的合同概念,不区分经济合同与非经济合同,不区分商事合同与民事合同,不区分国内合同与涉外合同。

这部《合同法》分总则和分则两大部分,共23章428条。

第二节 合同的订立和效力

一、合同的概念和一般原则的规定

合同又称契约,是指平等主体的公民、法人、其他组织之间设立、变更、终止债权债务关系的协议。

合同的一般原则有:

(1) 平等、自愿、公平的原则。合同当事人的地位平等,当事人依法享有自愿订立合同的权利,任何一方不得将自己的意志强加给另一方。当事人双方应当遵循公平的原则确定双方权利义务关系,任何单位和个人不得非法干预。

(2) 合法原则。当事人订立、履行合同,应当遵守法律、行政法规,尊重社会公德,不得扰乱社会经济秩序,损害社会公共利益。

(3) 诚实信用原则。合同当事人行使权利、履行义务应当遵守诚实信用原则,这是民事法律的基本原则。当事人在合同活动中,应当讲诚实守信用,以善意的方式行使权利、履行义务,不得以损害他人为目的滥用权利,不得规避法律和合同义务。合同当事人应当以实事求是的态度对自己的行为负责。

(4) 国家主权原则。涉外合同的当事人可以选择处理合同争议所适用的法律,但在中华人民共和国境内履行的中外合资经营企业合同、中外合作经营企业合同、中外合作勘探开发自然资源合同必须适用我国法律。

(5) 国际法、国际公约优先适用原则。中华人民共和国缔结或参加的国际条约同中华人民共和国的民事法律有不同规定的,适用国际条约的规定,我国声明保留的条款除外。我国法律和缔结或参加的国际条约没有规定的,可以适用国际惯例。

二、合同的订立

(一) 订立程序

当事人订立合同,应采取要约、承诺方式。

1. 要约

要约是希望和他人订立合同的意思表示,该意思表示须内容具体、确定,且经受要约人承诺后,要约人即受该意思表示约束。

要约到达受要约人时生效,但下列情况下失效:

(1) 要约被撤回或被撤销。要约可以撤回,但撤回要约的通知应在要约到达受要约人之前或同时到达受要约人;要约在受要约人收到要约后也可以撤销,但撤销要约通知应在受要约人发出承诺通知之前到达受要约人。

(2)要约被拒绝。要约于拒绝要约的通知到达要约人时失效。承诺的内容应与要约的内容一致,不一致的视为拒绝。

(3)要约有效期届满。要约人可以规定受要约人承诺的期限,受要约人在该期限内未作承诺表示的,视为要约失效。

2. 承诺

承诺是受要约人在要约有效期限内,向要约人作出对要约内容完全同意的意思表示。

承诺失效的情况:

(1)承诺被撤回。承诺可以撤回,但撤回承诺的通知应当在承诺生效之前或与承诺通知同时到达要约人。

(2)超过承诺期限承诺。超过承诺期限发出承诺的,除要约人及时通知受要约人该承诺有效的外,该承诺失效。但受要约人在承诺期内发出承诺,按照通常情形能及时到达要约人,但因其他原因承诺到达要约人时超过承诺期限的,除要约人及时通知受要约人因承诺超过期限不接受该承诺的以外,该承诺有效。

(二)合同的内容和形式

1. 合同的内容

合同的内容由当事人约定,一般包括下列条款:

(1)当事人的名称或姓名和住所。

(2)标的。合同标的是合同当事人的权利义务共同指向的对象,也就是法律关系的客体。例如货物、劳工、工程项目等。

(3)数量。数量是指以数字方式和计量单位方式对合同标的进行具体确定,即衡量标的大小、多少、轻重的尺度。

(4)质量。质量是指以成分、含量、纯度、尺寸、精密度、性能等来表示的合同标的内在素质和外观形象的优劣情况。

(5)价款或报酬。价款或酬金是标的的价金,是当事人一方取得标的应向对方支付的代价。

(6)合同的期限、履行地点和方式。合同期限是当事人双方履行合同的时间限制。履行地点和方式关系到履行合同的费用、责任、管辖等重大问题。

(7)违约责任。违约责任是指合同当事人因过错而不履行或不完全履行合同时所承担的责任。

(8)解决争议的方法。争议的解决方法是指当事人之间在履行合同过程中发生了争议,通过什么样的途径来处理这一争议。按照合同法的规定包括友好协商和解、调解、仲裁、起诉。

2. 合同的形式

(1)口头形式,是指当事人只以口头的意思表示达成协议的合同。

(2)普通书面形式,是指当事人以文字表示协议内容的合同。

(3)特殊书面形式,是指除订立书面协议外,还须经过公证、审批、登记等手续的合同。

（4）关于标准条款合同。标准条款是当事人为了重复使用而预先拟定，并在订立合同时未与对方协商的条款。提供标准条款一方须履行解释、提示义务，他在合同的订立、履行中要承担较为严格的责任。

（三）合同的成立

根据我国《民法通则》第55条的规定，民事法律行为应当具备下列三个条件：行为人具有相应的民事行为能力，意思表示真实，不违反法律或者社会公共利益。作为合同，也需要具备上述三个条件。

一般要约人收到承诺的时间、地点为合同成立的时间、地点。要式合同应以办理完特定程序的时间、地点为合同成立的时间、地点。当事人采用合同书形式的，自双方当事人签字盖章的时间和地点确立合同成立的时间、地点。签字盖章不在同一时间、地点的，以最后签字盖章的时间、地点为准。

三、合同的效力

依法成立的合同，自成立时生效。

（一）无效的合同

(1) 一方以欺诈、胁迫的手段订立合同，损害国家利益的；
(2) 恶意串通，损害国家、集体或者第三人利益的；
(3) 以合法形式掩盖非法目的的；
(4) 损害社会公共利益的；
(5) 违反法律、行政法规的强制性规定的。

（二）可变更、可撤销的合同

(1) 因重大误解订立的。
(2) 在订立合同时显失公平的。

一方以欺诈、胁迫的手段或者乘人之危，使对方在违背真实意思的情况下订立的合同，受损害方有权请求人民法院或者仲裁机构变更或者撤销。当事人请求变更的，人民法院或者仲裁机构不得撤销。

（三）合同被确认无效，或被撤销的法律后果

(1) 退还财产。合同无效或被撤销后，因合同取得的财产，应当予以返还。
(2) 折价补偿。不能返还或没有必要返还的，应当折价补偿。
(3) 赔偿损失。有过错的一方应当赔偿对方因此所受到的损失，双方都有过错的，应当各自承担相应的责任。
(4) 收归国有。当事人恶意串通，损害国家、集体或第三人利益的，因此取得的财产应收归国有或返还集体、第三人。

第三节 合同的履行与信用观念

合同的履行也叫合同的执行和实现，是合同当事人双方按照合同规定的条款履

行各自承担的义务,实现双方签订的协议,这是合同具有法律效力的表现。

一、合同履行的原则

(一) 合同履行中应遵循的原则

(1) 实际履行原则。指合同当事人应当按照约定的标的履行,不能以其他标的代替。

(2) 协作履行原则。指合同当事人在履行合同义务时应本着诚实信用的原则履行下列义务:及时通知、互相协助,为对方履行义务提供必要条件,防止损失扩大,为对方保守秘密等。

(3) 全面履行原则。即当事人应按照合同约定的条款,全面正确地履行义务。如果对某项条款约定不明确,可以协商解决,不能达成协议的,按照法律规定的补救措施执行。

(4) 诚实信用原则。在合同履行中,遵守这一原则极为重要。

(二) 合同履行中的抗辩

(1) 同时履行抗辩权。指当事人互负债务,没有先后履行顺序的,应当同时履行。一方在对方未履行之前有权拒绝其履行请求。一方在对方履行债务不符合约定时,有权拒绝其相应的履行请求。

(2) 不安抗辩权。指当事人一方,根据合同规定,应在向对方先履行之前,如果发现对方的财产或者履行债务的能力明显减少,以至于可能难以履行对待支付义务时,可以要求对方提供必需的担保。若对方不提供担保也未对待履行,该当事人可以拒绝履行自己的义务。这项制度可保护先履行一方。我国《合同法》规定,先履行债务的当事人,有证据证明对方有下列情况之一的,可以终止履行:一是经营状况严重恶化;二是转移财产、抽逃资金,以逃避债务;三是丧失商业信誉;四是丧失或可能丧失履行债务能力的情形。

当事人终止履行后,应当及时通知对方。对方提供适当担保的,应当恢复履行。终止履行后,对方在合理期限内未恢复履行能力的,也未提供适当担保的,终止履行的一方可以解除合同。

(三) 合同债权人的代位权和撤销权

因债务人怠于行使其到期债权,对债权人造成损害的,债权人可以请求人民法院以自己的名义代位行使债务人的债权,但该债权专属于债务人自身的除外。代位权的行使范围以债权人的债权为限。

因债务人放弃其到期债权或无偿转让财产,对债权人造成损害的,债权人可以请求人民法院撤销债务人的行为。债务人以明显不合理的低价转让财产,对债权人造成损害,并且受让人知道该情形的,债权人可请求人民法院撤销债务人的行为。

二、合同的变更

合同的变更是指当事人不变的情形下,当事人协商一致,变更合同主要内容的行为。法律、行政法规规定变更合同应当办理批准、登记等手续的,依其规定。

三、合同的转让

（1）债权的转让。债权的转让是指债权人将合同权利的全部或部分转让给第三人,债权人转让权利的,应当通知债务人。未经通知,该转让对债务人不发生效力。从属于主债权的从权利一并转让给受让人,但该从权利专属于债权人自身的除外。债务人接到债权转让通知时,债务人对让与人的抗辩,可以向受让人主张。

（2）债务的转让。债务的转让是指债务人将合同义务全部或部分转移给第三人的行为。该转让行为必须经该合同债权人同意。新债务人应承担与主债务有关的从债务。新债务人可以主张原债务人对债权人的抗辩。

（3）债权、债务一并转让。即指当事人一方经对方当事人同意,可以将自己在合同中的权利义务一并转让给第三人,其相关权利义务适用上述债权转让与债务转让的规定。

四、合同的终止

（1）债务已经按照约定履行。

（2）债权人免除债务人部分或全部债务的,合同部分或全部终止。

（3）债权债务同归一人。指合同债权人与债务人因某种原因合为一人。例如两企业存在合同关系,因双方合并,合同终止。

（4）债务相互抵销。指当事人互负到期债务,并且该债务的标的物种类、品质相同。任何一方可以将自己的债务与对方债务抵销。抵消行为是单方法律行为,一方主张抵销的,应当通知对方。

（5）债务人依法将标的物提存。提存是指债务人在债务已到履行期限,因法定原因无法向债权人履行义务,通过法定程序将标的物送交有关部门存放。法定情形有:债权人迟延受领;债权人下落不明;债权人死亡或丧失行为能力而未确定继承人或监护人的。

（6）合同解除:第一,当事人可以在合同中约定解除合同的条件,解除合同的条件成就时,合同解除。当事人也可事后协商一致解除合同。第二,因不可抗力致使不能实现合同目的的,当事人可以解除合同。第三,在履行期限届满之前,当事人一方明确表示或以自己的行为表明不履行债务的,对方可以解除合同。第四,当事人一方迟延履行,经催告后在合理期限内仍未履行的,对方可以解除合同。

（7）法律规定或者当事人约定终止的其他情形。

五、合同的履行首先要树立信用观念

市场经济是信用经济,合同也是信用的法律形式,重视合同首先要重视信用;诚实信用是商品交易的基本原则,因此信用观念也是合同履行的思想和行为的基础。

第四节 合同的种类、违约责任及其管理的规定

一、《合同法》对我国各类合同的规定

（1）在转移财产合同类方面，包括买卖合同，供用电、水、气、热力合同，赠与合同，借款合同，租赁合同，融资租赁合同。

（2）在完成工作合同类方面，包括承揽合同、建设工程合同、运输合同。

（3）在技术合同类方面，包括技术开发合同、技术转让合同、技术引进合同、技术咨询合同和技术服务合同。

（4）在提供劳务和服务合同类方面，包括保管合同、仓储合同、委托合同、行纪合同、居间合同。

二、违约责任的规定

（一）承担违约责任原则

1. 严格责任原则

严格责任原则是指当事人不履行合同义务或履行合同义务不符约定的，应当承担违约责任。不论违约当事人主观是否有过错，一律要承担违约责任。但因不可抗力不能履行合同的，可以根据不可抗力的影响，部分或全部免除责任。

2. 赔偿实际损失原则

赔偿实际损失原则是指违约方所承担的违约责任以给对方造成的实际损失为限。实际损失包括两部分。一是直接损失，即给对方造成的现有财物的减少或支出的增加。二是间接损失，即合同履行后可以获得的利益，但不得超过违反合同一方订立合同时应当预见到的，因违反合同可能造成的损失。

（二）承担违约责任的方式

1. 违约金

违约金是指由法律或合同规定的，当事人一方因违约应向对方支付一定货币。约定的违约金视为违约的损失赔偿，但约定的违约金过分高于或低于造成的损失的，当事人可以请求人民法院或仲裁机构予以适当减少或增加。

2. 赔偿金

赔偿金是指合同当事人一方因违约行为，在没有规定违约金或违约金不足以弥补损失时所支付的补偿费。当事人一方违约后，对方应当采取适当措施防止损失的扩大；没有采取适当措施致使损失扩大的，不得就扩大的损失要求赔偿。

3. 继续履行

继续履行是指当事人一方不履行非金钱债务或履行非金钱债务不符合约定的，对方可以要求违约方继续履行，违约方仍不履行的，对方可以请求强制履行。但有下列情形的除外：

(1) 法律上或事实上不能履行的；
(2) 债务的标的不适于强制履行或履行费用过高；
(3) 债权人在合理期限内未请求履行的。

4．解除合同

解除合同是指当事人一方明确表示或以自己行为表明不履行义务的，或迟延履行，经催告后仍不履行义务的，对方当事人可以单方解除合同，并可以要求对方赔偿损失。

三、国家对合同的管理及其评述

按照我国《合同法》的规定，工商行政管理部门和其他有关行政主管部门在各自的职权范围内，依照法律、行政法规的规定，对利用合同危害国家利益、社会公共利益的违法行为，负责监督处理；构成犯罪的，依法追究刑事责任。

涉外经济合同的当事人可以选择处理合同争议所适用的法律，但法律另有规定的除外。涉外合同的当事人没有选择的，选用与合同有最密切联系的国家的法律。

在中华人民共和国境内履行的中外合资经营企业合同、中外合作经营企业合同、中外合作勘探开发自然资源合同，适用中华人民共和国法律。

在统一的《合同法》中，国家对合同的管理只规定了如上的个别条文，并且主要体现在司法对合同的事后处理和监管，这在一般市场经济国家和地区（包括我国台湾地区在内）的合同法中，大都是这样规定的。但是在建设中国特色社会主义进程中，对于有关国计民生普遍的、重要的合同和注意保护弱者原则的考虑，似乎也应当在一定的范围内规定由国家对合同事前的监管，事实上在我国粮棉的统购合同中，就有对合同的鉴定程序。又如，供用水合同、供用电合同，供给方就存在有欺负弱者的情况，国家工商行政管理部门，也就往往需要出面协调解决，以避免合同显失公平。对于这个问题在立法中一直存在着争议，对此，将要靠实践和理论来进一步解决。

第十九章　促进资金筹集和流通的重要法律

第一节　证　券　法

一、证券法的概念和开拓我国证券市场的意义

证券是以证明或设定权利为目的而作成的凭证,其全称为有价证券,是具有一定票面金额并能给它的持有人带来一定收益的所有权或债权的凭证。

证券市场就是指以证券交易所作媒介对有价证券的转让行为。

证券法是规范证券交易和与证券交易有关的发行行为,保护投资者和债权人的合法权益的权利义务规范的通称。证券法有广义和狭义之分。广义的证券法是指调整证券发行、交易和证券监督过程中发生的各种社会关系的法律规范的总称。狭义的证券法是指《中华人民共和国证券法》(以下简称《证券法》)。

证券市场的形成和发展是与股份公司的出现及其信用制度的建立分不开的。证券市场最早是从英国、美国,以及后来的日本等国发展起来的。20世纪初,这些国家对证券市场制定了证券法和证券交易法,设置了证券的管理机构。第二次世界大战后,证券市场走上了国际化、电脑化的道路,并出现了当代世界四大证券市场——美国纽约、英国伦敦、日本东京、中国香港证券市场。新中国成立后,我国的证券发行和交易经历了从1979年至1985年的准备阶段,1986年、1987年到1992年的试点起步阶段,特别是从1995年以后,证券市场逐步进入了规范化阶段。

证券市场在我国的建立和发展有其重要意义,主要表现在:

(1)建立和发展证券市场可以运用价值规律和市场机制,解决经济建设与资金不足的矛盾。由于证券融资的优点在于资金可以在证券和货币之间自由灵活的运动,保证资金的安全性,提高资金的使用效率,同时通过发行形式多样的有价证券,广泛吸收社会资金,使资金在供给与需求者之间直接进行融通。

(2)建立和发展证券市场是推广股份制,实现所有权与经营权的分离,深化企业改革,转换企业经营机制的需要。实行股份制的好处在于:使所有制关系具体化,使企业所有权和经营权分离,在企业所有者和经营者之间建立相互制约的关系,促进企业结构合理化。股份有限公司面向社会发行股票,筹借闲散资金,促进资金横向流动和资金价格的形成机制,为建立现代企业制度创造条件。

(3)建立和发展证券市场是加速金融体制改革和信用体系改革以及完善金融市场的需要。建立证券市场,发行国库券、金融债券、企业债券和股票,可以增加筹集资金的渠道和工具,有利于改变信用渠道单一,信用工具贫乏的状况;有利于把社会闲散资金和消费基金通过直接金融灵活地运用到生产中去,促进以银行信用为主体,多种渠道、多种方式、多种信用工具的调节和融通资金的信用体系的实现,对有价证券的发行、转让、买卖提供了保证。同时证券市场的建立更增加了企业和居民的投资兴趣,有利于资金搞活。证券市场是金融市场的重要组成部分,因此,建立证券市场有利于我国金融市场的完善。

为了规范证券的发行和交易行为,保护投资者的合法权益,维护社会经济秩序和社会公共利益,促进社会主义市场经济的发展,1998年12月29日第九届全国人大常委会第六次会议通过了我国第一部《证券法》。该法于2004年8月28日第十届全国人大常委会第十一次会议进行了第一次修订,2005年10月27日第十届全国人大常委会第十八次会议进行了第二次修订。修订是在经济和金融体制改革的不断深化与社会主义市场经济的不断发展,证券市场发生了很大的变化的形势下进行的,修订涉及证券发行、证券上市、证券交易、证券登记结算、投资者保护、市场监督等各个方面,内容非常丰富。例如,修订后的《证券法》改变分类了监管制度,实行按业务监管的新体制。根据不同业务的经营特点,设定不同的行政许可条件,加强监管的针对性。将不同业务分开经营,禁止混合操作;建立客户交易结算资金第三方独立存管制度,有利于保证客户资产安全。例如,进一步完善了证券发行和收购并购制度,全面提升市场资源配置效率。修订后的《证券法》明确了公开和非公开发行证券的界线,开拓了企业融资的形式,为企业融资提供了多样化的选择,提高了发行审批的透明度,增加了社会公众的监督力度,取消了上市公司全面收购的限制性要求,促进了市场资源的整合。

又如,完善了监管执法机制和监管责任制度,强化了执法权威和执法效率。修订后的《证券法》增强了证券监管部门执法手段,加大了监管权力,为进一步提高监管有效性提供了法律保证。同时,也明确了相应的法律责任:补充和完善了证券违法行为民事法律责任制度,完善了股东诉讼机制;增加了对内幕交易、操纵市场、欺诈客户行为人的民事赔偿责任制度;补充了监管机构的执法手段和监管措施,规定了可以查阅和复制与被调查事件有关的财产登记、通讯记录等资料,有效地加大了对证券违法行为的处罚力度。

二、证券法的原则

(一) 证券的分类

证券的分类主要有:

(1) 股票。股票是股份公司发给股东作为已投资入股的证书和据以行使权利的凭证。

按票面上及股东名册是否记有股东姓名分为记名股、无记名股。按票面上是否标明金额,可分为面值股票和无面值股票。我国公司法只规定了面值股。按发行对象不同可分为发起人股、国家授权投资机构股、法人股、社会公众股等。

(2) 债券。债券是发行人直接向社会借债时所出具的债务证书,可分为政府债券、公司债券、金融债券。

我国《证券法》第2条明确规定:"在中华人民共和国境内,股票、公司债券和国务院依法认定的其他证券的发行和交易,适用本法。……政府债券、证券投资基金份额的上市交易,适用本法;其他法律、行政法规另有规定的,适用其规定。证券衍生品发行、交易的管理办法,由国务院依照本法的原则规定。"

根据股票的上市地点和所面对的投资者不同,我国上市公司的股票有A股(用人民币交易在中国境内上市针对国内的股票)、B股(用人民币标值但只能用外币交易且在中国境内上市针对外国人或者港澳台地区的股票)、H股(内地注册、香港上市的外资股)、N股(内地注册,纽约上市的外资股)。

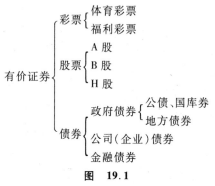

图 19.1

（二）证券法的基本原则

证券法的基本原则主要有:

（1）"三公"原则。证券的发行、交易活动,必须实行公开、公平、公正的原则。

（2）平等、自愿、有偿、诚实信用原则。

（3）守法、禁止内幕交易和操纵证券交易的原则。证券的发行、交易活动,必须遵守法律、行政法规;禁止欺诈、内幕交易和操纵交易市场的行为。禁止证券交易内幕信息的知情人员利用内幕信息进行证券交易活动等。

（4）分业经营、分业管理原则。证券业和银行业,信托业、保险业实行分业经营、分业管理;证券公司与银行、信托、保险业务机构分别设立。

（5）统一监管原则。国务院证券监督管理机构依法对全国证券市场实行集中统一监督管理,并可根据需要设立派出机构,按照授权的权限范围履行监督管理职责。

三、证券的发行

公开发行股票,依照公司法规定的条件,报经国务院证券监督管理机构核准。发行公司债券,依照公司法规定的条件,报经国务院授权的部门审批。国务院证券监督管理机构设发行审核委员会,依法审核股票发行申请。发行审核委员会由国务院证券监督管理机构的专业人员和所聘请的该机构外的有关专家组成,以投票方式对股票发行申请进行表决,提出审核意见。国务院证券监督管理机构依照法定条件负责核准股票发行申请。国务院授权部门对公司债券发行申请的审批,参照有关核准股票的规定执行。证券发行申请经核准或者经审批,发行人应当依照法律、行政法规的规定,在证券公开发行前,公告公开发行募集文件,并将该文件置备于指定场所供公众查阅。国务院证券监督管理机构或者国务院授权的部门对已作出的核准或者审批证券发行的决定,发现不符合法律、行政法规规定的,应予以撤销;尚未发行证券的,停止发行;已经发行的,证券持有人可以按照发行价并加算银行同期存款利息,要求发行人返还。

股票依法发行后,发行人经营与收益的变化,由发行人自行负责;由此变化引致的投资风险,由投资者自行负责。上市公司发行新股,应当符合公司法有关发行新股的条件,可以向社会公开募集,也可以向原股东配售。

证券公司应依据法律、行政法规的规定承销发行人向社会公开发行的证券。证券承销业务采取代销或者包销方式。证券代销是指证券公司代发行人发售证券,在承销期结束时,将未售出的证券全部退还给发行人的承销方式。证券包销是指证券公司将发行人的证券按照协议全部购入或者在承销期结束时将售后剩余证券全部自行购入的承销方式。证券公司承销证券,应当同发行人签订代销或者包销协议,载明下列事项:(1)当事人的名称、住所及法定代表人姓名;(2)代销、包销证券的种类、数量、金额及发行价格;(3)代销、包销的期限及起止日期;(4)代销、包销的付款方式及日期;(5)代销、包销的费用和结算办法;(6)违约责任;(7)国务院证券监督管理机构规定的其他事项。向社会公开发行的证券票面总值超过人民币5000万元的,应当由承销团承销。承销团应由主承销和参与承销的证券公司组成。证券的代销、包销期最长不得超过90日。证券公司包销证券,应在包销期满后的15日内,将包销情况报国务院证券监督管理机构备案。

四、证券交易的一般规定

(1)证券交易当事人依法买卖的证券,必须是依法发行并交付的证券。非依法发行的证券,不得买卖。

(2)依法发行的股票、公司债券及其他证券,法律对其转让期限有限制性规定的,在限定的期限内,不得买卖。

(3)经依法核准的上市交易的股票、公司债券及其他证券,应当在依法设立的证券交易所上市交易或者在国务院批准的其他证券交易场所转让。

(4)证券在证券交易所挂牌交易,应当采用公开的集中竞价交易方式。证券交易的集中竞价应当实行价格优先、时间优先的原则。

(5)证券交易当事人买卖的证券可以采用纸面形式或者国务院证券监督管理机构规定的其他形式。

(6)证券交易以现货进行交易。

(7)证券公司不得从事向客户融资或者融券的证券交易活动。

(8)证券交易所、证券公司、证券登记结算机构从业人员、证券监督管理机构工作人员和法律、行政法规禁止参与股票交易的其他人员,在任期或者法定期限内,不得直接或者以化名、借他人名义持有、买卖股票,也不得收受他人赠送的股票。任何人在成为以上所列人员时,其原已持有的股票,必须依法转让。

(9)证券交易所、证券公司、证券登记结算机构,必须依法为客户所开立的账户保密。

(10)为股票发行出具审计报告、资产评估报告或者法律意见书等文件的专业机构和人员,在该股票承销期内和期满后6个月内,不得买卖该种股票。除此以外,为上市公司出具审计报告、资产评估报告或者法律意见书等文件的专业机构和人员,自接受上市公司委托之日起至上述文件公开后5日内,不得买卖该种股票。

(11)证券交易的收费必须合理,并公开收费项目、收费标准和收费办法。证券交易的收费项目、收费标准和管理办法由国务院有关管理部门统一规定。

(12)持有一个股份有限公司已发行的股份5%的股东,应当在其持股数额达到该比例之日起3日内向该公司报告,公司必须在接到报告之日起3日内向国务院证券监督管理机构报告;属于上市公司的,应当同时向证券交易所报告。

(13)前条规定的股东,将其所持有的该公司的股票在买入后6个月内卖出,或者在卖出后6个月内又买入,由此所得收益归该公司所有,公司董事会应当收回该股东所得收益。但是,证券公司因包销购入售后剩余股票而持有5%以上股份的,卖出该股票时不受6个月时间限制。公司董事会不按以上规定执行的,其他股东有权要求董事会执行。公司董事会不按以上规定执行,致使公司遭受损害的,负有责任的董事依法承担连带赔偿责任。

五、股票上市与债券上市的具体规定

(一)股票上市的规定

股份有限公司申请其股票上市交易,必须报经国务院证券监督管理机构核准。国务院证券监督管理机构可以授权证券交易所依法定条件、程序核准股票上市申请。股份有限公司提出股票上市申请时,应提交法定文件。股票上市交易申请经国务院证券监督管理机构核准后,其发行人应向证券交易所提交核准文件和其他有关文件。证券交易所应自接到该股票发行人提交的有关文件之日起6个月内,安排该股票上市交易。股票上市交易申请经证券交易所同意后,上市公司应当在上市交易的5日前公告经核准的股票上市的有关文件及其他法定事项,并将其置备于指定场所供公众查阅。当上市公司丧失公司法规定的上市条件时,其股票依法暂停上市或者终止上市。

(二)债券上市的规定

公司申请其发行的公司债券上市交易,必须报经国务院证券监督管理机构核准。国务院证券监督管理机构可以授权证券交易所依法定条件、程序核准公司债券上市申请。公司申请其公司债券上市交易需符合以下条件:(1)公司债券的期限为1年以上;(2)公司债券实际发行额不少于人民币5000万元;(3)公司申请其债券上市

时仍符合法定的公司债券发行条件。公司提出公司债券上市交易申请时,应提交法定文件。公司债券上市交易申请经国务院证券监督管理机构核准后,其发行人应当向证券交易所提交核准文件和其他有关文件。证券交易所应自接到该债券发行人提交的有关文件之日起3个月内,安排该债券上市交易。公司债券上市交易申请经证券交易所同意后,发行人应当在公司债券上市交易的5日前公告公司债券上市报告、核准文件及有关上市申请文件,并将其申请文件置备于指定场所供公众查阅。公司债券上市交易后,出现法定情形的,由国务院证券监督管理机构决定暂停或终止该公司债券上市交易。公司解散、依法被责令关闭或者被宣告破产的,由证券交易所终止其公司债券上市,并报国务院证券监督管理机构备案。

六、持续信息公开

经国务院证券监督管理机构核准依法发行股票,或经国务院授权的部门批准依法发行公司债券,依照公司法的规定,应当公告招股说明书、公司债券募集办法。依法发行新股或者公司债券的,还应当公告财务会计报告。公司公告的股票或者公司债券的发行和上市文件,必须真实、准确、完整,不得有虚假记载、误导性陈述或重大遗漏。股票或者公司债券上市交易的公司,应分别在每一会计年度的上半年结束之日起2个月内和每一会计年度结束之日起4个月内,向国务院证券监督管理机构和证券交易所提交记载法定内容的中期报告和年度报告。发生可能对上市公司股票交易价格产生较大影响、而投资者尚未得知的重大事件时,上市公司应立即将有关情况向国务院证券监督管理机构和证券交易所提交临时报告,并予公告,说明事件实质。

发行人、承销的证券公司公告招股说明书、公司债券募集办法、财务会计报告、上市报告文件、年度报告、中期报告、临时报告,存在虚假记载、误导性陈述或者有重大遗漏,致使投资者在证券交易中遭受损失,发行人、承销的证券公司应承担赔偿责任。

依照法律、行政法规规定必须作出的公告,应在国家有关部门规定的报刊上或者在专项出版的公报上刊登,同时将其置备于公司住所、证券交易所,供社会公众查阅。国务院证券监督管理机构对上市公司年度报告、中期报告、临时报告以及公告的情况进行监督,对上市公司分派或者配售新股的情况进行监督。国务院证券监督管理机构对有重大违法行为或者不具备其他上市条件的上市公司取消其上市资格的,应当及时作出公告。

七、上市公司的收购

上市公司收购可以采取要约收购或者协议收购的方式。

通过证券交易所的证券交易,投资者持有一个上市公司已发行的股份的30%时,继续进行收购的,应依法向该上市公司所有股东发出收购要约,但经国务院证券监督管理机构免除发出要约的除外。发出收购要约,收购人必须事先向国务院证券监督管理机构报送上市公司收购报告书,且同时将其提交证券交易所。收购人自报送上市公司收购报告书之日起15日后,公告其收购要约。收购要约的期限不得少于30

日,且不得超过60日。在收购要约的有效期限内,收购人不得撤回其收购要约。在收购要约的有效期限内,收购人需要变更其收购要约中事项的,必须事先向国务院证券监督管理机构及证券交易所提出报告,经获准后,予以公告。收购人在收购要约期限内,不能采取要约规定以外的形式和超出要约的条件买卖被收购公司的股票。收购要约的期限届满,收购人持有的被收购公司的股份数达到该公司已发行的股份总数的75%以上的,该上市公司的股票应当在证券交易所终止上市交易;收购人持有的被收购公司的股份数达到该公司已发行的股份总数的90%以上的,其余仍持有被收购公司股票的股东,有权向收购人以收购要约的同等条件出售其股票,收购人应当收购。收购行为完成后,被收购公司不再具有公司法规定的条件的,应依法变更其企业形式。

采取协议收购方式的,收购人可以依照法律、行政法规的规定同被收购公司的股东以协议方式进行股权转让;协议双方可以临时委托证券登记结算机构保管协议转让的股票,并将资金存放于指定的银行。以协议方式收购上市公司时,达成协议后,收购人须在3日内将该收购协议向国务院证券监督管理机构及证券交易所作出书面报告,并予公告,在未作出公告前不得履行协议。

在上市公司收购中,收购人对所持有的被收购的上市公司的股票,在收购行为完成后的6个月内不得转让。收购上市公司的行为结束后,收购人应在15日内将收购情况报告国务院证券监督管理机构和证券交易所,并予公告。通过要约收购或者协议收购方式取得被收购公司股票并将该公司撤销的,属于公司合并,被撤销公司的原有股票,由收购人依法更换。上市公司收购中涉及国家授权投资机构持有的股份,应当按照国务院的规定,经有关主管部门批准。

八、证券机构

(一)证券活动的中介机构——证券公司

证券公司是指依公司法和经国务院证券监督管理机构审查批准的从事证券经营业务的有限责任公司或者股份有限公司。

国家对证券公司实行分类管理,一类是综合类证券公司,一类是经纪类证券公司。

综合类证券公司业务范围是:证券经纪业务;证券自营业务;证券承销业务;经国务院证券监督管理机构核定的其他证券业务。

经纪类证券公司只允许专门从事证券经纪业务。综合类证券公司必须将其经纪业务和自营业务分开办理,业务人员、财务账户均应分开,不得混合操作。

证券公司办理经纪业务,不得接受客户的全权委托而从事交易活动;证券公司不得以任何方式对客户证券买卖的收益或赔偿证券买卖的损失作出承诺;证券公司及其从业人员不得未经过其依法设立的营业场所私下接受客户委托买卖证券;证券公司接受委托或自营,当日买入的证券,不得在当日再行卖出。

（二）证券活动的主要机构——证券交易所、证券登记结算机构、证券交易服务机构

1. 证券交易所

证券交易所是提供证券集中竞价交易场所的不以营利为目的的法人。证券交易所实行会员制，其会员必须是具有会员资格的证券公司。证券交易所设理事会。理事会是交易所的管理执行机构，设总经理一人，由国务院证券监督管理机构任免。

证券交易所的主要职责如下：

（1）依法制定证券集中竞价交易的具体规则，会员及其从业人员的管理规章；

（2）组织公平的集中竞价交易，即时公布交易行情，监督上市公司披露的信息，保障其及时、准确；

（3）办理股票、公司债券暂停上市、恢复上市或终止上市；

（4）因发生突发性事件或不可抗力的突发性事件时，证券交易所可以采取技术性停牌或决定临时停市，以维护证券交易的正常秩序；

（5）提取设立风险基金；

（6）对在交易所内从事证券交易的人员，违反证券交易所有关交易规则的，由证券交易所给予纪律处分，或撤销其资格，禁止其入场进行交易。

2. 证券登记结算机构

证券登记结算机构是为证券交易提供集中的登记、托管与结算服务，不以营利为目的的法人。证券登记结算采取全国集中统一的运营方式，证券登记结算机构履行下列职能：

（1）证券账户、结算账户的设立；

（2）证券的托管和过户；

（3）证券持有人名册登记；

（4）证券交易所上市证券交易的清算和交收；

（5）受发行人委托派发证券权益；

（6）办理与上述业务有关的查询；

（7）国务院证券监督管理机构批准的其他业务。证券登记结算机构应当设立结算风险基金，用于因技术故障、操作失误、不可抗力造成的证券登记结算机构的损失。

3. 证券交易服务机构

证券交易服务机构是根据证券投资和证券交易业务的需要，设立的专业的证券投资咨询机构和资信评估机构等服务机构，主要负责在证券发行和交易过程中向投资者提供投资咨询的服务和在证券发行中对证券的信用程度给予级别评定。

（三）证券业的自律机构——证券业协会

我国的证券业协会成立于1991年8月28日，是证券业自律性组织，是社会团体法人，证券公司都应当加入。证券业协会的权力机构为会员大会，日常管理执行机构为理事会。证券业协会的职责如下：

（1）协助证券监督管理机构教育和组织会员遵守证券法律、行政法规；

(2) 依法维护会员的合法权益,向证券监督管理机构反映会员的建议和要求;
(3) 收集整理证券信息,为会员提供服务;
(4) 制定会员应遵守的规则,组织会员单位的从业人员的业务培训,开展会员间的业务交流;
(5) 对会员之间、会员与客户之间发生的证券业务纠纷进行调解;
(6) 组织会员就证券业的发展、运作及有关内容进行研究;
(7) 监督、检查会员行为,对违反法律、法规或者协会章程的,按照规定给予纪律处分;
(8) 证券业协会章程规定的其他职责。

九、证券监督管理机构

国务院证券监督管理机构依法对证券市场进行监督管理,维护证券市场的秩序,保障其合法运行。国务院证券监督管理机构的职责包括:
(1) 依法制定有关证券市场监督管理的规章、规则,并依法行使审批或者核准权;
(2) 依法对证券的发行、上市、交易、登记、存管、结算,进行监督管理;
(3) 依法对证券发行人、上市公司、证券交易所、证券公司、证券登记结算机构、证券投资基金管理机构、证券投资咨询机构、资信评估机构以及从事证券业务的律师事务所、会计师事务所、资产评估机构的证券业务活动,进行监督管理;
(4) 依法制定从事证券业务人员的资格标准和行为准则,并监督实施;
(5) 依法监督检查证券发行、上市和交易的信息公开情况;
(6) 依法对证券业协会的活动进行指导和监督;
(7) 依法对违反证券市场监督管理法律、行政法规的行为进行查处;
(8) 法律、行政法规规定的其他职责。

国务院证券监督管理机构依法制定的规章、规则和监督管理工作制度应当公开;在其依法履行职责时,发现证券违法行为涉嫌犯罪的,应将案件移送司法机关处理。

十、违反我国《证券法》的法律责任

我国《证券法》规定了行政与刑事两类处罚的法律责任。

(一) 关于违反我国《证券法》的行政责任

未经法定的机关核准或者审批,擅自发行证券的;或者制作虚假的发行文件发行证券的;证券公司承销或者代理买卖未经核准或者审批擅自发行证券的;依照《证券法》规定,经核准上市交易的证券,其发行人未按照有关规定披露信息,或者所披露的信息有虚假记载、误导性陈述或者有重大遗漏的;非法开设证券交易场所的;编造并且传播影响证券交易的虚假信息扰乱证券交易市场的;证券交易所、证券公司、证券登记结算机构、证券交易服务机构、社会中介机构及其从业人员,或者证券业协会、证券监督管理机构及其工作人员,在证券交易活动中作出虚假陈述或者信息误导的;未经批准并领取业务许可证,擅自设立证券公司经营证券业务的;证券交易所、证券公

司、证券登记结算机构、证券交易服务机构的从业人员、证券业协会或者证券监督管理机构的工作人员,故意提供虚假资料,伪造、变造或者销毁交易记录诱骗投资者买卖证券的;证券交易内幕信息的知情人员或者非法获取证券交易内幕信息的人员,在涉及证券的发行、交易或者其他对证券的价格有重大影响的信息尚未公开前,买入或者卖出该证券,或者泄露该信息或者建议他人买卖该证券的;任何人违反《证券法》规定,操纵证券交易价格,或者制造证券交易的虚假价格或者证券交易量,获取不正当利益或者转嫁风险的;违反《证券法》规定,挪用公款买卖证券的,证券公司违反《证券法》规定,为客户卖出其账户上未实有的证券或者为客户融资买入证券的;证券公司、证券登记结算机构及其从业人员,未经客户的委托,买卖、挪用、出借客户账户上的证券或者将客户的证券用于质押的,或者挪用客户账户上的资金的;为证券的发行、上市或者证券交易活动出具审计报告、资产评估报告或者法律意见书等文件的专业机构,就其所应负责的内容弄虚作假的;证券登记结算机构和证券交易服务机构违反《证券法》规定或者证券监督管理机构统一制定的业务规则的;证券监督管理机构对不符合《证券法》规定的证券发行、上市的申请予以核准,或者对不符合本法规定的条件设立证券公司、证券登记结算机构或者证券交易服务机构的申请予以批准,情节严重的;证券监督管理机构的工作人员和发行审核委员会的组成人员,不履行本法规定的职责,徇私舞弊、玩忽职守或者故意刁难有关当事人的。以上情况,均不构成犯罪的,依法给予行政处分,包括责令改正、没收违法所得、处以罚款、对直接责任的主管人员和责任人员给予必要的处分,属于国家工作人员的,从严处分。

凡拒绝、阻碍证券监督管理机构及其工作人员依法行使监督检查职权未使用暴力、威胁方法的,依法给予治安管理处罚。

法律、行政法规规定禁止参与股票交易的人员,直接或者化名、借他人名义持有、买卖股票的;为股票的发行或者上市出具审计报告、资产评估报告或者法律意见书等文件的专业机构和人员,违反《证券法》规定买卖股票的;证券公司违反《证券法》规定,当日接受客户委托或者自营买入证券又于当日将该证券再行卖出的;违反《证券法》规定,法人以个人名义设立账户买卖证券的,责令改正,没收违法所得,并处以违法所得1倍以上5倍以下的罚款;综合类证券公司违反《证券法》规定,假借他人名义或者以个人名义从事自营业务的;证券公司违背客户的委托买卖证券、办理交易事项,以及其他违背客户真实意思表示,办理交易以外的其他事项,给客户造成损失的;证券公司经办经纪业务,接受客户的全权委托买卖证券的,或者对客户买卖证券的收益或者赔偿证券买卖的损失作出承诺的;违反上市公司收购的法定程序,利用上市公司收购谋取不正当收益的;证券公司及其从业人员违反《证券法》规定,私下接受客户委托买卖证券的;证券公司违反《证券法》规定,未经批准经营非上市挂牌证券的交易的;证券公司成立后,无正当理由超过3个月未开始营业的,或者开业后自行停业连续3个月以上的;证券公司违反《证券法》规定,超出业务许可范围经营证券业务的;证券公司同时经营证券经纪业务和证券自营业务,不依法分开办理,混合操作的;提交虚假证明文件或者采取其他欺诈手段隐瞒重要事实骗取证券业务许可的,或者证券公司在证券交易中有严重违法行为,不再具备经营资格的;未经证券监督管理机构批准,擅自设立证券登记结算机构或者证券交易服务机构的。以上情况,《证券法》未规定刑事处分,只规定了行政处分,包括责令改进、没收非法所得、取消证券业务许可证、赔偿损失、处以罚款等。《证券法》还规定,违反《证券法》应当承担民事赔偿责任和缴纳罚款、罚金,其财产不足以同时支付时,先承担民事赔偿责任。

依照《证券法》对证券发行、交易违法行为没收的违法所得和罚款,全部上缴国库。

当事人对证券监督管理机构或者国务院授权的部门的处罚决定不服的,可以依法申请复议,或者依法直接向人民法院提起诉讼。

(二) 关于违反我国《证券法》的刑事责任

未经法定的机关核准或者审批,擅自发行证券,或者制作虚假的发行文件发行证券,构成犯罪的;证券公司承销或者代理买卖未经核准或者审批擅自发行的证券,构成犯罪的;依照《证券法》规定,经核准上市交易的证券,其发行人未按照有关规定披露信息,或者所披露的信息有虚假记载、误导性陈述或者有重大遗漏;非法开设证券交易场所,构成犯罪的;未经批准并领取业务许可证,擅自设立证券公司经营证券业务的;证券交易所、证券公司、证券登记结算机构、证券交易服务机构的从业人员、证券业协会或者证券监督管理机构的工作人员,故意提供虚假资料,伪造、变造或者销毁交易记录,诱骗投资者买卖证券,构成犯罪的;证券交易内幕信息的知情人员或者非法获取证券交易内幕信息的人员,在涉及证券的发行、交易或者其他对证券的价格有重大影响的信息尚未公开前,买入或者卖出该证券,或者泄露该信息或者建议他人买卖证券,构成犯罪的;任何人违反《证券法》规定,操纵证券交易价格,或者制造证券交易的虚假价格或者证券交易量,获取不正当利益或者转嫁风险,构成犯罪的;违反《证券法》规定,挪用公款买卖证券,构成犯罪的;证券公司违反《证券法》规定,为客户卖出其账户上未实有的证券或者为客户融资买入证券,构成犯罪的;编造并且传播影响证券交易的虚假信息,扰乱证券交易市场,构成犯罪的;证券交易所、证券公司、证券登记结算机构、证券交易服务机构、社会中介机构及其从业人员,或者证券业协会、证券监督管理机构及其工作人员,在证券交易活动中作出虚假陈述或者信息误导,构成犯罪的;证券公司、证券登记结算机构及其从业人员,未经客户的委托,买卖、挪用、出借客户账户上的证券或者将客户的证券用于质押或者挪用客户账户上的资金,构成犯罪的;为证券的发行、上市或者证券交易活动出具审计报告、资产评估报告或者法律意见书等文件的专业机构,就其所应负责的内容弄虚作假,构成犯罪的;证券监督管理机构对不符合本法规定的证券发行、上市的申请予以核准,或者对不符合《证券法》规定的条件设立证券公司、证券登记结算机构或者证券交易服务机构的申请予以批准,情节严重,构成犯罪的;证券监督管理机构的工作人员和发行审核委员会的组成人员,不履行《证券法》规定的职责,徇私舞弊、玩忽职守或者故意刁难有关当事人,构成犯罪的;以暴力、威胁方法阻碍证券监督管理机构依法行使监督检查职权,构成犯罪的,依法追究刑事责任。

第二节 票 据 法

一、票据法的基本概念和票据活动的原则

票据是发票人依据票据法发行的,无条件支付一定金额或委托他人无条件支付一定金额给收款人或持票人的一种有价证券。我国票据法所称的票据是汇票、本票和支票。票据作为资金融通的重要工具,在市场经济体制下,其市场的作用越来越显著。

票据作为有价证券的一种,与股票、债券、仓单、提单等其他有价证券相比,具有自己独特的性质:

(1)票据是表示金钱债权的完全的有价证券。首先,它是金钱证券,即持票人享有的权利是请求给付一定金钱,而非劳务或其他物品;其次,票据权利的产生、转让与交付都以证券的存在为必要,是完全的有价证券。

(2)票据是设权证券。即票据权利的发生是由票据行为——发票而产生的。没有作成票据就没有票据权利。公司的股票等那种用来证明已经存在的权利的证券,是证权证券。

(3)票据是文义证券。即票据上一切权利、义务,必须严格依照票据上的文义而定,不得用票据记载以外的任何事项和理由来作补充或修改。

(4)票据是要式证券。票据的制作和记载都必须依照票据法规定的方式或格式。

(5)票据是无因证券。所谓无因,是指票据如果具备票据法上的条件,票据权利就成立,至于票据行为赖以发生的原因,在所不问。凡在票据上签章的,不管什么原因,都应按票据所载的文义负责。

(6)票据是提示证券。票据债权人享有票据权利以占有票据为必要,为了证明其占有的事实的行使票据权利,必须提示票据。

(7)票据是缴回证券。票据权利人在实现了自己的票据权利后,应将票据缴回给向自己付款的人,以便使票据关系消灭。票据债权人如不缴回票据,债务人有权拒绝支付票据金额。

(8)票据是流通证券。票据具有自由流通性,其转让通过背书或交付的方式进行,不必通知债务人。

商品经济的产生和发展导致票据制度的出现和完善。反过来,票据制度的建立和健全又在很大程度上促进了商品经济的产生和发展。票据作为有价证券的一种,具有十分重要的职能。它可以作为支付手段,用来代替现金支付,作为汇兑工具,应用于经济贸易和日常事务。它还具有信用职能、结算职能。而且,随着经济的发展和票据贴现、再贴现制度的建立,票据又具有融资的作用。总之,在商品经济高度发展的社会中,票据已成为不可缺少的工具。

票据法是以票据关系为规范对象的法律法规的总称。全国性的票据立法开始于 1988 年 12 月 19 日的中国人民银行颁布的《银行结算办法》，它为我国正式票据法的制定奠定了一定的基础。1995 年 5 月 10 日，第八届全国人大常委会第十三次会议通过了《中华人民共和国票据法》(以下简称《票据法》)，2004 年 8 月 28 日第十届全国人大常委会第十一次会议对该法作了修正，删去了第 75 条 (本票出票人的资格由中国人民银行审定，具体管理办法由中国人民银行规定)。该法包括总则、汇票、本票、支票、涉外票据的法律适用、法律责任、附则等 7 章。它的颁布与实施，对于规范票据行为，保证票据活动中当事人的合法权益，维护社会经济秩序，促进社会主义市场经济的发展，都具有十分重要的意义。

票据法所称票据责任，是指票据债务人向持票人支付票据金额的义务。

票据法所称票据权利是指持票人向票据债务人请求支付票据金额的权利，包括付款请求权和追索权。

票据代理是指票据当事人可以委托其代理人在票据上签章，并应当在票据上表明其代理关系。没有代理权而以代理人名义在票据上签章的应当由代理人承担票据责任；代理人超越代理权限的，应当就其超越权限部分承担票据责任。

无民事行为能力人或者限制民事行为能力人在票据上签章的，其签章无效，但是不影响其他签章的效力。票据金额以中文大写和数码同时记载，两者必须一致，两者不一致，票据无效。票据上的记载事项必须符合票据法规定。

票据金额、日期、收款人名称不得更改，更改的票据无效。对票据上的其他记载事项，原记载人可以更改，更改时应由原记载人签章证明。

票据债务人不得以自己与出票人或者与持票人的前手之间的抗辩事由，对抗持票人。但是，持票人明知存在抗辩事由而取得票据的除外。票据债务人可以对不履行约定义务的与自己有直接债权债务关系的持票人，进行抗辩。票据法所称抗辩，是指票据债务人根据票据法规定对票据债权人拒绝履行义务的行为。

票据的丧失，失票人可以及时通知票据的付款人挂失止付，但是，未记载付款人或者无法确定付款人及其代理付款人的票据除外。失票人应当在通知挂失止付后 3 日内，也可以在票据丧失后依法向人民法院申请公示催告，或者向人民法院提起诉讼。

持票人因超过票据权利时效或者因票据记载事项欠缺而丧失票据权利的，仍享有民事权利，可以请求出票人或者承兑人返还其未支付的票据金额相当的利益。

票据活动应遵循以下原则：(1) 遵守法制和社会公共利益的原则。票据活动应当遵守法律、行政法规，不得损害社会公共利益。(2) 诚实信用原则。票据的签发、取得和转让，应当遵循诚实信用的原则，具有真实的交易关系和债权债务关系。(3) 反欺诈原则。以欺诈、偷盗或者胁迫等手段取得票据的，或者明知有前列情形，出于恶意取得票据的，不得享有票据权利。持票人因有重大过失，取得不符合票据法规定的票据的也不得享有票据权利。票据上的记载事项应当真实，不得伪造、变造。伪造、变造票据上的签章和其他记载事项的应当承担法律责任。票据上有伪造、变造的签章的不影响票据上其他真实签章的效力。票据其他记载事项被变造的,在变造之前签章的人,对原记载事项负责;在变造之后签章的人,对变造之后的记载事项负责;不能辨别是在票据被变造之前或者之后签章的视同在变造之前签章。

二、关于汇票的规定

汇票是出票人签发的,委托付款人在见票时或者在指定日期无条件支付确定的金额给收款人或持票人的票据。汇票根据出票人的不同,可以分为银行汇票和商业汇票。

(一) 汇票的出票

所谓汇票的出票,是指出票人签发票据并将其交付给收款人的票据行为。出票行为是基本的票据行为,其他各种票据行为都以此为基础。

汇票的出票要有一定的款式。汇票出票的款式,就是汇票出票人在票据上所为的记载。根据票据法,出票人在汇票上记载的事项包括以下几类:

1. 必须记载的事项

必须记载的事项,就是汇票出票时必须具有的事项,缺少其中一项的,汇票无效。汇票必须记载下列事项:(1) 表明"汇票"的字样;(2) 无条件支付的委托;(3) 确定的金额;(4) 付款人名称;(5) 收款人名称;(6) 出票日期;(7) 出票人签章。

2. 应当记载的事项

所谓应当记载的事项,就是汇票应该具有,但如果没有记载,由法律直接推定的事项。我国《票据法》第23条规定:"汇票上记载付款日期、付款地、出票地等事项的,应当清楚、明确。"

3. 可以记载的事项

汇票上可以记载《票据法》规定事项以外的其他主要事项,但是该记载事项不具有汇票上的效力,例如违约金、管辖法院的记载。

出票行为一经完成,就立即发生票据法上的效力,产生票据上的权利义务。汇票的出票的效力主要是针对发票人的效力:出票人签发汇票后,即承担保证该汇票承兑和付款的责任。出票人在汇票得不到承兑或付款时,应当向持票人清偿追索或者再追索的金额和费用。

(二) 汇票的背书

背书是指在票据背面或者粘单上记载有关事项并签章的票据行为。它是一种票据行为,也是票据流通的手段,其目的是将汇票权利转让给他人或者将一定的权利授予他人行使,根据上述目的的不同,前者称为转让背书,后者称为非转让背书。

以背书转让的汇票,后手应当对其直接前手背书的真实性负责。

背书人以背书转让汇票后,即保证其后手所持汇票的承兑和付款。背书人在汇票得不到承兑或付款时,应当向持票人清偿追索或再追索的金额和费用。

(三) 汇票的承兑

承兑是指汇票付款人承诺在汇票到期日支付汇票金额的票据行为。汇票在付款人承兑以前,汇票上的权利义务处于不确定状态,付款人为承兑,即保证在到期日付款,才将票据上的权利、义务确定下来。

付款人在承兑后,应当承担到期付款的责任。付款人在承兑前,仅是汇票关系人而不是债务人,没有必须付款的义务,但一经承兑便成为承兑人,即汇票第一债务人,在汇票权利因时期消灭之前,负绝对的付款责任。

(四)汇票的保证

保证制度是汇票、本票、支票共同具有的制度。票据保证就是票据债务人以外的人,为担保票据债务的履行,以负担同一内容的票据债务为目的所为的一种票据行为。我国《票据法》规定:"汇票的债务可以由保证人承担保证责任。保证人由汇票债务人以外的他人担当。"

(五)汇票的付款

付款,是指付款人或其他人支付票据金额,以消灭票据关系的行为。付款原则上应为全部付款和到期付款。

(六)汇票的追索

追索是指汇票到期不获付款或期前不获承兑,或有其他法定原因时,持票人在履行了一定手续后,向其前手请求偿还被拒绝的汇票金额、利息及费用的行为。

以持票人行使追索权的时期为准,可将追索权分为以下两种:

(1)到期追索,是指汇票到期被拒绝付款时,持票人可以行使的追索权。

(2)期前追索。汇票到期前,有下列情形之一的,持票人也可以行使追索权。汇票被拒绝承兑的;承兑人或者付款人死亡、逃匿的;承兑人或者付款人被依法宣告破产的或者因违法被责令终止业务活动的。

三、本票和支票的规定

(一)本票

本票是指出票人签发的,承诺自己在见票时无条件支付确定的金额给收款人或者持票人的票据。在我国,只能发行银行本票。

本票的背书、保证、付款和追索权的行使,除下列规定外,适用有关汇票的规定:

(1)出票人的责任。在本票中,由于出票人又是付款人,因而他是第一债务人,相当于汇票中的承兑人,而不同于汇票中的出票人。因此,本票的出票人在提示见票时,必须承担付款的责任。

(2)本票具有付款期限的限制,自出票日起,最长不得超过2个月。

(3)本票的持票人未在规定期限内提示见票的,丧失对出票人以外的前手的追索权。见票是指本票的出票人,因持票人的提示,为确定见票后定期付款本票的到期日,在本票上记载"见票"字样并签名的行为。

(二)支票

支票是出票人签发的,委托办理支票存款业务的银行或者其他金融机构在见票时无条件支付确定的金额给收款人或者持票人的票据。支票具有以下特点:

(1) 支票的出票人有一定的限制,为防止申请人滥用银行信用,损害银行和第三人的利益,法律规定:第一,开立支票存款账户,申请人必须使用其本名,并提交证明其身份的合法证件。第二,申请人应当有可靠的资信,并向银行存入一定的资金,并且支票的出票人所签发的支票金额不得超过其付款时在付款人处实有的存款金额。不得签发超过其付款时在付款人处实有的存款金额的支票金额,即不得签发空头支票。第三,开立支票存款账户,申请人应当预留其本名的签名式样和印鉴。出票人不得签发与其预留本名的签名式样或者印鉴不符的支票。

(2) 支票的付款人也是特定的,即可以办理支票存款业务的银行或其他金融机构。

(3) 支票可以支取现金,也可以转账。但是,专门制作的现金支票,只能用于支取现金,专门的转账支票只能用于转账。

(三) 三种票据的比较图解

比较事项	汇票	本票	支票
证券性质和功能	完全有价证券、委托证券。信用、支付	完全有价证券、自付证券。信用、支付	完全有价证券、委托证券。支付
基本当事人和主债务人	出票人、收款人、付款人。承兑前无主债务人,承兑后主债务人	出票人、收款人。主债务人为出票人	出票人、收款人、付款人。无主债务人,出票人负较重的担保
出票人的责任	出票人负保证承兑和付款的责任	出票人负保证付款的责任	出票人负保证付款的责任
背书人的责任	负保证承兑与付款的责任	负保证付款的责任	负保证付款的责任
承兑制度	除见票即付汇票外均须按期提示承兑	无承兑制度,有见票制度	无
保证制度	有	有	无
付款人的资格和付款人的付款义务	资格无限制。承兑前无付款义务,承兑后负绝对付款义务	仅限于经中国人民银行审定的银行。出票人负绝对付款义务	资格为银行或其他金融机构。在一定条件下负付款义务
到期日	见票即付、定日付款、出票后定期付款、见票后定期付款	见票即付	见票即付
追索权	有	无	无
资金关系	出票人必须具有支付汇票金额的可靠资金来源	出票人必须具有支付本票金额的可靠资金来源	出票人必须在付款人处存有足够支付支票金额的资金

图 19.2

四、票据法的法律责任

（一）票据欺诈行为的责任

有下列行为之一的,依法追究刑事责任,但情节轻微,不构成犯罪的,依照有关规定给予行政处罚:(1)伪造、变造票据的;(2)故意使用伪造、变造的票据的;(3)签发空头支票或者故意签发与其预留的本名签名式样或者印鉴不符的支票,骗取财物的;(4)签发无可靠资金来源的汇票、本票,骗取资金的;(5)汇票、本票的出票人在出票时作虚假记载,骗取财物的;(6)冒用他人的票据,或者故意使用过期或者作废的票据,骗取财物的;(7)付款人同出票人、持票人恶意串通,实施上述行为之一的。

（二）金融机构工作人员的责任

金融机构工作人员在票据业务中玩忽职守,对违法的票据予以承兑、付款或者保证的,给予处分,造成重大损失,构成犯罪的,依法追究刑事责任,并且给当事人造成的损失,由该金融机构和直接责任人员依法承担赔偿责任。

（三）付款人的法律责任

票据的付款人对见票即付或者到期的票据故意压票,拖延支付的,由金融行政管理部门处以罚款,对直接责任人员给予处分。

票据的付款人故意压票,拖延支付,给持票人造成损失的,依法承担赔偿责任。

第三节 担 保 法

一、担保的概念和我国《担保法》的颁布

担保是法律规定的或当事人协商确定的确保合同履行的保证行为。它像合同一样具有法律约束力,保证合同当事人切实履行合同,使财产流转得以正常进行。担保和担保法一样,对资金融通、财产流转有着重要价值。

为了促进资金融通和商品交流,保障债权的实现,发展社会主义市场经济,在总结以往各种担保形式作用和做法的基础上,根据新的情况的需要,1995年6月30日第八届全国人大常委会第十四次会议通过了《中华人民共和国担保法》(以下简称《担保法》),并于同年10月1日起施行。该法规定了保证、抵押、质押、留置、定金等五种担保方式,所有这些方式的担保活动,都要遵守平等、自愿、公平、诚实信用的原则。

二、保证担保

（一）保证的概念

所谓保证,按照担保法的规定,是指保证人与债权人约定,当债务人不履行债务时,保证人按照约定履行债务或者承担责任的行为。

（二）保证人的资格

作为保证人必须是具有代为清偿债务能力的法人、其他组织或者公民。国家机

关、学校、幼儿园、医院等以公益为目的的事业单位、社会团体不得为保证人,企业法人的分支机构、职能部门也不得为保证人,但有法人书面授权的企业法人分支机构,可以在授权范围内提供保证。

(三) 保证形式——保证合同

保证人与债权人应当以书面形式订立保证合同。保证合同的内容包括以下六项:被保证的主债权种类、数额;债务人履行债务的期限;保证的方式;保证担保的范围;保证期间;双方认为需要约定的其他事项。

(四) 保证人的保证义务

保证合同依法成立后,被保证人不履行合同约定义务时,保证人应按照保证合同范围、方式、期限承担保证责任。保证担保的范围包括主债权及利息、违约金、损害赔偿金和实现债权的费用。主债务人不履行债务的,保证人应代替主债务人履行债务。这是一般保证中,保证人的责任。在连带责任保证中,保证人和债务人对债务承担连带责任,在债务人不按期履行债务的,债权人可以要求债务人履行债务,也可以要求保证人在其保证范围内承担保证责任。另外,同一债务有两个以上保证人,保证人之间没有约定保证份额的,各个保证人应当承担连带责任,债权人可以要求任何一个保证人承担全部保证责任,保证人都负有担保全部债权实现的义务。

(五) 保证人的保证权利

保证人承担保证责任后,有权向债务人追偿。人民法院受理债务人破产条件后,债权人未申报债权的,保证人可以参加破产财产分配,预先行使追偿权。承担连带责任的保证人已经承担全部保证责任的,有权要求承担连带责任的其他保证人清偿其承担的份额。

三、抵押担保

(一) 抵押的概念和特点

抵押是指债务人或者第三人提供财产来保证债务人履行债务,债权人实现债权的一种担保方式。在抵押担保中,债务人或者第三人为抵押人,债权人为抵押权人,提供担保的财产为抵押物。

抵押担保具有以下特点:

(1) 抵押人不转移抵押物的占有,即抵押人同抵押权人签订了抵押合同后,抵押人对抵押物仍可行使完全的占有、使用、收益权,只是处分权受到限制。

(2) 债务人不履行债务时,抵押权人才有权依法以该抵押物折价或者以拍卖、变卖该抵押物的价款优先受偿。

(3) 抵押物的价值应相当于或高于抵押所担保的债权,超过的部分仍可再次抵押。

(二) 抵押合同

抵押人和抵押权人应当以书面形式订立抵押合同。抵押合同的内容应载明:被担保的主债权种类、数额;债务人履行债务的期限;抵押物的名称、数量、质量、状况、所在地,所有权权属或者使用权权属;抵押担保的范围以及当事人认为需要约定的其他事项。抵押合同中不能约定在债务履行期届满抵押权人未受清偿时,抵押物的所有权转移为债权人所有。

(三) 抵押物和抵押物登记

抵押合同中所列的抵押物必须是依法可以抵押的财产。如抵押人所有的房屋和其他土地定着物,抵押人所有的机器、交通运输工具和其他财产;抵押人依法有权处分的国有土地使用权;抵押人依法有权处分的国有的机器、交通运输工具和其他财产;抵押人依法承包并经发包方同意抵押的荒山、荒沟、荒丘、荒滩等荒地的土地使用权。

同时,按照我国《担保法》规定不得抵押的财产,就不能作为抵押物。如土地所有权;耕地、宅基地、自留地、自留山等集体所有的土地使用权;学校、幼儿园、医院等以公益为目的的事业单位、社会团体的教育设施、医疗卫生设施和其他社会公益设施;所有权、使用权不明或有争议的财产;依法被查封、扣押、监管的财产及依法不得抵押的其他财产,均不能作为抵押物。

关于抵押物的登记,我国《担保法》作了规定。当事人以我国《担保法》所规定的财产抵押的,应当办理抵押物登记,抵押合同自登记之日起生效。

(四) 抵押的效力和抵押担保实现问题的规定

抵押担保的范围包括主债权及利息、违约金、损害赔偿金和实现抵押权的费用。

债务履行期届满抵押权人未受清偿的,可以与抵押人协议以抵押物折价或者以拍卖、变卖该抵押物所得的价款受偿;协议不成的,抵押权人可以向人民法院提起诉讼。抵押物折价或者拍卖、变卖后,其价款超过债权数额的部分归抵押人所有,不足部分由债务人清偿。同一财产向两个以上债权人抵押,拍卖、变卖抵押物所得的价款按照以下规定清偿:(1) 抵押合同以登记生效的,按照抵押物登记的先后顺序清偿;顺序相同的,按照债权比例清偿;(2) 抵押合同自签订之日起生效的,该抵押物已登记的,按照前项规定清偿;未登记的,按照合同生效时间的先后顺序清偿,顺序相同的,按照债权比例清偿。抵押物已登记的先于未登记的受偿。为债务人抵押担保的第三人,在抵押人实现抵押权后,有权向债务人追偿,抵押权因抵押物灭失而消失。

(五) 最高额抵押合同

担保法所称最高额抵押,是指抵押人与抵押权人协议,在最高债权额限度内,以抵押物对一定期间内连续发生的债权作担保。

四、质押担保

质押就是债务人或第三人作为出质人,将质物移交质权人占有,以质物作为债权的担保。质押分为动产质押和权利质押两种形式。

(一) 动产质押

担保法所称动产质押是指债务人或者第三人将其动产移交债权人占有,将该动产作为债权的担保。债务人不履行债务时,债权人有权按照担保法规定以该动产折价或者以拍卖、变卖该动产的价款优先受偿。

出质人和质权人应当以书面形式订立质押合同,质押合同自质物移交于质权人占有时生效。质押合同的内容应当包括:(1)被担保的主债权种类、数额;(2)债务人履行债务的期限;(3)质物的名称、数量、质量、状况;(4)质押担保的范围;(5)质物移交的时间;(6)当事人认为需要约定的其他事项。出质人和质权人在合同中不得约定在债务履行期届满质权人未受清偿时,质物的所有权转移为质权人所有。

质押担保的范围包括主债权及利息、违约金、损害赔偿金、质物保管费和实现质权的费用。质押合同另有约定时,按照约定。

质权人有权收取质物所生的孳息。质押合同另有约定时,按照约定,其孳息应当先充抵收取孳息的费用。质权人负有妥善保管质物的义务。

债务履行期届满债务人履行债务的,或者出质人提前清偿所担保的债权的,质权人应当返还质物。债务履行期届满质权人未受清偿的,可以与出质人协议以质物折价,也可以依法拍卖、变卖质物。质物折价或者拍卖、变卖后,其价款超过债权数额的部分,归出质人所有,不足的部分由债务人清偿。

(二)权利质押

权利质押是以汇票、支票、本票、债券、存款单、仓单、提单,依法可以转让的股份、股票,依法可以转让的商标专用权、专利权、著作权中的财产权,依法可以质押的其他权利为标的的质押。

权利质押除具有自己的特点外,适用动产质押的有关规定。

五、留置和定金担保

(一)留置

留置,是指依担保法的规定,债权人按照合同约定占有债务人的动产,债务人不按照合同约定的期限履行债务的,债权人有权依法留置该财产,以该财产折价或者以拍卖、变卖该财产的价款优先受偿。

留置的特点是:

(1)留置是一种法定担保,而非约定担保。当债权人依合同占有债务人的财产,而债务人不履行合同时,即产生留置权。但当事人可在合同中约定不得留置的物。

(2)留置仅在法律规定的保管合同、运输合同、加工承揽合同未得到履行时产生。此时债权人应客观上已因保管、运输、加工等占有债务人的财产。

(3)债权人须妥善保管留置物。当债权消灭或债权人接受了债务人其他担保时,留置权即消灭。

(二)定金

定金是当事人间约定由一方向另一方给付一定金钱担保债的履行的担保方式。债务人履行债务后,定金应当抵作价款或者收回。给付定金的一方不履行约定的债务的,无权要求返还定金;收受定金的一方不履行约定债务的,应当双倍返还定金。

定金主要用以担保双务合同的履行。当事人双方应当书面订立定金合同,定金数额不能超过主合同标的额的20%,定金合同从实际交付定金之日起生效。

留置和定金这两种担保在金融业务中少用,在一般民事合同中常见。

六、我国境内机构对外担保的管理

根据我国《担保法》和国家有关外汇管理行政法规的规定,中国人民银行制定了《境内机构对外担保管理办法》,于1996年9月25日发布,并于同年10月1日起实行。该办法共19条。它对于促进对外经济技术合作,支持对外贸易发展,促进劳务出口和引进国外先进技术、设备及资金,顺利开展对外金融活动,规范对外担保行为,加强对外担保的管理具有重大的意义。

第四编 宏观调控与经济监督法(上)

宏观调控是市场经济发展的内在要求,有了国家的宏观调控体系和法律保障,才有持续发展的市场经济,即使遇到了"强行起飞",结果也会"软着陆"。否则已经发展起来的市场经济也会在顷刻之间一败涂地。

本篇自第二十章至第二十八章就是从理论和立法实践方面总结了国家现有的宏观调控指标体系及其基本法律,包括经济社会计划与价格、农业发展基建投资和交通运输、财税收支、银行货币和外汇、进出口贸易和国际收支以及经济监督机制等等,这些说明我国在宏观调控方面已经形成了必要的机制和法律保障。正因为如此,我国已经从1992年到1996年连续四年国民经济和社会发展进入了持续、高速、平稳、健康发展的轨道。从1996年至2000年我国又实现了国民经济的稳健发展和全面回升。从21世纪起,我国国民经济的发展又走上了新的征途,从2001年至2010年实现了我国国民经济总产值居世界第二位,而宏观经济调控法和经济监督法也获得体系性的发展。尽管本篇搜集到的宏观调控立法还不完备,但只要我们深入分析、认真总结,研究这方面的法制内容是十分丰富的,作者在该书中分上下两篇进行论述。

第二十章 国家宏观调控与经济监督法律机制

第一节 国家宏观调控法律机制

我们所说的市场经济就是要使市场在国家宏观调控下对资源配置起基础性作用的经济,宏观调控是社会主义市场经济的内在要求。宏观调控的主要任务是,保持经济总量的基本平衡,促进经济结构的优化,引导国民经济持续、快速、健康发展,推动社会全面进步。宏观调控主要采取经济手段和法律手段,建立健全宏观调控体系和相应的法律机制。借鉴世界各国的经验和我国改革的实践,宏观调控体系主要包括计划、投资、财税、金融、外汇、外贸、价格、工商政策等内容,它们之间相互配合、相互制约,实现对经济运行的综合协调。

国家宏观调控体系的基本要求是:(1)加快计划体制改革,使计划成为宏观调控的重要手段。要更新计划观念,改进计划方法,重点是合理确定国民经济和社会发展的战略目标,搞好经济发展预测、总量调控、重大结构与生产力布局规划,集中必要的财力、物力进行重点建设,综合运用经济杠杆,促进经济更好、更快地发展。(2)深化投资体制改革,从过去主要是分投资、批项目、定指标,转向逐步建立法人投资和银行信贷的风险责任制。竞争性项目投资由企业自主决策,自担风险,所需贷款由商业银行自主决定,自负盈亏,国家用产业政策予以引导。基础性项目建设要鼓励和吸引各方投资参与。地方政府负责地区性的基础设施建设。国家重大建设项目,按照统一规划,由国家开发银行等政策性银行,通过财政投融资和金融债券等渠道筹资,采取控股、参股和政策性优惠贷款等多种形式进行;企业法人对筹划、筹资、建设直至生产经营、归还贷款本息以及资产保值增值全过程负责。社会公益性项目建设,要广泛吸收社会各界资金,根据中央和地方事项划分,由政府通过财政统一安排。(3)积极推进财税体制改革,实行在合理划分中央与地方事权基础上的分税制,建立中央税收和地方税收体系,将维护国家权益和实施宏观调控所必需的税种列为中央税,同时充实地方税税种,增加地方税收入。按照统一税法、公平税负、简化税制和合理分权的原则,改革和完善税收制度。改进和规范复式预算制度。建立政府公共预算和国有资产经营预算,并可以根据需要建立社会保障预算和其他预算。(4)加快金融体制改革,建立中央银行制度,充分发挥中国人民银行作为中央银行在国务院领导下独立执行货币政策的宏观调控作用。实行政策性金融与商业性金融相分离,建立和完善以国有股份制商业银行为主体的,包括新兴的商业银行以及其他非银行金融机构在内的组织体系。建立和完善统一、开放、有序的金融市场体系。建立金融监管体系和金融服务体系,充分发挥金融的宏观调控功能。(5)加快外汇和外贸体制改革,对外汇体制实行汇率并轨之后,建立以市场为基础的有管理的浮动汇率制度和统一规范的外汇市场。实现经常项目下人民币可自由兑换,对外汇收支进行宏观调控。坚持外贸出口以质量取胜、市场多元化的战略方针,建立统一的、规范的对外贸易体制。(6)加快价格体系改革,实行计划内外价格并轨,提高粮棉收购价格和上游产品价格,理顺国内商品价格体系。国家建立关系国计民生的重要商品的风险基金和储备制度,把压制通货膨胀始终作为宏观调控的主要任务之一。

加强宏观调控,建立健全宏观调控体系的关键是转变政府职能。与社会主义市场经济相适应,政府管理经济的职能,主要是制定和执行宏观调控政策,搞好基础设施建设,创造良好的经济发展环境。培育市场体系,监督市场运行和维护平等竞争,调节社会分配和组织社会保障,控制人口增长,保护自然和生态环境,管理国有资产和监督国有资产经营,实现国家的经济和社会发展目标。

建立与国家宏观调控体系相适应的法律机制主要包括:计划或规划、价格和统计的法律规定;以农业为基础的法律规定;基本建设投资和交通运输方面的法律规定;财税、银行、金融方面的法律规定;海关、外贸方面的法律规定等,这些在一定意义上可以统称为宏观调控法。

2012年有著名学者提出了要在经济法部门制定宏观调控法或宏观经济调控法的建议,我们非常赞成。宏观调控是一切市场经济国家,特别是我们社会主义市场国家对经济运行进行调节、控制的基本手段,并且在此次国际金融危机中,我国的宏观调控政策很成功,但它毕竟是政府的一种行政手段,我们要把这种行政手段变成法律手段,或者说把这种行政手段变成法律经济行政相结合的手段,为此,必须进行宏观调控立法,以保障经济的平稳较快增长和避免经济运行中出现的大起大落,保证宏观调控的合法性、效益性、针对性。为了进行宏观调控立法,我们认为必须解决以下法律问题:一是宏观调控的目标和指标体系;二是遵循的规律和原则;三是宏观调控的产业政策;四是宏观调控的基本手段和措施;五是宏观调控的程序;六是宏观调控的督促检查;七是法律责任等。

第二节 经济监督法律机制

一、经济监督的概念和内容

经济监督是指对经济决策或决定经济决策的实施或执行,以及经济过程或效果而实行的一种检查、察看、督促的活动和制度。

经济监督是现代国家经济管理的一个重要内容,也是经济管理的一个重要职能。它对于加强宏观调控和微观经营,对于保证经济政策、法律、法规和各种规章的贯彻实施,对于提高国民经济管理水平和企事业的经营素质、增强经济效益和社会效益都是很重要的。为此,国家赋予有关机关或组织以专门的经济监督权,并制定专门的法律和法律条款,使他们能在进行经济管理和经济法实施中充分发挥作用。经济监督法是一门综合性的经济法律,是有关经济监督的主体的法律地位、职责权限、原则、经济监督的范围和内容,以及经济监督的方式、程序和罚则的法律规定。

经济监督的内容很多,范围很广。按经济监督的经济性质和主体、作用的不同,可以分为四大类:

(1)经济杠杆的监督。经济杠杆的监督是一种对经济工作起调节作用、体现奖惩政策的法定监督,它既能反映情况,反馈信息,又能调节变化,检查监督。一般包括:财政、税收、银行、货币、计划、市场、物价、广告、商标监督等。

(2)数量监督。数量监督是一种以货币或数据为主要计量单位,对有关经济组织或个人的经济活动的真实性、合法性及效益性进行核算和统计的监督。主要包括会计监督、统计监督。

(3)技术监督。技术监督是一种以一定标准对产品质量是否合格,或以统一单位制、统一量值为尺度,对经济活动及其成果的质量、品种、效益所进行的检验、测量和计算的监督。它包括标准化监督、计量监督。

(4)审计监督。审计监督是一种专门性的经济监督。

此外，还有经济司法监督。从广义上来说，它包括合同公证、仲裁、经济检察和经济审判以及民事回访和司法建议等监督。破产制度在一定意义上讲也是一种经济监督制度。狭义上的经济司法监督只限于经济检察和经济审判监督。

本章着重简述会计监督、审计监督和统计监督的法律规定。

二、经济监督体系及其相应的法律规定

（一）经济监督体系的概念

所谓经济监督体系，从广义上讲包括国家权力机关、国家管理机关、专门司法机关、社会舆论和社会力量对经济工作的检查、监督、批评、建议；从狭义上说，经济监督体系包括国家计划、财政、工商、市场、物价、统计、审计、会计、质量、标准化等有关经济内容的监督、检查、批评、建议。但不管是狭义，还是广义的监督，其共同点都是通过监督保证国家宪法、法律、法规以及其他重要规章制度的贯彻实施。中国共产党对国家经济工作的指导、监督是最高的监督。

（二）经济监督体系的内容

为了有效地建立和健全经济监督体系，发挥经济监督的职能作用，第一，必须加强党和国家对经济决策机关的科学化、民主化，增加透明度，实行政务公开。对计划、投资等重大项目、重要事情的决策，要按议事规则、工作程序办事。第二，赋予国家权力机关、管理机关和专门机关对经济工作的监督权力，并通过立法来实施这种权力。切实改变国家权力机关、管理机关和专门机关对经济工作缺少事前监督和事后的严格检查，满足于听汇报和一般检查、提建议的状况；改变他们对经济工作中的失误行为不能充分行使撤销权、处置权的状况。第三，特别要加强经济杠杆的监督，充分运用财政、税收、银行、信贷、利息、利率、物价、工资等经济杠杆手段，发挥它们在发展社会主义市场经济中的职能作用和调节作用，提高它们的法律地位，改变其落后的监督手段。第四，加强司法监督。要明确司法机关的职责、权限，强化他们的法律地位和社会地位，要实行再监督，坚决克服工作中相互推诿、以调解代审判、以罚代刑的现象。第五，要加强人民群众和社会舆论的经济监督，包括人民群众的申诉、举报、控告、信访，以及社会力量、群众团体对经济工作的监督。以上五方面是我国现阶段建立经济监督体系的重要内容。

（三）经济监督体系的立法保证

为了形成和健全我国经济监督体系，需要制定一系列程序法，需要制定关于行政机关的职责的法律，财政经济制度的奖罚法律，修订和健全司法机关的组织法律，社团组织和人民群众参政议事的管理、监督法律，以及新闻法等等。从而，使我国的经济监督机构、经济监督制度成为一个完整的、系统的、科学的体系。2000年3月1日第九届全国人大常委会第十四次会议通过了《全国人大常委会关于加强经济工作监督的决定》，对于履行宪法赋予全国人大及其常委会的监督职责，加强经济工作监督，促进国民经济的持续、快速、健康发展有重要意义。

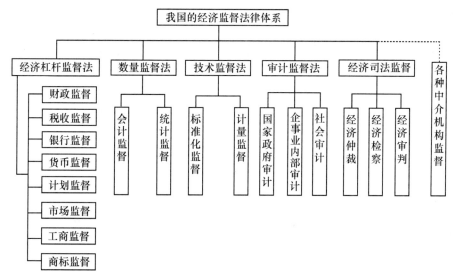

图 20.1 我国经济监督法律体系图

第二十一章　计划、产业、价格以及统计的法律规定

第一节　计划法或规划法

一、市场经济与计划

（一）市场经济条件下计划的职能

人类的长期实践表明,市场经济更有利于资源配置,更能够提高经济效益,这使得世界各国普遍选择了市场经济。但市场经济并非完美无缺,国家的宏观调控和市场规制是不可或缺的。计划是一种综合的、高层次的宏观调控手段,其职能是：

（1）确定并促进实现经济与社会发展的战略目标。计划表明国家的经济和社会发展的战略意图,引导市场主体的市场行为,使之有利于实现计划所确定的经济和社会发展的战略目标。

（2）弥补市场机制的缺陷,对经济进行宏观调控。这既是计划的重要职能,也是计划在市场经济条件下得以存在的重要原因。具体而言,第一,计划有助于保障市场经济运行中经济总量的平衡;第二,计划有利于保障社会公共利益;第三,计划有利于引导投资和促进经济结构的合理化;第四,计划有利于市场主体预测经济发展趋势,减缓经济波动。

（二）市场经济国家的计划实践与计划立法

第二次世界大战后,西方国家十分注重对市场经济进行宏观调控,除了通过预算、税收、信贷等手段干预经济生活外,还积极推行计划指导,掀起了一股计划热。1947年,法国最先实行了第一个"指导经济主义的计划",即"莫内计划"。其后,日本、德国、英国、荷兰等国也相继推行自己的经济计划,并取得了积极的成效。

与此同时,西方国家的计划立法也发展起来,如美国《充分就业和国民经济平衡增长法》(1976年颁布);德国《经济稳定与增长促进法》(1976年颁布);法国《计划化改革法》(1982年颁布);比利时《计划组织和经济分权法》;等等。

二、计划法体系

在没有计划法以前,计划一般被认为是政府的行政行为。第二次世界大战后,随着"计划化"浪潮的兴起,计划立法才日益得到加强。一些国家重视对经济计划赋予法律的形式,因而运用计划对经济进行宏观调控的部分内容被法律化,从而使计划调控的地位、范围、方法等内容在法律上得到确认,计划法开始初具规模。

中国在实行市场经济体制之前,曾经历了从计划经济向市场经济转变的过程。

在计划经济时期,虽然计划无处不在,但并无一部计划法可言,这使得计划与行政命令密不可分,许多计划均无法律依据。在市场经济条件下,最需要的是法律的保障,法律的规定被称为是市场行为的"边界",在法律允许的范围内,市场经济活动是自由的。而计划仅仅是国家对市场经济进行宏观调控的一种重要手段,计划也必须要有法可依,有法必依,因此,国家必然要把计划加以法律化,并以此作为国家进行宏观调控和引导市场运作的依据,这使计划法更加具有存在的必要。可以说,市场经济的发展对计划法的法制建设提出了前所未有的更高要求。

计划法,从大的范围讲,属于经济法中的宏观调控法的范畴。计划法的内部体系,可以分为计划实体法与计划程序法。其中计划实体法主要包括经济与社会发展计划法、宏观经济协调法、产业结构法、经济稳定与增长促进法等。而计划程序法则主要表现为计划的编制、审批、执行等程序方面的法律规范。

经济与社会发展计划法(以下简称发展计划法)是规定国家在经济与社会发展方面的基本国策及其目标、主要内容,确定国家和政府在实现长远目标或中期目标方面的基本权力和职责的原则和方法,以及国民的基本权利和义务的法律。该法与保障基本人权、保障社会公共利益等密切相关,各种宏观调控法的基本目标均应与该法的立法宗旨保持一致。新中国成立后,我国一直编制国民经济计划;1982年第五届全国人大第五次会议通过的《中华人民共和国宪法》将计划名称改为国民经济和社会发展计划,将计划的审查批准权赋予了全国人民代表大会,因而此种经全国人民代表大会审议批准的国民经济与社会发展的短期、中期或长期计划及其对计划作出的决议,虽然具有一定的法律效力,但不是发展计划法,而是带有计划工作性质的法律文件,不是发展计划法本身。我们讲的发展计划法是对国民经济和社会发展工作提供法律依据的专门法律,是对各类计划行为提供法律准则和规模的计划法律。因此,未来的发展计划法会出现两种形态,一种是规定计划的目标、原则、主体、范围、指标体系、权限、责任的发展计划法;另一种是加强计划的编制、审批、执行的规范化,保证计划的科学性,使国民经济和社会发展计划的一部或全部以法案的形式在人大通过,以加强计划的权威和效力,引导政府和国民的行为的法。同时,根据宪法,县以上各级人民代表大会可以审查和批准本区域内的国民经济和社会发展计划。

宏观经济协调法、产业结构法、经济稳定与增长促进法等也是计划法的重要组成部分。这些计划法与政府施行的经济政策、社会政策的区别在于:(1)计划法是法律,具有法律的权威和效力,这是政策不具备的。(2)计划法具有相对稳定性和长期性。(3)政策是由政府施行的;而计划法是由立法机关通过的,有约束规范政府行为的效力。目前我国的计划法法制建设刚刚起步,有待进一步发展。

在这里特别值得提出的是,什么是宏观调控和宏观调控法?在整个经济法中,是一个很重要的问题。我们认为:宏观调控是指政府为实现社会总需求与社会总供给之间的平衡,保证国民经济持续、稳定、协调增长,而对社会经济运行实施调节与控制的政策、措施与制度的总称。宏观调控法是有关国民经济中各个经济总量及其变化,国民总收入、消费总水平、物价总水平、社会就业率、经济增长等及其相互的关系,政府应采取的政策、措施的法律法规的总称。宏观调控法的作用就在于保障充分就业、物价稳定、国际收支平衡和经济继续增长四大目标的实现。国家所制定或规范的宏观经济调控关系的法律法规,是经济法的基本内容或核心内容。宏观调控法主要内容包括:宏观经济调控的对象及范围、宏观调控法的指导原则、宏观调控的主体及其权力的配置、宏观调控的法律机制的选择、宏观调控的方式、宏观调控权力的制约与法律责任等。

三、计划程序法

计划程序法是调整计划程序关系的法律规范的总称。具体而言,它包括有关计划的编制、审议、实施等方面的法律规范。

计划的编制工作由各级计划委员会或行业部门进行,其中前者主要负责综合性的国民经济和社会发展的计划的编制。计划的编制工作最重要的是坚持科学性和民主性的方针,这关系到计划的成败。为此必须做到:(1) 正确掌握计划信息;(2) 认真进行计划预测;(3) 做好计划综合平衡;(4) 坚持计划决策的民主制、责任制,保证决策程序的科学性。

各级人民代表大会及其常委会,是审议、批准和监督计划执行的国家权力机关。不按法定权限和程序审批的计划是无效的。

计划的实施,过去主要靠行政手段,通过国家下达指令性计划,计划指标层层分解落实。这种计划实施办法不利于发挥各方积极性,不能适应实际需要,往往造成与实践脱节、领导主观臆断、资源浪费等情况,与市场经济原则背道而驰。以后计划的实施,要靠以下几方面:(1) 国家根据计划要求制定相应的经济和社会政策,通过各种宏观调控手段创造有利于计划实现的微观环境,对国民努力完成计划的行为予以鼓励和引导,引导经济和社会发展符合计划的要求和规定;(2) 广泛推行经济合同制,国家计划任务可通过政府招标、政府订货、政府委托等方式完成;(3) 发挥财政、税收、银行、工商管理、统计、审计等部门的监督作用,保证计划实现。

四、计划监督法

(一)接受国家权力机关的监督

为了履行宪法赋予全国人民代表大会及其常务委员会的职责,加强经济工作监督,促进国民经济持续、快速、健康发展,依据宪法和有关法律,总结多年来的实践经验,2000年3月1日第九届全国人大常委会第十四次会议通过了《全国人大常委会关于加强经济工作监督的决定》。决定的主要内容有:全国人大常委会依法对国务院的经济工作行使监督职权,包括对国务院编制的国民经济和社会发展年度计划的监督、全国人大财经委员会根据全国人大各代表团和有关专门委员会的审查意见的结果进行监督、对年度计划草案和计划报告的审查监督、对重大建设项目的监督、对计划调整的监督、对计划执行情况的监督、对同外国或国际组织缔结、废除有关经济方面的条约和协定的监督。监督的方式,包括听取并审议国务院经济工作方面的专题汇报,提出议案,作出决定。要求国务院有关部门要及时提供有关的信息资料及说明。

（二）计划部门内部和外部的监督

计划法规定了国家计划主管部门上下之间的检查督促、信息反馈、报告制度、奖励处分以及接受社会中介机构和社会舆论以及来访和举报的监督等。

五、计划与规划的关系问题

规划是指比较长远、比较全面的计划。计划则一般时间比较短。

计划往往带有比较确定性的安排,在计划中如有3年、5年计划,可称为中期计划,10年(含10年)以上计划可称为长期计划。我国曾制定和执行过"九五计划(1996—2000)和2010年远景目标"。

我国的五年计划自第十个五年计划开始还加了"纲要"二字,称之为第十个五年计划纲要。自第十一个五年计划开始改成为十一个五个规划,为什么改成规划呢?这是对未来整体性、长期性、基本性问题的思考、考量和设计未来的整套行动方案。

第二节 产业法与行业法

产业法是调整国家在组织实施农业、工业、建筑业以及交通运输、金融保险等服务业的政策及其管理过程中所发生的经济社会关系的法律规范的总称。它是关系到生产力的发展和国计民生的重要法律,也是涉及生产、流通、消费领域的一门综合性法律。产业法属于经济法体系中重要的法律。借鉴国际通用的产业分类方法,并从中国国情出发,可以把国民经济划分为:第一产业是农业;第二产业是工业和建筑业;第三产业是除第一、二产业以外的其他行业。也可以把国民经济划分为盈利性产业和非盈利性产业,或者分生产型产业、服务型产业、消费型产业。

无论是老牌的市场经济国家,如美国、英国、德国、法国、意大利、瑞士、荷兰、比利时等,还是新兴的市场经济国家和地区,如日本、新加坡以及我国香港地区、台湾地区等,它们的农业法、工业和建筑业法、第三产业法都比较完备。

我国在由计划经济体制向社会主义市场经济体制转变过程中,实行了产业结构优化升级的战略性调整。在相当长的时期内优化产业结构,全面提高农业的发展水平,以信息化带动工业化,大力发展服务业。这就对产业立法提出了系统的要求。产业法在中国的形成和发展是中国对外开放和经济体制改革的产物。在建立我国社会主义市场经济体制的法律体系过程中,我国的产业立法也有了相当的进步。

（1）在农业方面:1993年7月2日第八届全国人大常委会第二次会议通过了《中华人民共和国农业法》,以法律形式确立了农业的基础地位,并通过了我国农业发展的基本目标。该法的制定和实施对保障我国农业在国民经济中的基础地位,发展农村社会主义市场经济,维护农业生产经营组织和农业劳动者的合法权益,促进农业的持续、稳定、协调发展具有重要的作用和意义。同时第八届全国人大常委会第二次会议还通过了《中华人民共和国农业技术推广法》,对加强农业技术推广工作,促进农业科研成果和实用技术尽快应用于农业生产,保障农业的发展,实现农业现代化有重要作用。1986年1月20日第六届全国人大常委会第十四次会议通过的《中华人民共和国渔业法》,是我国第一部比较完整的渔业法,它对于保护我国渔业资源,制止各种破坏渔业资源的行为,提高渔业经济效益,都具有重要意义。

与此同时中共中央、国务院制定了一系列解决农业农村问题的政策与法规,如2004年12月31日发布的《关于进一步加强农村工作提高农村综合生产能力若干政策的意见》。

(2)在工业、建筑业方面:1988年4月13日第七届全国人大第一次会议通过了《中华人民共和国全民所有制工业企业法》,于1988年8月施行。该法不仅对于搞活全民所有制工业企业和其他全民所有制企业有重要意义,而且对于促进我国经济体制改革的顺利进行,促进我国国民经济建设的发展,也产生了重要影响。1997年11月1日,第八届全国人大常委会第二十八次会议通过了《中华人民共和国建筑法》,自1998年3月1日起实施。该法加强了对建筑活动的监督管理,维护了建筑市场秩序,保证了建筑工程的质量和安全,促进了建筑业的健康发展。根据我国改革发展的经验和宏观调控的需要,还有必要不断制定和完善煤炭工业、石油工业、电力工业、钢铁工业、航空工业这些与国民经济发展息息相关的重要行业的立法。这些行业立法不仅对振兴行业是必要的,而且对国民经济的全局有重要影响。

(3)在第三产业方面,即现代服务业方面:主要包括信息、金融、会计、咨询、法律服务等行业和商贸流通、交通运输、市政服务等行业。由于服务业的范围很广,我国的立法工作任务也十分艰巨。1986年12月2日第六届全国人大常委会第十八次会议通过了《中华人民共和国邮政法》,它保护了通信自由和通信秘密,保障了邮政工作的正常运行和发展,以后陆续还颁布了《中华人民共和国铁路法》、《中华人民共和国公路法》和《中华人民共和国航空法》;从1995年至1998年全国人大常委会先后颁布了《中华人民共和国商业银行法》(1995年5月10日)、《中华人民共和国票据法》(1995年5月10日)、《中华人民共和国保险法》(1995年6月30日)、《中华人民共和国证券法》(1998年12月29日),为我国银行金融业的发展和服务提供了法律依据和保障;从20世纪80年代中叶到20世纪末,全国人大常委会还先后颁布了《中华人民共和国会计法》(1985年1月21日)、《中华人民共和国注册会计师法》(1993年10月31日)、《中华人民共和国律师法》(1996年5月15日)等,为会计核算和法律咨询服务,提供了重要的法律保障;从20世纪90年代起,在我国还先后颁布了《中华人民共和国海商法》(1992年11月7日)、《中华人民共和国对外贸易法》(1994年5月12日)、《中华人民共和国房地产管理法》(1994年7月5日)、《中华人民共和国拍卖法》(1996年7月5日)等,对我国的商贸发展与服务起了重要作用。

为应对自2008年美国爆发的"次贷"危机而引发的国际金融危机对我国的冲击,国务院采取了十大振兴产业方案(或规划),包括钢铁、汽车、船舶、石化、纺织、轻工、有色金属、装备制造、电子信息、物流业等,以后又包括医药和高科技。实践证明,这些既包括第二产业又包括第三产业的行业或产业的振兴方案(或规划),不仅对应对国际金融危机,实现保增长、保民生、保稳定是不可缺少的,而且对第十二个五年规划的制定和实施以及发展国际经贸关系产生了积极的影响。

第三节 招标投标法

招标投标法是调整招标人与投标人之间在进行招标和投标、开标和评标、中标等活动中所发生的经济社会关系以及国家对招标投标的监督关系而制定的法律规范的总称。招标投标法是我国公共投资、公共工程和公共采购管理的重要法律。该法对提高公共工程的建设质量、促进公共工程采购市场的公平竞争有重要意义。它是国家计划经济投资体制向社会主义市场经济体制转变,实现建筑业市场化的产物。

我国国务院于1984年制定了《关于改革建筑业和基本建设管理体制若干问题的暂行规定》,1997年制定了《机电设备招标投标管理办法》,1999年制定了《整顿和规范建设市场的意见》、《关于加强基础设施建设资金管理与监督的通知》,同年,国务院办公厅制定了《关于加强基础设施工程质量管理的通知》。

为了更好地规范招标投标活动,保证国家基本建设项目的质量,1999年8月30日第九届全国人大常委会第十一次会议通过了《中华人民共和国招标投标法》(以下简称《招标投标法》),并于2000年1月1日起实施。

我国《招标投标法》的主要内容包括以下几方面:

(一) 招标的范围

在我国境内进行大型基础设施、公共事业等关系社会公共利益、公众安全的项目,全部或者部分使用国有资金投资或者国家融资的项目,使用国际组织或者外国政府贷款、援助资金的项目,以及法律或国务院对必须进行招标的其他项目的范围有规定的工程建设项目的勘察、设计、施工、监理以及与工程建设有关的重要设备、材料等的采购,必须进行招标。任何单位和个人不得将依法必须进行招标的项目化整为零或以其他任何方式规避招标。

(二) 招标活动的原则

招标投标活动应当遵循公开、公平、公正和诚实信用的原则。招标投标活动实行法制和监督原则。依法必须进行招标的项目其招标投标活动不受地区或部门的限制,有关行政监督部门依法对招标投标活动实施监督。依法查处招标投标活动中的违法行为。

(三) 招标人的条件

招标人应是提出确定和认可的招标项目、进行招标的法人或者其他组织;应当具有进行招标项目的相应资金或者资金来源已经落实,并应当在招标文件中如实载明;招标的项目应当是确定和认可的。招标代理机构是依法设立、从事招标代理业务并提供相关服务的社会中介组织,它应当具备:从事招标代理业务的营业场所和相应资金;能够编制招标文件和组织评标的相应专业力量;符合《招标投标法》规定的具有组建评标委员会和负责评标的技术、经济等方面的专家库。招标的形式分为公开招标和邀请招标两种。所谓公开招标是指招标人以投标邀请书的方式邀请不特定的法人或者其他组织投标。招标人采用公开招标方式的,应当发布招标公告。依法必须进行招标的项目的招标公告,应当通过国家指定的报刊、信息网络或其他媒介发布,招标公告应当载明有关事项。所谓邀请招标是指招标人以投标邀请书的方式邀请特定的法人或者其他组织投标。

(四)投标的条件和规则

投标人是响应招标、参加投标竞争的法人或者其他组织。投标人应当具备承担招标项目的能力;应当具备规定的投标人资格条件。投标规则是,投标人应当按照招标文件的要求编制投标文件。应当对招标文件提出的实质性要求和条件作出响应,并按照要求的时间、地点送达。投标人少于3个的,招标人应当依照《招标投标法》重新招标。两个以上法人或者其他组织可以组成一个联合体,以一个投标人的身份共同投标。联合体各方均应当具备承担招标项目的相应能力和应当具备规定的相应资格条件。应当签订共同投标协议,明确约定各方拟承担的工作和责任。联合体中标的,联合体各方应当共同与招标人签订合同,就中标项目向招标人承担连带责任。

(五)对开标、评标和中标的规定

开标是应当在招标文件确定的提交投标文件截止时间的同一时间和招标文件中预先确定的地点公开进行的揭标行为,开标由招标人主持,邀请所有投标人参加。评标由招标人依法组成评标委员会在严格保密的情况下,按照招标文件确定的评标标准和方法,通过评审和比较,向招标人提出书面评标报告,并推荐合格的中标候选人的活动。招标人可以采纳评标委员会提出的书面评标报告和推荐的中标候选人,也可以授权评标委员会直接确定中标人。评标委员会成员应该客观、公正地履行职务,遵守职业道德,对所提出的评审意见承担个人责任。中标人确定后,招标人应当向中标人发出通知书,并同时将中标结果通知所有未中标的投标人。中标通知书对招标人和中标人具有法律效力。招标人和中标人应当自中标通知书发出之日起30日内,按照招标文件和中标人的投标文件订立书面合同。

(六)法律责任

对违反《招标投标法》的规定,根据不同情况,分别给予限期改正、罚款、暂停项目执行或者暂停资金拨付;对单位直接负责的主管人员和其他责任人员依法给予处分;有违法所得的没收违法所得;暂停直至取消招标代理资格;警告、取消参加依法必须进行招标的项目的投标资格并予以公告;吊销营业执照;赔偿损失;没收收受的财物;取消担任评标委员会成员资格;中标无效;停业整顿;保证金不予退还等项处罚。招标代理机构违反《招标投标法》的规定,泄露应当保密的与招标投标有关的情况和资料,或者与招标人、投标人串通损害国家利益、社会公共利益或者他人合法权益的;对招标投标活动依法负有行政监督职责的国家机关工作人员徇私舞弊、滥用职权或者玩忽职守,构成犯罪的,依法追究刑事责任。

(七)我国《招标投标法实施条例》的颁布

招标投标是建筑行业市场化的重要步骤,它有利于公共投资与市场相结合,但同时也带来了投机和腐败的消极面,是市场秩序整顿的目标之一。对此 2011 年 11 月 30 日国务院第 183 次常务会议通过了《中华人民共和国招标投标法实施条例》,共 7 章 85 条,包括总则,招标,投标,开标、评标和中标,投诉与处理,法律责任以及附则,自 2012 年 2 月 1 日起执行。

第四节 价 格 法

价格是商品价值的货币表现,它也反映了一定的生产关系。任何一个国家的价格问题,都是一个与它的国民经济密切相关的重要问题。价格管理法制化,是国民经济管理法制化的极为重要的一环。为了规范价格行为,发挥价格合理配置资源的作用,稳定市场价格总水平,保护消费者和经营者的合法权益,促进社会主义市场经济健康发展,1997 年 12 月 29 日,第八届全国人民代表大会常务委员会第二十九次会议通过了《中华人民共和国价格法》(以下简称《价格法》),并自 1998 年 5 月 1 日起施行。

一、价格法的概念、方针政策及主管部门

价格法规定的价格是指商品、服务、房地产、技术、信息价格。这些方面的价格同样也是价值的货币表现。价格法是调整价格关系的法律规范的总称。价格关系是指因价格行为发生的各种社会关系。如定价行为、价格管理行为等等。

价格是资源配置的基本手段,也是市场经济动力的重要源泉。市场竞争往往通过价格竞争来体现,反映了企业之争、投资经营者之争,正常的适度的价格竞争是市场的活跃剂、添加剂。非理性的恶性的价格竞争是市场的抑制剂、破坏剂。前者应当受到法律保护,后者应当受到法律制止。

国家实行价格调控的方针政策为:支持和促进公平、公开、合法的市场竞争,维护正常的价格秩序,对价格活动实行管理、监督和必要的调控。

价格法明确规定,国务院价格主管部门统一负责全国的价格工作。国务院其他有关部门在各自的职责范围内,负责有关的价格工作。县级以上地方各级人民政府价格主管部门负责本行政区域内的价格工作。县级以上地方各级人民政府及其他有关部门在各自的职责范围内,负责有关的价格工作。

二、价格形成的基本形式

国家实行并逐步完善宏观经济调控下主要由市场形成价格的机制。价格的制定应当符合价值规律,大多数商品和服务价格实行市场调节价,极少数商品和服务价格实行政府指导价或者政府定价。

市场调节价,是指由经营者自主制定,通过市场竞争形成的价格。这里的经营者是指从事生产、经营商品或者提供有偿服务的法人、其他经济组织和个人。

政府指导价,是指依照价格法的有关规定,由政府价格主管部门或者其他有关部

门,按照定价权限和范围规定基准价及其浮动幅度,指导经营者制定的价格。

政府定价,是指依照价格法规定,由政府价格主管部门或者其他有关部门,按照定价权限和范围制定的价格。

三、国家对价格的宏观调控

稳定市场价格总水平是国家重要的宏观经济政策目标。国家根据国民经济发展的需要和社会承受能力,确定市场价格总水平调控目标,列入国民经济和社会发展计划,并综合运用货币、财政、投资、进出口等方面的政策和措施,予以实现。

国家对价格进行宏观调控的基本原则是:统一领导,分级管理;以市场调节为主,计划调节为辅;坚持公平、公开、正当、有序的价格竞争;维护国家利益,保护消费者、经营者的合法权益。

遵循以上原则,政府可以建立重要商品储备制度,设立价格调节基金,调控价格,稳定市场。为适应价格调控和管理的需要,政府价格主管部门应当建立价格监测制度,对重要商品、服务价格的变动进行监测。

政府在粮食等重要农产品的市场购买价格过低时,可以在收购中实行保护价格,并采取相应的经济措施保证其实现。

当重要商品和服务价格显著上涨或者有可能显著上涨,国务院和省、自治区、直辖市人民政府可以对部分价格采取限定差价率或者利润率、规定限价、实行提价申报制度和调价备案制度等干预措施。省、自治区、直辖市人民政府采取这类干预措施,应当报国务院备案。

当市场价格总水平出现剧烈波动等异常状态时,国务院可以在全国范围内或者部分区域内采取临时集中定价权限、部分或者全面冻结价格的紧急措施。

四、价格监督检查

县级以上各级人民政府价格主管部门,依法对价格活动进行监督检查,并依照价格法的规定对价格违法行为实施行政处罚。政府价格主管部门进行价格监督检查时,可以行使下列职权:(1)询问当事人或者有关人员,并要求其提供证明材料和与价格违法行为有关的其他资料;(2)查询、复制与价格违法行为有关的账簿、单据、凭证、文件及其他资料,核对与价格违法行为有关的银行资料;(3)检查与价格违法行为有关的财物,必要时可以责令当事人暂停相关营业;(4)在证据可能灭失或者以后难以取得的情况下,可以依法先行登记保存,当事人或者有关人员不得转移、隐匿或者销毁。政府部门价格工作人员不得将依法取得的资料或者了解的情况用于依法进行价格管理以外的任何其他目的,不得泄露当事人的商业秘密。

经营者接受政府价格主管部门的监督检查时,应当如实提供价格监督检查所必需的账簿、单据、凭证、文件以及其他资料。

消费者组织、职工价格监督组织、居民委员会、村民委员会等组织以及消费者,有权对价格行为进行社会监督。政府价格主管部门应当充分发挥群众的价格监督作用。新闻单位有权进行价格舆论监督。

政府价格主管部门应当建立对价格违法行为的举报制度。任何单位和个人均有权对价格违法行为进行举报。政府价格主管部门应当对举报者给予鼓励,并负责为举报者保密。

五、法律责任

经营者不执行政府指导价、政府定价以及法定的价格干预措施、紧急措施的,责令改正,没收违法所得,可以并处违法所得5倍以下罚款;没有违法所得的,可以处以罚款;情节严重的,责令停业整顿。对经营者被责令暂停相关营业而不停止的,或者转移、隐匿、销毁依法登记保存的财物的,处相关营业所得或者转移、隐匿、销毁的财物价值1倍以上3倍以下的罚款。

经营者有相互串通,操纵市场价格的;为了排挤竞争对手或者独占市场,以低于成本的价格倾销,扰乱正常的生产经营秩序的;捏造、散布涨价信息,哄抬价格,推动商品价格过高上涨的;利用虚假的或者使人误解的价格手段,诱骗消费者或者其他经营者与其进行交易的;实行价格歧视的;变相提高或者压低价格的;牟取暴利以及其他不正当价格行为之一的,责令改正,没收违法所得,并处违法所得5倍以下的罚款;没有违法所得的,予以警告,可以并处罚款;情节严重的,责令停业整顿,或者由工商行政管理机关吊销营业执照。

经营者因价格违法行为致使消费者或者其他经营者多付价款的,应当退还多付部分;造成损害的,应当依法承担赔偿责任。经营者违反明码标价规定的,责令改正,没收违法所得,可以并处5000元以下的罚款。

拒绝按照规定提供监督检查所需资料或者提供虚假资料的,责令改正,予以警告;逾期不改正的,可处以罚款。

地方各级人民政府或者各级人民政府有关部门违反规定,超越定价权限和范围擅自制定、调整价格或者不执行法定的价格干预措施、紧急措施的,责令改正,并可以通报批评;对直接负责的主管人员,依法给予行政处分。

价格工作人员泄露国家秘密、商业秘密以及滥用职权、徇私舞弊、玩忽职守、索贿受贿,构成犯罪的,依法追究刑事责任;尚不构成犯罪的,依法给予行政处分。

在价格中的违法行为主要是:价格欺诈、价格垄断和价格歧视等方面的问题。

第五节 统 计 法

一、统计法的概念、特点和统计立法概况

统计,是从数量方面认识总体现象的一种调查研究活动,也是对同某一现象有关的数据的搜集、整理、计算和分析,是按照一定要求和专门方法对客观事务的数量进行总结、汇总、综合计算和分析的总称。它是认识社会,进行国家管理、企事业管理监督国民经济和社会发展的重要手段,是国家制定国民经济和社会发展计划与战略决策的重要依据。一般包括统计工作、统计计算和统计科学三个部分。

统计法是调整统计关系的法律规范的总称。统计关系,既包括统计机构和统计人员在实现统计任务、执行统计职能活动过程中与国家机关、企事业组织、社会团体、公民个人以及在我国境内的其他各类企业之间发生的社会经济关系,还包括统计机构内部上级和下级之间以及各级统计人员与所在单位之间的社会关系。对这些关系的法律规定便是统计法。

统计工作与计划工作之间,统计法与计划法之间的关系十分密切。没有统计就没有计划,没有统计就没有健全的宏观调控。统计与计划调节和市场调节的宏观调控关系十分密切。计划、宏观调控要求以准确的统计数字或资料为基础,统计为计划服务又监督计划的执行。遵守计划法,首先要遵守统计法;执行计划法,必须同时执行统计法。所以我们认为把统计法与计划法列为一章比较紧凑和合适。

统计法是一项重要的经济立法,但它同其他经济立法比较又有自己的特色,最明显的有两点:第一,统计法是一种"服务"和"监督"性的经济法律规范。第二,统计法是一种效益性、技术性比较强、统计机构的统计活动具有相对独立性的经济法律规范。

1983年12月8日,第六届全国人大常委会第三次会议通过了《中华人民共和国统计法》(以下简称《统计法》),从1984年1月1日起施行。这是我国第一部比较完整的系统的统计法。1996年5月15日第八届全国人大常委会第十九次会议对《中华人民共和国统计法》作了第一次修订,2009年6月27日第十一届全国人大常委会第九次会议对该法作了第二次修订。修订后的《统计法》包括总则、统计调查管理、统计资料的管理和发布、统计机构和统计人员、监督检查、法律责任、附则等7章50条,对于有效地、科学地组织统计工作,保障统计资料的准确性和及时性,发挥统计在了解国情国力、指导国民经济和社会发展中的重要作用,促进社会主义现代化建设事业的顺利发展有重要意义。贯彻执行《统计法》,不仅是统计机构和统计人员的事,而且也是全国各地区、各部门、各单位以及每个公民的职责。

二、我国《统计法》对统计工作和统计监督检查的主要规定

为了加强统计监督,完成统计任务,我国《统计法》及其实施细则规定了以下主要内容。

(一)关于统计工作基本任务、活动原则、管理体制和主管机关的规定

统计的基本任务是对国民经济和社会发展情况进行调查,统计分析,提供统计资料和统计咨询意见,实行统计监督。

统计活动的基本原则有三条:

(1)准确、及时原则;

(2)标准统一原则;

(3)注意保密原则。属于国家机密的统计资料,必须保密。属于私人、家庭的单

项调查资料,非经本人同意,不得泄露。统计机构、统计人员对在统计调查中知悉的统计调查对象的商业秘密,负有保密义务。

国家建立集中统一的统计系统,实行统一领导、分级负责的统计管理体制。

国务院设立国家统计局负责组织、领导和协调全国统计工作。

(二)关于统计调查项目、标准和计划的规定

统计调查必须按照经过批准的计划进行。统计调查计划按照统计调查项目编制。调查项目分为:

(1)国家统计调查项目,由国家统计局制定,或者由国家统计局和国务院有关部门共同制定,报国务院审批。

(2)部门统计调查项目由国务院有关部门制定。统计调查对象属于本部门管辖系统内的,报国家统计局备案;统计调查对象超出本部门管辖系统的,报国家统计局审批。

(3)地方统计调查项目,由县级以上地方各级人民政府统计机构和有关部门分别制定或共同制定。其中,由省级人民政府统计机构单独制定或者和有关部门共同制定的,报国家统计局审批;由省级以下人民政府统计机构单独制定或者和有关部门共同制定的,报省级人民政府统计机构审批;由县级以上地方各级人民政府统计机构和有关部门共同制定的,报本级人民政府统计机构审批。

制定统计调查项目计划,必须同时制定相应的统计调查表,报国家统计局或者同级地方人民政府统计机构审查或者备案。统计调查制度应当对调查目的、调查内容、调查方法、调查对象、调查组织方式、调查表式、统计资料的报送和公布等作出规定。统计调查应当按照统计调查制度组织实施。变更统计调查制度的内容,应当报经原审批机关批准或者原备案机关备案。

搜集、整理统计资料,应当以周期性普查为基础,以经常性抽样调查为主体,综合运用全面调查、重点调查等方法,并充分利用行政记录等资料。重大的国情国力普查,由国务院统一领导,国务院和地方人民政府组织统计机构和有关部门共同实施。

国家制定统一的统计标准,保障统计调查采用的指标含义、计算方法、分类目录、调查表式和统计编码等的标准化。

(1)国家统计标准由国家统计局制定,或者由国家统计局和国务院标准化主管部门共同制定。

(2)国务院有关部门可以制定补充性的部门统计标准,报国家统计局审批。部门统计标准不得与国家统计标准相抵触。

(三)关于统计资料的管理和公布的规定

国家统计调查和地方统计调查范围内的统计资料,分别由国家统计局、县级以上地方各级人民政府统计机构或者乡、镇统计员统一管理。部门统计调查范围内的统计资料,由主管部门的统计机构或者统计负责人统一管理。企业事业组织的统计资料,由企业事业组织的统计机构或者统计负责人统一管理。

国家统计局和省、自治区、直辖市的人民政府统计机构要依照国家规定,定期公

布统计资料,各地方、各部门、各单位公布统计资料,必须经《统计法》规定的统计机构或者统计负责人核定,并依照国家规定的程序报请审批。国家统计资料数据以国家统计局公布的数据为准。

(四) 关于统计机构和统计人员的规定

我国《统计法》除规定了全国统计工作的主管机关之外,还规定了各级人民政府、各部门和企事业组织根据统计任务的需要,设置统计机构和统计人员。县级以上地方各级人民政府设立独立的统计机构,乡、镇人民政府设置统计工作岗位,配备专职或兼职统计人员,依法管理、开展统计工作,实施统计调查。国务院设立国家统计局,依法组织领导和协调全国的统计工作。国家统计局根据工作需要设立的派出调查机构,承担国家统计局布置的统计调查等任务。

县级以上人民政府有关部门根据统计任务的需要设立统计机构,或者在有关机构中设置统计人员,并指定统计负责人,依法组织、管理本部门职责范围内的统计工作,实施统计调查,在统计业务上受本级人民政府统计机构的指导。统计机构、统计人员应当依法履行职责,如实搜集、报送统计资料,不是伪造、篡改统计资料,不得以任何方式要求任何单位和个人提供不真实的统计资料,不得有其他违反本法规定的行为。统计人员应当坚持实事求是,恪守职业道德,对其负责搜集、审核、录入的统计资料与统计调查对象报送的统计资料的一致性负责。统计人员进行统计调查时,有权就与统计有关的问题询问有关人员,要求其如实提供有关情况、资料并改正不真实、不准确的资料。统计人员进行统计调查时,应当出示县级以上人民政府统计机构或者有关部门颁发的工作证件;未出示的,统计调查对象有权拒绝调查。

国家实行统计专业技术职务资格考试、评聘制度,提高统计人员的专业素质,保障统计队伍的稳定性。统计人员应当具备与其从事的统计工作相适应的专业知识和业务能力。县级以上人民政府统计机构和有关部门应当加强对统计人员的专业培训和职业道德教育。

(五) 关于法律责任的规定

我国《统计法》第37条至第47条规定了违法的法律责任,包括地方人民政府、政府统计机构或者有关部门、单位的负责人的法律责任,县级以上人民政府统计机构或者有关部门的法律责任,作为调查对象的国家机关、企业事业单位或者其他组织以及有关当事人等的法律责任。

第二十二章 现代农业经济法

第一节 农业经济法的概念及农业的基础地位

一、农业经济法的概念和立法概况

农业,是国民经济中种植业、林业、畜牧业和渔业等经济部门的总称。

所谓农业经济法,就是调整农业经济关系的法律规范的总称。它是国家领导、组织和管理农业经济的重要手段,是调整农业经济关系的准则,是贯彻国家农业政策的重要保证。农业经济法是由国家立法机关或行政机关制定或颁布的适用于农业经济领域的各种法律、法规的总称。

农业经济法的范围和基本内容,取决于人们对农业经济的认识,取决于农业经济对法制建设的要求,取决于农村经济体制改革的发展。我们认为,在现阶段来说,农业经济法应当包括国有农场法、农村合作经济法、乡镇企业法、种子法、牧业法、渔业法、水产资源繁殖保护法、动植物品种资源管理法、农业技术推广法等法律,以及国务院发布的《关于发展高产优质高效农业的决定》、《关于农业承包合同的规定》、《关于稳定和完善土地承包关系的意见》、《关于加强农业承包合同管理的意见》等重要法律和规定。

二、农业的基础地位和国家对农业的基本方针政策

农业是我国经济发展、社会安定、国家自立的基础,农业的稳定增长是国民经济稳定增长的前提。农业法是对农业基础地位以法律形式的肯定。

我们党自十一届三中全会以来,坚持实事求是的思想路线,在总结历史经验的基础上,对农村经济体制进行了重大的改革,形成了一系列基本经济政策,主要是:实行以家庭联产承包为主的责任制,建立统分结合的双层经营体制的政策;坚持以公有制经济为主体的多种经济成分并存的政策;以共同富裕为目标,允许和鼓励一部分地区和一部分人通过诚实劳动、合法经营先富起来的政策;在狠抓粮食生产的同时,积极发展多种经营,稳步调整农村产业结构的政策;鼓励和引导乡镇企业健康发展的政策;对农业实行计划经济与市场调节相结合的政策;加速农业技术进步和技术推广的政策;发展优质高效农业的政策;等等。这些基本政策的实施取得了好的经济效果,受到了亿万农民的欢迎。

在未来我国国民经济和社会发展中,我们要始终坚持把加强农业放在国民经济首位的方针。处理好农业与其他产业的关系,坚定不移地加强农业。在制订计划和

部署经济工作时,首先把农业和支农产业安排好。各级主要领导要亲自抓农业,充分调动广大农民、农业科技工作者和农村干部的积极性,各行各业都要为发展农业作出贡献,全面振兴农村经济。

第二节 农业法——农业基本法

一、我国《农业法》的颁布与修订

1993年7月2日第八届全国人大常委会第二次会议通过了《中华人民共和国农业法》(以下简称《农业法》)。2002年12月28日第九届全国人大常委会第三十一次会议对该法进行了修订。修订后的《农业法》由原来的9章66条变成了13章99条,进行了较多的修改。我国《农业法》规定了我国农业和农村经济发展的基本目标是:建立适应发展社会主义市场经济要求的农村经济体制,不断解放和发展农村生产力,提高农业的整体素质和效益,确保农产品供应和质量,满足国民经济发展和人口增长、生活改善的需求,提高农民的收入和生活水平,促进农村富余劳动力向非农产业和城镇转移,缩小城乡差别和区域差别,建设富裕、民主、文明的社会主义新农村,逐步实现农业和农村现代化。

为了确保农业的基础地位和实现发展农业的基本目标,我国《农业法》规定:

(1) 国家采取措施,保障农业更好地发挥在提供食物、工业原料和其他农产品,维护和改善生态环境,促进农村经济社会发展等多方面的作用。

(2) 国家坚持和完善公有制为主体、多种所有制经济共同发展的基本经济制度,振兴农村经济。国家在农村坚持和完善以按劳分配为主体,多种分配方式并存的分配制度。

(3) 国家坚持科教兴农和农业可持续发展的方针,国家采取措施加强农业和农村基础设施建设,调整、优化农业和农村经济结构,推进农业产业化经营,发展农村科技、教育事业,保护农业生态环境,促进农业机械化和信息化,提高农业综合生产能力。

(4) 国家保护农民和农业生产经营组织的财产及其他合法权益不受侵犯。各级人民政府及其有关部门应当采取措施增加农民收入,切实减轻农民负担。

(5) 全社会应当高度重视农业,支持农业发展。国家对发展农业和农村经济有显著成绩的单位和个人,给予奖励。

二、关于农业生产经营体制的规定

国家长期稳定农村以家庭承包经营为基础,统分结合的双层经营体制,发展社会化服务体系,壮大集体经济实力,引导农民走共同富裕的道路。国家实行农村土地承包经营制度,依法保障农村土地承包关系的长期稳定,保护农民对承包土地的使用权。

农村土地承包经营的方式、期限、发包方和承包方的权利义务、土地承包经营权的保护和流转等,适用《中华人民共和国土地管理法》和《中华人民共和国农村土地承包法》,农村集体经济组织应当在家庭承包经营的基础上,依法管理集体资产,为其成员提供生产、技术、信息等服务,组织合理开发、利用集体资源,壮大经济实力。

国家鼓励农民在家庭承包经营的基础上自愿组成各类专业合作经济组织。农民专业合作经济组织应当坚持为成员服务的宗旨,按照加入自愿、退出自由、民主管理、盈余返还的原则,依法在其章程规定的范围内开展农业生产经营和服务活动,农民专业合作经济组织可以有多种形式,依法成立、依法登记。任何组织和个人不得侵犯农民专业合作经济组织的财产和经营自主权。

国家采取措施发展多种形式的农业产业化经营,鼓励和支持农民和农业生产经营组织发展生产、加工、销售一体化经营。农民和农业生产经营组织可以按照法律、行政法规成立各种农产品行业协会。

三、关于农业生产和农村经济发展的规定

(一) 促进农业生产的规定

国家采取措施,从资金、农业生产资料、技术、市场信息等方面扶持农业生产经营组织和农业劳动者发展农业生产。

(1) 我国《农业法》规定了农业生产发展的方向。国家引导农业生产经营组织和农业劳动者按照市场的需求,调整农业生产结构,保持粮棉生产稳定增长,全面发展种植业、林业、畜牧业和渔业,发展高产、优质、高效益的农业。1992年9月25日国务院还专门作出了关于发展高产、优质、高效农业的规定;各级人民政府应当制定农业综合开发规划,向农业的广度和深度开发,并组织实施;各级人民政府和农业集体经济组织应当采取措施,发展乡镇企业,发展第三产业,支持农业的发展,转移富余的农业劳动力。

(2) 我国《农业法》规定了发展农业生产的重大措施,主要有:第一,各级人民政府和农业生产经营组织应当制订规划,采取措施,组织农田水利和防护林的建设,保证旱涝保收农田面积的稳定增长。第二,国家鼓励和支持农业生产经营组织和农业劳动者使用先进、适用的农业机械,提高农业机械化水平。第三,各级人民政府应当采取措施,提高农业防御自然灾害的能力,作好防灾、抗灾和救灾工作,帮助农民恢复生产,开展社会互助互济;对生活没有保障的灾民,组织生产自救,给予救济和扶持。第四,国家鼓励和扶持对农业的保险事业的发展,农业保险实行自愿原则,任何组织和个人不得强制农业劳动者和农业生产经营组织参加农业保险。第五,国家实行动植物防疫、检疫制度。任何组织和个人都必须遵守有关动植物防疫、检疫的法律、行政法规。第六,国家采取宏观调控措施,使化肥、农药、农用薄膜、农业机械和农用柴油等主要农业生产资料和农产品之间保持合理的比价。

(二) 农村经济发展

国家坚持城乡协调发展的方针,扶持农村第二、第三产业发展,调整和优化农村

经济结构,增加农民收入,促进农村经济全面发展,逐步缩小城乡差别。

(1) 各级人民政府应当采取措施,发展乡镇企业,支持农业的发展,转移富余农业劳动力。

(2) 县级以上地方人民政府应当根据当地水平、条件,有重点地推进农村小城镇建设。

(3) 国家采取措施引导农村富余劳动力在城乡、地区间合理有序流动。

(4) 国家逐步完善农村社会救济制度。

(5) 国家鼓励、支持农民巩固和发展农村合作医疗和其他医疗保障形式。

(6) 国家扶持贫困地区改善经济发展条件,帮助进行经济开发。

(7) 中央和省级财政应当把扶贫开发投入列入年度财政预算,并逐年增加,加大对贫困地区的财政转移支付和建设资金投入,国家鼓励和扶持金融机构、其他企业事业单位和个人投入资金支持贫困地区开发建设,禁止任何单位和个人截留、挪用扶贫资金。审计机关应当加强扶贫资金的审计监督。

四、关于促进农产品流通与加工的规定

我国《农业法》对农产品流通与加工作了如下重要规定:

(1) 农产品的购销逐步实行市场调节,国家对关系国计民生的重要农产品购销活动实行必要的宏观调控。国家对重要的农产品组织收购和委托收购,实行委托收购价格和保护价收购制度,设立风险基金和储备基金。

(2) 国有商业组织和供销合作经济组织应当加强仓储设施建设、提供市场信息、发挥主渠道作用,国家鼓励和引导农民从事多种形式的农产品流通活动,鼓励和支持企事业单位和个人依法从事跨地区、跨行业的农产品生产、加工、销售联合经营活动。

(3) 国家支持农产品集贸市场和农产品批发市场的建立和发展,支持农产品进出口贸易。

(4) 国家支持发展农产品加工业和食品工业,增加农产品的附加值。县级以上人民政府应当制定农产品加工业和食品工业发展规划,引导农产品加工企业形成合理的区域布局和规模结构,扶持农民专业合作经济组织和乡镇企业从事农产品加工和综合开发利用。

五、关于农业投入与支持保护的规定

(一) 关于农业投入方面

国家逐步提高农业投入的总体水平。国家财政每年对农业总投入的增长幅度应当高于国家财政经常性收入的增长幅度。

县级以上各级人民政府应当按照国家有关规定设立农业发展、育林、水利专项建设等各项农业专项基金,国家运用税收、价格、信贷等手段,鼓励和引导农业生产经营组织和农业劳动者增加农业投入。

各级人民政府应当加强对国家农业资金使用的管理,引导农业集体经济组织合理使用集体资金。

（二）关于支持保护方面

国家采取税收、信贷等手段鼓励和扶持农业生产资料的生产和贸易，为农业生产稳定增长提供物质保障。县级以上人民政府及各有关部门应当采取措施对农业社会化服务事业给予支持。国家建立建全农村金融体系，加强农村信用制度建设，加强农村金融监管。农村信用合作社应当坚持为农业、农民和农村经济发展服务的宗旨，优先为当地农民的生产经营活动提供信贷服务。另外，国家还要逐步建立和完善农业保险制度。

六、关于农业科技与农业教育

各级人民政府应当逐步增加农业科技经费和农业教育经费，发展农业科技、教育事业。国家鼓励集体企业、国有企业事业单位和其他社会力量举办农业科技、教育事业。国家在农村实施义务教育，发展农业职业教育，提高农业劳动者的文化、技术素质，各级人民政府应当采取措施，充实加强农业科技、教育和农业技术推广队伍。

七、关于农业资源与农业环境保护的规定

发展农业必须合理利用资源，保护和改善生态环境。县级以上各级地方人民政府应当划定基本农田保护区，对基本农田保护区内的耕地实行特殊保护，具体办法由国务院规定，县级以上各级人民政府应当加强对荒山、荒地、荒滩的开发与治理。

发展农业和农村经济必须合理利用和保护土地、水、森林、草原、野生动植物、可再生能源和清洁能源，发展生态农业，保护和改善生态环境，县级以上人民政府应当制定农业资源区划或者农业资源合理利用和保护的区划，建立农业资源监测制度，农民和农业生产经营组织应当保养耕地，保护和提高地力，防止农用地的污染、破坏和地力衰退。各级人民政府应当采取措施，加强小流域综合治理，预防和治理水土流失。禁止毁林毁草开垦、烧山开垦以及开垦国家禁止开垦的陡坡地，已经开垦的应当逐步退耕还林、还草。禁止围湖造田以及围垦国家禁止围垦的湿地，已经围垦的，应当逐步退耕还湖、还湿地。

八、粮食安全与农民权益保护

（一）关于粮食安全

国家采取措施保护和提高粮食综合生产能力，稳定提高粮食生产水平，保障粮食安全。国家在政策、资金、技术等方面对粮食生产区给予重点扶持，建设稳定的商品粮生产基地，改善粮食收贮及加工设施，提高粮食生产区的粮食生产、加工水平和经济效益。在粮食的市场价格过低时，国务院可以决定对部分粮食品种实行保护价制度。保护价应当根据有利于保护农民利益、稳定粮食生产的原则确定。国家建立粮食风险基金，用于支持粮食储备、稳定粮食市场和保护农民利益。

（二）关于农民权益保护

没有法律、法规依据的收费，农民和农业生产经营组织有权拒绝；没有法律、法

规、规章依据的罚款,农民和农业生产经营组织有权拒绝;同时,农民和农业生产经营组织有权拒绝任何方式的摊派。各级人民政府及其有关部门和所属单位不得以任何方式向农民或者农业生产经营组织集资;不得在农村进行任何形式的达标、升级、验收活动;不得违法摊派税款及以其他违法方法征税。

国家依法征用农民集体所有的土地,依法给予农民和农村集体经济组织征地补偿。不得强迫农民和农业生产经营组织接受任何单位提供的有偿服务。农业生产资料使用者因生产资料质量问题遭受损失的,出售该生产资料的经营者应当予以赔偿。

九、执法监督和法律责任

(一)关于执法监督的规定

县级以上人民政府应当采取措施逐步完善农业行政管理体制。县级以上人民政府农业行政主管部门和有关行政主管部门应当加强规划、指导、管理、协调、监督、服务职责,依法行政,公正执法,实行综合执法,提高执法效率和水平。

(二)关于法律责任的规定

在我国 2002 年修改后的《农业法》中,对法律责任规定了以下七种情况:

(1)违反本法规定,侵害农民和农业生产经营组织的土地承包经营权等财产权或者其他合法权益的,应当停止侵害,恢复原状;造成损失损害的,依法承担赔偿责任。

(2)任何组织和个人非法占用或者毁损农田水利设施的;农药、兽药、饲料和饲料添加剂、肥料、种子、农业机械等可能危害人畜安全的农业生产资料的生产经营,没有依照相关法律、行政法规的规定实行登记或者许可制度的;农民和农业生产经营组织使用国家明令淘汰和禁止使用的农药、兽药、饲料添加剂等农业生产资料和其他禁止使用的产品的;生产者、销售者以次充好、以假充真、以不合格的产品冒充合格的产品,生产和销售国家明令淘汰的农药、兽药、饲料添加剂、农业机械等农业生产资料的,依照相关法律或者行政法规的规定予以处罚。

(3)有违法截留、挪用粮食收购资金,或用于农业的财政资金和信贷资金,或扶贫资金行为之一的,由上级主管机关责令限期归还被截留、挪用的资金,没收非法所得,并由上级主管机关或者所在单位给予直接负责的主管人员和其他直接责任人员行政处分,构成犯罪的,依法追究刑事责任。

(4)向农民或者农业生产经营组织违法收费、罚款、摊派的,上级主管机关应当予以制止,并予公告;已经收取钱款或者已经使用人力、物力的,由上级主管机关责令限期归还已经收取的钱款或者折价偿还已经使用的人力、物力,并由上级主管机关或者所在单位给予直接负责的主管人员和其他直接负责人员行政处分;情节严重,构成犯罪的,依法追究刑事责任。

(5)非法在农村进行集资、达标、升级、验收活动的;以违法方法向农民征税的;通过农村中小学校向农民超额、超项目收费的,由上级主管机关责令停止违法行为,并给予直接负责的主管人员和其他直接负责人员行政处分,责令退还违法收取的集资款、税款或者费用。

（6）农村集体经济组织或者村民委员会为发展生产或者兴办公益事业，违反规定，强迫农民以资代劳的，由乡（镇）人民政府责令改正，并退还违法收取的资金。任何单位和个人强迫农民和农业生产经营组织接受有偿服务的，由有关人民政府责令改正，并返还其违法收取的费用；情节严重的，给予直接负责的主管人员和其他直接责任人员行政处分；造成农民和农业生产经营组织损失的，依法承担赔偿责任。

（7）县级以上人民政府农业行政主管部门的工作人员违法参与和从事农业生产经营活动的，依法给予行政处分；构成犯罪的，依法追究刑事责任。

第三节 农业技术推广法

一、我国《农业技术推广法》的颁布和农业技术推广的方针、政策、原则和主管机关的职责

1993年7月2日第八届全国人大常委会第二次会议通过了《中华人民共和国农业技术推广法》（以下简称《农业技术推广法》），内容包括总则、农业技术推广体系、农业技术的推广与应用、农业技术推广的保障措施、附则共5章30条。这对于加强农业技术推广工作，促使农业科研成果和实用技术尽快应用于农业生产，保障农业的发展，实现农业现代化，有重要作用。

农业技术推广应当遵循的原则包括：（1）有利于农业的发展；（2）尊重农业劳动者的意愿；（3）因地制宜，经过试验、示范；（4）国家、农村集体经济组织扶持；（5）实行科研单位、有关学校、推广机构与群众性科技组织、科技人员、农业劳动者相结合；（6）讲求农业生产的经济效益、社会效益和生态效益。

国家鼓励和支持科技人员开发、推广应用先进的农业技术，鼓励和支持农业劳动者和农业生产经营组织应用先进的农业技术。国家鼓励和支持引进国外先进的农业技术，促进农业技术推广的国际合作与交流。对在农业技术推广工作中作出贡献的单位和个人，给予奖励。

农业技术推广的主管机关是：国务院农业、林业、畜牧、渔业、水利等行政部门（以下统称农业技术推广行政部门）按照各自的职责，负责全国范围内有关的农业技术推广工作。县级以上地方各级人民政府农业技术推广行政部门在同级人民政府的领导下，按照各自的职责，负责本行政区域内有关的农业技术推广工作。同级人民政府科学技术行政部门对农业技术推广工作进行指导。各级人民政府应当加强对农业技术推广工作的领导，组织有关部门和单位采取措施，促进农业技术推广事业的发展。

二、农业技术的推广体系和推广应用的规定

（一）农业技术推广体系

在我国，农业技术推广体系包括单位和个人及其职责和条件的结合，农业技术推广的单位是指村民委员会、乡、镇以上的各级国家农业技术推广机构和农业科研单位、有关学校以及群众性的科研组织、供销合作社和其他企事业单位、社会团体。农业技术推广的个人是指：农民技术人员、社会各界的科技人员、农业技术推广机构的专业人员。

（二）农业技术推广机构的职责和有关技术人员的条件

乡、民族乡、镇以上各级国家农业技术推广机构的职责是：(1) 参与制订农业技术推广计划并组织实施；(2) 组织农业技术的专业培训；(3) 提供农业技术、信息服务；(4) 对确定推广的农业技术进行试验、示范；(5) 指导下级农业技术推广机构、群众性科技组织和农民技术人员的农业技术推广活动。

农业技术推广机构的专业科技人员，应当具有中等以上有关专业学历，或者经县以上人民政府有关部门主持的专业考核培训，达到相应的专业技术水平。

村农业技术推广服务组织和农民技术人员，在农业技术推广机构的指导下，宣传农业技术知识，落实农业技术推广措施，为农业劳动者提供技术服务。

第四节　农业机械化促进法

一、我国《农业机械化促进法》的颁布和基本内容

2004年6月25日第十届全国人大常委会第十次会议通过《中华人民共和国农业机械化促进法》（以下简称《农业机械化促进法》）自2004年11月1日起施行。

该法分为总则、科研开发、质量保障、推广使用、社会化服务、扶持措施、法律责任、附则等8章35条。

该法的立法宗旨是：为了鼓励、扶持农民和农业生产经营组织使用先进适用的农业机械，促进农业机械化，建设现代农业，制定《农业机械化促进法》。

我国《农业机械化促进法》规定：本法所称农业机械化，是指运用先进适用的农业机械装备农业，改善农业生产经营条件，不断提高农业的生产技术水平和经济效益、生态效益的过程。本法所称农业机械，是指用于农业生产及其产品初加工等相关农事活动的机械、设备。

县级以上人民政府应当把推进农业机械化纳入国民经济和社会发展计划，采取财政支持和实施国家规定的税收优惠政策以及金融扶持等措施，逐步提高对农业机械化的资金投入，充分发挥市场机制的作用，按照因地制宜、经济有效、保障安全、保护环境的原则，促进农业机械化的发展。

国家引导、支持农民和农业生产经营组织自主选择先进适用的农业机械。任何单位和个人不得强迫农民和农业生产经营组织购买其指定的农业机械产品。

国家采取措施，开展农业机械化科技知识的宣传和教育，培养农业机械化专业人才，推进农业机械化信息服务，提高农业机械化水平。

国务院农业行政主管部门和其他负责农业机械化有关工作的部门，按照各自的职责分工，密切配合，共同做好农业机械化促进工作。县级以上地方人民政府主管农

业机械化工作的部门和其他有关部门,按照各自的职责分工,密切配合,共同作好本行政区域的农业机械化促进工作。

二、违反我国《农业机械化促进法》的法律责任

违反列入依法必须经过论证的产品目录的农业机械产品规定的,依照产品质量法的有关规定予以处罚;构成犯罪的,依法追究刑事责任。

农业机械驾驶、操作人员违反国家规定的安全操作规程、违章作业的,责令改正,依照有关法律、行政法规的规定予以处罚;构成犯罪的,依法追究刑事责任。

农业机械试验鉴定机构在鉴定工作中不按照规定为农业机械生产者、销售者进行鉴定,或者伪造鉴定结果、出具虚假证明,给农业机械使用者造成损失的,依法承担赔偿责任。

国务院农业行政主管部门和县级以上地方人民政府主管农业机械化工作的部门违反本法规定,强制或者变相强制农业机械生产者、销售者对其生产、销售的农业机械产品进行鉴定的,由上级主管机关或者监察机关责令限期改正,并对直接负责的主管人员和其他直接责任人员给予行政处分。

违反中央财政、省级财政应当分别安排专项资金规定的和违反从事农业机械生产作业服务的收入的规定的,截留、挪用有关补贴资金的,由上级主管机关责令限期归还被截留、挪用的资金,没收非法所得,并由上级主管机关、监察机关或者所在单位对直接负责的主管人员和其他直接责任人员给予行政处分;构成犯罪的,依法追究刑事责任。

第五节 种子法——农业根子法

一、我国《种子法》的颁布和国家对种子的基本方针与制度

为了保护和合理利用种质资源,规范品种选育和种子生产、经营、使用行为,维护品种选育者和种子生产者、经营者、使用者的合法权益,提高种子质量水平,推动种子产业化,促进种植业和林业的发展,2000年7月8日第九届全国人大常委会第十六次会议通过了《中华人民共和国种子法》(以下简称《种子法》),2004年8月28日第十届全国人大常委会第十一次会议对该法进行了修订。修订后的《种子法》分为总则、种质资源保护、品种选育和审定、种子生产、种子经营、种子使用、种子质量、种子进出口和对外合作、种子行政管理、法律责任、附则,共11章78条。《种子法》的制定和实施,有利于依法解决种子工作中存在的问题,有利于依法保护种质资源,有利于选育生产和引进良种以及提高种子质量。这是广大农民的迫切需要,也是促进和保障农业生产力发展的需要。

所谓种子,按我国《种子法》的规定,是指农作物和林木的种植材料或繁殖材料,包括籽粒、果实和根、茎、苗、芽、叶等。种子是农作物的本源。农业的生产过程,就是经过农民的劳动,促进种子发芽、生长、成熟的过程。实践证明,有什么样的种子,就有什么样的品质,并在很大程度上决定着拥有什么样的产量。所谓种子法是调整种子生产者、经营者、使用者之间的权利与义务关系和保护种质资源,提高种子质量及加强管理的法律规范的总称。制定种子法的目的是保障种子事业的快速健康发展,增加生产,提高人民生活水平,改善生态环境,促进经济和社会的可持续发展。

我国对种子的基本方针及其制度是:国家扶持种质资源保护工作和选育、生产、更新、推广使用良种,鼓励品种选育和种子生产、经营相结合,奖励在种质资源保护和良种选育、推广等工作中成绩显著的单位和个人。县级以上人民政府根据需要制定种子发展规划,并按有关规定在财政、信贷和税收等方面采取积极的措施保证规划的实施;国务院和省、自治区、直辖市人民政府设立专项资金,用于扶持良种选育和推广;国家建立种子贮备制度,主要用于发生灾害时的生产需要,保障农业生产安全。对贮备的种子应当定期检验和更新。

二、种子资源保护和品种选育的规定

(一)种子资源的保护

国家依法保护种子资源,任何单位和个人不得侵占和破坏种子资源;禁止采集或者采伐国家重点保护的天然种子资源。因科研等特殊情况需要采集或者采伐的,应当经国务院或者省、自治区、直辖市人民政府的农业、林业行政主管部门批准;国家有计划地收集、整理、鉴定、登记、保存、交流和利用种子资源,定期公布可供利用的种子资源目录。具体办法由国务院农业、林业行政主管部门规定;国务院农业、林业行政主管部门应当建立国家种子资源库,省、自治区、直辖市人民政府农业、林业行政主管部门可以根据需要建立种子资源库、种子资源保护区或者种子资源保护地。

(二)品种选育与审定

国务院行政主管部门和省级人民政府应当组织有关单位进行品种选育理论、技术和方法的研究;国家鼓励和支持单位和个人从事良种选育和开发;国家实行植物新品种保护制度,对经过人工培育的或者发现的野生植物加以开发的植物品种,具备新颖性、特异性、一致性和稳定性的授予植物新品种权,保护植物新品种权所有人的合法权益。选育的品种得到推广应用的,育种者依法获得相应的经济利益;单位和个人因林业行政主管部门为选育林木良种建立测定林、试验林、优树收集区、基因库而减少经济收入的,批准建立的林业行政主管部门应当按照国家有关规定给予经济补偿;转基因植物品种的选育、试验、审定和推广应当进行安全性评价,并采取严格的安全控制措施;主要农作物品种和主要林木品种在推广应用前应当通过国家级或者省级审定,申请者可以直接申请省级审定或者国家级审定;主要农作物品种和主要林木品种的审定办法应当体现公正、公开、科学、效率的原则。应当审定的林木品种未经审定通过的,不得作为良种经营、推广,但生产确需使用的,应当经林木品种审定委员会认定。

三、种子生产、经营和使用的规定

（一）种子的生产

主要农作物和主要林木的商品种子生产实行许可制度。主要农作物杂交种子及其亲本种子、常规种原种子、主要林木良种的种子生产许可证,由生产所在地县级人民政府农业、林业行政主管部门审核,省、自治区、直辖市人民政府农业、林业行政主管部门核发;其他种子的生产许可证,由生产所在地县级以上地方人民政府农业、林业行政主管部门核发。申请领取种子生产许可证的单位和个人,应当具备下列条件:(1)具有繁殖种子的隔离和培育条件;(2)具有无检疫性病虫害的种子生产地点或者县级以上人民政府林业行政主管部门确定的采种林;(3)具有与种子生产相适应的资金和生产、检验设施;(4)具有相应的专业种子生产和检验技术人员;(5)法律、法规规定的其他条件。凡申请领取具有植物新品种权的种子生产许可证的,应当征得品种权人的书面同意;种子生产许可证应当注明生产种子的品种、地点和有效期限等项目;禁止伪造、变造、买卖、租借种子生产许可证;禁止任何单位和个人无证或者未按照许可证的规定生产种子;商品种子生产应当执行种子生产技术规程和种子检验、检疫规程;在林木种子生产基地内采集种子的,由种子生产基地的经营者组织进行,采集种子应当按照国家有关标准进行。

（二）种子的经营

（1）种子经营实行许可制度。种子经营者必须先取得种子经营许可证后,方可凭种子经营许可证向工商行政管理机关申请办理或者变更营业执照;种子经营许可证实行分级审批发放制度。种子经营许可证由种子经营者所在地县级以上地方人民政府农业、林业行政主管部门核发。

（2）申请领取种子经营许可证的单位和个人,应当具备法律规定的条件。

（3）种子经营者应当遵守有关法律、法规的规定,向种子使用者提供种子的简要性状、主要栽培措施、使用条件的说明与有关咨询服务,并对种子质量负责。

（4）销售的种子应当加工、分级、包装并应当附有标签。

（5）农民个人自繁、自用的常规种子有剩余的,可以在集贸市场上出售、串换,不需要办理种子经营许可证,由省级人民政府制定管理办法。

（6）未经省、自治区、直辖市人民政府林业行政主管部门批准,不得收购珍稀树木种子和本级人民政府规定限制收购的林木种子。

（三）种子的使用

种子使用者有权按照自己的意愿购买种子,任何单位和个人不得非法干预;国家对推广使用林木良种营造防护林、特种用途林给予扶持;种子使用者因种子质量问题遭受损失的,出售种子的经营者应当予以赔偿,赔偿额包括购种价款、有关费用和可得利益损失;经营者赔偿后,属于种子生产者或者其他经营者责任的,经营者有权向生产者或者其他经营者追偿;因使用种子发生民事纠纷的,当事人可以通过协商或者调解解决。当事人不愿通过协商、调解解决或者协商、调解不成的,可以根据当事人之间的协议向仲裁机构申请仲裁。当事人也可以直接向人民法院起诉。

四、种子质量和种子进出口与对外合作的规定

(一) 种子质量

种子的生产、加工、包装、检验、贮藏等质量管理办法和行业标准,由国务院农业、林业行政主管部门制定;农业、林业行政主管部门可以委托种子质量检验机构对种子质量进行检验;禁止生产、经营假、劣种子。

(二) 种子进出口和对外合作

进口种子和出口种子必须实施检疫,防止植物危险性病、虫、杂草及其他有害生物传入境内和传出境外;从事商品种子进出口业务的法人和其他组织,除具备种子经营许可证外,还应当依法取得从事种子进出口贸易的许可;禁止进出口假、劣种子以及属于国家规定不得进出口的种子。国家对种质资源享有主权,任何单位和个人向境外提供种质资源的,应当经主管部门批准;从境外引进种质资源的,依照主管部门的有关规定办理。

五、种子的行政管理与法律责任的规定

(一) 种子行政管理

农业、林业行政主管部门是种子行政执法机关。种子执法人员依法执行公务时应当出示行政执法证件;农业、林业行政主管部门为实施《种子法》,可以进行现场检查;主管部门及其工作人员不得参与和从事种子生产、经营活动;行政主管部门在依照《种子法》实施有关证照的核发工作中,除收取所发证照的工本费外,不得收取其他费用。

(二) 违反我国《种子法》的法律责任

我国《种子法》对法律责任作了严厉而明确的规定:

(1) 在行政责任方面,对违反规定向境外提供或者从境外引进种质资源的,国务院和省级人民政府主管部门,有权进行行政处分。种子质量检验机构出具虚假检验证明的,与种子生产者、销售者承担连带责任,并依法追究种子质量检验机构及其有关责任人的行政责任。农业、林业行政主管部门违反《种子法》的规定,对不具备条件的种子生产者、经营者核发种子生产许可证或者种子经营许可证的,对直接负责的主管人员和其他直接责任人员,依法给予行政处分;种子行政管理人员徇私舞弊、玩忽职守、滥用职权或者违反《种子法》规定从事种子生产、经营活动的,依法给予行政处分。

(2) 在经济民事责任方面,对违反规定,生产、经营假、劣种子的;违反规定,未取得种子生产或者经营许可证的,以及伪造、变造、买卖、租借许可证的;从境外引进农作物种子进行引种试验的收获物在国内作为商品种子销售的;未经批准私自采集或者采伐国家重点保护的天然种质资源的;违反规定,经营的种子应当包装而没有包装的及没有标签的;等等。除责令改正、没收种子和违法所得、吊销种子经营许可证之外,还要处以罚款、赔偿有关损失。

(3) 在违法犯罪依法追究刑事责任方面,我国《种子法》对下列七种情况构成犯罪的,依法追究刑事责任:第一,违反规定,生产、经营假、劣种子,构成犯罪的;第二,违反规定,未取得种子生产、经营许可证或者伪造、变造、买卖、租借种子生产、经营许可证构成犯罪的;第三,违反规定,从境外引进农作物种子进行引种试验的收获物在国内作为商品种子销售构成犯罪的;第四,违反规定,未经批准私自采集或者采伐国家重点保护的天然种质资源构成犯罪的;第五,违反规定,抢采掠青、损坏母树或者在劣质林内和劣质母树上采种构成犯罪的;第六,种子质量检验机构出具虚假检验证明的,与种子生产者、销售者承担连带责任,并依法追究种子质量检验机构及其有关责任人的行政责任,构成犯罪的;第七,种子行政管理人员玩忽职守、徇私舞弊、滥用职权的或者违反《种子法》规定从事种子生产、经营活动,构成犯罪的。

第六节　渔业法——水产业重要法律

一、渔业法的概念和意义

渔业法是国家对有关渔业生产和管理的法律规范的总称。

1986年1月20日第六届全国人大常委会第十四次会议通过了《中华人民共和国渔业法》(以下简称《渔业法》),2000年10月31日第九届全国人大常委会第十八次会议对该法作了第一次修订,2004年8月28日第十届全国人大常委会第十一次会议对该法作了第二次修订。该法共分为总则、养殖业、捕捞业、渔业资源的增殖和保护、法律责任和附则,共6章50条。认真贯彻执行这部法律,对充分发挥我国渔业资源的优势,增强开发和利用能力,加快发展和繁荣我国渔业;对加强保护我国渔业资源,制止各种破坏渔业资源的行为,保护渔业生产者的合法权益,提高渔业经济效益,促进渔业生产的发展,都具有重要意义。

二、我国《渔业法》的主要内容

(一) 关于我国《渔业法》的宗旨、适用范围、发展渔业的方针、主管机关和管理体制的规定

制定我国《渔业法》是为了加强渔业资源的保护、增殖、开发和合理利用,发展人工养殖,保障渔业生产者的合法权益,促进渔业生产的发展,适应社会主义建设和人民生活的需要。

凡在我国的内水、滩涂、领海、专属经济区以及我国管辖的一切其他海域从事养殖和捕捞水生动物、水生植物等渔业生产活动都必须要遵守《渔业法》。

国家对渔业生产实行以养殖为主,养殖、捕捞、加工并举,因地制宜,各有侧重的方针。各级人民政府应当把渔业生产纳入国民经济发展计划,采取措施,加强水域的统一规划和综合利用。

国家鼓励渔业科学技术研究,推广先进技术,提高渔业科学技术水平。在增殖和保护渔业资源、发展渔业生产、进行渔业科学技术研究等方面成绩显著的单位和个人,由各级人民政府给予奖励。

国务院渔业行政主管部门主管全国渔业工作。县级以上地方人民政府渔业行政主管部门主管本行政区域内的渔业工作,并在重要渔业水域、渔港设渔政监管机构。县级以上渔业行政主管部门及其所属的渔政监管机构可以设渔政检查人员。国家对渔业的监督管理,实行统一领导、分级管理。海洋渔业,除国务院划定由国务院渔业行政主管部门及其所属的渔政监管机构监督管理的海域和特定渔业资源渔场外,由毗邻海域的省、自治区、直辖市人民政府渔业行政主管部门监督管理。渔业行政主管部门和其所属的渔政监督管理机构及其工作人员不得参与和从事渔业生产经营活动。

对外国人、外国渔业船舶进入我国管辖水域,从事渔业生产或者渔业资源调查活动,必须经国务院有关主管部门批准,并遵守《渔业法》和我国其他有关法律、法规的规定;同我国订有条约、协定的,按照条约、协定办理。国家渔政渔港监督管理机构对外行使渔政渔港监督管理权。

(二) 关于养殖业的规定

加速发展我国渔业的关键是搞好养殖业。国家鼓励充分利用适于养殖的水域、滩涂发展养殖业。国家对水域利用进行统一规划,确定可以用于养殖业的水域和滩涂。属于全民所有的水域、滩涂的,由使用者提出申请,政府核发养殖证,许可其使用该水域、滩涂从事养殖生产。属于集体所有的或者全民所有由农业集体经济组织使用的水域、滩涂,可以承包,从事养殖生产。县级以上地方人民政府应当加强对商品鱼生产基地和城市郊区重要养殖水域的保护。当事人因使用国家规划确定用于养殖业的水域、滩涂从事养殖生产发生争议的,在争议解决以前,任何一方不得破坏养殖生产。

国家鼓励和支持水产优良品种的选育、培育和推广。水产新品种必须经全国水产原种和良种审定委员会审定,由国务院渔业行政主管部门公告后推广。水产苗种的进口、出口由国务院和省(自治区、直辖市)两级渔业行政主管部门审批,并依法实施检疫,引进转基因水产苗种必须进行安全性评价。水产苗种的生产由县级以上渔业行政主管部门审批。

县级以上人民政府渔业行政主管部门应当加强对养殖生产的技术指导和病害防治工作。从事养殖生产不得使用含有毒有害物质的饵料、饲料。从事养殖生产应当保护水域生态环境,科学确定养殖密度,合理投饵、施肥、使用药物,不得造成水域的环境污染。

(三) 关于捕捞业的规定

加快发展我国渔业的又一重要环节是搞好捕捞业。我国《渔业法》对外海、远洋捕捞业和内水、近海捕捞业作了区别对待的规定。国家在财政、信贷和税收等方面采取措施,鼓励、扶持远洋捕捞业的发展,并根据渔业资源的可捕捞量,安排内水和近海捕捞力量。

国家对捕捞业实行捕捞限额制度。国家根据捕捞量低于渔业资源增长量的原则,确定渔业资源的总可捕捞量。在组织渔业资源的调查和评估的基础上,对我国内海、领海、专属经济区和其他管辖海域的捕捞限额总量由国务院渔业行政主管部门确定,逐级分解下达。对重要江河、湖泊的捕捞限额总量由有关省、自治区、直辖市人民政府协商和确定,逐级分解下达。捕捞限额总量的分配应当体现公平、公正的原则。

国家对捕捞业实行捕捞许可证制度。具有渔业船舶检验证书、船舶登记证书,符合国务院渔业主管部门规定的其他条件的,方可发给捕捞许可证,并按照捕捞业的范围和规模不同,分别由国务院渔业行政主管部门和县级以上政府渔业主管部门批准发放。捕捞许可证不得买卖、出租和以其他形式转让,不得涂改、伪造、变造。持有捕捞许可证从事捕捞作业的单位和个人,必须按照许可证内容的规定进行作业。到他国管辖海域从事捕捞作业的,应经国务院渔业主管部门批准,并遵守有关的条约、协定和有关国家的法律。

(四)关于渔业资源的增殖和保护的规定

所谓渔业资源的增殖和保护,就是对渔业资源的生育繁殖、怀卵亲体、渔种、幼苗、发育生长,以及所需环境和条件作出保护,这是保证渔业经济可持续发展的重要条件。为了增殖和保护渔业资源,我国《渔业法》规定了如下制度:

(1)县级以上人民政府渔业行政主管部门,应当对其管理的水域进行统一规划,对受益的单位和个人可征收渔业资源保护费。

(2)国家保护水产种质资源及其生态环境,并在具有较高经济价值和遗传育种价值的水产种质资源的主要生长繁育区域建立生产种质资源保护区。

(3)禁止使用炸鱼、毒鱼、电鱼等破坏渔业资源的方法进行捕捞。重点保护的渔业资源品种及其可捕捞标准,禁渔区和禁渔期,禁止使用或者限制使用的渔具和捕捞方法,最小网目尺寸以及其他保护渔业资源的措施,由国务院渔业行政主管部门或者省、自治区、直辖市人民政府渔业行政主管部门规定。禁止捕捞有重要经济价值的水生动物苗种。

(4)禁止围湖造田。

(5)对进行水下爆破、勘探、施工作业,对渔业资源有严重影响的,要防止或者减少对渔业资源的损害;造成渔业资源损失的,要依法赔偿。

(6)各级人民政府应当采取措施,保护和改善渔业水域的生态环境,防止污染。对这方面的监督管理和渔业污染事故的查处,依照我国《海洋环境保护法》和《水污染防治法》的有关规定执行。

(7)国家对珍贵、濒危水生野生动物实行重点保护,防止其灭绝。禁止捕杀、伤害国家重点保护的水生野生动物。

(五)违反我国《渔业法》的法律责任

使用炸鱼、毒鱼、电鱼等破坏渔业资源方法进行捕捞的,违反关于禁渔区、禁渔期的规定进行捕捞的,或者使用禁用的渔具、捕捞方法和小于最小网目尺寸的网具进行捕捞或者渔获物中幼鱼超过规定比例的,没收渔获物和违法所得,处 5 万元以下的罚款;情节严重的,没收渔具,吊销捕捞许可证;情节特别严重的,可以没收渔船;构成犯罪的,依法追究刑事责任。偷捕、抢夺他人养殖的水产品的,或者破坏他人养殖水体、养殖设施的,责令改正,可以处 2 万元以下的罚款;造成他人损失的,依法承担赔偿责任;构成犯罪的,依法追究刑事责任。涂改、买卖、出租或者以其他形式转让捕捞许可证的,没收违法所得,吊销捕捞许可证,可以并处 1 万元以下的罚款;伪造、变造、买卖捕捞许可证,构成犯罪的,依法追究刑事责任。外国人、外国渔船违反我国《渔业法》规定,擅自进入我国管辖水域从事渔业生产和渔业资源调查活动的,责令其离开或者将其驱逐,可以没收渔获物、渔具,并处 50 万元以下的罚款;情节严重的,可以没收渔船;构成犯罪的,依法追究刑事责任。造成渔业水域生态环境破坏或者渔业污染事故的,依照我国《海洋环境保护法》和《水污染防治法》的规定追究法律责任。渔业行政主管部门和其所属的渔政监督管理机构及其工作人员违反我国《渔业法》规定核发许可证、分配捕捞限额或者从事渔业生产经营活动的,或者有其他玩忽职守不履行法定义务、滥用职权、徇私舞弊的行为的,依法给予行政处分;构成犯罪的,依法追究刑事责任。

未依法取得捕捞许可证擅自进行捕捞的、违反捕捞许可证关于作业类型、场所、时限和渔具数量的规定进行捕捞的,没收渔获物和违法所得,并处以罚款;情节严重的,并可以没收渔具和渔船或吊销捕捞许可证。非法生产、进口、出口水产苗种的或经营未经审定批准的水产苗种的,没收苗种和违法所得,并处罚款。未经批准在水产种质资源保护区内从事捕捞活动的,责令立即停止捕捞,没收渔获物和渔具,可处以罚款。

第七节　畜牧法——畜牧业重要法律

一、我国《畜牧法》的适用范围、国家措施与政府主管部门

根据我国《畜牧法》的规定,畜禽,是指列入依照该法经国务院批准公布的畜禽遗传资源目录的畜禽。蜂、蚕的资源保护利用和生产经营,也适用该法有关规定。

畜牧业泛指是对牲畜、家禽从遗传养殖、生产经营到交易销售的一种产业,包括畜禽品种的利用保护、市场供应、产品出口、养殖用地、饲养环境等系统工程。畜牧业是现代农业产业体系中的重要组成部分,是农村千家万户的家庭副业,是固本安邦的基础产业之一,它连接种植业和加工业,起着承前启后的重要作用,是农业和农村经济的支柱产业,是一个国家农业发达程度的主要标志。

畜牧法是调整参与畜牧的繁殖、生产经营销售的主体与市场相关主体之间的法律关系的总称,具体包括:畜禽遗传资源保护、种畜禽品种选育与生产经营、畜禽养殖、畜禽交易与运输、质量安全保障等。

为了规范畜牧业生产经营行为,保障畜禽产品质量安全,保护和合理利用畜禽遗

传资源,维护畜牧业生产经营者的合法权益,促进畜牧业持续健康发展,2005年12月29日第十届全国人大常委会第十九次会议通过了《中华人民共和国畜牧法》(以上简称《畜牧法》),自2006年7月1日起施行。该法共分总则、畜禽遗传资源保护、种畜禽品种选育与生产经营、畜禽养殖、畜禽交易与运输、质量安全保障、法律责任、附则,共8章74条。我国境内从事畜禽的遗传资源保护利用、繁育、饲养、经营、运输等活动,适用该法。蜂、蚕除另有规定外,也适用本法。

国家支持畜牧业发展,发挥畜牧业在发展农业、农村经济和增加农民收入中的作用。县级以上人民政府应当采取措施,加强畜牧业基础设施建设,鼓励和扶持发展规模化养殖,推进畜牧产业化经营,提高畜牧业综合生产能力,发展优质、高效、生态、安全的畜牧业。国家帮助和扶持少数民族地区、贫困地区畜牧业的发展,保护和合理利用草原,改善畜牧业生产条件。国家采取措施,培养畜牧兽医专业人才,发展畜牧兽医科学技术研究和推广事业,开展畜牧兽医科学技术知识的教育宣传工作和畜牧兽医信息服务,推进畜牧业科技进步。畜牧业生产经营者可以依法自愿成立行业协会,为成员提供信息、技术、营销培训等服务,加强行业自律,维护成员和行业利益。畜牧业生产经营者应当依法履行动物防疫和环境保护义务,接受有关主管部门依法实施的监督检查。

国务院畜牧兽医行政主管部门负责全国畜牧业的监督管理工作。县级以上地方政府畜牧兽医行政主管部门负责本行政区域内的畜牧业监督管理工作。县级以上政府有关主管部门在各自的职责范围内,负责有关促进畜牧业发展的工作。国务院畜牧兽医行政主管部门应当指导畜牧业生产经营者改善畜禽繁育、饲养、运输的条件和环境。

二、畜禽遗传资源保护制度

(1) 建立以国家为主的畜禽遗传资源保护制度。所谓畜禽遗传资源是指畜禽及其卵子(蛋)、胚胎、精液、基因物质等遗传材料。畜禽遗传资源保护经费列入财政预算。同时鼓励和支持有关单位、个人依法发展畜禽遗传资源保护事业。

(2) 国务院行政主管部门设立由专业人员组成的国家畜禽遗传资源委员会,负责畜禽遗传资源的鉴定、评估和畜禽新品种、配套系的审定,承担畜禽遗传资源保护和利用规划论证及有关畜禽遗传资源保护的咨询工作。

(3) 国务院畜牧兽医行政主管部门负责组织畜禽遗传资源的调查工作,发布国家畜禽遗传资源状况报告,公布经国务院批准的畜禽遗传资源目录。国务院畜牧兽医行政主管部门根据畜禽遗传资源分布状况,制定全国畜禽遗传资源保护和利用规划,制定并公布国家级畜禽遗传资源保护名录,对其原产我国的珍贵、稀有、濒危的实行重点保护。省级人民政府畜牧兽医行政主管部门根据全国畜禽遗传资源保护和利用规划及本行政区域内畜禽遗传资源状况,制定和公布省级畜禽遗传资源保护名录,并报国务院畜牧兽医行政主管备案。

(4) 国务院畜牧兽医行政主管部门、省级人民政府畜牧兽医行政主管部门,分别根据全国畜禽遗传资源保护和利用规划及国家级和省级畜禽遗传资源保护名录,建立或者确定畜禽遗传资源保种场、保护区和基因库,承担畜禽遗传资源保护任务。享受中央和省级财政资金支持的保种场、保护区和基因库,未经国务院畜牧兽医行政主管部门或者省级人民政府畜牧兽医行政主管部门批准,不得擅自处理受保护的畜禽遗传资源。

畜禽遗传资源基因库应当定期采集和更新畜禽遗传材料。有关单位、个人应当配合采集畜禽遗传材料,并有权获得适当的经济补偿。

（5）对新发现的畜禽遗传资源,在国家畜禽遗传资源委员会鉴定前,省级人民政府畜牧兽医行政主管部门应当制定保护方案和采取临时保护措施,并报国务院畜牧兽医行政主管部门备案。对新发现的畜禽遗传资源在国家畜禽遗传资源委员会鉴定前,也不得向外输出和进行合作。

（6）对从境外引进畜禽遗传资源的,应当向提出申请；经审核,报国务院畜牧兽医行政主管部门评估论证后批准。经批准的,也应依法规定办理相关手续并实施检疫。

（7）向境外输出或者在境内与境外机构、个人合作研究,利用列入保护名录的畜禽遗传资源的,应当提出申请,同时提出国家共享惠益的方案；经审核,报国务院畜牧兽医行政主管批准后,依法办理相关手续和实施检疫。

三、种畜禽品种选育与生产经营制度

种畜禽品种选育对繁殖畜牧业具有重要的意义。所谓种畜禽是指经过选育、具有种用价值、适于繁殖后代的畜禽及其卵子（蛋）、胚胎、精液等。而对种畜禽品种选育的生产经营管理制度包括：

（1）国家扶持畜禽品种的选育和优良品种的推广使用,支持企业、院校、科研机构和技术推广单位开展联合育种,建立畜禽良种繁育体系。

（2）培育的畜禽新品种、配套系和新发现的畜禽遗传资源在推广前,应当通过国家畜禽遗传资源委员会审定或者鉴定[①],并由国务院畜牧兽医行政主管部门公告。对其中间试验,应经所在地省级政府畜牧兽医行政主管部门批准。其培育者的合法权益受法律保护。

（3）转基因畜禽品种的培育、试验、审定和推广,应当符合国家有关农业转基因生物管理的规定。

（4）按不同情况的种畜禽生产经营者分别实行许可证制度。一是,对从事种畜禽生产经营或者生产商品代仔畜、雏禽的单位、个人,应当按法律规定的条件申请取得种畜禽生产经营许可证并办理工商登记,取得营业执照后,方可从事生产经营活动。二是,申请取得生产家畜卵子、冷冻精液、胚胎等遗传材料的生产经营许可证,除应当符合法律申请取得种畜禽生产许可证规定的条件外,还应当具备一些特殊条件

---

① 畜禽新品种配套系的审定办法或畜禽遗传资源鉴定办法由国务院畜牧兽医行政主管部门制定。

(即符合国务院畜牧兽医行政主管部门规定的实验室、保存和运输条件;符合规定的种畜数量和质量要求;体外授精取得的胚胎、使用的卵子来源明确,供体畜符合国家规定的种畜健康标准和质量要求;符合规定的其他技术要求),才能申请取得这类遗传材料的生产经营许可证,应当向省级畜牧兽医行政主管部门申报和审核,并报国务院畜牧兽医行政主管部门审批;依法决定是否发给生产经营许可证。三是,其他种畜禽的生产经营许可证由县级以上地方政府畜牧兽医行政主管部门审核发放。许可证样式由国务院畜牧兽医行政主管部门制定,许可证有效期为3年。

种畜禽生产经营许可证按规定注明生产经营者名称、场(厂)址、生产经营范围及许可证有效期的起止日期等。

禁止任何单位、个人无种畜禽生产经营许可证或者违反种畜禽生产经营许可证的规定生产经营种畜禽。禁止伪造、变造、转让、租借种畜禽生产经营许可证。

此外,对农户饲养的种畜禽用于自繁自养和有少量剩余仔畜、雏禽出售的,农户饲养种公畜进行互助配种的,不需要办理种畜禽生产经营许可证。

(5)专门从事家畜人工授精、胚胎移植等繁殖工作的人员,应当取得相应的国家职业资格证书。

(6)发布种畜禽广告的,广告主应当提供种畜禽生产经营许可证和营业执照。广告内容应当符合有关法律、行政法规的规定和畜牧法的特殊规定。

(7)实行系统的严格的销售制度,保证销售质量,反对假冒伪劣。

第一,对销售的种畜禽和家畜配种站(点)使用的种公畜,必须符合种用标准。销售种畜禽时,应当附具种畜禽合格证明。

第二,生产家畜卵子、冷冻精液、胚胎等遗传材料,应当有完整的记录(记录应当保存2年)。

第三,销售种畜禽,不得有以其他冒充所销售的种畜禽品种、配套系;以低代别种畜禽冒充高代别种畜禽;以不符合种用标准的畜禽冒充种畜禽;销售未经批准进口的种畜禽;销售未附具法律规定的种畜禽合格证明、检疫合格证明的种畜禽或者未附具家畜系谱的种畜;销售未经审定或者鉴定的种畜禽品种、配套系等行为。

第四,种畜禽场和孵化场(厂)销售商品代仔畜、雏禽的,应当向购买者提供其销售的主要生产性能指标、免疫情况、饲养技术要求和有关咨询服务。销售种畜禽和商品代仔畜、雏禽,因质量问题给畜禽养殖者造成损失的,应当依法赔偿损失。

(8)建立规范化的种畜禽进口制度。

第一,凡申请进口种畜禽的,应当持有种畜禽生产经营许可证。应当符合国务院畜牧兽医行政主管部门规定的技术要求。首次进口的种畜禽还应当由国家畜禽遗传资源委员会进行种用性能的评估。进口种畜禽的批文有效期为6个月。

第二,国家鼓励畜禽养殖者对进口的畜禽进行新品种、配套系的选育;选育的新品种、配套系在推广前,应当经国家畜禽遗传资源委员会审定。

第三,种畜禽的进出口管理应按法律有关规定办理。

四、畜禽养殖制度

（1）国务院和省级政府应当在其财政预算内安排支持畜牧业发展的良种补贴、贴息补助等资金，并鼓励有关金融机构通过提供贷款、保险服务等形式，支持畜禽养殖者购买优良畜禽、繁育良种、改善生产设施、扩大养殖规模，提高养殖效益。

（2）国家支持农村集体经济组织、农民和畜牧业合作经济组织按法律规定具备的条件①建立畜禽养殖场、养殖小区，发展规模化、标准化养殖。有关部门应当安排畜禽养殖用地，并按农业用地管理。省级政府根据本行政区域畜牧业发展状况制定畜禽养殖场、养殖小区的规模标准和实行备案程序。

禁止在水源保护区和风景名胜区以及自然保护区的核心区和缓冲区；人口集中区域以及法律法规规定的其他禁养区域内建设畜禽养殖场、养殖小区。

畜禽养殖场、养殖小区应当保证畜禽粪便、废水及其他固体废弃物综合利用或者无害化处理设施的正常运转，保证污染物达标排放，防止污染环境。违法排放畜禽粪便、废水及其他固体废弃物，造成环境污染危害的，应当排除危害，依法赔偿损失。国家支持建设畜禽粪便、废水及其他固体废弃物的综合利用设施。

（3）畜禽养殖场应当建立养殖档案制度，载明有关规定的内容。畜禽养殖场应当为其饲养的畜禽提供适当的繁殖条件和生存、生长环境。

（4）对从事畜禽养殖和畜禽养殖者行为的特别规定。一是，从事畜禽养殖，不得有下列行为：违反法律、行政法规的规定和国家技术规范的强制性要求使用饲料、饲料添加剂、兽药；使用未经高温处理的餐馆、食堂的泔水饲喂家畜；在垃圾场或者使用垃圾场中的物质饲养畜禽；法律、行政法规和国务院畜牧兽医行政主管部门规定的危害人和畜禽健康的其他行为。二是，从事畜禽养殖，应当依照我国《动物防疫法》的规定，做好畜禽疫病的防治工作。三是，畜禽养殖者应当按照国家关于畜禽标识管理的规定，在应当加施标识的畜禽的指定部位加施标识，其标识不得重复使用。畜牧兽医行政主管部门提供标识不得收费，所需费用列入省级人民政府财政预算。

（5）国家设立的畜牧兽医技术推广机构，应当向农民提供畜禽养殖技术培训、良种推广、疫病防治等服务。国家鼓励畜禽产品加工企业和其他相关生产经营者为畜禽养殖者提供所需的服务。

（6）对蜂养殖的有关规定：第一，国家鼓励发展养蜂业，维护养蜂生产者的合法权益。有关部门应当积极宣传和推广蜜蜂授粉农艺措施。第二，养蜂生产者在生产过程中，不得使用危害蜂产品质量安全的药品和容器，确保蜂产品质量。第三，养蜂器具应当符合国家技术规范的强制性要求。第四，养蜂生产者在转地放蜂时，有关部门应当为其提供必要的便利。第五，养蜂生产者在国内转地放蜂，凭国务院畜牧兽医

---

① 畜禽养殖场、养殖小区应当具备下列条件：(1) 有与其饲养规模相适应的生产场所和配套的生产设施；(2) 有为其服务的畜牧兽医技术人员；(3) 具备法律、行政法规和国务院畜牧兽医行政主管部门规定的防疫条件；(4) 有对畜禽粪便、废水和其他固体废弃物进行综合利用的沼气池等设施或者其他无害化处理设施；(5) 具备法律、行政法规规定的其他条件。

行政主管部门统一格式印制的检疫合格证明运输蜂群。

五、畜禽交易与运输制度与质量安全保障制度

(一)畜禽交易是促进畜牧业发展的重要环节和条件

一是,县级以上政府应当促进开放统一、竞争有序的畜禽交易市场建设。县级以上人民政府畜牧兽医行政主管部门和其他有关主管部门应当组织搜集、整理、发布畜禽产销信息,为生产者提供信息服务。二是,县级以上地方人民政府根据农产品批发市场发展规划,对在畜禽集散地建立畜禽批发市场给予扶持,包括畜禽批发市场选址、动物防疫条件的要求。三是,进行交易的畜禽必须符合国家技术规范的强制性要求。国务院畜牧兽医行政主管部门规定应当加施标识而没有标识的畜禽,不得销售和收购。四是,运输畜禽,必须符合法律、行政法规和国务院畜牧兽医行政主管部门规定的动物防疫、畜禽安全保护、必要的空间和饲喂饮水等条件。有关部门对运输中的畜禽进行检查,应当有法律、行政法规的依据。

(二)畜禽养殖的质量安全保障,关键是要建立监管制度,责任追究制度和抽查制度

县级以上人民政府畜牧兽医行政主管部门和其他有关主管部门,应当依法加强对畜禽饲养环境、种畜禽质量、饲料和兽药等投入品的使用以及畜禽交易与运输的监督管理;国务院畜牧兽医行政主管部门应当制定畜禽标识和养殖档案管理办法,落实畜禽产品质量责任追究制度;县级以上人民政府畜牧兽医行政主管部门应当制定畜禽质量安全监督检查计划,开展监督抽查工作;省级以上人民政府畜牧兽医行政主管部门应当组织制定畜禽生产规范,指导畜禽的安全生产;从境外引进的被发现对境内畜禽遗传资源、生态环境有危害或者可能产生危害的,应当采取相应的安全控制措施,并禁止引进对境内畜禽遗传资源和生态环境有危害的畜禽资源;县级以上人民政府畜牧兽医行政主管部门负责种畜禽质量安全的监督管理工作。对种畜禽质量安全的监督检验应当委托具有法定资质的种畜禽质量检验机构进行;所需检验费用按照国务院规定列支,不得向被检验人收取。

六、法律责任制度

我国《畜牧法》对违反法律法规的法律责任作出了严密的规定,共15条,归纳起来大体分四种情况。一是,对犯有比较轻微的违法行为,作了责令停止违法行为、没收违法所得和进行罚款的规定。二是,对犯有比较严重的违法行为,除作了责令停止违法行为、没收违法所得和进行罚款的规定外,还同时作出了吊销种畜禽生产经营许可证或营业执照的规定。三是,对畜牧兽医行政主管部门的工作人员利用职务上的便利,收受他人财物或者谋取其他利益,对不符合法定条件的单位、个人核发许可证或者有关批准文件,不履行监督职责,或者发现违法行为不予查处的,依法给予行政处分。四是,违反法律规定,构成犯罪的,依法追究刑事责任。

第八节 农民专业合作社法

一、我国《农民专业合作社法》概述

农民专业合作社是农民自愿联合依法组成的互助性经济组织。农民专业合作社法是调整农民专业合作社内外关系法律规范的总称,是规定农民专业合作社的设立、登记、组织机构、扶持政策、经营管理等方面的法律规定。

为了支持、引导农民专业合作社的发展,规范农民专业合作社的组织和行为,保护农民专业合作社及其成员的合法权益,促进农业和农村经济的发展,于2006年10月31日第十届全国人大常委会第二十四次会议通过《中华人民共和国农民专业合作社法》(以下简称《农专社法》)。该法共分总则,设立和登记,成员,组织机构,财务管理,合并、分立、解散和清算,扶持政策,法律责任,附则等9章56条,自2007年7月1日起施行。

农民专业合作社(以下简称农专社)是在农村家庭承包经营基础上,同类农产品的生产经营者或者同类农业生产经营服务的提供者、利用者,自愿联合、民主管理的互助性经济组织。

"农专社自愿联合互助性经济组织"的基本特点是:(1)以农民成员为主要服务对象的服务组织,为农民专业的生产、经营、销售提供服务。其成员为主要服务对象,提供农业生产资料的购买,农产品的销售、加工、运输、贮藏以及与农业生产经营有关的技术、信息等服务。(2)突出农民合法权益保护。国家保护农专社及其成员的合法权益,任何单位和个人不得侵犯。(3)经依法登记取得法人资格,对其财产享有、占用、使用、处分的权利,对债务负有限责任。(4)农专社对由成员出资、公积金、国家财政直接补助、他人捐赠以及合法取得的其他资产所形成的财产,享有占有、使用和处分的权利,并以上述财产对债务承担责任。(5)农专社成员以其账户内记载的出资额和公积金份额为限对农专社承担责任。

农专社的活动原则主要是:(1)成员以农民为主体;(2)以服务成员为宗旨,谋求全体成员的共同利益;(3)入社自愿、退社自由;(4)成员地位平等,实行民主管理;(5)盈余主要按照成员与农专社的交易量(额)比例返还。

县级以上各级政府应当组织农业行政主管部门和其他有关部门及有关组织,依照法律规定,依据各自职责,对农专社的建设和发展给予指导、扶持和服务。

二、我国《农专社法》的主要内容

(一)农专社的设立与登记

设立农专社应具备的条件包括:有五名以上符合法律规定的成员;有符合法律规定的章程;有符合法律规定的组织机构;有符合法律、行政法规规定的名称和章程确定的住所;有符合章程规定的成员出资。

设立农专社应当召开由全体设立人参加的设立大会(农民自愿成为该社成员的

设立人)。设立大会行使下列职权:由全体设立人一致通过的本社章程;选举产生农专社的组织机构;审议其他重大事项。

申请设立农专社,应当向工商行政管理部门申请登记,提交依法规定的有关文件①。

登记机关应当在规定的时间内办理完毕,向符合登记条件的申请者颁发营业执照。

若遇有登记事项变更的也应当申请变更登记(办理登记不得收取费用)。

(二)农专社成员的构成和权利义务

具有民事行为能力的公民,以及从事与农专社业务直接有关的生产经营活动的企业、事业单位或者社会团体,能够利用农专社提供的服务,承认并遵守农专社章程,履行章程规定的入社手续的,可以成为农专社的成员。但是,具有管理公共事务职能的单位不得加入农专社。

农专社的成员中农民至少应当占成员总数的80%;成员总数20人以下的,可以有一个企业、事业单位或者社会团体成员;成员总数超过20人的农专社,企业、事业单位和社会团体成员不得超过成员总数的5%。

农专社成员享有如下权利:参加成员大会,并享有表决权、选举权②和被选举权,按照章程规定对本社实行民主管理;利用本社提供的服务和生产经营设施;按照章程规定或者成员大会决议分享盈余;查阅本社的章程、成员名册、成员大会或者成员代表大会记录、理事会会议决议、监事会会议决议、财务会计报告和会计账簿;章程规定的其他权利。农专社成员承担下列义务:执行成员大会、成员代表大会和理事会的决议;按照章程规定出资;按照章程规定与本社进行交易;按照章程规定承担亏损;章程规定的其他义务。

农专社成员要求退社的,应当在财务年度终了的3个月前向理事长或者理事会提出;企事业单位或者社会团体成员退社的,应当在财务年度终了的6个月前提出;退社成员的成员资格自财务年度终了时终止。成员在其资格终止前与农专社已订立的合同,应当继续履行。成员资格终止的,农专社应当按规定退还记载在该成员账户内的出资额和公积金份额;对成员资格终止前的可分配盈余,应依法向其返还。资格终止的成员也应当按规定分摊资格终止前本社的亏损及债务。

(三)农专社的权力机构及职权

农专社的权力机构是成员大会,由全体成员组成,行使的职权包括:(1)修改章程;(2)选举和罢免组织机构成员;(3)决定重大财产处置、对外投资、对外担保和生

---

① 如登记申请书;设立大会纪要;章程;法定代表人、理事的任职文件及身份证明;出资成员签名、盖章的出资清单;住所使用证明等。

② 农民专业合作社成员大会选举和表决,实行一人一票制,成员各享有一票的基本表决权。出资额或者与本社交易量(额)较大的成员按照章程规定,可以享有附加表决权。本社的附加表决权总票数,不得超过本社成员基本表决权总票数的20%。享有附加表决权的成员及其享有的附加表决权数,应当在每次成员大会召开时告知出席会议的成员。

产经营活动中的其他重大事项;(4)批准年度业务报告、盈余分配方案、亏损处理方案;(5)对合并、分立、解散、清算作出决议;(6)决定聘用经营管理人员和专业技术人员的数量、资格和任期;(7)听取理事长或者理事会关于成员变动情况的报告;(8)章程规定的其他职权。

农专社成员超过150人的,可以按照章程规定设立成员代表大会。成员代表大会按照章程规定可以行使成员大会的部分或者全部职权。

农专社设理事长一名,可以设理事会。理事长为本社的法定代表人。农专社可以设执行监事或者监事会。理事长、理事、经理和财务会计人员不得兼任监事。理事长、理事、执行监事或者监事会成员,由成员大会从本社成员中选举产生,依照本法和章程的规定行使职权,对成员大会负责。理事会会议、监事会会议的表决,实行一人一票。

组织机构会议应有记录和出席人的签名。

农专社的理事长、理事和管理人员不得有下列行为:(1)侵占、挪用或者私分本社资产;(2)违反章程规定或者未经成员大会同意,将本社资金借贷给他人或者以本社资产为他人提供担保;(3)接受他人与本社交易的佣金归己有;(4)从事损害本社经济利益的其他活动。违反上述规定所得的收入应当归本社所有;给本社造成损失的应当承担赔偿责任。

理事长、理事、经理不得兼任业务性质相同的其他农专社的领导机构职务。另外,具有管理公共事务职能的单位不得加入农专社成为成员;执行与农专社业务有关公务的人员,不得担任农专社的理事长、理事、监事、经理或者财务会计人员。

(四)国家政策扶持制度

国家通过财政支持、税收优惠和金融、科技、人才的扶持以及产业政策引导等措施,促进农专社的发展。国家鼓励和支持社会各方面力量为农专社提供服务。

(1)项目扶持。国家支持发展农业和农村经济的建设项目,可以委托和安排有条件的有关农专社实施。

(2)财政资金扶持。中央和地方财政应当分别安排资金,支持农专社开展信息、培训、农产品质量标准与认证、农业生产基础设施建设、市场营销和技术推广等服务。对民族地区、边远地区和贫困地区的农专社和生产国家与社会急需的重要农产品的农专社给予优先扶持。

(3)金融政策扶持。国家政策性金融机构应当采取多种形式,为农专社提供多渠道的资金支持。由国务院规定具体支持政策。国家鼓励商业性金融机构采取多种形式,为农专社提供金融服务。

(4)税收优惠扶持。农专社享受国家规定的对农业生产、加工、流通、服务和其他涉农经济活动相应的税收优惠以及由国务院规定支持农专社发展的其他税收优惠政策。

(五)财务管理

国务院财政部门按照国家有关法律、行政法规制定农专社财务会计制度。农专社应当按照国务院财政部门制定的财务会计制度进行会计核算。农专社与其成员的交易、与利用其提供的服务的非成员的交易,应当分别核算。

农专社的理事长或理事会按章程规定组织编制年度业务报告、盈余分配方案、亏损处理方案以及财务会计报告,供成员查阅。

农专社可按规定从当年盈余中提取公积金。公积金用于弥补亏损、扩大生产经营或者转为成员出资。每年提取的公积金按照章程规定量化为每个成员的份额。

农专社应当为每个成员设立成员账户,主要记载出资额、公积金份额、与本社的交易量(额)的内容。

农专社关于亏损盈余的分担和分配的规定有:(1)在弥补亏损、提取公积金后的当年盈余,为农专社的可分配盈余。(2)按规定可分配盈余依照下列情形返还或者分配给成员:按成员与本社的交易量(额)比例返还,返还总额不得低于可分配盈余的60%;按前项规定返还后的剩余部分,以成员账户中记载的出资额和公积金份额,以及本社接受国家财政直接补助和他人捐赠形成的财产平均量化到成员的份额按比例分配给本社成员。

设立执行监事或者监事会的农专社,由执行监事或者监事会负责对本社的财务进行内部审计,审计结果应当向成员大会报告。成员大会也可以委托审计机构对本社的财务进行审计。

(六) 合并、分立、解散与清算

农专社合并,应当自合并决议作出之日起10日内通知债权人。合并各方的债权、债务应当由合并后存续或者新设的组织承继。也有解散后的合并。

农专社分立,其财产作相应的分割,并应当自分立决议作出之日起10日内通知债权人。分立前的债务由分立后的组织承担连带责任。也有解散后的分立。但是,在分立前与债权人就债务清偿达成的书面协议另有约定的除外。

农专社因下列原因解散:(1)章程规定的解散事由出现;(2)成员大会决议解散;(3)因合并或者分立需要解散;(4)依法被吊销营业执照或者被撤销。

解散应当清算,按规定推荐清算人和组织清算组。清算组自成立之日起接管农专社,负责处理与清算有关未了结业务,清理财产和债权、债务,分配清偿债务后的剩余财产,代表农专社参与诉讼、仲裁或者其他法律程序,并在清算结束时办理注销登记。

清算组应当在规定的时间内通知农专社成员和债权人,并在报纸上公告。债权人应当自接到通知在规定的时间内,向清算组申报债权,并说明债权的有关事项和提供证明材料。清算组应当对债权进行登记。

农专社因章程规定的原因解散时或者法院受理破产申请时,都不能办理成员退社手续。在申报债权期间,清算组也不得对债权人进行清偿。

清算组负责制定包括清偿成员工资及社会保险费用,清偿所欠税款和其他各项债务,以及分配剩余财产在内的清算方案,经成员大会通过或者申请人民法院确认后实施。

清算组发现农专社的财产不足以清偿债务的,应当依法向法院申请破产。

农专社接受国家财政直接补助形成的财产,在解散、破产清算时,不得作为可分配剩余资产分配给成员,处置办法由国务院规定。

清算组成员应当忠于职守,依法履行清算义务,因故意或者重大过失给农专社成员及债权人造成损失的,应当承担赔偿责任。

农专社破产适用我国《企业破产法》的有关规定。但是,破产财产在清偿破产费用和共益债务后,应当优先清偿破产前与农民成员已发生交易但尚未结清的款项。

(七)法律责任制度

(1)侵占、挪用、截留、私分或者以其他方式侵犯农专社及其成员的合法财产,非法干预农专社及其成员的生产经营活动,向农专社及其成员摊派,强迫农专社及其成员接受有偿服务,造成农专社经济损失的,依法追究法律责任。

(2)农专社向登记机关提供虚假登记材料或者采取其他欺诈手段取得登记的,由登记机关责令改正;情节严重的,撤销登记。

(3)农专社在依法向有关主管部门提供的财务报告等材料中,作虚假记载或者隐瞒重要事实的,依法追究法律责任。

第二十三章 基础设施法、城市规划法、区域开发法

第一节 基础设施投资法的基本概念和主要内容的规定

一、基础设施投资法的基本概念和主要内容

固定资产投资法,又称基础设施投资法、基本建设法,是调整国家机关、建设单位和施工单位在基本建设过程中所发生的管理、监督和协作关系的法律规范。具体说,基本建设过程中的管理关系是指国家对基本建设的投资计划、投资方向、投资规模和项目、资金来源和建设程序的管理关系。基本建设过程中的监督关系是指中国人民银行和税务机关对基本建设单位和施工单位的建设活动所进行的经济监督关系。基本建设过程中的协作关系是指基本建设单位和施工单位之间的承包合同关系。这三种关系中的前两种关系是国家与企业事业单位之间的经济关系,属于经济法调整的范围;后一种关系虽然是平等主体之间的横向协作关系,属于民法调整的范围,但由于国家对基本建设实行严格的计划管理,横向协作关系也含有了国家管理的因素,所以这种横向协作关系也有必要列入本节之中。

固定资产投资法的内容,从总体方面来说,主要包括基本建设的方针、任务、计划和体制、基本建设的布局和项目的统筹安排、基本建设投资的合理分配和基本建设的程序、基本建设的财务信贷制度和合同制度以及监督等方面所规定的经济关系和法律责任。

由于基本建设是一个把社会积累和折旧基金转化为固定资产的经济过程,这个过程包括资金分配活动、物资流通活动和物质生产活动,既有物质形态的转化,又有价值形态的运动。由于基本建设的范围很广,既包括生产性基本建设,即用于物质生产和满足物质生产需要的基本建设,也包括非生产性基本建设,即国家用于人民文化和生活福利需要的基本建设,因此,基本建设是国民经济中的一个综合性的部门,基本建设法也是经济法中一个综合性的部门法。根据基本建设工作对法律提出的要求,基本建设法的具体内容包括:(1) 基本建设投资法或固定资产投资法;(2) 基本建设程序法;(3) 基本建设合同法或建设工程承包合同法;(4) 基本建设财务、信贷管理法;(5) 基本建设监督机关(中国人民建设银行)的法律规定;(6) 施工现场管理规定;(7) 基本建设基金管理法;等等。

二、基础设施投资法的原则

(一) 投资规模与国力相适应的原则

固定资产投资的规模与增长速度必须与我国国力相适应,不能超过国家提供的

财力、物力和人力的范围,以及国民经济发展的需要与可能。这是我国几十年建设经验的基本总结,是固定资产投资法所要贯彻的一个具有根本性的指导原则。因此要对全社会的固定资产投资规模进行统一的综合平衡,使建设规模与国力相适应,使投资总需求与总供给基本平衡,保持在建项目投资总规模适度增长,根治投资膨胀,这是保证经济稳定的决定性因素。超过国家的财力、物力和人力的可能,把投资规模搞得过大,就会造成社会经济生活全面紧张,导致国民经济重大比例失调,使经济发展大起大落,欲速则不达。

(二) 促进经济结构和地区结构合理化原则

必须安排好投资的部门分配和地区分配,促进经济结构和地区结构的优化。根据各部门、各地区的资源条件、市场条件和地区开发状况,合理分配投资,引导投资方向与社会发展的整体目标和长远目标相一致;防止盲目建设、重复建设,只顾局部与眼前利益,不顾全局与长远利益的倾向。

(三) 加强责任制,提高效益的原则

固定资产投资行为投入财力、物力、人力巨大,时间长,因此必须紧紧围绕质量、效益的中心环节,严格责任制,加强分工协作,避免浪费,努力提高效益。

三、关于基础设施投资的法律规定

(一) 投资主体

在社会主义市场经济条件下,投资主体包括以下几类:

(1) 政府投资。政府包括中央政府和地方政府。政府投资的重点,是基础工业和基础设施建设,如重大的能源、原材料工业基地项目,跨地区的交通、通讯设施,大江大河的治理,重大的农业、科技、文教、国防项目等。1988年7月,中央政府成立了能源、交通、原材料、机电轻纺、农业、林业六个国家专业投资公司,负责管理和经营本行业中央政府投资的经营性项目的固定资产投资。固定资产投资或基本建设在"十二五"规划纲要中更具有十分突出的地位。"十二五"规划期间,国家要实施新型的工业化道路和信息化战略,要继续实施农业是基础的战略地位和发展新兴产业战略,要实行改善民生、建立健全公共服务体系战略,要实施主体功能区战略,要积极稳妥地推进城乡一体化战略,加强市政公共设施和公共服务建设,要发展循环、绿色、低碳经济,要发展节能环保等方面,其中都包含着固定资产投资和基本建设的系列工程,要求这种基本建设相互配套,开放共享和高效利用。可见基本建设的地位显得更加突出,政府投资负有更加重要的职责,因此,要充分运用法律手段、经济手段、行政手段相结合的办法,保障基本建设任务的完成。我们建议待条件成熟时应当制定"基本建设法"或"固定资产投资法"。

(2) 公司企业投资。在市场经济条件下,公司企业是大多数经济领域的投资主体。公司企业自筹资金、自定项目、自担风险,根据市场情况和国家产业政策,进行投资发展。公司企业也可以向中央、地方项目进行参股投资。

(3) 其他经济组织、个人、外国公司、企业和个人的投资。根据1992年11月国家计委颁布的《关于建设项目实行业主责任制的规定》,从1992年起,新开工和进行前期工作的全民所有制单位基本建设项目,原则上都实行项目业主责任制。在建项目也应积极创造条件,实行项目业主责任制。项目业主责任制,即由项目业主从建设项目的筹划、筹资、设计、建设实施直至生产经营、归还贷款以及国有资产的保值、增值实行全过程负责的一种项目组织管理形式。这种模式将有利于克服现行建设项目管理体制中筹资、建设与生产经营相脱节的弊端。项目业主依法组成,其建设、生产和经营权利受法律保护。

(二) 投资资金来源和管理

20世纪80年代中期,我国实行了基本建设投资体制"拨改贷"的改革。现在我国固定资产投资资金来源渠道包括国家拨款、银行贷款、自筹资金、利用外资等多种渠道。

1. 国家拨款

固定资产投资的国家拨款是指由国家财政分次、逐笔拨付给建设单位无偿使用的建设项目的资金。现在国家拨款进行的基本建设项目,主要是科研、学校、行政单位等没有还款能力的事业性建设项目。今后政府投资主要用于关系国家安全、市场不能有效配置资源的经济和社会领域。

2. 银行贷款

基本建设贷款是有偿使用的,实行有借有还、谁借谁还、贷款实行差别利率的原则,对不同地区、部门和产品的贷款规定不同的还款期和差别利率,以鼓励短线产品的生产,限制长线产品的生产和重复建设,促进产业结构的优化。"拨改贷"的资金,实行分级管理,并须与银行订立借款合同。

基本建设投资实行银行贷款除"拨改贷"方式外,另一种是由银行利用存款发放的贷款。这两种银行贷款都是按照银行贷款方式进行管理,但在确定贷款利率上存在根本差别。"拨改贷"项目的贷款利率按建设项目的产品盈利情况实行差别利率;而利用银行存款进行贷款项目的利率主要根据贷款时间的长短来确定。

3. 自筹资金

目前,基本建设自筹资金主要有两类,一是各级财政的自筹资金,一是各企业、事业单位的自筹资金。用自筹资金进行基本建设,要求资金来源正当、落实。

企业自有资金中可用于基本建设的资金,只限于生产发展基金和职工福利基金等。更新改造基金、大修理基金、新产品试制基金以及由银行贷款形成的流动资金等,均不得作为基本建设资金使用。目前,银行贷款和自筹投资已成为固定资产投资资金来源的主渠道。

对于可以实行市场化运作的基础设施、市政工程和其他公共服务领域,应当鼓励和支持民间资本进入。

4. 利用外资

利用外资进行基本建设的数量现在越来越多。国家对地方、部门利用国外贷款和吸收海外投资的审批权作了规定,以加强引导和调控。

（三）投资程序

1. 提出项目建议书

项目建议书是确定建设项目、编制设计文件的主要依据。所有新建、改扩建项目都要根据国民经济和社会发展的长远规划，经过调查、预测、分析，按项目隶属关系，由各部门、各地区和各企业提出项目建议书。

2. 进行可行性研究

可行性研究是建设前期工作的重要内容，是基本建设程序的组成部分。它的任务是对建设的技术、工程、经济和外部协作条件是否合理和可行等方面，进行全面分析和论证，作出基本的科学估计（包括工程项目规模的大小、资源、设备、能源、材料运输、征地、销路、三废处理、劳力安排、投资多少等），在此基础上反复研究建设方案，进行精计算，预测经济效果及社会、环境影响，最后上报审批。

国内大中型建设项目的可行性研究报告审批后，需编制设计任务书并上报。

3. 建设项目的设计

设计工作是固定资产投资计划的具体化，是组织施工的主要依据。设计工作根据项目的大小和技术复杂程度分阶段进行。大中型项目，一般采用两阶段设计，即初步设计和施工图设计。

4. 组织施工

施工是设计的实现，施工单位必须严格按照施工图纸和合理的施工顺序组织施工。施工单位对所承担的工程应按质量和工期全面竣工，不留尾工。

5. 竣工验收，交付使用

建设项目按设计文件规定的内容建成后，生产性项目经投料试车或带负荷运转合格，形成生产能力，并能正常生产合格产品的；非生产性项目符合设计要求，能够正常使用的，都应立即验收。

四、关于基础设施投资监督的规定

我国对固定资产投资的监督方式有：

（1）国家经济主管部门的宏观监督。国家经济主管部门的宏观监督主要由国家计委和各级计划委员会对于固定资产投资进行宏观监督，主要通过项目的审批来进行。

（2）银行监督。中国人民银行通过货币政策对社会固定资产投资进行宏观调控和监督。国家开发银行及商业银行对国家投资项目和贷款项目的固定资产投资活动进行监督。

（3）开征固定资产投资方向调节税。

（4）专门机构监督。专门机构监督包括：国家主管部门的监督；建设单位、施工单位的监督检查；工程质量监督部门的监督检查；审计机关的监督；等等。

第二节 城乡规划法、区域经济开发法与海洋法

一、城市规划法的概念、原则和主要内容

（一）城市规划法的背景和概念

城市规划是为了确定城市性质、规模和发展方向，合理利用城市土地，协调城市空间和各项建设所作的综合部署，是国家管理城市建设的重要内容，是实现城市经济和社会发展目标的必要条件。城市规划涉及城市政治、经济、文化建设和城市发展的广泛领域，具有很强的综合性，需要通过立法来保证城市规划的正确实施。而把城市规划法与我国实施城镇化战略、促进城乡共同发展联系起来意义更加重大。

城市规划法是有关国家制定、实施城市规划和城市建设、开发、管理的法律规范的总称。《中华人民共和国城市规划法》（简称《城市规划法》）于1989年12月26日经第七届全国人大常委会第十一次会议通过，自1990年4月1日起施行，该法分为总则、城市规划的制定、城市新区开发和旧区改建、城市规划的实施、法律责任、附则，共6章46条。

我国《城市规划法》中所称的城市，是指国家按行政建制设立的直辖市、市、镇。城市规划区，是指城市市区、近郊区以及城市行政区域内因城市建设和发展需要实行规划控制的区域。城市规划区的具体范围，由城市人民政府在编制的城市总体规划中划定。

（二）我国城市规划管理的基本原则

（1）符合我国国情，正确处理近期建设和远景发展的关系。在城市规划区进行建设，必须坚持适用、经济的原则，贯彻勤俭建国的方针。

（2）严格控制大城市规模、合理发展中等城市和小城市的方针，促进生产力和人口的合理布局。根据我国《城市规划法》规定，大城市是指市区和近郊区非农业人口50万以上的城市，中等城市是指市区和近郊区非农业人口20万以上、不满50万的城市，小城市是指市区和近郊区非农业人口不满20万的城市。

（3）城市规划的编制应当依据国民经济和社会发展规划以及当地的自然环境、资源条件、历史情况、现状特点，统筹兼顾，综合部署。城市规划确定的城市基础设施建设项目，应当按照国家基本建设程序的规定纳入国民经济和社会发展计划，按计划分步实施。

（4）城市总体规划应当和国土规划、区域规划、江河流域规划、土地利用总体规划相协调。

（三）我国《城市规划法》的主要内容

1. 城市规划的制定

全国城市规划工作的主管机关是国务院城市规划行政主管部门。县级以上地方人民政府城市规划行政主管部门主管本行政区域内的城市规划工作。

国务院城市规划行政主管部门和省、自治区、直辖市人民政府分别组织编制全国和省、自治区、直辖市的城镇体系规划,用以指导城市规划的编制。城市人民政府负责组织编制城市规划。县级人民政府所在地镇的城市规划,由县级人民政府负责组织编制。

编制城市规划一般分总体规划和详细规划两个阶段进行。城市总体规划包括城市的性质、发展目标和发展规模,城市主要建设标准和定额指标,城市建设用地布局、功能分区和各项建设的总体部署,城市综合交通体系和河湖、绿地系统,各项专业规划,近期建设规划。城市详细规划包括规划地段各项建设的具体用地范围、建筑密度和高度等控制指标,总平面布置、工程管线综合规划和竖向规划。城市规划实行分级审批。

2. 城市新区开发和旧区改建

城市新区开发和旧区改建必须坚持统一规划、合理布局、因地制宜、综合开发、配套建设的原则。各项建设工程的选址、定点,不得妨碍城市的发展,危害城市的安全,污染和破坏城市环境,影响城市各项功能的协调。

城市新区开发应当具备水资源、能源、交通、防灾等建设条件,并应当避开地下矿藏、地下文物古迹,应当合理利用城市现有设施。

城市旧区改建应当遵循加强维护、合理利用、调整布局、逐步改善的原则,统一规划,分期实施,并逐步改善居住和交通运输条件,加强基础设施和公共设施建设,提高城市的综合功能。

3. 城市规划的实施

城市规划区内的土地利用和各项建设必须符合城市规划,服从规划管理。城市规划区内的建设工程的选址和布局必须符合城市规划。设计任务书报请批准时,必须附有城市规划行政主管部门的选址意见书。

城市规划行政主管部门有权对城市规划区内的建设工程是否符合规划要求进行检查。被检查者应当如实提供情况和必要的资料,检查者有责任为被检查者保守技术秘密和业务秘密。

城市规划在实施中长期存在两个主要问题,一是规划的不稳定不确定性,"规划规划赶不上变化"。特别是在加快实施城乡发展战略的新形势下,对城市规划难以完整实施。二是对城市修复和扩建,存在"喜新厌旧"的情况。对旧城市(老城市)的非物质遗产缺少保护措施。我们建议待有朝一日把城市规划与乡村城镇规划结合起来,统一为城乡发展与保护规划。

(四) 违反我国《城市规划法》的法律责任

违反我国《城市规划法》应承担法律责任的情况,有以下一些规定:

(1) 未取得建设用地规划许可证而取得建设用地批准文件、占用土地的,批准文件无效,占用的土地由县级以上人民政府责令退回。

(2) 未取得建设工程规划许可证件或者违反建设工程规划许可证件的规定进行建设,严重影响城市规划的,由县级以上地方人民政府城市规划行政主管部门责令停止建设,限期拆除或者没收违法建筑物、构筑物或者其他设施;影响城市规划,尚可采取改正措施的,由县级以上地方人民政府城市行政主管部门责令限期改正,并处罚款。

对未取得建设工程规划许可证件或者违反建设工程规划许可证件的规定进行建设的单位的有关责任人员,可以由其所在单位或者上级主管机关给予行政处分。

当事人对行政处罚决定不服的,可以自知道该行政处罚之日起或自接到处罚通知之日起60日内,向作出处罚决定的机关的上一级机关申请复议[①];对复议决定不服的,可以在接到复议决定之日起限期内向人民法院起诉。当事人也可以在接到处罚通知之日起限期内,直接向人民法院提起行政诉讼。当事人逾期不申请复议,也不向人民法院起诉,又不履行处罚决定的,由作出处罚决定的机关申请法院强制执行。

(3) 城市规划行政主管部门工作人员玩忽职守、滥用职权、徇私舞弊的,给予行政处分,构成犯罪的,依照刑法有关规定追究刑事责任。

二、区域经济开发法

区域经济发展之所以与城市规划法列在一章,是因为区域经济与城市经济息息相关。

区域经济开发或称区域开发,是我国改革开放处在第三阶段的重要战略任务。在我国早年举办经济特区的同时,邓小平确立了我国的开发分三个层次,一是沿海地区;二是内陆地区;三是边疆地区。这三个层次的前后开发实施标志着我国整个疆域的复兴与变革。在我国"九五"、"十五"规划中,对这个疆域的开发就已经有了规定。在党的十六届三中全会以后,我国在西部开发的基础上,从2004年起又先后出现了东北的振兴(包括辽宁、吉林、黑龙江)、中部的崛起(包括湖北、湖南、安徽、河南等)、东部的跨越(包括江苏、浙江、福建等)以及渤海湾(京津塘以及渤海湾)的开发。其中,西部开发战略的实施具有最重要的意义。

区域开发法制先行这是国际的惯例。美国、日本、澳大利亚、德国等都是如此。在我国西部开发中,十届全国人大常务委员会的立法规划已把起草制定《西部开发促进法》列入其中。国务院西部开发办受国务院和全国人大的委托,组织进行了《西部开发促进条例》的起草工作。其中政府将制定两部生态补偿法。针对中央五大区域开发战略发展的格局,如何通过法制建设保障区域协调发展,以及推进和谐社会建设已成为经济法的重要课程。

在区域开发中遇到的主要法律问题是:(1) 区域开发的地位和性质以及立法的定位,是宏观调控立法,还是中观性质的立法以及地方性立法等。(2) 如何体现各区域开发的特色,包括经济特色、产业特色、社会文化特色。(3) 如何实行保护型的开发,把环保放在重要地位,实行绿色开发,而绝对不是以牺牲环保为代价的乱开发。(4) 区域开发的主管部门、监督部门的权限与责任。(5) 区域开发的资金来源和投

---

① 参见《中华人民共和国行政复议法》第9条之规定。

放,中央政府、民间、地方政府自身的投资保护等。(6)如何充分发挥各个层面开发区的功能作用。

如何按照经济法的基本精神,"协调"与"干预"我国各区域开发中存在的一些制度障碍和发展的难题,建立适应经济一体化与多元化的法律平台,服务于区域经济社会的持续快速健康协调发展。例如,协调区域经济开发中的资金来源和互动,干预区域融资投资体制的分割与分立。协调区域发展,统筹规划产业结构,干预地方保护主义政策的围墙以及产业结构的趋同,基础设施建设,区域环境污染等。协调统一市场的形成和资源的合理开发与配置,干预地方本位主义和地方保护主义的影响。对外求同存异,对内分工协作,形成分工合作联动发展,建立适应经济一体化与多样化的法制平台与服务窗口,促进国民经济协调、快速发展和优势互补。[①]

三、海洋探索和开发保护的法律

(一)海洋法的基本概念及我国海洋的状况

海洋是指由海洋主体——海水、水体或水系、海洋生物、邻近海面上空的大气和围绕海洋的海岸及海底等部分,分组而组成的统一体。通常所说海洋,是指地球表面被陆地分隔为彼此相通的广大水域。其总面积为3.6亿平方公里,约占地球表面积的71%。一般海洋中心部分叫"洋",边缘部分叫"海"。世界海洋分为太平洋、大西洋、印度洋和北冰洋。我国黄海、渤海、东海和南海这四大领海,均属于洋边或内陆之海。

海洋法是指有关海洋权益方面的制度和规则的总称。包括诸如领海、毗连区、专属经济区、大陆架、公海或国际海域以及海洋资源的开采和保护、海洋航行安全、海洋科学研究等制度和规则。或者说,海洋法是维护国家海洋资源开发秩序和海洋生态环境体系以及海洋权益的法律规范的总称。

海洋是生物的起源地,是人类繁殖和生存发展的空间。随着经济全球化和科学技术的现代化,21世纪又称海洋世纪,是人类发展相关的"四大"舞台(政治、经济、文化与社会)和"四大"空间(陆地、天空、地下和海洋),以及三大生态体系(海洋、森林和湿地)之一,其重要性已上升为国家战略。

我国濒临西、北太平洋,拥有1.8万多公里的大陆海岸线,面积在500平方米以上的岛屿有6500多个,主张管辖的海峡面积约300万平方公里,其中内水和领域面积达38万平方公里,同时我国在国际海底区域还获得了7.5万平方公里专属勘探开发区。

(二)我国海洋经济开发区及其进展状况

就经济方面来说,海洋给人类提供了丰富的海底矿产资源和海鲜食物(海底养殖、海洋养殖)、生物医药等物质,给人类带来了幸福的资源,但另一方面也的确由于

---

① 刘隆亨:《我国区域开发的沿革、基本理论和立法定位研究》,载《北京政法职业学院学报》2005年第4期。

海洋灾害(如风暴潮和赤潮以及海啸)给人类带来了灾难。加强对海洋"神秘"的探索,保护海洋生态,促进沿海区域开发和协调发展,促进海洋产业规模化与集团化、科学化,标志着我国将进入海洋经济的新时代。

我国的海洋开发已经开始崛起。在辽宁沿海经济带、天津滨海新区、江苏沿海地区、广西北部湾、福建海峡两岸的海洋开发的基础上,我国又不断扩大了山东、浙江、广东等海洋经济发展的国家级试点。并且在"十二五"规划纲要中确定了今后五年海洋事业发展的方向和目标,指出坚持陆海统筹制定和实施海洋发展战略,优化海洋产业结构,提高海洋开发控制综合管理能力,特别强调海洋开发科学考察和海洋高新技术产业发展。

(三) 完善涉及海洋的法规和政策,促进海洋经济的科学开发,保护我国海洋权益

按照开发利用海洋的五原则,即坚持规划用海原则、坚持集约用海原则、坚持生态用海原则、坚持科技用海原则、坚持依法用海原则,以实现海洋开发利用保护和谐发展,为此,需要制定和完善我国海洋、石油、运输、渔业、海滨旅游的基础设置和管理办法,海洋或海底工程作业管理办法,海洋高新技术研制和产业化管理办法,完善海事法庭和海事仲裁制度及时公正处理海洋事故,完善支持海洋开发的财政税收金融政策体系。尤其针对海岸带(即海水对陆地作用的地带)开发利用不合理导致环境退化加剧,制定海岸带保护法十分紧迫。按照主权原则和国际惯例参与国际海洋公约,特别要重视对来之不易的我国已拥有的国际海区开发权的开发和保护,真正实现"走向深海大洋处探明深海大洋下面的海洋神秘世界"。

第三节 铁路法、公路法、邮政法、航空法

一、铁路法

铁路是国民经济的大动脉,是发展生产,保证供给的纽带,在我国经济建设中占有重要地位,与此同时,铁路法也是我国经济法体系的重要组成部分。所谓铁路法,就是调整铁路建设、运输营业和安全保护过程中发生的经济关系的法律规范的总称。1978年以后,我国制定了大量的铁路法规、规章,但都不能满足需要。1990年9月7日第七届全国人民代表大会常务委员会第十五次会议通过的《中华人民共和国铁路法》(以下简称《铁路法》)是我国第一部铁路大法,它对于保障铁路运输和铁路建设顺利进行,调节铁路与国民经济其他各部门之间的关系,无疑具有重要意义。

根据我国《铁路法》的规定,我国对铁路的管理有以下原则:(1) 国务院铁路主管部门主管全国铁路工作,对国家铁路实行高度集中、统一指挥的运输管理体制,对地方铁路、专用铁路和铁路专用线进行指导、协调、监督和帮助,支持地方铁路的发展。(2) 铁路运输企业必须坚持社会主义经营方向和为人民服务的宗旨,提高服务质量。(3) 公民有爱护铁路设施的义务。禁止任何人破坏铁路设施,扰乱铁路运输的正常秩序。(4) 铁路沿线各级地方人民政府应当协助铁路运输企业保证铁路运输安全畅

通,车站列车秩序良好,铁路设施完好和铁路建设顺利进行。(5)国家鼓励铁路科学技术研究,提高铁路科学技术水平。

我国《铁路法》共6章74条,主要对铁路运输营业、铁路建设和铁路安全与保护等方面作出了规定。

(1)关于铁路运输营业。铁路运输企业应当保证旅客和货物运输的安全,做到列车正点到达。法律明确规定,铁路运输合同是明确铁路运输企业与旅客、托运人之间权利义务关系的协议。合同的形式包括旅客车票、行李票、包裹票和货物运单。铁路应按合同约定,在规定期限内,将旅客或货物运至目的地,并应负责安全与保存工作,造成人身伤亡或货物损失的,应当承担责任,旅客和托运人则应按规定如实申报,并支付报酬和有关费用,发生铁路运输合同争议时,应当通过调解、仲裁或诉讼程序解决。

(2)关于铁路建设。建设铁路应有规划。铁路发展规划应当根据国民经济和社会发展以及国防建设的需要制定,并与其他方式的交通运输发展规划相协调。地方铁路、专用铁路、铁路专用线的建设计划必须符合全国铁路发展规划,并征得国务院铁路主管部门或者国务院铁路主管部门授权机构的同意。城市铁路建设应纳入城市总体规划,铁路建设应符合国家规定的各项规定标准和指标。

(3)关于铁路安全与保护。铁路的安全与保护工作十分复杂,法律规定铁路公安机关和地方公安机关、电力主管部门、当地人民政府、武装警察部队共同对之负责,建设各种保护措施和标志,维护铁路正常营运,旅客不得携带危险品和违禁品上车。

发展高速铁路与重视安全尤其重要。高速铁路的发展是铁路现代化的重要方向,我国的高速铁路研制起于1999年,并于2002年在秦沈客运线试车成功,时速300公里,被称为"中华之星"。之后,由于人为的原因,盲目提速,2011年7月23日甬温线特别重大铁路交通事故(又称动车追尾特大事故)的教训值得我们永远记住。新建高铁运营初期应适当降速,以时速300公里为宜。

(4)关于法律责任。铁路法除了规定违反铁路运输合同应承担的责任外,还着意规定了危害、破坏铁路运输设施、货物和正常秩序的犯罪行为应负的刑事责任,具体参照刑法有关条文。

二、公路法

公路法是调整从事公路的规划、建设、养护、经营、使用和管理所发生的经济关系的法律规范的总称。公路法所称的公路,包括公路桥梁、公路隧道和公路渡口。为了加强公路的建设和管理,促进公路事业的发展,适应社会主义现代化建设和人民生活的需要,1997年7月3日第八届全国人大常委会第二十六次会议通过了《中华人民共和国公路法》(以下简称《公路法》),1999年10月31日第九届全国人大常委会第十二次会议对该法进行了第一次修改,2004年8月28日第十届全国人大常委会第十一次会议对该法进行了第二次修改。修订后的《公路法》共9章87条,包括总则、公路规划、公路建设、公路养护、路政管理、收费公路、监督检查、法律责任和附则。

我国公路的发展应当遵循全面规划、合理布局、确保质量、保障畅通、保护环境、建设改造与养护并重的原则。各级人民政府应当采取有力措施,扶持、促进公路建设。公路建设应当纳入国民经济和社会发展计划。同时,国家鼓励、引导国内外经济组织依法投资建设、经营公路。国务院交通主管部门主管全国公路工作。县级以上地方人民政府交通主管部门主管本行政区域内的公路工作;但是,县级以上地方人民政府交通主管部门对国道、省道的管理、监督职责,由省、自治区、直辖市人民政府确定。乡、民族乡、镇人民政府负责本行政区域内的乡道的建设和养护工作。县级以上地方人民政府交通主管部门可以决定由公路管理机构依照公路法规定行使公路行政管理职责。

我国公路按其在公路网中的地位分为国道、省道、县道和乡道,并按技术等级分为高速公路、一级公路、二级公路、三级公路和四级公路。公路受国家保护,任何单位和个人不得破坏、损坏或者非法占用公路、公路用地及公路附属设施。任何单位和个人都有爱护公路、公路用地及公路附属设施的义务,有权检举和控告破坏、损坏公路、公路用地、公路附属设施和影响公路安全的行为。禁止任何单位和个人在公路上非法设卡、收费、罚款和拦截车辆。

三、邮政法

邮政法是指国家对邮政事务的管理,邮政企业及其机构的组织,邮政业务活动的原则范围和资费,以及邮件的寄递、运输方式和损失补偿与罚则的法律规范的总称。邮政法的调整对象是邮政部门同有关部门之间,特别是邮政部门同用户之间在管理、服务和使用邮政业务过程中发生的行政的、经济的各种社会关系。根据宪法有关规定,1986年12月2日第六届全国人大常委会第十八次会议通过了《中华人民共和国邮政法》(以下简称《邮政法》),2009年4月24日第十一届全国人大常委会第八次会议对该法进行了修订。这是我国邮政业的基本大法,较好地体现了宪法中公民有通信自由和通信秘密权的规定和邮政事业为人民服务的宗旨。

我国修改后的《邮政法》共9章87条,它是在新形势下对我国《邮政法》的比较全面的修订,强调了保障邮政普遍服务,加强对邮政市场的监督管理,维护邮政通信与信息安全,保护通信自由和通信秘密,保护用户合法权益,促进邮政业健康发展,以适应经济社会发展和人民生活的需要。所谓邮政普遍服务,是指按照国家规定的业务范围、服务标准和资费标准,为我国境内所有用户持续提供的邮政服务。强调了公民的通信自由和通信秘密受法律保护的重要原则。除法律另有规定外,任何组织或者个人不得检查、扣留邮件、汇款。进一步明确了国务院邮政主管部门和省级邮政管理机构,分别负责全国的邮政普遍服务、邮政市场的监管工作,以及负责本行政区域的邮政普遍服务、邮政市场的监管工作。强调遵循公开、公平、公正以及鼓励竞争的原则,促进邮政事业的发展,确保邮政通信与信息安全。修订后的《邮政法》还对邮政设施、邮政服务、邮政资费、损失赔偿、快递业务、监督检查、法律责任、附则作了专章的规定。

四、航空法

航空法是关于规定国家领空主权、空中飞行和空中运输的法律和法规的总称。主要包括领空制度,货物、旅客和邮件等空运规则,以及管理体制,承运人的责任范围等。多年来,国家在民航运输方面已颁布了多项法规、规章。其中 1985 年和 1986 年国务院接连发布了《关于开办民用航空企业审批权的暂行规定》、《关于通用航空管理的暂行规定》和《民用机场管理暂行规定》三个文件。1995 年 10 月 30 日,第八届全国人大常委会第十六次会议通过了《中华人民共和国民用航空法》(以下简称《民用航空法》),于 1996 年 3 月 1 日起施行。

我国《民用航空法》共分 16 章 187 条,是一部航空大法。它的颁布,对于维护国家的领空主权和民用航空权利,保障民用航空活动安全和有序进行,保护民用航空活动当事人各方的合法权益,促进民用航空事业的发展,具有重大作用。它集中体现了两条原则:一是国家主权原则,二是统一管理原则。国务院民用航空主管部门对全国民用航空活动实施统一监督管理,发布规定和进行授权。

(1) 对民用航空器的管理。民用航空器,是指除用于执行军事、海关、警察飞行任务外的航空器。经国务院民用航空主管部门依法进行国籍登记的民用航空器具有中国国籍,法律还规定了民用航空器的所有权和抵押权、优先权和租赁权。民用航空器应该适航。

(2) 航空人员和民用机场。航空人员应接受专门训练,领取专门执照,机组人员实行机长负责制。民用机场的建设规划和布局应该按照国家规定进行,依法进行管理,民用机场开放应持有使用许可证。

(3) 航空运输的管理规定。国家对空域实行统一管理。民用航空器飞行,应取得空中交通管制单位的许可,取得必备文件,并应遵守统一的飞行规则。

进行公共航空运输,由公共航空运输企业进行。公共航空运输企业是依法成立的公司法人。它根据航空运输合同将旅客、货物运至约定地点,客票、行李票和货物托运单是运输合同订立和运输合同条件的初步证据。法律还详细规定了承运人和实际承运人的权利义务。

(4) 关于通用航空的管理。从事经营性通用航空限于企业法人,从事非经营性通用航空的,应向国务院民用航空管理部门办理登记。进行通用航空,应符合法定的条件。

(5) 搜寻援助和事故调查。搜寻援助由搜寻救助协调中心、海上搜寻救助组织或当地人民政府负责进行。民用航空器事故调查的组织和程序由国务院规定。

(6) 对地面第三人损害的赔偿责任。因飞行中的民用航空器或者从飞行中的民用航空器上落下的人或者物,造成地面上的人身伤亡或者财产损害的,受害人有权获得赔偿。

(7) 航空涉外关系的法律适用。我国缔结或者参加的国际条约同《民用航空法》有不同规定的,适用国际条约的规定;但是,我国声明保留的条款除外。法律和国际条约没有规定的,可以适用国际惯例。涉外航空关系适用不同的法律选择规则。

(8) 法律责任。破坏、扰乱航空设备、航空器和航空秩序,危害航空安全的,依法追究刑事和行政责任。

此外,我国《民用航空法》还对外国民用航空器作出了特别规定。

我们在研究上述这些有关的法律时,还应当注意到城市交通法,以解决城市交通问题。如北京这种特大的城市,可以制定北京城市交通条例或全国城市交通法,以解决北京城市长期以来形成的交通拥堵问题,使城市交通达到高效、节能、安全的要求。

第四节 建 筑 法

一、建筑活动与建筑法

建筑活动,是指各类房屋建筑及其附属设施的建造和与其配套的线路、管道、设备的安装活动。建筑活动应当确保建筑工程质量和安全,符合国家的建筑工程安全标准。从事建筑活动应当遵守法律、法规,不得损害社会公共利益和他人的合法权益。任何单位和个人都不得妨碍和阻挠依法进行的建筑活动。

多年来由于市场不规范,建筑业中普遍存在以次充好、偷工减料的现象,造成了很坏的影响,不利于整个建筑业健康有序的发展。为了加强对建筑活动的监督管理,维护建筑市场秩序,保证建筑工程的质量和安全,促进建筑业健康发展,第八届全国人大常委会第二十八次会议于1997年11月1日通过了《中华人民共和国建筑法》(简称《建筑法》),2011年4月22日第十一届全国人大常委会第二十次会议对该法进行了修改。修改后的《建筑法》共分8章85条,包括总则、建筑许可、建筑工程发包与承包、建筑工程监理、建筑安全生产管理、建筑工程质量管理、法律责任和附则。

二、建筑许可制度

(一) 建筑工程施工许可

建筑工程施工许可是指建筑工程开工前,建设单位应按照国家有关规定向工程所在地县级以上人民政府建设行政主管部门申请领取施工许可证;但是,国务院建设行政主管部门确定的限额以下的小型工程除外。

(二) 申请领取施工许可证应当具备的条件

(1) 已经办理该建筑工程用地批准手续;(2) 在城市规划区的建筑工程,已经取得规划许可证;(3) 需要拆迁的,其拆迁进度符合施工要求;(4) 已经确定建筑施工企业;(5) 有满足施工需要的施工图纸及技术资料;(6) 有保证工程质量和安全的具体措施;(7) 建设资金已经落实;(8) 法律、行政法规规定的其他条件。

(三) 从业资格和资质等级

从事建筑活动的建筑施工企业、勘察单位、设计单位和工程监理单位,应当具备下列条件:(1) 有符合国家规定的注册资本;(2) 有与其从事的建筑活动相适应的具有法定执业资格的专业技术人员;(3)有从事相关建筑活动所应有的技术装备;(4)法律、行政法规规定的其他条件。

从事建筑活动的建筑施工企业、勘察单位、设计单位和工程监理单位,按照其拥有的注册资本、专业技术人员、技术装备和已完成的建筑工程业绩等资质条件,分为不同资质等级,经资质审查合格,取得相应等级的资质证书后方可在许可的范围内从事建筑活动。

三、建筑工程发包与承包

建筑工程的发包单位与承包单位应当依法订立书面合同,明确双方的权利和义务,发包单位和承包单位应当全面履行合同约定的义务。建筑工程发包与承包的招标投标活动,应当遵循公开、公正、公平竞争的原则,择优选择承包单位。

(一)发包

建筑工程依法实行招标发包,对不适用于招标发包的可以直接发包。建筑工程实行公开招标的,发包单位应当依照法定程序和方式,发布招标公告,提供载有招标工程的主要技术要求、主要的合同条款、评标的标准和方法以及开标、评标、定标的程序等内容的招标文件。

(二)承包

承包建筑工程的单位应当持有相应的资质证书。大型建筑工程或者结构复杂的建筑工程可以由两个以上的承包单位共同承包。承包单位不得将其承包的全部建筑工程转包给他人,不得将全部建筑工程肢解以后以分包的名义分别转包给他人。

四、建筑工程监理

国家推行建筑工程监理制度。建筑工程监理应当依照法律、行政法规及有关的技术标准、设计文件和建筑工程承包合同,对承包单位在施工质量、建设工期和建设资金使用等方面,代表建设单位实施监督。工程监理人员认为工程施工不符合工程设计要求、施工技术标准和合同约定的,有权要求建筑施工企业改正。

五、建筑安全生产管理

建筑工程设计应当符合国家制定的相应安全规范,保证工程的安全性能。建筑单位对毗邻的建筑物、构筑物和施工现场的地下管线,应当加以保护。建筑施工企业应当遵守有关环境保护和安全生产的法律、法规的规定,采取控制和处理施工现场的各种粉尘、废气、废水、固体废物以及噪声、振动对环境的污染和危害的措施。

六、建筑工程质量管理

(1)国家对从事建筑活动的单位推行质量体系认证制度。从事建筑活动的单位可自愿向国务院产品质量监督管理部门或者国务院产品质量监督管理部门授权的部门认可的认证机构申请质量体系认证。经认证合格的,由认证机构颁发质量体系认证证书。

（2）建设单位不得要求设计单位或者建筑企业在设计或者施工作业中，违反法律、法规和建筑工程质量、安全标准，降低工程质量。建筑施工企业对工程的施工质量负责，不得偷工减料，不得擅自修改工程设计。

（3）交付竣工验收的建筑工程，必须符合规定的建筑工程质量标准，并具备国家规定的其他竣工条件。

（4）建筑工程竣工经验收合格后，方可交付使用；未经验收或者验收不合格的，不得交付使用。

（5）建筑工程实行质量保修制度。建筑工程的保修范围应当包括地基基础工程、主体结构工程、屋面防水工程等。最低保修期限由国务院规定。

七、法律责任

（一）构成行政责任并予以处罚的行为

构成行政责任并予以处罚的行为主要有以下几种：

（1）违反规定未取得施工许可证或者开工报告未经批准擅自施工的责令改正，对不符合开工条件的责令停止施工，可以处以罚款。

（2）发包单位将工程发包给不具有资质条件的承包单位的，责令改正，处以罚款。超越本单位资质等级承揽工程的，责令停止违法行为，处以罚款，可以责令停业整顿，降低资质等级；情节严重的，吊销资质证书；有违法所得的，予以没收。未取得资质证书承揽工程的，予以取缔，并处罚款；有违法所得的，予以没收。

（3）承包单位将承包的工程转包的，或者违反《建筑法》的规定进行分包的，责令改正，没收违法所得，并处罚款，可以责令停业整顿，降低资质等级；情节严重的，吊销资质证书。

工程监理单位转让监理业务的责令改正，没收违法所得，可以责令停业整顿，降低资质等级；情节严重的，吊销资质证书。

（二）构成民事或经济责任并予以赔偿的行为

（1）承包单位有将承包的工程转包的或者进行分包的违法行为的，对因转包工程或者违法分包的工程不符合规定的质量标准造成的损失，与接受转包或者分包的单位承担连带赔偿责任。

（2）建筑施工企业在施工中偷工减料的，使用不合格的建筑材料、建筑构配件和设备的，或者有其他不按照工程设计图纸或者施工技术标准施工的行为的，责令改正，处以罚款；情节严重的，责令停业整顿，降低资质等级或者吊销资质证书；造成建筑工程质量不符合规定的质量标准的，负责返工、修理，并赔偿因此造成的损失；构成犯罪的，依法追究刑事责任。

（3）建筑施工企业违反法律规定，不履行保修义务或者拖延履行保修义务的，责令改正，可以处以罚款，并对在保修期内因屋顶、墙面渗漏、开裂等质量缺陷造成的损失，承担赔偿责任。

（4）在建筑物的合理使用寿命内,因建筑工程质量不合格受到损害的,有权向责任者要求赔偿。

（5）建筑施工企业转让、出借资质证书或者以其他方式允许他人以本企业的名义承揽工程的,责令改正,没收违法所得,并处罚款,可以责令停业整顿,降低资质等级;情节严重的,吊销资质证书。对因该项承揽工程不符合规定的质量标准造成的损失,建筑施工企业与使用本企业名义的单位或者个人承担连带赔偿责任。

（三）构成犯罪依法追究刑事责任的行为

（1）以欺骗手段取得资质证书的,吊销资质证书,并处罚款;构成犯罪的,依法追究刑事责任。

（2）违反《建筑法》规定,涉及建筑主体或者承重结构变动的装修工程擅自施工的,责令改正,处以罚款;构成犯罪的,依法追究刑事责任。

（3）建设单位要求建筑设计单位或者建筑施工企业违反建筑工程质量、安全标准、降低工程质量的,责令改正,可以处以罚款;构成犯罪的,依法追究刑事责任。

（4）建筑设计单位不按照建筑工程质量、安全标准进行设计的,责令改正,处以罚款;造成工程质量事故的,责令停业整顿,降低资质等级或者吊销资质证书,没收违法所得,并处罚款;构成犯罪的,依法追究刑事责任。

（5）工程监理单位与建设单位或者建筑施工企业串通,弄虚作假、降低工程质量的,责令改正,处以罚款,降低资质等级或者吊销资质证书;有违法所得的,予以没收;造成损失的,承担连带赔偿责任;构成犯罪的,依法追究刑事责任。

（6）在工程发包与承包中索贿、受贿、行贿,构成犯罪的,依法追究刑事责任;不构成犯罪的,分别处以罚款,没收贿赂的财物,对直接负责的主管人员和其他直接责任人员给予处分。

（7）建筑施工企业违反本法规定,对建筑安全事故隐患不采取措施予以消除的,责令改正,可以处以罚款;情节严重的,责令停业整顿,降低资质等级或者吊销资质证书;构成犯罪的,依法追究刑事责任。建筑施工企业的管理人员违章指挥、强令职工冒险作业,因而发生重大伤亡事故或者造成其他严重后果的,依法追究刑事责任。

（四）政府及其所属部门工作人员的法律责任

违反法律规定,对不具备相应资质等级条件的单位颁发该等级资质证书的,由其上级机关责令收回所发的资质证书,对直接负责的主管人员和其他直接责任人员给予行政处分;构成犯罪的,依法追究刑事责任。

政府及其所属部门的工作人员违反本法规定,限定发包单位将招标发包的工程发包给指定的承包单位的,由上级机关责令改正;构成犯罪的,依法追究刑事责任。

负责颁发建筑工程施工许可证的部门及其工作人员对不符合施工条件的建筑工程颁发施工许可证的,负责工程质量监督检查或者竣工验收的部门及其工作人员对不合格的建筑工程出具质量合格文件或者按合格工程验收的,由上级机关责令改正,对责任人员给予行政处分;构成犯罪的,依法追究刑事责任;造成损失的,由该部门承担相应的赔偿责任。

任何单位和个人对建筑工程的质量事故、质量缺陷都有权向建设行政主管部门或者其他有关部门进行检举、控告、投诉。

总之,我国修订后的《建筑法》,针对建筑市场的规律和实际情况,从实体法、程序法、法律责任等方面都作了更为严格、严密、严厉的规定。

第二十四章　财税调控法

财税法和银行金融法不仅是经济分配的两种重要形式,而且也是宏观调控和经济监督的重要手段和指标,内容很多,但由于作者在这方面分别出版了两套教材,因此,这里只是重点扼要地写了税法与行政收费法、国债法和外债管理制度、预算法、政府采购法、税法以及财政转移支付制度等必不可少的内容。

第一节　税法与行政收费法

一、我国税法概述

我国的税收制度经过 1984 年的国有企业利改税,经过 1994 年的分税制改革和目前正在进行的新一轮税制改革或者叫做深化税制改革,到 2005 年上半年为止,我国现行的税收法律主要有:个人所得税法、企业所得税法、车船税法以及税收征管法,其他还有和税种相适应的国务院行政法规和财政部、国家税务总局的行政规章。按征税对象的不同,我国现行的税种可以分为四大类,一是流转税(商品税),包括增值税、营业税、消费税、关税、证券交易税、出口退税。二是所得税类,包括个人所得税、企业所得税。三是财产税类,包括资源税、印花税、土地税(土地增值税、农村耕地占用税)、房产税、契税。四是目的行为税类,包括城市建筑税。在我国主要的是流转税类和所得税类,财产税很重要,但占的比例还不大。

近五年来我国税收收入的状况是:2006 年全国税收总收入(不含船舶吨税、耕地占用税和契税,以下同)为 36821.9 亿元,占当年财政总收入的 93.7%。2007 年全国税收总收入为 49851.8 亿元,占当年财政总收入的 97.2%。2008 年全国税收总收入为 57861.8 亿元,占当年财政总收入的 95.6%。2009 年全国税收总收入为 63103.6 亿元,占当年财政总收入的 92.3%。2010 年全国税收总收入为 77390.0 亿元,占当年财政总收入的 93.1%。

根据党的十六届三中全会的决定,遵照"减税制、宽税基、低税率、严征管"的原则和分步进行改革的方针,对现行的税种有的要转型,有的要扩大,有些要合并,有的要修订,有的要新设,有的要取消。预计 2012 年或稍长一点时间,我国的税制结构和税收立法将会出现一个更加合理和比较完善的状况。

二、行政收费制度

在我国的财政收入和财政调控中,税收收入和税收调控是主要的,占有主要的地位。但同时各类行政性的收费,也占我国财政收入一定的比例。在经过对乱收费的不断治理之后,对合理的收费要走向规范化,需要制定《中华人民共和国行政管理条例》或《中华人民共和国行政管理法》。至于我国行政收费制度更多的情况是同我国的预算外资金的收入与管理相关,对此请参看《预算外资金管理条例》和刘隆亨所写的《依法治费,完善税制》一文(载《群言》1999 年第 4 期)。

第二节 国债法和外债管理制度

国债和外债是国家取得财政收入的两种形式,不过是一种借贷形式,在实行市场经济的国家如果用好了这两种形式,对完善财政的综合平衡以及发挥财政的积极功能是有好处的。

一、国债的概念、特征、种类以及形成与发展

(一) 国债的概念和特征

1. 国债的概念

国债,又称"金边债券",就是以国家财政为债务人以国家财政承担还本付息为前提条件,通过借款或发行有价证券等方式向社会筹集资金的信用行为。在我国,国债是国家为筹集财政收入,以中央政府为债务人利用国家形式所举借的债务。

2. 国债的特征

国债是随着国家职能的发展变化而出现的一种特殊的财政范畴,它具有以下一般特征:

(1)国债是一种财政收入,是信用商品。(2)国债认购具有自愿性。(3)国债是特殊的财政活动。国债具有弥补财政赤字、筹集建设资金和调节经济的功能。

现代国债还具有以下特征:第一,国债的安全性。这是指国债投资者到期能收回本息的可能程度。这种可能性也反映了国债的信誉,又称债信。国债是由国家承担偿还义务的,除非常情况,国家、政府是不会赖账的。第二,国债的收益性。这是指国债到期能收回的本息和大于原国债投资的特征。我国国债利息率一般是比照同期银行储蓄存款利率高出 1—2 个百分点来确定的(仅有 2002 年第二批一期凭证式国债利息率低于同年储蓄利率),国债的收益率明显高于同期银行储蓄存款利率。第三,国债的流动性。这是指国债的流通转让,包括国债市场的发育和管理。

国债负担由五个要素组成:(1)国债负担最初表现为国债认购者收入使用权的让渡和转移。(2)作为债务人的国家负担国债本息的偿还。(3)国债负担最终由纳税人承担。(4)国债负担在各代纳税人之间转移。(5)国债具有限度。国债的限度是指国家债务规模的最高额度。确定国债的限度,可以防止国债负担过重,避免发生债务危机。

(二) 国债的种类

根据偿还期限的不同可将国债分为:长期国债、中期国债和短期国债;根据国债利率在偿还期内是否变化,可将国债分为固定利率国债和浮动利率国债;根据资金使用范围不同,可分为定向国债、特别国债和专项国债。从债券形式来看,我国发行的国债可分为凭证式国债、无记名(实物)国债和记账式国债三种。另外还有强制国债和任意国债、普通国债和有奖国债、上市国债和非上市国债。

(三) 我国国债市场的形成与发展

1. 新中国成立初期发行公债,1981 年恢复发行国库券

新中国成立后,为医治战争的创伤和解决财政赤字的问题,1950 年发行了"人民胜利折实公债"。1953 年,我国开始实行国民经济发展的第一个五年计划,为解决建设资金之需,在 1954 年至 1958 年间,每年发行了一期"国家经济建设公债",这五年共发行国债 35.44 亿元,相当于同期国家预算法经济建设支出总数 862.24 亿元的 4.11%。发行公债,为恢复经济、发展生产,建设社会主义国家提供了物质基础。1958 年由于历史原因中央政府停止了国债发行工作。

1978 年 12 月,党的十一届三中全会确定以经济建设为中心,党和政府的工作重心转向经济建设。1981 年国务院颁布了《中华人民共和国国库券条例》,恢复了国债发行工作,但是我国国债发行规模较小,在 1981—1987 年间,国债的年均发行规模仅为 59.5 亿元,发行日期也集中在每年的 1 月 1 日。这期间,尚不存在国债的一级市场和二级市场,国债发行采取行政摊派的形式,面向国营单位和个人且发行券种单一。截至 1993 年国债发行规模不超过 400 亿元。20 世纪 80 年代我国经济体制还处于计划经济的管理模式之下,金融市场还没有建立,更谈不上国债的市场化发行,当时城乡居民金融投资意识淡薄,金融机构资产运作范围狭窄,国债投资尚未进入家庭、企事业理财范围,国债发行相当困难。

2. 1988 年我国开放国库券转让市场

1988—1993 年间,国债市场得到了较快的发展,年均发行规模扩大到 284 亿元,并增设了国家建设债券、财政债券、特种国债、保值公债等新品种。1988 年是国债市场发展史上的一个重要转折点,国家分两批允许在 61 个城市进行国债流通转让的试点,使国债二级市场初步形成,这也是最早的国债场外交易。1990 年底,随着上海、深圳交易所的相继成立,国债也开始在交易所交易,有了国债的场内交易市场。1991 年,我国进行了国债发行的承购包销试点,将当年的 1/4 的国债由 70 家证券中介机构承销,标志着国债发行市场的初步建立。

3. 1993 年起标志着我国国债发行市场与交易市场的形成

1992 年 10 月党的十四大确立了我国经济体制改革目标是社会主义市场经济体制之后,从 1993 年起实行建设社会主义市场经济体制的框架,国债市场构成我国融资市场的一部分。1993 年,中共中央十四届三中全会通过了《关于建立社会主义市场经济体制若干问题的决定》,其中明确规定"中央财政赤字不再向银行透支,而靠发行长短期国债解决"。在这一年发生了一系列新的富有意义的变化,首先是财政部、中国人民银行和证监会联合颁布了《中华人民共和国国债一级自营商管理办法》,建立了国际上通行的国债一级自营商制度,为以后的发行市场化奠定了组织上的基础。1994 年,财政部首次发行了半年和一年的短期国债,并开始发行凭证式国债,我国从单一型(无记名国债)转向多样性(记账式、凭证式国债),特别是凭证式国债已成为

目前我国国债市场的主力品。1996年8月20日记账式(五期)国债的发行采取了同时面向银行间国债市场和交易所国债市场投资者发行的方式,取得了巨大的成功,本次国债发行是首次同时面向银行间国债市场和交易所国债市场发行,是管理层从国债发行开始探讨发行市场的一体化进程,体现了国债市场未来的发展方向。自1998年下半年施行积极的财政政策到2004年上半年,我国共发行国债1万亿元左右人民币。2002年4月,中国人民银行颁布了《商业银行柜台记账式国债交易管理办法》。新发行的2002年记账式(二期)国债利率首次低于银行存款收益,这将成为国债发行市场的历史转折点,更是利率市场化的一个信号。

国债市场是指以国债交易为对象而形成的供求关系总和,是整个债券市场不可分割的一个部分,包括国债的发行市场与国债的交易市场。由此,可以说有中国特色的国债市场已经初步建立起来。经过几年的努力,初步形成了以一级自营商及商业银行和政权机构为主体,以国债服务部、其他金融机构投资人为基础的市场中介体系,建立了以一级自营商为主体的承销组织,并通过银行和证券中介机构的柜台形成全国性的分销网络。

二、我国国债市场的现状及法律对策

(一)我国国债市场的现状及存在问题

1. 我国国债市场的现状

(1)从目前国债市场的参与者来看,各种主体所占比重有明显变化。

20世纪80年代,我国国债销售对象主要是企事业单位个人,1990年以前,个人是国债的主要认购主体,比如从1982年到1989年,企事业单位购买国债的比重从55%下降到19.1%,而居民个人持有的国债比重从45%上升到80%。20世纪90年代以来随着我国国债发售方式的改革,我国的国债认购主体结构发生变化,1991年国债的发售实行承购包销方式,使金融机构持有的国债比例达到65%,各种养老保险基金持有比重约为3%;1992年政权机构抢购国债,使其持有国债的比重上升;1994—1996年实行国债发行的承购包销和投标方式,使银行和金融机构持有的国债比例增加;1997—1998年发行的凭证式国债较多,使个人持有的比重上升,1999年大量国债通过银行间债券市场发售,使金融机构持有比重上升,个人持有比重下降。从国债分销环节及其比例,也可以看出我国国债认购主体结构的特征,我国国债批发部分的认购主体为商业银行、证券公司、信托公司等金融机构,而零售部分的认购主体为企事业单位和个人。总之,我国国债的认购主体结构是以居民个人和企事业单位为主,商业银行、证券公司、投资基金相结合。

(2)目前国债市场存在以下三种形式:

第一,银行间国债市场。商业银行、其他金融机构和中央银行是国债市场的重要主体,他们大规模参与国债市场运作,形成了银行间国债市场。我国于1997年6月16日正式开办了以国债为主要交易对象的银行间国债市场,银行间国债市场的参与者主要为国有商业银行、股份制商业银行、城市合作银行、保险公司及中央银行。银行间国债市场自建立以来,得到了迅猛发展,银行间的交易已时常成为国债尤其是记账式国债发行的主要场所。

第二,交易所国债市场。交易所国债市场一直是国债二级市场的主体,是国债交易的主要场所。上海和深圳证券交易所国债市场分别成立于1990年和1991年,他们一直是我国国债市场的重要组成部分,并得到了长足发展。从两个证券交易所国债交易情况看,国债交易总量呈逐年增长之势。

第三,柜台记账国债交易市场。这是财政部通过商业银行柜台向个人投资者发行的一种期限为2—5年的中期利率国债市场。目前,凭证式国债柜台市场的投资者主要是工薪阶层,他们的投资以追求高于银行存款利率的稳定收益为主要目的。

在国债市场中,银行间国债市场、交易所国债市场和凭证式国债柜台市场三者之间,缺乏统一的国债托管清算结算系统,处于相互分割状态。凭证式国债不可上市交易;沪深两个交易所市场内国债可以通过各自的登记公司办理国债转托管;银行间国债市场和交易所证券市场的国债目前还不能自由转托管。

2. 我国国债市场存在的问题

(1) 发行市场规模增长过快。

借用国际上比较通用的衡量国债规模的指标——债务依存度和债务负担率作一些分析。

第一,债务依存度。债务依存度是当年债务收入占财政支出总量比例。我国随国债规模的大幅度提高,财政的债务依存度特别是中央财政的债务依存度影响相当高。1995—1999年中央财政债务依存度已超过了50%,1998年中央财政债务依存度达到74.9%,比1997年的55.8%增加了19.1%个百分点,它标志着政府还债压力增大,财政运行面临的风险提高。

第二,债务负担率。债务负担率是一定时期国债余额占国民生产总值的比例。它不仅揭示一国国民经济的国债负担状况,也反映国债规模与生产总值的相互关系。随着国债规模的扩大,我国财政的债务负担率表现为快速增长的态势:1980年仅为1%,1999年达到10.7%。

(2) 国债品种比较单一,国债利息率结构和期限结构不够合理。

我国发行的国债品种主要有面向机构投资人(如银行、国债一级自营机构)发行的记账式国债,有面向广大个人投资者发行的凭证式国债和无记名式国债,还有向养老保险基金发行的特种定向债券等,与国际上成熟的债券市场相比,我国的国债品种还很单一。从期限结构上看,中国当前的债务结构依然不尽合理,长、中、短期国债没有形成合理的比例,我国近年来国债发行利率逐年降低,政府为筹集长期的低成本资金,以发行7—10年期国债为主,1997年以后很少发行短期国债,这不仅将利率风险转给了中长期国债的主要持有者——国有银行,而且严重影响了中央银行公开市场操作业务的操作空间。

(3) 国债流通市场的流通量,发展相对不平衡。

国债流通市场上的投资者由于各自经营的负债性质不同,经营目的不同,产生了对国债需求的差异性,正是这种差异性,才有了交易需求,才会产生交易行为,现在我国将国债流通市场按照投资者类型分割为几个市场,同一类型、同一需求的投资者在同一市场,实际上抹杀了这种差异性,导致成交清淡。

(4) 国债市场存在三足鼎立、相互分割的局面,其后果不佳。

"三足"是指银行间国债市场、交易所国债市场和凭证柜台交易市场。形成三足鼎立的局面,适应了投资者的需求,可以多方面开展业务,引入竞争机制。缺点是,相互分割,造成三个危害:第一,增加国债筹资成本;第二,加剧国债市场的畸形发展;第三,形成潜在的财政金融危机。

(5) 国债的监督法制尚不到位,力度也不够。

第一,国债的监督缺少统一层次和较高的法律、法规。长期以来,我国国债监督方面仅仅有一些零星的政策、法规。1981年由国务院发布的《中华人民共和国国库券条例》只是国债发行条例,而在国债流通、转让及兑付中只有财政部以通知形式下发的有关国债的行政性规章。如《财政部关于国债券非法交易活动的通知》(财国债字[1990]第29号文)、《财政部关于加强对各地证券、期货业务财务监管的通知》(财国债字[1995]第50号文)等,另外是财政部、中国人民银行、中国证券监督委员会联合或单独下发的有关国债或其他证券方面的规章。目前,在证券市场上最高层次的法属于全国人大常委会1998年12月29日发布的《中华人民共和国证券法》(2005年该法作了修订),但它仅仅是规范除政府债券以外的其他证券的发行和交易行为,并未涉及国债的发行和交易,而在财政部、中国人民银行、中国证券监督委员会单独或联合下发的规章中,涉及国债监督方面的措施、手段也较少,而且相互存在着冲突、重叠之处,在国债市场上尚未有统一的《国债法》来规范它,这一切都是导致国债市场监督机制缺乏统一规范的主要原因之一。

第二,政府监管力度不够,缺乏行业自律性监管。中国证券监督委员会是国务院证券管理机构,它对整个证券市场实行统一管理、监督,却不能明察证券市场的复杂变化,亦不能有效地克服市场所带来的危机。另外,我国国债市场上又缺乏行业自律性监管,目前我国国债自律性组织主要是中国国债协会、中国证券业协会、上海、深圳交易所等,这些自律性组织的监管职能未能很好地发挥出来。加上地方政府在一定程度上的非规范性干预,在多种因素影响下,行业自律性职能不能很好地发挥出来。从目前行业自律性监管情况来看,我国国债自律性组织虽然都订有自制性规则,但缺乏自律性监管,而参与国债市场的机构在业务部门之内,未有自己强有力的监管部门,这一切与美国等一些发达国家以行业自律性监管为主的证券市场形成对比,这也是我国国债市场监管方面存在的不足之处。

(二) 规范我国国债市场的法律对策

(1) 改变我国国债品种和结构单一的格局实行品种多样化和合理的国债结构的法律要求。

我国国债品种与国际上成熟的债券市场相比很单一,事实上,国债作为国家对市场经济的宏观调控手段的作用应当被充分地重视起来,国家应考虑对国债种类多样化以及不同品种的发行方式、市场流通规则作出详细规定。例如,中、长、短期国债,境内和境外的国债,上市和不上市的国债都应当有不同的管理办法。针对当前存在的中长期国债比例较大而短期国债比例较小的情况,为了满足市场和客户的需要,应改变这种国债结构不合理的现象,并从法律上作出相应的规定。

(2) 改变国债市场不协调不统一的状况,实行国债市场的统一立法、协调发展和有序竞争的法律管理。

国债市场出现的银行间国债市场、交易所间国债市场与凭证柜台交易市场并不必然地给国债市场带来危害,相反地,我们应当欢迎这种多方面的业务,以营造竞争环境推动经济的发展。问题在于,这三种国债市场产生后应当怎样去规范?在这种情况下各自立法势必会带来法律规范的重复或相互冲突,因此制定一个统一的《国债法》的必要性就明显地体现出来,应该说,在用统一的法律将这三种国债市场的职能范围、利益分配划分清楚以后,我国国债市场将向着更加健康有序的方向发展。

(3) 对于国债用途的法律规定的问题。

对国债的发行一定要把它的用途和目标规定得很清楚,以便进行检查,防止乱用和盲目使用。发行建设国债是在需求不足的情况下采取的阶段性政策,随着社会投资增长加快,应逐步调减发债规模。为了建立正常的政府投资机制和稳定的资金来源,要逐年适当增加中央预算内经常性建设投资。要调整建设国债的使用方向,集中用于促进经济结构调整和社会全面发展。国债投资要向农村、社会事业、西部开发、东北地区等老工业基地、生态建设和环境保护倾斜。要切实管好用好国债资金,确保国债项目工程质量和资金使用效益。

(4) 关于国债市场管理体制的问题。

应当在有关法律中明确规定,除法律和国务院另有规定外,地方政府不得发行地方政府债券。也就是说,国债的发行权在中央人民政府及国家财政部。国务院及国家财政部可以代行地方政府发行国债或者因特殊情况,须经国务院批准地方政府才能发行一定数额的国债。

三、国债法的基本内容和具体制度

(一) 制定国债法的意义

时至今日,我国国债市场由于缺乏统一的托管、清算结算系统而处于分割状态,由此产生诸多问题,阻碍了国债市场作用的发挥,要充分发挥国债市场的作用,就必须采取措施统一国债市场。目前,国债已成为财政收入的重要来源,作为财政信用,它以国家为后盾,而国家必须通过法律的形式,才能把这种信用制度强制地、稳定地建立起来,只有通过国债法的制定才能增强国债市场的透明度,才能预防和解决国债发行和转让中的矛盾和纠纷,促进国债市场的顺利发展。因此,要形成一个完整、配套的国家信用法律制度就要把 1992 年颁布的《中华人民共和国国库券管理条例》按照新的情况尽快上升为法律,总结经验,明确法律界限,制定国债法。

(二) 国债法制定的基本内容

《国债法》的颁布对国债进行管理和监督,形成完善与配套的国家信用法律制度,加强对国债的监督和管理将起到重要作用。

《国债法》的内容应包括:国债的名称、发行原则、国债发行的对象和范围、国债种类、国债的主管机关、国债发行程序、国债利率和还本付息、发行市场建设和管理、交易市场的建立以及交易机构的规定、国债主管部门和政府机关及其他相关部门的配合关系、违反国债法的处理措施(包括行政处罚、民事赔偿、刑事处罚等)。

国债法的原则包括:(1)法制原则;(2)监管原则;(3)自律原则;(4)规范原则。

(三)制定国债法注意的几个问题

(1)国债法与刑罚相结合,运用刑罚手段将提供虚假信息、造成国债市场波动、开具空头国债、盗取国家信用的机构和个人处以刑罚,维护国债信誉,保护投资者的合法利益。

(2)《国债法》要尽快制定。《国债法》早在1994年就讨论过,财政部在广泛征求意见、进行研讨的基础上,或者首先通过完善国债条例的行政法规,再过渡到起草制定《国债法》。

(3)还可以制定有关国债市场管理的法律法规。

四、我国外债管理制度

(一)外债的概念及外债的状况和管理原则

1. 外债的概念

外债又称国外借贷市场,是相对于一个国家的国内借贷市场而言的。外债,是在特定的时间,居民对非居民承担的具有契约性偿还义务的全部债务。不仅向境外直接贷款算外债,而且包括对外延期付款、国际租赁等调入商品或设备,将来以资金形式偿付的,也属外债范畴。

从偿还的期限上,外债可以分为两类:一类是中长期外债:即偿还期限在1年以上的外债。另一类是短期外债:即偿还期限在1年或1年以下的外债。通常认为,短期外债以不超过外债总额的25%为宜。

现代社会中任何一个国家的发展都离不开对外开放。因而每一个国家几乎都存在两个市场即国内市场和国外市场(又称国际市场)。从国家信用角度来说,经济要发展,金融要先行,国家信用中的国外信用或者说国际信用就必不可少。"借鸡生蛋"成为当代社会各个国家发展国内经济的重要手段。特别是对像我们中国这样地大物博,人口众多而资金短缺的国家,经济要腾飞,早年那种"一无外债,二无内债"的状况应当结束了。

2. 我国外债的状况

自1984年我国开拓外债市场以来,已先后以各种形式向国际金融市场融通资金。从1985年至2011年全国外债余额情况,见下表:

表 24-1　1986—2011 年全国外债余额表　　　（单位：亿美元）

年份	年末余额
1986	215
1988	400.03
1990	525.45
1992	690.89
1994	928.06
1999	1518.3①
2000	1457.3②
2001	1701.1③
2002	1685.38④
2003	1936.34⑤
2004	2285.96
2005	2810.45
2006	3229.88
2007	3736.18
2008	4419.52
2009	4286.47
2010	5489.38
2011 年 9 月末	6971.64

1985 年至 2011 年外债中长期债务、短期债务额情况见下表：

表 24-2　1985—2011 年中长期外债、短期外债年末余额表　　（单位：亿美元）

年份	中长期年末余额	短期年末余额
1985	94	64
1986	167	48
1987	245	57
1989	307.3	42.7
1999	1366.5	151.8⑥
2000 年上半年	1334.1	142.2⑦

---

① 见《金融时报》2002 年 9 月 16 日。
② 在 1457.3 亿美元外债中，国务院部委借入的主权债务余额为 489.6 亿美元，比上年末增长 3.5%；国内金融机构债务余额为 3555.3 亿美元，比上年末减少 13.1%；外商投资企业债务余额为 465.3 亿美元，比上年末减少 1.6%；国内企业债务余额为 135.2 亿美元，比上年末减少 8.1%；其他债务余额为 11.6 亿美元，比上年末减少 28.4%（见《金融时报》2001 年 4 月 3 日）。
③ 见《金融时报》2003 年 4 月 18 日。
④ 见《金融时报》2002 年 9 月 16 日。
⑤ 见《金融时报》2004 年 4 月 2 日。
⑥ 见《金融时报》2000 年 9 月 16 日。
⑦ 同上。

(续表)

年份	中长期年末余额	短期年末余额
2001	1195.3	505.8①
2002	1155.62	529.76②
2003	1165.90	770.44③
2004	1242.87	1043.09
2005	1249.02	1561.43
2006	1393.60	1836.28
2007	1535.34	2200.84
2008年9月末	1619.09	2800.43
2009年9月末	1647.93	2219.79
2010年9月末	1770.08	3694.41
2011年9月末	1895.39	5076.25

到了1994年,长期外债余额为823.9亿美元,短期外债余额为104.16亿美元。无论是从外债余额总体看,还是就中长期年末余额看,都呈现出逐年增长的趋势。但在20世纪90年代末到2000年初,外债余额开始出现下降的趋势。但2003年我国外债余额和新借入外债均有较大幅度增长,主要原因是我国经济的快速增长,利用外资环境不断优化,同时本外币利差也是导致外债增长的一个因素。目前,中国仍为美国最大的债权国。据统计,2009年11月底中国持有美国国债7896亿美元,成为美国国债的最大持有国。

3. 我国外债管理的原则

我国向国际金融市场贷款融资的根本原则是平等互利,有借有还,但是在不同时期、不同阶段和不同项目的要求上也有不同的要求。比如,1991年以来我国外债管理的原则是有利于技术进步,有利于增加出口创汇能力;有利于节约使用外汇资金,积极有效地利用外资,发挥汇率的经济杠杆作用;合理安排进口用汇,防止盲目引进和不必要的重复引进;这些原则是依据当时的情况制定的,之后又及时提出计划管理宏观调控和谁借谁还的管理原则。

总结历史经验,为适应我国社会主义市场经济体制需要,按照深化改革,扩大开放,促进发展的要求,我国外债管理的主要原则应当是:

(1) 统一领导与分组管理相结合。即由国务院统一领导,国家发改委、财政部、中央银行、国家证券委和国家外汇管理局等政府各有关部门分工负责。

(2) 统借统还与谁借谁还相结合。

(3) 借外债的总额要有控制,外债结构要合理,要同自己的偿还能力和消化能力相适应。

---

① 见《金融时报》2003年4月18日。
② 同上。
③ 见《金融时报》2004年4月2日。

（4）外债一定用于生产建设，而且要用好，用得有效益。

（5）建立偿债基金制度。

（6）按时还本付息，维护对外信誉。

实践表明，外债规模适度，结构合理，各项债务指标继续保持在国际公认的合理限度内基本保证了对外如期偿还外债本息。1994年，我国进行了金融体制改革，外债的状况看好。据统计，1994年我国外债余额为928.06亿美元。[①] 按照国际口径测算，我国外债的偿债率（负债率）为9.2%，债务率为77.8%，远远低于国际上公认的偿债率20%左右和债务率100%以内的警戒线水平。这个统计表明我国外债规模在总体上仍然是安全的。根据2000年上半年的统计，我国外债偿债率为10.9%，也远低于20%的警戒线水平。2003年12月末，我国债务率（外债余额和货物与服务贸易外汇收入之比）为39.9%，偿债率为13.74%，短期外债与外汇储备之比约为19%，各项指标均处于国际安全线之内。

（二）我国外债管理的基本措施及其规定

（1）认真办理登记，摸清外债底数，建立跟踪档案。这是控制我国外债规模的基础工作，是使各项债务指标都保持在国际公认的合理限度之内，使债务偿还的总体情况良好的必要条件。

（2）建立外债统计监测系统。1987年8月，国务院批准国家外汇管理局公布执行《外债统计监测暂行规定》。该《规定》颁布后，全国各级外债管理部门陆续开始办理外债登记，建立了金融机构债务监测制度，收效很大。

（3）严格掌握外债安全线。这是外债管理的重要职责，它能保证国家债务安全稳定，并使外债管理规范化、科学化。

国际上公认的外债安全是偿债率20%，债务率100%。偿债率是预测一个国家偿债能力的指标之一，它是指全年还本付息额与当年出口收入和非收入之和的比例。通常认为，一个国家的偿债率以不超过25%为宜。债务率，是指年末债务余额占当年出口收入和非贸易收入之和的比例。国际上通常将债务率的警戒线定在100%，债务率也是预测一个国家偿债能力的指标。

（4）加强国际收支的宏观管理。特别是加强对外汇收支和国际收支平稳情况及变化趋势的分析、预测，逐步完善国际收支的宏观调控体系。另外还要建立国际收入统计申请制度，加强对收、付汇和借还外债的核销、统计、监督和管理，堵塞漏洞，减少、杜绝外汇流失。

（5）实行外债问题管理和结构管理。根据我国《预算法》的规定，可以通过举借国债和国外借款等方式筹措中央预算中必需的建设投资的部分资金。但是贷款应当有合理的规模和结构。

这里所说的外债问题管理是指对外债总体数量规模所进行的监测、分析、调节与控制。通过这一管理，使国家债务数量、债务规模达到适度。外债结构管理是指对外

---

① 见《金融时报》1995年6月13日。

债的来源、成本、期限、币别、利率、投向及贷款人等状况所进行的分析与合理安排。通过结构管理,对举借外债精心策划,降低借债成本,优化结构,可防止外汇风险,从整体上提高外债使用效益。通过以上两种管理,对举借外债的承受能力有充分的估计,合理调度,利于防止外债规模失控。

(6) 严格外债管理,建立外债基金。对境外资金的借用和偿还,国家继续实行计划管理、金融条件审批和外债登记制度。为境外法人(含中资控股的机构和企业)借款出具担保,必须严格按照国家外汇管理局《境内机构对外提供外汇担保管理办法》办理。外债偿还的管理,继续实行"谁借谁还"的原则。应加强对借用外债项目的管理,提高项目的经济效益和创汇能力。外债较多的企业可按债务余额的一定比例建立偿债基金,开立现汇账户存储。专户资金只能用于对外支付本息,不得转移或用于其他支付。债务人还本付息应从其偿债基金专户中支付。如发生困难,经外汇管理部门审查批准,根据借款协议,凭外债登记证和还本付息核准凭证,用人民币到外汇指定银行办理兑付。债务人要求在贷款协议规定到期日之前提前对外偿付的,须按规定经外汇管理部门批准。未办理登记手续的外债和境内机构违反规定为境外法人借债提供担保引起的支付责任,各银行不得擅自为其办理对外支付。对已发放的境内金融机构自营外汇贷款,债务人可用创汇收入直接偿还。实行新体制后,境内金融机构借入境外贷款和吸收外币存款发放的贷款,仍采取贷外汇还外汇方式,还款外汇按上述方式办理。

(三) 关于进一步加强对外发债管理的意见

为了规范我国境内机构境外发债行为,提高发债筹集资金的使用效益,防范国家外债风险,2000年3月10日国务院办公厅转发了国家计委、中国人民银行制定的《关于进一步加强对外发债管理的意见》(以下简称意见)。

1. 对外发债的定义和资格的认定

(1) 对外发债的定义。对外发债是指我国境内机构,包括国家机关、金融机构及境内其他企事业单位和外商投资企业,在境外金融市场上发行的,以外币表示的,构成债权债务关系的有价证券。境内机构发行境外外币可转换债券、大额可转让存单、商业票据,视同对外发债进行管理。

(2) 对外发债资格的认定。对外发债实行资格审核批准制。境内机构(财政部除外)对外发债资格,由国家计委会同中国人民银行和有关主管部门,借鉴国际惯例进行评审后报国务院批准。发债资格每两年评审一次。为筹集国家建设资金,2001年4月国务院批准财政部代表我国政府,在国际金融市场发行主权外债15亿美元,这是政府授权发行外债的例子。

2. 对外发债的申请和审批

(1) 申请对外发债需报送的材料。境内机构申请对外发债应向主管机关报送发债机构最近3年的经营业绩、财务状况及相关财务报表;发债所筹资金的投向、用途;国家有关部门批复的项目可行性研究报告或利用外资方案,以及纳入国家利用外资计划的证明文件和主管部门要求的其他文件等资料。

(2) 对外发债的审批。第一，境内机构(财政部除外)对外发债,经国家计委审核并会签国家外汇管理局后报国务院审批。经国务院批准后,市场选择、入市时机等由国家外汇管理局审批。地方政府不得对外举债。第二,境内机构发行商业票据由国家外汇管理局审批,并占用国家外汇管理局核定该机构的短期对外借款余额指标;发行前设定滚动连续发行的,由国家外汇管理局会签国家计委后审批。第三,境内机构为其海外分支机构境外发债进行融资担保,发债所筹资金不调入境内使用的,由国家外汇管理局按现行有关规定审批;若发债资金调入境内使用,按境内机构对外发债的审批程序办理。第四,已上市外资股公司对外发行可转换债券,不实行资格审核批准制。由国家计委会同中国证监会根据外资股公司境外融资需求及市场条件,确定境外可转换债券年度发行规模,并纳入当年利用外资计划;境内机构对外发债后,要按国家外汇管理局的规定办理外债登记。

3. 对外发债的进一步监督管理

对外发债经国家批准后,境内机构在一定期限内自主确定承销商和发行成本等。有关发行条件和境外评级状况,由对外发债机构报国家计委及国家外汇管理局备案。对外发债机构要严格自律,发债资金要按照国家批准的用途专款专用,其中商业票据只能用于贸易性周转,不得短贷长用。同时,要落实偿债措施,防范外债风险,保证按期对外支付,维护对外信誉。

第三节 预 算 法

一、预算法的概念、原则和预算组成

预算,是指一定时期国家财政收支的预计,它是国家基本的财政计划,是国民经济计划的重要组成部分。预算的职能作用是筹集和供应国家预算资金,进行经济监督。

预算法,是有关国家预算收入和支出及进行预算管理的法律规范的总称。预算法是财政法的重要组成部分。1994年3月22日第八届全国人民代表大会第二次会议通过,并于1995年1月1日起实施的《中华人民共和国预算法》(以下简称《预算法》)是预算管理工作的基本法,是我国实施以法治财、依法理财的重要法律依据,也是加强社会主义法制建设的一个重要步骤。

预算管理的原则是实行统一领导、分级管理、责权结合,以及收支平衡的原则。

预算的组成按照一级政权设置一级预算的原则。国家设立中央、省(自治区、直辖市)、设区的市(自治州)、县(自治县、不设区的市、市辖区、旗)、乡(民族乡、镇)五级预算。国家预算由中央预算和地方预算组成。中央预算由中央各部门(含直属单位)的预算组成。地方预算由各省、自治区、直辖市总预算组成。地方各级政府预算由本级各个部门(含直属单位)的预算组成。各个部门预算由本部门所属各单位预算组成。单位预算是指实行预算管理的国家机关、社会团体、全民所有制事业单位的经费预算和全民所有制企业的财务收支计划中与预算有关的部分。

二、预算管理体制

新中国成立以来,我国的预算管理体制随着各个时期的政治经济形势变化而进行过多次调整和改进。1993年我国进行了由预算包干管理体制过渡到实行分税制的预算管理体制的改革。所谓分税制,是指按照中央和地方政府的事权划分各级财政的支出范围,根据财权与事权相统一的原则,划分中央和地方的财政收入;把关系到维护国家权益和实施宏观调控的税种划分为中央税,把与地方经济和社会关系密切、税源分散、适应地方经营的税种划分为地方税,把有关收入稳定、数额较大的主体税,划分为中央和地方共享税;实行分税、分征和中央对地方的税收返还制度。实行分税制,有利于稳定中央与地方各级预算的收入来源,明确各级预算管理的职责权限,做到权责结合,克服过去那种权责不清的预算管理体制的弊端,充分调动各级政府预算管理的积极性。分税制也符合社会主义市场经济发展的要求,有利于社会主义统一市场的形成,有利于增强中央财政的宏观调控能力。

三、预算管理的职权与预算收支范围

(一)国家机关、国有企业事业单位对预算管理职权的规定

1. 中央和地方国家权力机关在预算管理方面的职权

(1)全国人民代表大会和县级以上地方人民代表大会的预算管理职权。包括:审查本级总预算草案及本级总预算执行情况的报告;批准本级预算和本级预算执行情况的报告;改变或者撤销本级人民代表大会常务委员会关于预算、决算的不适当的决议和命令。

(2)全国人民代表大会常务委员会和县级人大会常务委员会行使下列预算管理职权。包括:监督本级总预算的执行;审查和批准本级预算的调整方案;审查和批准本级政府决算(以下简称本级决算);撤销本级政府和下一级人民代表大会及其常务委员会制定的同宪法、法律相抵触的关于预算、决算的不适当的法规(行政的、地方的)决定、命令和决议。

(3)设立预算的乡、民族乡、镇人民代表大会审查和批准本级预算和本级预算执行情况的报告;监督本级预算的执行;审查和批准本级预算的调整方案;审查和批准本级决算;撤销本级政府关于预算、决算的不适当的决定和命令。

2. 中央和地方行政管理机关在预算管理方面的职权

(1)国务院在预算管理方面的职权。包括:国务院编制中央预算、决算草案;向全国人大作关于中央和地方预算草案的报告;将省、自治区、直辖市政府报送备案的预算汇总后报全国人大常务委员会备案;组织中央和地方预算的执行;决定中央预算预备费的动用;编制中央预算调整方案;监督中央各部门和地方政府的预算执行;改变或者撤销中央各部门和地方政府关于预算、决算的不适当的决定、命令;向全国人大和人大常务委员会报告中央和地方预算的执行情况。

(2)国务院和县级以上人民政府行使下列预算管理职权。包括:编制本级预算、

决算草案;向本级人民代表大会作关于本级总预算草案的报告;将下一级政府报送备案的预算汇报后报本级人民代表大会常务委员会备案;组织本级总预算的执行;决定本级预算预备费的动用;编制本级预算的调整方案;监督本级各部门和下级政府的预算执行;改变和撤销本级各部门和下级政府关于预算、决算的不适当的决定、命令;向本级人民代表大会及其常务委员会报告本级总预算的执行情况。

（3）乡、民族乡、镇政府编制本级预算、决算草案;向本级人民代表大会作关于本级预算草案的报告;组织本级预算的执行;决定本级预算预备费的动用;编制本级预算的调整方案;向本级人民代表大会报告本级预算的执行情况。

3．中央和地方财政部门在预算管理方面的职权

（1）具体编制本级预算、决算草案;（2）具体组织本级总预算的执行;（3）提出本级预算预备费动用方案;（4）具体编制本级预算的调整方案;（5）定期向本级政府和上一级财政部门报告本级总预算的执行情况。

4．各级政府的各部门的预算管理职权

（1）编制本部门预算、决算草案;（2）组织和监督本部门预算的执行;（3）定期向本级政府财政部门报告预算执行情况。

5．各企事业单位对预算管理的职权

（1）编制本单位预算、决算草案;（2）按照国家规定的上级国家预算收入,安排预算支出;（3）接受国家有关部门的监督。

（二）我国预算收入、支出范围划分的规定

1．我国预算收入的组成

（1）税收收入;（2）依照规定应当上缴的国有资产收益;（3）专项收入;（4）其他收入。

以收入体制划分预算收入包括:（1）中央预算收入;（2）地方预算收入;（3）中央和地方预算共享收入。

2．我国预算支出的组成的分类

若以支出类别划分,预算支出包括:（1）经济建设支出;（2）教育、科学、文化、卫生、体育等事业发展支出;（3）国家管理费用支出;（4）国防支出;（5）各项补贴支出;（6）其他支出。

若以支出体制划分预算支出包括:（1）中央预算支出;（2）地方预算支出。

我国《预算法》采用了上述两类划分法。

此外,我国《预算法》还规定,中央预算与地方预算有关收入和支出项目的划分、地方向中央上缴收入、中央对地方返还或者给予补助的具体办法,由国务院规定,报全国人民代表大会常务委员会备案。预算收入应当统筹安排使用;确需设立专用基金项目的,须经国务院批准。上级政府不得在预算之外调用下级政府预算的资金。下级政府不得挤占或者截留属于上级政府预算的资金。

四、预算管理程序

预算管理程序是国家进行预算管理的工作环节和过程,包括编制、审批、执行、决

算程序。

（一）国家预算的编制、编报和审批

编制国家预算就是制定筹集和分配预算资金的年度计划，它要遵守国家预算的编制原则。从1992年起中央预算和地方预算实行复式预算编制，这是预算制度的重要改革。所谓复式预算是指将国家预算划分为经常性预算和建设性预算两部分，然后将各项财政收支按不同性质分解编入经常性预算和建设性预算的有关科目中，两部分保持合理的结构。所谓经常性预算，是对于基本上国家以管理者身份取得的收入和基本上以维持政府机构、发展各项事业以及直接关系人民生活的支出的收支预算。它的收支包括各项税收收入、企业收入、国家预算调整基金收入和其他各项收入与非生产性基本建设事业发展和社会保障各项事业费、行政管理费、国防费支出等。建设性预算是对于基本上以经济建设为中心各项预算收支的预算。建设性预算的收入主要有经常性预算的结余、建筑税、能源交通建设基金、基建贷款归还收入等；建设性支出则主要有基本建设支出、挖潜改造资金、新产品试制费、增拨企业流动资金等。另外，诸如耕地占用税、城建维护费等也列入建设性预算中。

国家预算的具体编制程序是采取自上而下和自下而上相结合的办法进行的。各级预算编制草案形成后经各级人民政府审定提请各级人民代表大会审查和批准。经人民代表大会批准后的预算由各级人民政府的财政部门向各部门批复。

（二）国家预算的执行和调整程序

预算的执行包括预算收入的执行和预算支出的执行两个方面。在组织预算收入方面，各级财政征收部门应当督促各级征收机关、企事业单位，努力完成国家预算收入的任务，把一切应当上缴预算的资金，要及时足额缴入国库。国家预算收入范围包括：依照规定应当上缴的国有资产收益、税收收入等。在组织预算支出方面，国家支出预算的执行，由各支出单位负责，财政部门除按计划及时拨款外，还作些组织监督检查，分析支出预算的执行工作。国家支出预算范围包括经济建设的支出等。

国家预算调整是指经本级人民代表大会批准的本级政府预算在执行中因追加支出或者追减收入而发生的部分变更。各级人民政府对于必须进行的预算调整，应当编制调整方案，提请本级人民代表大会常务委员会审查和批准。

（三）国家决算程序

国家决算是每年国家预算执行的总结，国家决算的组成同国家预算相同，每一级预算都要编制决算。决算草案由各级政府、各部门、各单位，在每一预算年度终了后按照国务院规定的时间编制。具体事项，由国务院财政部门部署。

五、对执行我国《预算法》的监督及违反《预算法》的法律责任

（一）对执行我国《预算法》的监督

全国人民代表大会及其常委会对中央和地方预算、决算进行监督，各级人大及其常委会对同级预算、决算进行监督。可依照法定程序提出询问或者质询，受询问或质询的有关政府和财政部门必须及时给予答复，还可就特定问题组织调查。各级政府也应向上级政府报告预算执行情况。财政部门、审计部门也对本级及下级部门、单位的预算、决算进行财政、审计监督。

1999年12月25日第九届全国人大常委会第十三次会议通过了《全国人民代表大会常务委员会关于加强中央预算审查监督的决定》。决定指出:为了履行宪法赋予全国人民代表大会及其常务委员会的职责,贯彻依法治国的基本方针,规范预算行为,厉行节约,更好地发挥中央预算的作用,对加强中央预算的审查和监督,作出了专门的规定。其内容包括:加强和改善预算编制工作的监督,加强和改善中央预算的初步审查工作,强调对中央预算的审查,应当按照真实、合法、效益和具有预测性的原则进行,财政经济委员会应根据各代表团和有关专门委员会的意见对中央及地方预算草案进行审查,加强对预算超收收入使用的监督,严格控制不同预算科目之间的资金调剂的监督,加强对中央预算调整方案的审查监督;加强对中央决算草案编制的监督,加强对中央预算执行的审计监督。决定还规定了监督的方式,包括要依法执行备案制度,成立预算工作委员会作为全国人民代表大会常务委员会的工作机构,对各部门、各预算单位、重大建设项目的预算资金使用和专项资金使用的调查等。

(二)违反我国《预算法》的法律责任

按我国《预算法》规定,有违反《预算法》行为的,要承担法律责任,主要有以下几个方面:

(1)各级政府未经依法批准擅自变更预算,使经批准的收支平衡的预算的总支出超过总收入,或者使经批准的预算中举借债务的数额增加的,对负有直接责任的主管人员和其他直接责任人员追究行政责任。

(2)违反法律、行政法规的规定,擅自动用国库库款或者擅自以其他方式支配已入国库的库款的,由政府财政部门责令退还或者追回国库库款,并由上级机关给予负有直接责任的主管人员和其他直接责任人员行政处分。

(3)隐瞒预算收入或者将不应当在预算内支出的款项转为预算内支出的,由上一级政府或者本级政府部门责令纠正,并由上级机关给予负有直接责任的主管人员和其他直接责任人员行政处分。

六、对我国《预算法》修订的建议

我国《预算法》自颁布实施以来,对于促进社会经济健康发展起了积极的作用,但随着社会经济的发展,其缺陷和不足也日益明显,亟须对其进行修订。例如,

(1)需要对原来的五级政权、五级预算的设计进行修改,以适应县财省管,乡财县管的改革要求,简化预算级次。设中央政府预算和地方各级政府预算,不具有设立预算条件的乡级经省级批准可不设立预算。预算活动的基本原则需要补充,如公开性、合法性、程序性、效益性的强化和运用,以及对各级预算的管理职权的进一步明确。

(2)健全财政管理体制。应当明确规定:各级政府之间要建立支出责任与财力保障相匹配的财政管理体制,中央和地方的分税制财政管理体制由国务院制定,报全

国人大常委会备案,地方各级政府间的财政管理体制由省级政府制定,报本级人大常委会备案。

(3) 做到预算编制环节的完整性、统一性、科学性,解决我国现行部门预算存在的各种问题,对部门预算的改革及其成功经验要总结上升为法律。首先,在增强预算的完整性方面,应当规定"各级政府预算的全部收入和支出都应当纳入预算"。政府性收入全部纳入预算管理,标志着预算外资金概念成为历史。"各级政府预算应当分为政府公共预算、政府性基金预算、国有资本经营预算、社会保障预算等"。其次,在对部门预算的编制方面,应当规定各部门、各单位要按照政府预算收支分类科目和本级财政部门制定的预算支出定额标准编制本部门、本单位预算草案,各部门、各单位是本部门、本单位的预算执行主体,负责本部门、本单位的预算执行,并对执行结果负责。政府各部门要负责监督检查所属各单位的预算执行。

(4) 从对预算严格执行和调整来看。我国现行预算对执行不力,存在软化和任意性的情况。对此必须增强预算执行的规范性和严肃性,预算法应当从多方面进行规定和补充。如预算年度开始后,各级政府预算草案在本级人大会批准可以安排必须和可能的支出,包括上年度结转的支出和必须支付的本年度部门基本支出项目支出,以及法律规定必须履行支付义务的支出和其他特殊支出;包括各级政府根据法定权限作出的决定和制定的行政措施,凡涉及增加或者减少财政收入和支出的,应当在预算批准前提出并在预算草案中也作出相应安排。在预算执行中一般就不再规定新的增加或者减少财政收入和支出的政策措施了,必须作出并引起预算总收入或总支出变化的,应当在预算调整方案中作出安排。应当规定各级预算收入的退付由本级政府财政部门或者其授权的机构批准。已经缴入国库或者财政专户的资金需要依法退付的,应当及时办理退付,进一步规范财政专户的设立和管理。按规定对特定专项资金可以设立财政专户,财政专户纳入国库单一账户体系管理。县级以上各级政府全部收入和支出都应当纳入国库单一账户体系进行管理,实行国库集中收付制度。应当规定各级政府年度预算执行中有超收入的,可以安排预算稳定调节基金,用于补充以后年度预算资金的不足。对预算执行有了这些事前、事中、事后的规定及其经验的总结,就会克服预算执行中的随意性而走向规范化。

(5) 规范转移支付制度。转移支付是财政预算宏观调控的重要手段,也是预决算编制执行预算调整的重要内容与手段。预算法应当将"财政转移支付和税收返还列入各级政府预算",可规定"县级以上各级政府应当将对上级政府的税收返还和转移支付编入本级总预算,地方各级政府应当将上级政府下达的税收返还和转移支付编入本级预算"。预算法还应分别规定中央对地方或一般性转移支付和中央对地方的专项性转移支付的下达期限,以及上级政府在接到这两种转移支付后,也应当按规定的期限正式下达到本行政区内各级政府。而地方各级预算安排也应当规定对下一级政府的一般转移支付和专项转移支付分别在本级人大会批准后的规定期限内正式下达,以至应当规定上级政府应当将转移支付的预算数额提前下达,以便使"转移支付"真正成为预算收支的工具。这对促进预算的编制、执行发挥转移支付的作用都是必要的。在这里还必须指出在预算法中强调规范财政转移支付制度是非常必要和及时的,因为中央对地方的税收返还和转移支付已占中央财政总支出的60%左右,这对于缩小地区间财力差距、推进基本公共服务均等化是功不可没的,但同时也存在一般转移支付比重偏低,专项转移支付项目过多,不利于地方统筹安排财力。因此,预算法应明确规定国家实行财政转移支付制度。财政转移支付包括中央对地方和地方上级政府对下级政府的转移支付,分为一般性转移支付和专项转移支付。要强调转移支付应当规范、公平、公开,以一般性转移支付为主,以均衡地区间基本财力为主要目标。

(6)预算的调整是为了解决预算调整过程中存在的过松、过宽的情况,除仍然坚持"经本级人大会批准的预算,非经法定程序,不得改变"预算法定原则之外,还必须对预算调整的条件和范围作出如下规定:"预算调整是指经全国人民代表大会批准的中央预算和经地方各级人民代表大会批准的地方各级预算,在执行中出现下列情况之一的方能按规定程序进行预算变更:(一)本级人民代表大会批准的收支平衡的预算出现赤字,或者举措债务数额增加的;(二)需要增加预算总支出的;(三)需要调入预算稳定调节基金,或者需要减少预算总支出的;(四)需要调减预算安排的农业、教育、科技、文化、卫生、社会保障等重点支出的。"对预算调整的特殊情形规定:"在预算执行中,由于发生特大自然灾害、突发公共事件和重大政策调整,必须及时增加预算支出的,应当先动支预备费,预备费不足的,各级政府可以先做安排,后列入预算调整方案";"各级政府对于必须进行的预算调整,应当编制预算调整方案","未经批准,不得调整预算"。同时,对不属于预算调整的具体事项规定:"在预算执行中,各级政府用预算预备费安排的支出、依照有关法律和行政法规规定应当增加的支出,以及因上级政府增加税收返还和转移支付而引起的预算收支变化,不属于预算调整。"

(7)强化政府债务管理。政府举借债务已经成为弥补预算资金不足的重要途径和实施财政宏观调控的重要手段。同时,由于政府债务快速增加,财政风险也在日益加大,为了规范政府债务管理,预算法也应当规定:各级预算应当遵循统筹兼顾、勤俭节约、量力而行、讲究绩效和收支平衡的原则。删除我国现行《预算法》关于"中央政府公共预算不列赤字"的规定。

地方各级预算按照量入为出、收支平衡的原则编制。根据法律或者经国务院同意,省级地方政府在具有偿还债务资金来源和能力的条件下,可以举借一定额度的、并用于特定支出范围的国内债务列入本级预算,报本级人大会批准。除此之外,仍然坚持"地方政府不得以任何方式举借债务或者担保举借债务,省级政府财政部门具体负责对本行政区域地方政府债务的统一管理。""地方政府不得自行发债券。"

(8)国库制度是我国财政收支的保管出纳制度。我国现行的国库制度要进行改革,将所有预算单位实有资金账户,纳入国库单一账户体系管理。并把深化国库集中收付和政府采购制度结合起来,完善中央国库现金管理运作机制,积极推进地方国库现金管理。同时,对在预算执行中遇到突发事件需要追加预算投资,财政资金投入的及时性、效益性、公平性原则,在预算法中作专门规定。

（9）从预算的监督和法律责任来看，现行的《预算法》虽然作了规定，但比较简陋，需要把社会监督和举报、控告、重大项目监督与舆论监督写进《预算法》中，以增强监督的有效性。例如，应当规定县级以上各级人大常委会的工作机构，依照本级人大常委会的决定，协助完成本级人大财经委员会或者有关专门委员会承担审查预决算草案和预算调整方案，以及监督预算执行等方面的具体工作。应把主管和参与预算活动的主体的法律责任，以及追究法律责任的形式，均写进《预算法》。对违法问责制也要具有操作性，以增强预算的透明度和公众对预算的知情权与监督权。

2011年以来，中央和国务院对由财政拨款开支的"三公经费"［出国（境）经费、车辆购置经费、公务接待经费］实行定期向社会公开的"阳光政策"，接受公众监督，收到良好效果，建议在我国《预算法实施细则》中加以规定。

总之，通过对我国《预算法》的修订，使我国的预算法制建设进入一个新阶段。

第四节　政府采购法

政府采购法与国家财政预算法紧密相关。政府采购，也称公共采购，是指各级政府及其所属机构为了保证政务活动正常运转或为公众提供公共服务，按法定的程序，对货物、工程或服务的购买。政府采购不仅是指具体的采购过程，而且是采购主体、采购政策、采购程序、采购管理的总称。政府采购是市场经济体制国家，对公共采购进行管理的一项通常制度。我国要规范政府采购行为，全面推行政府采购制度。政府采购不同于个人、家庭采购或企业团体采购，政府采购的特点是：

（1）政府采购的资金来源于财政的购买性支出，具有明显的公共性。而不同于个人、家庭或企业团体采购自有资金的支出，不具有国家的公共性。

（2）政府采购的主体是依靠国家财政资金运转的政府机关、事业单位和社会团体以及公用企业等。而个人、家庭或企业团体采购的主体，就是他们自己。

（3）政府采购的目的，是为了给政府部门提供消费品或向社会提供公共利益，它不以盈利为目的，从而使政府采购成为各国政府经常使用的一种政策性调控手段。而个人、家庭或企业团体采购往往是以盈利为目的，或为他们自己提供消费性或生产性的物品。

（4）政府采购具有严格的规范性，并通过专门的立法，规范这种采购行为，而个人、家庭或企业团体采购，一般属于民间的买卖行为，其法律性质与政府采购法有所区别。

所谓政府采购法是关于政府及其所属机构为了实现政府职能和向公众提供公共产品的需要而向市场进行购置活动的政府行为的法律调整。

政府采购制度最早出现于18世纪末西方自由资本主义发展阶段，如美国早在1761年就颁布了《联邦采购法》，英国政府在1782年设立了文具公用局，专门负责政府部门所需办公用品的采购，同时对政府采购的管理进行立法。这个阶段政府采购的立法和实践并不发达和完善。从19世纪末到20世纪初，以至第二次世界大战后，由自由资本主义到垄断资本主义到国家垄断资本主义的出现,政府采购的规模才日渐扩大,成为国家用来调节社会总需求,使国民经济总量保持平衡的重要手段。与此同时,有关政府采购方面的法规也日益系统和完善。如美国的《联邦采购办公室法案》、《联邦采购条例》、《合同竞争法案》,英国的《通用合同及商业法》等,韩国的《政府采购合同法案》,新加坡的《政府采购法案》等。

政府采购潜在的巨大市场在国际贸易领域也日益受到重视。继 1979 年在关贸总协定东京回合谈判中制定的《政府采购守则》之后,而在 1995 年关贸总协定乌拉圭回合谈判期间又制定并正式生效的有世界贸易组织《政府采购协议》(以下简称《协议》),许多发达国家都先后签署了该《协议》,并且该《协议》还采取了一些强制措施迫使想加入世界贸易组织的国家也签字同意。这使得《协议》在国际贸易方面的影响比起《政府采购守则》要大得多。我国要加入世界贸易组织,同样也要受到《协议》和《大阪行动议程》的影响与约束。

为了规范政府的支出行为,加强预算监督和效用评估,各国都通过专门的政府采购立法,其主要内容一般包括:

(1) 采购制度的目标和原则。即加强支出管理,提高资金使用效率;调节国民经济运行状况,实施有效宏观调控;扶持和保护民族产业;同时贯彻公开、公平、公正和有效的竞争原则。

(2) 采购主管机关。按政府采购物品使用对象划分,属于军用产品采购的主管机关为国防部门,属于民用产品的主管机关一般都是财政部门,其主要职责是拟定法规、编制计划、培训官员、统计分析。

(3) 政府采购的体制和方式。政府采购体制有三种状况:第一,集中采购。即由财政部门或另一个专门的部门负责本级政府所有的采购。第二,分散采购。即由各支出单位自行采购。第三,半集中半分散采购。即财政部门或一个专职机构直接负责对部分商品的采购,其他商品则由各支出单位自行采购。政府采购方式分招标方式、非招标方式。

(4) 供应商质疑和申诉机制,包括申诉程序、有效时间、处理此类问题的机构等。解决申诉问题的补偿机制有道歉、重新审查或取消采购决定、终止合同、重新招标、补偿损失、修正有关的采购规划或程序、暂停采购活动等。

我国的政府采购制度正处于试行阶段,20 世纪 90 年代中后期在发达城市试点。我国财政部 1998 年颁布了《政府采购管理暂行办法》、《政府采购招标投标管理暂行办法》以及《政府采购合同监督暂行办法》。20 世纪末,政府采购工作全面展开,其特点有:(1) 采购范围主要是一般货物、工程和服务采购。(2) 普遍建立了政府采购专门机构,大都设立在财政部门。(3) 重视制度建设。颁布了政府采购地方性法规,对政府采购原则、主体、资金、采购品目和有关工作进行了规范。(4) 中央国家机关的政府采购工作也逐步展开,民政部、卫生部、国务院机关事务管理局、国家测绘局、国家税务总局、海关总署等部门开展了政府采购个案尝试,我国国有商业银行作为超大型的金融企业,也采取了集团采购市场的做法。(5) 通过政府采购的实践,增强了财政分配活动的透明度,强化了对财政资金监管的力度;提高了资金的使用效益,保护了民族工商业的发展。

政府采购制度是我国在建立社会主义市场经济体制过程中,从源头上加强廉政建设和财政支出管理的一项重大的制度创新。我国《政府的采购法》也正在制定之中。

进入21世纪,我国政府采购制度在建立社会主义市场经济体制的基础上,已成为从源头上加强廉政建设和财政支出管理的一项重大的制度创新。我国的《政府采购法》也于2002年6月29日,由第九届全国人大常委会第二十八次会议审议通过,并于2003年1月1日起施行。该法共9章88条,它的主要内容以下逐项叙述。

一、政府采购的范围、原则和主管机关

我国《政府采购法》的实施对于规范政府采购行为,提高政府采购资金的使用效益,维护国家利益和社会公共利益,保护政府当事人的合法权益,促进廉政建设,具有重要意义。

政府采购是指各级国家机关、事业单位和团体组织,使用财政性资金采购依法制定的集中采购目录以内的或者采购限额标准以上的货物、工程和服务的行为。

政府采购应当遵循公开透明原则、公平竞争原则、公正原则和诚实信用原则。任何单位和个人不得采用任何方式,阻挠和限制供应商自由进入本地区和本行业的政府采购市场。政府采购实行集中采购和分散采购相结合。集中采购的范围由省级以上人民政府公布的集中采购目录确定。属于中央预算的政府采购项目,其集中采购目录由国务院确定并公布;属于地方预算的政府采购项目,其集中采购目录由省、自治区、直辖市人民政府或者其授权的机构确定并公布。纳入集中采购目录的政府采购项目,应当实行集中采购。政府采购限额标准,属于中央预算的政府采购项目,由国务院确定并公布;属于地方预算的政府采购项目,由省、自治区、直辖市人民政府或者其授权的机构确定并公布。政府采购应当有助于实现国家的经济和社会发展政策目标,包括保护环境、扶持不发达地区和少数民族地区、促进中小企业发展等。

各级人民政府财政部门是负责政府采购监督管理的部门,依法履行对政府采购活动的监督管理职责。各级人民政府其他有关部门依法履行与政府采购活动有关的监督管理职责。

二、政府采购的当事人

政府采购的当事人是指在政府采购活动中享有权利和承担义务的各类主体,包括采购人、供应商和采购代理机构等。

采购人是指依法进行政府采购的国家机关、事业单位、团体组织。采购人采购纳入集中采购目录的政府采购项目,必须委托集中采购机构代理采购;采购未纳入集中采购目录的政府采购项目,可以自行采购,也可以委托集中采购机构在委托的范围内代理采购。纳入集中采购目录属于通用的政府采购项目的,应当委托集中采购机构代理采购;属于本部门、本系统有特殊要求的项目,应当实行部门集中采购;属于本单位有特殊要求的项目,经省级以上人民政府批准,可以自行采购。

供应商是指向采购人提供货物、工程或者服务的法人、其他组织或者自然人。

采购人依法委托采购代理机构办理采购事宜的,应当由采购人与采购代理机构签订委托代理协议,依法确定委托代理的事项,约定双方的权利义务。集中采购机构为采购代理机构,是非营利性事业法人,进行政府采购活动应当符合采购价格低于市场平均价格、采购效率更高、采购质量优良和服务良好的要求。

三、政府采购的方式和程序以及采购合同的规定

政府采购采用以下方式:公开招标;邀请招标;竞争性谈判;单一来源采购;询价;国务院政府采购监督管理部门认定的其他采购方式。公开招标应作为政府采购的主要采购方式。

两个以上的自然人、法人或者其他组织可以组成一个联合体,以一个供应商的身份共同参加政府采购。

政府采购的程序,首先是编制和审批采购预算及编制和审批采购目录,然后按照采购的不同方式采取不同的采购程序。

政府采购合同适用合同法。采购人和供应商之间的权利和义务,应当按照平等、自愿的原则以合同方式约定。采购人可以委托采购代理机构代表其与供应商签订政府采购合同。由采购代理机构以采购人名义签订合同的,应当提交采购人的授权委托书,作为合同附件。政府采购合同应当采用书面形式。国务院政府采购监督管理部门应当会同国务院有关部门,规定政府采购合同必须具备的条款。

四、质疑与投诉、监督检查与法律责任

供应商对政府采购活动事项有疑问,如认为采购文件、采购过程和中标、成交结果使自己权益受到损害的,可以以书面的形式,向采购人提出询问和质疑,对采购人委托采购代理机构采购的,供应商同样可以向采购代理机构提出询问和质疑。

质疑供应商对采购人、采购代理机构的答复不满意,或者未在规定的时间作出答复,可以向同级政府采购监督管理部门投诉。政府采购监督管理部门应当在收到投诉后一定期限内对投诉事项作出处理的决定,并通知投诉人和与投诉事项有关的当事人。投诉人对投诉的处理决定不服的,或者政府采购监督管理部门逾期未作处理的,可以申请行政复议或者向人民法院提起行政诉讼。

政府采购监督管理部门应加强对政府采购活动及集中采购机构的监督检查,包括对执行采购法律、行政法规和规章、采购范围、方式和程序、采购人员的职业素质和专业技能等内容的检查监督。审计机关应当对政府采购进行审计监督。监察机关应当加强对参与政府采购活动的采购人的监察。任何单位和个人对政府采购活动中的违法行为有权控告或检举。

我国《政府采购法》对采购人、采购代理机构及其工作人员在采购活动中的违法

乱纪行为,规定了严格的行政责任和刑事责任。对政府采购监管部门及其工作人员在监管工作中的违法乱纪行为,也分别规定了行政责任和刑事责任。

由于我国《政府采购法》的制定与实施初期,也是我国政府开始加入 WTO 时期,我国《政府采购法》还存在一些问题和不足,和我国政府采购市场的发展一样,我国相关的立法工作也需要一个循序渐进的过程。

第五节　财政转移支付制度

一、转移支付法的基本概念和我国转移支付制度的状况

（一）财政转移支付法的基本概念

转移支付法是指调整一个国家内部地区或区域经济和财力上的差距,达到均衡发展的法律规范的总称,是国家宏观调控的重要法律制度。

转移支付制度。狭义地说,仅指比较规范的"公式化补助"部分。它是在我国 1995 年开始试行"过渡时期转移支付办法"中提出的,它利用以客观变量为基础的公式,估算地方财政收入能力和支出需求的办法实施财力的转移支付。广义地说,转移支付制度包括税收返还、体制补助、结算补助、专项补助等。"税收返还"是 1994 年分税制改革的一项重要内容。具体做法是:以 1993 年为基数,按照规定中央从地方上划的收入数额,如数返还给地方。

（二）我国政府实行转移支付的概况

（1）1994 年改财政包干体制为分税制对转移支付的提出。

按照 1993 年 12 月 15 日国务院发布的《关于实行分税制财政管理体制的决定》,从 1994 年 1 月 1 日起施行改革地方财政包干体制,对各省、自治区、直辖市以及计划单列市实行分税制财政管理体制。分税制改革的原则和主要内容包括:按照中央与地方政府的事权划分,合理确定各级财政的支出范围;科学核定地方收支数额,逐步实行比较规范的中央财政对地方的税收返还和转移支付制度;中央财政对地方税收返还数额的确定。中央财政对地方税收返还数额以 1993 年为基数核定,按照 1993 年地方实际收入以及税制改革和中央与地方收入划分情况,核定 1993 年中央从地方净上划的收入数额。① 1993 年中央净上划收入,全额返还地方,保证现有地方既得财力,并以此作为以后中央对地方税收返还基数。1994 年以后,税收返还额在 1993 年基数上逐年递增。递增率按全国增值税和消费税的平均增长率的 1∶0.3 系数确定,即上述两税全国平均每增长 1%,中央财政对地方的税收返还增长 0.3%。如若 1994 年以后中央净上划收入达不到 1993 年基数,则相应扣减税收返还数额。原体制中央对地方的补助继续按规定补助。原来中央拨给地方的各项专款,该下拨的继续下拨。实行分税制以后,地方财政支出有一部分要靠中央财政税收返还来安排。为此,要建

---

① 净上划的收入数额是指消费税加 75% 的增值税减中央下划收入。

立中央财政对地方税收返还和转移支付制度,并且逐步规范化,以保证地方财政支出的资金需要。各省、自治区、直辖市以及计划单列市人民政府要根据国务院《关于实行分税制财政管理体制的决定》制定对所属市、县的财政管理体制。

(2) 1994年实施分税制以来,转移支付的概况如下:

第一,在"八五"期间的转移支付。1995年3月15日第八届全国人大第三次会议主席团通过的《关于1994年国家预算执行情况和1995年中央及地方预算草案的审查报告》中指出:在继续完善分税制的同时,要抓紧中央和地方的事权划分,明确中央和地方各级的收支范围,并逐步建立、完善转移支付制度,充分调动中央和地方理财治税、增收节支的积极性。

1995年3月6日财政部长在第八届全国人大第三次会议上所作的《关于1994年国家预算执行情况和1995年中央及地方预算(草案)的报告》中指出:按照分税制改革方案的要求,我们根据去年中央对地方税收返还的实际数额和1995年的增值税和消费税收入计划,初步安排中央对地方的税收返还为1894亿元。

1995年6月29日第八届全国人大财经委员会在《关于1994年国家决算的审查报告》中指出:逐步建立、健全规范化的转移支付制度,合理分配对地方财政的补助,促进不发达地区的经济发展。

第二,在"九五"期间的转移支付。1996年3月14日第八届全国人大第四次会议主席团通过的《关于1995年中央及地方预算执行情况和1996年中央及地方预算草案的审查报告》中指出:要按照《预算法》的要求,抓紧中央和地方各级事权和财权的划分,明确中央和地方各级的收支范围,建立和完善规范的财政转移支付制度。

1996年3月5日财政部长在第八届全国人大第四次会议上所作的《关于1995年中央及地方预算执行情况和1996年中央及地方预算(草案)的报告》中说:1995年"税收返还和补助地方支出2470.62亿元,完成预算的100.9%。在1996年中央预算的安排中,"税收返还和补助地方支出2557.35亿元,比上年增加106.73亿元",增长4.3%。并且报告关于中央对地方的转移支付问题作了说明,指出"分税制财政体制运行两年来,初步形成了由体制补助、专项补助和税收返还构成的转移支付体系。但是,这一体系还不够完善和规范。从国际经验看,建立规范化的转移支付制度,不仅要明确划分中央与地方政府事权,而且在测算方法和统计数据完整性方面都有比较高的技术要求。目前的主客观条件尚未完全成熟,……今年采用相对规范的办法,对部分地区实行有限的转移支付"。同时还指出巩固和完善分税制财税体制改革,进一步理顺分配关系,一是继续完善分税制财政体制,在实施过渡性转移支付办法的同时,着手进行政府间事权划分问题研究,抓紧各类相关数据的收集、整理和测算工作。二是继续完善税收制度。

1996年7月3日第八届全国人大财经委员会在《关于1995年中央决算的审查报告》及其第八届全国人大常委会批准的决议中指出:"要抓紧合理界定中央与地方政府事权,逐步实行规范化的财政转移支付制度。"1996年7月3日财政部长在第八届全国人大常委会第二十次会议上所作的《关于1995年中央决算的报告》中说:"1995

年税收返还和补助地方支出 2534.06 亿元,完成预算的 103.5%。为加大对西部地区发展的扶持力度,国务院决定增加转移支付 10 亿元。按政策规定结算,对开发区的收入返还比预算增加了 20.33 亿元。"

1997 年 3 月 8 日第八届全国人大第五次会议主席团通过的全国人大财经委员会在《关于 1996 年中央和地方预算执行情况及 1997 年中央和地方预算草案的审查报告》及其第八届全国人大第五次会议通过的审查报告的决议及批准中指出:税收返还和补助地方财政支出 2905.04 亿元,比上年增长 6.9%。同样还指出:要按照《预算法》的规定,抓紧对中央和地方事权和财权的划分,明确中央和地方的收支范围,逐步建立起规范、科学、合理的财政转移支付制度,进一步调动地方政府依法理财治税、增收节支的积极性。

1997 年 3 月 2 日在第八届全国人大第五次会议上财政部长所作的《1996 年中央和地方预算执行情况及 1997 年中央和地方预算草案的报告》中说:1996 年中央财政支出中,税收返还和补助地方支出 2716.28 亿元,完成预算的 105.4%。从中央看由于开发区增收较多,按政策中央对地方返还数额增加 25 亿元,为支持少数民族和贫困地区开发,增加转移支付支出 14 亿元。1997 年中央预算安排转移支付数额不明显,中央财政税收返还和补助地方支出 2854.48 亿元。

1998 年 3 月 13 日第九届全国人大第一次会议主席团第三次会议通过的《关于 1997 年中央和地方预算执行情况及 1998 年中央和地方预算草案的审查报告》中指出:1998 年中央财政税收返还和补助地方财政支出 3016.67 亿元,比上年执行增加 62.19 亿元,增长 0.7%,强调要合理划分中央和地方的事权和财权,明确中央和地方的收支范围,根据公平原则,逐步健全和完善转移支付制度,加大支持中西部地区和少数民族地区的力度。

1998 年 3 月 6 日财政部长在第九届全国人大第一次会议上作《关于 1997 年中央和地方预算执行情况及 1998 年中央和地方预算草案的报告》中说:1997 年中央财政税收通过和补助地方支出 2854.48 亿元,1998 年中央预算安排税收返还和补助地方支出 3016.67 亿元,比上年执行数增长 162.19 亿元,增长率 5.7%,1999 年、2000 年、2001 年、2002 年、2003 年、2004 年转移支付的力度都不断有所增强,同时还规范省地方转移支付办法,改善各级财政状况。

在"十五"期间、"十一五"期间我国转移支付在自觉性、主动性以及规模和力度方面都有了很大的进步。具体地说,一是总量持续增长。二是结构趋于优化。从转移支付的结构看,体制性转移支付的比重下降,专项转移支付和一般性转移支付比重上升,转移支付结构向着合理化方向发展。三是作用日益凸现。表现在以下方面:弥补了地方财力的不足;支持了经济改革;促进了地方相对均衡发展。

二、我国财政转移支付制度的立法

(一) 转移支付制度的法制化的必要性和紧迫性

转移支付制度是一项涉及面广,政策性强,影响因素复杂的系统工程,为了保证合理的转移支付制度在实施过程中不走样、不变形,必须有健全的法制体系作保障。不仅转移支付制度运作的外部环境要法制化,而且,转移支付制度本身也应以立法形式加以确定。只有这样,中央财政才能按照法律形式规范的转移支付标准、数量与用途,对地方财政进行支付分配,避免人为因素的影响,把转移支付的政策调节,建立在法律约束和客观公平的基础上。

(1)只有以法律形式对转移支付的系统工程加以规范和协调,才能有序地发挥转移支付的宏观调控作用。如果单纯地依靠行政命令,只能加大运作过程中的随意性。

(2)各国政府间转移支付,作为财政预算管理的一种手段,其最大的共性是都具有明确的法律依据。不仅美国的各项转移支付都要根据有关决定并以法律形式确定下来,作为各级政府间进行补助和接受补助的基本依据。而且德国在国家宪法《基本法》中对财政体制及政府间的转移支付都作了较详细的规定。日本各类转移支付的主要测算依据和具体补助标准都在《地方预算法》中给予了明确规定。

(3)只有通过立法才能使我国财政转移支付制度走向完善。因为通过立法才能克服我国当前转移支付中存在的缺欠。

第一,我国当前实行的是狭义的转移支付,不是公式化补助部分的真正意义上的转移支付。现行政府转移支付制度是采用"基数法",在很大程度上是原有体制下分配格局的延续。税收返还制度,仍是以旧体制中央对地方上划税收作为基数,这不仅没有解决由于历史原因造成的财力分配不公和地区间经济差距大的问题,而且肯定了这一差距,从而使既定的地方财政差距拉大。

第二,我国当前转移支付的规模(指公式化补助部分)过小,也导致在其平衡地区间财力上发挥作用不大。1996年,用于公式化补助的转移支付仅为20亿元,占国内生产总值的比重微乎其微。而加拿大、澳大利亚等国的转移支付规模占GDP和财政收入的比重很高。尤其日本转移支付规模约占财政收入的1/3,在平衡地区间财力差异方面发挥的作用相当可观。我国作为一个多民族国家,各地区自然条件差异很大,经济发展水平很不均衡,改革开放以来,东部沿海省市经济迅速发展起来,文化、教育、卫生等公共服务的水平也有了很大的提高。而中西部地区经济发展速度较慢,由此导致财政收入增长也十分缓慢,相当部分县市的财政入不敷出。在分税制财政体制下,实现财政收支均等化,实行宏观调控的任务理所当然地由转移支付来实现。但由于我国转移支付的规模太小,导致东部与中西部差距不但没有缩小,而且呈扩大趋势。2000年初,国家开始实施西部大开发的战略,提出了开发西部,逐步缩小东部与中西部的差距的目标,应借此契机,进一步完善我国的转移支付制度。

第三,转移支付的资金安排带有随意性,缺乏规范的法制化管理。1995年中央财政安排了380亿元的专项拨款,本来应用于救灾扶贫等补贴,但由于大部分拨款由各职能部门掌握,加上管理混乱,导致取得资金时的"寻租"现象,谁来得勤、来得快,谁得到的拨款就多。结果当年沿海经济较发达的10个省市得到170亿元,约占总拨款额的45%,这大大违背了实现地方财政提供公共服务水平均等化的初衷,进一步导致地区差距扩大化。同时,这也助长了腐败现象的滋生和泛滥,不利于廉政建设和社会稳定。

第四,省及省以下转移支付亟待完备。一般地讲转移支付,人们只注意到中央对省、市、自治区的资金转移支付,而常常不重视省及省以下政府资金的转移支付,其实它也是整个转移支付制度有机而不可分割的组成部分。应该看到,我国除了东部与中西部地区经济发展存在明显的差距以外,在大部分省、市、自治区的各市地之间,也存在很大的差距,即使东部沿海省市也不例外。作为平衡财力差距的省级对地市级、省级对县市级的转移支付也不容忽视。2002 年 12 月 26 日国务院批准了财政部《关于完善省以下财政管理体制有关问题的意见》(以下简称《意见》),其主要内容是要求各省、自治区、直辖市和计划单列市人民政府要结合所得税收入分享改革,完成所属市、县的财政管理体制。对省以下建立转移支付制度提出了明确的要求,这个《意见》的贯彻还会遇到不少的矛盾和问题,并且需要一个过程才能解决。

(二) 转移支付立法应遵循的原则

1. 增强中央的宏观调控能力和调动地方政府的积极性的原则

这一原则是建立健全政府间财政转移支付制度的基本前提。转移支付制度并不是要把社会服务水平完全拉平,而是要解决各地最基本的社会服务问题。如果做不到这一点,则不仅会影响富裕地区的积极性,而且将给落后地区带来较大的依赖性,进而影响全社会资源配置的效益。由于转移支付在一定程度上具有地区均衡的特征,处理不好,可能削弱地方财政的主动性和创造性,影响竞争强度。因此,在设计财政转移支付制度时,既要考虑中央财政的集中程度,增强中央的宏观调控能力,又要保护地方发展经济的积极性。从当前来看,对发达地区的转移支付,要防止挫伤其发展经济的积极性,要激励这些地区更快更好地发展;对不发达地区的转移支付,要避免滋生依赖、安于现状的心理,要有利于促进这些地区自身财力的增强。同时,要增强调节东西部差距的力度。从现实情况来看,我国东西部经济状况差异很大,各种社会公共服务水平差距悬殊。因此,在运用财政转移支付时,对公平目标的追求在当前来讲应有合理的限度,在一定时期内可以允许经济发达地区的公共服务水平较之经济不发达地区相对高一些,但从今后发展来讲,应该通过科学合理的财政转移支付,增强东西部差距的弹性和力度,抑制东西部差距的拉大,调节不同地区政府间提供的公共服务水平逐步接近。

2. 既要鼓励竞争,坚持效率优先,又要共同发展,实施公平的原则

保证各地公共服务水平的均等化是转移支付最基本的追求,但又要不影响地方政府积极性的发挥。如前所述,转移支付通常有无条件转移支付和有条件的转移支付两大类。无条件的转移支付又称非配套性转移支付,有利于实现公平;有条件转移支付,又称配套性转移支付,具有效率性(有利于激发地方政府积极参与意识,发挥转移支付的粘合作用,较非配套性转移支付更有效率)。针对我国地区间财政能力、公共服务水平差距大的特点,在完善转移支付的过程中应公平优先。在转移支付结构安排上要突出强调一般性转移支付,主要解决地方财力的总量不足,同时辅之以专

项补助和特殊(临时)补助,以兼顾效率。采用无条件转移支付和有条件转移支付相结合的形式,实现政府间财政的纵向与横向平衡,促进公平;支持社会保障、教育、交通等事业发展,提高地方公共产品供给水平,实现效率。

3. 实行事权和财权相统一依法界定各级政府的财权原则

美国专家马斯格雷夫从效率和公开原则出发,对政府间财税划分作了具体的阐述:"凡是对流动性生产要素所征得的税,适用累进税率的,具有再分配功能和经济稳定功能的税收归入中央税;属于地方税的是一些不流动的生产要素所征的税收和在经济循环中稳定的税收;受益税和使用税可依据受益范围分属各级政府。"很多国家按此原则进行税收划分。而我国不完全这样,例如企业所得税,我国是按照企业隶属关系及行业划分在各级政府之间进行分配的,不符合市场经济的发展方向。另外,我国目前体制中的财权与事权不一致,中央财力不够集中。而发达国家财政收入集中程度较高,如美国联邦政府掌握了全部财力的60%,日本中央政府集中了63%。而在财政支出中,中央政府一般仅占30%—40%,地方政府则占60%—70%,中央政府只有拥有一定的必要财力,才能保证转移支付的实行。我国是一个单一制国家,中央政府承担着大量的重要的管理责任,按照财权和事权相一致的原则,中央政府集中的财政收入至少应占全国收入的60%以上,而我国中央财力曾一度严重不足,中央财政收入占全部财政收入的比重低于发达国家。因此,必须改革现行的税收划分格局,明确界定和划分政府在经济方面的事权和财权。

(三) 转移支付形式和规模的规定

1. 转移支付的形式

从世界一些国家长期实践来看,财政转移支付的形式呈多样化发展趋势,已形成较为完整的调控体系。参考国际惯例,根据我国的实际,采取多种形式配套运用,可在一般性补助、专项补助基本形式下,增加特别补助或临时补助形式,以解决地方因遭受特大自然灾害和其他意外重大事故的补偿。建立调节机制广泛的财政转移支付的调控体系,势在必行。

第一,一般性转移支付,是指中央政府用以消除不同层次政府间的税收能力和基本财政需求之间的纵向不平衡以及各地区间的公共服务水平的不均衡的补助形式,也就是主要用于平衡地方财政预算,满足地方履行政府职能的基本开支需要,从我国国情出发,这部分补助应占转移支付总额的绝大部分,一般性转移支付与地方政府的财政能力成反比。

第二,专项补助是指中央政府对地方政府农业开发、交通运输、通讯、能源、原材料和教育、科技等方面的经济发展和社会事业特定项目进行的补助,专项补助应明确补助的重点和用途,要体现国家产业政策的要求,各地要发挥专项补助资金的导向功能,按照专项补助资金的具体作用配置资金。在这里应注意两类:一是专项补助资金的范围及其补助比例,应根据不同时期经济社会发展薄弱环节或宏观经济调控重点的变化不断有所调整。对不同项目和地区,补助比例应视补助项目的重要程度而定。二是专项补助资金在近期内主要为实现各区域财政纵向平衡目标,因而,应向西部贫困地区倾斜,以帮助这些地区改善基础设施条件,促进经济和事业的发展。

第三,特别补助或临时补助,例如,非典时期、禽流感时期,中央财政对各地区的疫情的不同情况进行专项补助,为火山爆发、地震、旱涝灾害、突发事件中央财政灾区的补助。

2. 转移支付的规模

确定适度的转移支付规模,既有利于中央宏观调控的正常实施,又有利于地方事权的实施。转移支付的数量大小,是由转移支付所要实现目标和政府所能实施的宏观调控能力决定的。它取决于我国各级政府财力划分纵向不平衡和各地区间经济发展的不平衡程度,同时它也取决于财政实施宏观调控所能提供财力的可能性,所以转移支付的规模要有一个科学的量度,适度的转移支付规模要求,政府间财力初次划分格局必须做到合理化,应该明确界定各级政府在支出职责的基础上,合理划分税种,使地方政府所拥有的主体税种与其一般支出相对应,也就是说在总量上,财政转移支付应主要根据中央与地方政府的事权范围、财政承受能力和恰当的补助标准等因素加以确定。所以在确定转移支付规模时,要根据各种制约因素的变化情况,合理确定不同年度各类补助的具体比例关系,使财政转移支付宏观调控成为可能。

(四) 建立规范化的转移支付预算和预算监督制度

1. 建立规范化的转移支付预算和预算监督制度的主要途径

(1) 要实现转移支付的指数化。即根据经济发展应达到的平均水平、社会公共服务和福利平均水平、地方税收能力和潜力等因素,制定统一的政策标准和测算依据,来核定转移支付量限。

(2) 编制规范的转移支付预决算。要按照分税制财政体制的要求,认真编制政府间财政转移支付的专门预算、决算,做好转移支付与一般财政预算、决算的衔接工作。要按照转移支付的不同形式,即按一般性补助、专项补助、特殊性补助分别编制预算、决算。

(3) 健全预算约束机制。为了正确反映和真实核算转移支付的执行情况和经济效果,增强转移支付的计划性和透明度,要健全相应的预算约束机制。转移支付预算的编制,需接受同级人民代表大会和上级财政部门的监督,并报同级人民代表大会审批后组织实施。

2. 采用"因素法"规定作为我国转移支付数额计算的方式

(1) 依法强化我国的转移支付形式和规范"因素法"的采用。参照国际惯例,立足我国国情,我国的转移支付应以一般性转移支付为主,专项补助和特殊性临时性补助为辅。对于一般性转移支付由于没有具体使用用途要求,操作的关键在于如何分配,我国应采用国际上广泛采用的规范的"因素法"计算收支差额进行补助。至于专项补助,应建立科学的专项拨款机制,对项目内容相对固定、且时间较长的专项拨款,应当实行专项拨款公式化,同时对专项拨款的申请程序应法定化,尤其是对一些突发的、不宜公式化的确定项目,如疫情、灾情的临时性补助,必须预先规定基本的分配原则,增加专项拨款分配或特殊临时性补助拨款的透明度,使之真正公平合理,起到均等化作用。

（2）依法规范"因素法"，扩大其应用范围。采用"因素法"是规范转移支付的主要标志，是世界各国经过多年探索得出的共同经验。因素法的关键在于计算模式的确立和因素的选择。我国应依法确认"收入能力—支出需求均衡拨款型"即通过计算各地的理论收入能力和标准支出需求来确定转移支付数额的方式作为我国的计算模式。而影响我国财政收支的因素应定为五大方面：人口因素；人均国民生产总值；人均财政收入；自然因素；特殊因素。在以上测算模式、影响因素确定的基础上，测算理论收入能力与标准支出及其转移支付数额。

（3）转移支付核定的方式和其若干法律制度的规定。包括建立规范化的转移支付预算和预算监督制度；建立转移支付资金或资产使用责任制以及项目执行结果的验证制度审计制度。

三、我国财政转移支付制度的完善

财政转移支付制度是一个大政策，是市场经济国家普遍采用的一种制度，根据我国的实际情况，必须把这种政策和制度完善起来。分税制财政体制与公共财政框架必须有完善的转移支付制度与之相配套。

（一）完善我国转移支付制度的政治、经济条件

（1）要合理清晰地界定中央与地方的事权。目前我国对中央、地方财权的划分已比较明确，但事权并没有明确的界定，在具体事务上仍存在着事权不分、交叉重叠的现象。财权与事权相对应，一级事权必须有一级财权作保证。一般来说，中央财政承担国家安全、外交、中央国家机关运行所需经费，调整国民经济结构、协调地区发展、实施宏观调控所需的支出以及由中央直接管理的事业发展支出；地方财政相应承担本地区政府机关运转所需的经费，负责本地区经济事业发展所需支出，在某些具体环节仍需界定清晰，尽量避免和杜绝中央与地方政府之间的扯皮现象。

（2）稳定"两个比重"，尤其是中央财政收入占全部财政收入的比重。1999年我国财政收入占GDP比重仅为13.7%，这一指标不仅大大低于发达的市场经济国家，而且比大多数发展中国家还要低。财力不足严重制约了我国转移支付规模的增加。中央财政收入占全部财政收入的比重也有待提高。依据国际经验，中央财政收入应占全部财政收入的60%以上。如日本的中央财政收入占全部财政收入的2/3，地方财政收入占1/3，而通过转移支付实际中央财政支出占1/3，地方财政支出占2/3。我国加大了财政收入体制改革的力度后，"两个比重"有了显著的提升，今后需要"稳中求进"。

（二）完善我国转移支付的实际措施

（1）提高转移支付资金的规模。一般来说，在各地由收入能力引起的支出水平相差悬殊的情况下，规范的转移支付越大，就越能充分发挥均衡和调控作用。针对我国目前转移支付规模过小的状况，我国应在财力增长的基础上，逐步加大转移支付的力度，尤其是大大增加转移支付效果较为明显的"公式化补助"部分，这对平衡地区经济差距,实现地区经济发展的公平至关重要。当然转移支付的规模并不是越大越好,这也存在一个适度问题,如果转移支付的规模太大,又影响到发达地区经济发展的积极性和自主性。

(2) 尽快扩大使用"因素法"转移支付的范围。采用"因素法"是规范转移支付的主要标志,是世界各国多年探索出的共同经验,当然也是完善我国转移支付的首要步骤和改革关键。我国现在的"过渡期转移支付办法"中"公式化补助"规模太小,且只适用于少数项目,我国应将这种方法逐步扩大,直至应用到所有的转移支付种类。"因素法"在确定中央及省区标准收入、标准支出的基础上,根据其各省区标准收支与全国总的标准收支的差额确定对省区的转移支付。"因素法"的关键在于各种因素的选择,因为标准收入、标准支出的计算都是与各种因素直接相关。因素的选择如果不合理,就会导致转移支付的扭曲。转移支付制度常常考虑的因素主要有:第一,人口因素,这是规范转移支付制度考虑的首要因素,包括人口的规模、人口的年龄构成、性别构成、民族构成等。第二,当时的人均 GDP 和人均财政收入因素,它是反映地区经济发展状况和公共服务水平的重要参数。第三,还有土地、地理位置、气候、资源等自然因素都值得考虑。

(3) 完善省以下均等化转移支付。省及省以下转移支付制度作为我国财政转移支付制度的重要组成部分和平衡各省内地区间经济及财力差距的重要手段也有待深化改革。目前尽管有的省市也有针对性地采取了一些措施,但效果仍不理想。应该以中央对省区的均等化方案为基础,并结合各省区的实际情况,同样采取"因素法"的方式,确定对市地的转移支付规模,以平衡各省内市地间的经济差距及财政支出水平。同样,地市对各县区也应该进一步规范转移支付的规模方式。各地方要严格按照财政部的《意见》进行省级以下转移支付的要求,进行改革和落实,尤其要努力增加对基层的财政转移支付,力争一步步缓解县乡财政困难。

(4) 加强转移支付的法制化管理,是完善转移支付的重要保证。虽然我国《预算法》修订要达到的目标是:财政转移支付和税收返还列入各级政府预算,转移支付应该规范、公平、公开,以一般性转移支付为主,以均衡地区间基本财力。但是保证转移支付的规范化、公平化、透明化必须强化转移支付的管理,逐步使其走向法制化,这也是我国依法治国、依法理财的重要举措,是转移支付制度改革的必由之路。首先,必须加强转移支付的立法工作。转移支付是一项涉及面广、政策性强、影响广泛的系统工程。在一旦确定下来以后,必须以法律形式加以规范,从而才能防止中央政府与地方政府的讨价还价和地方政府的"跑部现象",更好发挥转移支付的调控作用。目前,我国可以借鉴国外经验,制定《转移支付法》。其次,应设立专门的机构负责转移支付工作,以确保转移支付的公正合理。结合我国国情,全国人大可设立一个专门委员会,负责研究转移支付的规模、程序,并监督转移支付的执行情况,会同国务院及财政部门提出改进措施及建议。

第五编　宏观调控与经济监督法（下）

第二十五章　银行信贷调控法

第一节　中央银行法

一、中央银行法的基本概念和我国中央银行的确立过程

（一）中央银行和中央银行法的概念

中央银行是一个国家银行体系乃至整个金融体系的核心机构。它最早产生于资本主义生产方式的初级阶段，盛行于资本主义垄断阶段，是政治和金融相结合的产物。

中央银行的基本特征是：(1) 它是全国唯一的发行银行，货币发行具有独占或垄断性。(2) 它是国家银行，经营国库和公债收入，统一管理国际收支。(3) 它是银行的银行，收存专业（或综合性）银行存款准备金，办理再贴现，转抵押。

在我国，中国人民银行是国家的中央银行，履行中央银行的各项职能。

为了确保中央银行的地位和作用，世界各国都制定了中央银行法。所谓中央银行法，就是按照国家意志，规定有关调整中央银行的组织活动及其关系的法律规范。中央银行法的结构大致包括总则或引言、资本或资本金额（投资）、组织领导制度、业务活动范围和方式、发行钞票和银行券或兑换券、银行内部的预决算财务制度、对外参加国际金融活动的权利、纪律或罚则等。

（二）我国中央银行的确立

中国人民银行从1948年建立开始，长期以来是一个综合性的国家银行，它除了担负管理企业金融事业外，还担负工商信贷和储蓄业务的任务，具有国家机关和经济组织的双重性质，因而未能充分发挥其作用，与各专业银行关系也不明确。这是与当年的高度集中的计划经济体制相适应的。1979年开始经济体制改革后，国务院在1982年7月批转《关于人民银行的中央银行职能及其与专业银行的关系问题的请示》的通知的基础上，于1983年9月又作出了《关于中国人民银行专门行使中央银行的职能的决定》。根据这个决定，中国人民银行专门行使中央银行职能，原来由中国人民银行办理的工商信贷业务和储蓄业务,交给1984年1月成立的中国工商银行办理,以加强信贷资金的集中管理和综合平衡。这是我国银行体制的一项重要改革,对于加强我国宏观经济的调节和控制,用经济的办法管理银行,起了一定的作用。1986年1月7日,国务院又发布了《中华人民共和国银行管理暂行条例》(以下简称《银行管理暂行条例》)。这个条例进一步强化了中央银行的地位和职权,进一步明确了中央银行同专业银行和非银行金融机构的关系。

按照《银行管理暂行条例》的规定,中国人民银行是国务院领导和管理全国金融事业的国家机关,是国家的中央银行。这一地位的确立,明确改变了以前中国人民银行既统一管理全国金融又办理货币信贷业务,具有国家机关和经济组织双重性质的状况。中国人民银行作为国家机关是国务院重要组成部分,是部(委)级的综合性的经济行政管理机构。但是中国人民银行作为国家的经济政策机关不同于一般的国家行政机关,作为中央银行,它还要从事特定的银行业务。如《银行管理暂行条例》规定:中国人民银行管理存款和贷款的利率,集中管理信贷资金和国有企业流动资金,经理国库,代理发行政府债券,管理金融市场等。然而,中国人民银行作为国家经济行政管理机关又有它业务上的特殊性,它还具有银行的某些特征和服务职能,服务对象是政府和银行,服务手段是经济方式,但这些仍然带有计划商品经济的痕迹,与国际金融惯例也未接轨,况且还是大一统的金融立法。

1992年2月邓小平同志发表了著名的南方谈话,党的十四大明确要在我国建立社会主义市场经济体制,也就是要使市场在国家宏观调控下,对资源配置起基础性作用。国家经济体制这一根本性的变化,要求我国金融体系必须与此相适应。因为在市场经济中,社会首先会通过资本市场来配置资金。如果说在计划经济时期是"钱随物走",市场经济中却是"物随钱走",所以如果没有相应的金融体系,在市场经济中就不能迅速有效地将国内的储蓄资源物化为资本,转化为投资,并实现资金或资本的全社会优化配置。由此可见,没有健全规范的金融市场,也就没有健全规范的市场经济,而在一个实行市场经济的国家里,在其金融体系中,银行业是主体,中央银行是核心,它的重要作用就在于:稳定币值,保障金融业的正常运转,平衡国际收支,促进经济增长。为此,1993年11月14日,中共中央《关于建立社会主义市场经济若干问题的决定》中提出了加快金融体制改革,建立现代金融制度的要求,认为中国人民银行作为中央银行,必须明确职能,改变调控方式,发展和完善以银行融资为主的金融市场。同年12月25日,国务院《关于金融体制改革的决定》,明确提出了必须建立在国务院领导下独立执行货币政策的中央银行宏观调控体系,把中国人民银行办成真正的中央银行的重要目标。

二、我国中央银行法的颁布

我国1993年初开始起草中央银行法,即《中国人民银行法》,改变了先前长达数年之久起草的既包括中央银行,又包括其他银行和非银行金融机构在内的整个金融业综合性的银行法的做法。1995年3月18日第八届全国人民代表大会第三次会议通过了《中华人民共和国人民银行法》(以下简称《中国人民银行法》)。该法于 2003 年 12 月 27 日由第十届全国人大常委会第六次会议作了修改。该法共 8 章 53 条,其中包括总则、组织机构、人民币、业务、金融监督管理、财务会计、法律责任和附则。这是新中国建立以来金融业的第一部大法,是金融法体系中的基本法,是建立和完善中央银行宏观调控体系的重要法律,是一部反映市场经济规律、积极与国际金融接轨的法律,从观念上突出了现代金融意识和金融法制。《中国人民银行法》的各项规定既总揽了国家经济工作的全局,又涉及各行各业和千家万户。其颁布实施,对于保障中国人民银行依法制定和执行货币政策,抑制通货膨胀,调节货币供应量,保持国际收支平衡,加强金融监管,维护金融秩序,创造良好的货币金融环境,促进国民经济稳定、健康发展,都具有重要的意义。

我国《中国人民银行法》的修改,主要是为了适应中国人民银行职能的调整和金融监管体制的改革,最大限度地以法律的形式划分中国人民银行和中国银监会的职责以及双方之间的协调和信息共享,较好地体现了立法的先进性和前瞻性,以及金融监管理念的变化。

三、我国中央银行的法律地位和职责的规定

(一)中央银行的法律地位

1. 法律地位的概念

法律地位,即法律赋予单位和组织,乃至人和物等以一定的人格,在法律关系中所处的位置和格局,以及由此引出的权利和义务(或者职权)及活动的范围、原则。明确其法律地位之后,就可以使自己在法律规定的范围内放心大胆地进行各项活动和行使其职权,当受到他人侵害时,有权申请司法机关进行保护。

2. 世界主要国家中央银行法律地位的概况

凡中央银行法对其中央银行的地位都有明文规定,就世界各国的情况来看可分为四类。第一类:一些国家中,中央银行直接向国会负责,在组织上保证了中央银行处于一种对政府的超然地位,具有很高的独立性。如美国、德国、瑞典、南斯拉夫等国家的银行法都有这种规定。美国联邦储备系统直接向国会负责,向国会报告工作。德国银行在执行中央银行法授予的权力时"不受政府指示的干涉",政府官员有权参加中央银行的决策,但"无表决权"。瑞典"国家银行董事会除接受来自国会的指示外,不受其他任何人有关国家银行经营管理的指示"。南斯拉夫中央银行可以依照法律"独立地完成统一货币业务的任务",直接向联盟议会负责,执行联盟议会决定的共同准备货币发行政策。第二类:有些国家虽然表面上规定中央银行服从财政,但实际上仍有相当的独立性。例如,日本银行虽受大藏省的"监督",但在政策决策上,政府成员"无表决权"。又如英国,虽然按英格兰银行法案,财政部有权向该银行发布命令,但此项权力实际上从未使用过。第三类:有些国家的中央银行受财政部的直接控制。例如,1934 年颁布的意大利中央银行法,就规定了该行属于财政部管辖,该行的决策与国家法令和其本身的地位不符时,财政部有权"暂停执行"该决议。第四类:有些国家的中央银行直属政府领导,是政府的一个部门。例如匈牙利、原苏联等国家的中央银行法都分别规定了"银行在部长会议监督下进行活动"、"根据部长会议的决议"统一发行和流通货币、"向部长会议提出法律规定的法律文件草案"。①

3. 中国人民银行的法律地位

我国修改后的《中国人民银行法》规定:为了确立中国人民银行的地位,明确其职责,保证国家货币政策的正确制定和执行,建立和完善中央银行宏观调控体系,维护金融稳定,特制定本法。中国人民银行是中华人民共和国的中央银行。中国人民银行在国务院领导下依法独立执行货币政策,履行职责,开展业务,不受地方政府、各级政府部门、社会团体和个人的干涉。这是第一次以法律的形式规定了中国人民银行与中央政府、地方政府和其他行政机关、其他金融机构以及社会团体和个人的关系。这些规定确立了中国人民银行是我国的中央银行,是国家的发行银行的法律地位。这一法律地位的确立,不仅改变了与传统的计划经济体制相适应的那种"大一统"的银行组织体系,即中国人民银行独此一家,既办理专业或者商业银行业务,又制定和执行金融货币政策,同时又是国务院管理全国金融业的业务主管机构。而且改变了由于没有一部专门的法律来明确中国人民银行的性质地位,所以中国人民银行作为中央银行在国家宏观调控中的作用也受到局限的状况。这一方面是适应市场经济的发展的需要,随着金融体制改革的深入,银行在资源配置方面的作用不断增大,整个市场经济体系的运作效率也可望通过金融深化改革而大大提高;另一方面也是为保证国家货币政策的目标和操作目标的实现以及整个金融体系的安全(避免带来较大的风险和引起信用危机)、有效运行(避免通货膨胀和宏观经济运行混乱)的迫切需要。

4. 中国人民银行在组织上的独立性

为了确保中央银行法律地位的实现,除了中国人民银行自身必须在组织机构、业务活动以及内部管理等方面严格自律以外,还必须在组织上保持应有的独立性。这就要求地方政府、各级政府部门、社会团体和个人,不得干涉中国人民银行行使中央银行的职能。按照《中国人民银行法》规定,任何地方政府、各级政府部门、社会团体和个人强令中国人民银行及其工作人员违反"中国人民银行不得向地方政府、各级政府部门提供贷款,不得向非银行金融机构以及其他单位和个人提供贷款"、"不得向任何单位和个人提供担保"的规定的,对负有直接责任的主管人员和其他直接责任人员,依法给予行政处分;构成犯罪的,依法追究刑事责任;造成损失的,应当承担部分或者全部赔偿责任。为了确保中央银行的法律地位,还需要得到全社会、各个方面的理解和支持。

(二) 我国中央银行的职责

按照我国《中国人民银行法》的规定,中国人民银行履行下列职责:(1)发布与履行其职责有关的命令和规章;(2)依法制定和执行货币政策;(3)发行人民币,管理人民币流通;(4)监督管理银行间同业拆借市场和银行间债券市场;(5)实施外汇管

---

① 刘隆亨:《外国中央银行及其立法概况》,载《国外法学》1986年第4期。

理,监督管理银行间外汇市场;(6)监督管理黄金市场;(7)持有、管理、经营国家外汇储备、黄金储备;(8)经理国库;(9)维护支付、清算系统的正常运行;(10)指导、部署金融业反洗钱工作,负责反洗钱的资金监测;(11)负责金融业的统计、调查、分析和预测;(12)作为国家的中央银行,从事有关的国际金融活动;(13)国务院规定的其他职责。中国人民银行的13项职责可概括为七个方面:一是依法制定和执行货币政策(如决定年度货币供应量、利率、汇率和国务院规定的其他重要事项),发行人民币,管理人民币流通;二是监督管理银行间同业拆借市场和银行间债券市场;三是持有、管理、经营国家外汇储备、黄金储备,经理国库;四是维护支付、清算系统的正常运行,提供清算服务;五是从事有关国际金融活动;六是指导、部署金融业反洗钱工作,负责反洗钱的资金监测;七是负责金融业的统计、调查、分析和预测,以及国务院规定的其他职责。所有这些职责的规定体现了中国人民银行作为中央银行的职能。

(三)中国人民银行的主要职能

按照我国《中国人民银行法》对中央银行职责的规定和工作的实践,我国中央银行主要担负三大职能。

(1)依法制定和执行货币政策的职能。在1979年以前,我国虽然存在稳定货币的政策和稳定物价的方针,但实际上却不存在现代意义上的货币政策目标。1984年以后,中国人民银行作为中央银行成立以后,开始了我国货币政策的双重目标制,即稳定货币币值和发展经济并举。而贯彻货币政策的工具主要是信贷计划(即信贷资金分配手段),这种双重目标的货币政策和信贷资金分配的货币政策工具,把中央银行置身于社会资金分配者的地位,企图通过控制信贷资金分配来发展经济,稳定货币,这与市场经济体制不相适应。因为在市场经济条件下,稳定货币和分配资金的任务,应该是分离的,不能由一家银行来实现。中央银行的主要任务应当是通过控制货币供应量来控制社会总需求,从而保持货币稳定。至于货币资金的分配则主要应在宏观调控下由市场来起基础性的决定作用。事实上,中央银行即使控制了信贷规模和结构,也不能控制住社会资金总量,从而难以稳定货币,从20世纪80年代以来,中央银行金融宏观调控手段的改革曾经几次反复,但一直未能摆脱自己作为全国资金分配者的地位,所以对稳定货币也未能负到应尽的责任。如今,《中国人民银行法》明确规定,中央银行把"保持货币币值的稳定"作为自己最主要的货币政策目标,而把"促进经济增长"列在从属地位。不再把稳定货币和发展经济同时并举,这的确是我国中央银行职能的一个重大变化。由于上述职能的转变,与此相配套,在调控措施上,《中国人民银行法》也作了很多相应的规定:(1)在中央银行内部设立货币政策委员会。(2)中央银行集中行使货币宏观调控权(包括中央银行有权决定年度货币供应量、利率、汇率和其他重要事项)。(3)完善和运用多种货币政策工具。

(2)金融监管职能。所谓金融监管职能,是指中央银行对金融业实行监督管理的职责。

我国修改后的《中国人民银行法》还保留了与人民银行业务相关的部分监管职能。包括:其一,执行有关存款准备金管理规定的行为;其二,与中国人民银行特种贷款有关的行为;其三,执行有关人民币管理规定的行为;其四,执行有关银行间同业拆借市场、银行间债券市场管理规定的行为;其五,执行有关外汇管理规定的行为;其六,执行有关黄金管理规定的行为;其七,代理中国人民银行经理国库的行为;其八,执行有关清算管理规定的行为;其九,执行有关反洗钱规定的行为。这些都是中国人民银行有权对金融机构以及其他单位和个人的行为进行检查监督的权力。为了廓清中央银行与银监会之间的分工与合作关系,《中国人民银行法》还规定:国务院建立金融监督管理协调机制,具体办法由国务院规定。

(3) 金融服务是中央银行分支机构的又一项重要职能,也是整个中央银行的一项重要职能。中央银行的服务工作除政策服务、支付结算(清算)服务外,还包括进行发行基金的调拨,保证现金的合理供应,进行银行券种的调剂,避免出现大小面额券种的紧缺、过剩而影响经济工作和经济生活,并坚持优先保证国家重点项目和农副产品收购资金的需要和到位;做好对残缺污损银行券的兑换回收、销毁以及人民币的防伪与爱护工作;强化金银管理,完成金银收购与配售工作;完善国库会计核算工作,做好国库与发行库、业务库三库账务的衔接,抓好核算的统一规范,保证国库资金准确、及时、完整入库;配合财政部门组织作好国债发行、兑付工作。为了做好金融服务工作,要建立健全中央银行内部的各项规章制度,要培训队伍,要加强服务手段的金融电子化建设。

总之,为了履行中央银行的职责,转变中央银行的职能,切实实现中央银行的三大职能,必须正确处理和把握好下面五个关系:一是处理好经济与金融的关系。一定要牢固地树立起抓住机遇,立足金融,促进和支持经济发展的思路。二是处理好抑制通货膨胀与保持经济增长的关系,正确把握适度从紧、适度从宽或稳健货币信贷政策。抑制通货膨胀的政策目标不能动摇,但在操作上应注意作到既达到抑制通货膨胀的作用,又使经济发展有相应的货币供应;在货币供应总量上管住,而在实际操作上有紧有松,有严有宽或有减弱有加强;在措施上要综合运用,要有财政、投资、外贸政策同货币政策的配套综合使用。三是改变过去中国人民银行的工作既是"裁判员"又是"运动员"的身份,而转变为中国人民银行不再当"运动员"而专门行使"裁判员"的职责。"裁判员"应以自己高超的裁判水平,让"运动员"和"观众"口服心服。为此,要学习,要深入现场调查,要坚持原则,"敢于吹哨亮黄牌",要关心"运动员"(即商业银行和非银行金融机构)的疾苦和困难。四是处理好信贷资金与财政资金之间的关系。财政资金与信贷资金是两种不同性质的资金,应该运用不同的办法去管理。两者不能相互混杂,但是在实际工作中财政资金常常挤占了银行资金,信贷资金财政化的问题普遍存在,这是非常有害的。《中国人民银行法》明确要求不准财政向银行透支,两种资金应各走各的路,上边的资金分开了,下边的资金更应该严格区分,加强管理。五是在处理好中央银行与商业银行之间的关系的同时,还要引导处理好商业银行与商业银行之间的平等竞争关系,反对不正当竞争,以及处理好商业银行与企业之间的平等关系,建立新型的银企关系。所有这些对树立中央银行的形象都是很有意义的。

四、我国中央银行组织机构的规定

根据中央银行的法律地位,为了履行中央银行的职责,确立和加强中央银行的组织机构,是一个十分重要的问题。按照我国的实际状况,参照国际社会中央银行组织建设的管理经验,我国《中国人民银行法》对中央银行的组织机构作了如下规定:

(1) 实行中央银行行长负责制。中国人民银行设行长1人,副行长若干人。行长领导中国人民银行的工作,副行长协助行长工作。

(2) 中央银行行长的人选。中国人民银行行长根据国务院总理的提名,由全国人民代表大会决定;全国人民代表大会闭会期间,由全国人民代表大会常务委员会决定,由中华人民共和国主席任免。中国人民银行副行长由国务院总理任免。

(3) 关于分支机构的规定。为了确保中央银行的法律地位和切实履行中央银行职责的需要,中国人民银行设立分支机构,其性质属于中央银行派出机构。中国人民银行对分支机构实行集中统一的领导和管理,中国人民银行的分支机构根据中国人民银行的授权,负责本辖区的金融监督管理,承办有关业务。1998年11月,国务院决定对中国人民银行管理体制实行改革,撤销省级分行,跨省设立9家(天津、沈阳、上海、南京、济南、武汉、广州、成都、西安)分行。这种将按行政区划设置分行改为按地区经济发展设置分行,能够减少和克服地方行政长官对银行的干预,更好地统一执行国家货币政策,进行宏观调控,并有效地防范和化解金融危机和金融风险。

(4) 关于设立货币政策委员会。中国人民银行设立货币政策委员会。货币政策委员会的职责、组成和工作程序,由国务院规定,报全国人民代表大会常务委员会备案。2003年修改后的《中国人民银行法》强化了货币政策委员会的地位与作用,规定:中国人民银行货币政策委员会应当在国家宏观调控、货币政策制定和调整中,发挥重要作用。

(5) 中央银行根据职责需要设立若干办事机构,如设立条法司、货币政策司、银行监管司、支付科技司、统计司、财务会计司等。

(6) 中央银行正副行长和其他工作人员的守则。中国人民银行的行长、副行长及其他工作人员应当恪尽职守,不得滥用职权、徇私舞弊,不得在任何金融机构、企业、基金会兼职。中国人民银行的工作人员贪污受贿、徇私舞弊、滥用职权、玩忽职守,构成犯罪的,依法追究刑事责任;情节轻微的,依法给予行政处分。中国人民银行的行长、副行长及其他工作人员,应当依法保守国家秘密,并有责任为其监督管理的金融机构及有关当事人保守秘密。中国人民银行的工作人员泄露国家秘密,构成犯罪的,依法追究刑事责任;情节轻微的,依法给予行政处分。

我国《中国人民银行法》这样规定的目的是:保证中央银行更好地履行自己的职责;保证商业银行和非金融机构经营管理的自主权;体现商业金融与政策金融相分离。这也是符合国际通行的做法的。

五、中国人民银行实行独立的预算财务会计制度

中国人民银行实行独立的财务预算管理制度。中国人民银行的预算经国务院财

政部门审核后,纳入中央预算,接受国务院财政部门的预算执行监督。

中国人民银行每一会计年度的收入减除该年度的支出,并按照国务院财政部核定的比例提取总准备金后的净利润,全部上缴中央财政,中国人民银行的亏损由中央财政拨款弥补。

中国人民银行的财务收支和会计事务,应当执行法律、行政法规和国家统一的财务会计制度,接受国务院审计机关和财政部门依法分别进行的审计和监督。

实行这一财务预算管理,改变了先前中国人民银行总行和各分支机构的利润留成制度,其好处是使中央银行更加集中精力依法执行国家货币政策,进行金融宏观调控。

中国人民银行应当于每一会计年度结束后的3个月内,编制资产负债表、损益表和相关的财务会计报表,并编制年度报告,按照国家有关规定予以公布。中国人民银行的会计年度自公历1月1日起至12月31日止。中央银行会计工作在整个金融调控体系中占有重要地位,一方面,它是货币政策实施和传导过程的终端,另一方面,它又是连接货币政策实施主体和调控对象的纽带。中国人民银行会计工作这一地位与作用是在通过办理各项会计业务中得到体现的。

六、法律责任的规定

为强化中央银行法律地位和职权,维护金融秩序,我国《中国人民银行法》第七章设专章规定了法律责任。

(1) 关于行员恪尽职守,不得滥用职权、徇私舞弊的规定。如《中国人民银行法》第14条规定:"中国人民银行的行长、副行长及其他工作人员应当恪尽职守,不得滥用职权、徇私舞弊,不得在任何金融机构、企业、基金会兼职。"第51条又规定:"中国人民银行的工作人员贪污受贿、徇私舞弊、滥用职权、玩忽职守,构成犯罪的,依法追究刑事责任;尚不构成犯罪的,依法给予行政处分。"

(2) 关于行员保守秘密的规定。如《中国人民银行法》第15条规定:"中国人民银行的行长、副行长及其他工作人员,应当依法保守国家秘密,并有责任为其监督管理的金融机构及有关当事人保守秘密。"第50条又规定:"中国人民银行的工作人员泄露国家秘密或者所知悉的商业秘密,构成犯罪的,依法追究刑事责任;尚不构成犯罪的,依法给予行政处分。"

(3) 关于行员遵守信贷、担保纪律的规定。如《中国人民银行法》第30条规定:"中国人民银行不得向地方政府、各级政府部门提供贷款,不得向非银行金融机构以及其他单位和个人提供贷款,但国务院决定中国人民银行可以向特定的非银行金融机构提供贷款的除外。中国人民银行不得向任何单位和个人提供担保。"第48条规定:"中国人民银行有下列行为之一的,对负有直接责任的主管人员和其他直接责任人员,依法给予行政处分;构成犯罪的,依法追究刑事责任:(一) 违反本法第30条第1款的规定提供贷款的;(二) 对单位和个人提供担保的;(三) 擅自动用发行基金的。有前款所列行为之一,造成损失的,负有直接责任的主管人员和其他责任人员应当承担部分或者全部赔偿责任。"第49条规定:"地方政府、各级政府部门、社会团体和个人强令中国人民银行及其工作人员违反本法第30条的规定提供贷款或者担保的,对负有直接责任的主管人员和其他直接责任人员,依法给予行政处分;构成犯罪的,依法追究刑事责任;造成损失的,应当承担部分或者全部赔偿责任。"

(4)其他规定。包括要求行员遵守银行纪律,廉洁自律,维护金融秩序,保护国家金融资产的行为。这些在我国的民法、刑法、经济法、行政法等法律法规中都有不同程度的规定。

第二节 政策性银行法

政策性金融,一般是指在相关的专业领域或者开发性领域,利用特殊的金融手段,直接为配合贯彻国家的经济和社会政策而从事的金融业务活动,直接投向的项目也往往是一些社会效益好,但银行自身效益并不高然而又是具有国家政策需要和具有偿还能力的项目。商业性金融,是指经营商业性金融业务的银行机构活动及其管理的总称,它是以经营存款为主要业务,并以效益性、流动性、安全性为主要经营原则的金融业务。

由此可见,政策性金融与商业性金融是有严格区别的,实行政策性金融与商业性金融相分离,不仅可以解决长期以来国有专业银行身兼二任的问题,减少和防止国有专业银行管理行政化日趋严重的现象,还可以割断政策性贷款与基础货币的直接联系,保障中国人民银行调控基础货币的主动权。

为了实现政策性金融与商业性金融的真正分离,搞好政策性金融业务,除了建立必要的政策性银行外,还应注意防止政策性银行非银行化和商业化。政策性银行必须坚持保本经营,遵守一般的信用原则,负有收回贷款本息的责任和义务。政策性银行在经营中不得把自身利润的追求凌驾于政府整体政策之上,与商业银行争利润、争项目,而应注意降低政策性银行贷款的风险,提高信贷资产质量。

一、国家开发银行的法律规定

作为我国政策性银行之一的国家开发银行,是直属国务院领导的政策性金融机构,对由其安排投资的国家重点建设项目,在资金总量和资金结构配置上负有宏观调控的职责。国家开发银行在金融业务上接受中国人民银行的指导和监督。主要任务是:按照国家的法律、法规和方针、政策,建立长期稳定的资金来源,筹集和引导社会资金用于国家重点建设。

根据《国家开发银行章程》规定,国家开发银行办理政策性金融业务,实行独立核算,自主、保本经营,责、权、利相统一,建立投资约束和风险责任制。国家开发银行经营的业务范围包括:管理和运用国家核拨的预算内经营性建设基金和贴息资金;向国内金融机构发行金融债券和向社会发行财政担保建设债券;办理有关的外国政府和国际金融组织贷款的转贷业务,经国家批准在国外发行债券,根据国家利用外资计划筹措国际商业贷款等;向国家基础设施、基础产业和支柱产业的大中型基本建设和技术改造等政策性项目及其配套工程发放政策性贷款;办理建设项目贷款条件评审、咨询和担保等业务;办理重点建设项目物色国内外合资伙伴,提供投资机会和投资信息。

国家开发银行是由原来的中国建设银行的一部分政策性业务和国家投资银行组成的,负责管辖中国建设银行和国家投资银行的有关业务。国家开发银行设总行,下设分支机构。总部设在北京。随着业务的发展,经批准可在国内外设置必要的办事机构。国家开发银行实行行长负责制,设行长1人,副行长若干人,均由国务院任命。行长负责全行工作,副行长协助行长工作。国家开发银行经国务院批准设立监事会,监督国家开发银行执行国家方针政策的情况、资金使用方向和资产经营状况。

国家开发银行每一会计年度向财政部报送年度财务决算,每年定期公布基本财务报表,并由中华人民共和国的注册会计师和审计事务所出具审计报告。

二、中国农业发展银行的法律规定

中国农业发展银行是直属国务院领导的政策性金融机构,在业务上接受中国人民银行的指导和监督。根据《中国农业发展银行章程》的规定,中国农业发展银行是注册资本为200亿元人民币的独立法人,实行独立核算,自主、保本经营,企业化管理。中国农业发展银行的主要任务是按照国家的法律、法规和方针政策,以国家信用为基础,筹集农业政策性信贷资金,承担国家规定的农业政策性金融业务,代理财政性支农资金的支付,为农业和农村经济发展提供优惠低息贷款。

中国农业发展银行在机构设置上实行总行、分行、支行制。其中,总行设在北京,分支机构的设置须经中国人民银行批准。中国农业发展银行实行行长负责制,对其分支机构实行垂直领导的管理体制,设立监事会对中国农业发展银行的业务进行监督、检查、评价。

中国农业发展银行主要经营和办理下列业务活动:办理由国务院确定,中国人民银行安排资金并由财政部予以贴息的主要农副产品的国家专项储备贷款;办理粮、棉、油、肉等农副产品的收购贷款及粮油调销、批发贷款;办理承担国家粮、油等产品政策性加工任务企业的贷款和棉麻系统棉花加工企业的贷款;办理国务院确定的扶贫贴息贷款、老少边穷地区发展经济贷款、贫困县县办工业贷款、农业综合开发贷款以及其他财政贴息的农业方面的贷款;办理国家确定的小型农、林、牧、水利基本建设和技术改造贷款;办理中央和省级政府的财政支农资金的代理拨付,为各级政府设立的粮食风险基金开立专户并代理拨付;发行金融债券;办理业务范围内开户企事业单位的存款;办理开户企事业单位的结算;境外筹资;办理经国务院和中国人民银行批准的其他业务。

中国农业发展银行实行统一计划、指标管理、统筹统还、专款专用的资金计划管理办法,负责农业政策性贷款的审批、发放、管理、监督和检查。其财务会计制度与国家开发银行相类似。

三、中国进出口银行的法律规定

中国进出口银行是对我国进出口实行政策性信贷业务的专业银行,是经营国家进出口方面业务的政策性金融机构。其主要任务是执行国家产业政策和外贸政策,以金融手段支持我国出口贸易的发展,尤其是支持机电产品和成套设备出口,以促进出口商品结构的升级换代。

中国进出口银行的业务范围主要是为大型机电成套设备进出口提供进出口信贷;为成套机电产品出口信贷办理贴息及出口信贷担保,兼办出口信用保险业务。

中国进出口银行坚持自担风险、保本经营,实行企业化管理的原则,其业务受中国人民银行监督。

中国进出口银行设董事会。董事会设董事长1人,视需要设副董事长。中国进出口银行还设监事会,监事会受国务院委托对其经营方针及国有资产的保值、增值情况,对银行行长的经营业绩进行监督检查,对银行行长的工作作出评价和建议。

中国进出口银行的财务制度与其他政策性银行类似。

第三节 银行业监督管理法

一、我国《银行业监督管理法》的颁布和意义

在2003年3月第十届全国人民代表大会第一次会议上,通过了成立中国银行业监督管理委员会的决定。接着在4月26日闭幕的第十届全国人民代表大会常务委员会第二次会议上,审议了国务院《关于提请审议中国银行业监督管理委员会行使原由中国人民银行行使的监督管理职权的议案》。通过了全国人民代表大会常务委员会《关于中国银行业监督管理委员会履行原由中国人民银行履行的监督管理职责的决定》,决定指出:(1)由国务院依照现行《中华人民共和国中国人民银行法》、《中华人民共和国商业银行法》和其他有关法律的规定,确定中国银行业监督管理委员会履行原由中国人民银行履行的审批、监督管理银行、金融资产管理公司、信托投资公司及其他存款类金融机构等的职责及相关职责。(2)由国务院抓紧提出修改《中华人民共和国中国人民银行法》和《中华人民共和国商业银行法》以及其他有关法律的议案,提请全国人民代表大会常务委员会审议。

2003年4月初,国务院法制办和中国银监会组成起草小组,共同负责起草《中华人民共和国银行业监督管理法(草案)》。[①] 2003年8月7日,国务院召开常务会议,讨论并原则通过《中华人民共和国中国人民银行法修正案(草案)》、《中华人民共和国商业银行法修正案(草案)》和《中华人民共和国银行业监督管理法(草案)》。会议决定,该三部银行法(草案)经进一步修改后,由国务院提请全国人大常委会审议。

---

① 聘请了专家顾问组成员,成员包括:吴志攀、刘隆亨、江平、王家福、姜明安。

2003年12月27日,第十届全国人大常委会第六次会议通过了《中华人民共和国银行业监督管理法》(以下简称《银行业监督管理法》),同时通过的还有全国人大常委会《关于修改〈中华人民共和国中国人民银行法〉的决定》和《关于修改〈中华人民共和国商业银行法〉的决定》,这三部法律于2004年2月1日起施行。2006年10月31日第十届全国人大常委会第二十四次会议对我国《银行业监督管理法》进行了修改,对原法增加了2条,修改了1条。我国修改后的《银行业监督管理法》包括总则、监督管理机构、监督管理职责、监督管理措施、法律责任、附则等6章共52条,适用于在我国境内的各种银行业金融机构。

我国《银行业监督管理法》的颁布,在中国金融法制建设中具有十分重要的意义,它不仅为我国立法提供了重要经验,也是立法质量比较好的一部法律,是我国推行依法治国、加强法制建设的一个重要范例。它对建立相对独立、统一的银行业监管机构,保障金融安全、高效、稳定运行,防范和化解金融风险具有重要的意义。

我国《银行业监督管理法》的颁布和实施,填补了我国银行业监督管理的基本法律空白,使得银监会履行职责有了更明确、全面的法律授权,加强了中国银行业监管的独立性、专业性和权威性,对提升我国银行业监管的整体有效性起到重要的促进作用。

二、银行业监管的对象、目标和原则

(一) 银行业监管的对象

按照我国《银行业监督管理法》第2条的规定,我国银行业监督管理的主要对象是全国银行业金融机构及其业务活动。银行业被监管机构,是指在中华人民共和国境内设立的商业银行、城市信用合作社、农村信用合作社等吸收公众存款的金融机构以及政策性银行。

按照我国《银行业监督管理法》第2条的规定,我国金融业监管对象还包括在我国境内设立的金融资产管理公司、信托投资公司、财务公司、金融租赁公司以及经国务院银行业监督管理机构批准设立的其他金融机构的监督管理。

国务院银行业监管机构依照《银行业监督管理法》的有关规定,对经其批准在境外设立的金融机构以及我国境内商业银行、城市信用合作社、农村信用合作社、政策性银行金融机构在境外的业务活动,实施监督管理。这也是银行业监管对象不可缺少的部分。因为吸收公众存款的我国境内金融机构在境外从事业务的情况会越来越多,影响会越来越大,同时其风险也会越来越高,因此,加强对境内银行金融机构对外经营分支机构及其业务活动的监管也是十分重要的。

除法律行政法规另有规定外,对在我国境内设立的外资银行金融机构、中外合资银行金融机构、外国银行金融机构的分支机构的监督管理,也遵守我国《银行业监督管理法》的规定。

(二) 银行业监管的目标

1. 我国《银行业监督管理法》的立法目的和银行业监管目标之间的关系

我国《银行业监督管理法》第1条明确规定:"为了加强对银行业的监督管理,规范监督管理行为,防范和化解银行业风险,保护存款人和其他客户的合法权益,促进银行业健康发展,制定本法。"从这里很清楚地说明了制定银行业监管法,一是为了加强银行业的监管,促进银行业的健康发展。二是为了规范监管行为。三是为了防范和化解金融风险。四是为了保护存款人和其他客户的合法权益。我国《银行业监督管理法》的这种立法动机或目的的规定,是全面科学而又切合实际的,并且其内容又是不可分割而紧密联系在一起的。而《银行业监督管理法》对监管的目标的规定(见《银行业监督管理法》第2条),是指对银行业的监管的方向和要求,"目的"与"目标"之间有联系也有区别。

2. 促进银行业的合法、稳健运行,维护公众对银行业的信心,是银行业监管的第一目标

按照我国《银行业监督管理法》第3条第1款规定:"银行业监督管理的目标是促进银行业的合法、稳健运行,维护公众对银行业的信心。"

为什么把银行业的合法稳健运行作为监管的主要目标,这是因为银行业金融机构作为国民经济的中枢,客观上需要它们相对稳定,然而各银行业金融机构作为一个经济部门,又具有较强烈的利润趋向,这种利润趋向常常增加了银行业金融机构经营的风险。在经济日益科技化、全球化,金融作为现代经济的核心地位的情形下,一旦有一家银行业金融机构倒闭就会打破原债权、债务链,触发金融危机。这就是给经济发展和社会带来不利影响的金融风险。金融危机是金融风险累积到一定程度的爆发。它表现为金融体系运行发生困难,乃至于崩溃,包括大部分或全部金融指标恶化、金融资产质量恶化,乃至出现金融机构的倒闭。

因此,银行业监管机关有必要对银行业金融机构进行监管,通过其监管正确处理依法与安全、稳定与运行之间的辩证关系。事实证明:只有依法才能安全,强调安全才能更好地依法,法律是安全的保证;强调稳定才能稳健运行不"翻车",运行流通才能有效率,效率是目的,银行业金融机构的安全与效率并重。监管者的任务在于确保银行业金融机构在法定范围内稳健经营,降低和防范金融风险,以提高金融体系的安全性和稳定性,这是银行业监督管理所必须遵循的法制原则。

维护公众对银行业的信心,是银行金融业发展的重要条件和重要的客观环境,因为市场经济是诚实信用经济,而银行业的基本特征是信用。公众的财产投入银行,是因为公众认为银行靠得住,银行是铁账、铁款、铁算盘,在社会上享有很高的威信。是因为银行会给存款人和其他客户带来合法的权益或者收入,如果完全不能带来合法的权益或者收入,公众也不会对银行业抱有希望和信念。为此,在银行业与存款人和其他客户之间就要建立一种良好的一流的信用关系。如果公众对银行业缺乏信心,银行业就发展不起来,甚至就得停业、关闭、破产。公众对银行的信心与信赖最好、最强、最高,银行有了这种外部的客观环境才能发展。只有尊重和保护广大储户与投资

者,保护其合法权益,才能使其树立信心。储户和投资者的信心,是金融市场和银行业金融机构生存和发展的前提。因此,监管者需要通过各种措施创造公平竞争的环境,提高银行金融业公平竞争的能力,使广大储户和投资者的信心得以维持和巩固,只有这样,银行金融业才能发展,广大储户和投资者的利益才有保障。

3. 保护银行业公平竞争,提高银行业竞争能力,是银行业监管的第二目标

按照我国《银行业监督管理法》第3条第2款规定:"银行业监督管理应当保护银行业公平竞争,提高银行业竞争能力。"这是银行业监管的第二目标。

银行监管不是一种消极的监管,纯粹限制性的监管,而是一种积极的、促进性的、发展性的监管。在现代市场经济条件下,尤其是市场经济在一定程度上也是金融经济的条件下,特别是在我国加入WTO以后,国际、国内的金融竞争十分激烈,在这种激烈的金融竞争中我们应当坚持和发展公平竞争,反对不正当的竞争,坚持诚实信用原则,提高金融产品质量,加快金融产品的交易进程,增强公平竞争的本领。在银行金融业的竞争中我们应当反对采用非法手段排挤和削弱竞争对手、妨害其他经营者的正当活动、侵害其他经营者的合法权益、违背公认的商业道德的行为;反对为了私人和小团体利益不惜损害国家和他人的利益;反对假冒他人的名义从事经营活动,实行商业贿赂,侵害他人经营金融的商业秘密,进行虚假宣传;反对实行地区封锁,任意抬高或降低利率、利息以及其他不当的附加条件。

实行公平、公开、公正的竞争,对银行金融业来说也至关重要。经验证明,银行金融机构规模不分大小,成立不分先后,适用法律一律平等对待。只有在公平竞争中才能真正提高竞争力,在竞争中发展自己,而不是靠不正当手段超过对方独霸市场,也不是靠政府包下来,靠娘抱着走路。实践经验也表明,银行业监管一方面要保护银行业金融机构的机会均等和平等竞争地位;另一方面要防止和打破金融垄断,确保正常的金融秩序。银行业监管的目的是在保证金融机构及其活动的依法、安全与金融机构的稳定的基础上,促进银行业金融机构内部的公平竞争,外部的和谐一致,形成公平竞争的良好环境,这样才能促使银行业金融机构内有动力、外有提高自身金融效率的压力。至于保护维护金融体系的安全与稳定、保护广大储户和投资公众的合法权益、促进银行业金融机构提高效率,这和本节已经阐述的银行业监管的两个目标是完全一致的,并且在阐述的两个目标中已经包含了这方面的内容。

(三) 银行业监管的原则

银行业监管的原则,在我国《银行业监督管理法》第4条、第5条中有明确规定。这些规定十分明确而又科学地对我国银行业监管行为所遵循的法制原则作了准确表述。

1. 依法监管与公开、公正原则

依法监管原则是指银行业监管必须依据法律法规,保证法律法规所要求的监管目标的实现,防止银行业监管的随意性。应当承认,由于金融市场瞬息万变,银行业监管机构应当享有行使职权上的临时处置权,但这一权利应当严格限制在合法的范围内,防止滥用金融执法权的情形发生。依法监管不仅监管行为要依法,监管程序也

要依法,从监管行为的起因到监管行为的末了都要依法,真正做到有法可依,有法必依,执法必严,违法必究。

公开和公正是不可分割的,只有公开才能真正、完全做到公正,要公正也就必须公开。公开原则也是银行业监管行为所必须要求的。"其基本含义是银行业监管行为除了依法应当保守秘密以外,应当一律公开进行,行政法规、规章、监管政策以及银行业监管机构作出的影响行政相对人权利义务的行为的标准、条件、程序应当依法公布。"[①]公开的主要内容包括监管立法和政策公开;监管执法行为公开;监管行政复议的依据、标准、程序应当公开,监管行政行为的信息应当予以公开。其具体要求和做法在我国《银行业监督管理法》中都有具体的条文规定。

所谓公正原则,是指银行业金融市场的参与者的法律地位的平等性,银行业监管机构应当平等对待。在银行业监管中实现公正原则的内容包括三个方面,一是适用法律平等;二是监管程序规范;三是依法独立进行监管。所谓适用法律平等,是指银行业在进行监管活动中对其监管对象不分大小,不分级别,不分先后,一律适用同样的实体法;依法监管,不偏私;平等对待相对人,不歧视;合理考虑相关因素,不专断。所谓程序公正,是指凡处理涉及与自己有利害关系的事务或裁决与自己有利害关系的争议,应当实行回避制度;不在事先尚未通知和听取相对人申辩意见的情况下作出对相对人不利的监管行为。要营造一个良好的依法独立公正实施银行业监管的法律环境,这些在我国《银行业监督管理法》规定的具体措施中都有明白的规定。因此,公正原则应贯穿于整个银行业监管行为的全过程中。

2. 讲求效率的原则与依法独立监管原则

银行业的监管行为必须遵循效率原则,效率原则是银行业监督管理机构在行使监管职权时,要以精干的机构和人员、以尽快的时间、尽可能做到准确无误、严格遵循行政程序和时限,尽可能降低成本,对监管行为的成本与效益进行分析,使监管立法和行为以及案件的处理具有最大可能的合理性,为国家社会和行政相对人带来益处。

银行业监管本身要讲求效率,努力降低监管成本;效率与成本以及与银行业金融机构的产品快速交易、形成公平竞争等这些都是紧密联系在一起。银行业监管不得妨碍银行业金融机构间的正常竞争,要鼓励、倡导和规范竞争,创造适合银行业金融竞争的外部环境,防止金融垄断,以此来促进金融体系的整体效率的提高。

所谓依法独立监管的原则,即银监机构及其工作人员依法行使职权时不受外来干涉。为了实现制定银行业监督管理法的目的,为了实现银行业监管的目标,我国《银行业监督管理法》第 5 条的规定,一方面要求对银行业监督管理机构及其从事监督管理的工作人员,在依法履行监督管理职责过程中受到法律保护。另一方面法律要求"地方政府、各级政府部门、社会团体和个人不得干涉"。也就是说既要保护银行业监管机构及其工作人员依法行使职权,又要尊重和保护银行业监管机构及其工作人员,依法独立行使职权,不受外来的强制和干涉。并且在组织上还规定了"国务院

---

① 见《金融时报》2004 年 3 月 27 日。

银行业监督管理机构对派出机构实行统一领导和管理",其派出机构要"在国务院银行业监督管理机构授权范围内,履行监督管理职责"。但国务院银行业监管机构要接受国务院审计、监察等机关的依法监督。

(四) 行使银行业监管权应当注意的几个问题

银行业监管的对象、目标和原则是涉及我国《银行业监督管理法》的一些根本性问题,故列在该法的总则的第2—5条及其他相关条款之中,分量很重。它是该法全部条文的精髓。

为了实现银行监管的范围、目标和原则,在行使银行业监管权时应当注意解决以下四个方面的问题。

(1) 坚持以人为本的科学发展观,正确处理监管者与被监管者的关系。

(2) 把握金融监管的全局,抓住金融监管的重点。金融业是一个庞大的体系,不容易把握,但是只要我们对纷繁多变的金融业认真进行梳理,就会发现整个金融体系离不开这三大块,一是金融组织机构,二是金融产品(或称金融工具),三是金融市场,当然这三块也不是完全可以分开的,我们在这三大块中要抓住突出的矛盾和问题作为重点进行监管。

(3) 在银行业监管中注意分工合作与协调。

(4) 注意设定合理的监管标准,实现监管的统一性。

三、银行业监管的主管机关和职责

(一) 中国银行业监管的主管机关和工作人员

1. 我国银行业的监管机关——中国银监会

我国银行业监管的主管机关是中国银监会。我国《中国人民银行法》,从法律上确立中国人民银行的职责为13项,归纳为四个方面:一是依法制定和执行货币政策;二是依法审批和监管金融机构和金融市场;三是提供银行金融服务;四是国务院规定的其他职责。党的十六届二中全会审议通过的《关于深化行政管理体制改革和机构改革的意见》指出,在健全银行业监管体制方面,为加强银行业监管,确保金融机构安全、稳健、高效运行,提高防范和化解金融风险的能力,将中国人民银行对银行、金融资产管理公司、信托投资公司及其他存款类金融机构等的监管职能分离出来,设立中国银监会。中国人民银行不再承担上述银行业监管职能后,要加强制定和执行货币政策的职能,不断完善有关金融机构运行规则和改进对金融业宏观调控政策,更好地发挥中央银行在宏观调控和防范与化解金融风险中的作用,进一步完善金融服务。

2. 中国银监会的派出机构

为了有效地履行监管职责,国务院银行业监督管理机构根据履行职责的需要设立派出机构,并对派出机构实行统一领导和管理。我国地域辽阔,情况复杂,只靠国务院银行业监督管理机构是不够的。在全国银行业监督管理系统建立一个高效率的派出机构是使国家的监管政策和具体措施得到贯彻、执行的组织保证。国务院银行业监督管理机构的派出机构在国务院银行业监督管理机构的授权范围内,履行监督管理职责。

3. 银行业监管机构的工作人员

国务院银行业监督管理机构从事监督管理工作的人员专门从事银行业监管的职责。银行业监管机构的工作人员虽然不是国家公务员,但其是根据国务院的授权履行着国家行政管理的职责,在性质上属于国家公职人员,代表国家履行监管职务。根据我国《银行业监督管理法》的规定,银行业监管机构工作人员在业务能力和专业知识方面的具体要求是:银行业监管机构工作人员应当具备与其任职相适应的专业知识和业务工作经验。在专业知识方面,有一定文化学历,应熟悉金融、经济、会计、法律等方面的专业知识,掌握银行查账的基本技能和方法,对电子计算机等现代记账、查账手段比较熟悉;在业务工作经验方面应在金融机构作过几年实际工作。

银行业监管机构工作人员在履行职责方面的基本要求是:应当忠于职守,依法办事,公正廉洁,不得利用职务便利牟取不正当的利益,不得在金融机构等企业中兼职。

(二) 银行业监管机关的主要职责与措施

根据我国《银行业监督管理法》和其他有关法律法规的规定,中国银行业监管机关应当履行下列主要职责:(1) 依照法律、行政法规制定并发布对银行业金融机构及其业务活动监督管理的规章、规则。(2) 对全社会金融秩序起重要影响的银行金融机构及其业务活动的监管。(3) 依照法律、行政法规规定的条件和程序,审查批准银行业金融机构的设立、变更、终止以及业务范围。(4) 按照规定审查批准或者备案银行业金融机构业务范围内的业务品种。(5) 依法对银行业金融机构的业务活动及其风险状况进行检查监督。(6) 建立银行业金融机构监督管理评级体系和风险预警机制,根据银行业金融机构的评级情况和风险状况,确定对其现场检查的频率、范围和需要采取的其他措施。(7) 建立银行业突发事件的发现、报告岗位责任制度。(8) 统一编制全国银行业金融机构的统计数据、报表,并按照国家有关规定予以公布。(9) 其他职责,包括:第一,国务院银行业监督管理机构对银行业自律组织的活动进行指导和监督;银行业自律组织的章程应当报国务院银行业监督管理机构备案。第二,国务院银行业监督管理机构可以开展与银行业监督管理有关的国际交流、合作活动。

四、银行业监管的基本制度和相关规定

(一) 公开监督管理程序、建立监督管理责任制和内部监督制度

我国《银行业监督管理法》除了明确地规定了监管机构的职责,强化了监管手段和措施之外,也对监管机构职权的运作进行了规范和约束;除了一方面对监管机构行使职权、使用监管手段和措施给予了授权,为实施有效银行监管给予了必要的法律支撑;另一方面,也对监管机构的严格制约和问责机制作出了规定,其表现主要在以下三个方面:

1. 关于公开监督管理程序

按照我国《银行业监督管理法》规定,国务院银行业监督管理机构应当公开监督

管理程序。例如,国务院银行监督管理机构对于银行业进行现场检查是一项重要的监管制度,但必须制定现场检查程序和规范现场检查行为;国务院审计、监察等机关依法对银行监管机构实施外部监督,同时要求监督机构公开监督管理程序,增强监管工作的透明度,接受社会公众的监督。

2. 关于建立监督管理责任制

责任制是银行业监督管理机构的一项重要制度。例如,它要求银行业监管机构的工作人员应当承担相应的保密义务,如规定监管机构自收到完整的申请文件之时起,应当在规定的时限内作出批准和不批准的决定,并书面通知申请人,决定不批准的应当说明理由;银行业金融机构经过整改,符合有关审慎经营规则的,监管机构应当限期解除对其所采取的限制措施;根据我国《银行业监督管理法》第43条规定,银行业监管机构从事监督管理工作的人员违反法律的有关规定,应当受到行政的处分或刑事责任的追究。

3. 关于建立内部监督制度

关于建立内部监督制度,应包含以下几点要求:第一,及时制定颁布监管法规、规章和操作规范,并组织各部门、各岗位贯彻执行。第二,加强内控制度建设,健全内部控制机制,基层监管机构各部门、各岗位,是监管具体工作的直接承办者,具体掌管着各种权力。因此,要按照有效性、审慎性、全面性、及时性、独立性原则,加强内控制度建设,适时制定相应的规章制度,并使这些规章制度落实到各部门、各岗位、各环节。充分发挥内审、监察等部门的再监督作用,推行岗位轮换等制度,防范道德风险和经济案件发生。

(二) 银行业金融机构报送有关报表、资料和报告的规定

银行业金融机构报送的有关报表、资料和报告的种类包括:资产负债表、利润表和其他财务会计报表;统计报表;经营管理资料;注册会计师出具的审计报告。

银行业金融机构应当依照法律、行政法规和其他有关规定,及时向银行业监督管理机构报送报表、资料和报告。银行业金融机构报送的报表、资料和报告中所反映的信息应当真实、完整。银行业金融机构报送的报表、资料和报告应当依次编定页数,加具封面,装订成册,加盖公章。封面上应当注明:银行业金融机构名称、银行业金融机构统一代码、组织形式、地址、报表所属年度或者月份、报出日期,并由银行业金融机构负责人和主管会计工作的负责人、会计机构负责人(会计主管人员)签名并盖章;设置总会计师的银行业金融机构,还应当由总会计师签名并盖章。银行业金融机构不按照规定报送报表、资料和报告的,要承担法律责任。根据我国《银行业监督管理法》第46条规定,银行业金融机构提供虚假的或者隐瞒重要事实的报表、报告等文件、资料的,由国务院银行业监督管理机构责令改正,并处20万元以上50万元以下罚款;情节特别严重或者逾期不改正的,可以责令停业整顿或者吊销其经营许可证;构成犯罪的,依法追究刑事责任。第47条规定:"银行业金融机构不按照规定提供报表、报告等文件、资料的,由银行业监督管理机构责令改正,逾期不改正的,处10万元以上30万元以下罚款。"

（三）银行业监督管理机构进行现场检查时所采取的措施和程序要求的规定

银行业监督管理机构根据审慎监管要求，可以采取下列措施进行现场检查：（1）进入银行业金融机构进行检查。（2）询问银行业金融机构的工作人员，要求其对有关检查事项作出说明。（3）查阅、复制银行业金融机构与检查事项有关的文件、资料，对可能被转移、隐匿或者毁损的文件、资料予以封存。（4）检查银行业金融机构运用电子计算机管理业务数据的系统。

我国《银行业监督管理法》规定的一般要求：现场检查，应当统筹安排、注重效率、保证质量、避免重复。

（四）银行业监督管理机构有权要求进行监督管理谈话的规定

1. 监督管理谈话的含义与作用

监督管理谈话，是指银行业监督管理机构根据履行职责的需要，要求与银行业金融机构董事、高级管理人员关于银行业金融机构的业务活动和风险管理的重大事项举行的会谈。

监督管理谈话，是银行业监督管理机构的重要监管手段之一。它的作用在于：（1）有助于银行业监督管理机构实际了解银行业金融机构的经营状况，预测其发展趋势，并有助于银行业监督管理机构持续跟踪监管、提高监管效率。（2）有助于提高银行业监督管理机构的监管权威，确保其能够定期与银行业金融机构的董事、高级管理人员之间举行严肃认真的情况交流和沟通，从而对银行业金融机构实施有效的监管。

2. 关于监督管理谈话的内容

在监督管理谈话中，银行业金融机构的董事、高级管理人员应当就银行业金融机构的业务活动和风险管理中的重大事项作出说明。

（五）要求银行业金融机构进行信息披露的规定

要求银行业金融机构披露信息，有利于促进对银行业的有效监管。

我国《银行业监督管理法》中明确规定，银行业监督管理机构应当责令银行业金融机构按照规定，如实向社会公众披露财务会计报告、风险管理状况、董事和高级管理人员变更以及其他重大事项等信息，以提高金融信息供给的充分性、准确性、规范性和可靠性。

五、法律责任的规定

法律责任是指人们对自己的违法行为所应承担的那种带有强制性的法律上的后果，是义务人拒绝履行法律义务的后果。法律制裁是由特定的国家机关对违法者因其所负的法律责任而实施的惩罚性措施。之所以规定制裁，其目的就在于保证法律得到遵守和执行，就在于强迫"行为符合业已确立的秩序"。

法律责任应与违法行为相联系，只有当构成了某种违法，才可以而且才应该承担某种相应的法律责任。在我国《银行业监督管理法》中，根据违法的性质不同，主要规定了行政责任和刑事责任两种。这在其第五章"法律责任"中都有明确的规定。该章共7条，分别规定了银行业监督管理机构从事监督管理工作的人员违法的法律责任；

银行业金融机构违法的法律责任;以及擅自设立银行业金融机构或者非法从事银行业金融机构的业务活动和阻碍银行业监管机构人员依法执行检查、调查职务的违法行为的法律责任等三种情况。

六、此次(2008年至2012年)国际金融危机对金融监管的启迪

从2008年美国爆发次贷危机而引发的国际金融危机,至今已经四年,但尚未结束。其经验教训和影响十分深刻。笔者在《银行金融法学》(第六版)作了专节(第六节新形势下金融改革创新和加强银行金融监管)的阐述,在此不再赘述。此处应当提及的是,美国政府于2010年着手金融监管改革,已取得关键性突破,推出了"推土机式"的金融监管法案,其目的是加强监管,防患于未然。加强监管的目的不是为了惩罚银行业,而是要吸取金融危机的教训,杜绝金融危机再次发生,更好地保护美国经济和民众的利益。美国金融监管的范围将扩大到金融市场的各个角落,清除导致危机的各种系统性风险。大的方面包括大金融机构的并购等各种运作,小的方面包括抵押贷款的发放、信用评级的制定以及各种衍生金融工具的交易等,都纳入监管之中。其核心内容大致包括:一是扩大了监管机构的权力,破解金融机构"大而不能倒"的困局,并限制金融高管的薪酬;二是设立了新的消费者金融保护局,赋予其超越现行监管机构的权力,全面保护消费者合法权益;三是采纳了所谓的"沃克尔规则",即限制大金融机构的投机性交易,尤其是加强对金融衍生品的监管,以防范金融风险。从世界金融机构来看,世界货币基金组织和世界银行也着手加强对全球有影响力的金融监管,实行巴赛尔新资本协议,加强和执行审慎监管的方针和目标。在我国要把这种审慎监管本土化。事实表明,从此次金融危机到后来演变为经济危机可见,金融不仅是现代经济的核心,而且是现代经济的命脉,而金融监管是防范金融危机的眼睛和屏障,金融监督应当加强。

第四节 人民币与外汇及其他管理法

一、人民币的法律规定

(一)人民币的法律地位和我国的币制改革

人民币是我国境内流通使用的唯一合法货币,它执行货币的职能。我国《中国人民银行法》规定:中华人民共和国的法定货币是人民币。1948年12月1日,中国人民银行成立时开始发行人民币。经过1955年、1957年、1980年、1987年和1992年的货币制度改革,现在我国人民币的地位和作用更加显著。为了体现人民币的统一市场,按国家历来的规定,特别是我国《中国人民银行法》的规定,以人民币支付中华人民共和国境内的一切公共和私人债务,任何单位和个人不得拒收。2000年2月3日国务院发布了《中华人民共和国人民币管理条例》,于同年5月1日起施行,条例共6章48条,包括总则、设计和印制、发行和回收、流通和保护、罚则、附则。为了维护人民币的统一市场,我国《中国人民银行法》规定:禁止伪造、变造人民币;禁止出售购买伪造、变造的人民币;禁止运输、持有、使用伪造、变造的人民币;禁止故意毁损人民币;禁止在宣传品、出版物或者其他商品上非法使用人民币图样。

(二) 人民币发行的规定

根据我国《中国人民银行法》的规定,人民币由中国人民银行统一印制、发行。任何单位和个人不得印制、发售代币票券,以代替人民币在市场上流通。我国人民币的发行历来坚持集中统一发行、计划发行、经济发行三条原则。

(三) 人民币现金管理与工资基金管理的规定

我国货币流通主要采取两种形式:一是现金流通(又称现金收付),二是非现金流通(又称银行转账结算)。人民币现金管理的对象是在银行和其他金融机构开立账户的机关、团体、部队、企业、事业单位和其他单位。这些开户单位必须按照国务院发布的《现金管理条例》的规定收支和使用现金,接受开户银行监督。

工资基金管理是现金管理的重要形式之一,它是指银行依照法规的规定,为开户单位建立工资基金专用账户,开户单位的一切工资支出,只能从这个专用账户中支付,不能从其他账户中支付工资。

(四) 非现金管理(银行转账结算管理)的规定

非现金管理即银行转账结算管理。所谓转账结算是指银行、信用社办理法人之间、单位之间、单位与个人之间以及个人与个人之间的经济往来,以转账(非现金结算)的方式进行的货币收付方式。

目前银行结算方式有五种:一是支票,主要用于同城结算;二是银行汇票;三是托收承付;四是汇兑;五是信用卡。

我国《商业银行法》对转账结算的纪律作出了规定,商业银行办理结算业务,应当按照规定的期限兑现、收付入账,不得压单、压票,或者违反规定退票。

二、外汇管理的法律规定

(一) 我国外汇管理的方针、原则

为加强外汇管理,保持国际收支平衡,促进国民经济健康发展,国务院于1996年1月8日通过《中华人民共和国外汇管理条例》(以下简称《条例》),1997年、2008年国务院对该《条例》进行了两次修改。我国外汇管理实行间接管理、分散经营的外汇管理体制和外汇经营体制的方针。现阶段,我国外汇管理的原则主要体现在外汇管理制度从严格控制到逐渐放松的过程和在管理方式上从直接管理为主到间接管理为主的转变过程。

(二) 经常项目和资本项目的外汇管理

境内机构的经常项目外汇收入必须调回境内,按照国务院关于结汇、售汇和付汇管理的规定卖给外汇指定银行,或者经批准在外汇指定银行开立外汇账户,不得违反规定将外汇擅自存放境外。境内机构的经常项目用汇,应按国务院关于结汇、售汇及付汇的管理规定持有效凭证和商业单据向外汇指定银行购汇支付。个人所有的外汇,可以自行持有,也可存入银行或者卖给外汇指定银行。个人因私出境用汇,在规定限额内购汇;超过规定限额的,可以向外汇管理机关申请,未经外汇机关批准,不得携带或邮寄外汇出境。

境内机构资本项目的外汇收入,应当调回境内,按国家有关规定在外汇指定银行开立外汇账户;卖给外汇指定银行的,须经外汇管理机关批准。境内机构向境外投资,在向审批主管部门申请前,由外汇管理机关审查其外汇资金来源;经批准后,按照国务院关于境外投资外汇管理的规定办理有关资金汇出手续。借用国外贷款、金融机构在境外发行外币债券、提供对外担保,需经国务院外汇管理部门批准,并遵守国家有关规定。

(三) 外汇市场和金融机构的外汇业务

我国人民币汇率实行以市场供求为基础的、单一的、有管理的浮动汇率制度。外汇指定银行和经营外汇的其他金融机构,根据中国人民银行公布的汇率和规定的浮动范围,确定对客户的外汇买卖价格,办理外汇买卖业务。外汇市场交易遵循公开、公平、公正和诚实信用的原则。国务院外汇管理部门规定和调整外汇交易的币种和形式,依法监督管理全国的外汇市场。

金融机构经营、终止外汇业务,均须经外汇管理机关批准,领取或缴销经营外汇业务许可证。金融机构经营外汇业务应当按照国家有关规定为客户开立外汇账户,交纳外汇存款准备金,遵守外汇资产负债比例管理的规定,并建立呆账准备金,同时应接受外汇管理机关的检查、监督。其中,外汇指定银行办理结汇业务所需的人民币资金,应当使用自有资金,其结算周转外汇,实行比例幅度管理,具体幅度由中国人民银行根据实际情况核定。

(四) 法律责任

有以下行为之一者,由有关机构予以行政制裁,构成犯罪的,依法追究刑事责任:逃汇;套汇;未经外汇管理机构批准,擅自经营外汇业务的;外汇指定银行未按国家规定办理结汇售汇业务的;经营外汇业务的金融机构违反人民币汇率管理、外汇存贷款利率管理或外汇交易市场管理的;境内机构违反外债管理规定的;境内机构非法使用外汇的;私自买卖外汇、变相买卖外汇或倒买倒卖外汇的;境内机构违反外汇账户管理规定,擅自在境内开立外汇账户的,出借、串用、转让外汇账户的,或者擅自改变外汇账户使用范围的;境内机构违反外汇核销管理规定,伪造、涂改、出借、转让或者重复使用进出口核销单证的,或者未按规定办理核销手续的;经营外汇业务的金融机构违反外汇业务管理规定的。

三、新形势下我国深化汇率改革的原则与目标

总结过去的经验和根据目前的国际、国内形势发展,我国的人民币汇率的深化改革必须坚持以下几个原则[①]:

---

① 温家宝总理在第六届亚欧财长会议上的讲话,见《金融时报》2005年6月27日。

（1）主权原则：每个国家都有权选择适合本国国情的汇率制度和汇率政策，这是国际上的共识。20世纪90年代初，我国就确定了人民币汇率制度改革的目标和任务，这就是，逐步形成以市场供求为基础、有管理的浮动汇率制度，保持人民币汇率在合理、均衡水平上的基本稳定。近二十年来，我们在人民币汇率改革上作了大量工作，迈出了重要的步伐。

（2）合理、均衡、基本稳定原则：保持人民币汇率在合理、均衡水平上的基本稳定，有利于中国经济的发展，有利于周边国家和地区经济的发展，有利于国际金融稳定和贸易发展。在1997年的亚洲金融危机中，人民币汇率保持稳定使周边国家和地区减少了损失，也对亚洲和世界经济金融的稳定和发展起到了积极作用，这就是一个好的证明。

（3）主动性、可控性、渐进性原则：人民币汇率改革必须坚持主动性、可控性和渐进性的原则。主动性，就是根据我国自身改革和发展的需要，决定汇率改革的方式、内容和时机。汇率改革要充分考虑对宏观经济稳定、经济增长和就业的影响，考虑金融体系和金融监管水平，考虑企业承受能力和对外贸易等因素，还要考虑对周边国家、地区以及世界经济金融的影响。可控性，就是人民币汇率的变化要在宏观管理上能够控制得住，既要推进改革，又不能失去控制，避免出现金融市场动荡和大的经济波动。渐进性，就是有步骤地推进改革，不仅要考虑当前的需要，而且要考虑长远的发展，不能急于求成。

完善人民币汇率形成机制，保持人民币汇率在合理、均衡水平上的基本稳定，逐步实现资本项目人民币可兑换，这也是我国汇率改革的目标。

为满足各方投资贸易需求，助力国际货币体系改革，从2008年起人民币国际化稳步推进，仅2008年至2009年上半年，我国政府金融机构先后与韩国央行签署了规模为1800亿元的双边互换框架协议，与我国香港金管局签署了规模为2000亿元人民币互换正式协议，与马来西亚签署了规模为800亿元的双边本币互换正式协议，与白俄罗斯国家银行签署了规模为200亿元的双边本币互换正式协议，与印度尼西亚央行也签署了规模为1000亿元的双边本币互换协议，等等。国内外更多的企业希望跨境贸易实现人民币结算，这些既是外汇改革的新成果，也为推进人民币成为国际货币创造了重要的条件。

第二十六章　海关法与对外贸易管理法

海关法是关于我国海关的监督管理、进出境运输工具、货物、物品以及征收关税和缉查走私的法律。对外贸易法是关于我国从事对外贸易的基本政策、对外贸易经营者、货物与技术进出口以及国际服务贸易、对外贸易秩序与对外贸易促进的基本法律。这两部法对维护国家的主权和利益，加强对外经济贸易和海关的管理，促进经济交往和文化交流，起着重要的作用。本章着重对这两部法的概念、原则、基本制度进行阐述。

第一节　海　关　法

一、海关与海关法的概念及我国《海关法》的颁布与修改

（一）海关和海关法的定义

海关又称关境，是世界各国在政府部门设立的监督管理进出关境的专门机构。海关法是国家监督管理进出境或国（边）境的运输工具、货物、物品等以及征收关税的法律规范的总称。

（二）我国《海关法》的颁布与修改

为了适应对外开放的需要，我国在对外开放的口岸和海关业务集中的地点设立海关。目前，全国设有海关170多个，遍布全国27个省、自治区和直辖市。为了维护国家的主权和利益，加强海关监督管理，促进对外贸易和科技文化交往，我国于1987年1月22日颁布了《中华人民共和国海关法》（以下简称《海关法》）。面对加入世界贸易组织的需要与挑战，面对海关的新任务和新情况，2000年7月8日第九届全国人大常委会十六次会议作出了《关于修改〈中华人民共和国海关法〉的决定》，对《海关法》进行了修正。修订后的《海关法》共9章102条，涉及海关工作的各个方面，确立了海关法律制度的各项基本原则，为健全海关法制奠定了基础。

二、我国海关的法律地位、组织机构和职权

（一）我国海关的法律地位

根据我国《海关法》的规定，中华人民共和国海关是国家的进出关境（以下简称进出境）监督管理机关。它的基本任务是：依照《海关法》和其他法律、行政法规的规定，监管进出境的运输工具、货物、行李物品、邮递物品和其他物品合法进出境；征收关税和其他法定由海关征收的税、费；查缉走私；编制海关统计和办理其他海关业务。

（二）我国海关的组织机构

国务院设立海关总署，统一管理全国海关。国家在对外开放的口岸和海关监管

业务集中的地点设立海关。海关的隶属关系,不受行政区划的限制;海关依法独立行使职权,向海关总署负责。

(三)我国海关的职权

按照我国《海关法》的规定,我国海关可以行使下列职权:

(1)检查进出境运输工具,查验进出境货物、物品;对违反《海关法》或者其他有关法律、行政法规的,可以扣留。

(2)查阅进出境人员的证件;查问违反《海关法》或者其他有关法律、行政法规的嫌疑人,调查其违法行为。

(3)查阅、复制与进出境运输工具、货物、物品有关的合同、发票、账册、单据、记录、文件、业务函电、录音录像制品和其他资料;对其中与违反《海关法》或者其他有关法律、行政法规的进出境运输工具、货物、物品有牵连的,可以扣留。

(4)在海关监管区和海关附近沿海沿边规定地区,检查有走私嫌疑的运输工具和有藏匿走私货物、物品嫌疑的场所,检查走私嫌疑人的身体;对有走私嫌疑的运输工具、货物、物品和走私犯罪嫌疑人,经直属海关关长或者其授权的隶属海关关长批准,可以扣留;对走私犯罪嫌疑人,扣留时间不超过 24 小时,在特殊情况下可以延长至 48 小时。

在海关监管区和海关附近沿海沿边规定地区以外,海关在调查走私案件时,对有走私嫌疑的运输工具和除公民住处以外的有藏匿走私货物、物品嫌疑的场所,经直属海关关长或者其授权的隶属海关关长批准,可以进行检查,有关当事人应当到场;当事人未到场的,在有见证人在场的情况下,可以径行检查;对其中有证据证明有走私嫌疑的运输工具、货物、物品,可以扣留。

海关附近沿海沿边规定地区的范围,由海关总署和国务院公安部门会同有关省级人民政府确定。

(5)在调查走私案件时,经直属海关关长或者其授权的隶属海关关长批准,可以查询案件涉嫌单位和涉嫌人员在金融机构、邮政企业的存款、汇款。

(6)进出境运输工具或者个人违抗海关监管逃逸的,海关可以连续追至海关监管区和海关附近沿海沿边规定地区以外,将其带回处理。

(7)海关为履行职责,可以配备武器。海关工作人员佩带和使用武器的规则,由海关总署会同国务院公安部门制定,报国务院批准。

(8)法律、行政法规规定由海关行使的其他职权。

各地方、各部门应当支持海关依法行使职权,不得非法干预海关的执法活动;海关依法执行职务,有关单位和个人应当如实回答询问,并予以配合,任何单位和个人不得阻挠;海关执行职务受到暴力抗拒时,执行有关任务的公安机关和人民武装警察部队应当予以协助;海关建立对违反《海关法》规定逃避海关监管行为的举报制度。

三、海关查缉走私的规定

国家在海关总署设立专门侦查走私犯罪的公安机构,配备专职缉私警察,负责对其管辖的走私犯罪案件的侦查、拘留、执行逮捕、预审;海关侦查走私犯罪公安机构履行侦查、拘留、执行逮捕、预审职责,应当按照我国《刑事诉讼法》的规定办理;海关侦查走私犯罪公安机构根据国家有关规定,可以设立分支机构。各分支机构办理其管辖的走私犯罪案件,应当依法向有管辖权的人民检察院移送起诉;地方各级公安机关应当配合海关侦查走私犯罪公安机构依法履行职责;国家实行联合缉私、统一处理、综合治理的缉私体制。海关负责组织、协调、管理查缉走私工作。有关规定由国务院制定。各有关行政执法部门查获的走私案件,应当给予行政处罚的,移送海关依法处理;涉嫌犯罪的,应当移送海关侦查走私犯罪公安机构、地方公安机关依据案件管辖分工和法定程序办理。

四、海关监管进出境运输工具、货物、物品的规定

(一)海关监管进出境运输工具

进出境运输工具、货物、物品,必须通过设立海关的地点进境或者出境。在特殊情况下,需要经过未设立海关的地点临时进境或者出境的,必须经国务院或者国务院授权的机关批准,并依照《海关法》规定办理海关手续。

进出境运输工具到达或者驶离设立海关的地点时,运输工具负责人应当向海关如实申报,交验单证,并接受海关监管和检查;停留在设立海关的地点的进出境运输工具,未经海关同意,不得擅自驶离;进出境运输工具从一个设立海关的地点驶往另一个设立海关的地点的,应当符合海关监管要求,办理海关手续,未办结海关手续的,不得改驶境外。

(二)海关监管进出境货物

进出口货物,除另有规定的外,可以由进出口货物收、发货人自行办理报关纳税手续,也可以由进出口货物收、发货人委托海关准予注册登记的报关企业办理报关纳税手续;进出境货物的所有人可以自行办理报关纳税手续,也可以委托他人办理报关纳税手续。

进口货物自进境起到办结海关手续止,出口货物自向海关申报起到出境止,过境、转运和通运货物自进境起到出境止,应当接受海关监管。

进口货物的收货人自运输工具申报进境之日起超过3个月未向海关申报的,其进口货物由海关提取,依法变卖处理,所得价款在扣除运输、装卸、储存等费用和税款后,尚有余款的,自货物依法变卖之日起1年内,经收货人申请,予以发还;其中属于国家对进口有限制性规定,应当提交许可证件而不能提供的,不予发还。逾期无人申请或者不予发还的,上缴国库。

(三)海关监管进出境物品

个人携带进出境的行李物品、邮寄进出境的物品,应当以自用、合理数量为限,并接受海关监管;进出境物品的所有人应当向海关如实申报,并接受海关查验;海关加施的封志,任何人不得擅自开启或者损毁;进出境邮袋的装卸、转运和过境,应当接受海关监管。邮政企业应当向海关递交邮件路单;邮政企业应当将开拆及封发国际邮

袋的时间事先通知海关,海关应当按时派员到场监管查验;邮运进出境的物品,经海关查验放行后,有关经营单位方可投递或者交付。

五、关税征收和事务担保的规定

(一) 关税征收

准许进出口的货物、进出境物品,由海关依法征收关税;进口货物的收货人、出口货物的发货人、进出境物品的所有人,是关税的纳税义务人。

进出口货物的完税价格,由海关以该货物的成交价格为基础审查确定。成交价格不能确定时,完税价格由海关依法估定;进口货物的完税价格包括货物的货价、货物运抵中华人民共和国境内输入地点起卸前的运输及其相关费用、保险费;出口货物的完税价格包括货物的货价、货物运至中华人民共和国境内输出地点装载前的运输及其相关费用、保险费,但是其中包含的出口关税税额,应当予以扣除;进出境物品的完税价格,由海关依法确定。

关税的减免可分为法定减免、特定减免、临时减免三种情况。

法定减免是指对下列进出口货物、进出境物品,减征或者免征关税:(1) 无商业价值的广告品和货样;(2) 外国政府、国际组织无偿赠送的物资;(3) 在海关放行前遭受损坏或者损失的货物;(4) 规定数额以内的物品;(5) 法律规定减征、免征关税的其他货物、物品;(6) 中华人民共和国缔结或者参加的国际条约规定减征、免征关税的货物、物品。

特定减免是指特定地区、特定企业或者有特定用途的进出口货物,可以减征或者免征关税。特定减税或者免税的范围和办法由国务院规定;依照前款规定减征或者免征关税进口的货物,只能用于特定地区、特定企业或特定用途,未经海关核准并补缴关税,不得移作他用。

临时减免是指除法定减免和特定地区、企业、用途的进出口货物外,临时减征或者免征的关税由国务院决定;凡经海关批准暂时进口或者暂时出口的货物,以及特准进口的保税货物,在货物收、发货人向海关缴纳相当于税款的保证金或者提供担保后,准予暂时免纳关税。

我国《海关法》规定了关税的保证金或者提供担保制度,还规定了关税征收的强制措施和保全措施。

(二) 海关事务担保

在确定货物的商品归类、估价和提供有效报关单证或者办结其他海关手续前,收发货人要求放行货物的,海关应当在其提供与其依法应当履行的法律义务相适应的担保后放行。法律、行政法规规定可以免除担保的除外。

具有履行海关事务担保能力的法人、其他组织或者公民,可以成为担保人。法律规定不得为担保人的除外。担保人可以以下列财产、权利提供担保:(1) 人民币、可自由兑换货币;(2) 汇票、本票、支票、债券、存单;(3) 银行或者非银行金融机构的保函;(4) 海关依法认可的其他财产、权利。

担保人应当在担保期限内承担担保责任。担保人履行担保责任的,不免除被担保人应当办理有关海关手续的义务。

六、执法监督和法律责任

(一) 执法监督

海关履行职责,必须遵守法律,维护国家利益,依照法定职权和法定程序严格执法,接受监督;海关工作人员必须秉公执法,廉洁自律,忠于职守,文明服务,不得有下列行为:(1)包庇、纵容走私或者与他人串通走私;(2)非法限制他人人身自由,非法检查他人身体、住所或者场所,非法检查、扣留进出境运输工具、货物、物品;(3)利用职权为自己或者他人谋取私利;(4)索取、收受贿赂;(5)泄露国家秘密、商业秘密和海关工作秘密;(6)滥用职权,故意刁难,拖延监管、查验;(7)购买、私分、占用没收的走私货物、物品;(8)参与或者变相参与营利性经营活动;(9)违反法定程序或者超越权限执行职务;(10)其他违法行为。

(二) 法律责任

我国《海关法》对违法、违规行为,规定了既严厉又具体的法律责任,归纳起来有三个方面:

1. 违法行政行为的行政制裁

(1)海关工作人员有包庇、纵容走私或与他人串通走私的;非法限制他人人身自由,非法检查他人身体、住所或场所,非法检查、扣留进出境运输工具、货物、物品的;利用工作职权为自己或他人谋取私利的;索取、收受贿赂的;泄露国家秘密、商业秘密和海关工作秘密的;滥用职权、故意刁难,拖延监管、查验的;购买、私分、占用没收的走私货物、物品的;参与或者变相参与营利性经营活动;违反法定程序或超越权限执行职务的,依法给予行政处分。

(2)海关的财政收支违反法律、行政法规规定的,由审计机关以及有关部门依法对直接负责的主管人员和其他直接责任人员给予行政处分。

(3)未按《海关法》的规定为控告人、检举人、举报人保密的,由直接负责的主管人员和其他直接责任人员的所在单位或有关单位依法给予行政处分。

(4)海关工作人员在调查处理违法案件时,未按《海关法》进行回避的,对直接负责的主管人员和其他直接责任人员,依法给予行政处分。

2. 违法经济民事行为的经济民事制裁

个人携带、邮寄超过合理数量的自用物品进出境,未依法向海关申报的;运输工具不经设立海关的地点进出境的;不将进出境运输工具的到达时间、停留地点或更换地点通知海关的;进出口或过境货物、物品,向海关申报不实的;不接受进出境运输工具、货物、物品检查、查验的;擅自装卸进出境货物、物品或上下进出境旅客的;运输工具擅自驶离的;进出境运输工具中途擅自改驶境外或境内未设立海关地点的;进出境运输工具未经海关同意擅自兼营或改营境内运输的;由于不可抗力停泊、降落在未设海关的地点或在境内抛掷、起卸货物、物品,无正当理由,不向附近海关报告的;未经海关许可,擅自脱离海关监管的;擅自开启或损毁海关封志的;经营海关监管的货物无正当理由灭失或有关记录不真实的;未经海关注册登记和未取得报关从业资格从事报关业务的;报关企业、报关人员非法代理他人报关或超出其业务范围进行报关活动的,应依法予以罚款或责令补缴关税,或责令改正或没收违法所得,暂停执业或撤销报关注册登记,以至取消其报关从业资格。

3. 违法犯罪行为的刑事制裁

(1) 违反《海关法》及有关法律、行政法规,逃避海关监管,偷逃应纳税款、逃避国家有关进出境的禁止性或限制性管理的走私行为以及直接向走私人非法收购走私进口的货物、物品的;在内海、领海、界河、界湖、船舶及所载人员运输、收购、贩卖国家禁止或限制进出境的货物、物品,或运输、收购、贩卖依法应缴税的货物,没有合法证明的,按走私罪给予刑罚处罚。

(2) 伪造、变造、买卖海关单证,与走私人通谋为走私人提供运输、保管、邮寄等方便的;进出口货物收发货人、报关企业、报关人员向海关工作人员行贿的;违反《海关法》规定进出口侵犯中华人民共和国法律、行政法规保护的知识产权的货物,构成犯罪的,依法追究刑事责任。

为了保证对外开放,我国20世纪末至21世纪初不断开展了反走私、反骗取出口退税的重要斗争,《海关法》起了重要作用。

七、关税改革的新成果和新经验

我国入世后,关税税率大幅度降低,不仅没有影响关税总收入的增长,而且实现了我国外贸的可持续发展,这是从2001年1月至2011年10月,我国政府加入世贸组织十年间在关税改革方面的重要成果和经验,入世的十年也是实施关税政策和外贸发展最好的十年。入世时我国关税平均总水平为15.3%,到2010年我国关税总水平已经降到9.8%,其中农产品平均税率降到15.2%,工业产品平均税率降到8.9%,到2010年我国政府对WTO关税的承诺完全实现。十年间关税税率降低了,但关税总收入为13814亿元,同时征收进口环节税(增值税、消费税)为611.30亿元,也可以说这十年间关税的总收入加上进口环节征收的关税收入,平均每年关税收入1442.53亿元,这是相当可观的。同期全国共办理出口退税45473亿元,平均每年办理出口退税454.73亿元,这也是广大出口企业的直接受益。与此同时,我国也是对最不发达国家开放市场程度最大的发展中国家之一,截至2010年7月,我国已经对36个建交的最不发达国家原产的4700多个税目商品实施零关税,约占全部税则、税目的60%。我国承诺将这一政策继续扩大。零关税措施促进了最不发达国家对我国的出口。而在外贸方面逐步形成了全方位和多元化的进出口市场格局,实现了对外贸易的跨越式发展,成为世界货物贸易第一出口大国和第二进口大国[①]。

---

① 摘自2011年12月7日商贸部发布的《我国对外贸易白皮书》,参见《中国税务报》2011年12月9日。

第二节 对外贸易法

一、对外贸易法的概念和我国《对外贸易法》的颁布与修订

对外贸易是指一个国家对其他国家和地区的商品交换活动。现代对外贸易是指货物进出口、技术进出口和国际服务贸易。对外贸易法是调整对外贸易关系的法律规范的总称。也就是指一国对其外贸活动及其管理、服务的法律规范的总称。对外贸易关系是一个国家对外进行贸易活动中的当事人之间所形成的社会关系。这种对外贸易关系有以下特征：贸易关系的主体即当事人，分别处于不同国家或地区；贸易关系的客体即标的，是需要作超越国境运送的进出口货物或买卖的技术及国际服务贸易；贸易关系主体的基本权利和义务，是交付货物、技术、服务与收取货款酬金，接受货物、技术、服务与支付货款酬金。

为了发展对外贸易，维护对外贸易秩序，促进社会主义市场经济的健康发展，我国于1994年5月12日第八届全国人大常务委员会第七次会议通过了《中华人民共和国对外贸易法》(以下简称《对外贸易法》)，2004年4月6日第十届全国人大常委会第八次会议对该法进行了修订。修订后的《对外贸易法》共分为总则、对外贸易经营者、货物进出口与技术进出口、国际服务贸易、与对外贸易有关的知识产权保护、对外贸易秩序、对外贸易调查、对外贸易救济、对外贸易促进、法律责任和附则共11章计70条，内容有了大幅度增加。

二、我国修订后的《对外贸易法》的主要内容的规定

（一）对外贸易管理机关

我国《对外贸易法》规定："国务院对外经济贸易主管部门依照本法主管全国对外贸易工作。"即中华人民共和国商务部负责统一管理对外贸易，统一对外发布全国性外贸法规、规章，同时代表国家对外谈判、签约并负责组织实施。

商务部的主要职能是：

（1）拟订国内外贸易和国际经济合作的发展战略、方针、政策，起草国内外贸易、国际经济合作和外商投资的法律法规，制定实施细则、规章；研究提出我国经济贸易法规之间及其与国际多边、双边经贸条约、协定之间的衔接意见。

（2）研究制定进出口商品管理办法和进出口商品目录，组织实施进出口配额计划，确定配额、发放许可证；拟订和执行进出口商品配额招标政策。

（3）拟订并执行对外技术贸易、国家进出口管制以及鼓励技术和成套设备出口的政策；推进进出口贸易标准化体系建设；依法监督技术引进、设备进口、国家限制出口的技术和引进技术的出口与再出口工作，依法颁发与防扩散相关的出口许可证。

（4）研究提出并执行多边、双边经贸合作政策；负责多边、双边经贸对外谈判，协调对外谈判意见，签署有关文件并监督执行；建立多边、双边政府间经济和贸易联系

机制并组织相关工作;处理国别(地区)经贸关系中的重要事务,管理同未建交国家的经贸活动;根据授权,代表我国政府处理与世界贸易组织的关系,承担我国在世界贸易组织框架下的多边、双边谈判和贸易政策审议、争端解决、通报咨询等工作。

(5) 指导我国驻世界贸易组织代表团、常驻联合国及有关国际组织经贸代表机构的工作和我国驻外经济商务机构的有关工作;联系国际多边经贸组织驻中国机构和外国驻中国官方商务机构。

(6) 负责组织协调反倾销、反补贴、保障措施及其他与进出口公平贸易相关的工作,建立进出口公平贸易预警机制,组织产业损害调查;指导协调国外对我国出口商品的反倾销、反补贴、保障措施的应诉及相关工作。

(二) 我国对外贸易的基本准则

1. 实行统一的外贸制度

国家实行统一的对外贸易制度,鼓励发展对外贸易,依法维护公平、自由的对外贸易秩序。统一的外贸制度要求制定外贸法规的权力集中在中央立法机关和政府,地方立法机关和政府在无授权的情况下一般不得订立有关外贸的地方性法规。

2. 遵循平等互利的原则

我国根据这一原则,促进和发展同其他国家和地区的贸易关系。我国在对外贸易方面根据所缔结或者参加的国际条约、协定,给予其他缔约方、参加方或者根据互惠对等原则给予对方最惠国待遇、国民待遇。最惠国待遇是指一国在通商、航海、税收或公民法律地位等方面给予另一国享受现时或将来所给予任何第三国同样的一切优惠、特权或豁免等待遇,这种待遇是相互给予的。国民待遇是指一国给予外国公民、企业、船舶以本国公民、企业、船舶所享有的同等待遇。国民待遇也要根据对等原则相互给予。

3. 尊重国家主权维护国家尊严的原则

任何国家或者地区在贸易方面对我国采取歧视性的禁止、限制或者其他类似措施的,我国可以根据实际情况对该国家或者该地区采取相应的措施。我国《对外贸易法》这一原则规定,充分显示了我国作为一个独立的主权国家在国际经济交往中应有的经济权利。

(三) 对外贸易主体的规定

(1) 对外贸易的经营者是依法从事对外贸易活动的法人、其他组织或者个人。对外贸易的主体按照我国《对外贸易法》的规定,是指对外贸易的经营者。对外贸易经营者是指依法办理工商登记或者其他执业手续,依法从事对外贸易经营活动的法人、其他组织或者个人。

(2) 我国《对外贸易法》对对外贸易经营者实行备案登记制。也就是说外贸经营权的取得实行备案登记制,这是表明我国全面放开货物、技术进出口贸易权的表现。表明外贸经营主体的货物与技术贸易权的获得无需再进行审批。只要外贸经营主体经过必要的工商登记,并进行备案登记后,即可依法自主从事非限制或禁止类的货物或技术的进出口。备案登记制也是保证政府监管的重要手段之一。我国《对外贸易法》规定:从事货物进出口或者技术进出口的对外贸易经营者,除法律、行政法规和国务院对外贸易主管部门规定不需要备案登记的除外,应当向国务院对外贸易主管部门或者其委托的机构办理备案登记;备案登记的具体办法由国务院对外贸易主管部门规定。未按照规定办理备案登记的对外贸易经营者,海关不予办理进出口货物的报关验放手续。

从事国际服务贸易的经营者,应当遵守对外贸易法和其他有关法律、行政法规的规定。从事对外工程承包或者对外劳务合作的单位,应当具备相应的资质或者资格。具体办法由国务院规定。

(3) 国家对部分货物进出口实行国营贸易管理及其授权企业经营制度。我国《对外贸易法》规定:国家可以对部分货物的进出口实行国营贸易管理。除国家允许部分数量的国营贸易管理货物的进出口业务由非授权企业经营的除外。实行国营贸易管理货物的进出口业务只能由经授权的企业经营这部分业务;实行国营贸易管理的货物和经授权经营企业的目录,由国务院对外贸易主管部门会同国务院其他有关部门确定、调整并公布。违反上述规定,擅自进出口实行国营贸易管理的货物的,海关不予放行。

(4) 实行对外贸易代理制度。我国《对外贸易法》规定:对外贸易经营者可以接受他人的委托,在经营范围内代为办理对外贸易业务。

(四) 货物、技术进出口的业务规定

(1) 除法律、行政法规另有规定的除外,国家准许货物与技术的自由进出口。

(2) 对部分自由进出口货物实行自动许可并公布目录。国务院对外贸易主管部门基于监测进出口情况的需要,可以对部分自由进出口的货物实行进出口自动许可并公布其目录。实行自动许可的进出口货物,收货人、发货人在办理海关报关手续前提出自动许可申请的,国务院对外贸易主管部门或者其委托的机构应当予以许可;未办理自动许可手续的,海关不予放行。进出口属于自由进出口的技术,应当向国务院对外贸易主管部门或者其委托的机构办理合同备案登记。

(3) 国家基于下列原因,可以限制或者禁止有关货物、技术的进口或者出口:为维护国家安全、社会公共利益或者公共道德,需要限制或者禁止进口或者出口的;为保护人的健康或者安全,保护动物、植物的生命或者健康,保护环境,需要限制或者禁止进口或者出口的;为实施与黄金或者白银进出口有关的措施,需要限制或者禁止进口或者出口的;国内供应短缺或者为有效保护可能用竭的自然资源,需要限制或者禁止出口的;输往国家或者地区的市场容量有限,需要限制出口的;出口经营秩序出现严重混乱,需要限制出口的;为建立或者加快建立国内特定产业,需要限制进口的;对任何形式的农业、牧业、渔业产品有必要限制进口的;为保障国家国际金融地位和国际收支平衡,需要限制进口的;依照法律、行政法规的规定,其他需要限制或者禁止进口或者出口的;根据我国缔结或者参加的国际条约、协定的规定,其他需要限制或者禁止进口或者出口的。

国家对与裂变、聚变物质或者衍生此类物质的物质有关的货物、技术进出口,以及与武器、弹药或者其他军用物资有关的进出口,可以采取任何必要的措施,维护国家安全。在战时或者为维护国际和平与安全,国家在货物、技术进出口方面可以采取任何必要的措施。

国务院对外贸易主管部门会同国务院其他有关部门,依照我国《对外贸易法》第16条和第17条的规定,制定、调整并公布限制或者禁止进出口的货物、技术目录。国务院对外贸易主管部门或者由其会同国务院其他有关部门,经国务院批准,可以在我国《对外贸易法》第16条和第17条规定的范围内,临时决定限制或者禁止前款规定目录以外的特定货物、技术的进口或者出口。

此外,对文物和野生动物、植物及其产品等的限制或禁止进出口,其他法律、行政法规有禁止或者限制进出口规定的依照有关法律、行政法规的规定执行。

(4) 国家对限制进口或者出口的货物,实行配额、许可证等方式管理;对限制进口或者出口的技术,实行许可证管理。实行配额、许可证管理的货物、技术,应当按照国务院规定经国务院对外贸易主管部门或者经其会同国务院其他有关部门许可,方可进口或者出口。国家对部分进口货物可以实行关税配额管理。进出口货物配额、关税配额,由国务院对外贸易主管部门或者国务院其他有关部门在各自的职责范围内,按照公开、公平、公正和效益的原则进行分配。具体办法由国务院规定。

(5) 国家实行统一的商品合格评定制度,根据有关法律、行政法规的规定,对进出口商品进行认证、检验、检疫。

(6) 国家对进出口货物进行原产地管理。具体办法由国务院规定。

(五) 国际服务贸易的一般规定与特殊规定

我国在国际服务贸易方面根据所缔结或者参加的国际条约、协定中所作的承诺,给予其他缔约方、参加方市场准入和国民待遇。国务院对外贸易主管部门和国务院其他有关部门,依照我国《对外贸易法》和其他有关法律、行政法规的规定,对国际服务贸易进行管理。

国家基于下列原因,可以限制或者禁止有关的国际服务贸易:(1) 为维护国家安全、社会公共利益或者公共道德,需要限制或者禁止的;(2) 为保护人的健康或者安全,保护动物、植物的生命或者健康,保护环境,需要限制或者禁止的;(3) 为建立或者加快建立国内特定服务产业,需要限制的;(4) 为保障国家外汇收支平衡,需要限制的;(5) 依照法律、行政法规的规定,其他需要限制或者禁止的;(6) 根据我国缔结或者参加的国际条约、协定的规定,其他需要限制或者禁止的。国家对与军事有关的国际服务贸易,以及与裂变、聚变物质或者衍生此类物质的物质有关的国际服务贸易,可以采取任何必要的措施,维护国家安全。在战时或者为维护国际和平与安全,国家在国际服务贸易方面可以采取任何必要的措施。

国务院对外贸易主管部门会同国务院其他有关部门,依照我国《对外贸易法》第26条、第27条和其他有关法律、行政法规的规定,制定、调整并公布国际服务贸易市场准入目录。

(六) 与对外贸易有关的知识产权的保护

国家依照有关知识产权的法律、行政法规,保护与对外贸易有关的知识产权。进口货物侵犯知识产权,并危害对外贸易秩序的,国务院对外贸易主管部门可以采取在一定期限内禁止侵权人生产、销售的有关货物进口等措施。

知识产权权利人有阻止被许可人对许可合同中的知识产权的有效性提出质疑、进行强制性一揽子许可、在许可合同中规定排他性返授条件等行为之一,并危害对外贸易公平竞争秩序的,国务院对外贸易主管部门可以采取必要的措施消除危害。

其他国家或者地区在知识产权保护方面未给予中华人民共和国的法人、其他组织或者个人国民待遇,或者不能对来源于中华人民共和国的货物、技术或者服务提供充分有效的知识产权保护的,国务院对外贸易主管部门可以依照本法和其他有关法律、行政法规的规定,并根据中华人民共和国缔结或者参加的国际条约、协定,对和该国家或者该地区的贸易采取必要的措施。

(七) 对外贸易秩序的规定

(1) 在对外贸易经营活动中,不得违反有关反垄断的法律、行政法规的规定实施垄断行为。在对外贸易经营活动中实施垄断行为,危害市场公平竞争的,依照有关反垄断的法律、行政法规的规定处理。有前款违法行为,并危害对外贸易秩序的,国务院对外贸易主管部门可以采取必要的措施消除危害。

(2) 在对外贸易经营活动中,不得实施以不正当的低价销售商品、串通投标、发布虚假广告、进行商业贿赂等不正当竞争行为。在对外贸易经营活动中实施不正当竞争行为的,依照有关反不正当竞争的法律、行政法规的规定处理。有前款违法行为,并危害对外贸易秩序的,国务院对外贸易主管部门可以采取禁止该经营者的有关货物、技术进出口等措施消除危害。

(3) 在对外贸易活动中,不得有下列行为:伪造、变造进出口货物原产地标记,伪造、变造或者买卖进出口货物原产地证书、进出口许可证、进出口配额证明或者其他进出口证明文件;骗取出口退税;走私;逃避法律、行政法规规定的认证、检验、检疫;违反法律、行政法规规定的其他行为。

(4) 对外贸易经营者在对外贸易经营活动中,应当遵守国家有关外汇管理的规定。

(5) 违反本法规定,危害对外贸易秩序的,国务院对外贸易主管部门可以向社会公告。

(八) 对外贸易的调查与救济

(1) 在外贸调查内容方面。为了维护对外贸易秩序,国务院外贸主管可自行或者会同国务院其他有关部门,依照法律、行政法规的规定对下列事项进行调查,包括:货物进出口、技术进出口、国际服务贸易对国内产业及其竞争力的影响;有关国家或者地区的贸易壁垒;为确定是否应当依法采取反倾销、反补贴或者保障措施等对外贸易救济措施,或者规避对外贸易救济措施的行为,或对外贸易中有关国家安全利益的事项;对我国采取歧视性的禁止、限制或者其他类似的措施,我国可以根据实际情况决定对该国或该地区采取相应的措施,需要的调查;进口货物侵犯知识产权,并危害外贸秩序的,可否采取在一定期限内禁止侵权人生产、销售的有关货物进口等措施,需要的调查;权利人对被许可人在许可合同中的知识产权的有效性提出质疑,需要的调查;为知识产权的国民待遇,或对来源于我国三大贸易知识产权的保护问题,而可否对该国或该地区的贸易采取必要的措施,需要的调查;对实行垄断危害市场公平竞争的违法行为,已危害外贸秩序的,是否可采取必要的消除危害的措施,需要的调查;对实行不正当的低价倾销、串通投标、发布虚假广告、进行贿赂等不正当竞争行为,并危害外贸秩序,是否可采取禁止该经营者有关货物、技术进口的措施消除危害而需要的调查;其他影响外贸秩序,需要调查的事项。

(2)在外贸调查的程序和方式方面。启动外贸调查,由国务院外贸易主管部门发布公告。国务院对外贸易主管部门根据调查结果,提出调查报告或者作出处理裁定,并发布公告。

(3)对调查的配合方面。有关单位和个人应当对外贸调查给予配合、协助。国务院对外贸主管部门和国务院其他有关部门及其工作人员进行对外贸易调查,对知悉的国家秘密和商业秘密负有保密义务。

(4)在外贸救济方面。国家根据对外贸易调查结果,可以采取适当的对外贸易救济措施。

(5)进口的产品直接或者间接地接受出口国家或者地区给予的任何形式的专向性补贴,对已建立的国内产业造成实质损害或者产生实质损害威胁,或者对建立国内产业造成实质阻碍的,国家可以采取反补贴措施,消除或者减轻这种损害或者损害的威胁或阻碍。

(6)因进口产品数量大量增加,对生产同类产品或者与其直接竞争的产品的国内产业造成严重损害或者威胁的,国家可以采取必要的保障措施,消除或者减轻这种损害或者损害的威胁,并可以对该产业提供必要的支持。

(7)因其他国家或者地区的服务提供者向我国提供的服务增加,对提供同类服务或者与其直接竞争的服务的国内产业造成损害或者产生损害威胁的,国家可以采取必要的救济措施,消除或者减轻这种损害或者损害的威胁。

(8)因第三国限制进口而导致某种产品进入我国市场的数量大量增加,对已建立的国内产业造成损害或者产生损害威胁,或者对建立国内产业造成阻碍的,国家可以采取必要的救济措施,限制该产品进口。

(9)与我国缔结或者共同参加经济贸易条约、协定的国家或者地区,违反条约、协定的规定,使我国根据该条约、协定享有的利益丧失或者受损,或者阻碍条约、协定目标实现的,我国政府有权要求有关国家或者地区政府采取适当的补救措施,并可以根据有关条约、协定中止或者终止履行相关义务。

(10)国务院对外贸易主管部门依照我国《对外贸易法》和其他有关法律的规定,进行对外贸易的双边或者多边磋商、谈判和争端的解决。

(11)国家对规避我国《对外贸易法》规定的对外贸易救济措施的行为,可以采取必要的反规避措施。

(九)促进对外贸易发展的其他法律制度

国家制定对外贸易发展战略,建立和完善对外贸易促进机制。国家根据对外贸易发展的需要,建立和完善为对外贸易服务的金融机构,设立对外贸易发展基金、风险基金。国家建立对外贸易公共信息服务体系,向对外贸易经营者和其他社会公众提供信息服务。

国家通过进出口信贷、出口信用保险、出口退税及其他促进对外贸易的方式,采取对外投资、对外工程承包和对外劳务合作等多种形式,发展对外贸易。

对外贸易经营者可以依法成立和参加有关协会、商会。有关协会、商会应当对其成员提供与对外贸易有关的生产、营销、信息、培训等方面的服务,发挥协调和自律作用,依法提出有关对外贸易救济措施的申请,维护成员和行业的利益,向政府有关部门反映成员有关对外贸易的建议,开展对外贸易促进活动。中国国际贸易促进组织按照章程开展对外联系,举办展览,提供信息、咨询服务和其他对外贸易促进活动。

国家扶持和促进中小企业开展对外贸易。国家扶持和促进民族自治地方和经济不发达地区发展对外贸易。

(十) 法律责任

法律责任包含两层意思,一是指履行义务的责任,也就是义务即责任;二是指违反法律规定,接受法律制裁的规定,也就是对违反法律行为人的不利后果。这里所讲的责任是后一种意思,也就是指因为法律直接规定当事人而承担的某种不利的法律后果。

我国《对外贸易法》第60条至第66条规定了法律责任制度,包括行政的、经济的责任和刑事责任。

(1) 未经授权擅自进出口实行国营贸易管理的货物的,由国务院外贸主管或者国务院其他有关部门处5万元以下罚款;情节严重的,可以自行政处罚决定生效之日起3年内,不受理违法行为人从事国营贸易管理货物进出口业务的申请,或者撤销已给予其从事其他国营贸易管理货物进出口的授权。

(2) 进出口属于禁止进出口的货物的,或者未经许可擅自进出口属于限制进出口的货物的,由海关依照有关法律、行政法规的规定处理、处罚;构成犯罪的,依法追究刑事责任。进出口属于禁止进出口的技术的,或者未经许可擅自进出口属于限制进出口的技术的,有法律、行政法规的规定的依照规定处理、处罚;没有法律、行政法规规定的,由国务院对外贸易主管部门责令改正,没收违法所得,并处违法所得1倍以上5倍以下罚款,没有违法所得或者违法所得不足1万元的,处1万元以上5万元以下罚款;构成犯罪的,依法追究刑事责任。自前两款规定的行政处罚决定生效之日或者刑事处罚判决生效之日起,国务院外贸主管部门或者国务院其他有关部门可以在3年内不受理违法行为人提出的进出口配额或者许可证的申请,或者禁止违法行为人在1年以上3年以下的期限内从事有关货物或者技术的进出口经营活动。

(3) 从事属于禁止的国际服务贸易的,或者未经许可擅自从事属于限制的国际服务贸易的,依照有关法律、行政法规规定的依照有关规定处;法律、没有行政法规规定的,由国务院外贸主管部门责令改正,没收违法所得,并处违法所得1倍以上5倍以下罚款,没有违法所得或者违法所得不足1万元的,处1万元以上5万元以下罚款;构成犯罪的,依法追究刑事责任。国务院外贸主管部门可禁止违法行为人 1 年以上 3 年以下的期限内从事有关的国际服务贸易经营活动。

(4) 对在外贸活动中犯有下列行为的,这种行为包括伪造、变造、货物原产地标志,甚至买卖货物原产地证书、许可证、配额证明或者其他证明文件;骗取退税;走私;逃避规定的认证、检验、检疫;违反法律、行政法规规定的其他行为,依照有关法律、行政法规的规定处罚;构成犯罪的,依法追究刑事责任。国务院外贸主管部门可禁止违法行为人在 1 年以上 3 年以下的期限内从事有关的对外贸易经营活动。

(5) 依照上述(3)、(4)两种情况的规定,被禁止从事有关对外贸易经营活动的,在禁止期限内,海关根据国务院对外贸易主管部门依法作出的禁止决定,对该对外贸易经营者的有关进出口货物不予办理报关验放手续,外汇管理部门或者外汇指定银行不予办理有关结汇、售汇手续。

(6) 依法负责外贸管理工作的部门的工作人员玩忽职守、徇私舞弊或者滥用职权,构成犯罪的,依法追究刑事责任;尚不构成犯罪的,依法给予行政处分。依法负责对外贸易管理工作的部门的工作人员利用职务上的便利,索取他人财物,或者非法收受他人财物为他人谋取利益,构成犯罪的,依法追究刑事责任;尚不构成犯罪的,依法给予行政处分。

对外贸易经营活动当事人对依法负责对外贸易管理工作的部门作出的具体行政行为不服的,可以依法申请行政复议或者向人民法院提起行政诉讼。

第三节 我国反倾销和反补贴方面的规定

一、反倾销的定义、措施和我国反倾销的法律规定

(一) 关于反倾销的定义

反倾销是当代国际贸易最重要的法律规范之一。反倾销规则不仅反对以倾销作为不正当的国际竞争手段,而且也限制滥用"反倾销"措施作为贸易保护主义的手段。

根据《关贸总协定》第 6 条的规定,反倾销措施有广义与狭义之分。狭义上反倾销措施是指当一进口产品被判定构成倾销后,缔约国为了抵消或防止倾销,采取对倾销的产品征收数量不超过这一产品的倾销差额的反倾销税措施。倾销差额则指进口产品价格与国内正常价值相比较所产生的价格差额,如果比较下来这个差额为 50%,则可以对该进口产品征收 50% 以下的反倾销税。广义的反倾销措施,则包括一国反倾销方面的立法、执行机构的确立以及反倾销案件的调查提起、裁定、临时反倾销措施、最终反倾销税执行或价格承诺执行、公告、案件复审、争议调解或裁决等一系列措施。

反倾销最有权威的定义,可以参照《关贸总协定》第 6 条关于反倾销三个条件的要求:(1) 一国产品以低于正常价值的价格进入另一国市场内,则该出口产品被视为倾销产品;(2) 该倾销产品对进口国相似产品工业造成实质性损害或产生实质性威胁,或实质性地阻碍某一相似产品工业的建立;(3)倾销与损害有因果关系。如果一国进入另一国市场的产品符合以上三个条件,进口国为了抵消或阻止倾销,可以对倾销产品征收不超过该产品倾销幅度的反倾销税。《关贸总协定》第6条包含了两层含义:一是一国产品向另一国出口时的价格低于国内消费时的正常价格;二是这一产品的出口对进口国来说,进口国内的生产此类产品的相类似工业由此造成损害,这种工业损害包括实质性损害而不是一般性损害和实质性损害威胁。"低于正常价值进口"和"造成工业损害",构成产品倾销定义的两大要件。两个要件缺一不可。

我国《对外贸易法》对倾销作出了与《关贸总协定》定义非常相近的规定:其他国家或者地区的产品以低于正常价值的倾销方式进入我国市场,对已建立的国内产业造成实质损害或者产生实质损害威胁,或者对建立国内产业造成实质阻碍的,国家可以采取反倾销措施,消除或者减轻这种损害或者损害的威胁或者阻碍。

(二)国际上反倾销的一般措施

各国通常的反倾销制裁措施主要有中止协议、征收反倾销税和反规避措施等。

(1)中止协议。中止协议是外国出口商停止出口或同意提高价格的方式来消除进口国工业的损害、损害威胁,并与进口国的主管机关就此达成协议,进口国就可以中止对案件的继续调查。在这种情况下,进口产品可继续入关,进口商可以不交或少交反倾销税。中止协议达成后,出口商必须认真履行义务。如果进口国主管机关发现出口商违反了协议,可立即决定停止货物通关、追溯征税、重新开始调查、罚款等。

(2)征收反倾销税。如果出口国的出口产品存在倾销并对进口国的工业造成了损害,出口商未与进口国达成中止协议,进口国就可对倾销的产品征收反倾销税。包括:临时反倾销税、追溯征税、反固定倾销税。出口国的产品一旦被征收反倾销税,出口规模就会缩小,市场份额就会迅速收缩。如果一项产品被征收的反倾销税过高,该产品往往会自动退出市场。所谓反倾销税,是对外国以低价向本国倾销的进口货物按较高的税率征收的一种进口附加税。反倾销税是一种特别关税。

(3)反规避措施。反规避措施主要包括以下四种情况:第一,在进口国组装或制成产品的组装件或原料。如果某一产品在进口国被征反倾销税后,出口商出口该产品的零配件或组装件,然后在进口国组装后出售,在这种情况下,进口国就可能认为出口商出口零配件或组装件的目的是为了规避本国对原产品的反倾销税,从而对零配件和组装件征收反倾销税。第二,产品在第三国加工或组装,再出口到进口国。如果一项出口产品在进口国被征收了反倾销税,将产品改在第三国加工或组装,然后以第三国的产品的名义向进口国出口,且事实上该产品与原来被征收反倾销税的产品属于同类或同种产品,较原产品未有起码的增值或较高的改进,此时进口国可以对其征收反倾销税。第三,稍微改变产品。即一项产品在进口国被征收反倾销税后,出口商为了规避被征反倾销的范围,将产品稍作加工后,然后向进口国出口。进口国可以对经过轻微改变或加工了的产品征收反倾销税。第四,后期发展产品。如果被征收反倾销税的产品的后期发展产品符合下列五项条件,即可纳入征税命令的产品范围:

一是后期产品与被征税产品在一般物理性能上相同;二是消费者对两种产品的期待相同;三是两种产品的最终使用目的相同;四是后期产品通过相同的渠道销售;五是后期产品的宣传广告及展示的方式与被征税的产品相同。

(三) 我国反倾销的法律规定

为了消除由于国外进口产品低价倾销对中国经济造成的危害,维护公平的贸易秩序,更好地保护中国的国内产业和企业,我国国务院于2001年10月31日通过了《中华人民共和国反倾销条例》(以下简称《反倾销条例》),自2002年1月1日起施行。原1997年国务院发布的《反倾销和反补贴条例》中关于反倾销的规定同时废止。我国《反倾销条例》共6章59条,对倾销与损害、反倾销调查、反倾销措施、反倾销税和价格承诺的期限与复审等问题作了规定。

我国的反倾销问题在现阶段主要是反倾销应诉问题,也就是防止别国越来越多地用反倾销措施阻止中国产品进入的问题。因此,既要防止他国向我国倾销,也要防止本国企业对外低价竞销,更要防止外国滥用反倾销进行贸易保护主义。1997年12月10日,中国第一起对外反倾销案件——新闻纸反倾销案正式立案,这标志着中国已经开始利用反倾销法律手段保护国内产业免受国外倾销产品的冲击。

二、反补贴的定义和我国反补贴的法律规定

(一) 反补贴的定义和分类

根据《关贸总协定》第6条反倾销税和反补贴税、第16条补贴以及乌拉圭回合达成的《补贴与反补贴协议》中所提到的补贴定义,构成补贴行为的情况有以下两种:(1) 政府或非政府机构作出的财政支持。(2) 政府或非政府机构作出的价格支持,如对初级产品的输出给予直接或间接的支持以使该产品出口售价低于同类产品国内销售价格。也就是说,当一进口产品的原产国生产企业或出口商接受该国中央政府、地方政府或其他非政府机构直接或间接的资助和利益,这种行为即构成进口产品的补贴行为。

根据世界贸易组织《补贴与反补贴协议》中指出的补贴是指政府或任何公共机构对企业提供的财政捐助,以及对其收入或价格的支持。补贴的范围包括:政府直接转让资金,指赠与、贷款、资产注入;政府财政收入的放弃或不收缴;政府提供货物或服务,或购买货物;政府向基金机构拨款,或委托、指令私人机构履行捐赠、转让资金或债务,贷款担保。补贴的特点是政府的直接或间接行为的资助或受益。

补贴可作以下分类:

(1) 特殊补贴。通常属于普遍性的补贴不会受到任何世界贸易组织成员的责难,但如果属于特殊性的,则便会受到守则的制约。所谓特殊性是指"某些企业"才可取得的补贴。

(2) 禁止的补贴(红区)规则规定,除世界贸易组织农产品规则之外,下列补贴均属禁止的补贴:在法律或事实上与出口履行相联系的补贴,即出口补贴,包括11项:政府对出口企业直接给予补贴;外汇留成或类似奖励;政府对出口提供优惠条件的运输及运费；政府为出口产品和劳务提供优惠的条款和条件；政府为出口企业免除直接税或社会福利；政府对出口企业的直接税给予特殊折扣；超额返还或免除出口企业的间接税；超额退还用于出口产品的进口产品的进口税；提供出口信贷担保或保险的费率水平不能弥补成本或造成亏本，担保成本不增加或汇率风险；政府以低于国际资本市场利率提供出口信贷，政府代为支付信贷费用；其他由公共开支的项目。同时还有国内含量补贴，也就是说前面所讲的 11 项补贴，只有当它的使用和国产货物相联系的时候，对使用进口货物不给予补贴。

（3）可申述的补贴（黄区）。可申述的补贴指补贴范围各项内容，即指政府直接转让资金、放弃财政收入、提供货物或服务、通过基金会或私人实施补贴以及对收入或价格的支持等各项内容。可申诉的补贴还必须具备两个条件：第一，属于特殊补贴；第二，补贴对其他成员方的利益造成不利后果。

（4）不能申诉的补贴（绿区）。1994 年关贸总协定的补贴与反补贴守则，首次明确规定了不能申诉的补贴的情况，包括：不属特殊补贴的补贴，即那些属于普遍性的补贴；在定量合同的基础上，扶植企业的科研活动、更高水平的教育或建立科研设施，但是属于工业科研项目的扶植不得超过其成本的 75%；或前竞争开发成本的 50%；扶植落后地区，对落后地区实施经济补贴属于不能申诉的补贴。

（二）反补贴的确定和反补贴的一般措施

利用反补贴限制进口，通常要具备以下三个条件：

第一，进口的产品存在直接或间接地接受了出口国政府给予的财政方面的补贴的事实。

第二，对国内已建立的相关产业造成实质损害或者实质损害威胁，或者对国内建立相关产业造成实质阻碍。

第三，补贴与损害之间的因果关系。目前国际上采用的反补贴措施主要是征收反补贴税。世界贸易组织《补贴与反补贴协议》对因补贴而使他方蒙受损失的确定及补贴的计算方法、对反补贴行为等都作了专门规定。如补贴产品的零部件出口到进口国后再组装，只需总成本中有 70% 以上为补贴产品零部件，即视为补贴产品，要征反补贴税。反补贴税是指进口国为了抵消出口国的商品在制造、生产或输出时直接或间接地接受的财政方面的补贴或资助而征收的一种特别关税。

（三）我国反补贴的法律规定

我国的反补贴法律主要有《对外贸易法》、《反补贴条例》等。

我国《对外贸易法》规定："进口的产品直接或者间接地接受出口国家或者地区给予的任何形式的专向性补贴，对已建立的国内产业造成实质损害或者产生实质损害威胁，或者对建立国内产业造成实质阻碍的，国家可以采取反补贴措施，消除或者减轻这种损害或者损害的威胁或者阻碍。"

2001 年 10 月 31 日，国务院通过了我国《反补贴条例》，《反补贴条例》自 2002 年 1 月 1 日起施行。原 1997 年国务院发布的《反倾销与反补贴条例》中关于反补贴的规定同时废止。我国《反补贴条例》共 6 章 58 条，对补贴与损害、反补贴调查、反补贴措施、反补贴税和承诺的期限与复审等问题作了规定。

根据加入 WTO 的要求,我国政府正在抓紧修订《中华人民共和国反倾销和反补贴条例》,增强对反倾销的具体内容和可操作性,以及待条件成熟后上升为法律,全国人大常委会打算分别制定《反倾销法》和《反补贴法》,从而加大反倾销、反补贴的力度。

反补贴和反倾销都是西方国家限制进口的主要手段。但是,西方的反补贴法是否适用于中国等"非市场经济国家"一直争论不休。1983 年美国的一个案件经联邦巡回上诉法院最终裁定,美国反补贴法不适用于来自包括中国在内的"非市场经济国家"的进口产品。欧共体的反补贴法,至今对中国也未适用过。反补贴法之所以不适用"非市场经济国家",主要是由于这些国家不存在他们认为的"市场",无法划清企业财产与政府补贴的界限,所以,西方国家集中援用反倾销法来限制中国的出口产品。然而现在西方各国均已不再将中国列入"非市场经济国家",这意味着西方国家的反补贴法可以适用于我国的出口产品。所以我国应采取必要措施,防止西方反补贴法的适用。

第四节 我国保障措施的规定

《中华人民共和国保障措施条例》(以下简称《保障措施条例》)于 2001 年 10 月 31 日国务院常务会议通过,2004 年 3 月 31 日国务院对该《条例》作出了修订。修订后的《保障措施条例》共 5 章 34 条,包括以下主要方面:

一、调查

进口产品数量增加,并对生产同类产品或者直接竞争产品的国内产业造成严重损害或者严重损害威胁(以下除特别指明外,统称损害)的,要依照本《条例》的规定进行调查,采取保障措施。

与国内产业有关的自然人、法人或者其他组织(以下统称申请人),可以依照本《条例》的规定,向商务部提出采取保障措施的书面申请。商务部应当及时对申请人的申请进行审查,决定立案调查或者不立案调查;没有收到采取保障措施的书面申请,但有充分证据认为国内产业因进口产品数量增加而受到损害的,可以决定立案调查。立案调查的决定,由商务部予以公告。并由商务部将立案调查的决定及时通知世界贸易组织保障措施委员会(以下简称保障措施委员会)。

对进口产品数量增加及损害的调查和确定,由商务部负责;其中,涉及农产品的保障措施国内产业损害调查,由商务部会同农业部进行。进口产品数量增加,是指进口产品数量的绝对增加或者与国内生产相比的相对增加。在确定进口产品数量增加对国内产业造成的损害时,应当审查下列相关因素:(1)进口产品的绝对和相对增长率与增长量;(2)增加的进口产品在国内市场中所占的份额;(3)进口产品对国内产业的影响,包括对国内产业在产量、销售水平、市场份额、生产率、设备利用率、利润与亏损、就业等方面的影响;(4)造成国内产业损害的其他因素。

对严重损害威胁的确定,应当依据事实,不能仅依据指控、推测或者极小的可能性。在确定进口产品数量增加对国内产业造成的损害时,不得将进口增加以外的因素对国内产业造成的损害归因于进口增加。在调查期间,商务部应当及时公布对案情的详细分析和审查的相关因素等。所谓国内产业,是指中华人民共和国国内同类产品或者直接竞争产品的全部生产者,或者其总产量占国内同类产品或者直接竞争产品全部总产量的主要部分的生产者。商务部应当根据客观的事实和证据,确定进口产品数量增加与国内产业的损害之间是否存在因果关系。

商务部应当为进口经营者、出口经营者和其他利害关系方提供陈述意见和论据的机会。调查可以采用调查问卷的方式,也可以采用听证会或者其他方式。在调查中获得的有关资料,资料提供方认为需要保密的,商务部可以按保密资料处理,对于保密申请有理由的,应当对资料提供方提供的资料按保密资料处理,同时要求资料提供方提供一份非保密的该资料概要。按保密资料处理的资料,未经资料提供方同意,不得泄露。

进口产品数量增加、损害的调查结果及其理由的说明,由商务部予以公布,并应当将调查结果及有关情况及时通知保障措施委员会。根据调查结果,可以作出初裁决定,也可以直接作出终裁决定,并予以公告。

二、保障措施

关于保障措施的规定分为临时保障措施和数量限制措施两种。

(一) 临时保障措施

对于有明确证据表明进口产品数量增加,在不采取临时保障措施将对国内产业造成难以补救的损害的紧急情况下,可以作出初裁决定,并采取临时保障措施。临时保障措施采取提高关税的形式。采取临时保障措施的,由商务部提出建议,国务院关税税则委员会根据商务部的建议作出决定,由商务部予以公告。海关自公告规定实施之日起执行。在采取措施前,商务部要将有关情况通知保障措施委员会,它的实施期限为自临时保障措施决定公告规定实施之日起,不超过200天。

终裁决定确定进口产品数量增加,并由此对国内产业造成损害的,可以采取保障措施,实施保障措施应当符合公共利益,并可以采取提高关税、数量限制等形式。对于采取提高关税形式的,由商务部提出建议,国务院关税税则委员会根据商务部的建议作出决定,再由商务部予以公告,将采取保障措施的决定及有关情况及时通知保障措施委员会。

(二) 数量限制措施

采取数量限制措施的,限制后的进口量不得低于最近三个有代表性年度的平均进口量;但是,有正当理由表明为防止或者补救严重损害而有必要采取不同水平的数量限制措施的除外。数量限制需要在有关出口国(地区)或者原产国(地区)之间进行数量分配的,商务部可以与有关出口国(地区)或者原产国(地区)就数量的分配进行磋商。采取数量限制形式的,由商务部作出决定并予以公告。海关自公告规定实施之日起执行。

保障措施应当针对正在进口的产品实施,不区分产品来源国(地区),限于防止、补救严重损害并便利调整国内产业所必要的范围内。在采取保障措施前,商务部应当为与有关产品的出口经营者有实质利益的国家(地区)政府提供磋商的充分机会。终裁决定确定不采取保障措施的,已征收的临时关税应当予以退还。

三、保障措施的期限与复审

我国《保障措施条例》规定保障措施的实施期限不超过4年。但符合下列条件的,保障措施的实施期限可以适当延长。一项保障措施的实施期限及其延长期限,最长不超过10年:(1)按照本《条例》规定的程序确定保障措施对于防止或者补救严重损害仍然有必要;(2)有证据表明相关国内产业正在进行调整;(3)已经履行有关对外通知、磋商的义务;(4)延长后的措施不严于延长前的措施。

保障措施实施期限超过1年的,应当在实施期间内按固定时间间隔逐步放宽。实施期限超过3年的,商务部应当在实施期间内对该项措施进行中期复审。复审的内容包括保障措施对国内产业的影响及国内产业的调整情况等。

在此次(2008—2012年)国际金融危机爆发和复苏过程中,以美国等为代表的贸易保护主义明显升温,从而引起了在国际贸易方面的新摩擦。最近几年美国对中国产品屡次开展反倾销、反补贴("双反")措施,对中国企业出口造成严重影响,已成为发展双边和多边经济关系的障碍。如2012年3月发生的美国对中国出口太阳能产品"双反案"和同时美国商务部认定中国输美钢制轮毂存在倾销和补贴的行为等都是明显案例。这实际上是美国国内一些企业利用"双反"贸易救济措施排斥中国产品进口。限制他国产品进口不但不利于维持良好的贸易关系,而且也不利于本国自身经济的发展。中国政府希望美国政府恪守反贸易保护主义承诺。面对日益复苏的贸易保护主义形式,中国企业一方面应当苦练内功,对产品生产、销售各个环节加以规范化,与国际上通用的贸易规则相对接,防止授人以柄;另一方面应当运用国际贸易法律反击美方发起的"双反"措施。

第五节 进出口商品检验法

一、中国有关进出口商品检验的法律、法规

为了保证进出口商品的质量,维护对外贸易有关各方的合法权益,促进对外经济贸易关系的顺利发展,我国实行进出口商品检验制度。我国现行的进出口商品检验法律、法规,主要是第七届全国人大常委会第六次会议于1989年2月21日通过的《中华人民共和国进出口商品检验法》(以下简称《进出口商品检验法》)(该法于2002年4月28日由第九届全国人大常委会第二十七次会议作了修正),以及国务院

2005年8月10日通过的《中华人民共和国进出口商品检验法实施条例》。

二、进出口商品检验

（一）检验目的

中国对进出口商品实施检验的目的，在进口方面主要是防止不符合卫生、安全标准的食品、药物、其他物品或带有病虫害的动植物及其产品的进口，以保障人民的健康和农业、畜牧业的生产，并对残损短缺或品质、规格、数量不符合合同规定的进口货物提供检验鉴定证明，作为外贸企业对外索赔或退货、换货的依据，以维护有关当事人的正当权益；在出口方面，主要是通过检验保证出口商品的品质、规格、数量、包装等符合合同的规定，以维护中国出口商品的信誉。

（二）检验原则

凡列入商检机构实施检验的进出口商品目录的进出口商品和其他法律、行政法规规定须经商检机构检验的进出口商品，必须经过商检机构或者国家商检部门、商检机构指定的检验机构检验。进口商品未经检验的，不准销售、使用；出口商品未经检验合格的，不准出口。进出口商品，经收货人、发货人申请，国家商检部门审查批准，可以免予检验。

（三）检验机关

国务院设立进出口商品检验部门（以下简称国家商检部门），主管全国进出口商品检验工作。国家商检部门设在各地的进出口商品检验机构（以下简称商检机构）管辖所辖地区的进出口商品检验工作。商检机构和经国家商检部门许可的检验机构，依法对进出口商品实施检验。法律、行政法规规定由其他检验机构实施检验的进出口商品或者检验项目，依照有关法律、行政法规的规定办理。①

（四）检验范围

出入境检验检疫机构对列入商检机构实施检验的进出口商品目录的进口商品以及法律法规规定须经出入境检验检疫机构检验的其他进出口商品实施检验（以下称法定检验）。对法定检验以外的进出口商品，根据国家规定实施抽查检验。进出境的样品、礼品、暂准进出境的货物和其他非贸易性物品，免予检验。但法律、行政法规另有规定的除外。列入目录的进出口商品符合国家规定的免检条件的，由收货人、发货人或者生产企业申请，经国家质检总局审查批准，出入境检验检疫机构免予检验，免予检验的具体办法，由国家质检总局商有关部门制定。对列入商检机构实施检验的进出口商品目录的进出口商品，按照国家技术规范的强制性要求进行检验；尚未制定国家技术规范的强制性要求的，应当依法及时制定，未制定之前，可以参照国家商检部门指定的国外有关标准进行检验。

---

① 依照有关法律、行政法规的规定，进出口药品的卫生质量检验、计量器具的量值检定、锅炉压力容器的安全监督检验、船舶（包括海上平台、主要船用设备及材料）和集装箱的规范检验、飞机（包括飞机发动机、机载设备）的适航检验以及核承压设备的安全检验等项目，由其他的检验机构实施检验。

（五）检验内容

商检机构实施进出口商品检验的内容,包括商品的质量、规格、数量、重量、包装以及是否符合安全、卫生要求。

（六）检验程序

（1）进口商品检验。法律规定必须经商检机构检验的进口商品的收货人或其代理人,必须向卸货口岸或者到达站的商检机构报检。海关凭商检机构签发的货物通关证明验放。法律规定必须经商检机构检验的进口商品的收货人或其代理人,应当在商检机构规定的地点和期限内,接受商检机构对进口商品的检验。商检机构应当在国家商检部门统一规定的期限内检验完毕,并出具检验单。法定的必须经商检机构检验的进口商品以外的进口商品的收货人,发现进口商品质量不合格或者残损短缺,需要由商检机构出证索赔的,应当向商检机构申请检验出证。对重要的进口商品和大型成套设备,收货人应当依据对外贸易合同约定在出口国装运前进行预检验、监造或者监装,主管部门应当加强监督,商检机构根据需要可以派出检验人员参加。

（2）出口商品检验。法律规定必须经商检机构检验的出口商品的发货人或其代理人,应当在商检机构规定的地点和期限内,向商检机构报验。商检机构应当在国家商检部门统一规定的期限内检验完毕,并出具检验证单。对法律规定必须实施检验的出口商品,海关凭商检机构签发的货物通关证明验收。经商检机构检验合格发给检验证单的出口商品,应当在商检机构规定的期限内报关出口;超过期限的,应当重新检验。

三、进出口商品鉴定

商检机构和国家商检部门、商检机构指定的检验机构以及经国家商检部门批准的其他检验机构,可以接受对外贸易关系人以及国内外有关单位或者外国检验机构的委托,办理规定范围内的进出口商品鉴定业务,签发鉴定证书。

进出口商品鉴定业务的范围包括:进出口商品的质量、数量、重量、包装鉴定,海损鉴定,集装箱检验,进口商品的残损鉴定,出口商品的装运技术条件鉴定,货载衡量,产地证明,价值证明以及其他业务。

四、监督管理

国家商检部门、商检机构对进出口商品的收货人、发货人及生产、经营、储运单位以及国家商检部门、商检机构指定或者认可的检验机构和认可的检验人员的检验工作实施监督管理。其内容包括:

（1）国家商检部门根据需要同外国有关机构签订进出口商品质量认证协议。商检机构根据协议或者接受外国有关机构的委托进行进出口商品质量认证工作。对经认证合格的进出口商品及其生产企业颁发认证证书,准许使用进出口商品质量认证标志。

（2）国家商检部门对涉及安全、卫生等重要的进出口商品及其生产企业实施进口安全质量许可制度和出口质量许可制度。

(3) 国家商检部门对出口食品及其生产企业(包括加工工厂、屠宰场、冷库、仓库)实施卫生注册登记制度。

(4) 商检机构根据出口商品生产企业的申请或者国外的要求,对出口商品生产企业的质量体系进行评审。

(5) 商检机构可以向法定检验的出口商品生产企业派出检验人员,参与产品质量检验、监督及检查工作。

(6) 商检机构根据需要,对检验合格的进出口商品加施商检标志;对检验合格的以及其他需要加施封识的进出口商品加施封识。

(7) 外国在中国境内设立进出口商品检验鉴定机构,须经国家商检局审核同意,依照法律、行政法规的规定履行批准和登记手续,并应当接受中国国家质检总局和出入境检验检疫机构的监督管理。

第二十七章 会计和审计监督法

会计虽然不是一个独立的经济部门,但它是经济管理的重要组成部分。它与财政、金融的关系十分密切,但它却不属于财政、金融范畴。从业务性质上来说,会计包括预算会计、行政事业会计、企业会计、建设单位会计、银行会计、特种会计(如税收会计、金库会计等)。国民经济各个部门,生产、分配、交换、消费等各个环节,经济活动的各行各业,都离不开会计。会计工作不仅适用范围宽广,而且在现代化建设中对进行经济核算,讲究经济效果,提高管理水平都有重要意义。会计法是进行会计工作的规矩,是一项综合性的经济立法。近年来会计工作的实践证明:加强会计立法,制定和完善我国的会计立法,是加强会计工作的根本建设。随着会计制度的改革,除了制定国家统一的会计法外,还要制定与各种会计活动相适应的法规。审计法同会计法虽然地位与作用不同,但关系密切,因此,在经济法教学中,有必要把会计法与审计法列为一章。

第一节 会计监督法

一、会计法的概念和会计立法的意义

会计法是调整会计关系的法律规范。所谓会计关系就是对企业、事业、机关等单位的经济活动和财务收支进行核算的一种经济管理关系。这种关系是以货币量度作为统一尺度,根据会计凭证,按照规定程序全面地、系统地、连续地记录和反映经济活动过程及财务收支情况,并有一整套专门的核算方法。对以此为特征的一种经济管理关系或会计关系的法律调整,便是会计法。

会计法规和财务法规有联系也有区别。两者都是调整对企业、事业、机关等单位的经济活动及其成果进行核算的综合性的经济管理法规,但由于财务关系和会计关系的内容有所不同,财务法律、法规与会计法律、法规也就有所区别。财务法着重调整的是对企业、事业、机关等单位的经济活动及其财务收支的调度关系,包括对资金的筹措、分配和运用,如单位的财务计划、单位预算的执行等的法律调整。会计工作是财务领域一个很重要的活动场所。会计法所着重调整的是对企业、事业、机关等单位的经济活动及其成果进行核算、分析、检查的经济管理关系。财务工作主要依靠会计来进行,通过会计才能实现。在立法工作中,会计法包含有对财务方面的规定,或财务法也包含有对会计方面的规定。

在新的历史时期,国家之所以十分重视会计工作的立法,首先是因为会计在国民经济中具有重要的地位和作用。社会主义经济越发展,会计越重要。其次,要提高经

济管理水平,讲求经济效益,就必须有发达的会计工作在生产、交换、分配、消费等各个环节上充分发挥如实反映和严格监督的管理作用。再次,当代外国会计制度的新发展和近年来我国对外经济合作关系的新情况,也要求我们进行会计立法。

总之,为了加强会计工作,保障会计人员依法行使职权,发挥会计工作在维护国家财政制度和财务制度,保护社会主义公共财产,加强经济管理,提高经济效益方面的作用,必须制定会计法。

二、我国《会计法》的主要内容

《中华人民共和国会计法》(以下简称《会计法》)于 1985 年 1 月 21 日经第六届全国人大常委会第九次会议通过,1993 年 12 月 29 日第八届全国人大常委会第五次会议对该法作了第一次修改,1999 年 10 月 31 日第九届全国人大常委会第十二次会议对该法进行了第二次修改。经过两次修改的《会计法》内容增至 7 章 52 条,标志着我国已初步建立了以《会计法》为核心,包括会计核算,公司、企业会计核算的特别规定,会计监督,会计机构和会计人员,法律责任等在内的会计法体系,成为财政法管理的重要组成部分,为我国财会工作管理法制化奠定了基础,为维护社会主义市场经济秩序起到了促进与保障作用。

(一) 关于会计工作的基本任务、原则和管理体制的规定

按照我国《会计法》的规定,会计机构和会计人员必须遵守法律、法规,按照《会计法》规定的办法办理会计事务,进行会计核算,实行会计监督。单位行政领导有带头执行会计法的责任,会计人员的职权不得侵犯,任何人不得对会计人员打击报复,对认真执行会计法、作出显著成绩的会计人员给予精神的或物质的奖励。这些规定说明,会计工作的基本任务是:办理会计事务,进行会计核算,实行会计监督。它所遵循的最基本的原则有三个:一是单位行政领导、会计人员以及所有公民都必须遵循会计法,严格依照国家法律、法规特别是按照会计法的规定进行会计工作。二是保障会计人员的职权不受侵犯,对有显著成绩的会计人员要实行奖励。这样才能保证会计工作的权威性和科学性,充分发挥会计的职能作用,保障会计工作的顺利开展。三是真实性和统一性原则。我国《会计法》明确规定,会计工作必须建立严密的组织和运用科学的方法进行经济核算,不准利用会计隐瞒事实真相,保证会计资料正确可靠,系统完整,如实反映客观实际,成为经济预测、经济决策、经济控制的依据。另外,重要的会计核算指标和基本会计制度,必须由国家统一制定,各单位制定的会计核算制度、财务制度,不得与国家统一的会计制度相抵触。

《会计法》明确规定了我国会计工作的管理体制和权限。会计工作同国家的财政经济收支关系密切,会计工作是财政经济工作的一项基础工作,所以它的管理体制也必须同财政经济管理体制相适应,即实行统一领导、分级管理的原则。国务院财政部门主管全国的会计工作。县级以上地方各级人民政府的财政部门管理本地区的会计工作。国家统一的会计制度,由国务院财政部门根据会计法制定。国务院有关部门可以依照会计法和国家统一的会计制度制定对会计核算和会计监督有特殊要求的行

业实施国家统一的会计制度的具体办法或者补充规定,报国务院财政部门审核批准。中国人民解放军总后勤部可以依照会计法和国家统一的会计制度制定军队实施国家统一的会计制度的具体办法,报国务院财政部门备案。

(二)关于会计核算的规定

会计核算是会计工作的基本任务之一,也是会计工作的一个基本环节。下列经济业务事项,应当办理会计手续,进行会计核算:(1)款项和有价证券的收付;(2)财物的收发、增减和使用;(3)债权债务的发生和结算;(4)资本、基金的增减;(5)收入、支出、费用、成本的计算;(6)财务成果的计算和处理;(7)其他需要办理会计手续、进行会计核算的事项。这些内容主要是从传统的事后核算方面规定的,既包括各单位在生产经营或执行业务过程中引起资金增减变化的事项,如现金收付、财务收支等;也包括虽然不引起资金的变化,但需要在账簿中记录、反映的事项,如费用分配、账项结转等。法律要求一切经济业务都必须由经办人员和会计人员按照规定办理会计手续,包括正确地填制原始凭证,进行会计总检验和据实记录,加强财务收支的审批和领报手续等。法律也要求一切行政业务都必须在发生时在会计上进行记录、计算、反映、审核。法律上的这种要求是保证会计核算数字准确的基础和前提。

我国《会计法》对会计年度和记账单位的规定是,我国会计年度采用公历制,自公历1月1日起至12月31日止为一会计年度;我国会计记账以人民币"元"为单位。这与我国的计划年度、财政预算年度均采用历年制和人民币是我国境内唯一合法的货币是一致的。会计年度要求在以一年为单位的会计期限内定期总结各个单位的经济活动和财务收支的结果,并在会计制度上必须把生产经营和业务活动按时间划分期限(年、季、月),以便加强经营管理。

我国《会计法》对会计核算的方法和程序的规定是:会计凭证、会计账簿、会计报表和其他会计资料必须真实、准确、完整,并符合国家统一的会计制度的规定。各单位对应当办理会计手续,进行会计核算的事项,必须填制或者取得原始凭证,并及时送交会计机构。会计机构必须按照国家统一的会计制度的规定对原始凭证进行审核,并根据经过审核的原始凭证编制记账凭证。各单位必须按照会计制度的规定设置会计科目和会计账簿。会计机构必须根据经过审核的原始凭证和记账凭证,按照会计制度关于记账规则的规定记账。各单位应当建立财产清查制度,保证账簿记录与实物、款项相符。各单位应当按照国家统一的会计制度的规定,根据账簿记录编制会计报表上报,经上级主管单位汇总后,报送财政部门和有关部门。会计报表必须由单位行政领导人和会计主管人员签名或者盖章,设置总会计师的单位还应当由总会计师签名或者盖章。

事实证明,只有坚持会计资料(凭证、账簿、报表等)的真实性、准确性和完整性,并且核算的内容必须是经过审核的原始凭证和记账凭证,才能克服和纠正会计工作中长期存在的数字不实、账目不清等问题。同时,只有坚持按原始凭证和记账凭证记账,实行账物相符、账款相符的原则,并由会计机构、会计人员和单位行政领导人层层把关,才能保证会计核算反映各单位生产经营和一切经济活动情况的真实性、可靠性与合理性。

我国《会计法》还规定了会计档案制度。各单位对会计凭证、会计账簿、财务会计报告及其他会计资料,应当建立档案,妥善保管。会计档案的保管期限和销毁办法,由国务院财政部门会同有关部门制定。会计档案资料是经济活动的历史记录和证据,充分利用会计档案资料,对于指导生产经营管理和事业管理、查证经济财务问题都有重要作用。我国《会计法》对会计档案的范围、保管、销毁等作了原则规定。

(三) 公司、企业会计核算的特别规定

公司、企业进行会计核算,除应当遵守本法会计核算的一般规定外,还应当遵守特别规定。公司、企业必须根据实际发生的经济业务事项,按照国家统一的会计制度的规定确认、计量和记录资产、负债、所有者权益、收入、费用、成本和利润。公司、企业进行会计核算不得有下列行为:(1) 随意改变资产、负债、所有者权益的确认标准或者计量方法,虚列、多列、不列或者少列资产、负债、所有者权益;(2) 虚列或者隐瞒收入,推迟或者提前确认收入;(3) 随意改变费用、成本的确认标准或者计量方法,虚列、多列、不列或者少列费用、成本;(4) 随意调整利润的计算、分配方法,编造虚假利润或者隐瞒利润;(5) 违反国家统一的会计制度规定的其他行为。

(四) 关于会计监督的规定

会计监督和会计核算是密不可分的。如果说会计核算是对单位的经济活动和财务收支进行连续、系统、完整的记录、计算和反映,那么会计监督则是在如实反映的基础上进行的监督活动,对各项财务的收发、转移、保管、使用和报废是否按照规定的程序和制度执行;各项资金的收支使用是否按计划、预算办事,是否符合专款专用的原则;各项收入支出费用是否遵守计划、预算,是否合理、合法。这些都要通过会计监督来解决。因此,会计监督是会计工作的基本环节。

我国《会计法》规定,各单位应当建立、健全本单位内部的会计监督制度。单位内部会计监督制度应当符合下列要求:(1) 记账人员与经济业务事项和会计事项的审批人员、经办人员、财物保管人员的职责权限应当明确,并相互分离,相互制约;(2) 重大对外投资、资产处置、资金调度和其他重要经济业务事项的决策和执行相互监督、相互制约程序应当明确;(3) 财产清查的范围、期限和组织程序应当明确;(4) 对会计资料定期进行内部审计的办法和程序应当明确。

单位负责人应当保证会计机构、会计人员依法履行职责,不得授意、指使、强令会计机构、会计人员违法办理会计事项。会计机构、会计人员对违反本法和国家统一的会计制度规定的会计事项,有权拒绝办理或者按照职权予以纠正。会计机构、会计人员发现账簿记录与实物、款项不符的时候,应当按照规定进行处理;无权自行处理的,应当立即向本单位负责人报告,请求查明原因,作出处理。任何单位和个人对违反本法和国家统一的会计制度规定的行为,有权检举。依照有关法律规定,须经注册会计师进行审计的单位,应当如实提供会计凭证、会计账簿、财务会计报告和其他会计资料以及有关情况。任何单位和个人不得以任何方式要求或示意注册会计师及其所在的事务所出具不实或不当的审计报告。财政部门有权对会计师事务所出具审计报告的程序和内容进行监督。财政、审计、税务、人民银行、证券监管、保险监管等部门应当依照有关法律、行政法规规定的职责,对有关单位的会计资料实施监督检查,有关部门及其工作人员对在监督检查中知悉的国家秘密和商业秘密负有保密义务。

各单位必须依照有关法律、行政法规的规定,接受有关监督检查部门依法实施的监督检查,如实提供会计凭证、会计账簿、财务会计报告和其他会计资料以及有关情况,不得拒绝、隐匿、谎报。

(五) 关于会计机构和会计人员的规定

对会计机构的设置和会计人员的配备的规定,以及对会计机构、人员究竟有哪些职权,如何保证这些职权的行使,是涉及会计工作作用的大问题。因此,我国《会计法》规定的只是一些基本要求,各单位可根据会计业务的需要设置会计机构,或者在有关机构中设置会计人员或指定会计主管人员。国有的和国有资产占控股地位或者主导地位的大、中型企业必须设置总会计师。总会计师的任职资格、任免程序、职责权限由国务院规定。会计机构内部应当建立稽核制度,对会计凭证、会计账簿、会计报表进行审查。出纳人员不得兼管稽核、会计档案保管和收入、费用、债权债务账目的登记工作。

从事会计工作的人员,必须取得会计从业资格证书。担任会计机构负责人的,除取得会计从业资格证书外,还应具备会计师以上专业技术职务资格或从事会计工作3年以上经历。

会计人员调动工作或者离职时,必须与接管人员办清交接手续。一般会计人员办理交接手续时,由会计主管人员监交。会计主管人员办理交接手续时,由单位负责人监交,必要时可以由上级主管单位派人会同监交。

(六) 关于法律责任的规定

在市场经济条件下,企事业单位领导及会计人员应该树立法制观念,依法组织和进行会计工作。根据我国《会计法》规定,违反会计法的责任主要分为两种,一是行政责任,二是刑事责任。我国《会计法》第六章是法律责任的具体规定。

第二节 审计监督法

一、审计法的概念和我国《审计法》的颁布

审计是独立于被审计单位的机构和人员,对被审计单位的财政、财务收支及其有关的经济活动的真实、合法和效益进行检查、评价、公证的一种监督活动。我国的审计包括三种类型,即国家审计、内部审计和社会审计。国家审计是指国家审计机关和审计人员通过审查会计凭证、会计账簿、会计报表、查阅有关文件、资料,检查现金、实物、有价证券,向有关单位和个人调查等方式,依法对被审计单位的财政收支、财务收支的真实、合法和效益进行审查和评价的经济监督活动。内部审计是指部门、单位内部的审计机构和审计人员对本单位及下属单位的财务收支及有关的经济活动,进行

内部审查和评价的活动。社会审计是指依法成立的社会审计机构和审计人员接受委托人委托,对被审计单位的财务收支及有关经济活动,进行公证、评价的服务活动。

审计法是调整审计关系的法律规范的总称。所谓审计关系就是专门的审计机构和专门人员运用正确的方法,在对他人的预算和财务收支状况及其记录,进行审查、考核、评价等活动过程中所发生的一种经济监督关系。简单地说,审计法就是关于审计机构及其审计活动的法律规定。

为了加强国家的审计监督,维护国家财政经济秩序,促进廉政建设,保障国民经济健康发展,1994年8月31日第八届全国人大常委会第九次会议通过了《中华人民共和国审计法》(以下简称《审计法》),2006年2月28日第十届全国人大常委会第二十次会议对该法进行了修改。修改后的《审计法》共分7章,即总则、审计机关和审计人员、审计机关职责、审计机关权限、审计程序、法律责任和附则,共54条。

二、我国《审计法》的主要内容

(一)审计监督的基本原则和制度

审计监督的基本原则主要有:

(1)依法审计原则。审计机关对国家财政收支、财务收支的真实、合法和效益,依法进行审计监督;审计机关应当依照法律规定的职权和程序进行审计监督;审计机关依据有关财政收支、财务收支的法律、法规和国家其他有关规定进行审计评价,在法定职权范围内作出审计决定。

(2)独立审计原则。审计机关依照法律规定独立行使审计监督权,不受其他行政机关、社会团体和个人的干涉。我国《审计法》从审计机关独立、职能独立、经费独立、审计人员独立方面,保障审计监督权的独立行使。

(3)双重领导原则。地方各级审计机关对本级人民政府和上一级审计机关负责并报告工作,审计业务以上级审计机关领导为主。审计监督兼具经济、行政、法律三重属性,其中行政职能是其本质属性之一。因此,行政首长的领导是审计机关依法独立行使其审计监督权的组织保证。

(4)向国家权力机关报告审计工作的原则。我国《审计法》规定了向权力机关作审计工作报告的制度。国务院和县级以上的地方政府应当每年向本级人代会常委会提出审计机关对预算执行和其他财政收支的审计工作报告。必要时权力机关可以作出相应的决定。

(二)审计机关的法律地位和审计机构体系

审计机关是代表国家执行审计监督的专门机关。我国审计机关分为国务院审计署和地方各级审计机关。国务院设立审计署,是国家最高审计机关,在国务院总理领导下主持全国的审计工作,并负责审计署审计范围内的审计事项。省、自治区、直辖市、设区的市、自治州、县、自治县,不设区的市、市辖区的人民政府的审计机关,分别在省长、自治区主席、市长、州长、县长、区长和上一级审计机关的领导下,负责本行政区域内的审计工作。审计机关根据工作需要,经本级人民政府批准可以在其审计管辖范围内设立派出机关,根据审计机关的授权依法进行审计。

(三)审计机关的职责

审计机关负有下列职责:

(1)对国家财政收支进行审计监督。审计机关对本级各部门(含直属单位)和下级政府预算的执行情况和决算,以及其他财政收支情况进行审计监督。审计署向国务院总理提出审计结果报告,地方各级审计机关向本级人民政府和上一级审计机关提出审计结果报告。(2)对中央银行的财务收支和国有金融机构的资产、负债、损益,进行审计监督。(3)对国家的事业组织和使用财政资金的其他事业组织的财务收支,进行审计监督。(4)对国有企业的资产、负债、损益进行审计监督,对国家资产占控股地位或者主导地位的企业进行审计监督。(5)审计机关对国有企业的资产、负债、损益,进行审计监督。(6)对国有资本占控股地位或者主导地位的企业、金融机构的审计监督,由国务院规定。(7)对政府投资和以政府投资为主的建设项目的预算执行情况和决算,进行审计监督。(8)对政府部门管理的和其他单位受政府委托管理的社会保障基金、社会捐赠资金以及其他有关基金、资金的财务收支,进行审计监督。(9)对国际组织和外国政府援助、贷款项目的财务收支,进行审计监督。(10)对国家机关和依法属于审计机关审计监督对象的其他单位的主要负责人,在任职期间担任本地区、本部门或者本单位的财政收支、财务收支以及有关经济活动应负经济责任的履行情况进行审计监督。(11)对其他法律、行政法规规定应由审计机关进行审计的事项,依照审计法和有关法律、行政法规的规定,进行审计监督。(12)对与国家财政收支有关的特定事项向有关地方、部门、单位进行专项审计调查,并向本级人民政府和上一级审计机关报告审计调查结果。(13)对各部门、国有的金融机构和企业事业组织的内部审计,进行业务指导和监督。(14)对依法独立进行社会审计的机构,依照有关法律和国务院的规定,进行指导、监督和管理。

(四)审计机关的权限

(1)审计机关有权要求被审计单位按照规定报送预算或者财务收支计划、预算执行情况、决算、财务报告以及相关的电子数据和必要的技术文档,在金融机构立户的情况,社会审计机构出具的审计报告,以及其他与财产收支或者财务收支有关的资料。(2)审计机关有权检查被审计单位与财政、财务收支有关的资料和资产。(3)审计机关有权就审计事项的有关问题向有关单位和个人进行调查,并取得有关证明材料。有权查询被审计单位在金融机构的账户。有权查询被审计单位以个人名义在金融机构的存款。(4)审计机关有权制止被审计单位正在进行的违反国家规定的财政收支、财务收支行为;制止无效的,经县级以上审计机关负责人批准,有权通知财政部门和有关主管部门暂停拨付与违反国家规定的财政、财务行为直接有关的款项;已经拨付的暂停使用。(5)审计机关认为被审计单位所执行的上级主管部门的规定与法律、行政法规相抵触的,有权建议有关主管部门纠正,主管部门不予纠正的,有权提请有处理权的机关依法处理。(6)审计机关在保守国家秘密和被审计单位的商业秘密、遵守国务院有关规定的情况下,有权向政府有关部门通报或向社会公布审计结果。(7)审计机关发现被审计单位转移、隐匿、篡改、毁弃与财政收支、财务收支有关的资料的,以及转移、隐匿违法取得的资产的有权予以制止。必要时,经批准,有权封存有关资料和资产;对其中在金融机构的有关存款需要予以冻结的,应当向法院提出申请。

(五)违反我国《审计法》的法律责任

我国《审计法》第六章对法律责任作了具体的规定。例如,(1)由于审计监督是对被审计单位进行的,因此被审计单位作为承担法律责任的主体当事人的机会比较多,在我国《审计法》规定10条的法律责任中,被审计单位占了8条。(2)由于审计监督的执行机关是审计机关,因此作为实施法律责任的主体审计机关,在我国《审计法》规定10条的法律责任中占了7条。(3)由于审计监督职能的特殊性,审计机关监督的执法除了比较多的情况下是独立执法之外,还有不少情况是审计机关与本级政府和有关主管部门或者审计机关报告上级机关联合其他有关部门共同执法,联合对违法行为进行处理。(4)由于审计监督主要是针对各级财政预算收支和财务收支执行情况的审计,其重要性和复杂性要求对违法行为处理的形式和内容方面也具有多样性。如在追究刑事责任方面,对情节严重、构成犯罪的有关人员,分别给予刑事处置,特别是对审计人员滥用职权、玩忽职守的和报复陷害审计人员的,除依法给予处分外,构成犯罪的,追究刑事责任。在追究其他责任方面,包括责令改正、给予警告、通报批评、移送有关机关给予行政处分、责令限期缴纳应当上缴的收入、限期退还违法所得或退还被侵占的国有资产,以及采取其他措施。关于责任追究,规定了要见成效。例如,由审计机关提出的处理建议,有关部门执行的结果要书面回报审计机关,有些甚至要向相关的本级人大常委会报告。(5)强调民主执法,公开执法。被审计单位对审计机关作出的有关财务收支的审计决定不服的,可以依法申请行政复议或者提起行政诉讼,或可以提请审计机关的本级人民政府裁决,本级人民政府的裁决为最终决定。审计机关可以向政府有关部门通报或者向社会公布审计结果。

由于审计机关是独立行使审计监督权的国家机关,处于比较超脱的地位,在国家财政经济运行中起着其他行政执法机关所不能替代的监督作用。因此很受现代国家的青睐。自1988年我国建立审计监督制度以来,特别是我国《审计法》颁布实施以来,审计工作在建立社会主义市场经济体制和加强廉政建设方面发挥了重要作用。

第二十八章 技术监督法和其他监督法

技术监督及其立法,是一种以一定标准对产品质量是否合格或以统一单位制、统一量值为尺度对经济活动及其成果的质量、品种、效益所进行的检验、测量和计算的监督。它包括标准化监督和计量监督以及与此有关的测绘监督。这是现代经济管理的重要内容与职能,对加强宏观调控和微观经营有着基础性的作用。

第一节 计 量 法

一、计量法的概念和意义

计量是以统一单位制、统一量值为内容的,为各行各业提供计算准则和量值尺度的工作,是国民经济的一项重要技术基础。生产的发展,经营管理的改善,产品质量和经济效益的提高,都与计量息息相关;国内外贸易离开了计量,就无法正常进行。科学研究,没有精确的计量仪器和测量方法,就难以保证数据准确可靠。医疗卫生、环境监测、安全防护等,离开计量也没有保障。例如,工厂企业从原材料进厂的检测和分析,到整个生产过程中加工质量的监控,直至成品检验,都要进行计量。材料的消耗、能源的消费,也需要计量提供数据。由此可见,计量贯穿于生产、经营的各个环节。全面质量管理,必须有健全的计量作基础。国外工业发达国家把计量检测、原材料和工艺装备列为现代化工业生产的三大支柱;企业大量采用最新的测试监督技术,严格质量管理,以此作为市场竞争的对策。这几年,我国的许多企业,经过计量整顿、计量定级升级考核、创优产品计量条件的审查等,计量工作的水平有所提高,但同国际先进水平比较仍有很大差距。加强计量工作,发展计量测试技术,是赶超世界先进水平的当务之急。从当前来说,对于加强产品质量监督的工作,纠正部分企业、行业产品质量低劣的现象,也具有实际意义。当前,一些企业的产品质量差,能源浪费大,原材料消耗多,经济效益低,原因很多,但企业的计量检测工作薄弱,检测手段不全,管理混乱,确是一个重要因素。有些新建、改建的企业,从一开始就不考虑计量检测设施的配套,建成后无法投产;有的企业引进的现代化生产线,有大量计量仪表,却不同时考虑解决检定这些仪表的标准设施,以致投产后生产不能正常进行。

所有这些情况说明,在计量工作中迫切需要加强立法,把计量工作纳入法制管理的轨道,并接受政府、群众、社会的监督,才有利于健全计量的基础工作,才有利于促使我国的原材料生产和工艺装备进入世界先进的行列,才有利于加强企业的计量测验工作,改进产品质量,节约能源,提高经济效益。

所谓计量法,就是关于计量单位制度和国家法定计量单位,关于计量基准标准器具的建立及其检定,关于计量管理监督体制及其办法,以及有关法律责任的规定。1985年9月6日,第六届全国人民代表大会常务委员会第十二次会议通过的《中华人民共和国计量法》(以下简称《计量法》),为全面加强计量的基础工作提供了必要的法律准则,为促进技术进步提供了必要的法律保护。它是科学技术、经济和法律相结合的产物,是一部新型的经济技术法律。

二、我国《计量法》的主要内容

我国《计量法》分总则、计量基准器具、计量标准器具、计量器具管理、计量监督、法律责任、附则共6章35条。其主要内容可以归纳为五个方面:

(一) 关于我国《计量法》的目的、适用范围、法定计量单位和管理机构的规定

(1) 制定我国《计量法》的目的是为了加强计量监督管理,保障国家计量单位制的统一和量值的准确可靠,有利于生产、贸易和科学技术的发展,适应社会主义现代化建设的需要,维护国家、人民的利益。

(2) 我国《计量法》的适用范围。在中华人民共和国境内,建立计量基准器具、计量标准器具,进行计量检定、制造、修理、销售、使用计量器具,必须遵守《计量法》。

(3) 法定计量单位。国家采用国际单位制。国际单位制计量单位和国家选定的其他计量单位,为国家法定计量单位。国家法定计量单位的名称、符号由国务院公布。非国家法定计量单位应当废除。废除的办法由国务院制定。

(4) 管理体制和主管部门。国务院计量行政部门对全国计量工作实施统一监督管理。县级以上地方人民政府计量行政部门对本行政区域内的计量工作实施监督管理。在我国,国务院设有国家计量局,省(自治区、直辖市)人民政府设有计量处,县(自治县、市)人民政府设有计量科。

(二) 关于建立计量基准器具、计量标准器具和计量检定制度的规定

国务院计量行政部门负责建立各种计量基准器具,作为统一全国量值的最高依据。

县级以上地方人民政府计量行政部门根据本地区的需要,建立社会公用计量标准器具,经上级人民政府计量行政部门主持考核合格后使用。

国务院有关主管部门和省、自治区、直辖市人民政府有关主管部门,根据本部门的特殊需要,可以建立本部门使用的计量标准器具,各项最高计量标准器具经同级人民政府计量行政部门主持考核合格后使用。

企业、事业单位根据需要,可以建立本单位使用的计量标准器具,其各项最高计量标准器具经有关人民政府计量行政部门主持考核合格后使用。

县级以上人民政府计量行政部门对社会公用计量标准器具,以及用于贸易结算、安全防护、医疗卫生、环境监测方面的列入强制检定目录的工作计量器具,实行强制检定;未按照规定申请检定或者检定不合格的不得使用。实行强制检定的工作计量器具的目录和管理办法,由国务院制定。对上述规定以外的其他计量标准器具和工作计量器具,使用单位应当自行定期检定或者送其他计量检定机构检定,县级以上人

民政府计量行政部门应当进行监督检查。

计量检定必须按照国家计量检定系统表进行。国家计量检定系统表由国务院计量行政部门制定。计量检定必须执行计量检定规程。国家计量检定规程由国务院计量行政部门制定。没有国家计量检定规程的,由国务院有关主管部门和省、自治区、直辖市人民政府计量行政部门分别制定部门计量检定规程和地方计量检定规程,并报国务院计量行政部门备案。

计量检定工作应当按照经济合理的原则,就地就近进行。

(三) 关于计量器具的生产、修理管理的规定

制造、修理计量器具的企业、事业单位,必须具备与所制造、修理的计量器具相适应的设施、人员和检定仪器设备,经县级以上人民政府计量行政部门考核合格,取得制造计量器具许可证或者修理计量器具许可证,未取得制造计量器具许可证或者修理计量器具许可证的企业,工商行政管理部门不予办理营业执照。

制造计量器具的企业、事业单位生产本单位未生产过的计量器具新产品,必须经省级以上人民政府计量行政部门对其样品的计量性能考核合格,方可投入生产。

未经国务院计量行政部门批准,不得制造、销售和进口国务院规定废除的非法定计量单位的计量器具和国务院禁止使用的其他计量器具。

制造、修理计量器具的企业、事业单位必须对制造、修理的计量器具进行检定,保证产品计量性能合格,并对合格产品出具产品合格证。

县级以上人民政府计量行政部门应当对制造、修理的计量器具的质量进行监督检查。

进口的计量器具,必须经省级以上人民政府计量行政部门检定合格后,方可销售。

使用计量器具不得破坏其准确度,损害国家和消费者的利益。

个体工商户可以制造、修理简易的计量器具。制造、修理计量器具的个体工商户,必须经县级人民政府计量行政部门考核合格,发给制造计量器具许可证或者修理计量器具许可证后,方可向工商行政管理部门申请营业执照。个体工商户制造、修理计量器具的范围和管理办法,由国务院计量行政部门制定。

(四) 关于计量监督的规定

县级以上人民政府计量行政部门,根据需要设置计量监督员。计量监督员的管理办法,由国务院计量行政部门制定。

县级以上人民政府计量行政部门可以根据需要设置计量检定机构,或者授权其他单位的计量检定机构执行强制检定和其他检定、测试任务。执行这种检定、测试任务的人员,必须经考核合格。

处理因计量器具准确度所引起的纠纷,以国家计量基准器具或者社会公用计量标准器具检定的数据为准。

为社会提取公证数据的产品质量检验机构,必须经省级以上人民政府计量行政部门对其计量检定、测试的能力和可靠性考核合格。

(五)违反我国《计量法》的法律责任

按照我国《计量法》的规定,对违反《计量法》的下列行为必须追究其法律责任,分别给予处罚:

未取得制造计量器具许可证、修理计量器具许可证而制造或者修理计量器具的,责令其停止生产或停止营业,没收违法所得,可以并处罚款。

制造、销售未经考核合格的计量器具新产品的,责令其停止制造、销售这种新产品,没收违法所得,可以并处罚款。

制造、修理、销售的计量器具不合格的,没收违法所得,可以并处罚款。

属于强制检定范围的计量器具,未按规定申请检定或者经检定不合格而继续使用的,责令其停止使用,可以并处罚款。

使用不合格的计量器具或者破坏计量器具准确度,给国家和消费者造成损失的,责令赔偿损失,没收计量器具和违法所得,可以并处罚款。

制造、销售、使用以欺骗消费者为目的的计量器具的,没收计量器具和违法所得,处以罚款;情节严重的,对个人或者单位直接责任人员按诈骗罪追究刑事责任。

违反我国《计量法》的规定,制造、修理、销售的计量器具不合格,造成人身伤亡或者重大财产损失的,比照我国《刑法》的有关规定,对个人或者单位直接责任人员追究刑事责任。

计量监督人员违法失职,情节严重的,依照我国《刑法》有关规定追究刑事责任;情节轻微的,给予行政处分。

我国《计量法》规定的行政处分,由县级以上地方人民政府计量行政部门决定。对使用不合格的计量器具或者破坏计量器具准确度,给国家和消费者造成损失的行为的行政处罚,也可以由工商行政管理部门决定。

当事人对行政处罚决定不服的,可以自知道该处罚之日起或接到处罚通知之日起60日内向作出处罚决定机关的上一级机关申请复议,对复议决定不服的,可以在接到复议决定之日起15日内向人民法院起诉;对期满不起诉又不履行的,由作出行政处罚决定的机关申请人民法院强制执行。

贯彻《计量法》是全社会的事情,人人都要自觉守法,做实施《计量法》的模范。计量行政部门要加强监督管理工作,切实做到有法必依、违法必究。

第二节 标准化法

一、标准化法的概念

标准是对重复性事物和概念所作的统一规定。它以科学、技术和实践经验综合成果为基础,经有关方面协商一致,由主管机构批准,以特定的形式发布,作为共同遵守的准则和依据。标准化法是国家对现代化生产进行科学管理的有关标准化的法律规范的总称。

标准和指标有联系也有区别,但不是一个概念。标准使用的范围比指标要广,因此,指标不等于标准。

实行标准化可以避免产生技术方面的混乱现象,达到一定范围内的统一性。这不仅有利于发展社会主义市场经济,促进技术进步,改进产品质量,提高社会经济效益,维护国家和人民的利益,而且有利于社会主义现代化建设和对外经济贸易和技术合作的发展。1988年12月29日,第七届全国人大常委会第五次会议通过了《中华人民共和国标准化法》(以下简称《标准化法》),自1989年4月1日起施行。1990年4月6日,国务院颁布了《中华人民共和国标准化法实施条例》。

二、制定标准的原则

(一)制定标准应遵循以下原则

(1)应当有利于保障安全和人民的身体健康,保护消费者利益,保护环境。

(2)技术先进、经济合理。技术先进是指标准中规定的各项指标和要求,应当力求反映科学技术的最新成果;经济合理是指标准实施的可行性。

(3)注意协调统一,配套衔接。

(4)合理利用资源。提高资源的利用效率和效益,始终是制定标准和实施标准的重要内容之一。

(5)积极采用国际标准和国外先进标准。

(二)制定标准的程序

制定标准应当发挥行业协会、科学研究机构和学术团体的作用。制定标准的部门应当组织由专家组成的标准化技术委员会,负责标准的部门应当根据科学技术的发展和经济建设的需要适时进行复审,以确认现行标准继续有效或者予以修订、废止。

三、标准的范围、分级和分类

(一)标准的范围

根据我国《标准化法》的规定,对下列需要统一的技术要求,应当制定标准:一是工业产品的品种、规格、质量、等级或者安全、卫生要求;二是工业产品的设计、生产检验、包装、储存、运输、使用的方法或者生产、储存、运输过程中的安全、卫生要求;三是有关环境保护的各项技术要求和检验方法;四是建设工程的设计、施工方法和安全要求;五是有关工业生产、工程建设和环境保护的技术术语、符号、代号和制图方法。重要农产品和其他需要制定标准的项目,由国务院规定。

(二)标准的分级和分类

我国《标准化法》规定,我国标准分为四级:

(1)国家标准。对全国经济技术发展有重大意义而必须在全国范围内统一的技术要求,应当制定国家标准。

(2)行业标准。对没有国家标准而又需要在全国某个行业范围内统一的技术要求,可制定行业标准。在公布国家标准之后,该项行业标准即行废止。

(3) 地方标准。对没有国家标准和行业标准而又需要在省、自治区、直辖市范围内统一的工业产品的安全、卫生要求,可以制定地方标准。在公布国家标准和行业标准后,该项地方标准即行废止。

(4) 企业标准。企业生产的产品没有国家标准和行业标准的,应当制定企业标准。已有国家标准或行业标准的,国家鼓励企业制定严于国家标准或者行业标准的企业标准,在企业内部适用。

法律对标准的制定另有规定的,依照法律的规定执行。国家鼓励积极采用国际标准。

国家实行标准化分级管理制度。国务院标准化行政主管部门统一管理全国标准化工作并负责制定国家标准;国务院有关主管部门分工管理本部门、本行业的标准化工作,制定行业标准并报国务院标准化行政主管部门备案;省级标准化行政主管部门负责本行政区的标准化工作,制定地方标准,并向上级标准化行政主管部门和有关部门备案;省级有关行政主管部门,分工管理本行业标准化工作;市县标准化行政主管部门和有关行政主管部门,按省级政府的规定,管理本行政区域的标准化工作;企业的标准化工作由企业负责管理。

标准种类很多,从标准的层次分,有国际标准、区域性或集团性标准、国家标准、行业标准、地方标准、企业标准;按标准的性质分,有技术标准、经济标准、管理标准;按标准化的对象分,有基础标准、产品标准、方法标准和安全、卫生、环境保护标准。

四、标准的实施

标准的实施,是全部标准活动中的关键环节。我国是实行强制性标准的国家,国家标准、行业标准可分为强制性标准和推荐性标准。凡保障人体健康,人身、财产安全的标准和法律、行政法规规定强制执行的标准是强制性标准,其他标准是推荐性标准。省、自治区、直辖市标准化行政主管部门制定的工业产品的安全、卫生要求的地方标准,在行政区内是强制性标准。

我国《标准化法》规定:"强制性标准,必须执行。不符合强制性标准的产品,禁止生产、销售和进口。"标准的法制强制性,表现在我国的许多经济技术法规中,都有有关标准的规定,而且标准还是制定新的经济技术法规的基础。例如,我国在环境保护法方面,有关主管部门依法制定了船舶污染排放标准、电影洗片水污染物排放标准等十项国家标准。对于推荐性标准,国家鼓励企业自愿采用。

根据我国《标准化法》的规定,企业对有国家标准或者行业标准的产品,可以向国务院标准化行政主管部门或者国务院标准化行政主管部门授权的部门申请产品质量认证。认证合格的,由认证部门授予认证证书,准许在产品或者其包装上使用认证标志;产品未经认证或者认证不合格,不得使用认证标志出厂销售。

企业研制新产品,改进产品,进行技术改造,应当符合标准化要求。

县级以上政府标准化行政主管部门负责对标准的实施进行监督检查,还可以根据需要设置检验机构,或者授权其他单位的检验机构对产品是否符合标准进行检验。法律、行政法规对检验机构另有规定的,按规定执行。

五、违反我国《标准化法》的法律责任

我国《标准化法》及其《实施条例》都专章规定了法律责任。这些规定主要是:

(1) 生产、销售、进口不符合强制性标准的产品的,由法律、行政法规规定的行政主管部门依法处理;未作规定的,由工商行政管理部门没收产品和违法所得,并处罚款;造成严重后果构成犯罪的,对直接责任人员依法追究刑事责任。

(2) 已经授予认证证书的产品不符合国家标准或者行业标准而使用认证证书标志出厂销售的,由标准化行政主管部门责令停止销售,并处罚款;情节严重的,由认证部门撤销其认证证书。

(3) 产品未经认证或者认证不合格而擅自使用认证标志出厂销售的,由标准化行政主管部门责令停止销售,并处罚款。

(4) 标准化工作的监督、检验、管理人员违法失职、徇私舞弊的,给予行政处分;构成犯罪的,依法追究刑事责任。

当事人对没收产品及违法所得和罚款的处罚不服的,可以在接到处罚通知之日起或自知道该处罚决定之日起 60 日内,向作出决定的机关的上一级机关申请复议;对复议决定不服的,可在接到复议决定之日起 15 日内,向人民法院起诉。当事人也可在接到处罚通知之日起 3 个月内[①],直接向人民法院起诉。当事人逾期不申请复议或者不向人民法院起诉又不履行处罚决定的,由作出处罚决定的机关申请人民法院强制执行。

[①] 《中华人民共和国行政诉讼法》第 39 条规定:"公民、法人或者其他组织直接向人民法院提起诉讼的,应当在知道作出具体行政行为之日起 3 个月内提出。法律另有规定的除外。"

第六编　资源分配与保护法

发展市场经济要有对资源和商品通过市场的合理分配或配置,要有这方面的分配与保护的经济法律机制,这是市场经济体制和市场经济规律的客观要求。本编自第二十九章至第三十二章从理论和立法实践上归纳安排了自然资源的法律规定、矿产资源与能源保护法、促进科技进步法,特别是国有资产法等内容。这样不仅使经济法建立在强大的物质基础上,而且把多种资源财富同市场配置结合起来,并受到经济法律的保护,这对国民经济的发展和社会的进步产生着巨大的影响。

第二十九章　自然资源的法律规定

第一节　自然资源法的概念、原则和内容

一、自然资源法的概念和基本内容

自然资源法,通常也称自然资源保护法,是调整人们在保护、开发、利用和管理自然资源过程中所发生的经济关系的法律规范的总称。自然资源,顾名思义,就是自然界对人们在劳动、生活过程中所提供的生产资料和生活资料的来源。它可分为生物资源和非生物资源两大类。生物资源有生命,有自然更新能力,可以一代一代地繁殖,如林木、水产、野生动物等。非生物资源没有生命,没有更新能力,如土地、矿藏、水、风、日光等。

自然资源法作为一门专门性的法规是在工业和科学技术比较发达以后,人们有可能广泛利用自然界的条件下出现的。在不同社会制度下,自然资源法的性质不同,在私有制制度下,统治阶级把这类立法作为霸占、掠夺自然资源的工具。在社会主义制度下,山脉、河流、矿藏、森林、草原、荒地和其他海陆资源都属于社会主义国家所有,国家对土地可以依法实行征用或收为国有。因此,自然资源法就成了工人阶级和全体劳动者按照自然规律和经济规律保护和利用自然资源,为社会主义建设服务的工具。

自然资源法对经济法来讲是一类专门法。自然资源法也是由多种专门的法律构成,其中主要包括土地法、森林法、草原法、水流法、水产资源法、野生动植物法等。这类法规一般都规定以下一些内容:保护的自然客体是什么,归谁占有和经营管理,保

护的方针、原则和措施以及国家、组织和公民在其中的权利义务关系,管理体制,奖惩办法等。

二、自然资源法调整的原则

为了充分发挥自然资源法的作用,对自然资源的法律调整必须有正确原则。按照党和国家对自然资源保护、开发、利用和管理的一贯方针政策,按照我国《宪法》的规定,自然资源法所遵循的原则应包括:(1)一切重要自然资源属于社会主义国家所有的原则。我国《宪法》第9条第2款规定:"国家保障自然资源的合理利用,保护珍贵的动物和植物。禁止任何组织或者个人用任何手段侵占或者破坏自然资源。"这就确立了一切重要自然资源属于国家所有的基本原则。自然资源法必须维护国家对一切重要资源的所有权,禁止和制裁对于国有自然资源的侵犯和破坏。保护国有自然资源,是保护国家财产的一个十分重要的方面。(2)正确处理国家、集体、个人三方面的物质利益关系的原则。由于自然资源是人们生产、生活的重要物质基础,关系到国家、集体和个人几方面的基本物质利益,所以,我国《宪法》规定,在所有权归属问题上,矿藏、水流、森林、山岭、草原、荒地、滩涂等自然资源,都属于国家所有,即全民所有;由法律规定属于集体所有的森林和山岭、草原、荒地、滩涂除外;城市的土地属国家所有,农村和城市郊区的土地除由法律规定属国家所有的以外,属于集体所有。在自然资源的经营管理方面,有些国有自然资源由国家通过其主管机关和国有企业单位直接行使经营管理权;有的则通过法定程序交集体和公民个人有偿或无偿地使用。特别是在边远地区和少数民族地区,各种自然资源的占有、使用和处分权限和方式,更必须根据不同情况、不同习惯,正确处理国家、集体和个人三者关系。(3)统一规划,综合开发和合理利用的原则。这是由自然资源本身的特点和现代化生产的客观要求所决定的。不允许任何人无计划地、盲目地浪费和破坏自然资源。(4)保护环境和自然资源,防止污染和其他公害的原则。自然界是由多种因素组成的一个生态系统,如果人们对于自然的行为是合乎自然规律的,则能保持正常的生态平衡,有利于人们的生产和生活;如果人们的行为违背了自然规律,就会引起自然界生态平衡的恶化,造成某些自然资源的退化和枯竭,甚至破坏自然环境,给人类带来灾难。现代化建设中,必须高度重视这个问题。我国的自然资源法必须坚持保护环境和自然资源,防止污染和其他公害的原则,以保持对人类有利的自然生态平衡。

为了切实加强国家对自然资源的法制管理,在分别规定土地、森林、草原、水域、渔业、野生动物等资源的法律规范的同时,还必须制定国家对自然资源进行综合管理和分门管理的法律规范,包括自然资源管理机构及其职责,保护、开发和利用自然资源的法定程序和审批权限,管理自然资源的经济手段(土地使用税和资源税)、司法手段(专门法院和专门检察院)以及乡规民约等群众性的监督检查制度,建立自然保护区,如林区、牧区、野生动物保护区等。

在自然资源的保护、开发和利用的法律规定中,最重要的是关于土地权的归属和土地的征用、森林和木材的归属、植树造林和森林采伐、水资源和水域的保护及水资源的治理开发、渔业保护和渔业许可证制度、野生动物的保护对象和保护措施等问题的法律规定。

第二节 土地管理法

一、土地管理法的概念和制定土地管理法的必要性

土地管理法是调整人们在土地管理、保护、开发、利用过程中所发生的各种社会关系的法律规范的总称。它是国家通过法律手段对土地资源进行严格管理、合理利用、有效保护的重要工具。

我国幅员辽阔,但国土资源中难以利用的沙漠、戈壁、石山很多,人均土地面积和人均耕地面积相对很少,耕地后备资源和开发潜力不足。而且长期以来,由于缺乏严格的土地管理制度,土地资源受到很大破坏,城乡建设非法滥占耕地,违法用地的情况十分严重,土地数量和质量锐减。如至1996年止,全国耕地面积19.5亿亩,全国林地面积34.14亿亩,全国人均面积1.59亩,全国工矿、居民用地面积3.61亿亩。这种状况,不但给国家建设和人民生活带来严重后果,而且贻害子孙后代。因此,颁布土地管理法的确是时势所需了。

1986年6月25日,第六届全国人大常委会第十六次会议通过了《中华人民共和国土地管理法》(以下简称《土地管理法》),1988年12月29日第七届全国人大常委会第五次会议对该法进行了第一次修订,1998年8月29日第九届全国人大常委会第四次会议对该法进行了第二次修订,2004年8月28日第十届全国人大常委会第十一次会议对该法进行了再次修订。《土地管理法》对于有效地保护我国有限的土地资源,合理开发、利用我国的土地资源,充分发挥土地在社会主义建设中的作用,有着深远的意义。

二、我国《土地管理法》的主要内容

我国《土地管理法》共8章86条,主要内容包括五个方面:

(一) 土地管理的方针、原则和管理体制的规定

我国《土地管理法》规定,十分珍惜、合理利用土地和切实保护耕地是我国的基本国策。这是从我国人多耕地少的基本国情出发规定的土地管理方针,也是我国的一项基本政策。为了贯彻执行这一重大方针和基本政策,各级人民政府对土地应当采取措施,全面规划,严格管理,保护、开发土地资源,制止非法占用土地的行为。

我国土地管理的原则是:(1) 坚持土地公有制,这是最基本的原则。我国《土地管理法》规定:"中华人民共和国实行土地的社会主义公有制,即全民所有制和劳动群众集体所有制。"(2) 禁止侵占、买卖、出租土地的原则。"任何单位和个人不得侵占、买卖或者以其他形式非法转让土地。"(3) 国家依法对土地实行征收或征用的原则。"国家为了公共利益的需要,可以依法对土地实行征收或者征用并给予补偿。"(4) 对土地的保护、开发、利用和研究实行奖励的原则。我国《土地管理法》规定:"在保护

和开发土地资源、合理利用土地以及进行有关的科学研究等方面成绩显著的单位和个人,由人民政府给予奖励。"(5)国家依法实行国有土地有偿使用制度。但国家在法律规定范围内划拨国有土地使用权的除外。国家实行土地用途管制制度。

我国《土地管理法》规定:"国务院土地行政主管部门统一负责全国土地的管理和监督工作。县级以上地方人民政府土地行政主管部门的设置及其职责,由省、自治区、直辖市人民政府根据国务院有关规定确定。"

(二) 关于土地所有权和使用权的规定

我国现阶段的土地所有权主要是国家所有和集体所有两种。

按照我国《宪法》和《土地管理法》的规定,属于国家所有的土地包括:(1)城市市区的土地。(2)农村和城市郊区的土地依照法律规定属于国家所有的部分。

我国《土地管理法》规定:"农民集体所有的土地依法属于村农民集体所有的,由村集体经济组织或者村民委员会经营、管理;已经分别属于村内两个以上农村集体经济组织的农民集体所有的,由村内各该农村集体经济组织或者村民小组经营、管理;已经属于乡(镇)农民集体所有的,由乡(镇)农村集体经济组织经营、管理。"按照我国《宪法》和《土地管理法》的规定,属于集体所有的土地包括:(1)农村和城市郊区除法律规定属于国家所有以外的土地;(2)宅基地、自留地和自留山。

按照所有权和使用权可以分离的理论和《土地管理法》的规定,全民所有制单位、集体所有制单位以及个人都可以依法取得国有土地的使用权;个人还可以依法取得集体土地的使用权。集体所有的土地、全民单位和集体单位使用的国有土地,可以由集体或者个人承包、经营,从事农、林、牧、渔业生产。使用土地的单位和个人,有保护、管理和合理利用土地的义务。承包经营土地的集体或者个人,还有保护按照承包合同规定的用途合理利用土地的义务。

土地的所有权、使用权和承包经营权受法律保护,任何单位和个人不得侵犯。为此,我国《土地管理法》作了两个方面的规定:(1)农民集体所有的土地,单位和个人依法使用的国有土地,由县级以上地方人民政府登记造册,核发证书,确认所有权或使用权。(2)在土地所有权和使用权发生争议时,由当事人协商解决;协商不成时,由人民政府处理。单位之间的争议,由县级以上人民政府处理。个人之间、个人与单位之间的争议,由乡级人民政府或者县级人民政府处理。当事人对有关人民政府的处理不服,可向人民法院起诉,但在争议解决之前,任何一方都不得改变土地利用现状。这些规定说明,国家法律对土地所有权和使用权的保护是很坚定的。

(三) 土地的利用和保护的规定

土地的利用和保护是我国《土地管理法》的主要内容之一。利用土地资源与保护土地资源是相辅相成的。为了合理利用和积极保护土地资源,我国《土地管理法》规定,县级以上人民政府土地管理部门要会同有关部门进行土地调查统计,建立土地调查统计制度,掌握土地资源及其变化情况的数值和规律。在调查统计的基础上,各级人民政府编制土地利用总体规划。城市规划及其城市规划区内的土地利用,江河、湖泊综合开发利用规划及其土地利用,都应当和土地利用总体规划相协调。地方人民政府的土地使用总体规划应经上级人民政府批准后执行。乡(镇)村建设也应按照合理布局,节约用地的原则编制规划,经县级人民政府批准后执行;城市规划区内的乡(镇)村建设的规划须经市人民政府批准后执行。各级人民政府编制的土地利用总体规划一旦经过上一级人民政府批准,就具有法律效力,应当认真执行,各项土地利用工程或建设活动都不得违反各级各地区的土地总体规划。

我国《土地管理法》规定:"开发未确定使用权的国有荒山、荒地、荒滩从事种植业、林业、畜牧业、渔业生产的,由县级以上人民政府依法批准,可以确定给开发单位或者个人长期使用。"这是利用、开发国土资源的重大措施,也是对开发者的一种鼓励。

土地的利用者(单位或个人),也就是土地的保护者。保护土地不仅是土地利用者的义务,也是各级人民政府及其土地主管部门的重要职责。国家保护耕地,严格控制耕地转为非耕地。国家实行占用耕地补偿制度。

国家实行基本农田保护制度,下列耕地应根据土地利用总体规划划入基本农田保护区,严格管理:(1)经国务院有关主管部门或县级以上地方人民政府批准确定的粮、棉、油生产基地内的耕地;(2)有良好的水利与水土保持设施的耕地,正在实施改造计划以及可以改造的中、低产田;(3)蔬菜生产基地;(4)农业科研、教学试验田;(5)国务院规定应划入基本农田的其他耕地。

其他保护耕地的规定还有:禁止占用耕地建窑、建坟或擅自在耕地上建房、挖砂、采石、采矿、取土等;禁止占有基本农田发展林果业和挖塘养鱼;禁止任何单位和个人闲置、荒芜耕地;禁止毁坏森林、草原开垦耕地,禁止围湖造田和侵占江河滩地。实行复垦制度。

(四)国家建设用地和乡(镇)村建设用地的规定

建设用地,包括国家建设用地和乡(镇)村建设用地两个方面。这两个方面的建设用地不仅涉及土地所有权和使用权的变化、土地的统一规划、综合开发和合理利用,而且直接关系到土地的用途和作用,关系到国家、集体和个人三者利益的处理,关系到建设的布局和生产力的配置以及人们同环境的生态平衡。因此,建设用地问题,是《土地管理法》中的一个根本性问题。我国《土地管理法》对建设用地问题,从政策、原则到制度都作了明确规定。

国家建设用地,实行节约使用土地和依法对集体所有的土地实行征用的原则。所谓节约使用土地,从根本上来说就是要提高土地的使用效率,按我国现阶段的法律规定,是指可以利用劣地的,不得占用好地;可以利用荒地的,不得占用耕地,这就是对土地使用的节约。这是符合我国人多地少的基本国情和国家管理土地的基本方针的。首先要保护耕地和好地,同时要开垦荒地和劣地。所谓土地征用,就是国家依照法律规定的条件和程序,将集体所有的土地有偿地或无偿地收归国有。在国家征用土地的过程中,一方面,建设单位必须节约用地,另一方面,被征地单位应当服从国家的需要,不得阻挠。这种土地征用是以国家建设的需要为前提,是在土地管理机关的参加下进行的,并带有行政手段的特点。被征用的土地,所有权属于国家,用地单位只有使用权。这些都是土地征用的法律特征。

(五) 法律责任的规定

我国《土地管理法》针对当前带有普遍性的问题作了经济处罚、行政处罚和刑事处罚的规定,体现了从严管理土地的精神。我国《土地管理法》对在土地资源上的各种违法行为和应追究的法律责任作了具体的规定。

第三节 水法和水土保持法

一、水法

水资源是指地球上所有包括液态、气态、固态的地表水和地下水形成的水体资源。水是地球上一切生物存在和发展的基础,是重要的环境要素和特殊物质,其中淡水资源更是人类社会存在的前提,但其可以利用的数量十分有限,且分布极不均衡。对我国来说,水资源更是关系国计民生的基础资源,我国水资源分布十分不均,加上近些年的过量取用和污染,工业生产和生活用水更趋匮乏,全国已有 300 多个城市面临用水危机;然而与之同时存在的是水资源浪费现象严重,不能充分利用,循环利用的更少,而且,每年因水造成的灾害损失都在百亿元以上,因此,依法治水是摆在法学工作者和能源工作者面前的共同任务。

(一) 水法的概念

所谓水法,是指调整开发、利用、保护和管理水资源过程中所形成的经济关系的法律规范的总称,是能源经济法的重要组成部分。以前我国水法只是一些行政法规和规章,到 1988 年 1 月 21 日,第六届全国人大常委会第二十四次会议通过了《中华人民共和国水法》(以下简称《水法》),这是我国水资源的第一部大法,它的颁布为合理开发利用和保护水资源、防治水害、充分发挥水资源的综合效益提供了法律依据。2002 年 8 月 29 日第九届全国人大常委会第二十九次会议通过了对《中华人民共和国水法》的修订,并于 2002 年 10 月 1 日起施行。修订后的《水法》分为总则,水资源规划,水资源开发利用,水资源、水域和水工程的保护,水资源配置和节约使用,水事纠纷处理与执法监督检查,法律责任,附则,共 8 章 82 条。

(二) 我国《水法》的基本原则

(1) 国有国治的原则。水资源属于国家所有即全民所有。国家鼓励和支持开发利用水资源和防治水害的各项事业。农业集体经济组织所有的水塘、水库中的水,属于集体所有。国家保护开发利用水资源的单位和个人的合法权益。国家实行计划用水,厉行节约用水。对成绩显著的单位和个人进行奖励。

(2) 统筹规划原则。我国《水法》明确规定,开发利用水资源和防治水害,应当全面规划、统筹兼顾、综合利用、讲求效益、发挥水资源的多种功能。国家采取有效措施,保护自然植被,种树植草,涵养水源,防治水土流失,改善生态环境。

(3) 统一管理与分级分部门管理相结合的原则。国家水行政主管部门负责全国水资源的统一管理工作。国务院其他有关部门进行职责分工,协同负责水资源的管理工作。县级以上地方人民政府水行政主管部门和其他有关部门,按照同级人民政府规定的职责分工,负责有关的水资源管理。

(三) 我国《水法》的主要内容

1. 关于水资源开发利用的法律规定

开发利用水资源,必须进行综合科学考察和调查评价。全国水资源的综合科学考察和调查评价,由国务院水行政主管部门统一进行。开发利用水资源和防治水害,应当按流域或者区域进行统一规划。

开发利用水资源,应当服从防洪的总体安排,实行兴利与除害相结合的原则。应当首先满足城乡居民生活用水,统筹兼顾农业、工业用水和航运需要。根据各地水源条件,发展工农业生产。

国家鼓励开发利用水能资源,在建设水力发电站的同时,应当保护生态环境,兼顾其他方面的需要。国家保护和鼓励开发水运资源,修建水工程,同时要建好过木、过鱼等辅助设施,必须符合国家的防洪标准、通航标准和其他有关的技术要求。兴建水工程或者其他项目,对原有灌溉用水、供水水源或者航运水量有不利影响的,建设单位应当采取补救措施或者予以补偿。兴建水工程,必须遵守国家规定的基本建设程序和其他有关规定,跨地区或行业利益的,应报上级人民政府或主管部门审批,做好移民安置工作。

2. 水、水域和水工程保护的规定

在江河、湖泊、水库、渠道内,不得弃置、堆放阻碍行洪、航运的物体,未经批准,不得在航道、河床、河滩内种植、建筑和采矿。

开采地下水必须在水资源调查评估的基础上,实行统一规划,加强监督管理,严格控制超量开采。超量开采地下水导致生产、生活巨大损失的,有关单位应当采取补救措施,赔偿损失。禁止围湖造田,围垦河流。

国家保护水工程及有关设施,任何单位和个人不得侵占、破坏国家所有的水工程,应当按照经批准的设计,由县级以上人民政府依照国家规定,划定管理和保护范围。集体所有的水工程,由省级人民政府确定保护范围。在水工程保护范围内,禁止进行爆破、打井、采石、取土等危害水工程安全的活动。

3. 用水管理的法律规定

全国和跨省、自治区、直辖市的水长期供求计划,由国务院计划主管部门审批。地方的水长期供求计划,由县级以上人民政府计划主管部门审批。

国家对直接从地下或者江河、湖泊取水的,实行取水许可制度。家庭生活、畜禽引用或其他少量取水的,不需申请许可。建设项目申请取水许可的,应当在设计任务书中附有审批的水申请机关的书面意见。

使用供水工程供应的水,应当按照规定缴纳水费。直接以地下、江河或者湖泊中取水的,应征收水资源费。

对于水事纠纷,应当通过协商或者调解解决。协商不成或当事人不愿通过协商调解解决的，由人民政府或其主管部门处理，有关单位和个人可直接向人民法院起诉，在水事纠纷解决之前，任何一方不得单方面改变水的现状。

4. 防汛与防洪的法律规定

各级人民政府应当加强领导，采取措施，作好防汛抗洪工作。任何单位和个人，都有参加防汛抗洪的义务。县级以上人民政府防汛指挥机构统一指挥防汛抗洪工作。县级以上人民政府应当根据流域规划和确保重点、兼顾一般的原则，制定防御洪水方案，确定防洪标准和措施。全国主要江河的防御洪水方案，由中央防汛指挥机构制定，报国务院批准。防御洪水方案，有关地方人民政府必须执行。上下游地区必须通力配合。在汛情紧急的情况下，各级防汛指挥机构可以在其管辖范围内，根据经批准的分洪、滞洪方案，采取分洪、滞洪措施。

5. 有关法律责任的规定

我国《水法》第七章从第 64 条至第 77 条对法律责任作了具体的规定。如规定了停止侵害、排除妨碍、赔偿损失等行政、民事、刑事法律责任。

此外，我国《水法》还规定，中华人民共和国缔结或者参加的与国际或者国境边界河流、湖泊有关的国际条约、协定，与中华人民共和国法律有不同规定的，适用国际条约、协定的规定。但是，中华人民共和国声明保留的条款除外。

二、水土保持法

我国山区、丘陵区、风沙区的面积非常广阔，受复杂的自然环境和人为活动的影响，我国的水土流失十分严重，不但使国土质量下降而且每年都造成巨大的灾害损失。新中国建立以来，在党和政府领导下，经过全体人民群众的努力，我国的水土流失防治工作取得了显著成效。但是，随着资源开发和工农业建设规模的不断扩大，一些地方的水土流失进一步加剧。因此除了行政领导外，用法律武器治理水土流失成为众望所归。

1991 年 6 月 29 日，第七届全国人大常委会第二十次会议审议通过了《中华人民共和国水土保持法》（简称《水土保持法》）。这部法律的颁布，对于预防和治理水土流失，保护和合理利用水土资源，从根本上减轻我国的水、旱、风沙灾害，改善生态环境，具有重要的意义。为了适应新形势的需要，2010 年 12 月 25 日第十一届全国人大常委会第十八次会议通过了《关于修改〈中华人民共和国水土保持法〉的决定》，修改后的《水土保持法》分为总则、规划、预防、治理、监测和监管、法律责任、附则，共 7 章 60 条。

（一）水土保持法的概念、特征、方针、领导体制等规定

所谓水土保持，是指对自然因素和人为活动造成水土流失所采取的预防和治理措施。而水土保持法就是调整在规划与监测、预防和治理水土流失过程中所产生的经济关系的法律规范的总称。它属于资源分配与保护法，是我国经济法的不可分割的组成部分。

（二）我国《水土保持法》的特点

（1）政府主管与全民参与相结合。国务院和地方人民政府应将水土保持列为重

要职责,采取措施作好水土保持工作。国务院水行政主管部门主管全国的水土保持工作。县级以上地方人民政府水行政主管部门主管本辖区的水土保持工作。同时,法律还规定,一切单位和个人都有保护水土资源、防治水土流失的义务,并有权对破坏水土资源,造成水土流失的行为进行检举。国家鼓励和支持社会力量参与水土保持工作。

(2) 水土保持法,既具有强烈的社会性,更具有鲜明的自然和生态属性。水与土是人类社会和自然发展不可缺少的资源和环境,是不以人们意志为转移的客观存在,不可废止和消灭,但可以利用它造福于人类。水是生命之源,土是生存之本。水土资源的流失不可避免,如风化、沙化、旱枯洪流;但可以通过植树造林、涵养水源等改善水土资源的生态环境。我们应当遵循水土形成和保护的自然规律,控制和净化水土资源,规范人的行为,预防和治理水土流失,改善和扶植生物、生态生长,实现人与自然和谐相处,促进经济社会的可持续发展。

(3) 紧密结合中国实际,在我国《水土保持法》中规定了预防为主、保护优先、全面规划、综合防治、因地制宜、突出重点、科学管理、注重效益的水土保持工作方针,同时也规定了国家在水土流失重点预防区和重点治理区,实行地方各级政府水土保持目标责任制和考核奖惩制度。

(4) 法律规定将水土保持工作纳入国民经济和社会发展规划,列入规划管理,国务院和县级以上地方人民政府的水行政主管部门,应当在调查评价水土资源的基础上,会同有关部门编制水土保持规划。水土保持规划报经同级人民政府或者授权部门批准后,由水行政主管部门组织实施。水土保持规划的修改,须报原批准机关批准。

(5) 法律规定了"谁造成水土流失,谁负责进行治理"的原则。从事可能引起水土流失的生产建设活动的单位和个人,必须采取措施保护水土资源,并负责治理因生产建设活动造成的水土流失。有关部门要严格依法办事,抓住典型案例,对只顾眼前利益,忽视水土保持工作的行为严格处理,下决心扭转破坏没人管和边治理边破坏的现象。

(三) 方针、任务

水土保持工作实行预防为主、保护优先、全面规划、综合治理、因地制宜、突出重点、科学管理、注重效益的方针。

县级以上人民政府应当加强对水土保持工作的统一领导,将水土保持工作纳入本级国民经济和社会发展规划,对水土保持规划确定的任务,安排专项资金,并组织实施。

(四) 领导体制

国务院水行政主管部门主管全国的水土保持工作。

国务院水行政主管部门在国家确定的重要江河、湖泊设立的流域管理机构,在所管辖范围内依法承担水土保持监督管理职责。县级以上政府水行政主管部门主管本行政区域的水土保持工作。县级以上政府林业、农业、国土资源等有关部门按照各自职责,做好有关的水土流失预防和治理工作。各级政府及其有关部门应当加强水土保持宣传和教育工作,普及水土保持科学知识,增强公众的水土保持意识。

(五) 鼓励和表彰政策

国家鼓励和支持水土保持科学技术研究,提高水土保持科学技术水平,推广先进的水土保持技术,培养水土保持科学技术人才。对水土保持工作中成绩显著的单位和个人,由县级以上人民政府给予表彰和奖励。国家鼓励单位和个人(社会力量)按照水土保持规划参与水土流失治理,并在资金、技术、税收等方面予以扶持。

(六) 我国《水土保持法》的基本制度的规定

除了编制和实施水土保持规划制度之外,我国《水土保持法》还规定了如下四大制度:

1. 预防水土流失制度

(1) 地方各级人民政府应当按照水土保持规划,采取封育保护、自然修复等措施,组织单位和个人植树种草,扩大林草覆盖面积,涵养水源,预防和减轻水土流失。禁止在崩塌、滑坡危险区和泥石流易发区从事取土、挖砂、采石等可能造成水土流失的活动。

(2) 水土流失严重、生态脆弱的地区,严格保护植物、沙壳、结皮、地衣等。在侵蚀沟的沟坡和沟岸、河流的两岸以及湖泊和水库的周边,应当营造植物保护带。

(3) 水土保持设施的所有权人或者使用权人应当加强对水土保持设施的管理与维护,落实管护责任,保障其功能正常发挥。

(4) 禁止在 25 度以上陡坡地开垦种植农作物。在 25 度以上陡坡地种植经济林的,应当科学选择树种,合理确定规模,采取水土保持措施,防止造成水土流失。

(5) 禁止毁林、毁草开垦和采集发菜。禁止在水土流失重点预防区和重点治理区铲草皮、挖树兜或者滥挖虫草、甘草、麻黄等。

(6) 林木采伐应当采用合理方式,严格控制皆伐;对防护林只能进行抚育和更新性质的采伐;对采伐区和集材道应当采取防止水土流失的措施,并在采伐后及时更新造林。在林区采伐林木的,采伐方案中应当有水土保持措施。

(7) 在 5 度以上坡地植树造林、抚育幼林、种植中药材等,应当采取水土保持措施。

(8) 生产建设项目选址、选线应当避让水土流失重点预防区和重点治理区;无法避让的,应当提高防治标准,优化施工工艺,减少地表扰动和植被损坏范围,有效控制可能造成的水土流失。

(9) 在山区、丘陵区、风沙区以及水土保持规划确定的容易发生水土流失的其他区域开办可能造成水土流失的生产建设项目,生产建设单位应当编制水土保持方案,采取水土流失预防和治理措施。未编制水土保持方案或者水土保持方案未经批准的,生产建设项目不得开工建设。

(10) 依法应当编制水土保持方案的生产建设项目中的水土保持设施,应当与主体工程同时设计、同时施工、同时投产使用;生产建设项目竣工验收,应当验收水土保持设施;水土保持设施未经验收或者验收不合格的,生产建设项目不得投产使用。

（11）依法应当编制水土保持方案的生产建设项目，其生产建设活动中排弃的砂、石、土、矸石、尾矿、废渣等应当综合利用；不能综合利用，确需废弃的，应当堆放在水土保持方案确定的专门存放地，并采取措施保证不产生新的危害。

（12）有关主管部门应当对生产建设项目水土保持方案的实施情况进行跟踪检查，发现问题及时处理。

2. 治理水土流失制度

（1）国家加强水土流失重点预防区和重点治理区的坡耕地改梯田、淤地坝等水土保持重点工程建设，加大生态修复力度。并建立和完善运行管护制度。

（2）国家加强江河源头区、饮用水水源保护区和水源涵养区水土流失的预防和治理工作，多渠道筹集资金，将水土保持生态效益补偿纳入国家建立的生态效益补偿制度。

（3）开办生产建设项目或者从事其他生产建设活动造成水土流失的，应当进行治理。在山区、丘陵区、风沙区以及水土保持规划确定的容易发生水土流失的其他区域开办生产建设项目或者从事其他生产建设活动，损坏水土保持设施、地貌植被，不能恢复原有水土保持功能的，应当缴纳水土保持补偿费，专项用于水土流失预防和治理。专项水土流失预防和治理由水行政主管部门负责组织实施。

（4）国家依法建立水土保持补偿费的收取使用制度，其办法由国务院财政部、国务院物价主管部门会同国务院水行政主管部门制定。生产建设项目在建设过程中和生产过程中发生的水土保持费用，按照国家统一的财务会计制度处理。

（5）国家鼓励和支持承包治理荒山、荒沟、荒丘、荒滩，防治水土流失，保护和改善生态环境，促进土地资源的合理开发和可持续利用，并依法保护土地承包合同当事人的合法权益。承包治理荒山、荒沟、荒丘、荒滩和承包水土流失严重地区农村土地的，在依法签订的土地承包合同中应当包括预防和治理水土流失责任的内容。

（6）地方各级政府及其有关部门应当组织单位和个人，在水力侵蚀地区，以天然沟壑及其两侧山坡地形成的小流域为单元，因地制宜地采取工程措施、植物措施和保护性耕作等措施，进行坡耕地和沟道水土流失综合治理。在风力侵蚀地区，因地制宜地采取轮封轮牧、植树种草、设置人工沙障和网格林带等措施，建立防风固沙防护体系。在重力侵蚀地区，采取监测、径流排导、削坡减载、支挡固坡、修建拦挡工程等措施，建立监测、预报、预警体系。

在饮用水水源保护区，地方各级政府及其有关部门应当组织单位和个人，应采取预防保护、自然修复和综合治理措施，配套建设植物过滤带，积极推广沼气，开展清洁小流域建设，严格控制化肥和农药的使用，减少水土流失引起的面源污染，保护饮用水水源。

（7）已在禁止开垦的陡坡地上开垦种植农作物的，应当按照国家有关规定退耕，植树种草；耕地短缺、退耕确有困难的，应当修建梯田或者采取其他水土保持措施。在禁止开垦坡度以下的坡耕地上开垦种植农作物的，应当根据不同情况，采取修建梯田、坡面水系整治、蓄水保土耕作或者退耕等措施。

(8)对生产建设活动所占用土地的地表土应当进行分层剥离、保存和利用,做到土石方挖填平衡,减少地表扰动范围;对废弃的砂、石、土、矸石、尾矿、废渣等存放地,应当采取拦挡、坡面防护、防洪排导等措施。生产建设活动结束后,应当及时在取土场、开挖面和存放地的裸露土地上植树种草、恢复植被,对闭库的尾矿库进行复垦。在干旱缺水地区从事生产建设活动,应当采取防止风力侵蚀措施,设置降水蓄渗设施,充分利用降水资源。

(9)国家鼓励和支持在山区、丘陵区、风沙区以及容易发生水土流失的其他区域,采取下列有利于水土保持的措施:免耕、等高耕作、轮耕轮作、草田轮作、间作套种等;封禁抚育、轮封轮牧、舍饲圈养;发展沼气、节柴灶,利用太阳能、风能和水能,以煤、电、气代替薪柴等;从生态脆弱地区向外移民;其他有利于水土保持的措施。

3. 水土保持的监测和监管制度

(1)国务院水行政主管部门应当完善全国水土保持监测网络,对全国水土流失进行动态监测。县级以上政府水行政主管部门应当加强水土保持监测工作,发挥水土保持监测工作在政府决策、经济社会发展和社会公众服务中的作用。县级以上政府应当保障水土保持监测工作经费。生产建设单位对可能造成严重水土流失的大中型生产建设项目,应当自行或者委托具备水土保持监测资质的机构,对生产建设活动造成的水土流失进行监测,并将监测情况定期上报当地水行政主管部门。从事水土保持监测活动应当遵守国家有关技术标准、规范和规程,保证监测质量。

(2)国务院水行政主管部门和省级政府水行政主管部门应当根据水土保持监测情况,定期公告水土事项,包括水土流失类型、面积、强度、分布状况和变化趋势;水土流失造成的危害;水土流失预防和治理情况。

(3)县级以上政府水行政主管部门负责对水土保持情况进行监督检查。流域管理机构在其管辖范围内可以行使国务院水行政主管部门的监督检查职权。

(4)水政监督检查人员依法履行监督检查职责时,有权采取下列措施:第一,要求被检查单位或者个人提供有关文件、证照、资料;第二,要求被检查单位或者个人就预防和治理水土流失的有关情况作出说明;第三,进入现场进行调查、取证。被检查单位或者个人拒不停止违法行为,造成严重水土流失的,报经水行政主管部门批准,可以查封、扣押实施违法行为的工具及施工机械、设备等。

(5)水政监督检查人员依法履行监督检查职责时,应当出示执法证件。被检查单位或者个人对水土保持监督检查工作应当给予配合,如实报告情况,提供有关文件、证照、资料;不得拒绝或者阻碍水政监督检查人员依法执行公务。

4. 法律责任制度

(1)水行政主管部门或者其他依法规定行使监督管理权的部门,不依法作出行政许可决定或者办理批准文件的,发现违法行为或者接到对违法行为的举报不予查处的,或者有其他未依照本法规定履行职责的行为的,对直接负责的主管人员和其他直接责任人员依法给予处分。

(2)违反法律规定,有下列行为之一的:依法应当编制水土保持方案的生产建设项目,未编制水土保持方案或者编制的水土保持方案未经批准而开工建设的;生产建设项目的地点、规模发生重大变化,未补充、修改水土保持方案或者补充、修改的水土保持方案未经原审批机关批准的;水土保持方案实施过程中,未经原审批机关批准,对水土保持措施作出重大变更的,由县级以上政府水行政主管部门责令停止违法行为,限期补办手续;逾期不补办手续的,处5万元以上50万元以下的罚款;对生产建设单位直接负责的主管人员和其他直接责任人员依法给予处分。

(3)违反法律规定,在崩塌、滑坡危险区或者泥石流易发区从事取土、挖砂、采石等可能造成水土流失的活动的,由县级以上地方人民政府水行政主管部门责令停止违法行为,没收违法所得,对个人或单位分别处一定限额以下的罚款。

(4)违反法律规定,在禁止开垦坡度以上陡坡地开垦种植农作物,或者在禁止开垦、开发的植物保护带内开垦、开发的,由县级以上地方政府水行政主管部门责令停止违法行为,采取退耕、恢复植被等补救措施;按照开垦或者开发面积,可以对个人或单位分别处一定限额以下的罚款。

(5)违反法律规定,毁林、毁草开垦的,依照我国《森林法》、《草原法》的有关规定处罚。

(6)违反法律规定,采集发菜,或者在水土流失重点预防区和重点治理区铲草皮、挖树兜、滥挖虫草、甘草、麻黄等的,由县级以上地方政府水行政主管部门责令停止违法行为,采取补救措施,没收违法所得,并处违法所得1倍以上5倍以下的罚款;没有违法所得的,可以处5万元以下的罚款。在草原地区有上述规定违法行为的,依照我国《草原法》的有关规定处罚。在林区采伐林木不依法采取防止水土流失措施的,由县级以上地方政府林业主管部门、水行政主管部门责令限期改正,采取补救措施;造成水土流失的,由水行政主管部门按照造成水土流失的面积处每平方米限额以下的罚款。违反法律规定,水土保持设施未经验收或者验收不合格将生产建设项目投产使用的,由县级以上人民政府水行政主管部门责令停止生产或者使用,直至验收合格,并处5万元以上50万元以下的罚款。

(7)违反法律规定,在水土保持方案确定的专门存放地以外的区域倾倒砂、石、土、矸石、尾矿、废渣等的,由县级以上地方政府水行政主管部门责令停止违法行为,限期清理,按照倾倒数量处每立方米限额以下的罚款;逾期仍不清理的,县级以上地方政府水行政主管部门可以指定有清理能力的单位代为清理,所需费用由违法行为人承担。

(8)违反法律规定,开办生产建设项目或者从事其他生产建设活动造成水土流失,不进行治理的,由县级以上政府水行政主管部门责令限期治理;逾期仍不治理的,县级以上政府水行政主管部门可以指定有治理能力的单位代为治理,所需费用由违法行为人承担。

(9)违反法律规定,拒不缴纳水土保持补偿费的,由县级以上政府水行政主管部门责令限期缴纳;逾期不缴纳的,自滞纳之日起按日加收滞纳部分5‰的滞纳金,可以处应缴水土保持补偿费3倍以下的罚款。

(10) 不同行政区域之间发生水土流失纠纷应当协商解决;协商不成的,由共同的上一级政府裁决。

(11) 违反法律规定,造成水土流失危害的,依法承担民事责任;构成违反治安管理行为的,由公安机关依法给予治安管理处罚;构成犯罪的,依法追究刑事责任。

第四节 森林法与草原法

一、森林法

(一) 森林法的概念和加强森林管理的法制建设

所谓森林法,就是统治阶级根据自己的意志,通过国家规定森林资源所有权、支配权、经营管理办法和奖惩措施的一种专门法律。森林法的调整对象是林业关系,即在林业生产建设领域内,有关国家机关、社会团体、企事业单位、公民个人之间以及他们相互之间,在对森林的所有权和经营权、森林的管理和保护、森林的营造和采伐等方面发生的经济关系。对这种关系的法律规定和调整便是森林法。换句话说,森林法是调整人们在培育、保护、利用、开发森林资源过程中所发生的各种社会关系的法律规范的总称。

森林是我国的重要资源,能够提供木材和各种农副产品,满足国家经济建设和人民生活的需要;能够调节气候,涵养水源,保持水土,防风固沙,保障农业、牧业的发展;能够防治空气污染,保持和美化环境,增进人们的身心健康。因此,林业是国民经济的重要组成部分。发达的林业是国家富强、民族繁荣、社会文明的标志之一。

我国是森林资源较少的国家,全国森林面积只有17.3亿亩,人均森林面积在世界上居120位,森林覆盖率只有14%;而且分布很不均匀,主要分布在东北、西南等边远地区,华北、西北地区很少,有的省区的森林覆盖率不到1%。

新中国成立以来,我国林业建设虽然取得了一定的成绩。但是,落后的面貌仍然没有从根本上得到改变。突出的问题是:森林破坏严重,消耗过多,自然生态环境日益恶化。造成这种情况的原因是多方面的,但与林权不稳、政策多变、森林管理不严、法纪长期松弛有关。为此,必须切实保护和管理现有森林,降低资源消耗,进一步落实林业政策,依靠群众保护森林,大力开展造林育林,合理开发利用资源,把各种方针政策和管理制度用法律形式固定下来。1984年9月20日第六届全国人大常委会第七次会议通过了《中华人民共和国森林法》(以下简称《森林法》),1998年4月29日第九届全国人大常委会第二次会议通过了《关于修改〈中华人民共和国森林法〉的决定》,修正后的《森林法》自1998年7月1日起施行。

(二) 我国《森林法》的主要内容

《森林法》是我国林业的基本法,主要内容可以归纳为以下五个方面:

1. 关于发展林业的任务、方针政策和管理体制的规定

我国《森林法》规定,发展林业的基本任务是:保护、培育和合理利用森林资源,加

快国土绿化,发挥森林蓄水保土、调节气候、改善环境和提供林产品的作用,改善生态环境,适应国家建设和人民生活的需要。我国《森林法》规定了"林业建设实行以营林为基础,普遍护林,大力造林,采育结合,永续利用"的方针。

国家对森林开发、木材分配和林业基金的使用实行中央集中统一管理和扩大地方、单位自主权与经济利益相结合的管理体制。国务院林业主管部门主管全国林业工作;县级以上地方人民政府林业主管部门主管本地区的林业工作;乡人民政府设专职或者兼职人员负责林业工作。1982年,从中央到地方先后成立了各级绿化委员会,由党、政、军、工、青、妇的负责人组成,对各行各业的绿化工作进行指导、协调、监督和检查。

2. 关于森林资源及其所有权、使用权的规定

明确和稳定林权,保护所有者和使用者的合法权益,是保护森林、发展林业的基础,也是加强森林法制管理的前提。为了解决好森林、林木、林地的归属,调动各方面的积极性,推动国家、集体和个人都来兴办林业,《森林法》明确规定我国的森林和林木的所有权有三种,即国家所有、集体所有和个人所有。国家所有的和集体所有的森林、林木和林地,个人所有的林木和使用的林地,由县级以上地方人民政府登记造册,发放证书,确认所有权或使用权。

森林资源属全民所有,由法律规定属于集体所有的除外。全民所有制单位营造的林木,由营造单位经营,并按国家规定支配林木收益。

按法律规定属于集体所有的森林、林木和林地,属于集体所有。集体所有制单位营造的林木,归该单位所有。

农村居民在房前屋后、自留地、自留山种植的林木,归个人所有。城镇居民和职工在自有房屋的庭院内种植的林木,归个人所有。

集体或者个人承包全民所有和集体所有的宜林荒山荒地造林的,承包后种植的林木归承包的集体或者个人所有;承包合同另有规定的,按照承包合同的规定执行。

3. 关于森林的经营管理和保护的规定

我国《森林法》要求"各级林业主管部门依照森林法的规定,对森林资源的保护、利用、更新,实行管理和监督"。

(1) 各级林业主管部门负责组织森林资源清查,建立资源档案制度,掌握资源变化情况。各级人民政府应当制定林业长远规划。国营林业企业事业单位和自然保护区,应当根据林业长远规划,编制森林经营方案,报上经主管部门批准后实行。林业主管部门应当指导农村集体经济组织和国营的农场、牧场、工矿企业等单位编制森林经营方案。进行勘察设计、建筑工程设施、开采矿藏,应当不占或者少占林地,必须占用或者征用林地的,按照有关法律规定办理。占用、征用林地面积2000亩以上的,报国务院批准。

(2) 地方各级人民政府组织有关部门建立护林组织,负责护林工作;根据实际需要在大面积林区增加护林设施,加强森林保护;督促有林的和林区的基层单位,订立护林公约,组织群众护林,划定护林责任区,配备专职或者兼职护林员。护林员可以

由县级或者乡级人民政府委任。护林员的主要职责是：巡护森林，制止破坏森林资源的行为。对造成森林资源被破坏的，护林员有权要求当地有关部门处理。

（3）地方各级人民政府应当切实做好森林火灾的预防和扑救工作，包括在规定的森林防火期内，禁止在林区野外用火；因特殊情况需要用火的，必须经过县级人民政府或者县级人民政府授权的机关批准。在林区设置防火设施，发生森林火灾时，必须立即组织当地军民和有关部门扑救。因扑救森林火灾负伤、致残、牺牲的，国家职工由所在单位给予医疗、抚恤；非国家职工由起火单位按照国务院有关主管部门的规定给予医疗、抚恤，起火单位对起火没有责任或者确实无力负担的，由当地人民政府给予医疗、抚恤。

（4）各级林业主管部门负责组织森林病虫害防治工作，包括负责规定林木种苗的检疫对象，划定疫区和保护区，对林木种苗进行检疫。

（5）禁止毁林开垦和毁林采石、采砂、采土以及其他毁林行为。禁止在幼林地和特种用途林内砍柴、放牧。进入森林和森林边缘地区的人员，不得擅自移动或者损坏为林业服务的标志。

（6）国家对自然保护区和珍贵植物动物资源进行保护。国务院林业主管部门和省、自治区、直辖市人民政府，应当在不同自然地带的典型森林生态地区、珍贵动物和植物生长繁殖的林区、天然热带雨林等具有特殊保护价值的林区，划定自然保护区，加强保护管理。对自然保护区以外的珍贵树木和林区内具有特殊价值的植物资源，应当认真保护；未经省、自治区、直辖市林业主管部门批准，不得采伐和采集。林区内列为国家保护的野生动物，禁止猎捕；因特殊需要而猎捕的，按照国家有关法规办理。

4．关于植树造林和森林采伐的规定

在对待造林和采伐的关系上，长期以来轻视造林，重视采伐，甚至过量采伐、乱砍滥伐，结果采伐迹地得不到更新，林木越来越少。为了改变这种状况，我国《森林法》明确规定了采育结合，实行限额采伐和鼓励造林育林的原则。

（1）对于植树造林，规定了以下几项重要制度、措施和原则：

第一，各级人民政府应当制定植树造林规划，因地制宜地确定本地区提高森林覆盖率的奋斗目标。各级人民政府应当组织各行各业和城乡居民完成植树造林规划确定的任务。宜林的荒山荒地，属于国家所有的，由林业主管部门和其他主管部门组织造林；属于集体所有的，由集体经济组织组织造林；铁路和公路两旁、江河两侧、湖泊水库周围，由各有关主管单位因地制宜地组织造林；工矿区、机关、学校用地，部队营区以及农场、牧场、渔场经营地区，由各该单位负责造林。国家所有和集体所有的宜林荒山荒地可以由集体或者个人承包造林。

第二，按照责、权、利相统一，所有权、使用权、承包权既联系又分离的原则，实行谁营造的林木谁管理、谁受益的制度。对于新造幼林地和其他必须封山育林的地方，由当地人民政府组织封山育林。

第三，植树造林，保护森林是公民应尽的义务。各级人民政府应当按照第五届全国人大第四次会议《关于开展全民义务植树运动的决议》(1981年)、全国人大常委会

《关于植树节的决定》(1981年)、国务院《关于开展全民义务植树运动的实施办法》的规定,组织全民义务植树。每年3月12日为全民植树节。

第四,对造林实行经济扶植。国家通过建立林业基金制度、征收育林费、对集体和个人造林育林给予经济扶植和低息长期贷款,以及从某些产品的产量中提出一定数额的资金等方法,扶植造林育林事业的发展。

(2)森林采伐是直接关系到合理利用资源和森林的再生产的大问题,我国《森林法》对此规定了几项重要原则和制度。

第一,国家根据用材林的消耗量低于生长量的原则,严格控制森林年采伐量。国家所有的森林和林木以国有林业企业事业单位、农场、厂矿为单位,集体所有的森林和林木以县为单位,制定年采伐限额,由省、自治区、直辖市林业主管部门汇总,经同级人民政府审核后,报国务院批准。国家制定统一的年度木材生产计划。年度木材生产计划不得超过批准的年采伐限额。

第二,对从林区采伐运出木材除国家统一调拨的木材外,必须有林业主管部门发给的运输证件。在林区设立的木材检查站,对未取得运输证件或者物资主管部门发给的调拨通知书而运输木材的有权制止。

第三,我国《森林法》按照森林和林木的不同属性(自然属性)和用途,规定了不同的采伐要求:一是成熟的用材林应当根据不同情况,分别采取择伐、皆伐和渐伐方式。皆伐应当严格控制,并在采伐的当年或者次年内完成更新造林。二是防护林和特种用途林中的国防林、母树林、环境保护林、风景林,只准进行抚育和更新性质的采伐。三是特种用途林中的名胜古迹和革命纪念地的林木、自然保护区的森林,严禁采伐。

第四,对森林的采伐实行严格的法定审批程序和采伐许可证制度。除农村居民采伐自留地和房前屋后个人所有的零星林木外,必须申请采伐许可证,按许可证的规定进行采伐;国有林业企业事业单位、机关、团体、部队、学校和其他国有企业事业单位采伐林木,由所在地县级以上林业主管部门审核发放采伐许可证;铁路、公路的护路林和城镇林木的更新采伐,由有关主管部门审核发放采伐许可证;农村集体经济组织采伐林木,由县级林业主管部门审核发放采伐许可证;农村居民采伐自留山和个人承包集体的林木,由县级林业主管部门或者由其委托的乡、镇人民政府审核发放采伐许可证。审核发放采伐许可证的部门,不得超过批准的年采伐限额发放采伐许可证。国有林业企业事业单位申请采伐许可证时,必须提出伐区调查设计文件;其他单位申请采伐许可证时,必须提出有关采伐的目的、地点、林种、林况、面积、蓄积、方式和更新措施等内容的文件。对伐区作业不符合规定的单位,发放采伐许可证的部门有权收缴采伐许可证,中止其采伐,直到纠正为止。

第五,采伐林木的单位或者个人,都必须按照采伐许可证规定的面积、株数、树种、期限完成更新造林任务,更新造林的面积和株数必须大于采伐的面积和株数。采伐林木的单位或者个人没有按照规定完成更新造林任务的,发放采伐许可证的部门有权不再发给采伐许可证,直到完成更新造林任务为止;情节严重的,除承担代为更新造林的费用外,并可处以相当于所需造林费用的罚款。对直接责任人员由所在单位或者上级主管机关给予行政处分。这样规定有利于采育结合,扩大森林资源,永续利用。

5. 关于森林管理奖惩制度的规定

对森林资源的经营和保护、造林育林和采伐利用,实行奖惩是十分重要的。我国《森林法》规定,在植树造林、保护森林以及森林管理等方面成绩显著的单位或者个人,由各级人民政府给予精神的或者物质的奖励。国家鼓励植树造林,建立林业基金制度给予经济扶植。国家鼓励林业科学研究,推广林业先进技术,提高林业科学技术水平。

对于违反我国《森林法》的惩罚制度,也就是说法律责任问题,规定了行政与刑事两类处罚,《森林法实施细则》对行政处罚又作了具体规定。

(1) 在追究行政责任方面:

第一,盗伐森林或者其他林木的,依法赔偿损失,由林业主管部门责令补种盗伐株数 10 倍的树木,没收盗伐的林木或者变卖所得,并处盗伐林木价值 3 倍以上 10 倍以下的罚款。

第二,滥伐森林或者其他林木,由林业主管部门责令补种滥伐株数 5 倍的树木,并处滥伐林木价值 2 倍以上 5 倍以下的罚款。

第三,违反法律规定,超过批准的年采伐限额,发放林木采伐许可证或者超越职权发放林木采伐许可证等有关证件、文件、证书的,由上一级人民政府林业主管部门责令纠正,对直接负责的主管人员和其他直接责任人员依法给予行政处分,有关人民政府林业主管部门未予纠正的,国务院林业主管部门可以直接处理。

第四,违反法律规定,买卖林木采伐许可证等有关证件、文件、证书的,由林业主管部门没收违法买卖的证件、文件和违法所得,并处违法买卖证件、文件的价款 1 倍以上 3 倍以下的罚款。

第五,违反法律规定,进行开荒、采石、采砂、采土、采种、采脂和其他活动,致使森林、林木受到破坏的,依法赔偿损失,由林业主管部门责令停止违法行为,补种 1 倍以上 3 倍以下的树木,可以处毁坏林木价值 1 倍以上 5 倍以下的罚款。

第六,违反法律规定,在幼林地和特种用途林内砍柴、放牧致使森林受到破坏的,依法赔偿损失,由林业主管部门责令停止违法行为,补种毁坏株数 1 倍以上 3 倍以下的树木。

第七,采伐林木的单位或者个人没有按照规定完成更新造林任务的,发放采伐许可证的部门有权不再发给采伐许可证,直到完成更新造林任务为止;情节严重的,可以由林业主管部门处以罚款,对直接责任人员由所在单位或者上级主管机关给予行政处分。

第八,从事森林资源保护、林业监督管理工作的林业主管部门的工作人员和其他国家机关的有关工作人员滥用职权、玩忽职守、徇私舞弊,尚不构成犯罪的,依法给予行政处分。

(2) 在追究刑事责任方面:

我国《森林法》规定,对盗伐、滥伐森林或其他林木构成犯罪的;非法采伐、毁坏珍贵树木的;超过批准的年采伐限额发放林木采伐许可证或者超越职权发放林木采伐许可证等有关证件、文件、证书构成犯罪的;买卖林木采伐许可证等有关证件、文件、证书,构成犯罪的;伪造林木采伐许可证等有关证件、文件、证书的;在林区非法收购明知是盗伐、滥伐的林木构成犯罪的;从事森林资源保护、林业监督管理工作的林业主管部门的工作人员和其他国家机关的有关工作人员滥用职权、玩忽职守、徇私舞弊构成犯罪的,依法追究刑事责任。

(三) 中央谋划加快林业改革,全面推进集体林权制度

2008年中共中央、国务院《关于全面推进集体林权制度改革的意见》(简称中共中央10号文件)全面部署推进实体林权制度改革,推动我国林业又快又好发展。虽然我国集体林权制度改革成效初步显示,林业总产值五年已翻一番,但针对我国林业发展存在的问题依然严重不足、森林生态系统功能十分脆弱,与经济社会发展的需要还很不适应的情况,中共中央于2009年6月间召开了林业工作会议,部署了一要建立健全林业支持保护制度,加强林业投入保障、生态效益补偿、林业补贴、税费扶持。二要建立健全林业金融支撑制度,加大林业信贷投放,开发林业信贷产品,拓宽林业融资渠道,完善财政贴息政策,健全林权抵押贷款制度,建立政策性森林保险制度。三要建立健全林木采伐管理制度,简化采伐审批程序,推行采伐限额公示制度,实行林木采伐分类管理。四要建立健全集体林权流转制度,规范林地承包经营权、林木所有权流转,推进林业适度规模经营,优化林业要素配置。五要建立健全林业社会化服务体系,加快构建公益性和经营性服务相结合、专业服务与综合服务相协调的新型林业社会化服务体系。《人民日报》2009年6月24日为此发表了"坚定不移搞改革,促进林业大发展"的社论。未来10年我国将增加林地1.2亿亩,让森林永远造福人类。

二、草原法

(一) 草原法的概念和意义

草原法是有关草原的所有、使用、保护、建设和利用的法律规范的总称。一般说来,它包括草原的所有权和使用权的规定;有关草原保护管理措施的规定;草原的合理利用和建设的规定;草原主管部门职权的规定;违反草原有关规定的法律责任等。

在我国960万平方公里的土地上,40%是草原,近60亿亩,居世界第三位。但是,在我国近60亿亩的草原中,可利用面积为41亿亩,实际利用面积是39亿亩。在已经利用的草原中,由于种种原因,严重沙化、碱化、退化面积约占1/3,其中鼠、虫危害严重的有7亿亩。近几年来,草原退化速度达到了每年1000万亩的严重程度。另外,在没有退化的草原牧场上,草原经营水平也是比较低的。为了加强有关草原的保护、管理、建设和合理利用,保护和改善生态环境,发展现代化畜牧业,促进地方经济的繁荣,适应社会主义建设和人民生活的需要,根据《宪法》的规定,1985年6月18日第六届全国人大常委会第十一次会议通过了《中华人民共和国草原法》(以下简称

《草原法》),2002年12月28日第九届全国人大常委会第三十一次会议对《草原法》进行了修订,自2003年3月1日起施行。这次修订由原来比较简陋的23条增加成总则、草原权属、规划、建设、利用、保护、监督检查、法律责任、附则等9章75条。

(二)我国《草原法》的主要内容

1.《草原法》的适用范围和草原管理工作的主管机关

《草原法》适用于我国境内的一切草原,包括草山、草地。草原是指生长以草本植物或饲用灌木植物为主,可用于畜牧业的土地,包括天然草场、人工改良草场、放牧场、打草场和草籽繁殖地。在我国近60亿亩草原面积中,牧区草原47亿亩、山区草山11亿亩、沿海滩涂草地2亿亩,这些都属于《草原法》的保护对象和适用范围。

国务院农牧业部门主管全国的草原管理工作,县级以上地方人民政府农牧业部门主管本行政区域内的草原管理工作。

2. 草原的所有权的归属以及国家征用草原,内部调剂使用草原的规定

关于草原的所有权的归属、国家征用草原和内部调剂使用草原的规定,是《草原法》的核心。我国《宪法》第9条第1款规定:矿藏、水流、森林、山岭、草原、荒地、滩涂等自然资源,都属于国家所有,即全民所有;由法律规定属于集体所有的森林和山岭、草原、荒地、滩涂除外。这就是说草原作为自然资源的一种,一般属于全民所有。所以我国《草原法》规定:"草原属于国家所有,由法律规定属于集体所有的除外。"

按照所有权和使用权可以分离的理论,我国《草原法》又规定:"国家所有的草原,可以依法确定给全民所有制单位、集体经济组织等使用。使用草原的单位,应当履行保护、建设和合理利用草原的义务。"

依法确定给全民所有制单位、集体经济组织等使用的国家所有的草原,由县级以上人民政府登记,核发使用权证,确认草原使用权。未确定使用权的国家所有的草原,由县级以上人民政府登记造册,并负责保护管理。集体所有的草原,由县级人民政府登记,核发所有权证,确认草原所有权。依法改变草原权属的,应当办理草原权属变更登记手续。

依法登记的草原所有权和使用权受法律保护,任何单位或者个人不得侵犯。

遇有自然灾害等特殊情况,需要临时调剂使用草原的,按照自愿互利的原则,由双方协商解决;需要跨县临时调剂使用草原的,由有关县级人民政府或者共同的上级人民政府组织协商解决。

草原的所有权和使用权的争议,由当事人协商解决;协商不成的,由有关人民政府处理。单位之间的争议,由县级以上人民政府处理。个人之间、个人与单位之间的争议,由乡(镇)人民政府或者县级以上人民政府处理。当事人对有关人民政府的处理决定不服的,可以依法向人民法院起诉。在争议解决以前,任何一方不得破坏草原和草原上的设施。

国家因建设需要征用集体所有的草原的,按照我国《土地管理法》的规定给予补偿。国家因建设需要长期使用国家所有的草原的,应当依照国务院有关规定对草原承包经营者给予补偿。

国家因建设需要在民族自治地方征用或者使用草原的,应当照顾民族自治地方的利益,作出有利于民族自治地方经济建设的安排。国家因建设需要临时使用草原的,按照我国《土地管理法》的有关规定办理。使用期满,用地单位应当恢复草原植被。

3. 草原的保护、管理、建设和合理利用的规定

加强草原的保护、建设、管理和合理利用,是培育草原和利用草原的自然规律与经济规律的要求,是保护和改善生态环境,发展农业和畜牧业生产,繁荣经济的迫切需要,也是制定和实施《草原法》的基本任务,为此,我国《草原法》从下列各方面作了带有政策性、技术性的重要措施的规定:

(1) 地方各级人民政府负责组织本行政区域内的草原资源普查,制定草原畜牧业发展规划并纳入国民经济发展计划,加强草原的保护、建设和合理利用,提高草原的载畜能力。

(2) 国家鼓励草原畜牧业科学研究,提高草原畜牧业的科技水平。国家鼓励在农、林、牧区和城镇种草,促进畜牧业的发展,改善生态环境。国家保护草原的生态环境,防治污染。

(3) 严格保护草原植被,禁止开垦和破坏。草原使用者进行少量开垦,必须经县级以上地方人民政府批准。已经开垦并造成草原沙化或者严重水土流失的,县级以上地方人民政府应当限期封闭,责令恢复植被,退耕还牧。

4. 法律责任

(1) 规定了对草原行政主管部门工作人员及其他国家机关有关工作人员违法行为的法律责任,对草原行政主管工作人员违法构成犯罪的,依法追究刑事责任;尚不构成刑事处罚的,依法给予行政处分。(2) 对截留、挪用草原改良、人工种草和草种生产资金或者草原植被恢复费,构成犯罪的。(3) 无权批准征用、使用草原的单位或者个人非法批准征用、使用草原的,超越批准权限非法批准征用、使用草原的,或者违反法律规定的程序批准征用、使用草原,构成犯罪的,依法追究刑事责任;尚不构成行政处分的,依法给予行政处分。非法批准征用、使用草原,给当事人造成损失的,依法承担赔偿责任。(4) 买卖或者以其他形式非法转让草原,构成犯罪的,依法追究刑事责任;尚不构成刑事处罚的,责令限期改正,没收违法所得,并处以罚款。(5) 未经批准或者采取欺骗手段骗取批准,非法使用草原,构成犯罪的,依法追究刑事责任;尚不构成刑事处分的,责令退还非法使用的草原,限期拆除在非法使用的草原上新建的建筑物和其他设施,恢复草原植被,并处以罚款。(6) 非法开垦草原,构成犯罪的,依法追究刑事责任;尚不构成犯罪的,责令停止违法行为,限期恢复植被,没收非法财物和违法所得;给草原所有者或者使用者造成损失的,依法承担赔偿责任。(7) 在荒漠、半荒漠和严重退化、沙化、盐碱化、沙漠化、水土流失的草原,以及生态脆弱区的草原上采挖植物或者从事破坏草原植被的其他活动的以及未经批准或者未按照规定的时间、区域和采挖方式在草原上进行采土、采砂、采石等活动,给草原所有者或者使用者造成损失的,依法承担赔偿责任。(8) 违反《草原法》规定,擅自在草原上开展经营性旅游活动,破坏草原植被的;给草原所有者或者使用者造成损失的,依法承担赔偿责

任。(9)非抢险救灾和牧民搬迁的机动车辆离开道路在草原上行驶或者从事地质勘探、科学考察等活动未按照确认的行驶区域和行驶路线在草原上行驶,破坏草原植被的,责令停止违法行为,限期恢复植被,可以并处罚款,依法承担赔偿责任。(10)在临时占用的草原上修建永久性建筑物、构筑物的,依法强制拆除,所需费用由违法者承担。(11)未经批准,擅自改变草原保护、建设、利用规划的;对违反《草原法》有关草畜平衡制度的规定,牲畜饲养量超过核定的草原载畜量标准的应给予纠正或者处罚措施。

第五节　国家自然保护区法和野生动物保护法

一、自然保护区法

(一)自然保护区的概念和作用

自然保护区,是指为了加强对自然环境的保护,把包含保护对象的一定面积的陆地或者水地专门划分出来,加以特殊的保护和管理的区域。

自然保护区按设立的目的不同,可分为多种类型。例如,(1)为保护某种典型的生态系统地区而设立的自然生态系统保护区;(2)为保护某种珍稀濒危物种而设立的生物物种保护区;(3)为了保持自然资源的可持续利用而设立的资源管理保护区;(4)为保护某种地质遗迹和自然景观而设立的自然遗迹保护区,如云南路南石林保护区、黑龙江五大连池保护区;(5)为保护人类文化遗迹设立的人文遗迹保护区,如北京的周口店保护区;(6)为保护优美风景而设立的风景名胜保护区,如湖南张家界自然保护区等。此外,我国《海洋环境法》还规定设立有海上特别保护区、海上自然保护区和海滨风景游览区等。

自然保护区是人类有意识地减少自身对环境的干扰和破坏,从而使有价值的和有特殊意义的自然环境得以维持和存在而加以特别保护的区域。自然保护区对于人类环境的保护和改善,对于未来人类的生存和发展都具有重要意义。其作用是:(1)尽量保存自然环境原始的天然状态,为人类保留自然环境的"本底",从而为人类合理的、生产率高的人工生态系统提供了模式或者指明了方向。(2)保护各种珍稀濒危物种及其他生物物种,保存生物基因库。(3)为科学研究提供条件和场所。(4)为教育,为人们游乐、休息提供场所。(5)保护改善生态环境,维持生态平衡。

(二)我国自然保护区的立法

我国自然保护区的立法起步较晚,正在发展完善中,主要的法律、法规从广义上来说包括环境保护法、森林法、草原法、水土保持法、海洋环境保护法、水污染防治法、大气污染防治法,等等;从狭义上来说,尚无一部统一的自然保护区法典,但在1994年10月9日国务院发布了《中华人民共和国自然保护区条例》,同年12月1日起施行。

(三)我国自然保护区的规定

(1)设立自然保护区的条件。划为森林型自然保护区的条件是:典型的森林生态地区;珍贵动物和植物生长繁殖地区;天然热带雨林。下列地区可以划为自然保护区:具有代表不同自然地带的典型自然生态系统的地区;国家一类保护珍稀动物、珍稀树种或有特殊保护价值的其他野生动植物的重要生存繁殖地区;自然生态系统或物种已遭破坏具有重要价值而必须恢复或更替的地区;有特殊保护意义的地质剖面、冰川遗迹、岩溶、温泉、化石产地等自然历史遗迹和重要水源地等。

(2) 自然保护区的级别。我国的自然保护区分为国家级和地方级两级。国家级自然保护区是由中央政府批准设立的,地方级自然保护区是由省级人民政府批准设立的。实际上,我国自然保护区,除了有国家级、省级外,还有市级、县级,有的乡、镇还设立了自己的自然保护区。

(3) 自然保护区的开发利用。我国法律严格禁止在自然保护区内建设污染环境的工业生产设施,已建成的,应当严加管理,必须保证自然保护区环境不受污染。

利用保护区开展旅游的,必须做到:第一,旅游业务由自然保护区机构统一管理,所得收入用于自然保护区的建设和保护事业;第二,有关部门投资或与自然保护区联合兴办的旅游建筑和设施,产权归自然保护区,所得收益在一定时期内按比例分成,但不得改变自然保护区隶属关系;第三,对旅游区必须进行规划设计,确定合适的旅游点和旅游路线;第四,旅游点的建设和设施要体现民族风格,同自然景观和谐一致;第五,根据旅游需要和接待条件制定年度接待计划,按隶属关系报林业主管部门批准,有计划地开展旅游;第六,设置防火、卫生等设施,实行严格的巡护检查,防止造成环境污染和自然资源的破坏。

(4) 自然保护区的管理体制。全国自然保护区的统筹规划由国家环境保护局负责。国家环境保护局负责向国务院提出国家级自然保护区的审批意见。森林及野生动物类型自然保护区的管理由林业主管部门负责。其他自然保护区,包括海上自然保护区,由设立、审批该自然保护区的机构负责管理。

二、野生动物保护法

(一) 我国《野生动物保护法》的颁布

为保护、拯救珍贵、濒危野生动物,保护、发展和合理利用野生动物资源,维持生态平衡,1988年11月8日第七届全国人大常委会第四次会议通过了《中华人民共和国野生动物保护法》(以下简称《野生动物保护法》),2004年8月28日第十届全国人大常委会第十一次会议对该法作了修订。

(二) 野生动物保护的范围和所有权

我国《野生动物保护法》所保护的对象是指珍贵、濒危的陆生、水生野生动物和有益的或者有重要经济、科学研究价值的陆生野生动物。野生动物资源属国家所有;国家保护依法开发利用野生动物资源的单位和个人的合法利益。

(三) 国家对野生动物保护的方针和主管部门的规定

国家对开发利用野生动物,实行加强资源保护、积极驯养繁殖、合理开发利用的方针。也就是说,首先是资源保护,在保护的基础上积极繁殖驯养,以合理的方式加以开发利用。

国务院林业、渔业行政主管部门分别主管全国陆生、水生、野生动物的管理工作。各省、自治区、直辖市政府林业主管部门主管本行政区域内陆生野生动物的管理工作。县级以上地方政府渔业行政管理部门主管本行政区域内水生、野生动物管理工作。

（四）保护野生动物生存环境的主要措施

（1）各级人民政府应当将野生动物的保护纳入经济和社会发展计划，制定保护、发展和合理利用野生动物资源的规划和措施。

（2）划定自然保护区，保护野生动物的主要生存环境，并且禁止在自然保护区内建立污染环境的企业、事业单位及采取必要的特别保护措施。

（3）加强环境对野生动物影响的监视，加强环境监测，当发现环境对野生动物有危害时，应当及时调查、处理。

（4）凡建设可能对国家重点保护的野生动物的生存环境产生不利影响的项目，建设者应编制环境影响报告书，环境保护部门在审批时，应当征求同级野生动物行政主管部门的意见。

（5）建立对外国人开放的猎捕场所，应当报国务院野生动物行政主管部门备案。

（五）关于野生动物收购、经营、运输、出口的规定

（1）禁止收购和以任何形式买卖国家重点保护的动物及其产品，包括死体、血、骨、肉、皮、胚胎等。

（2）经营野生动物及其产品，必须持有许可证。

（3）运输、携带国家重点保护野生动物或其产品出县境的，必须经省级人民政府野生动物行政主管部门或者其授权的部门批准。

（4）严禁非法买卖和出口国家规定保护的珍稀野生动物及其产品。因科研、交换、赠送、展出、表演等出口珍稀野生动物及其标本，应报有关主管部门批准，并由中华人民共和国濒危物种科学组签署意见后，由中华人民共和国濒危物种进出口管理办公室核发《允许出口证明书》。海关凭《允许出口证明书》和国家规定的其他有关文件查验放行，否则，不得出口。

（六）法律责任

违反国家保护野生动物法律者，将依据违法事实，依法承担法律责任。

（1）行政责任。对在禁猎区内、禁猎期内或者使用禁用猎具、方法猎捕野生动物，未构成犯罪的，处没收猎获物、猎具和违法所得，并可处以罚款。对未取得狩猎许可证从事狩猎活动或未按狩猎许可证规定猎捕野生动物的，处没收猎获物、没收违法所得、没收猎具、吊销狩猎证以及罚款。对未取得持枪证猎捕野生动物的，比照我国治安管理处罚的有关规定处罚。

（2）民事责任。在狩猎活动中，对他人的人身、财产造成民事不法侵害的，依法承担民事责任。

（3）刑事责任。违法在禁猎区、禁猎期或使用禁猎猎具、方法进行狩猎，破坏珍

禽、珍兽或者其他野生动物资源,情节严重的,处7年以下有期徒刑或者拘役,可以并处或单处罚金。违法出售、收购、运输、携带国家重点保护野生动物或者其他产品,情节严重,构成走私罪的,依照《刑法》有关规定追究刑事责任。伪造、倒卖、转让特许猎捕证、狩猎证、驯养繁殖许可证,允许进出口证明书,构成犯罪的,依照刑法有关妨害公文、证件、印章罪追究刑事责任。1988年11月8日,第七届全国人大常委会第四次会议,通过了对非法捕杀国家重点保护的珍贵、濒危野生动物的,处7年以下有期徒刑或者拘役,可以并处或者单处罚金;对非法出售倒卖、走私的,按投机倒把罪[①]、走私罪处罚。

[①] 这是我国1979年《刑法》规定的罪名,1997年修改后的《刑法》不再有此罪名。

第三十章 矿产资源与能源保护法

矿产资源是国家的宝贵财富,是人类赖以生存和发展的必要条件,是我们进行现代化建设的物质基础。它所具有的有限性和非再生性特征,使得对它的合理保护与使用变得十分迫切,目前,各国都十分重视矿产资源立法。

能源是人类赖以生存和发展工业、农业、国防、科学技术的基础,可以为我们提供燃料和动力,它的开发、生产、使用直接关系到整个国民经济发展的规模、速度和效果。能源立法是合理使用、开发能源的有效法律保障。

第一节 矿产资源法

一、矿产资源与矿产资源法

矿产资源是指由地质作用形成的,具有利用价值的,呈固态、液态、气态的自然资源。它包括能源矿产、金属矿产、非金属矿产以及水气矿产等,具有储存性、无生命性和无再生性的特点,这就使得对它的合理利用和保护成为十分迫切的需要。正因如此,各国都十分注意加强矿产资源立法。

矿产资源法是调整人们在矿产资源的勘查、开发、利用和保护过程中所产生的经济关系的法律规范的总称。新中国成立以来,我国先后颁布过一些矿产资源法规。例如,1986年3月19日,第六届全国人大常委会第十五次会议通过了《中华人民共和国矿产资源法》(以下简称《矿产资源法》),1987年4月29日国务院颁布了《矿产资源勘查登记管理暂行办法》、《全民所有制矿山企业采矿登记管理暂行办法》和《矿产资源监督管理暂行办法》,1987年12月16日国务院批准发布了《石油及天然气勘查、开采登记管理暂行办法》,1988年5月20日国务院批准发布了《全国地质资料汇交管理办法》,1994年3月26日国务院发布了《中华人民共和国矿产资源法实施细则》,1996年8月29日第八届全国人大常委会第二十一次会议通过了《关于修改〈中华人民共和国矿产资源法〉的决定》并于1997年1月1日开始施行。这一切标志着我国矿产资源的开发和利用已纳入法制轨道。

二、矿产资源的所有权和使用权

(一)矿产资源的所有权

根据我国《宪法》和《矿产资源法》的规定,凡我国领域及管辖海域的各种矿产资源均属国家所有,地表或者地下的矿产资源的国家所有权,不因其所依附的土地的所有权或者使用权的不同而改变。由国务院代表国家行使矿产资源的所有权。国务院授权国务院地质矿产主管部门对全国矿产资源分配实施统一管理。

（二）矿产资源的使用权

矿产资源的使用权,包括探矿权和采矿权。国家对矿产资源的勘查、开发实行许可证制度,从事矿产资源勘查和开采的,必须符合规定的资质条件。勘查矿产资源,必须依法申请登记、领取勘查许可证,取得探矿权,可以在依法取得的勘查许可证规定的范围内,勘查矿产资源;开采矿产资源,必须履行登记手续,领取采矿许可证,取得采矿权,即获得在采矿许可证规定的范围内开采矿产资源和获取开采的矿产品的权利。国家保护合法的探矿权和采矿权不受侵犯。除依法律规定可以转让外,探矿权、采矿权不得转让。

国家实行探矿权、采矿权有偿取得制度。开采矿产资源必须按照国家有关规定缴纳资源税和资源补偿费。

三、矿产资源管理的法律规定

（一）矿产资源管理的方针

根据我国《矿产资源法》的规定,国家对矿产资源的勘查、开发实行统一规划、合理布局、综合勘查、合理开采和综合利用的方针。国家鼓励矿产资源勘查、开发的科学技术研究,推广先进技术,提高矿产资源勘查、开发的科学技术水平。国家保障依法设立的矿山企业开采矿产资源的合法权益。国有矿山企业是开采矿产资源的主体。国家保障国有矿业经济的巩固和发展。

（二）矿产资源管理的主管机关及其职责

根据我国《矿产资源法》及其实施细则的规定,国务院地质矿产主管部门主管全国矿产资源勘查、开采的监督管理工作。国务院有关主管部门按照国务院规定的职责分工,协助国务院地质矿产主管部门进行矿产资源勘查、开采的监督管理工作;省、自治区、直辖市人民政府地质矿产主管部门主管本行政区域内矿产资源勘查、开采的监督管理工作,省、自治区、直辖市人民政府有关主管部门,协助同级地质矿产主管部门进行矿产资源勘查、开采的监督管理工作;设区的市人民政府、自治州人民政府和县级人民政府及其负责管理矿产资源的部门,依法对本级人民政府批准开办的国有矿山企业和本行政区域内的集体所有制矿山企业、私营矿山企业、个体采矿者以及在本行政区域内从事勘查施工的单位和个人进行监督管理,依法保护探矿权人、采矿权人的合法权益。

上级地质矿产主管部门有权对下级地质矿产主管部门违法的或者不适当的矿产资源勘查、开采管理行政行为予以改变或撤销。

为了加强对矿山企业的矿产资源开发利用和保护工作的监督管理,国务院发布了《矿产资源监督管理暂行办法》,对国务院地质矿产主管部门、省级人民政府地质矿产主管部门、国务院和省级人民政府的有关主管部门以及矿山企业的地质测量机构对执行此办法的职责,作了较为具体的规定。

四、矿产资源勘查的法律规定

矿产资源勘查是指依靠地质科学理论,利用地质测量、地球物理勘探、地球化学采矿、钻探工程、坑探工程、采样测试、加工试验等手段和方法,取得地质矿产资料,探明矿产储量及其采、选、冶条件和进行矿床技术经济评价等工作。它是对矿产资源进行管理和保护的前提。国家对矿产资源勘查实行统一规划,根据国民经济和社会发展中、长期规划,编制全国矿产资源中、长期以及年度勘查计划。

(一)矿产资源勘查登记

国家对矿产资源勘查实行统一的登记制度。矿产资源勘查登记工作,由国务院地质矿产主管部门负责;属于国家实行保护性开采的特定矿种的矿产资源勘查登记工作,可以由国务院授权有关主管部门负责。国务院地质矿产主管部门和由其授权的各省、自治区、直辖市人民政府地质矿产主管部门是矿产资源勘察登记工作的管理机关。申请勘查登记,由独立经济核算的勘查单位,凭批准的地质勘查计划或者承包合同的有关文件,分勘查项目填写勘查申请登记书,由该勘查单位或者由其主管部门,到登记管理机关办理登记手续,领取勘查许可证。

(二)矿产资源的勘查

根据我国《矿产资源法》及其实施细则的规定,国家对矿产资源勘查实行统一规划。由国务院地质矿产主管部门根据国民经济和社会发展中、长期规划编制全国矿产资源中、长期勘查规划;再分别由国务院地质矿产主管部门和省级人民政府地质矿产主管部门组织有关主管部门,根据全国矿产资源中、长期勘查规划,分别编制全国矿产资源年度勘查计划和省、自治区、直辖市矿产资源年度勘查计划,经同级人民政府计划行政主管部门批准后施行。矿产资源勘查的内容包括矿产资源普查和矿床勘探。对前者,要求在完成主要矿种普查任务的同时,应对工作区内包括共生或者伴生矿产的成矿地质条件和矿床工业远景作出初步综合评价。而矿床勘探则要求对矿区内具有工业价值的共生和伴生矿产进行综合评价,并计算其储量。未作综合评价的勘探报告,不予批准。

为了保证国家对矿区的综合评价、统一开发利用,法律还对矿产资源勘查成果资料的保存和使用作了规定:对矿产资源勘查成果资料和各类矿产储量的统计资料,实行统一管理,要求按国务院规定汇交或填报区域地质调查报告按照国家统一规划进行。区域地质调查的报告和图件按照国家规定验收,提供有关部门使用。矿产资源勘查的原始地质编录和图件、测试样品和其他实物标本资料,各种勘查标志,应当按照有关规定保护和保存,并对有价值的勘查资料实行有偿使用。国务院批准发布的《全国地质资料汇交管理办法》对勘查成果资料的管理作了更加明确、具体的规定。

五、矿产资源开采的法律规定

(一)矿产资源开采的审批

开采矿产资源应首先办理采矿登记手续,取得采矿资格。国务院和国务院有关主管部门批准开办的矿山企业,跨省、自治区、直辖市开办的矿山企业,由国务院地质矿产主管部门办理开矿登记手续,颁发采矿许可证。省级及省级以下人民政府批准开办的矿山企业,由省级地质矿产部门办理登记手续,颁发采矿许可证。中外合资、合作开办的矿山企业和外国在我国投资开办的矿山企业,由中方有关单位按照上述规定到登记管理机关办理采矿登记手续。国务院石油工业、核工业主管部门分别负责石油、天然气、放射性矿产的采矿登记发证工作,并向国务院地质矿产主管部门备案。审批机关主要对其矿区范围、矿山设计或者开采方案、生产技术条件、安全措施和环境保护措施等依照有关法律规定进行审查,审查合格的,方予批准。

(二) 矿产资源的开采

(1) 矿产资源的分配。全国矿产资源的分配和开发利用,应当兼顾当前和长远、中央和地方的利益,实行统一规划、有效保护、合理开采、综合利用。先由国务院地质矿产部门根据国民经济和社会发展中、长期规划编制全国矿产资源规划,对全国矿产资源的分配作出统筹安排,合理划定中央与省级人民政府审批、开发矿产资源的范围;然后由国务院有关主管部门根据全国矿产资源规划中分配给本部门的矿产资源编制矿产资源行业开发规划并予实施,由省级人民政府根据全国矿产资源规划中分配给本行政区的矿产资源编制矿产资源地区开发规划,并作出统筹安排,合理划定省、市、县级人民政府审批、开发矿产资源的范围。

(2) 矿区的管理。国家对国家规划矿区、对国民经济具有重要价值的矿区和国家规定实行保护性开采的特定矿种,实行有计划的开采;未经国务院授权的有关主管部门同意,不得在下列地区开采矿产资源:港口、机场、国防工程设施圈定地区以内;重要工业区、大型水利工程设施、城镇市政工程设施附近一定距离以内;铁路、重要公路两侧一定距离以内;重要河流、堤坝两侧一定距离以内;国家划定的自然保护区、重要风景区、国家重点保护的不能移动的历史文物和名胜古迹所在地;国家规定不得开采矿产资源的其他地区。

(3) 开采的管理。矿山企业开发利用矿产资源,应当加强开采管理,选择合理的采矿方法和选矿方法,推广先进工艺技术,其开采回采率、采矿贫化率和选矿回收率应达到设计要求。在采、选主要矿产的同时,对具有工业价值的共生、伴生矿产,在技术可行、经济合理的条件下,必须综合回收;对暂时不能回收的矿产,应采取有效的保护措施。开采矿产资源,必须遵守国家劳动安全卫生规定,具备保障安全生产的必要条件;还应遵守有关环境保护的法律规定,防止污染环境;同时还要注意节约用地,当耕地、草原、林地因采矿受到破坏的,矿山企业应当因地制宜地采取复垦利用、植树种草或其他利用措施。如果开采矿产资源给他人生产、生活造成损失的,应当负责赔偿,并采取必要的补救措施。若要关闭矿山,必须提出矿山闭坑报告及有关采掘工程、安全隐患、土地复垦利用、环境保护的资料,并按照国家规定报请审查批准。在《矿产资源监督管理暂行办法》中,对于矿产资源开采过程中一些具体问题作了较为详细的规定。

六、集体矿山企业和个体采矿的法律规定

国家对集体矿山企业和个体采矿实行积极扶持、合理规划、正确引导、加强管理的方针,鼓励集体矿山企业开采国家指定范围内的矿产资源,允许个人采挖零星分散资源和只能用作普通建筑材料的砂、石、黏土以及为生活自用采挖少量矿产。在我国《矿产资源法实施细则》中明确规定了集体矿山企业、私营矿山企业、个体采矿者可以采挖的矿产资源的范围和开采要求。在国家设立国家规划矿区、对国民经济具有重要价值的矿区时,对应当撤出的原采矿权人,由国家按有关规定给予合理补偿,并妥善安置群众生活;或者可以实行联合经营。集体矿山企业和个体采矿应当提高技术水平,提高矿产资源回收率。禁止乱挖滥采,破坏矿产资源。国家指导、帮助集体矿山企业和个体采矿不断提高技术水平、资源利用率和经济效益。地质矿产主管部门、地质工作单位和国有矿山企业应当按照积极支持、有偿互惠的原则向集体矿山企业和个体采矿提供地质资料和技术服务。县级以上人民政府应当指导、帮助集体矿山企业和个体采矿进行技术改造,改善经营管理,加强安全生产。

七、违反我国《矿产资源法》的法律责任

(1)未取得采矿许可证擅自采矿的,擅自进入国家规划矿区、对国民经济具有重要价值的矿区采矿的,擅自开采国家规定实行保护性开采的特定矿种的,责令停止开采,赔偿损失,没收采出的矿产品和非法所得,可以并处罚款;拒不停止开采,造成矿产资源破坏的,依法追究刑事责任。

(2)超越批准的矿区范围采矿的,责令退回本矿区范围内开采,赔偿损失,没收越界开采的矿产品和违法所得,可以并处违法所得30%以下的罚款。

(3)买卖、出租或以其他形式转让矿产资源的,没收违法所得,处以罚款;违法倒卖探矿权、采矿权牟利的,吊销勘查许可证、采矿许可证,没收违法所得,处以罚款。

(4)非法用采矿权作抵押的,没收违法所得,处以5000元以下的罚款,吊销采矿许可证。

(5)非法购销国家规定统一收购的矿产品的,没收矿产品和违法所得,可以并处违法所得1倍以下的罚款。

(6)采取破坏性的开采方法开采矿产资源的,处以罚款;造成矿产资源严重破坏的,依法追究刑事责任。

八、切实加强矿产资源的保护,提高开采和利用水平

按照"十二五"计划纲要的要求,结合我国《矿产资源法》实施的情况,要有针对性地加强矿产资源勘探,严格整顿矿业秩序,对重要矿产资源实行强制性保护;深化矿产资源使用制度改革,规范和发展矿业权市场;推进资源综合利用技术研究开发,加强废旧物资回收利用,加快废弃物处理的产业化,促进废弃物转化为可用资源。这是今后一个比较长的时期内,矿产资源保护、利用的方向。从法律制度来说,对矿产

资源的形成、登记、勘探、开采、所有权和使用权的管理以及开发利用和废物(三废)转化每个环节、各个方面都要严格法律制度的把关,尤其是矿产开发的准入和安全更不能疏漏,要加快制定废弃物处理和废弃物转化的产业法。

九、稀土的限额开采与保护

稀土是一种稀有的不可再生能源,中国稀土资源非常丰富,占全球总量的36.4%,但却承担着全球90%以上的稀土供应。在过去很长一段时期内,由于开采成本低,出现供大于求,由于过度开采利用率低下,致使中国稀土拥有量产生急剧萎缩。据统计,20世纪70年代前中国稀土储存量占世界90%以上,1999年下降到43%,2009年只占31%。如果不进行有效控制,将面临稀土资源枯竭的风险。因此,中国政府决定要严把对稀土产业和环境的准入标准关;要合理确立年度稀土开采总量和出口限额配置,实行指定性计划;要坚决打击非法开采和超标准开采的违法行为;要统一经营管理,提高产业集中度,整合与淘汰那些采选与冶炼分离,工艺落实,环境不达标(因开采稀土对环境造成污染影响),资源浪费严重的企业和工厂;要注意重点发展稀土应用产品,带动产业链。专家们认为,还要增强稀土开采科技开发含量,发挥财税的调控作用,提高产业关联度和高投入强度以及高产出密度的稀土新材料及应用项目,提高稀土开采利用效率,并建立相应的法律法规制度。

可见,基于环境保护和资源考虑,为实现可持续发展,中国政府对稀土的开采、生产和出口各个环节实行了管理措施,但却遭到了西方一些国家的非难,这是完全没有道理的。我国政府限制稀土出口,是符合国际贸易规划和国内法(矿产资源法与对外贸易法)的,并且愿意同其他拥有稀土资源的国家共同承担全球稀土供应的责任,并加强合作,各国应共同开发稀土资源,促使贸易和环境协调发展。

第二节 煤炭法、电力法和能源法

一、能源与能源法

(一)能源与能源法的概念

能源是自然界中能以直接利用或加工转换的方式获得为人类所需要的能量的资料,是人们生产和生活的重要物质基础。能源可以分为一次能源和二次能源、常规能源和新能源以及再生能源和非再生能源。我国通常所指的能源包括煤炭、石油、天然气、电力、核能等。我国的能源资源非常丰富,但从能源开发利用上看,还做得很不够,能源利用效率低,不能满足生产和生活需要,而且浪费严重。为彻底改变这种落后局面,除了大力提高科技水平外,还必须加强能源法制建设。

能源法是调整在管理、保护、开发、生产、使用和节约能源的过程中所发生的经济关系的法律规范的总称。能源立法的宗旨在于保护能源资源,并在能源开发利用的过程中,加强组织管理、确保合理开发、有效地和节约地利用能源,以发挥更大的经济效益。

（二）能源立法

1973年发生西方石油危机，各国开始重视能源立法。1979年日本颁布了《能源使用合理化法律》，还汇集出版了《能源六法》。1974年法国制定了《省能法》。1976年英国颁发了《能源法》。1978年美国发布了《国家能源政策法》。当代各国的能源法规，主要在节能方面。

我国在能源方面的立法从新中国成立后就开始了，主要采取行政法规以及规章形式，对煤炭、石油、天然气、电力、核能等能源的开采、管理、使用等作了规定。目前以法律形式出现的有《中华人民共和国电力法》、《中华人民共和国煤炭法》、《中华人民共和国节约能源法》以及与能源法紧密相关的《中华人民共和国矿产资源法》。

（三）能源法的调整原则

能源法的调整原则一般说来有八个方面：(1) 国家开发利用能源的指导原则；(2) 保护能源资源和确保合理开发；(3) 保证能源供给和合理有效的利用，使之发挥更高的经济效益；(4) 节约能源和促进替代能源的开发；(5) 能源开发利用的规划；(6) 实施合理的能源价格和能源税；(7) 建立能源管理机构和制定能源消耗标准；(8) 对能源的开发利用和节约的奖惩。

二、有关煤炭资源的法律规定

煤炭在我国经济和社会发展中占有十分重要的地位，是我国最重要的能源资源。我国关于煤炭资源的法律、法规、规章主要有：《煤炭工业建设工程质量监督条例》、《煤矿生产技术管理基础工作的若干规定》、《煤炭工业建设工程质量管理的若干规定》、《关于合理开采煤炭资源提高回采率的若干规定（试行）》。这些法规、规章对于我国煤炭开采的有关技术、工程质量以及地方煤矿行业尤其是一些小煤矿、个体煤矿的开采、管理、清理、整顿作了规定，并提出了安全生产要求和详细的办矿基本条件。为了合理开发利用和保护煤炭资源，规范煤炭生产、经营活动，促进和保障煤炭行业的发展，1996年8月29日第八届全国人大常委会二十一次会议通过了《中华人民共和国煤炭法》（以下简称《煤炭法》），2011年4月22日第十一届全国人大常委会第二十次会议对该法进行了修订。修订后的该法包括：总则、煤炭生产开发规划与煤矿建设、煤炭生产与煤矿安全、煤炭经营、煤矿矿区保护、监督检查、法律责任、附则等8章81条，标志着我国煤炭矿产资源的开发、利用和管理走向规范化和法律化的轨道。

（一）煤炭资源所有权和基本方针

煤炭资源属于国家所有。地表或者地下的煤炭资源的国家所有权不因其依附的土地的所有权或者使用权的不同而改变。国家对煤炭开发实行统一规划、合理布局、综合利用的方针。国家依法保护煤炭资源，禁止乱采、滥挖，破坏煤炭资源的行为。

（二）煤炭开发的基本政策

煤矿企业必须坚持安全第一、预防为主的安全生产方针，建立健全安全生产的责任制度和群防群治制度。各级人民政府及其有关部门和煤矿企业必须采取措施加强劳动保护,保障煤矿职工的安全和健康。国家对煤矿井下作业的职工采取特殊保护措施。国家鼓励和支持在开发利用煤炭资源过程中采用先进的科学技术和管理方法,煤矿企业应当加强和改善经营管理,提高劳动生产率和经济效益。国家维护煤矿矿区的生产秩序、工作秩序,保护煤矿企业设施。开发利用煤炭资源,应当遵守有关环境保护的法律、法规,防止污染和其他公害,保护生态环境。

(三) 煤矿企业

国家保护依法投资开发煤炭资源的投资者的合法权益。国家保障国有煤矿的健康发展。国家对乡镇煤矿采取扶持、改造、整顿、联合、提高的方针,实行正规合理开发和有序发展。煤炭矿务局是国有煤矿企业,具有独立法人资格。矿务局和其他具有独立法人资格的煤矿企业、煤矿经营企业实行自主经营、自负盈亏、自我约束、自我发展。

(四) 主要部门的职责

国务院煤炭管理部门依法负责全国煤炭行业的监督管理。国务院有关部门在各自职责范围内负责煤炭行业的监督管理。县级以上地方人民政府煤炭管理部门和有关部门依法负责本行政区域内煤炭行业的监督管理。

(五) 煤炭开发、生产、经营、保护的重要规定

我国《煤炭法》对煤炭生产开发规划与煤炭建设、煤炭生产与煤炭安全、煤炭经营、煤矿矿区保护、监督检查以及法律责任等都作了详细明确的规定。

三、有关电力资源的法律规定

(一) 大力开发和利用电力资源

大力开发和利用电力资源是我国基本能源政策之一。对电力资源进行立法的工作也正在进行,主要有:国务院发布的《关于电力统一分配确保重点企业用电的暂行规定》(1984年)、《关于鼓励集资办电和实行多种电价的暂行规定》(1985年)、《电力设施保护条例》(1987年)及其实施细则(1992年)、《关于改进现行电力分配办法请示的通知》(1990年)、《电网调度管理条例》(1993年)和能源部发布的《电力生产调度工作条例》(1983年)、《关于加强电力行业管理的若干规定》(1991年)、《电力标准化管理办法》(1991年)等。在这些行政法律、法规的基础上,第八届全国人大常委会第十七次会议于1995年12月28日通过了《中华人民共和国电力法》(以下简称《电力法》),于1996年4月1日起施行。这是我国电力资源保护与管理方面的最主要的立法。目的在于保障和促进电力事业的发展,维护电力投资者、经营者和使用者的合法权益,保障电力安全运行。

(二) 我国《电力法》的主要内容

我国《电力法》共10章75条,较全面地规范了我国电力建设、生产、供应和使用的情况,为依法开发电源、兴办电力生产企业提供了法律依据,必将有利于促进国民经济和社会的发展。

1. 电力建设方面的法律规定

《电力法》要求根据国民经济和社会发展规划制定电力发展规划,要体现合理利用能源、电源与电网配套发展、提高经济效益和有利于环境保护的原则。电力事业投资,实行谁投资谁受益的原则。电力建设项目应当符合电力发展规划,符合国家电力产业政策,在使用、征用土地时,应注意节约耕地、节约利用土地,还对城市电网及电网配套工程的建设规划提出了要求。

2. 电力生产与电网管理方面的法律规定

《电力法》要求电力生产与电网运行应当遵循安全、优质、经济的原则。电网运行应连续、稳定,保证供电可靠性,国家对电网运行实行统一调度、分级管理,任何单位和个人不得非法干预电网调度。国家提倡电力生产企业与电网、电网与电网并网运行,但必须符合国家标准或电力行业标准。要求并网双方按统一调度、分级管理和平等互利、协商一致的原则,签订并网协议,确定双方的权利和义务;并网双方达不成并网协议的,由省级以上电力管理部门协调决定。

3. 电力供应与使用方面的法律规定

国家对电力供应和使用实行安全用电、节约用电、计划用电的管理原则,设立供电营业区,实行供电营业许可制度。要求电力供应和使用双方根据平等自愿、协商一致的原则,签订供用电合同。法律还分别规定了供电企业和用户在供应、使用中的权利义务。

4. 电价与电费方面的法律规定

国家对电价实行统一政策、统一定价原则,进行分级管理。对电力生产企业的上网电价、电网间的互供电价以及电网销售电价分别规定了制定与审核程序。任何单位不得超越电价管理权限制定电价,供电企业不得擅自变更电价。法律还对电费的管理、收取作了严格规定。

5. 农村电力建设和农业用电方面的法律规定

要求省级人民政府制定农村电气发展规划。国家对农村电气化实行优惠政策,提倡开发水能资源,建设中、小型水电站,鼓励农村利用太阳能、风能、地热能、生物质能等进行农村电源建设,增加农村电力供应。还对农业用电方面规定了保障措施。

6. 电力设施保护方面的法律规定

国家保护电力设施,禁止任何单位和个人危害发电设施、变电设施和电力线路设施及其有关辅助设施的安全,并严厉禁止非法侵占、使用电能。要求设立电力设施保护区并对在保护区内及其周围进行作业提出了严格的管理要求,并要对电力设施进行定期检查和维修,以确保其正常运行。

7. 监督检查方面的法律规定

电力管理部门依法对电力企业和用户执行电力法律、行政法规的情况进行监督检查。电力管理部门根据工作需要,可以配备电力监督检查人员。电力监督检查人员应当公正廉洁,秉公执法,熟悉电力法律、法规,掌握有关电力专业技术。电力监督检查人员进行监督检查时,有权向电力向企业或者用户了解有关执行电力法律、行政法规的情况,查阅有关资料,并有权进入现场进行检查。电力企业和用户对执行监督检查任务的电力监督检查人员应当提供方便。电力监督检查人员进行监督检查时,应当出示证件。

8. 法律责任的规定

法律对于在电力建设、生产、使用、管理过程中不同主体违反《电力法》的行为,区分其情节轻重分别规定了民事制裁、行政制裁乃至刑事制裁的处罚,为我国电能的开发使用和管理提供了较好的法律保障。

在规定处罚措施的同时,法律还规定对在电力建设、生产、供应和使用过程中研究、开发、采用先进的科学技术和管理方法等方面作出显著成绩的单位和个人给予奖励。

四、有关节约能源的法律规定

节约能源是指通过技术进步、合理利用、科学管理和经济结构合理化等途径,以最小的能源消耗取得最大的经济效益。为贯彻国家对能源实行开发和节约并重的方针,合理利用能源,降低能源消耗,提高经济效益,保证国民经济持续、稳定、协调的发展,我国在1986年1月12日由国务院发布了《节约能源管理暂行条例》,石油工业部和城乡建设环境保护部分别于1986年和1987年发布了各自的节能管理细则,国务院于1987年又批转发布了《关于进一步加强节约用电的若干规定》,国家计委在1990年11月发布了《节约原材料管理暂行规定》,农业部在1991年发布了《乡村集体工业企业节能管理暂行规定》。以上行政法规、规章构成了我国有关节能方面的法律规定。

为了推进全社会节约能源,提高能源利用效率和经济效益,保护环境,保障国民经济和社会的发展,满足人民生活的需要,1997年11月1日第八届全国人大常委会第二十八次会议通过了《中华人民共和国节约能源法》(以下简称《节能法》),2007年10月28日第十届全国人大常委会第三十次会议对该法作了修订,修订后的《节能法》共7章87条,包括总则、节能管理、合理使用与节约能源、节能技术进步、激励措施、法律责任和附则。

《节能法》再一次明确,节能是指加强用能管理,采用技术上可能、经济上合理以及环境和社会可以承受的措施,从能源生产到消费的各个环节,降低消耗、减少损失和污染物排放,制止浪费,有效、合理地利用能源。

节能是国家发展经济的一项长远战略方针,国务院和省、自治区、直辖市人民政府应当加强节能工作,合理调整产业结构、企业结构、产品结构和能源消费结构,推进节能技术进步,降低单位产值能耗和单位产品能耗,改善能源的开发、加工转换、输送和供应,逐步提高能源利用效率,促进国民经济向节能型发展。国家鼓励开发、利用新能源和可再生能源,国家制定节能政策,编制节能计划,并纳入国民经济和社会发展计划,保障能源的合理利用,并与经济发展、环境保护相协调。国家鼓励、支持节能科学技术的研究和推广,确定开发先进节能技术的重点和方向,建立和完善节能技术服务体系,培育和规范节能技术市场,加强节能宣传和教育,普及节能科学知识,增强全民的节能意识。任何单位和个人都应当履行节能义务,有权检举浪费能源的行为。各级人民政府对在节能或者节能科学技术研究、推广中有显著成绩的单位和个人给予奖励。

国务院管理节能工作的部门主管全国的节能监督管理工作。国务院有关部门在各自的职责范围内负责节能监督管理工作,并接受国务院节能工作的部门的指导。县级以上地方各级人民政府管理节能工作的部门主管本行政区域内的节能监督管理工作。县级以上地方各级人民政府有关部门在各自的职责范围内负责节能监督管理工作,并接受同级管理节能工作的部门的指导。

第三节 可再生能源法

一、我国《可再生能源法》的颁布和基本内容

2005年2月28日第十届全国人大常委会第十四次会议通过《中华人民共和国可再生能源法》(以下简称《可再生能源法》)。自2006年1月1日起施行。

我国《可再生能源法》共分总则、资源调查与发展规划、产业指导与技术支持、推广与应用、价格管理与费用分摊、经济激励与监督措施、法律责任、附则等8章共33条。

我国《可再生能源法》的立法宗旨是:为了促进可再生能源的开发利用,增加能源供应,改善能源结构,保障能源安全,保护环境,实现经济社会的可持续发展。

根据我国《可再生能源法》的有关规定,可再生能源,是指风能、太阳能、水能、生物质能、地热能、海洋能等非化石能源。水力发电对本法的适用,由国务院能源主管部门规定,报国务院批准。通过低效率炉灶直接燃烧方式利用秸秆、薪柴、粪便等,不适用本法。

国家将可再生能源的开发利用列为能源发展的优先领域,通过制定可再生能源开发利用总量目标和采取相应措施,推动可再生能源市场的建立和发展。国家鼓励各种所有制经济主体参与可再生能源的开发利用,依法保护可再生能源开发利用者的合法权益。

国务院能源主管部门对全国可再生能源的开发利用实施统一管理。国务院有关部门在各自的职责范围内负责有关的可再生能源开发利用管理工作。县级以上地方人民政府管理能源工作的部门负责本行政区域内可再生能源开发利用的管理工作。县级以上地方人民政府有关部门在各自的职责范围内负责有关的可再生能源开发利用管理工作。

二、违法的法律责任

国务院能源主管部门和县级以上地方人民政府管理能源工作的部门和其他有关

部门在可再生能源开发利用监督管理工作中,违反法律规定,有下列行为之一的,由本级人民政府或者上级人民政府有关部门责令改正,对负有责任的主管人员和其他直接责任人员依法给予行政处分;构成犯罪的,依法追究刑事责任:(1)不依法作出行政许可决定的;(2)发现违法行为不予查处的;(3)有不依法履行监督管理职责的其他行为的。

违反电网企业应当与依法取得行政许可或者报送备案的可再生能源发电企业签订并网协议,电网企业未全额收购可再生能源电量,造成可再生能源发电企业经济损失的,应当承担赔偿责任,并由国家电力监管机构责令限期改正;拒不改正的,处以可再生能源发电企业经济损失额1倍以下的罚款。

违反利用生物质资源生产的燃气和热力的规定,经营燃气管网、热力管网的企业不准许符合入网技术标准的燃气、热力入网,造成燃气、热力生产企业经济损失的,应当承担赔偿责任,并由省级人民政府管理能源工作的部门责令限期改正;拒不改正的,处以燃气、热力生产企业经济损失额1倍以下的罚款。

违反国家鼓励生产和利用生物液体燃料的规定,石油销售企业未按照规定将符合国家标准的生物液体燃料纳入其燃料销售体系,造成生物液体燃料生产企业经济损失的,应当承担赔偿责任,并由国务院能源主管部门或者省级人民政府管理能源工作的部门责令限期改正;拒不改正的,处以生物液体燃料生产企业经济损失额1倍以下的罚款。

三、我国和当今世界把保护、开发、节约、利用以及研究能源视为国家的发展战略

我国政府为了加强对能源的战略规划和重大决策,能源开发与节约、能源安全与应急、能源对外合作等前端性、综合性、战略性工作的领导,国务院决定于2005年5月成立了以国务院总理为首的国家能源领导小组,作为国家能源工作的高层次议事协调机构。

第四节 循环经济促进法

一、循环经济促进法概述

(一)循环经济和循环经济促进法的概念

所谓循环经济,是指在生产、流通和消费等过程中进行的减量化(是指在生产、流通和消费等过程中减少资源消耗和废物产生)、再利用(是指将废物直接作为产品或者经修复、翻新、再制造后继续作为产品使用,或者将废物的全部或者部分作为其他产品的部件予以使用)、资源化(是指将废物直接作为原料进行利用或者对废物进行再生利用)活动的总称。

循环经济促进法是指国家在调整和发展循环经济重大战略过程中有关方针原则政策、技术标准、基本制度的规定,以及涉及国家主管部门和相关部门、企事业单位、行业和社会组织与公民个人的法律地位和承担的社会责任的法律规范的总称。

（二）我国《循环经济促进法》的颁布

为了促进循环经济发展，提高资源利用效率，保护和改善环境，实现可持续发展，2008年8月29日第十一届全国人民代表大会常务委员会第四次会议通过了《中华人民共和国循环经济促进法》（以下简称《循环经济促进法》）。该法共分总则、基本管理制度、减量化、再利用和资源化、激励措施、法律责任、附则等7章58条，自2009年1月1日起施行。

（三）发展循环经济的方针、原则

发展循环经济是国家经济社会发展的一项重大战略，应当遵循统筹规划、合理布局，因地制宜、注重实效，政府推动、市场引导、企业实施、公众参与的方针。国家制定产业政策，应当符合发展循环经济的要求。发展循环经济的内容应列入县级以上政府编制国民经济和社会发展规划及年度计划，应列入编制环境保护和科学技术等规划。

发展循环经济应当在技术可行、经济合理和有利于节约资源、保护环境的前提下，按照减量化优先的原则实施。在废物再利用和资源化过程中，应当保障生产安全，保证产品质量符合国家规定的标准，并防止产生再次污染。

（四）国家发展循环经济的综合部门和主管部门

国务院循环经济发展综合管理部门负责组织协调、监督管理全国循环经济发展工作；国务院环境保护等有关主管部门按照各自的职责负责有关循环经济的监督管理工作。

县级以上政府发展循环经济综合管理部门负责组织协调、监督管理本行政区域的循环经济发展工作；县级以上政府环保等有关主管部门按照各自的职责负责有关循环经济的监管工作。县级以上地方人民政府应当建立发展循环经济的目标责任制，采取规划、财政、投资、政府采购等措施，促进循环经济发展。

（五）发展循环经济的鼓励、奖励和支持措施

国家鼓励和支持开展循环经济科学技术的研究、开发和推广，鼓励开展循环经济宣传、教育、科学知识普及和国际合作。

国家鼓励和引导公民使用节能、节水、节材和有利于保护环境的产品及再生产品，减少废物的产生量和排放量。

国家鼓励和支持行业协会在循环经济发展中发挥技术指导和服务作用。县级以上人民政府可以委托有条件的行业协会等社会组织开展促进循环经济发展的公共服务。

国家鼓励和支持中介机构、学会和其他社会组织开展循环经济宣传、技术推广和咨询服务，促进循环经济发展。

（六）企事业单位和公民在发展循环经济中的责任

企业事业单位应当建立健全管理制度，采取措施，降低资源消耗，减少废物的产生量和排放量，提高废物的再利用和资源化水平。

公民应当增强节约资源和保护环境意识，合理消费，节约资源。公民有权举报浪

费资源、破坏环境的行为,有权了解政府发展循环经济的信息并提出意见和建议。

二、促进发展循环经济的六项基本管理制度

(一)编制循环经济发展规划制度

国务院有关循环经济发展的部门,按规定的内容(包括规划目标、适用范围、主要内容、重点任务和保障措施等,并规定资源产出率、废物再利用和资源化率等指标)编制全国循环经济发展规划,报国务院批准后公布施行。设区的市级以上地方人民政府有关部门编制本行政区域循环经济发展规划,报本级人民政府批准后公布施行。

(二)控制建设用地用水总量指标和规划与调整本区域内产业结构制度

县级以上地方政府应当依据上级政府下达的本行政区域主要污染物排放、建设用地和用水总量控制指标,规划和调整本行政区域的产业结构,促进循环经济发展。新建、改建、扩建建设项目,必须符合本行政区域主要污染物排放、建设用地和用水总量控制指标的要求。

(三)建立和完善循环经济评价指标体系制度

国务院循环经济发展综合管理部门会同国务院统计、环境保护等有关主管部门建立和完善循环经济评价指标体系。下级人民政府根据上级人民政府对发展循环经济主要指标的要求,对其发展状况定期进行考核,并将完成情况作为考核评价地方政府及其负责人的内容。

(四)实行对废品或包装物的回收制度

生产列入强制回收名录的产品或者包装物的企业,必须对废弃的产品或者包装物负责回收;对其中可以利用的,由各该生产企业负责利用;对因不具备技术经济条件而不适合利用的,由各该生产企业负责无害化处置。

对废弃产品或者包装物,生产者可以委托销售者或者其他组织进行回收,对列入强制回收名录的产品和包装物,消费者可以将废弃的产品或者包装物交给生产者或者其委托回收的销售者处置。并由国务院有关部门规定强制回收的产品和包装物的名录及管理办法。

(五)对钢铁等行业企业实行能耗、水耗的重点监管制度

国家对钢铁、有色金属、煤炭、电力、石油加工、化工、建材、建筑、造纸、印染等行业年综合能源消费量、用水量超过国家规定总量的重点企业,实行能耗、水耗的重点监督管理制度。依照我国《节约能源法》的规定执行对重点能源消费单位的节能监督管理。由国务院有关部门规定对重点用水单位的监督管理办法。

(六)建立循环经济统计制度、标准化制度和能耗标识制度

国家建立健全循环经济统计制度,加强资源消耗、综合利用和废物产生的统计管理,并将主要统计指标定期向社会公布。

国务院标准化主管部门会同国务院循环经济发展综合管理和环境保护等有关主管部门建立健全循环经济标准体系,制定和完善节能、节水、节材和废物再利用、资源化等标准。国家建立健全能源效率标识等产品资源消耗标识制度。

三、在生产流通和消费过程中,减少资源消耗和废物产生的减量化

国务院有关部门,定期发布鼓励、限制和淘汰的技术、工艺、设备、材料和产品名录。禁止生产、进口、销售列入淘汰名录的设备、材料和产品,禁止使用列入淘汰名录的技术、工艺、设备和材料。

从事工艺、设备、产品及包装物设计,应当按照减少资源消耗和废物产生的要求,优先选择采用易回收、易拆解、易降解、无毒无害或者低毒低害的材料和设计方案,并应当符合有关国家标准的强制性要求。

对在拆解和处置过程中可能造成环境污染的电器电子等产品,不得设计使用国家禁止使用的有毒有害物质。由国务院有关主管部门制定禁止在电器电子等产品中使用的有毒有害物质名录。设计产品包装物应当执行产品包装标准,防止过度包装造成资源浪费和环境污染。

工业企业应当采用先进或者适用的节水技术、工艺和设备,制定并实施节水计划,加强节水管理,对生产用水进行全过程控制。工业企业应当加强用水计量管理,配备和使用合格的用水计量器具,建立水耗统计和用水状况分析制度。新建、改建、扩建建设项目,应当配套建设节水设施。节水设施应当与主体工程同时设计、同时施工、同时投产使用。国家鼓励和支持沿海地区进行海水淡化和海水直接利用,节约淡水资源。

国家鼓励和支持企业使用高效节油产品。电力、石油加工、化工、钢铁、有色金属和建材等企业,必须在国家规定的范围和期限内,以洁净煤、石油焦、天然气等清洁能源替代燃料油,停止使用不符合国家规定的燃油发电机组和燃油锅炉。内燃机和机动车制造企业应当按照国家规定的内燃机和机动车燃油经济性标准,采用节油技术,减少石油产品消耗量。

开采矿产资源,应当统筹规划,制定合理的开发利用方案,采用合理的开采顺序、方法和选矿工艺。采矿许可证颁发机关应当对申请人提交的开发利用方案中的开采回采率、采矿贫化率、选矿回收率、矿山水循环利用率和土地复垦率等指标依法进行审查;审查不合格的,不予颁发采矿许可证。采矿许可证颁发机关应当依法加强对开采矿产资源的监督管理。矿山企业在开采主要矿种的同时,应当对具有工业价值的共生和伴生矿实行综合开采、合理利用;对必须同时采出而暂时不能利用的矿产以及含有有用组分的尾矿,应当采取保护措施,防止资源损失和生态破坏。

建筑设计、建设、施工等单位应当按照国家有关规定和标准,对其设计、建设、施工的建筑物及构筑物采用节能、节水、节地、节材的技术工艺和小型、轻型、再生产品。有条件的地区,应当充分利用太阳能、地热能、风能等可再生能源。国家鼓励利用无毒无害的固体废物生产建筑材料,鼓励使用散装水泥,推广使用预拌混凝土和预拌砂浆。禁止损毁耕地烧砖。在国务院或者省级政府规定的期限和区域内,禁止生产、销售和使用粘土砖。

县级以上人民政府及其农业等主管部门应当推进土地集约利用,鼓励和支持农

业生产者采用节水、节肥、节药的先进种植、养殖和灌溉技术,推动农业机械节能,优先发展生态农业。在缺水地区,应当调整种植结构,优先发展节水型农业,推进雨水集蓄利用,建设和管护节水灌溉设施,提高用水效率,减少水的蒸发和漏失。

国家机关及使用财政性资金的其他组织应当厉行节约、杜绝浪费,带头使用节能、节水、节地、节材和有利于保护环境的产品、设备和设施,节约使用办公用品。国务院和县级以上政府事务管理机关会同有关部门制定国家机关等机构的用能、用水定额指标,财政部门根据该定额指标制定支出标准。城市政府和建筑物的所有者或者使用者,应加强建筑物维护管理。除为了公共利益的需要外,城市人民政府不得对合标的城市建筑物拆除。

餐饮、娱乐、宾馆等服务性企业,应当采用节能、节水、节材和有利于保护环境的产品,减少使用或者不使用浪费资源、污染环境的产品。新建的服务性企业,也应当采用节能、节水、节材和有利于保护环境的技术、设备和设施。

在有条件使用再生水的地区,限制或者禁止将自来水作为城市道路清扫、城市绿化和景观用水使用。

限制一次性消费品的生产和销售,并由国务院有关部门制定具体名录,同时发布限制性的税收和出口等措施。

四、对废物的修理、翻新的再利用和对废物的全部或部分为其他产品所使用的资源化

县级以上政府应当统筹规划区域经济布局,合理调整产业结构,促进企业在资源综合利用等领域进行合作,实现资源的高效利用和循环使用。各类产业园区应当组织区内企业进行资源综合利用,促进循环经济发展。国家鼓励各类产业园区的企业进行废物交换利用、能量梯级利用、土地集约利用、水的分类利用和循环使用,共同使用基础设施和其他有关设施。新建和改造各类产业园区应当依法进行环境影响评价,并采取生态保护和污染控制措施,确保本区域的环境质量达到规定的标准。

企业应当按照国家规定,对生产过程中产生的粉煤灰、煤矸石、尾矿、废石、废料、废气等工业废物进行综合利用。企业应当采用先进或者适用的回收技术、工艺和设备,对生产过程中产生的余热、余压等进行综合利用。建设利用余热、余压、煤层气以及煤矸石、煤泥、垃圾等低热值燃料的并网发电项目,应当依照法律和国务院的规定取得行政许可或者报送备案。电网企业应当按照国家规定,与综合利用资源发电的企业签订并网协议,提供上网服务,并全额收购并网发电项目的上网电量。建设单位应当对工程施工中产生的建筑废物进行综合利用;不具备综合利用条件的,应当委托具备条件的生产经营者进行综合利用或者无害化处置。企业对生产过程中产生的废物不具备综合利用条件的,应当提供给具备条件的生产经营者进行综合利用。

提高水的重复利用率,企业应当发展串联用水系统和循环用水系统。企业应当采用先进技术、工艺和设备,对生产过程中产生的废水进行再生利用。

奖励和支持农业、林业的综合利用。国家鼓励和支持农业生产者和相关企业采用先进或者适用技术,对农作物秸秆、畜禽粪便、农产品加工业副产品、废农用薄膜等进行综合利用,开发利用沼气等生物质能源。县级以上政府及其林业主管部门应当积极发展生态林业,鼓励和支持林业生产者和相关企业采用木材节约和代用技术,开展林业废弃物和次小薪材、沙生灌木等综合利用,提高木材综合利用率。

国家支持生产经营者建立产业废物交换信息系统,促进企业交流产业废物信息。国家鼓励和推进废物回收体系建设。地方政府应当按照城乡规划,合理布局废物回收网点和交易市场,支持废物回收企业和其他组织开展废物的收集、储存、运输及信息交流。回收的电器电子产品,经过修复后销售的,必须符合再利用产品标准,并在显著位置标识为再利用产品。回收的电器电子产品,需要拆解和再生利用的,应当交售给具备条件的拆解企业。

对废电器电子产品、报废机动车船、废轮胎、废铅酸电池等特定产品进行拆解或者再利用,应当符合有关法律、行政法规的规定。

国家支持企业开展机动车零部件、工程机械、机床等产品的再制造和轮胎翻新。销售的再制造产品和翻新产品的质量必须符合国家规定的标准,并在显著位置标识为再制造产品或者翻新产品。

县级以上人民政府应当统筹规划建设城乡生活垃圾分类收集和资源化利用设施,建立和完善分类收集和资源化利用体系,提高生活垃圾资源化率。县级以上人民政府应当支持企业建设污泥资源化利用和处置设施,提高污泥综合利用水平,防止产生再次污染。

五、循环经济的基本激励措施

(一)建设专项资金

国务院和省级人民政府设立发展循环经济的有关专项资金,支持循环经济的科技研究开发、循环经济技术和产品的示范与推广、重大循环经济项目的实施、发展循环经济的信息服务等。具体办法由国务院有关部门制定。

(二)列入科技发展与高技术产业发展规划

国务院和省级人民政府及其有关部门应当将循环经济重大科技攻关项目的自主创新研究、应用示范和产业化发展列入国家或者省级科技发展规划和高技术产业发展规划,并安排财政性资金予以支持。利用财政性资金引进循环经济重大技术、装备的,应当制定消化、吸收和创新方案,报有关主管部门审批并由其监督实施;有关主管部门应当根据实际需要建立协调机制,对重大技术、装备的引进和消化、吸收、创新实行统筹协调,并给予资金支持。

(三)实行税收优惠

由国务院财政、税务主管部门制定国家对促进循环经济发展的产业活动给予税收优惠,并运用税收等措施鼓励进口先进的节能、节水、节材等技术、设备和产品,限制在生产过程中耗能高、污染重的产品的出口。按照国家有关规定,企业使用或者生产列入国家清洁生产、资源综合利用等鼓励名录的技术、工艺、设备或者产品的,按照国家有关规定享受税收优惠。

（四）实行重点投资领域的服务支持

县级以上人民政府循环经济发展综合管理部门在制定和实施投资计划时，应当将节能、节水、节地、节材、资源综合利用等项目列为重点投资领域。对符合国家产业政策的节能、节水、节地、节材、资源综合利用等项目，金融机构应当给予优先贷款等信贷支持，并积极提供配套金融服务。对生产、进口、销售或者使用列入淘汰名录的技术、工艺、设备、材料或者产品的企业，金融机构不得提供任何形式的授信支持。

（五）实行有利于资源节约的价格、费用、采购政策

国家实行有利于资源节约和合理利用的价格政策，引导单位和个人节约和合理使用水、电、气等资源性产品。国务院和省级人民政府的价格主管部门应当按照国家产业政策，对资源高消耗行业中的限制类项目，实行限制性的价格政策。对利用余热、余压、煤层气以及煤矸石、煤泥、垃圾等低热值燃料的并网发电项目，价格主管部门按照有利于资源综合利用的原则确定其上网电价。省、自治区、直辖市人民政府可以根据本行政区域经济社会发展状况，实行垃圾排放收费制度。收取的费用专项用于垃圾分类、收集、运输、贮存、利用和处置，不得挪作他用。国家鼓励通过以旧换新、押金等方式回收废物。国家实行有利于循环经济发展的政府采购政策。使用财政性资金进行采购的，应当优先采购节能、节水、节材和有利于保护环境的产品及再生产品。

（六）实行政府和企业的奖励政策

县级以上人民政府及其有关部门应当对在循环经济管理、科学技术研究、产品开发、示范和推广工作中做出显著成绩的单位和个人给予表彰和奖励。企业事业单位应当对在循环经济发展中做出突出贡献的集体和个人给予表彰和奖励。

六、法律责任

县级以上人民政府有关部门或者其他有关主管部门发现违法的行为或者接到对违法行为的举报后不予查处，或者有其他不依法履行监督管理职责行为的，由本级人民政府或者上一级人民政府有关主管部门责令改正，对直接负责的主管人员和其他直接责任人员依法给予处分。

生产、销售列入淘汰名录的产品、设备的，依照我国《产品质量法》的规定处罚。使用列入淘汰名录的工艺材料的，由县级以上政府部门责令停止使用，没收违法使用的设备、材料，并处规定限额罚款；情节严重的，由县级以上人民政府相关部门提出意见，报请本级人民政府按照国务院规定的权限责令停业或者关闭。违反法律规定，进口列入淘汰名录的设备、材料或者产品的，由海关责令退运，可以处规定限额的罚款。进口者不明的，由承运人承担退运责任，或者承担有关处置费用。

违反法律规定，对在拆解或者处置过程中可能造成环境污染的电器电子等产品，设计使用列入国家禁止使用名录的有毒有害物质的，由县级以上政府产品质量监督部门责令限期改正；逾期不改正的，处规定限额的罚款；情节严重的，由县级以上人民

政府产品质量监督部门向本级工商行政管理部门通报有关情况,由工商行政管理部门依法吊销营业执照。

违反法律规定,电力、石油加工、化工、钢铁、有色金属和建材等企业未在规定的范围或者期限内停止使用不符合国家规定的燃油发电机组或者燃油锅炉的,由县级以上循环经济发展综合管理部门责令限期改正;逾期不改正的,责令拆除该燃油发电机组或者燃油锅炉,并处以规定限额的罚款。

违反法律规定,矿山企业未达到经依法审查确定的开采回采率、采矿贫化率、选矿回收率、矿山水循环利用率和土地复垦率等指标的,由县级以上地质矿产主管部门责令限期改正,处以规定限额的罚款;逾期不改正的,依法吊销采矿许可证。

违反法律规定,在国务院或者省级政府规定禁止生产、销售、使用粘土砖的期限或者区域内生产、销售或者使用粘土砖的,由县级以上人民政府指定的部门责令限期改正;有违法所得的,没收违法所得;逾期继续生产、销售的,由地方工商行政管理部门依法吊销营业执照。

违反法律规定,电网企业拒不收购企业利用余热、余压、煤层气以及煤矸石、煤泥、垃圾等低热值燃料生产的电力的,由国家电力监管机构责令限期改正;造成企业损失的,依法承担赔偿责任。

违反法律规定,有下列行为之一的,由地方人民政府工商行政管理部门责令限期改正,可处规定限额的罚款;逾期不改正的,依法吊销营业执照;造成损失的,依法承担赔偿责任:(1) 销售没有再利用产品标识的再利用电器电子产品的;(2) 销售没有再制造或者翻新产品标识的再制造或者翻新产品的。

违反法律规定,构成犯罪的,依法追究刑事责任。

第三十一章 促进科技进步法

第一节 科技进步法

为了促进科学技术进步,发挥科学技术第一生产力的作用,促进科学技术成果向实现生产力转化,推动科学技术为经济建设服务,根据宪法,1993年7月2日第八届全国人大常委会第二次会议通过了《中华人民共和国科学技术进步法》,以下简称《科技进步法》,2007年12月29日第十届全国人大常委会第三十一次会议对该法进行修订,修订后的《科技进步法》共8章75条,包括总则,科学研究、技术开发与科学技术应用,企业技术进步,科学技术研究开发机构,科学技术人员,保障措施,法律责任,附则。

一、关于促进科技进步的基本原则

国家坚持科学发展观,实施科教兴国战略,实行自主创新、重点跨越、支撑发展、引领未来的科学技术工作指导方针;经济建设和社会发展应当依靠科学技术,科学技术进步工作应当为经济建设和社会发展服务的方针。其目标是构建国家创新体系,建设创新型国家。

国家保障科学技术研究开发的自由,鼓励科学探索和技术创新,保护科学技术人员的合法权益,全社会都应当尊重劳动、尊重知识、尊重人才、尊重创新。学校及其他教育机构应当坚持理论联系实际、独立思考、实事求是、追求真理的科学精神。国家鼓励科技研究开发与高等教育、产业发展相结合,鼓励自然科学与人文社会科学交叉融合和相互促进。国家加强跨地区、跨行业和跨领域的科技合作,扶持民族地区、边远地区、贫困地区的科技进步。国家加强军用与民用科技计划的衔接与协调,促进军用与民用科技资源、技术开发需求的互通交流和技术双向转移,发展军民两用技术。

国家按照公平、公正、公开的原则,建立和完善科学技术的评价制度。

国家加大财政性资金投入,并制定产业、税收、金融、政府采购等政策,鼓励、引导社会资金投入,推动全社会科学技术研究开发经费持续稳定增长。

国务院领导全国科学技术进步工作,制定科学技术发展规划,确定国家科学技术重大项目、与科学技术密切相关的重大项目,保障科学技术进步与经济建设和社会发展相协调。地方各级人民政府应当采取有效措施,推进科学技术进步。

国务院科学技术行政部门负责全国科学技术进步工作的宏观管理和统筹协调;国务院其他有关部门在各自的职责范围内,负责有关的科学技术进步工作。县级以上地方人民政府科学技术行政部门负责本行政区域的科学技术进步工作;县级以上地方人民政府其他有关部门在各自的职责范围内,负责有关的科学技术进步工作。

国家建立科学技术进步工作协调机制,研究科学技术进步工作中的重大问题,协调国家科学技术基金和国家科学技术计划项目的设立及相互衔接,协调军用与民用科学技术资源配置、科学技术研究开发机构的整合以及科学技术研究开发与高等教育、产业发展相结合等重大事项。

国家完善科学技术决策的规则和程序,建立规范的咨询和决策机制,推进决策的科学化、民主化。制定科学技术发展规划和重大政策,确定科学技术的重大项目、与科学技术密切相关的重大项目,应当充分听取科学技术人员的意见,实行科学决策。

二、关于科学研究、技术开发与科学技术应用的规定

(1)国家设立自然科学基金,资助基础研究和科学前沿探索,培养科学技术人才。国家设立科技型中小企业创新基金,资助中小企业开展技术创新。国家在必要时可以设立其他基金,资助科学技术进步活动。

(2)从事下列活动的,按照国家有关规定享受税收优惠:从事技术开发、技术转让、技术咨询、技术服务;进口国内不能生产或者性能不能满足需要的科学研究或者技术开发用品;为实施国家重大科学技术专项、国家科学技术计划重大项目,进口国内不能生产的关键设备、原材料或者零部件;法律、国家有关规定规定的其他科学研究、技术开发与科学技术应用活动。

(3)国家鼓励金融机构开展知识产权质押业务,鼓励和引导金融机构在信贷等方面支持科学技术应用和高新技术产业发展,鼓励保险机构根据高新技术产业发展的需要开发保险品种。政策性金融机构应当在其业务范围内,为科学技术应用和高新技术产业发展优先提供金融服务。

(4)国家遵循科学技术活动服务国家目标与鼓励自由探索相结合的原则,超前部署和发展基础研究、前沿技术研究和社会公益性技术研究,支持基础研究、前沿技术研究和社会公益性技术研究持续、稳定发展。科技研究开发机构、高等学校、企业事业组织和公民有权依法自主选择课题,从事基础研究、前沿技术研究和社会公益性技术研究。

(5)利用财政性资金设立的科学技术基金项目或者科学技术计划项目所形成的发明专利权、计算机软件著作权、集成电路布图设计专有权和植物新品种权,除涉及国家安全、国家利益和重大社会公共利益的外,授权项目承担者依法取得。项目承担者应当依法实施规定的知识产权,同时采取保护措施,并就实施和保护情况向项目管理机构提交年度报告;在合理期限内没有实施的,国家可以无偿实施,也可以许可他人有偿实施或者无偿实施。项目承担者依法取得的本条规定的发明专利权、计算机软件著作权、集成电路布图设计权的知识产权,国家为了国家安全、国家利益和重大社会公共利益的需要,可以无偿实施,也可以许可他人有偿实施或者无偿实施。项目承担者因实施本法规定上述知识产权所产生的利益分配,依照有关法律、行政法规的规定执行;法律、行政法规没有规定的,按照约定执行。

同时,国家鼓励利用财政性资金设立的科技基金项目或者科技计划项目所形成的知识产权首先在境内使用。前款规定的这种知识产权向境外的组织或者个人转让或者许可境外的组织或者个人独占实施的,应当经项目管理机构批准。

(6)国家鼓励根据国家的产业政策和技术政策引进国外先进技术、装备。利用财政性资金和国有资本引进重大技术、装备的,应当进行技术消化、吸收和再创新。

(7)国家鼓励和支持农业科技的基础研究和应用研究,传播和普及农业科学技术知识,加快农业科学技成果转化和产业化,促进农业科技进步。县级以上人民政府应当采取措施,支持公益性农业科技研究开发机构和农业技术推广机构进行农业新品种、新技术的研究开发和应用。地方各级人民政府应当鼓励和引导农村群众性科技组织为种植业、林业、畜牧业、渔业等的发展提供科技服务,对农民进行科技培训。

(8)国务院可以根据需要批准建立国家高新技术产业开发区,并对国家高新技术产业开发区的建设、发展给予引导和扶持,使其形成特色和优势,发挥集聚效应。

(9)对境内公民、法人或者其他组织自主创新的产品、服务或者国家需要重点扶持的产品、服务,在性能、技术等指标能够满足政府采购需求的条件下,政府采购应当购买;首次投放市场的,政府采购应当率先购买。政府采购的产品尚待研究开发的,采购人应当运用招标方式确定科技研究开发机构、高等学校或者企业进行研究开发,并予以订购。

(10)国家推动科技研究开发与产品、服务标准制定相结合,科技研究开发与产品设计、制造相结合;引导科技研究开发机构、高等学校、企业共同推进国家重大技术创新产品、服务标准的研究、制定和依法采用。

(11)国家培育和发展技术市场,鼓励创办从事技术评估、技术经纪等活动的中介服务机构,引导建立社会化、专业化和网络化的技术交易服务体系,推动科学技术成果的推广和应用。技术交易活动应当遵循自愿、平等、互利有偿和诚实信用的原则。

(12)国家实行科学技术保密与安全制度。

第一,国家实行科学技术保密制度,保护涉及国家安全和利益的科学技术秘密。国家实行珍贵、稀有、濒危的生物种质资源、遗传资源等科学技术资源出境管理制度。

第二,国家禁止危害国家安全、损害社会公共利益、危害人体健康、违反伦理道德的科技研究开发活动。

三、关于企业技术进步的规定

(1)国家建立以企业为主体,以市场为导向,企业同科学技术研究开发机构、高等学校相结合的技术创新体系,引导和扶持企业技术创新活动,发挥企业在技术创新中的主体作用。

(2)县级以上人民政府及其有关部门制定的与产业发展相关的科学技术计划,应当体现产业发展的需求;确定科技计划项目,应当鼓励企业参与实施和平等竞争;对具有明确市场应用前景的项目,应当鼓励企业联合科技研究开发机构、高等学校共同实施;县级以上地方人民政府及其有关部门应当创造公平竞争的市场环境,推动企业技术进步。国务院有关部门和省、自治区、直辖市人民政府应当通过制定产业、财政、能源、环境保护等政策,引导、促使企业研究开发新技术、新产品、新工艺,进行技术改造和设备更新,淘汰技术落后的设备、工艺,停止生产技术落后的产品。

(3) 国家鼓励企业开展下列活动:设立内部科技研究开发机构;同其他企业或者科技研究开发机构、高等学校联合建立科技研究开发机构,或者以委托等方式开展科学技术研究开发;培养、吸引和使用科学技术人员;同科学技术研究开发机构、高等学校、职业院校或者培训机构联合培养专业技术人才和高技能人才,吸引高等学校毕业生到企业工作;依法设立博士后工作站;结合技术创新和职工技能培训,开展科学技术普及活动,设立向公众开放的普及科学技术的场馆或者设施。

(4) 国家鼓励企业增加研究开发和技术创新的投入,自主确立研究开发课题,开展技术创新活动。国家鼓励企业对引进技术进行消化、吸收和再创新。企业开发新技术、新产品、新工艺发生的研究开发费用可以按照国家有关规定,税前列支并加计扣除,企业科学技术研究开发仪器、设备可以加速折旧。

(5) 国家利用财政性资金设立基金,为企业自主创新与成果产业化贷款提供贴息、担保。政策性金融机构应当在其业务范围内对国家鼓励的企业自主创新项目给予重点支持。

(6) 国家完善资本市场,建立健全促进自主创新的机制,支持符合条件的高新技术企业利用资本市场推动自身发展。国家鼓励设立创业投资引导基金,引导社会资金流向创业投资企业,对企业的创业发展给予支持。

(7) 下列企业按照国家有关规定享受税收优惠:从事高新技术产品研究开发、生产的企业;投资于中小型高新技术企业的创业投资企业;法律、行政法规规定的与科学技术进步有关的其他企业。

(8) 国家对公共研究开发平台和科学技术中介服务机构的建设给予支持。公共研究开发平台和科学技术中介服务机构应当为中小企业的技术创新提供服务。

(9) 国家依法保护企业研究开发所取得的知识产权。企业应当不断提高运用、保护和管理知识产权的能力,增强自主创新能力和市场竞争能力。

(10) 国有企业应当建立健全有利于技术创新的分配制度,完善激励约束机制。国有企业负责人对企业的技术进步负责。对国有企业负责人的业绩考核,应当将企业的创新投入、创新能力建设、创新成效等情况纳入考核的范围。

四、关于科技研究开发机构的规定

国家统筹规划科学技术研究开发机构的布局,建立和完善科学技术研究开发体系。公民、法人或者其他组织有权依法设立科学技术研究开发机构。国外的组织或者个人可以在中国境内依法独立设立科学技术研究开发机构,也可以与中国境内的组织或者个人依法联合设立科学技术研究开发机构。

从事基础研究、前沿技术研究、社会公益性技术研究的科学技术研究开发机构,可以利用财政性资金设立。利用财政性资金设立科学技术研究开发机构,应当优化配置,防止重复设置。科技研究开发机构、高等学校可以依法设立博士后工作站。科学技术研究开发机构可以依法在国外设立分支机构。

科技研究开发机构享有下列权利:第一,依法组织或者参加学术活动;第二,按照国家有关规定,自主确定科学技术研究开发方向和项目,自主决定经费使用、机构设置和人员聘用及合理流动等内部管理事务;第三,与其他科学技术研究开发机构、高等学校和企业联合开展科学技术研究开发;第四,获得社会捐赠和资助;第五,法律、行政法规规定的其他权利。

科技研究开发机构应当按照章程的规定开展科学技术研究开发活动和进行自律。利用财政性资金设立的科技研究开发机构的科研开发活动,应当为国家目标和社会公共利益服务;有条件的,应当向公众开放普及科学技术的场馆或者设施;还应当建立职责明确、评价科学、开放有序、管理规范的现代院所制度;应当建立有利于科学技术资源共享的机制,促进科技资源的有效利用。

国家鼓励社会力量自行创办科学技术研究开发机构,保障其合法权益不受侵犯。社会力量设立的非营利性科学技术研究开发机构按照国家有关规定享受税收优惠。

五、关于科学技术人员的规定

科学技术人员是社会主义现代化建设事业的重要力量,是科技进步的主力军。各级人民政府和企业事业组织应当采取措施,提高科学技术人员的工资和福利待遇;对有突出贡献的科学技术人员给予优厚待遇;应当保障科学技术人员接受继续教育的权利,并为科学技术人员的合理流动创造环境和条件,发挥其专长。

科学技术人员可以根据其学术水平和业务能力依法选择工作单位、竞聘相应的岗位,取得相应的职务或者职称。属于利用财政性资金设立的科学技术基金项目和科学技术计划项目的管理机构,应当为参与项目的科学技术人员建立学术诚信档案,作为对他们聘任专业技术职务或者职称、审批申请科学技术研究开发项目等的依据。

在艰苦、边远地区或者恶劣、危险环境中工作的科学技术人员,所在单位应当按照国家规定给予补贴,提供其岗位或者工作场所应有的职业健康卫生保护。

青年科学技术人员、少数民族科学技术人员、女性科学技术人员等在竞聘专业技术职务、参与科学技术评价、承担科学技术研究开发项目、接受继续教育等方面享有平等权利。发现、培养和使用青年科学技术人员的情况,应当作为评价科学技术进步工作的重要内容。

国家鼓励在国外工作的科学技术人员回国从事科学技术研究开发工作,并应当为其工作和生活提供方便。外国的杰出科学技术人员到中国从事科学技术研究开发工作的,按照国家有关规定,可以依法优先获得在华永久居留权。

要求科技人员应当弘扬科学精神,遵守学术规范,恪守职业道德,诚实守信;不得在科学技术活动中弄虚作假,不得参加、支持迷信活动。

国家鼓励科学技术人员自由探索、勇于承担风险。允许正常情况下研究的失败和不能如期完成有关项目的,给予宽容。

科学技术人员有依法创办或者参加科技社会团体的权利。科学技术社会团体应在促进学术交流、培养专门人才、开展咨询服务、加强自律和维护科学技术人员合法权益等方面发挥作用。科学技术协会和其他科学技术社会团体的合法权益受法律保护。

六、关于保障措施的规定

（一）科技进步的财政投入和分配使用的保障

（1）国家逐步提高科学技术经费投入的总体水平；国家财政用于科学技术经费的增长幅度，应当高于国家财政经常性收入的增长幅度。全社会科学技术研究开发经费应当占国内生产总值适当的比例，并逐步提高。

（2）财政性科学技术资金应当主要用于下列事项的投入：科学技术基础条件与设施建设；基础研究；对经济建设和社会发展具有战略性、基础性、前瞻性作用的前沿技术研究、社会公益性技术研究和重大共性关键技术研究；重大共性关键技术应用和高新技术产业化示范；农业新品种、新技术的研究开发和农业科学技术成果的应用、推广；科学技术普及。对利用财政性资金设立的科学技术研究开发机构，国家在经费、实验手段等方面给予支持。

（3）确定利用财政性资金设立的科学技术基金项目，应当坚持宏观引导、自主申请、平等竞争、同行评审、择优支持的原则；确定利用财政性资金设立的科学技术计划项目的项目承担者，应当按照国家有关规定择优确定。利用财政性资金设立的科学技术基金项目、科学技术计划项目的管理机构，应当建立评审专家库，建立健全科学技术基金项目、科学技术计划项目的专家评审制度和评审专家的遴选、回避、问责制度。审计机关、财政部门应当依法对财政性科学技术资金的管理和使用情况进行监督检查。任何组织或者个人不得虚报、冒领、贪污、挪用、截留财政性科学技术资金。

（二）在科技资源的配置、共享以及制度方面的安排

（1）国家遵循统筹规划、优化配置的原则，整合和设置国家科学技术研究实验基地。国家鼓励设置综合性科学技术实验服务单位，为科学技术研究开发机构、高等学校、企业和科学技术人员提供或者委托他人提供科学技术实验服务。

（2）国家根据科学技术进步的需要，按照统筹规划、突出共享、优化配置、综合集成、政府主导、多方共建的原则，制定购置大型科学仪器、设备的规划，并开展对以财政性资金为主购置的大型科学仪器、设备的联合评议工作。

（3）国务院科学技术行政部门应当会同国务院有关主管部门，建立科学技术研究基地、科学仪器设备和科学技术文献、科学技术数据、科学技术自然资源、科学技术普及资源等科学技术资源的信息系统，及时向社会公布科学技术资源的分布、使用情况。科学技术资源的管理单位应当向社会公布所管理的科学技术资源的共享使用制度和使用情况，并根据使用制度安排使用。科学技术资源的管理单位不得侵犯科学技术资源使用者的知识产权，并应当按照国家有关规定确定收费标准。管理单位和使用者之间的其他权利义务关系由双方约定。

国家鼓励国内外的组织或者个人捐赠财产、设立科学技术基金,资助科学技术研究开发和科学技术普及。

七、关于法律责任的规定

(一) 在科技经费和资源共享以及造成财产损失的方面违法行为的法律责任

违反法律规定,对虚报、冒领、贪污、挪用、截留用于科学技术进步的财政性资金,依照有关财政违法行为处罚处分的规定责令改正,追回有关财政性资金和违法所得,依法给予行政处罚;对直接负责的主管人员和其他直接责任人员依法给予处分。对获得用于科学技术进步的财政性资金或者有违法所得的,由有关主管部门追回财政性资金和违法所得;情节严重的,由所在单位或者单位主管机关向社会公布其违法行为,禁止其在一定期限内申请国家科学技术基金项目和国家科学技术计划项目。对利用财政性资金和国有资本购置大型科学仪器、设备后,不履行大型科学仪器、设备等科学技术资源共享使用义务的,由有关主管部门责令改正,对直接负责的主管人员和其他直接责任人员依法给予处分。对其他法律行政法规的规定进行行政处罚的,依照其规定造成财产损失或者其他损害的,依法承担民事责任;构成犯罪的,依法追究刑事责任。

(二) 在杜绝虚假方面违法行为的法律责任

违反法律规定,对抄袭、剽窃他人科学技术成果,或者在科学技术活动中弄虚作假的,由科学技术人员所在单位或者单位主管机关责令改正,对直接负责的主管人员和其他直接责任人员依法给予处分。除了骗取国家科学技术奖励的,由主管部门依法撤销奖励,追回奖金,并依法给予处分之外,还有,推荐的单位或者个人提供虚假数据、材料,协助他人骗取国家科学技术奖励的,也要由主管部门给予通报批评;情节严重的,暂停或者取消其推荐资格,并依法给予处分。

(三) 在滥用职权,压制科技研发活动或滥用职权玩忽职守方面行为的法律责任

违反法律规定,科学技术行政等有关部门及其工作人员滥用职权、玩忽职守、徇私舞弊的,滥用职权,限制、压制科学技术研究开发活动的,对直接负责的主管人员和其他直接责任人员依法给予处分。

此外,为了更好地实施贯彻我国《科技进步法》,2010年5月5日至10日全国人大常委会组织的《科技进步法》检查组赴安徽开展执法检查和调研活动。经验表明,只要坚持贯彻《科技进步法》,不断探索各地区和各企业具有特色科技创新之路,充分发挥科技在企业中的引领作用,就能填补高新技术研制中的空白,就能赶超世界科技发展水平,在法律引导下进行科技创新。

第二节 专利法对发明创造的保护与奖励的规定

一、专利法的概念和我国专利制度的特点

专利法是国家确认和保护对发明创造的专有权的法律。专利法的调整对象是因

发明的所有权和发明的使用权而产生的民事的、经济的等各种社会关系,主要是财产关系,对这种关系的法律调整便是专利法,也就是说专利法是专门解决发明创造的归属问题和利用问题的法律。

在专利法中,从取得专利权的利益保护的角度来说是属于民法的范围,但从国家对专利的组织管理(如专利实施的强制许可、专利的申请、专利的审查和批准)和国家直接指导的有关国计民生和国防等一些重大发明创造来说又是受到国家计划和科研计划制约,参加这些重大发明创造的单位和个人也不完全是平等主体之间的关系,这些又需要经济法来调整。

我国早在1950年就颁布了《保障发明权和专利权暂行条例》。1963年颁布了《发明奖励条例》,并于1978年重新修订颁布。为了适应我国社会主义现代化建设和科技体制改革的需要,充分发挥全国人民的科学创造才能,鼓励发明活动;为了促进国际经济技术交流的发展,便于引进国外先进技术,保护我国产品的出口,1981年1月国务院批准成立了国家专利局。1984年3月12日第六届全国人大常委会第四次会议通过了《中华人民共和国专利法》(以下简称《专利法》),1992年9月4日第七届全国人大常委会第二十七次会议对该法进行了第一次修订,2000年8月25日第九届全国人大常委会第十七次会议对该法进行了第二次修订,2008年12月27日第十一届全国人大常委会第六次会议对该法进行了第三次修订。修改的着眼点是推动科技创新,为进一步发挥专利制度的作用提供法律依据。

专利制度就是一种通过授予专利权,保护和鼓励发明创造,推动技术进步的法律制度,是根据一个国家的专利法而确立的对发明创造的一种法律保护制度。凡符合条件的发明创造经过法定程序审查批准,授予专利权;同时把申请专利的发明创造的内容公之于世,以便交流和转让。其特征可归纳为四点:即法律保护、科学普查、公开通报以及国家交流。这四个特征反映了现代专利制度的实质。

我国《专利法》的主要特点是:从中国的实际出发,恰当地调整了现代科学技术发展中的三个基本关系,即发明创造所有者、发明创造使用者之间以及各自内部的关系。我国《专利法》规定了专利权的主体为职务发明创造的单位(包括全民所有制单位和非全民所有制单位)和非职务发明创造的发明人和设计人,以及在我国境内有经营住所的外国自然人和有营业所的外国企业和其他经济组织向我国提出专利申请的单位。这些专利权人的权益都受到我国法律的保护。我国《专利法》还规定了专利权的客体为发明、实用新型和外观设计;规定了对发明和实用新型授予专利权应当具备新颖性、创造性、实用性的条件,对外观设计必须具备新颖性、实用性的条件;规定了我国专利管理机关的任务、权限和职责,以及发明创造者(包括单位和个人)对国家授予专利权的审批程序;规定了专利权人的权利和义务,即专利权人对其技术享有专有权,这种权利可以转让,个人专有权还可以继承,其专利权受到侵犯时,还可以请求专利管理机关和法院进行保护;规定了专利权的保护年限,发明专利的保护年限为20年,实用新型和外观设计专利权的保护年限为10年,同时专利权人也负有自己或者许可他人在我国制造其专利产品、使用其专利方法的义务;规定了发明人和设计人的奖励以及专利实施的强制许可和专利权保护的法律措施等。总之,我国《专利法》的内容表达了我国专利制度的特点和在改革经济、促进科技的进步与发展中的重要作用。我国《专利法》自 1985 年 4 月 1 日施行以来,国家专利机关收到的专利申请逐年增加,其中不仅有来自国内的,也有来自国外和港澳地区的。申请得到了批准的数目相当可观,这中间有国内的,也有国外和港澳地区的。在我国一批又一批公告的专利申请中,不少已经转让并迅速转化为生产力,产生了巨大的经济效益。

二、我国《专利法》对发明创造的法律保护的规定

首先,我国《专利法》规定了专利权保护的范围。发明或者实用新型专利权的保护范围是以其权利要求的内容为准,而专利说明书及附图可以用于解释权利要求。外观设计专利权的保护范围以表示在图片或者照片中的该外观设计专利产品为准。强调了"国务院专利行政部门负责管理全国的专利工作,统一受理和审查专利申请,依法授予专利权"。"省、自治区、直辖市人民政府管理专利工作的部门负责本行政区域内的专利管理工作"。强调"发明和实用新型专利权被授予后,除本法另有规定的以外,任何单位或者个人未经专利权人许可,都不得实施其专利"。"外观设计专利权被授予后,任何单位或者个人未经专利权人许可,都不得实施其专利"。

其次,我国《专利法》规定了侵犯专利权行为的处理措施和责任,并规定了诉讼时效。对未经专利权人许可而实施其专利的侵权行为,专利权人或者利害关系人可以请求专利管理机关进行处理,也可以直接向人民法院起诉。专利管理机关处理的时候,有权责令侵权人停止侵权行为,并赔偿损失;当事人不服的,可以在收到通知之日起 3 个月内向人民法院起诉;期满不起诉又不履行的,专利管理机关可以请求人民法院强制执行。假冒他人专利的,依照《专利法》的规定处理;情节严重的,对直接责任人员比照《刑法》的规定追究刑事责任。违反《专利法》规定,擅自向外国申请专利,泄露国家重要机密的,由所在单位或者上级主管机关给予行政处分,情节严重的,依法追究刑事责任。侵夺发明人或者设计人的非职务发明创造专利申请权和专利法规定的其他权益的,由所在单位或者上级主管机关给予行政处分。专利局工作人员及有关国家工作人员徇私舞弊的,由专利局或者有关主管机关给予行政处分,情节严重的,比照《刑法》的规定追究刑事责任。《专利法实施细则》由专利局制定,报国务院批准后施行。侵犯专利权的诉讼时效为 2 年,自专利权人或者利害关系人得知或者应当得知侵权行为之日起计算。

最后,我国《专利法》规定了专利申请权和专利权可以转让。全民所有制单位可以转让申请权或者专利权,经上级主管机关或者经国务院有关主管部门批准,中国单位或者个人可以向外国人转让专利申请权或者专利权。

另外,我国《专利法》还规定了申请人对专利局驳回申请的决定不服的,可以向专利局复审委员会请求复审。专利的申请人对专利复审委员会复审决定不服的,可以在收到通知之日起 3 个月内向人民法院起诉。

三、我国《专利法》对发明创造奖励的规定

专利权的所有单位或者持有单位应当对职务发明创造的发明人或者设计人给予奖励;发明创造专利实施后,根据其推广应用的范围和取得的经济效益,对发明人或者设计人给予奖励。这里所讲的奖励,包括发给发明人或者设计人的奖金和报酬,按照我国《专利法实施细则》的规定包括以下几方面:

(1) 专利权被授予后,专利权的持有单位应当对发明人或者设计人发给奖金。一项发明专利的奖金最低不少于 200 元,一项实用新型专利或者外观设计专利的奖金最低不少于 50 元。由于发明人或者设计人的建议被其所属单位采纳而完成的发明创造,专利权被授予后,专利权的持有单位应当从优发给奖金。对上述奖金,企业单位可以计入成本,事业单位可以从事业费中列支。

(2) 专利权的持有单位在专利权有效期限内,实施发明创造专利后,每年应当从实施发明或者实用新型所得利润纳税后提取 0.5%—2%,或者从实施外观设计所得利润纳税后提取 0.05%—0.2%,作为报酬发给发明人或者设计人;或者参照上述比例,发给发明人或者设计人一次性报酬。

(3) 发明创造专利权的持有单位许可其他单位或者个人实施其专利的,应当从收取的使用费中纳税后提取 5%—10% 作为报酬发给发明人或者设计人。

(4) 按规定的报酬,一律从制造专利产品、使用专利方法所获得的利润和收取的使用费中列支,不计入单位的奖金总额,不计征奖金税。但发明人或者设计人的个人所得,应当依法纳税。

这里所述关于奖金和报酬的规定,集体所有制单位和其他企业可以参照执行。

总之,我国《专利法》的宗旨是保护发明创造专利权,鼓励发明创造,有利于发明创造的推广和应用,促进科学技术的发展。

第三节 关于奖励发明的规定

为了奖励在科学技术进步活动中作出突出贡献的公民、组织,调动科学技术工作者的积极性和创造性,加速科学技术事业的发展,提高综合国力,国务院于 1999 年 4 月 28 日第十六次常务会议通过了《国家科学技术奖励条例》,2003 年 12 月 20 日国务院对该《条例》作了修订,修订后的《条例》包括总则、国家科学技术奖的设置、国家科学技术奖的评审和授予、罚则、附则,共 5 章 26 条。自修订后的《条例》公布施行之日起,1993 年 6 月 28 日国务院修订发布的《中华人民共和国自然科学奖励条例》、《中华人民共和国发明奖励条例》和《中华人民共和国科学技术进步奖励条例》废止。1999 年 12 月 24 日中华人民共和国科技部发布了《国家科学技术奖励条例实施细则》,2004 年 12 月 27 日科技部对该《实施细则》进行了第一次修订,2008 年 12 月 23 日科技部对该《实施细则》进行了第二次修订。《国家科学技术奖励条例》及其《实施细则》规定了以下几个方面的主要内容。

一、国家科学技术奖的种类和方针政策及主管机关的规定

国务院设立下列国家科学技术奖:国家最高科学技术奖;国家自然科学奖;国家技术发明奖;国家科学技术进步奖;中华人民共和国国际科学技术合作奖。

国家科学技术奖贯彻尊重知识、尊重人才的方针。国家科学技术奖的评审、授予,不受任何组织或者个人的非法干涉,国家维护国家科学技术奖的严肃性。

国务院科学技术行政部门负责国家科学技术奖评审的组织工作。国家设立国家科学技术奖励委员会,国家科学技术奖励委员会聘请有关方面的专家、学者组成评审委员会,依照《国家科学技术奖励条例》的规定,负责国家科学技术奖的评审工作。

社会力量设立的面向社会的科学技术奖,应当在科学技术行政部门办理登记手续。社会力量经登记设立的面向社会的科学技术奖,在奖励活动中不得收取任何费用。

二、关于国家科学技术奖的设置的规定

(1) 国家最高科学技术奖授予在当代科学技术前沿取得重大突破或者在科学技术发展中有卓越建树的;在科学技术创新、科学技术成果转化和高技术产业化中,创造巨大经济效益或社会效益的科学技术工作者。国家最高科学技术奖每年授予人数不超过2名。

(2) 国家自然科学奖授予在基础研究和应用基础研究中阐明自然现象、特征和规律,作出重大科学发现的公民。所谓重大科学发现,应当具备的条件是:前人尚未发现或者尚未阐明;具有重大科学价值;得到国内外自然科学界公认。

(3) 国家技术发明奖授予运用科学技术知识作出产品、工艺、材料及其系统等重大技术发明的公民。所谓重大技术发明,应当具备的条件是:前人尚未发明或者尚未公开;具有先进性和创造性;经实施,创造显著经济效益或者社会效益。

(4) 国家科学技术进步奖授予在应用推广先进科学技术成果,完成重大科学技术工程、计划、项目等方面,作出突出贡献的下列公民、组织,包括:在实施技术开发项目中,完成重大科学技术创新、科学技术成果转化,创造显著经济效益的;在实施社会公益项目中,长期从事科学技术基础性工作和社会公益性科学技术事业,经过实践检验,创造显著社会效益的;在实施国家安全项目中,为推进国防现代化建设、保障国家安全作出重大科学技术贡献的;在实施重大工程项目中,保障工程达到国际先进水平的公民、组织。所谓重大工程类项目的国家科学技术进步奖仅授予组织。

(5) 中华人民共和国国际科学技术合作奖授予对中国科学技术事业作出重要贡献的下列外国人或者外国组织:同中国的公民或者组织合作研究、开发,取得重大科学技术成果的;向中国的公民或者组织传授先进科学技术、培养人才,成效特别显著的;为促进中国与外国的国际科学技术交流与合作,作出重要贡献的。

国家最高科学技术奖、中华人民共和国国际科学技术合作奖不分等级。国家自然科学奖、国家技术发明奖、国家科学技术进步奖分为一等奖、二等奖两个等级。国家自然科学奖、国家技术发明奖、国家科学技术进步奖每年奖励项目总数不超过400项。

为了实施《国家科学技术奖励条例》,2001年2月9日国务院作出了《国务院关于2000年度国家科学技术奖励的决定》,决定指出,为全面贯彻党的十五大关于"要建立一整套有利于人才培养和使用的激励机制"的精神,推动科教兴国战略的实施,奖励为发展我国科学技术事业,促进我国国民经济和社会进步作出突出贡献的科学技术人员,根据《国家科学技术奖励条例》的规定,国家科学技术奖励委员会严格评审和科技部审核,经国务院批准,报请国家主席签署,授予吴文俊、袁隆平2000年度国家最高科学技术奖;经国务院批准,同时授予"统一描述平衡与非平衡体系的格林函数理论研究"等15项成果国家自然科学奖二等奖,授予"B121型无铬一氧化碳高温变换催化剂"等23项成果国家技术发明奖二等奖,授予"复杂地质艰险山区修建大能力南昆铁路干线成套技术"等22项成果国家科学技术进步奖一等奖,授予"北方土壤供钾能力及钾肥高效施用技术研究"等288项成果国家科学技术进步奖二等奖,授予美国科学家潘诺夫斯基和印度科学家库西中华人民共和国国际科学技术合作奖。自2001年以来,每年一度的国家科学技术奖励大会表彰了一批又一批的科学技术成果和人才。

三、关于国家科学技术奖的评审和授予的规定

国家科学技术奖每年评审一次。国家科学技术奖候选人由下列单位和个人推荐,包括:省、自治区、直辖市人民政府,国务院有关组成部门、直属机构,中国人民解放军各总部,经国务院科学技术行政部门认定的符合国务院科学技术行政部门规定的资格、条件的其他单位和科学技术专家。上述推荐单位推荐的国家科学技术奖候选人,应当按照有关方面的科学技术专家对其科学技术成果的评审结论和奖励种类等级的建议确定。港、澳、台地区的国家科学技术奖候选人的推荐办法,由国务院科学技术行政部门规定。我国驻外使馆、领馆可以推荐中华人民共和国国际科学技术合作奖的候选人。推荐的单位和个人实行限额推荐候选人,推荐时应当填写统一格式的推荐书,提供真实、可靠的评价材料。

负责国家科学技术奖励评审工作的评审委员会,对推荐的候选人的科学技术成果评价材料,作出其认定成果的结论,并向国家科学技术奖励委员会提出获奖人选和奖励种类及等级的建议。国家科学技术奖的评审规则,由国务院科学技术行政部门规定。国家科学技术奖励委员会根据评审委员会的建议作出获奖人选和奖励种类及等级的决议。国务院科学技术行政部门对国家科学技术奖励委员会作出的国家科学技术奖的获奖人选和奖励种类及等级的决议,报国务院批准。

国家最高科学技术奖报请国家主席签署并颁发证书和奖金。国家自然科学奖、国家技术发明奖、国家科学技术进步奖由国务院颁发证书和奖金。中华人民共和国国际科学技术合作奖由国务院颁发证书。

国家最高科学技术奖的奖金数额由国务院规定,国家自然科学奖、国家技术科学发明奖、国家科学技术进步奖的奖金数额由国务院科学技术行政部门会同财政部规定,所有国家科学技术奖的奖励经费,由中央财政列支。

四、我国《国家科学技术奖励条例》的罚则和附则规定

为了确保国家科学技术奖的真实性和权威性,对于剽窃、侵夺他人的发现、发明或者其他科学技术成果的,或者以其他不正当手段骗取国家科学技术奖的,由国务院科学技术行政部门报国务院批准后撤销奖励,追回奖金。推荐的单位和个人提供虚假数据、材料、协助他人骗取国家科学技术奖的,由国务院科学技术行政部门通报批评;情节严重的,暂停或者取消其推荐资格;对负有直接责任的主管人员和其他直接责任人员,依法给予行政处分。社会力量未经登记,擅自设立面向社会的科学技术奖的,由科学技术行政部门予以取缔。社会力量经登记设立的面向社会的科学技术奖,在科学技术奖励活动中收取费用的,由科学技术行政部门没收所收取的费用,可以并处所收取的费用1倍以上3倍以下的罚款;情节严重的,撤销登记。参与国家科学技术评审活动和有关工作的人员在评审活动中弄虚作假、徇私舞弊的,依法给予行政处分。

国务院有关部门根据国防、国家安全的特殊情况,可以设立部级科学技术奖,具体办法由国务院有关部门规定,报国务院科学技术行政部门备案。省、自治区、直辖市人民政府可以设立一项省级科学技术奖,具体办法由省、自治区、直辖市人民政府规定,报国务院科学技术行政部门备案。

第四节 促进科技成果转化法

为了促进科技成果转化为生产力,规范科技成果转化活动,加速科学技术进步,推动经济建设和社会发展,1996年5月15日第八届全国人大常委会第十九次会议通过了《中华人民共和国促进科技成果转化法》(以下简称《促进科技成果转化法》)。该法的主要内容包括:总则、组织实施、保障措施、技术权益、法律责任、附则等共6章37条。

一、科技成果转化法的概念、原则和主管部门的规定

科技成果转化法,是指对提高生产力水平而对科学研究与技术开发所产生的具有实用价值的科技成果所进行的后续试验、开发、应用、推广直至形成新产品、新工艺、新材料、发展新产业等活动的法律规定。科技成果转化应遵循有利于促进经济建设、社会发展和国防建设的原则;自愿、互利、公平、诚实信用的原则;依法或者依照合同的约定,享受利益、承担风险的原则;知识产权受法律保护以及科技成果转化活动中遵守法律,维护国家利益,不得损害社会公共利益的原则。国务院科学技术行政部门、计划部门、经济综合管理部门和其他有关行政部门依照国务院规定的职责范围,管理、指导和协调科技成果转化工作。地方各级人民政府负责管理、指导和协调本行政区域内的科技成果转化工作。

二、科技成果转化的组织实施和保障措施的规定

（一）组织实施的规定

国务院和地方各级人民政府应当将科技成果的转化纳入国民经济和社会发展计划，并组织协调实施有关科技成果的转化。国务院有关部门和省、自治区、直辖市人民政府定期发布科技成果目录和重点科技成果转化项目指南，优先安排和支持下列项目的实施：明显提高产业技术水平和经济效益的；形成产业规模，具有国际经济竞争能力的；合理开发和利用资源、节约能源、降低消耗以及防治环境污染的；促进高产、优质、高效农业和农村经济发展的；加速少数民族地区、边远贫困地区社会经济发展的。国家通过制定政策措施，提倡和鼓励采用先进技术、工艺和装备，不断改进、限制使用或者淘汰落后技术、工艺和装备。

科技成果持有者可以采用公开招标、自行投资、向他人转让科技成果，许可他人使用该科技成果，以该科技成果作价投资、折算股份或者出资比例实施转化和以该科技成果作为合作条件等方法，与他人共同实施科技成果转化。企业为采用新技术、新工艺、新材料和生产新产品，可以自行发布信息或者委托技术交易中介机构征集其所需的科技成果，或者征寻科技成果转化的合作者。法律规定，科技成果转化由国家负责、各级地方政府负责、企业负责、企业和企业之间联合负责以及开发机构、高等院校等事业单位与生产企业相结合，实施科技成果转化。科技成果转化活动中对科技成果进行检测和价值评估，必须遵循公正、客观的原则，不得提供虚假的检测结果或者评估证明。

（二）保障措施的规定

我国《促进科技成果转化法》强调了对促进科技成果转化的经费保障和信息保障，如财政奖金的保证、信贷奖金的投入、税收的优惠、风险基金的建立等等。

三、技术权益和法律责任的规定

（一）技术权益

科技成果完成单位与其他单位合作进行科技成果转化的，应当依法由合同约定该科技成果有关权益的归属。合同未作约定的，我国《促进科技成果转化法》也作了明确规定。科技成果完成单位与其他单位合作进行科技成果转化的，合作各方应当就保守技术秘密达成协议；当事人不得违反协议或者违反权利人有关保守技术秘密的要求，披露、允许他人使用该技术。科技成果完成单位将其职务科技成果转让给他人的，单位应当从转让该项职务科技成果所取得的净收入中，提取不低于20%的比例，对完成该项科技成果及其转化作出重要贡献的人员给予奖励。

（二）法律责任

在科技成果转化活动中弄虚作假，对科技成果检测或者价值评估故意提供虚假检测结果或者评估证明的，法律规定责令其改正，没收违法所得，处以罚款，并依法承

担民事责任,构成犯罪的,依法追究刑事责任。各级人民政府科学技术行政部门和其他有关部门工作人员在科技成果转化中玩忽职守、徇私舞弊的,给予行政处分,构成犯罪的,依法追究刑事责任。以唆使窃取、利诱胁迫等手段侵占他人的科技成果,侵犯他人合法权益的,依法承担民事赔偿责任,可以处以罚款,构成犯罪的,依法追究刑事责任。

第五节 发展和保护互联网的法律规定

一、关于维护互联网安全的决定

我国的互联网,在国家大力倡导和积极推动下,在经济建设和各项事业中得到日益广泛的应用,使人们的生产、工作、学习和生活方式已经开始并将继续发生深刻的变化,对于加快我国国民经济、科学技术的发展和社会服务信息化进程具有重要作用。同时,如何保障互联网的运行安全和信息安全问题已经引起全社会的普遍关注。

为了兴利除弊,促进我国互联网的健康发展,维护国家安全和社会公共利益,保护个人、法人和其他组织的合法权益。2000年12月28日第九届全国人民代表大会常务委员会第十九次会议通过了《关于维护互联网安全的决定》。

《决定》要求:为了保障互联网的运行安全,对有下列行为之一,构成犯罪的,依照刑法有关规定追究刑事责任:侵入国家事务、国防建设、尖端科学技术领域的计算机信息系统的;故意制作、传播计算机病毒等破坏性程序,攻击计算机系统及通信网络,致使计算机系统及通信网络遭受损害的;违反国家规定,擅自中断计算机网络或者通信服务,造成计算机网络或者通信系统不能正常运行。

为了维护社会主义市场经济秩序和社会管理秩序,对有下列行为之一,构成犯罪的,依照刑法有关规定追究刑事责任:利用互联网销售伪劣产品或者对商品服务作虚假宣传;利用互联网损害他人商业信誉和商品声誉;利用互联网侵犯他人知识产权;利用互联网编造并传播影响证券、期货交易或者其他扰乱金融秩序的虚假信息;在互联网上建立淫秽网站、网页,提供淫秽站点链接服务,或者传播淫秽书刊、影片、音像、图片。

为了保护个人、法人和其他组织的人身、财产等合法权利,对有下列行为之一,构成犯罪的,依照刑法有关规定追究刑事责任:利用互联网侮辱他人或者捏造事实诽谤他人的;非法截获、篡改、删除他人电子邮件或者其他数据资料,侵犯公民通信自由和通信秘密的;利用互联网进行盗窃、诈骗、敲诈勒索等。

利用互联网实施违法行为,违反社会治安管理,尚不构成犯罪的,由公安机关依照治安管理处罚的有关规定予以处罚;违反其他法律、行政法规,尚不构成犯罪的,由有关行政管理部门依法给予行政处罚;对直接负责的主管人员和其他直接责任人员,依法给予行政处分或者纪律处分。利用互联网侵犯他人合法权益,构成民事侵权的,依法承担民事责任。

各级人民政府及有关部门要采取积极措施,在促进互联网的应用和网络技术的普及过程中,重视和支持对网络安全技术的研究和开发,增强网络的安全防护能力。有关主管部门要加强对互联网的运行安全和信息安全的宣传教育,依法实施有效的监督管理,防范和制止利用互联网进行的各种违法活动,为互联网的健康发展创造良好的社会环境。人民法院、人民检察院、公安机关、国家安全机关要各司其职,密切配合,依法严厉打击利用互联网实施的各种犯罪活动。

二、三网融合与我国互联网的发展

实践证明,我国互联网的变化发展,引发了生活方式、工作方式的变革,并成为现实社会的一部分。我国的网民现今大约有 5 亿多,网络聚集了庞大的社会群体,用好互联网这个工具具有重要的意义和影响。为了融合资源,加强管理,促进互联网的健康发展,我国提出了三网融合的概念,即指电信网、广播电视网、互联网在向宽带通信网、数字电视网、下一代互联网演进过程中,三大网络通过技术改造,其技术功能趋于一致,业务范围趋于相同,网络互联互通、资源共享,能为用户提供语音、数据和广播电视等多种服务。三网融合,并不意味着三大网络的物理合一,而主要是指高层业务应用的融合。同时,三网融合应用广泛,遍及智能交通、环境保护、政府工作、公共安全、平安家居等多个领域。对此,必须进行法律管理(制定专门法律法规),促进其协调发展,规范开发,同时,既要保护广大网民的合法权益以及虚拟财产的安全,又要维护国家安全和社会经济秩序,制止网络犯罪。

第三十二章 国有资产法

第一节 国有资产法概述

一、国有资产的概念和特征

国有资产是指国家依据法律取得的,国家以各种形式的投资和收益形成或接受赠与而取得的固定资产、流动资产和其他形态的资产。

国有资产从广义上讲,可分为三类,即自然资源、经营性资产和非经营性资产。自然资源是指一种尚处于原始自然状态,未经人类开发、加工的财产,不属于商品范畴。经营性资产是指全民所有制企业经营的国有财产。只就自然资源和经营性资产而言是狭义的国有资产。非经营性资产是指国家机关、全民所有制事业单位、社会团体使用的财产,以及市政公用设施和其他公益性财产。

国有资产具有以下特征:(1)主体的唯一性。即中华人民共和国是国有资产所有权的唯一主体。国家对国有资产实行统一领导,分级管理。(2)范围的广泛性。国有资产的价值和形态超过其他一切财产,具体包括:自然资源、历史文物和名胜古迹,全民所有制企业、事业单位、国家机关、军队等单位的财产;所有人不明的埋藏物,没有法律依据归集体、个人或外国政府、法人、公民所有的资产均属国有资产。(3)不可侵犯性。我国宪法和法律都明确规定公有财产神圣不可侵犯,任何单位和个人不得破坏、私吞、盗窃、截留。

我国正在进行的以经济建设为中心的现代化建设,在经济运行上要按市场客观规律办事,在经济基础上要坚持社会主义公有制为主体。国有资产是我国社会主义制度存在和发展的物质基础,是推进社会主义经济建设、改善人民物质文化生活水平的重要保证,是全国人民的共同财产。我国国有资产的形成和发展是通过下面几种方式进行的:(1)新中国成立初期没收官僚资本和敌伪财产;(2)社会主义改造时赎买资本主义工商业;(3)国有企业通过本身的扩大再生产而增加国家财产形成的积累;(4)税收,即国家通过法律,向负有纳税义务的法人、公民征收货币或实物,成为国家财产的重要来源;(5)民事行为(即国家以自己名义或通过国家机关、国有企业和事业单位,同集体单位或公民之间进行供应、买卖、保险、信贷等民事行为)取得的财产,以及国家对外贸易所得;(6)征收、征用的财产以及罚没收入等其他方式。改革开放以来,我国的国有资产平均每年以18%的幅度持续增长。仅在1993年至1994年1年间,国有资产总额便由3.5万亿元增加到4万亿元以上,到2001年底全国国有资产总量达10.93万亿元,比2000年底增加一成。在国有资产中包含着国企国有资产和行政事业单位国有资产,以及国有金融资产三部分。例如,2006年全国行政事业单位国有资产达到8.01万亿元,占全部国有资产总额的35.14%。在国有资产总额中,国有企业资产占有重要的地位。例如,2006年底全国国企资产总额13.89亿元,比2002年增加60.98%,实现利润增长2.23倍,税收增长1.05倍。这些充分显示了国有企业的强大生命力和社会主义制度的优越性。

二、国有资产管理法的概念和立法概况

所谓国有资产管理法就是保护国有资产所有权,调整国有资产经营管理关系的法律规范的总称。具体讲,它是调整国有资产所有者和经营者之间就国有资产的占有、使用、收益、处分、评估和保护过程中各方面相互关系的法律规范的总称。人类社会,只要有国家,就有国有财产,相应的就有调整和保护国有资产或财产关系的法律规范,只是国有财产集中程度不同而使法律的层次和效力也不相同,因而更需要有专门的法律规范来调整。

中国共产党的十一届三中全会以后,特别是从"八五"到"十二五"初,我国制定了一批国有资产管理的行政法规和规章。到目前为止,除《宪法》已有原则性规定和其他法律中夹有对国有资产的重要规定以外,国务院已发布了《国有资产评估管理办法》、《国有企业财产监督管理条例》、《企业国有资产产权登记办法》三个行政法规;国家国有资产管理局与有关部门联合发布的部门规章有数百件。国家国有资产监督管理委员会作为正部级行政单位独立发布或与有关部委联合发布的部门规章,以及推进其国有资产行政法规的颁布,对改革和加强国有资产的监管起了重要作用,特别是《企业国有资产法》颁布,影响重大。此外,各地还制定了一批地方性国有资产法规。

三、制定国有资产管理法的依据、原则和基础要求

(一)国有资产立法的依据和原则

我国《宪法》中明确规定:"中华人民共和国的社会主义经济制度的基础是生产资料的社会主义公有制,即全民所有制和劳动群众集体所有制"。"社会主义的公共财产神圣不可侵犯。国家保护社会主义的公共财产。禁止任何组织或者个人用任何手段侵占或者破坏国家的和集体的财产"。《宪法》的这一规定,是我国国有资产立法的根本依据。

另外,我国《民法通则》也规定:"国家财产属于全民所有。国家财产神圣不可侵犯,禁止任何组织或者个人侵占、哄抢、私分、截留、破坏。"这也是我国国有资产立法的重要依据。

国有资产立法的原则包括以下五个:

(1)国有财产神圣不可侵犯的原则。保护社会主义公有制经济是我国法律的共同指导思想和基本原则,保护国有资产不受非法侵犯更是国有资产管理立法的首要原则。在其他国家以及我国所有权和经营权合一的情况下,法律对国有资产的保护,

主要是通过直接规定各项条款来加以体现,规定对各种损害国有资产行为的经济制裁、行政处分以至刑罚处罚。但是在我国所有权和经营权相分离的条件下,国有资产关系十分复杂,保护也发生了很大变化。国家作为国有资产所有权的主体,不仅是经营主体,并且最终所有权享有者国家都应当享有保护和请求救济的权利。法律必须明确代表国家行使所有权的法律主体及其法律地位,明确所有权行使者和经营者各自的法律权利和义务。强调对国有资产的追索权不受法律实效的限制。

(2) 国家财产所有权和企业经营权适当分离的原则。国家是全民所有制的所有权唯一的、不可分割的主体,但全民所有制同国家机构直接经营企业不能混为一谈,根据马克思主义理论和改革开放的实践,全民所有制国家的所有权与享有经营权的自主权必须适当分离。从国家来说,为使各个企业的经济活动符合国民经济的总体要求,国家由过去的直接经营和控制改为通过法律的、经济的及行政的手段对企业进行必要的管理、检查、指导和调节,国家通过税收等形式从企业中集中必须由国家统一使用的纯收入。通过国家委派、任免或批准聘选企业的主要领导人员,并在一定程度上决定企业关、停、并、转行为。从企业来说,在接受国家宏观调控下,由过去的附属单位而成为真正相对独立的经济实体,成为自主经营、自负盈亏的社会主义商品生产者和经营者,具有自我改造、自我发展能力,成为具有一定权利和义务的法人,这种两权分离的原则在我国《全民所有制工业企业法》和《国有企业转换经营机制条例》中也都得到体现,同样,在国有资产管理的立法中也应当贯彻这种原则。

(3) 兼顾国家、集体和个人三者利益的原则。国家是整个社会生存和发展共同意志的最终体现者,国家体现这种功能是建立在一定物质基础之上的,因此国有资产立法必须保证国有资产所有者的国家的相应的物质利益。同时,国家将全民所有的生产资料授予国有企业使用和管理,从而实现国有资产的效益,必须保证其独立的法人地位,并保护与承认其相应的物质利益,使企业经营状况与劳动者的切身利益挂钩,激发劳动者的积极性和创造性。国有资产管理法不仅要保证国家作为所有者的物质利益,而且要使直接从事国有资产使用和管理的国有企业及劳动者个人的物质利益得到法律的保障。

(4) 遵循市场规律的原则。在社会主义市场经济条件下,国有资产管理法所调整的对象绝大多数都是处在市场之中,不可能脱离广泛的市场规律的支配和制约。在同其他所有制形式、其他企业、经济组织和个人交往中,国有企业是处于平等的地位,也要遵循等价交换的原则,服从市场规律并加以利用,增强自身竞争能力,更好地实现国有资产的保值、增值。

(5) 实行国有资产的全民所有制,其成果或效益为全民所享受的原则,反对国有资产的腐败、腐朽行为,实行国有资产的民权、民有、民生、民享。

(二) 制定国有资产管理法的构想和基础要求

按照一、二、三类国有资产主体性质和作用不同,分别进行三个类别国有资产的立法,即自然资源的国资立法、行政事业单位的国资立法和企业的国资立法。在这三类立法中必须首先明确国有资产管理体制及其职权。国有资产管理体制是指建立中央和地方国有资产管理机构及相互关系,以及采取相应的措施,建立国有资产能协调有机地运转的制度。我们认为应当按照国家统一所有、政府分级监管、企业自主经营的原则,建立权责明确的国有资产管理、监督和营运体系。党的"十六大"报告就曾指出,在坚持国家所有的前提下,充分发挥中央和地方的积极性。国家要制定法律法规,建立中央政府和地方政府分别代表国家履行出资人职责,享有所有者权益,权利、义务和责任相统一,管资产和管人管事相结合的国有资产管理体制。关系国民经济命脉和国家安全的大型国有企业、基础设施和重要自然资源等,由中央政府代表国家履行出资人职责。其他国有资产由地方政府代表国家履行出资人职责。中央政府和省、市(地)两级地方政府设立国有资产管理机构。继续探索有效的国有资产经营体制和方式。各级政府要严格执行国有资产管理法律法规,坚持政企分开,实行所有权和经营权分离,使企业自主经营、自负盈亏,实现国有资产保值增值。同时,根据第十届全国人民代表大会第一次会议批准的国务院机构改革方案和设立国务院国有资产监督管理委员会(以下简称国资委),为国务院直属正部级特设机构。国务院授权国有资产监督管理委员会代表国家履行出资人职责。2003年4月6日,国务院国资委正式成立。其主要职责是:根据授权,依照公司法等法律和行政法规履行出资人职责,指导推进国有企业改革和重组;代表国家向部分大型企业派出监事会;通过法定程序对企业负责人进行任免、考核并根据其经营业绩进行奖惩;通过统计、稽核对所管国有资产的保值增值情况进行监管;拟订国有资产管理的法律、行政法规和制定规章制度,依法对地方国有资产进行指导和监督;承担国务院交办的其他事项。中国共产党"十六大"报告和第十届全国人大第一次会议对国有资产管理机构的改革和定位,反映了管理机构的主要职能是由保证国有资产的保值、增值,防止流失的这种"账房先生",而向国有资产管理机构既管资产又管人还管事的"东家"和企业股东的角色转变。为了实现这种转变,国务院于2003年5月27日颁布了《企业国有资产监督管理暂行条例》,对企业国有资产管理的原则、机构、企业重大事项的管理、企业负责人应承担的责任等都作了明确的规定,进而推动了国有资产的立法,其中关于国有资产的清产核资和产权界定、国有资产的资产评估和产权登记、国有资产保值增值的考核、国有资源的管理[①]和国有资产的经营[②]、法律责任等,这些都是需要共同解决的问题,也是整个国资立法的基础要求。

---

① 国有资源的管理,是指对国土资源、国有森林资源、国有矿产资源、国有草原资源、国有水资源、国有海洋资源等依法进行的监督、调控、保护等活动。
② 国有资产的经营,是指将国有资产投入经济运行中,通过市场经济的正常运转,实现国有资产保值增值的管理方法。

第二节 我国《企业国有资产法》的颁布和主要内容的规定

一、我国《企业国有资产法》的颁布

企业国有资产是指国家对企业各种形式的出资所形成的权益。

企业国有资产法是指调整国有企业所有者、经营者、参与者等主体与各种形式的国有资产的载体之间,以及出资人和国家出资企业之间的权利义务关系的总称。所谓出资人,包括国务院、地方人民政府及国务院和地方人民政府授权的其他部门和机构。所谓国家出资企业,是指国家出资的国有独资企业、国有独资公司以及国有资本控股公司、国有资本参股公司。

按照国有资产的三大类的立法状况的分析,有关国有自然资源的权属及其保护开发利用等已有土地资源法、矿产资源法、水法、森林法、海域使用管理法、港口法等专门法律调整;有关行政事业性国有资产管理,国务院和国务院有关部门的行政法规和规章也有了比较全面系统的规定,而经营性的国有资产法律应当是企业国有资产管理法。为了维护国家基本经济制度,巩固和发展国有经济,加强对国有资产的保护,发挥国有经济在国民经济中的主导作用,促进社会主义市场经济的发展,2008年10月28日第十一届全国人大常委会第五次会议通过了我国《企业国有资产法》。该法共9章77条,包括总则、履行出资人职责的机构、国家出资企业、国家出资企业管理者的选择与考核、关系国有资产出资人权益的重大事项(一般规定、企业改制、与关联方的交易、资产评估、国有资产转让)、国有资本经营预算、国有资产监督、法律责任、附则,自2009年5月1日起施行。

二、企业国有资产管理体制和基本原则的规定

(一)企业国有资产管理体制

所谓企业国有资产管理体制是指,国家出资企业的管理范围和管理机构和出资人之间的一种负责制度。企业国有资产属于国家所有即全民所有。国务院代表国家行使企业国有资产所有权。国务院和地方人民政府依照法律、行政法规的规定,分别代表国家对国家出资企业履行出资人职责,享有出资人权益。

国务院确定的关系国民经济命脉和国家安全的大型国家出资企业,重要基础设施和重要自然资源等领域的国家出资企业,由国务院代表国家履行出资人职责。其他的国家出资企业,由地方政府代表国家履行出资人职责。

(二)企业国有资产活动适用的管理原则

(1)国务院和地方人民政府应当按照政企分开、社会公共管理职能与国有资产出资人职能分开、不干预企业依法自主经营的原则,依法履行出资人职责。

(2)国家采取措施,推动国有资本向关系国民经济命脉和国家安全的重要行业和关键领域集中,优化国有经济布局和结构,推进国有企业的改革和发展,提高国有

经济的整体素质,增强国有经济的控制力、影响力。

(3) 国家建立健全与社会主义市场经济发展要求相适应的国有资产管理与监督体制,建立健全国有资产保值增值考核和责任追究制度,落实国有资产保值增值责任。

(4) 国家建立健全国有资产基础管理制度。具体办法按照国务院的规定制定。

(5) 国有资产受法律保护,任何单位和个人不得侵害。

三、国务院和地方人民政府履行出资人职责机构的规定

国务院国有资产监督管理机构(以下简称国资委)和地方政府设立的国有资产监督管理机构(以下简称地方国资委),根据本级人民政府的授权,代表本级人民政府对国家出资企业履行出资人职责。

国务院和地方人民政府根据需要,可以授权其他部门、机构代表本级人民政府对国家出资企业履行出资人职责的机构。

履行出资人职责的上述机构的职责是:(1) 代表本级人民政府对国家出资企业依法享有资产收益、参与重大决策和选择管理者等出资人权利。(2) 履行出资人职责的机构依照法律、行政法规,制定或者参与制定国家出资企业的章程。(3) 履行出资人职责的机构对法律、行政法规和本级政府规定须经本级政府批准的出资人职责的重大事项,应当报请本级政府批准。(4) 履行出资人职责的机构委派的股东代表参加国有资本控股或参股公司召开的股东会、股东大会,应按委派机构的指示提出提案、发表意见、行使表决权,并将其履行职责的情况和结果及时报告委派机构。(5) 履行出资人职责的机构应依照法律、行政法规以及企业章程履行出资人职责,保障出资人权益,防止国有资产损失。(6) 履行出资人职责的机构应维护企业作为市场主体依法享有的权利,不得干预企业经营活动。

履行出资人职责的机构与政府的关系:(1) 履行出资人职责的机构对本级政府负责,向本级政府报告履行出资人职责的情况,接受本级政府的监督和考核,对国有资产的保值增值负责。(2) 履行出资人职责的机构应按照国家有关规定,定期向本级政府报告有关国有资产总量、结构、变动、收益等汇总分析的情况。

四、国家出资企业的权责及管理者的选择与考核的规定

由于国家对国有出资企业实行管资产、管人和管事相结合的体制,因此,对国有出资企业的高级管理者也要实行选择和考核,这才有利于国家出资企业的改革发展和收益。

(一) 国家出资企业的权利和义务、内部管理制度与管理者设置的规定

国家出资企业对其动产、不动产和其他财产依照法律、行政法规以及企业章程享有占有、使用、收益和处分的权利。

国家出资企业依法享有的经营自主权和其他合法权益受法律保护。

国家出资企业从事经营活动,应当遵守法律、行政法规,加强经营管理,提高经济

效益，接受政府及其有关部门、机构依法实施的管理和监督，接受社会公众的监督，承担社会责任，对出资人负责。

国家出资企业应依法建立和完善法人治理结构，建立健全内部监督管理和风险控制制度。

国家出资企业应依照法律、行政法规和国务院财政部门的规定，建立健全财务、会计制度，设置会计账簿，进行会计核算，并依法按企业和章程的规定向出资人提供真实、完整的财务、会计信息。

国家出资企业应依法和按企业章程的规定，向出资人分配利润。

除国有独资企业之外，国家出资企业依照我国《公司法》的规定设立监事会。国有独资企业由履行出资人职责的机构按照国务院的规定委派监事组成监事会。

国家出资企业的监事会依照法律、行政法规和企业章程的规定，对董事、高级管理人员（以下简称高管人员）执行职务的行为进行监督，对企业财务进行监督检查。

国家出资企业应依照法律规定，通过职工代表大会或者其他形式，实行民主管理。

国家出资企业对其所出资企业依法享有资产收益、参与重大决策和选择管理者等出资人权利。

国家出资企业对其所出资企业，应依照法律、行政法规规定，通过制定或者参与制定所有出资企业的章程，建立权责明确、有效制衡的企业内部监督管理和风险控制制度，维护其出资人权益。

（二）国家出资企业内部管理者的选择与考核的规定

（1）履行出资人职责的机构依照法律、行政法规及企业章程的规定，任免或者建议任免国家出资企业的下列人员：任免国有独资企业的经理、副经理、财务负责人和其他高管人员；任免国有独资公司的董事长、副董事长、董事、监事会主席和监事；向国有资本控股公司、国有资本参股公司的股东会、股东大会提出董事、监事人选。

国家出资企业中应当由职工代表出任的董事、监事，依照有关法律、行政法规的规定由职工民主选举产生。

（2）履行出资人职责的机构任命或者建议任命的董事、监事、高管人员，应当具有良好的品行；有符合职位要求的专业知识和工作能力；有能够正常履行职责的身体；以及法律法规规定的其他条件。

（3）董事、监事、高管人员在任职期间出现不符合法律规定的情形或者出现我国《公司法》规定的不得担任公司董事、监事、高管人员的情形，履行出资人职责的机构应当依法予以免职或者提出免职建议。

履行出资人职责的机构对拟任命或者建议任命的董事、监事、高管人员的人选，应当按照规定的条件和程序进行考察。考察合格的，按照规定的权限和程序任命或者建议任命。

未经履行出资人职责的机构同意，国有独资企业、国有独资公司的董事、高管人员不得在其他企业兼职。未经股东会、股东大会同意,国有资本控股公司、国有资本参股公司的董事、高管人员不得在经营同类业务的其他企业兼职。

未经履行出资人职责的机构同意,国有独资公司的董事长不得兼任经理。未经股东会、股东大会同意,国有资本控股公司的董事长不得兼任经理。

董事、高管人员不得兼任监事。

(4)国家出资企业的董事、监事、高管人员,应遵守法律、行政法规以及企业章程,对企业负有忠实义务和勤勉义务,不得利用职权收受贿赂或者取得其他非法收入和不当利益,不得侵占、挪用企业资产,不得超越职权或者违反程序决定企业重大事项,不得有其他侵害国有资产出资人权益的行为。

(5)国家建立国家出资企业管理者经营业绩考核制度。履行出资人职责的机构应对其任命的企业管理者进行年度和任期考核,并依据考核结果决定对企业管理者的奖惩。履行出资人职责的机构应按国家有关规定,确定其任命的国家出资企业管理者的薪酬标准。

国有独资企业、国有独资公司和国有资本控股公司的主要负责人,应当接受依法进行的任期经济责任审计。

五、关系国有企业资产出资人权益的各项规定

(一)关系国有企业资产出资人权益的一般规定

国家出资企业合并、分立、改制、上市,增加或者减少注册资本,发行债券,进行重大投资,为他人提供大额担保,转让重大财产,进行大额捐赠,分配利润,以及解散、申请破产等重大事项,应当遵守法律、行政法规以及企业章程的规定,不得损害出资人和债权人的权益。

国有独资企业、国有独资公司合并、分立,增加或者减少注册资本,发行债券,分配利润,以及解散、申请破产,由出资人机构决定。

国有独资企业、国有独资公司关于合并、分设、改制、增减资本等所列事项,除本书前面所提到的有关法律、行政法规以及企业章程的规定,由履行出资人职责的机构决定的以外,国有独资企业由企业负责人集体讨论决定,国有独资公司由董事会决定。

国有资本控股公司、国有资本参股公司有法律规定的合并、分设、改制、增减资本等所列事项的,应当依照本书前面所提到的法律、行政法规以及公司章程的规定,由公司股东会、股东大会或者董事会决定。由股东会、股东大会决定的,履行出资人职责的机构委派的股东代表应当依照法律规定的委派的股东代表参加国有资本控股公司、国有资本参股公司召开的股东会、股东大会,应当按照委派机构的批示提出提案、发表意见、行使表决权,并将其履行职责的情况和结果及时报告委派机构行使权利。

重要的国有独资企业、国有独资公司、国有资本控股公司的合并、分立、解散、申请破产以及法律、行政法规和本级政府规定应当由出资人机构报经本级人民政府批准的重大事项,履行出资人职责的机构在作出决定或者向其委派参加国有资本控股

公司股东会、股东大会的股东代表作出指示前,应当报请本级政府批准。

该法所称的重要的国有独资企业、国有独资公司和国有资本控股公司,按照国务院的规定确定。

国家出资企业发行债券、投资等事项,有关法律、行政法规规定应当报经政府或者政府有关部门、机构批准、核准或者备案的,依照其规定。

国家出资企业投资应当符合国家产业政策,并按照国家规定进行可行性研究;与他人交易应当公平、有偿,取得合理对价。

国家出资企业的合并、分立、改制、解散、申请破产等重大事项,应当听取企业工会的意见,并通过职工代表大会或者其他形式听取职工的意见和建议。

国有独资企业、国有独资公司、国有资本控股公司对其所出资企业的重大事项参照法律规定履行出资人职责。具体办法由国务院规定。

(二)企业国资法对企业改制、关联主的交易、资产评估、国有资产转让等重大事项的规定

1. 企业改制的概念及其规定

企业改制一般说来主要是指:(1)国有独资企业改为国有独资公司;(2)国有独资企业、国有独资公司改为国有资本控股公司或者非国有资本控股公司;(3)国有资本控股公司改为非国有资本控股公司。产权制度的改革和人事制度的改革,目的在于解决企业的机制和活力的问题。

企业改制应当依照法定程序,由履行出资人职责的机构决定或者由公司股东会、股东大会决定。

重要的国有独资企业、国有独资公司、国有资本控股公司的改制,出资人机构在作出决定或者向其委派参加国有资本控股公司股东会、股东大会的股东代表作出指示前,应当将改制方案报请本级政府批准。

企业改制应当制定改制方案,载明改制后的企业组织形式、企业资产和债权债务处理方案、股权变动方案、改制的操作程序、资产评估和财务审计等中介机构的选聘等事项。

企业改制涉及重新安置企业职工的,还应当制定职工安置方案,并经职工代表大会或者职工大会审议通过。

企业改制应当按照规定进行清产核资、财务审计、资产评估,准确界定和核实资产,客观、公正地确定资产的价值。

企业改制涉及以企业的实物、知识产权、土地使用权等非货币财产折算为国有资本出资或者股份的,应当按照规定对折价财产进行评估,以评估确认价格作为确定国有资本出资额或者股份数额的依据。不得将财产低价折股或者有其他损害出资人权益的行为。

2. 与关联方的交易的概念及其规定

所谓关联方,是指本企业的董事、监事、高管人员及其近亲属,以及这些人员所有或者实际控制的企业。国家出资企业的关联方不得利用与国家出资企业之间的交

易,谋取不当利益,损害国家出资企业利益。国有独资企业、国有独资公司、国有资本控股公司不得无偿向关联方提供资金、商品、服务或者其他资产,不得以不公平的价格与关联方进行交易。

未经出资人机构同意,国有独资企业、国有独资公司不得有下列行为:
(1)与关联方订立财产转让、借款的协议;(2)为关联方提供担保;(3)与关联方共同出资设立企业,或者向董事、监事、高管人员或者其近亲属所有或者实际控制的企业投资。

3. 资产评估的概念及其规定

资产评估,是指专门的评估机构和人员依据国家的规定和有关数据资料,根据特定的评估目的,遵循公允、法定的原则,采用适当的评估原则、程序、计价标准,运用科学的评估方法,以统一的货币单位,对被评估的资产进行评定和估算。

国有独资企业、国有独资公司和国有资本控股公司合并、分立、改制,转让重大财产,以非货币财产对外投资,清算或者有法律、行政法规以及企业章程规定应当进行资产评估的其他情形的,应按照规定对有关资产进行评估。

国有独资企业、国有独资公司和国有资本控股公司应当委托依法设立的符合条件的资产评估机构进行资产评估;涉及应报经出资人机构决定的事项的,应当将委托资产评估机构的情况向履行出资人职责的机构报告。

国有独资企业、国有独资公司、国有资本控股公司及其董事、监事、高管人员应当向资产评估机构如实提供有关情况和资料,不得与资产评估机构串通评估作价。

资产评估机构及其工作人员受托评估有关资产,应当遵守法律、行政法规以及评估执业准则,独立、客观、公正地对受托评估的资产进行评估。资产评估机构应当对其出具的评估报告负责。

4. 国有资产转让的概念及其规定

国有资产转让,是指依法将国家对企业的出资所形成的权益转移给其他单位或者个人的行为;按照国家规定无偿划转国有资产的除外。

国有资产转让应当有利于国有经济布局和结构的战略性调整,防止国有资产损失,不得损害交易各方的合法权益。

国有资产转让由履行出资人职责的机构决定。履行出资人职责的机构决定转让全部国有资产的,或者转让部分国有资产致使国家对该企业不再具有控股地位的,应当报请本级政府批准。

国有资产转让应遵循等价有偿和公开、公平、公正的原则。

除按国家规定可以直接协议转让的以外,国有资产转让应在依法设立的产权交易场所公开进行。转让方应如实披露有关信息,征集受让方;征集产生的受让方为两个以上的,转让应采用公开竞价的交易方式。

转让上市交易的股份依照我国《证券法》的规定进行。

国有资产转让应当以依法评估的、经履行出资人职责的机构认可或者由出资人机构报经本级政府核准的价格为依据,合理确定最低转让价格。

法律、行政法规或者国务院国资委规定可以向本企业的董事、监事、高管人员或者其近亲属，或者这些人员所有或者实际控制的企业转让的国有资产，在转让时，上述人员或者企业参与受让的，应当与其他受让参与者平等竞买；转让方应按国家有关规定，如实披露有关信息；相关的董事、监事和高管人员不得参与转让方案的制定和组织实施的各项工作。

国有资产向境外投资者转让的，应当遵守国家有关规定，不得危害国家安全和社会公共利益。

六、国有资本经营预算的规定

国有资本经营预算，是指国家建立健全国有资本经营预算制度，对取得的国有资本收入及其支出实行预算管理。国家取得的国有资本经营收入，经营支出纳入预算编制，实行管理。

我国《企业国有资产法》明确了应编入国有资本经营预算收支的范围：

（1）国家取得的下列国有资产收入，以及下列收入的支出，应当编制国有资本经营预算：从国家出资企业分得的利润；国有资产转让收入；从国家出资企业取得的清算收入；其他国有资本收入。国有资本经营预算支出按照当年预算收入规模安排，不列赤字。

（2）国务院和有关地方人民政府财政部门负责国有资本经营预算草案的编制工作，出资人机构向财政部门提出，由其出资人的国有资本经营预算建议草案。

（3）国有资本经营预算按年度单独编制，纳入本级政府预算，报本级人民代表大会批准。

（4）国有资本经营预算管理的具体办法和实施步骤，由国务院规定，报全国人大常委会备案。

七、国有资产监督和法律责任

（一）国有资产监督的规定

各级人大常委会通过听取和审议本级政府履行出资人职责的情况和国有资产监管情况的专项工作报告，组织对《国有资产管理法》实施情况的执法检查等，依法行使监督职权。国务院和地方政府应对其授权履行出资人职责的机构履行职责的情况进行监督。国务院和地方政府审计机关依照我国《审计法》的规定，对国有资本经营预算的执行情况和属于审计监督对象的国家出资企业进行审计监督。国务院和地方政府应依法向社会公布国有资产状况和国有资产监督管理工作情况，接受社会公众的监督。任何单位和个人有权对造成国有资产损失的行为进行检举和控告。

履行出资人职责的机构根据需要，可以委托会计师事务所对国有独资企业、国有独资公司的年度财务会计报告进行审计，或者通过国有资本控股公司的股东会、股东大会决议，由国有资本控股公司聘请会计师事务所对公司的年度财务会计报告进行审计，维护出资人权益。

（二）违背国有资产法律责任的规定

（1）履行出资人职责的机构有下列行为之一的，对其直接负责的主管人员和其他直接责任人员依法给予处分：不按照法定的任职条件，任命或者建议任命国家出资企业管理者的；侵占、截留、挪用国家出资企业的资金或者应当上缴的国有资本收入的；违反法定的权限、程序，决定国家出资企业重大事项，或有其他不依法履行出资人职责的行为，造成国有资产损失的。

（2）履行出资人职责的机构的工作人员玩忽职守、滥用职权、徇私舞弊，尚不构成犯罪的，依法给予处分。

（3）履行出资人职责的机构委派的股东代表未按照委派机构的指示履行职责，造成国有资产损失的，依法承担赔偿责任；属于国家工作人员的，并依法给予处分。

（4）国家出资企业的董事、监事、高管人员有下列行为之一，造成国有资产损失的，依法承担赔偿责任；属于国家工作人员的，并依法给予处分：利用职权收受贿赂或者取得其他非法收入和不当利益的；侵占、挪用企业资产的；在企业改制、财产转让等过程中，违反法律、行政法规和公平交易规则，将企业财产低价转让、低价折股的；违反法律规定与本企业进行交易的；不如实向资产评估机构、会计师事务所提供有关情况和资料，或者与资产评估机构、会计师事务所串通出具虚假资产评估报告、审计报告的；违反法律、行政法规和企业章程规定的决策程序，决定企业重大事项的；有其他违反法律、行政法规和企业章程执行职务行为的。国家出资企业的董事、监事、高管人员因上述所列行为之一取得的收入，依法予以追缴或者归国家出资企业所有。

履行出资人职责的机构任命或者建议任命的董事、监事、高管人员有上述所列行为之一，造成国有资产重大损失的，由履行出资人职责的机构依法予以免职或者提出免职建议。

（5）在涉及关联方交易、国有资产转让等交易活动中，当事人恶意串通，损害国有资产权益的，该交易行为无效。

（6）国有独资企业、国有独资公司、国有资本控股公司的董事、监事、高管人员违反法律规定，造成国有资产重大损失，被免职的，自免职之日起5年内不得担任国有独资企业、国有独资公司、国有资本控股公司的董事、监事、高管人员；造成国有资产特别重大损失，或者因贪污、贿赂、侵占财产、挪用财产或者破坏社会主义市场经济秩序被判处刑罚的，终身不得担任国有独资企业、国有独资公司、国有资本控股公司的董事、监事、高管人员。

（7）接受委托对国家出资企业进行资产评估、财务审计的资产评估机构、会计师事务所违反法律、行政法规的规定和执业准则，出具虚假的资产评估报告或者审计报告的，依照有关法律、行政法规的规定追究法律责任。

（8）违反法律规定，构成犯罪的，依法追究刑事责任。

第三节 国有金融资产和行政事业国有资产立法

一、国有金融资产立法

国有金融资产是关系到国家经济命脉以及货币政策、金融政策、外汇政策的重大问题。在我国一系列的银行法中对国有金融资产也都有所规定,但是很分散,实行统一的国有金融资产立法特别重要。

(1) 要完善国有金融资产的范围,首先需要把各银行机构和非银行金融机构的国有资产范围与形式进一步明确起来。一般说来,国有金融资产部门除了庞大的不动产,如土地、房产、办公场所等外,更多的表现在流动资产方面,包括人民币的发行总量、外汇储备(截至2009年6月末,我国外汇储备余额为21316亿美元,居世界第一);黄金、白银储备(居世界第五);中央银行、国有政策性银行、国有商业银行(改为股份制商业银行)、国有非银行金融机构的国有资本金;保险业基金业证券业中的国有资本金;中资银行、地区银行、国际金融机构中的国有资本金等。

(2) 保持国有金融资产的增值和保值。对不良的国有资产该转化的转化,该破产的破产,该增值的必须增值,然而不要片面追求利润最大化,而应当实行在保证增值的情况下注意社会效益,注意为客户服务,防止过度的高官、高薪制造新的贫富差距。

(3) 实行公共资源全民共享。实行"三公"原则的阳光政策,切忌神秘化,变全民财产为部门所有或少数人所有。

(4) 严格监管,包括健全内部机制,防止监守自盗,切实保护金融消费者(包括存贷款人、债民、股民、基民、持卡者等)的利益,接受社会舆论和社会组织的监督,接受财政部、审计署的财政监督和审计监督,定期向全国人民代表大会报告国有金融资产的运行情况。

二、行政事业国有资产立法

早在党的十六届三中全会的决议中就已明确指出要"建立健全国有金融资产、非经营性资产和自然资源资产等监管制度"。而在我国首先制定经营性国有资产法,即企业国有资产法的过程中就已经提到了行政事业性国有资产的立法问题。人们认为,国务院和国务院有关部门的行政法规和规章对行政事业单位的国有资产管理虽然已经有了比较全面系统的规定,但也必须在进行改革和梳理的基础上待时机成熟上升为法律,即制定行政事业国有资产法,这不仅因为行政事业国有资产数目庞大,种类繁多,而且和整个国有经济,即全民所有制经济紧密联系在一起,是全民所有制经济中重要的组成部分。加强这条战线上的国有资产的占有、使用和管理,防止流失,具有重要的政治意义、社会意义和经济意义。2011年3月23日中共中央、国务院发布《关于分类推进事业单位改革的指导意见》,这对制定行政事业单位国有资产法创造了极为有利的机遇和条件。

国有资产按物权法的规定分动产和不动产。对不动产必须进行登记,对动产必须支付才有法律效力。不动产一般包括不是生产性的行政事业单位和具有公益性的文化、教育、卫生、医疗、文物等部门占有的土地、房产、办公场地、校舍、楼堂馆所。国有资产按资金形态分为固定资金和流动资金,它们又分别形成固定资产和流动资产。切莫把不是国家所有的资产视为国有资产,也不要把属于国家的资产视为国有资产。

进行统一登记和实行支付令,这是物权法规定的要求。在我国,不动产只有统一登记才有法律效力,动产必须实行支付才有法律效力,切不要该登记的而不登记,任其流失;也不要把不必登记的而又登记,搞得很繁琐;既要有存量登记,也要有增量登记,还要有报废处理登记。

对现有事业单位的划分按照《关于分类推进事业单位改革的指导意见》的要求进行分类清理和改革。对承担行政职能的事业单位,要逐步将其行政职能划归行政机构或转为行政机构,一切按行政机构的规定办理;对从事生产经营活动的,逐步将其转为企业,按企业国有资产法规定办理;对从事公益服务的,继续将其保留在事业单位序列,强化其公益属性;承担义务教育、基础性科研、公共文化、公共卫生及基层的基本医疗服务等基本公益服务,不能或不宜由市场配置资源的,划入公益一类;对承担高等教育、非营利医疗等公益服务,可部分由市场配置资源的,划入公益二类。

事业单位纯属财政拨款和财政补贴的收支,均应纳入预算管理,预防和禁止"小金库"对国有资产化整为零,化公为私的私分现象。如据统计2006年全国行政事业单位国有资产达到8.01万亿元,占全部国有资产总额的35.14%,这是相当可观的一笔国有资产。

属于公共资源要实现全民共享,并按"三公"(公平、公开、公正)的原则处理国有资产的去留和报废,同时要防止变全民所有制为部门或个所有制,防止恶化质量。

正确处理由计划经济转为市场经济条件下,事业单位的国有资产与企业生产经营单位国有资产管理的内容、形式、要求的重要区别。例如,企业对国有资产的要求是保值和增值,作为事业单位,特别是公益事业单位的国有资产是使用消耗和报废问题,很难直接产生经济效益的增值。

注意流动资产和固定资产的转化,由于我国现行的财政体制,对事业单位特别是公益事业单位,是进行流动资金和固定资金的拨款或补贴,对其所形成的固定资产和流动资产要倍加精细化管理,有的是成本折旧、报废,有的只是运用好和使用好,无法保值和增值。

建立行政事业国有资产监督制度,实行责任制。有的可以设立专门管理机构,有的可由事业单位的董事会或监事会或行政负责人监督管理,建立负责人、责任人管理制度以及职工代表大会进行监督等。

第七编 经济矛盾和冲突的法律解决机制

发展市场经济不可避免会存在许多的矛盾和冲突:思想意识形态方面的矛盾和冲突、政治法律方面的矛盾和冲突、经济关系和物质利益方面的矛盾和冲突。只有不断处理这些矛盾和冲突,社会主义市场经济体制才能建立和完善。从对经济关系、物质利益以及经济问题的法律解决的角度来说,除了要有完备的系统的如前几篇所阐述的经济实体法,还要有经济方面矛盾和冲突解决的程序法,这就是矛盾和冲突的法律解决机制,这是实现市场经济的又一基本要素之一。本编自第三十三章至第三十六章安排了经济司法概述、人民调解法与仲裁法、调解仲裁法以及公证制度与律师制度。对这一篇有的学者认为不应该列为经济法范围,应列为诉讼法范围。我们认为,就经济法作为一个整体和经济法所具有的特征,以及加强经济法的应用来说,放在经济法体系中有好处。从经济法学科来说,一般都认为经济法理论和历史、经济法律法规体系(或结构)、经济司法与经济仲裁这三大部分的有机结合似乎已经习惯了。现在的问题是,经济司法实践的发展和理论的研究还很不够,尤其是对经济法律责任的研究还很单薄。这种状况如果长期存在,也很值得我们深思。而近几年来这种状况已经有了很大转变。

第三十三章 经济司法概述

第一节 经济司法的概念、性质和范围

对我国经济司法的概念,存在着不同的认识。一种观点认为,经济司法是我国司法制度的组成部分,是国家机关运用国家强制力保证经济法律、法规实现的执法活动,在我国主要表现为人民检察院经济检察机构、人民法院经济审判机构和有关专门法院,对经济案件进行检察和审理的执法活动。经济司法包括经济检察制度和经济审判制度两个方面,主要规定经济检察和经济审判活动的原则、机构设置、受理案件范围、案件管辖范围和诉讼程序等内容。此外,还有更广义和更狭义的两种观点。更

广义的观点认为,除了一般认为的那些,还要加上"以及同这种执法活动紧密相连的仲裁机构的经济仲裁活动和公证机关的合同公证业务及其律师所参加的有关经济法律服务"。更狭义的观点认为,经济司法就是指经济审判机构对经济案件的审理活动。面对这三种观点,我们认为,第一种观点比较符合我国的实际,更有利于经济司法的建设,它一方面把经济仲裁和合同公证机关的公证业务同经济司法区别开来,划清界限;另一方面又把经济检察和经济审判紧密结合起来,有利于经济司法的开展,即便经济审判机构合并到民事或行政审判机构,由于一定范围的经济案件已转移于民事或行政审判机构审理,因此也可称为经济民事或经济行政审判机构。这在一定意义上说来,经济审判依然存在。而作为经济矛盾、冲突的法律解决机制,也就是广义上的经济司法、经济仲裁、调解、公证、律师、经济责任等有关的经济执法和法律服务活动。

由此可见,经济司法的性质是属于国家行使经济检察权和经济审判权的专门执法活动。也就是国家在经济领域行使检察权和审判权的具体表现。经济司法的范围也就是人民检察系统与人民法院系统对一定范围的经济纠纷案件和经济犯罪案件的检察和审判。

第二节 经济司法是人民司法制度的重大发展

1979年7月1日第五届全国人民代表大会第二次会议通过了《中华人民共和国人民法院组织法》(以下简称《人民法院组织法》)和《中华人民共和国人民检察院组织法》(以下简称《人民检察院组织法》)。1983年9月2日第六届全国人大常委会第二次会议通过了关于修改《人民法院组织法》和《人民检察院组织法》的决定。2006年10月31日第十届全国人大常委会第二十四次会议又对《人民法院组织法》第13条作了修改。《人民法院组织法》明确了基层人民法院可设置刑事审判庭、民事审判庭、经济审判庭,明确了所有中级人民法院可设置刑事审判庭、民事审判庭、经济审判庭。这说明在我国行使经济审判权,解决经济案件的司法机关既有专门法院,又有基层、中级、高级和最高人民法院的经济审判庭。这是适合我国人民法院司法制度的新体制的。

我国《人民检察院组织法》明确了最高人民检察院设置刑事检察厅、法纪检察厅、监所检察厅、经济检察厅等业务机构。这说明在我国行使经济检察权,解决经济案件的侦察、起诉的检察机构有各级人民检察院及专门检察院的经济检察业务机构,这是我国人民检察机构的新规定,是人民检察制度的新发展。1980年第五届全国人大第三次会议《关于最高人民法院工作报告和最高人民检察院工作报告的决议》以及其他法律文件中,又对建立和健全经济审判庭和经济检察机构作了重要规定。1984年3月召开的第一次全国经济审判工作会议进一步明确了经济审判庭的基本任务和受案范围。1994年召开的第二次全国经济审判工作会议,明确了在市场经济体制条件下经济审判工作的方向和任务。在经济审判专门法院方面,1983年9月,全国人大常委会关于修改《人民法院组织法》的决议中,保存了原有的森林法院、铁路法院;1984年11月,第六届全国人大常委会第八次会议通过了《关于在沿海港口城市设立海事法院的决定》,在各中等以上城市,都设立了海事法院。所有这些规定标志着我国人民司法工作进入了一个新的历史时期,我国的经济司法从此诞生,这是我国人民司法制度的一个重大发展。

第五届全国人大第二次会议确定在我国建立经济司法制度以来,各级人民法院正在加快经济审判庭的建设,进展很快。到1982年底,最高人民法院和各高级人民法院已全部建立了经济审判庭;中级人民法院经济审判庭,除个别地区外,都已建立;很多基层人民法院也根据实际需要,设立了经济审判庭。同时,受理了一批经济纠纷案件、经济犯罪案件,办理了一批涉外经济案件,解决了一些企业之间的"老大难"案件,取得了显著的成效,深受人民群众的拥护,得到了群众的好评。经济审判庭同经济检察机构分工协作,在打击经济犯罪活动,健全社会主义经济法制,保卫经济调整和现代化建设方面,也发挥了很好的作用。经济仲裁也已经逐步建立起来。实践证明,经济审判、经济检察和经济仲裁,以及人民调解制度中的有关解决经济纠纷部分和劳动争议调解仲裁法,农村土地承包经营纠纷调解仲裁法,虽然各自的性质、任务、职责不同,但它们互相联系、紧密协作,从而构成我国经济司法或准司法工作的不可分的整体。2000年8月最高人民法院作出决定,取消原来的经济审判庭,改经济审判庭为民事审判庭,建立大民事审判新格局。但是,一直以来,法学界对此存在不同的观点。

第三节 经济法律责任的相对独立、种类和完善

一、经济法律责任的含义

经济法律责任这个概念是在经济司法实践中提出来的。进行经济审判和经济仲裁中就有一个追究经济方面的法律责任问题。对违反经济法律、法规要追究哪些方面的法律责任呢。就"责任"而言,"责任"有两层含义,一是积极的含义,即能力行为的责任,是一种资格能力的称谓。如国家机关的责任、经济组织的责任、经济工作人员和负责人的责任,是一种职责或义务。二是消极的含义,即行为能力的法律因果或法律后果的责任。如行为者违反税收法律就要承担罚款、被没收违法所得、吊销税务登记、营业执照以及被追究刑事责任。

二、对经济法律责任"综合性"的辨析和研究建立经济法律责任体系的概况

(1)对于经济法律责任,从20世纪80年代到20世纪末,在经济立法和经济法学研究中比较普遍的说法是,经济法是民法、行政法和刑法的法律责任的综合运用。在经济法学教学方面,这个"综合运用"的词就用得更多了,并且是本书作者首次"发明"的(见《经济法简论》)。这个词在当年反映了经济立法法律责任规定的现实,也

为经济法的创建和发展打了掩护,同时也为 2001 年 8 月最高人民法院司法改革取消经济审判庭提供了"理论依据",这是因为民事、刑事、行政、经济责任的综合运用,就不可能设立一个综合审判庭。换句话说,如果没有独立的经济责任的存在,也就没有设立独立的经济审判庭的必要了。尽管 2000 年最高人民法院断然取消了经济审判庭,但是,经济法的特点、受案范围、案件的管辖、案件的审判原则照样存在,经济审判的程序都是同民事的、行政的、刑事的审判程序基本一样。经济法作为构建具有中国特色社会主义法律体系基本框架的七个法律部门之一,是否没有经济审判庭就不能成为一个独立法律部门呢,不能这么说。我国《宪法》及宪法相关法、社会法至今也没有专门的审判庭,是否他们就不是一个独立的法律部门呢。我们认为有相应对称的审判庭更好,一段时期没有也无妨碍。一个独立的法律部门,不能和有没有独立的审判机构画等号,问题是对其违法现象能否得到纠正和如何纠正。

(2) 经济审判庭的恢复。在我国第十一届全国人民代表大会就已经提出要在全国人大常委会下设立一个专门的宪法实施监督机构,对违宪行为要追究法律责任。对经济法的违法行为也应当通过建立经济审判机构追究经济方面的法律责任。当年如果为了节约司法成本,为了充实行政审判庭的审判案件,为了等待经济法及其司法的研究更加成熟而在一段时期取消经济审判机构,一时可能获得人们的理解,但长此以往下去是不行的,从现实的情况看,经济法作为一个新兴的法律部门,如果长期把它捆绑在行政审判庭或民事审判庭里面,那对依法行政和实行经济民主法治都是很不利的。因此,在进入 21 世纪以来,在我国建立和完善相对独立的经济法律责任和体系的过程中,人们要从"综合运用"理论的束缚下解放出来,朝着建立和完善经济法律体系和相对独立司法体系以及经济责任体系的目标迈进。

从我国制定的大量经济法律法规来看,除了规定民事责任、行政责任、刑事责任之外,纯粹属于经济法相对独立的经济责任的规定不是很多。以我国《反不正当竞争法》为例,对不正当竞争行为的处置是一个十分复杂的问题,本应除了追究行政、民事和刑事的法律责任外,应列举出经济法律责任的一些独有之处,但是在《反不正当竞争法》颁布时,对这一点做得很不够。再以我国《消费者权益保护法》为例,消费者和经营者发生权益争议,可通过以下途径解决:第一,与经营者协商和解;第二,请求消费者协会调解;第三,向有关行政部门申诉;第四,根据与经营者达成的仲裁协议,提请仲裁机构仲裁;第五,向人民法院提起诉讼。再以我国《产品质量法》为例,违反《产品质量法》的各种责任中,时效问题极为重要,中间机构(产品质量检验机构、论证机构)发挥重要作用。以我国《对外贸易法》为例。修订后的我国《对外贸易法》还增加规定 3 年内不受理违法行为人有关业务的申请或者禁止其在 3 年内从事有关货物、技术的进出口或者国际服务贸易活动,以及撤销已给予的外贸权力;同时对涉及海关管理、税收征管等法律、行政法规规定的违法行为与有关法律、行政法规进行衔接。从中可以看出,经济法法律责任相对独立体系的建立已经开始起步。

三、经济法律责任研究之完善和问责制的兴起

虽然现在经济立法已经有一百多部,但是对经济立法的法律责任的规定都不详

细,也无特别的创新,今后一方面要把已有的经济法律责任进行分类,要作科学的分解、归纳,不能只作描述。另一方面一定要把经济法律责任和民事、行政、刑事责任适当区别开来,不能混淆。此外还要注意经济法律责任的理性思考和研究,引入到经济司法实践。

随着诸多问题的产生和社会公众的迫切要求,应当建立各种责任的问责制,事先在政府部门开展问责。为了使这种制度产生积极的效果,一般说来应注意以下几点:第一,要选准问责对象,把握问责尺度。因事的责任不同,分工负责的对象也不同,因此对象的选择既不要错位也不要越位。责任也有直接责任、间接责任、单位责任和个人责任之分,不要一锅煮。问责的标准界线以多少为适宜,失职和越权的标准是什么,判断是非曲直的标准是什么,解决纠纷的标准是什么,限期的标准(时间多长)是什么,处分级次的标准是什么等都要明确。第二,问责的形式多样化,有问必有答,问责要到位。综合问责和专题问责相结合,形式可以是质疑、询问、解答,专题咨询负责人要到位应询,要有回音。第三,应建立问责信息披露机制,对问责落实情况跟踪监督,问责要有代表和公众参与监督,防止以问责为名掩盖社会舆论监督。第四,问责要制度化,以制度构建权、责、利相统一的问责制,建立监控、预测和责任相结合的问责制以及待遇与责任、权利与义务挂钩的问责制。问责制应成为民主监督、民主管理的法定形式,也是经济执法和司法的新形式,没有责任制到位,监管是空的。

第四节 我国司法制度改革对经济司法的重大影响

从2008年起我国司法战线上开始了重大的改革,并且与"三项重点工作"①紧密结合在一起,毫无疑问对我国经济司法制度将产生重大的影响。首先,在司法工作中所遵循的原则方面,对经济司法是完全适用的。例如,(1)以人为本的原则。在经济司法领域中更要贯彻以人为本,尊重人的生存权、发展权、体现经济司法的人民性。(2)坚持司法公正与司法正义相结合的原则。公平正义是社会主义的本质要求,它比太阳更加光辉。通过经济司法,把国家的资源分配、财政分配作得更加公平。(3)司法改革和经济司法活动的民主法治、公开透明与独立自主行使职权的原则。这对经济司法的和谐发展有重要的促进作用。(4)司法机构、司法人员对法律负责、对人民负责的一致性原则。(5)公检法司的相互联系、相互合作、相互制约的原则。这对经济司法也是完全必要的。其次,落实司法工作中所遵循的这些原则,一要健全司法权的激励约束机制,优化司法人员独立客观自主行使经济司法权的环境,确保经济司法公正。二要坚持阳光司法,增强司法透明度。三要建设强有力的执法体制,切实解决执行难问题。四要完善多层次司法监督体制,保障司法权力正当行使。五要加强申诉环节的工作。司法机关要本着司法为民的负责精神,高度重视和做好申诉

---

① 三项重点工作的基本内容,一是促进社会矛盾化解,促进和谐社会建设;二是参与社会管理创新,提高自身管理水平;三是公正执法,保障人民群众根本利益。

案件,配备精兵强将,充实申诉庭的法官队伍。在新形势下,加强对政法工作规律性的认识,紧紧抓住维护和谐稳定的关键,向着公平、高效、权威的经济司法制度的目标奋进,实现社会公平正义。①

第五节 经济检察制度及其发展

一、经济检察机构和经济检察的性质

我国的经济检察,是指人民检察院按照法律规定,对经济领域的犯罪活动进行检察、开展法律监督、行使检察权的活动。

按照我国《人民检察院组织法》的规定,经济检察机构主要包括最高人民检察院和地方各级人民检察院设立的经济检察厅、处、科和其他业务机构,同时也包括地方各级人民检察院在工矿区、农垦林区设置的派出机构和有关业务机构。各级经济检察机构都是各级人民检察院的组成部分,同各级人民检察院内部的刑事、法纪等其他专门机构一样,都是国家行使检察权,实施法律监督不可分割的一部分。所不同的是经济检察机构主要是在经济方面担负检察任务,对执行经济方面的法律、法规实行监督,实现法律赋予的经济检察的职责。经济检察机构同人民法院经济审判庭关系密切,同经济仲裁机构和人民调解组织也有联系。

经济检察只是负责对国家机关工作人员严重违反经济法律、法规的犯罪案件以及国家机关工作人员职务上的犯罪而又和经济联系紧密的案件进行侦察和起诉。经济检察属于经济上的法律检察,是与经济方面的违法犯罪案件作斗争的,是人民检察院运用法律监督的形式,加强经济活动的监督,维护社会主义法治的体现。

二、经济检察的任务和作用

经济检察是法律赋予人民检察机关的一项新任务。它是人民检察机关法律监督职能的一个重要组成部分。

我国经济检察工作的任务就是要以认真履行检察职责、强化法律监督、公正执行法律为主题,大力查办贪污贿赂、渎职犯罪的力度,依法严厉打击严重经济犯罪,同经济领域中的犯罪活动作斗争。目前,经济犯罪的范围很广,由经济检察管辖的经济犯罪案件只是经济犯罪案件中的一部分。即查处机关内部的贪污贿赂经济犯罪和社会上的严重经济犯罪;加强诉讼监督,努力维护司法公正和法制的统一;深化检察机关内部改革,实行主诉检察官制和检察官选拔轮换制,以及统一考试制和领导干部检察责任制,加强队伍建设和整体素质与执法水平。

经济检察的作用是通过检察活动,同破坏社会主义经济秩序及其他危害社会主义市场经济的行为作斗争,惩办违法犯罪分子。一方面,保持国家机关工作人员队伍

---

① 公司,既包括人们在经济领域的公平,也包括人们在社会政治领域的公平,最终在宪法和法律面前人人平等。正义,既包括是非曲直,也包括宽严相济;既包括扬善恨恶,也包括压邪扶正。

的纯洁性,促进党风廉政建设和反腐败斗争,进一步端正党风和社会风尚。另一方面,保护国家的经济利益,维护社会稳定和经济安全,促进生产力发展和现代化建设的顺利进行。

三、近几年经济检察的新变化

近年来,检察机关在忠实履行宪法和法律赋予的职责、充分发挥检察职能作用、保障经济社会发展、深入推进社会矛盾化解、维护社会和谐稳定、加大查办和预防职务犯罪力度、促进反腐倡廉建设、强化对诉讼活动的法律监督、促进执法司法公正、坚持执法为民宗旨、维护群众权益、加强检察建设和内部监管制约、提高自身公正廉洁执法水平、自觉接受监督、保证检察权依法行使等方面,取得了新进展,积累了经验,提高了做好检察工作的水平。例如,2011 年年 3 月第十一届全国人大第四次会议与会代表对检察工作报告投反对票和弃权票的占出席代表总数的 18.5%。2012 年年 3 月第十一届全国人大第五次会议与会代表对检察工作报告投反对票和弃权票的占出席代表总数的 17.6%。这个数字的变化,说明检察工作在进步。检察机关要始终接受国家各级权力机关的监督和广大群众的社会监督,同时,也要加强司法机关之间的相互制约和自身内部的监督,建立一支强大的忠于人民,忠于职守,刚劲不阿,视恶如仇,爱民如家的检察队伍,实现司法公正和社会公平正义。

第六节 经济审判制度及其变化

一、经济审判的概念和特点

我国的经济审判,是指人民法院依法行使国家审判权对国内经济纠纷案件和涉外经济纠纷案件进行审理判决的活动。经济审判庭从 1979 年开始建立,到 2000 年被宣布与民事审判庭合并,但任务仍然存在,我们着重从任务和案件解决的角度来阐述经济审判。

我国经济审判制度,由于它受理的案件、依据的法律以及处理的具体方式等和一般民事、商事、刑事案件有所不同,因而具有自己的特点。这些特点具体体现在审判机关的设置、受案范围、案件管辖、办理案件的程序以及具体工作原则等方面。

我国经济审判工作是以坚持认真履行审判职责、维护司法公正和办案效率为主题,而开展自己的工作和发挥其作用:(1)通过对经济案件的审判活动,调整生产和流通、分配和消费领域的一定或特定范围内的经济关系,保护国家的利益、集体的利益和个人的合法权益,维护社会稳定和经济发展,提供法律秩序的保证。(2)通过法院内部改革和建设,为保障经济困难的人民群众依法行使诉讼权利,完善其司法救助制度;完善合议庭制度、实行审判长和独任审判员的选任制度、改革和完善人民陪审员制度,提高法官素质,加大从源头上预防和治理少数司法人员腐败现象的力度,全面推行法院领导干部引咎辞职制,提高办案质量和效率,促进经济体制改革和国民经济的发展,保障我国社会主义现代化建设事业的顺利进行。

二、经济审判机关的设置

在2000年8月最高人民法院取消经济庭以前,经济审判庭的机构设置是:根据1983年9月2日第六届全国人大常委会第二次会议通过的《关于修改〈中华人民共和国人民法院组织法〉的决定》修正的《中华人民共和国人民法院组织法》的规定,最高人民法院、高级人民法院、中级人民法院都应设经济审判庭,基层人民法院可以设经济审判庭。20世纪80年代中期,不仅中级以上人民法院都设立了经济审判庭,而且基层人民法院也普遍设立了经济审判庭。另外,各级铁路运输法院设有经济审判庭,处理与铁路运输有关的经济合同纠纷案件和侵权纠纷案件。与此同时,我国在相应的港口城市设立了海事法院,在海事法院内部设有海事审判庭和海商审判庭。并且长期保存了森林法院和森林审判机构。

三、经济审判的受案范围

经济审判庭的受案范围主要有:
（1）产品质量案件,含食品安全保护案件。
（2）消费者权益保护案件,含金融消费者权益保护案件,销售假冒注册商标的商品案件。
（3）涉外或涉港、澳、台经济纠纷案件。
（4）农村土地、森林草原、牧林副渔业承包租赁经营纠纷案件。
（5）反垄断案件,含哄抬物价、价格欺诈案件。
（6）证券、期货案件,含内幕交易、虚假信息案件。
（7）企业破产案件。
（8）反倾销案件,含应对反倾销、反补贴和滥用贸易救济措施案件。
（9）涉及企业承包经营、企业租赁经营、合并、重组、改制纠纷案件。
（10）反对不正当竞争案件。
（11）税务案件,含偷漏税、骗取出口退税、制造出售假发票等案件。
（12）其他经济纠纷案件,如宏观调控涉及的经济民事案件以及信用卡诈骗等方面的案件。

铁路运输法院受理的经济纠纷案件有:铁路货物运输合同纠纷案件;铁路旅客和行李、包裹运输合同纠纷案件;由铁路处理的多式联运合同纠纷案件;国际铁路联运合同纠纷案件;铁路货物运输保险合同纠纷案件;代办托运、包裹整理、仓储保管、接取送达等铁路运输延伸服务合同纠纷案件;国家铁路与地方铁路、专用铁路、专用线在修建、管理和运输方面发生的合同纠纷案件;铁路在装卸作业、线路维修等方面发生的委托劳务合同纠纷案件;铁路系统内部的经济纠纷案件;违反铁路安全保护法律、法规,对铁路造成损害的侵权纠纷案件;铁路行车、调车作业造成人身、财产损害,原告选择向铁路法院起诉的侵权纠纷案件;上级人民法院指定铁路运输法院受理的其他经济纠纷案件。

森林法院和海事法院受理案件,依法院内部分工进行。

四、经济审判的案件管辖

(一)地域管辖

根据我国《民事诉讼法》的规定,经济纠纷案件的地域管辖的一般原则是"原告就被告",但《民事诉讼法》中规定对下列经济案件实行特别地域管辖:(1)合同纠纷案件由被告住所地或合同履行地法院管辖;(2)保险合同纠纷由被告住所地或由保险标的物所在地法院管辖;(3)票据纠纷案件由票据支付地或被告住所地法院管辖;(4)交通运输合同纠纷案件由运输始发地、目的地或被告住所地法院管辖;(5)侵权纠纷案件由侵权行为地或被告住所地法院管辖;(6)交通事故损害赔偿纠纷案件由事故发生地或车辆、船舶最先到达地、航空器最先降落地或被告住所地法院管辖;(7)船舶碰撞或其他海损事故损害赔偿纠纷案件由碰撞发生地、碰撞船舶最先到达地、加害船舶被扣留地或被告住所地法院管辖;(8)海难救助费用纠纷案件由救助地或被救助船舶最先到达地法院管辖;(9)共同海损纠纷案件由船舶最先到达地、共同海损理算地或航程终止地法院管辖。

我国《民事诉讼法》规定对于合同纠纷案件同时实行协议管辖,但不得违反对级别管辖和专属管辖的规定。我国《民事诉讼法》还规定了共同地域管辖。

(二)级别管辖

根据我国《民事诉讼法》规定,基层人民法院经济审判庭管辖除法律规定由其上级人民法院管辖以外的所有第一审经济纠纷案件。中级人民法院管辖以下三类经济纠纷案件:(1)重大的涉外案件;(2)在本辖区有重大影响的案件;(3)最高人民法院确定由中级人民法院管辖的案件。最高人民法院管辖在全国有重大影响的案件和认为应当由该院审理的案件。

(三)专属管辖

根据我国《民事诉讼法》的规定,以下经济纠纷案件按专属管辖办理:(1)因不动产纠纷提起的诉讼,由不动产所在地法院管辖;(2)由港口作业中发生纠纷提起的诉讼,由港口所在地法院管辖。

五、经济审判的原则和程序

(一)经济审判的主要原则和方针

经济审判活动的主要原则,也就是经济审判庭在办案过程中所要遵循的指导思想和基本准则。

经济审判工作的主要原则有:以事实为根据,以法律为准绳的原则;在适用法律上一律平等,在法律面前不允许有任何特权的原则;独立审判,只服从法律的原则等。在这些原则中,最重要的是以事实为根据,以法律为准绳的原则,这是根本原则,或者叫基本原则。在这些原则中,事实是正确适用法律的前提,法律是对案件作出正确处理的依据,只有把事实和法律正确地结合起来,才能做到公正、正确地办好案件。因此,弄清案件的真相是办好案子的基础。在经济审判工作中,为了贯彻执行这个基本原则,保证办案质量,就必须搞清案件的事实真相,要重证据,重调查研究,切忌主观主义。

处理经济纠纷要注意贯彻着重调解的方针,按照这个方针,就是在查明事实、分清责任的基础上,能够进行调解的尽量调解,实在调解无效才予以判决。贯彻着重调解的方针有利于合同纠纷的解决,有利于协议的执行,有利于安定团结,有利于生产和协作单位之间的继续合作。我们说要贯彻着重调解,也绝不是"抹稀泥"。第一,经过调解达不成协议的,就要采取判决。第二,在调解中仍然坚持以事实为根据,以法律为准绳的原则。弄清事实,分清责任,使诉讼双方消除纠纷,受到教育,自然达成协议。第三,该调解解决的就不要判决解决;该判决才能解决的,也不勉强用调解解决。调解不等于久调不决。

(二) 经济案件审理的根本原则是司法公正

所谓司法公正是指司法机关通过正确适用法律的司法活动,以维护和实现法律的公正。司法公正应由以下四个要素组成:第一,适用法律平等;第二,诉讼程序规范;第三,依法独立判决;第四,维护当事人合法权益。它们是相互联系不可偏废的统一整体,只有这四者同时具备,才能真正体现司法公正。司法公正应贯穿于整个司法行为和司法过程。公正是法律的精髓,而司法又是具体运用法律审理案件的专门活动,司法公正是人民法院审判工作的生命线和灵魂。司法公正是人们所向往和追求的美好理想与共同愿望,是司法改革的最终目标。要实现司法公正就必须明确认识。程序公正是司法公正的核心部分,司法公正贵在程序公正,没有程序的公正,实体判决的公正是没有保障的。要实现司法公正必须坚持司法改革,创造司法公正的法律机制和环境。贯彻中国共产党的十七大提出建设公正、高效、权威的社会主义的司法制度的要求,应更多追求公平正义。

(三) 经济案件的诉讼程序

按照我国《民事诉讼法》的规定和从全国各地经济审判庭进行审判活动的情况来看,有三种比较统一的做法:

(1) 对经济纠纷案件的审理,一律按《民事诉讼法》规定的程序办。就审理经济纠纷的案件的程序来说,只有审理的不同,其程序没有什么不一样。一审程序有简易程序、普通程序、特别程序,经济纠纷案件适用特别程序较少。普通程序包括:案件受理;审理前的准备;调查案情;开庭审理;判决;执行。二审(终审)程序与第一审相似。

(2) 对有关经济犯罪案件和经济纠纷案件中涉及刑事责任的案件的审理,应当按照我国《刑事诉讼法》的规定来办。经济纠纷案件涉及刑事责任的按我国《刑事诉讼法》的规定办,首先是按刑事诉讼程序追究刑事责任,然后按民事诉讼程序追究财产经济责任。

(3) 对于涉外案件的仲裁和审理,按照我国专门的法律进行审理。对于涉外经济纠纷案件不经仲裁直接向法院起诉的,按我国《民事诉讼法》的规定办,其中涉外民事诉讼程序有特别规定的,按特别规定办。

六、经济审判中的经济责任问题

如何看待和追究经济责任,这是经济司法当中的一个重要的理论和实践问题,是关乎经济法在司法方面的一个建树问题。现在司法界和法学界对此有三种不同的看法。第一,认为追究经济责任是违法经济行为的法律后果;第二,认为追究经济责任是与经济权利相对应的经济义务;第三,认为追究经济责任是职责性的经济责任。

笔者历来主张从法律行为的后果分析经济责任是很重要的,也就是从违反法律的性质和责任产生的原因指出其应承担的责任,从这个角度出发,一般分为行政的、民事的、经济的、刑事的等四大类责任,也就是通常讲的经济法主体实施了违反经济法规定的行为(作为和不作为)而承担的法律后果。同时,经济法主体行为在享受权利的同时所承担的义务,这也是一种经济法律责任。例如我国《宪法》规定了公民的权利,同时也规定了公民的义务,包括我国公民负有依法纳税的义务,也就是说不依法纳税就要承担所追究的法律责任,包括经济法律责任。又如,对拒不履行服兵役义务行为的法律责任等。

至于职责性的经济责任问题,例如,"菜篮子工程"、"食品安全"、"生产交通安全"等工作职责中经常出现"一把手"负总责的规定,这种经济的或行政的责任是基于权责相统一而形成的责任,与前两种追责的情形是不同的。

七、近几年经济审判的新变化

经济审判(经济审判庭虽然没有单独设立,经济审判的内容尽管合并在民事审判庭范围之内,但经济审判的内容仍然存在,并且越来越突出和重要)虽然经历了近几年的司法改革,也提出了一些有价值的问题,如刑事证据的合法性问题,发扬革命老区的巡回法庭就地便民的庭审制度问题。2011年3月第十一届全国人大第四次会议与会代表对法院工作报告投反对票和弃权票的占出席代表总数的19.5%,2012年3月第十一届全国人大第五次会议与会代表对法院工作报告投反对票和弃权票的占出席代表总数的19.05%,虽然变化微小,但也从另一方面表达了人们对审判工作的关切。近年来,审判工作中虽然也出现了一些新变化:如依法惩治各类刑事犯罪、促进社会稳定,推进社会矛盾化解、维护人民权益,推进司法改革、促进司法公正,接受人大和社会等各项监督、增强监督制约机制,以及加强法院队伍建设,提升司法能力等,但距离宪法和法律对法院审判工作的要求,距离人民群众对法院工作的期望仍然存在较大差距。今后,一定要按照党和国家对司法改革的要求,按照宪法和法律赋予人民法院的职权,努力做好经济审判工作。

第三十四章　人民调解法与仲裁法

第一节　人民调解法

一、人民调解法概述

(一) 人民调解和人民调解法的定义

人民调解是指依法设立的人民调解委员会通过说服、疏导等方法,促使纠纷当事人在平等协商基础上自愿达成调解协议,解决民间纠纷的一种群众自治活动,是一项具有中国特色的化解矛盾、消除纷争的非诉讼纠纷解决方式。人民调解法是指以国家立法的形式对人民调解的性质、任务和原则,人民调解组织形式和人民调解员选任,人民调解的程序、效力等问题作出规定的法律。它是在国家司法行政部门和基层人民法院的指导下,通过说服、疏导等方式调解当事人之间的民间纠纷,达成协议的一种法律规范的总称。

(二) 我国《人民调解法》的颁布和意义

为了规范人民调解活动,及时解决民间纠纷,维护社会和谐稳定,根据宪法规定,2010年8月28日第十一届全国人民代表大会常务委员会第十六次会议通过了《中华人民共和国人民调解法》(以下简称《人民调解法》)。该法分总则、人民调解委员会、人民调解员、调解程序、调解协议、附则,共6章35条,自2011年1月1日起施行。

我国《人民调解法》的颁布具有重要而深远的意义:第一,《人民调解法》是全面总结和吸收新中国成立以来人民调解工作的实践经验和理论成果以及我国《宪法》、《民事诉讼法》、《继承法》、《村民委员会组织法》、《居民委员会组织法》、《人民法院组织法》等法律中有关人民调解工作规定的继承和发展。第二,《人民调解法》的颁布和实施必将在及时妥善解决民间纠纷、构建社会主义和谐社会中发挥一定的促进和指导作用。第三,人民调解作为一项具有化解矛盾、消除纷争的非诉讼纠纷解决方式,被誉为具有化解社会矛盾的"东方经验"的国际声誉,作用明显。在我国,基本实现了调解组织的社会全覆盖,并且呈现出新的特点,如调解的范围逐渐从传统的婚姻家庭、邻里关系、小额债务、轻微侵权等常见、多发的矛盾纠纷,向土地承包、拆迁安置、环境保护、医患、家政、劳务就业纠纷等社会热点、难点纠纷领域扩展。第四,《人民调解法》亮点突出、特色鲜明。如人民调解的群众性、民间性、自治性的地位和特点得到了坚持和巩固。人民调解的组织形式得到了进一步的完善,调解员的任职条件、选任方式得到了进一步的保障和认可,调解的灵活性、便利性贯彻在调解的全过程,人民调解与其他纠纷解决的方式、调解的效力和司法确认都得到了进一步明确。这些都必将对我国新时期人民调解工作的发展起到重要的规范和促进作用。

（三）人民调解委员会调解民间纠纷应当遵循的原则

（1）在当事人自愿、平等的基础上进行调解；(2）不违背法律、法规和国家政策；(3）尊重当事人的权利，不得因调解而阻止当事人依法通过仲裁、行政、司法等途径维护自己的权利；(4）人民调解委员会调解民间纠纷，不收取任何费用的原则。

（四）人民调解的领导管理体制和国家的鼓励支持政策

（1）国务院司法行政部门负责指导全国的人民调解工作，县级以上的地方人民政府司法行政部门负责指导本行政区域的人民调解工作。

（2）基层人民法院对人民调解委员会调解民间纠纷进行业务指导。经人民调解委员会调解达成的协议，人民法院应当及时对调解协议进行审查，依法确认调解协议的效力。

（3）国家鼓励和支持人民调解工作。县级以上地方人民政府对人民调解工作所需经费应当给予必要的支持和保障，对有突出贡献的人民调解委员会和人民调解员按照国家规定给予表彰奖励。

（4）村民委员会（以下简称村委会）、居民委员会（以下简称居委会）和企业事业单位应当为人民调解委员会开展工作提供办公条件和必要的工作经费。

（5）县级人民政府司法行政部门应当对本行政区域内人民调解委员会的设立情况进行统计，并且将人民调解委员会以及人员组成和调整情况及时通报所在地基层人民法院。

（6）乡镇、街道以及社会团体或者其他组织根据需要可以参照法律有关规定设立人民调解委员会，调解民间纠纷。

以上所有这些规定，有力地加强了对人民调解工作的指导和保障，并为人民调解工作的深入发展保留了制度的空间。

二、关于人民调解委员会和人民调解员的规定

（一）关于人民调解委员会的性质和地位、设立、组成和任期制度的规定

（1）人民调解委员会是依法设立的调解民间纠纷的群众性组织。这一法律地位和性质的规定，体现了人民调解是一种"三性"（群众性、民间性、自治性）的重要法律性质。

（2）村委会、居委会设立人民调解委员会。企业事业单位根据需要设立人民调解委员会。人民调解委员会由委员3至9人组成，设主任1人，必要时，可以设副主任若干人。

（3）村委会、居委会的人民调解委员会委员由村民会议或者村民代表会议、居民会议推选产生；企业事业单位设立的人民调解委员会委员由职工大会、职工代表大会或者工会组织推选产生。人民调解委员会委员每届任期3年，可以连选连任。

（4）人民调解委员会应当建立健全各项调解工作制度，听取群众意见，接受群众监督。

（二）关于调解员的选任方式、任职条件和行为规范的规定

（1）调解员由人民调解委员会委员和人民调解委员会聘任的人员担任。调解员

应当由公道正派、热心调解工作,并具有一定文化水平、政策水平和法律知识的成年公民担任。

(2)调解员从事调解工作,应当给予适当的误工补贴;因从事调解工作致伤致残,生活发生困难的,当地人民政府应当提供必要的医疗、生活救助;在人民调解工作岗位上牺牲的人民调解员,其配偶、子女应按照国家规定享受抚恤和优待。

(3)县级人民政府司法行政部门应当定期对调解员进行业务培训。

(4)调解员在调解工作中有下列行为之一的,由其所在的人民调解委员会给予批评教育、责令改正,情节严重的,由推选或者聘任单位予以罢免或者解聘:偏袒一方当事人的;侮辱当事人的;索取、收受财物或者牟取其他不正当利益的;泄露当事人个人隐私、商业秘密的。

以上所有这些规定,为调解员队伍素质的提高和队伍结构的优化以及大胆放心和依法做好调解工作创造了有利的条件。

三、关于人民调解程序和调解协议及其效力的规定

(一)人民调解程序的规定

所谓调解程序是指人民调解委员会和调解员在调解民间纠纷过程中的规程和方式、原则、步骤的一种规制。调解程序的主要内容包括以下几点:

(1)调解的申请和受理。当事人可以向人民调解委员会申请调解,人民调解委员会也可以主动调解,但当事人一方明确拒绝调解的不得调解,基层人民法院和公安机关对适宜通过人民调解方式解决的纠纷,可以在受理前告知当事人,向人民调解委员会申请调解。

(2)调解员出任调解。人民调解委员会根据调解纠纷的需要,可以指定一名或者数名调解员进行调解,也可以由当事人选择一名或者数名调解员进行调解。人民调解员根据纠纷的需要,在征得当事人同意后可以邀请当事人的亲属、邻里、同事等参加调解,也可以邀请具有专门知识、特定经验的人员或者有关社会组织的人员参与调解。人民调解委员会应当支持当地公道正派、热心调解、群众认可的社会人士参与调解。

(3)调解员在调解过程中的主要职责:第一,调解员调解民间纠纷,应当坚持原则,明法析理,主持公道。调解民间纠纷,应当及时、就地进行,防止矛盾激化。第二,调解员根据纠纷的不同情况,可以采取多种方式调解民间纠纷,充分听取当事人的陈述,讲解有关法律、法规和国家政策,耐心疏导,在当事人平等协商、互谅互让的基础上提出纠纷解决方案,帮助当事人自愿达成调解协议。第三,调解员在调解纠纷过程中,发现纠纷有可能激化的,应当采取有针对性的预防措施;对有可能引起治安案件、刑事案件的纠纷,应当及时向当地公安机关或者其他有关部门报告。第四,对调解不成的调解纠纷,应当终止调解,并依据有关法律、法规的规定,告知当事人可以依法通过仲裁、行政、司法等途径维护自己的权利。第五,调解员应当记录调解情况。人民调解委员会应当建立调解工作档案,将调解登记、调解工作记录、调解协议书等材料

立卷归档。

（4）当事人在调解活动中享有下列权利：选择或者接受调解员；接受调解、拒绝调解或者要求终止调解；要求调解公开进行或者不公开进行；自主表达意愿、自愿达成调解协议。当事人在调解活动中履行下列义务：如实陈述纠纷事实；遵守调解现场秩序，尊重人民调解员；尊重对方当事人行使权利。

（二）调解协议及其法律效力

所谓调解协议，是指调解双方当事人对所争议的民间纠纷达成一定共识的载体。

（1）经人民调解委员会调解达成调解协议的，可以制作调解协议书。当事人认为无需制作调解协议书的，可以采取口头协议方式，调解员应当记录协议内容。口头调解协议自各方当事人达成协议之日起生效。

（2）调解协议书可以载明下列事项：当事人的基本情况；纠纷的主要事实、争议事项以及各方当事人责任；当事人达成调解协议的内容，履行的方式、期限。调解协议书自各方当事人签名、盖章或者按指印，调解员签名并加盖人民调解委员会印章之日起生效。

（3）经人民调解委员会调解达成的调解协议，具有法律约束力，当事人应当按照约定履行。人民调解委员会应当对调解协议的履行情况进行监督，督促当事人履行约定的义务。

为了保证协议的法律效力，实施对协议的履行，我国《人民调解法》还规定："经人民调解委员会调解达成调解协议后，双方当事人之间就调解协议的履行或者调解协议的内容发生争议的，一方当事人可以向人民法院提起诉讼。"这也是人民调解的一项司法"救济"。

（4）人民调解协议的司法确认制度。我国《人民调解法》规定："经人民调解委员会调解达成调解协议后，双方当事人认为有必要的，可以自调解协议生效之日起30日内共同向人民法院申请司法确认，人民法院应当及时对调解协议进行审查，依法确认调解协议的效力。人民法院依法确认调解协议有效，一方当事人拒绝履行或者未全部履行的，对方当事人可以向人民法院申请强制执行。人民法院依法确认调解协议无效的，当事人可以通过人民调解方式变更原调解协议或者达成新的调解协议，也可以向人民法院提起诉讼。"这种人民调解协议的司法确认是近年来人民调解工作的一项重要制度创新，也是运用司法机制对人民调解给予支持的重要保障性措施。

四、人民调解法与经济司法的关系

人民调解法具有群众性、民间性、自治性的属性，在我国经济司法尚不发展的情况下，我国《人民调解法》的某些规定有利于解决市场经济的矛盾和冲突。例如，人民调解协议是当事人在平等协商基础上自愿达成的调解协议，具有法律效力。人民调解法是对其他有关法律的继承和发展，体现了民主与法治的精神，在一定意义上也是市场经济矛盾和冲突的法律解决机制的第一道防线。

第二节 仲 裁 法

一、仲裁的概念、范围和原则

(一) 仲裁的概念和范围

仲裁,也称"公断",是指当事人双方发生经济纠纷后,由特定的第三方(仲裁机构)作出具有法律约束力的裁决,以解决纠纷的一种方式。

仲裁法是调整平等主体的公民、法人和其他组织之间发生的合同纠纷和其他财产权益纠纷的重要法律规范,具有"准司法"的性质。

现阶段,我国对经济纠纷的仲裁,依照我国《仲裁法》规定,是指"平等主体的公民、法人和其他组织之间发生的合同纠纷和其他财产权益纠纷"。对婚姻、收养、监护、扶养、继承纠纷以及依法应当由行政机关处理的行政争议,不能仲裁。

仲裁不同于一般行政裁决,也不同于一般司法裁决。表现在:

(1) 仲裁与一般行政裁决不同。一般行政裁决由行政机关依法裁决与合同无关的民事纠纷,它没有专门设立的仲裁机构,没有专门的程序规定,也没有申请人民法院强制执行的效力。

(2) 仲裁与一般司法裁决不同。仲裁不是由司法机关来进行,也不是诉讼的必经程序或前置条件。除法律另有规定外,当事人对仲裁不服,或未经仲裁,都可以向人民法院起诉。

(二) 仲裁的基本原则

(1) 双方自愿原则。当事人采用仲裁方式解决纠纷,应当双方自愿,订有仲裁条款或达成仲裁协议。没有仲裁协议,一方申请仲裁的,仲裁委员会不予受理。仲裁不实行级别管辖和地域管辖。仲裁委员会应当由当事人协议选定。

(2) 裁审择一原则。当事人已达成仲裁协议,一方向人民法院起诉的,人民法院不予受理,但仲裁协议无效的除外。

(3) 公平合理原则。仲裁应当根据事实,符合法律规定,公平合理地解决纠纷。

(4) 仲裁独立原则。仲裁依法独立进行,不受行政机关、社会团体和个人的干涉。

(5) 一裁终局原则。仲裁实行一裁终局的制度。裁决作出后,当事人就同一纠纷再申请仲裁或者向人民法院起诉的,仲裁委员会或者人民法院不予受理。裁决被人民法院依法裁定撤销或者不予执行的,当事人就该纠纷可以根据双方重新达成的仲裁协议申请仲裁,或者直接向人民法院起诉。

二、我国《仲裁法》的颁布

(一) 新中国仲裁的建立和发展

新中国成立后,中央人民政府政务院于1954年作出了"关于在中国国际贸易促进委员会内设立对外贸易仲裁委员会的决定"。1958年国务院又作出了"关于在中国国际贸易促进委员会内设立海事仲裁委员会的决定"。1980年,国务院将对外贸易仲裁委员会更名为对外经济、贸易仲裁委员会。1983年,国务院发布了《中华人民共和国经济合同仲裁条例》以及《经济合同仲裁委员会仲裁规则》。1987年,国务院发布的《国营企业劳动争议处理暂行规定》中规定了有关劳动争议的仲裁机构和仲裁程序。1988年,中国国际贸易促进委员会通过了《中国国际经济贸易仲裁委员会仲裁规则》和《中国海事仲裁委员会仲裁规则》,1991年,又发布了《技术合同仲裁机构管理暂行规定》和《技术合同仲裁机构仲裁规则》。1991年通过的《中华人民共和国民事诉讼法》,在涉外民事诉讼程序的特别规定中,对涉外仲裁也作了专章规定。

(二) 我国《仲裁法》的颁布施行

1994年8月31日,第八届全国人大常委会第九次会议通过了我国《仲裁法》,1995年9月1日起施行。《仲裁法》是对我国仲裁制度具有基本法性质的重要法律,它的颁布和施行,标志着在社会主义市场经济条件下我国仲裁制度的进一步完善和发展,对保证公正、及时地仲裁经济纠纷,保护当事人的合法权益,保障社会主义市场经济健康发展具有十分重要的意义。

三、我国《仲裁法》的主要内容

(一) 仲裁委员会和仲裁协会

仲裁委员会是按照法律规定由政府组织有关部门和商会统一组建的,由法律、经济贸易专家及有实际工作经验的人员组成的,聘任仲裁员,向社会提供仲裁服务的独立组织。

仲裁委员会应当具备下列条件:(1) 有自己的名称、住所和章程;(2) 有必要的财产;(3) 有该委员会的组成人员;(4) 有聘任的仲裁员。

仲裁委员会的章程应当依照《仲裁法》制定。

仲裁委员会实行聘任制。仲裁委员会应当从公道正派的人员中聘任仲裁员,并按照不同专业设置仲裁员名册。具备以下条件之一的,都可聘为仲裁员:(1) 从事仲裁工作满8年的;(2) 从事律师工作满8年的;(3) 曾任审判员满8年的;(4) 从事法律研究、教学工作并具有高级职称的;(5) 具有法律专业知识、从事经济贸易等专业工作并具有高级职称或者具有同等专业水平的。

中国仲裁协会是社会团体法人。它是仲裁委员会的自律性组织,根据章程对仲裁委员会及其组成人员、仲裁员的违纪行为进行监督。

中国仲裁协会依照《仲裁法》和《民事诉讼法》的有关规定制订仲裁规则。

(二) 仲裁协议

仲裁协议是指当事人双方以书面方式在纠纷发生前或者纠纷发生后达成的请求仲裁的协议和合同中订立的仲裁条款。它是仲裁机构受理经济纠纷案件的依据。仲裁协议应当包括:(1) 请求仲裁的意思表示;(2) 仲裁事项;(3) 选定的仲裁委员会等内容。当事人不愿通过协商、调解解决或协商、调解不成的,可以依据合同中的仲裁条款或者事后达成的书面仲裁协议,向仲裁机构直接申请仲裁或提交中国仲裁机构和其他仲裁机构仲裁。

仲裁协议可以采用两种方式设立:其一,各方当事人在争议发生之前达成协议,即一旦发生争议就将提交仲裁解决;其二,是在争议发生之后,各方当事人经协商就采用仲裁方式解决其争议达成一项专门的书面协议。这两种形式的仲裁协议具有同等的法律效力。

我国《仲裁法》规定,在约定的仲裁事项超出法律规定的仲裁范围、无民事行为能力人或者限制民事行为能力人订立的仲裁协议以及一方采取胁迫手段,迫使对方订立仲裁协议的情况下,仲裁协议无效。仲裁协议对仲裁事项或仲裁委员会没有约定或者约定不明确的,当事人可以补充协议;达不成补充协议的,仲裁协议无效。仲裁协议独立存在,合同的变更、解除、终止或者无效都不影响仲裁协议的效力。仲裁庭是有权确认合同的效力的机关。当事人对仲裁协议的效力有异议的,可以请求仲裁委员会作出决定或者请求人民法院作出裁定,并且应当在仲裁庭首次开庭前提出。

(三) 仲裁庭的组成和仲裁程序

1. 仲裁庭的组成

仲裁庭可以由3名仲裁员或1名仲裁员组成,其方式可以有以下三种:

(1) 完全由当事人协议产生。即双方当事人指定唯一的仲裁员,或共同委托仲裁委员会主任指定1名仲裁员,或共同选定3名仲裁员组成仲裁庭。

(2) 当事人各自选定和协议相结合组成仲裁庭。即当双方约定3名仲裁员组成仲裁庭时,由双方各自选定或各自委托仲裁委员会主任指定1名仲裁员,第3名仲裁员由当事人共同选定或共同委托仲裁委员会主任指定。

(3) 仲裁委员会主任指定。即双方当事人没有在法定期限内约定仲裁庭的组成方式或选定仲裁员的,由仲裁委员会主任指定。

2. 仲裁程序

(1) 仲裁的申请和受理。

根据我国《仲裁法》的规定,当事人申请仲裁应符合下列条件:有仲裁协议或仲裁条款;有具体的仲裁请求和事实、理由;属于仲裁委员会的受理范围。

当事人申请仲裁,应当向仲裁委员会递交仲裁协议、仲裁申请书及副本。仲裁申请书应载明的事项包括:当事人的姓名、性别、年龄、职业、工作单位和住所,法人或者其他组织的名称、住所和法定代表人或主要负责人的姓名、职务;仲裁请求和所根据的事实、理由;证据和证据来源、证人姓名和住所。

仲裁委员会收到仲裁申请书后,应进行审查,认为符合受理条件的,5日内作出受理决定并通知当事人;认为不符合受理条件的,应书面通知当事人不予受理,并说明理由。

当事人可以放弃或者变更仲裁请求。被申请人可以承认或者反驳仲裁请求,有权提出反请求。

当事人、法定代理人可以委托律师和其他代理人进行仲裁活动。委托律师和其他代理人进行仲裁活动的,应向仲裁委员会提交授权委托书。

(2) 仲裁的开庭和裁决。

仲裁应当开庭进行,当事人协议不开庭的,仲裁庭可以根据仲裁申请书、答辩书以及其他材料作出裁决。仲裁不公开进行,当事人协议公开的,可以公开进行,但涉及国家秘密的除外。

当事人申请仲裁后,可以自行和解,达成和解协议的,可以请求仲裁庭根据和解协议作出裁决书,也可撤回仲裁申请,达成和解协议;撤回仲裁申请后反悔的,可以根据仲裁协议申请仲裁。仲裁庭作出裁决前,可以先行调解,当事人自愿调解的,仲裁庭应当调解,调解不成的,应及时作出裁决。调解达成协议的,仲裁庭应制作调解书或根据协议的结果制作裁决书,调解书与裁决书具有同等法律效力,且经双方当事人签收后,即发生法律效力。

仲裁庭的裁决应当按照多数仲裁员的意见作出,少数仲裁员的意见可以记入笔录,仲裁庭不能形成多数意见时,裁决应当按照首席仲裁员的意见作出。

(四) 仲裁裁决的撤销和执行(效力)

1. 仲裁裁决的撤销

当事人提出证据证明裁决有下列情形之一的,可以向仲裁委员会所在地的中级人民法院申请撤销裁决:

(1) 没有仲裁协议的或仲裁条款的;

(2) 裁决的事项不属于仲裁协议的范围或者仲裁委员会无权仲裁的;

(3) 仲裁庭的组成或仲裁程序违反法定程序的;

(4) 裁决所根据的证据是伪造的;

(5) 对方当事人隐瞒了足以影响公正裁决的证据的;

(6) 仲裁员在仲裁该案时有索贿受贿,徇私舞弊,枉法裁决行为的。

人民法院经审查核实有上述情形之一的,应裁定撤销仲裁裁决;人民法院认定该裁决违背社会公共利益的,应当裁定撤销仲裁裁决。

2. 仲裁裁决的执行(效力)

仲裁裁决书自作出之日起发生法律效力。

当事人不服仲裁裁决,应当自收到裁决书之日起6个月内提出申请撤销仲裁裁决,人民法院应当自受理撤销仲裁裁决申请之日起2个月内作出撤销裁决或者驳回申请的裁定。

一方当事人不履行仲裁裁决,另一方当事人可以依照民事诉讼法的有关规定向人民法院申请执行。受申请的人民法院应当执行。如果一方当事人申请执行裁决,另一方当事人申请撤销裁决,人民法院应裁定中止执行裁决。

(五) 涉外仲裁

涉外仲裁是指涉外经济贸易、运输和海事中发生的纠纷的仲裁。

涉外仲裁的组织机构是涉外仲裁委员会,涉外仲裁委员会可以由中国国际商会聘任,其组成人员包括主任1人、副主任若干人和委员若干人。涉外仲裁委员会聘任的仲裁员除包括具备仲裁员条件的人员外,还可以从具有法律、经济贸易、科学技术等专门知识的外籍人士中聘任。

涉外仲裁的程序,同国内仲裁比有以下特别规定:

(1)涉外仲裁的当事人申请证据保全的,涉外仲裁委员会应当将当事人的申请提交证据所在地的中级人民法院,而在国内仲裁中,则是提交证据所在地的基层人民法院;

(2)涉外仲裁的仲裁庭可以将开庭情况记入笔录,或者作出笔录要点,笔录要点可以由当事人和其他仲裁参与人签字或盖章,而在国内仲裁中,上述笔录和签章则是法律强制性规定而非选择性规定;

(3)涉外仲裁委员会作出的发生法律效力的仲裁裁决,当事人请求执行的,如果被执行人或者其财产不在中华人民共和国领域内,应当由当事人直接向有管辖权的外国法院申请承认和执行;

(4)涉外仲裁规则可以由中国国际商会依照我国《仲裁法》和《民事诉讼法》的有关规定制定。

第三十五章 调解仲裁法

第一节 劳动争议调解仲裁法

一、劳动争议调解仲裁法概述

劳动争议是指用人单位与劳动者之间发生的纠纷。劳动争议调解仲裁法是指专门调整用人单位与劳动者之间发生的一定范围的争议的法律规范的总称。

为了公正及时解决劳动争议,保护当事人合法权益,促进劳动关系和谐稳定,2007年12月29日第十届全国人民代表大会常务委员会第三十一次会议通过了《中华人民共和国劳动争议调解仲裁法》(以下简称《劳动争议调解仲裁法》),自2008年5月1日起施行。该法共分总则、调解、仲裁(一般规定、申请和受理、开庭和裁决)、附则等4章54条。该法的颁布与实施有利于维护劳动者与用人单位的合法权益,有利于构建和谐的劳动关系,促进经济发展和社会进步。

在中华人民共和国境内的用人单位与劳动者发生的下列劳动争议,适用我国《劳动争议调解仲裁法》:因确认劳动关系发生的争议;因订立、履行、变更、解除和终止劳动合同发生的争议;因除名、辞退和辞职、离职发生的争议;因工作时间、休息休假、社会保险、福利、培训以及劳动保护发生的争议;因劳动报酬、工伤医疗费、经济补偿或者赔偿金等发生的争议;法律、法规规定的其他劳动争议。

解决劳动争议,应当根据事实,遵循合法、公正、及时、着重调解的原则,依法保护当事人的合法权益的原则;实行当事人谁主张谁举证的原则和用人单位也负有提供证据责任的原则(发生劳动争议,当事人对自己提出的主张,有责任提供证据;与争议事项有关的证据属于用人单位掌握管理的,用人单位应当提供;用人单位不提供的,应当承担不利后果)。此外,还有回避原则等。

发生劳动争议,劳动者可以与用人单位协商,也可以请工会或者第三方共同与用人单位协商,达成和解协议。发生劳动争议,当事人不愿协商、协商不成或者达成和解协议后不履行的,可以向调解组织申请调解;不愿调解、调解不成或者达成调解协议后不履行的,可以向劳动争议仲裁委员会申请仲裁;对仲裁裁决不服的,除法律另有规定的外,可以向人民法院提起诉讼。

县级以上人民政府劳动行政部门会同工会和企业方面代表建立协调劳动关系三方机制,共同研究解决劳动争议的重大问题。用人单位违反国家规定,拖欠或者未足额支付劳动报酬,或者拖欠工伤医疗费、经济补偿或者赔偿金的,劳动者可以向劳动行政部门投诉,劳动行政部门应当依法处理。国务院劳动行政部门依照法律有关规定制定仲裁规则。省级人民政府劳动行政部门对本行政区域的劳动争议仲裁工作进行指导；劳动争议仲裁委员会由劳动行政部门代表、工会代表和企业方面代表组成。劳动争议仲裁委员会组成人员应当是单数；劳动争议仲裁不收费，其仲裁委员会的经费由财政予以保障。

二、劳争纠纷的调解

发生劳动争议，当事人可以到企业劳动争议调解委员会[①]或依法设立的基层人民调解组织或在乡镇、街道设立的具有劳动争议调解职能的组织，进行书面的或口头的申请调解。

劳动争议调解组织的调解员应当由公道正派、联系群众、热心调解工作，并具有一定法律知识、政策水平和文化水平的成年公民担任。调解劳动争议，应当充分听取双方当事人对事实和理由的陈述，耐心疏导，帮助其达成协议。

经调解达成协议的，应当制作调解协议书。经由双方当事人签名或者盖章，经调解员签名并加盖调解组织印章后生效的调解协议书，对双方当事人具有约束力，当事人应当履行。达成调解协议后，一方当事人在协议约定期限内不履行调解协议的，另一方当事人可以依法申请仲裁。

我国《劳动争议调解仲裁法》还特别规定："自劳动争议调解组织收到调解申请之日起15日内未达成调解协议的，当事人可以依法申请仲裁。"这说明法律对申请调解当事人权益的及时保护。我国《劳动争议调解仲裁法》规定："因支付拖欠劳动报酬、工伤医疗费、经济补偿或者赔偿金事项达成调解协议，用人单位在协议约定期限内不履行的，劳动者可以持调解协议书依法向人民法院申请支付令。人民法院应当依法发出支付令。"这个规定是对劳动者权益的特别保护。

三、劳争纠纷的仲裁

（一）仲裁机构的设立和职权

劳动争议仲裁委员会按照统筹规划、合理布局和适应实际需要的原则设立。省、自治区人民政府可以决定在市、县设立；直辖市人民政府可以决定在区、县设立。直辖市、设区的市也可适当设立一个或者若干个劳动争议仲裁委员会。劳动争议仲裁委员会不按行政区划层层设立。

劳动争议仲裁委员会依法履行下列职责：聘任、解聘专职或者兼职仲裁员；受理劳动争议案件；讨论重大或者疑难的劳动争议案件；对仲裁活动进行监督。

（二）仲裁员条件和仲裁管辖以及仲裁当事人的确立

劳动争议仲裁委员会应当设仲裁员名册。仲裁员应当公道正派并符合下列条件之一：曾任审判员的；从事法律研究、教学工作并具有中级以上职称的；具有法律知

[①] 企业劳动争议调解委员会由职工代表和企业代表组成。职工代表由工会成员担任或者由全体职工推举产生，企业代表由企业负责人指定。企业劳动争议调解委员会主任由工会成员或者双方推举的人员担任。

识、从事人力资源管理或者工会等专业工作满5年的;律师执业满3年的。

劳动争议仲裁委员会负责本区域内发生的劳动争议,劳动争议由劳动合同履行地或者用人单位所在地的劳动争议仲裁委员会管辖。双方当事人分别向劳动合同履行地和用人单位所在地的劳动争议仲裁委员会申请仲裁的,由劳动合同履行地的劳动争议仲裁委员会管辖。

参与劳动争议仲裁的当事人和关系人包括:发生劳动争议的劳动者和用人单位为劳动争议仲裁案件的双方当事人;劳务派遣单位或者用工单位与劳动者发生劳动争议的,劳务派遣单位和用工单位为共同当事人;与劳动争议案件的处理结果有利害关系的第三人;当事人可以委托代理人参加仲裁活动。丧失或者部分丧失民事行为能力的劳动者,由其法定代理人代为参加仲裁活动;无法定代理人的,由劳动争议仲裁委员会为其指定代理人。劳动者死亡的,由其近亲属或者代理人参加仲裁活动。

(三) 劳争仲裁的申请与受理

劳动争议申请仲裁的时效期间为1年。仲裁时效期间从当事人知道或者应当知道其权利被侵害之日起计算。对仲裁时效中断,从中断时起,仲裁时效期间重新计算;对仲裁时效中止,从中止时效的原因消除之日起,仲裁时效期间继续计算;对劳动关系终止的,应当自劳动关系终止之日起1年内提出。

我国《劳动争议调解仲裁法》规定了仲裁的书面申请及申请书的记载事项,规定了仲裁委员会收到仲裁申请之日起,在限期内作出符合仲裁和不符合仲裁的答复并通知申请人,对受理仲裁的申请,应当在限期内将仲裁申请书副本送达被申请人,被申请人在收到后应当在限期内向劳动争议仲裁委员会提供答辩书。劳动争议仲裁委员会收到答辩书后,应当在限期内将答辩书副本送达申请人,被申请人未提交答辩书的,不影响仲裁程序的进行。

(四) 开庭和裁决

(1) 劳动争议仲裁公开进行,但当事人协议不公开进行或者涉及国家秘密、商业秘密和个人隐私的除外。

(2) 劳动争议仲裁委员会裁决劳动争议案件实行仲裁庭制。仲裁庭由3名仲裁员组成,设首席仲裁员。简单劳动争议案件可以由一名仲裁员独任仲裁。劳动争议仲裁委员会应当在受理仲裁申请之日起限期内将仲裁庭的组成情况书面通知当事人。

(3) 在仲裁过程中,仲裁员按规定实行回避制。对有违法行为的仲裁员应当解聘。

(4) 仲裁庭应当在开庭5日前将开庭日期、地点书面通知双方当事人,仲裁申请人收到书面通知后,无正当理由拒不到庭,或者没经仲裁庭同意中途退庭的,视为撤回仲裁申请。仲裁被申请人收到书面通知后,无正当理由拒不到庭,或者没经仲裁庭同意中途退庭的,可以缺席裁决。

(5) 仲裁庭对专门性问题认为需要鉴定的,可以交由当事人约定的鉴定机构鉴定;当事人没有约定或者无法达成约定的,由仲裁庭指定的鉴定机构鉴定。当事人提供的证据经查证属实的,仲裁庭应当将其作为认定事实的根据。劳动者无法提供由用人单位掌握管理的与仲裁请求有关的证据,仲裁庭可以要求用人单位在指定期限内提供。用人单位在指定期限内不提供的,应当承担不利后果。

(6) 在开庭过程中当事人享有的权利。当事人在仲裁过程中有权进行质证和辩论;有权申请补正对自己陈述的记录有遗漏或者差错的情形。当事人申请劳动争议仲裁后,有权自行和解。达成和解协议的,撤回仲裁申请。

(7) 仲裁庭在作出裁决前,应当先行调解。调解达成协议的,仲裁庭应当制作调解书。应当写明按规定的事项。调解书经双方当事人签收后,发生法律效力。调解不成或者调解书送达前,一方当事人反悔的,仲裁庭应当及时作出裁决。

(8) 为了及时保护劳动者的利益,以及方便、高效地处理当事人的仲裁案件,我国《劳动争议仲裁法》规定:第一,仲裁庭裁决劳动争议案件,应当自劳动争议仲裁委员会受理仲裁申请之日起45日内结束。案情复杂需要延期的,经劳动争议仲裁委员会主任批准,可以延期并书面通知当事人,但是延长期限不得超过15日。逾期未作出仲裁裁决的,当事人可以就该劳动争议事项向人民法院提起诉讼。第二,仲裁庭裁决劳动争议案件时,其中一部分事实已经清楚,可以就该部分先行裁决。第三,仲裁庭对追索劳动报酬、工伤医疗费、经济补偿或者赔偿金的案件,根据当事人的申请,可以裁决先予执行(劳动者申请先予执行的,可以不提供担保),移送人民法院执行。仲裁庭裁决先予执行的,应当符合下列条件:当事人之间权利义务关系明确;不先予执行将严重影响申请人的生活。

(9) 仲裁裁决的形成和裁决书的记载。裁决应当按照多数仲裁员的意见作出,少数仲裁员的不同意见应当记入笔录。仲裁庭不能形成多数意见时,裁决应当按照首席仲裁员的意见作出。裁决书应当载明仲裁请求、争议事实、裁决理由、裁决结果和裁决日期。对裁决持不同意见的仲裁员,可以签名,也可以不签名。

下列劳动争议,除法律另外规定的外,仲裁裁决为终局裁决,裁决书自作出之日起发生法律效力:追索劳动报酬、工伤医疗费、经济补偿或者赔偿金,不超过当地月最低工资标准12个月金额的争议;因执行国家的劳动标准在工作时间、休息休假、社会保险等方面发生的争议。劳动者对上述仲裁裁决不服的,可以自收到仲裁裁决书之日起15日内向人民法院提起诉讼。用人单位有证据证明上述裁决有下列情形之一的,可以自收到此裁决书之日起30日内向劳动争议仲裁委员会所在地的中级人民法院申请撤销裁决。适用法律、法规确有错误的;劳动争议仲裁委员会无管辖权的;违反法定程序的;裁决所根据的证据是伪造的;对方当事人隐瞒了足以影响公正裁决的证据的;仲裁员在仲裁该案时有索贿受贿、徇私舞弊、枉法裁决行为的。人民法院经组成合议庭审查核实此裁决有括号内情形之一的,应当裁定撤销。此裁决被人民法院裁定撤销的,当事人可以自收到裁定书之日起15日内就该劳动争议事项向人民法院提起诉讼。

(12) 当事人对我国《劳动争议调解仲裁法》第47条规定以外的其他劳动争议案件的仲裁裁决不服的,可以自收到仲裁裁决书之日起15日内向人民法院提起诉讼;

期满不起诉的,裁决书发生法律效力。当事人对发生法律效力的调解书、裁决书,应当依照规定的期限履行。一方当事人逾期不履行的,另一方当事人可以依照我国《民事诉讼法》的有关规定向人民法院申请执行。受理申请的人民法院应当依法执行。

第二节 农村土地承包经营纠纷调解仲裁法

一、农村土地承包经营纠纷调解仲裁法概述

(一)农村土地承包经营纠纷调解仲裁法的定义

农村土地承包经营纠纷调解仲裁法是指专门调整和规制以农村土地承包经营合同行为及涉及承包经营权、流转、确认、侵害以及土地收回调整等行为而引发的民事纠纷的调解和仲裁法律规范的总称。从农村土地承包经营纠纷调解仲裁法同人民调解法和仲裁法之间的关系来说,农村土地承包经营纠纷调解仲裁法对人民调解法和仲裁法来说,是特别法,人民调解法和仲裁法是普通法。说农村土地承包经营纠纷调解仲裁法是特别法是因为它运用人民调解法和仲裁法的基本原理和制度,解决在土地承包领域中所发生的纠纷而采取的特别调解和仲裁。说人民调解法和仲裁法是普通法是因为人民调解法和仲裁法对土地承包经营纠纷的调解仲裁具有普遍的指导意义。

(二)我国《农村土地承包经营纠纷调解仲裁法》的颁布

为了公正、及时解决农村土地承包经营纠纷,维护当事人的合法权益,促进农村经济发展和社会稳定,2009年6月27日第十一届全国人大常委会第九次会议通过了《中华人民共和国农村土地承包经营纠纷协调仲裁法》,自2010年1月1日起施行。该法分总则、调解、仲裁、附则4章,共53条。这是一部涉及广大农民根本利益,土地政策、农村经济和社会稳定的重要法律。

(三)我国《农村土地承包经营纠纷调解仲裁法》适用的具体范围

我国《农村土地承包经营纠纷调解仲裁法》所适用的农村土地承包经营纠纷调解和仲裁包括以下六个方面的范围:

(1)因订立、履行、变更、解除和终止农村土地承包合同发生的纠纷;(2)因农村土地承包经营权转包、出租、互换、转让、入股等流转发生的纠纷;(3)因收回、调整承包地发生的纠纷;(4)因确认农村土地承包经营权发生的纠纷;(5)因侵害农村土地承包经营权发生的纠纷;(6)法律、法规规定的其他农村土地承包经营纠纷。

因征收集体所有的土地及其补偿发生的纠纷,不属于农村土地承包仲裁委员会的受理范围,可以通过行政复议或者诉讼等方式解决。

(四)我国《农村土地承包经营纠纷调解仲裁法》的基本原则和适用原则

(1)农村土地承包经营纠纷调解和仲裁遵循公开、公平、公正,便民高效,根据事实,符合法律,尊重社会公德的基本原则。

(2)实行仲裁员回避制度的适用原则。仲裁员有下列情形之一的,必须回避,当事人也有权以口头或者书面方式申请其回避:是本案当事人或者当事人、代理人的近亲属;与本案有利害关系;与本案当事人、代理人有其他关系,可能影响公正仲裁;私

自会见当事人、代理人,或者接受当事人、代理人的请客送礼。最后,仲裁员是否回避,由农村土地承包仲裁委员会主任决定;农村土地承包仲裁委员会主任担任仲裁员时,由农村土地承包仲裁委员会集体决定。仲裁员因回避或者其他原因不能履行职责的,应当依照法律规定重新选定或者指定仲裁员。

(3) 开庭应当公开和实行双方当事人平等陈述、辩论的机会均等的适用原则。按照我国《农村土地承包经营纠纷调解仲裁法》的有关规定,农村土地承包经营纠纷仲裁应当开庭进行,开庭应当公开(但涉及国家秘密、商业秘密和个人隐私以及当事人约定不公开的除外),并给予双方当事人平等陈述、辩论的机会,并组织当事人进行质证。

(4) 仲裁庭依法独立履行职责,不受行政机关、社会团体和个人的干涉的适用原则。

(5) 实行谁主张谁举证的适用原则。按照我国《农村土地承包经营纠纷调解仲裁法》的有关规定,当事人应当对自己的主张提供证据,证据应当在开庭时出示(但涉及国家秘密、商业秘密和个人隐私的证据不得在公开开庭时出示)。

(6) 当事人自愿协商和服从法律的适用原则。对发生农村土地承包经营纠纷的解决,当事人可以自行和解,也可以请求村民委员会、乡(镇)人民政府调解。当事人和解、调解不成或者不愿和解、调解的,可以向农村土地承包仲裁委员会申请仲裁,也可以直接向人民法院起诉,充分按照当事人自愿协商和服从法律的原则。

(五) 我国《农村土地承包经营纠纷调解仲裁法》领导管理体制的规定

(1) 县级以上人民政府应当加强对农村土地承包经营纠纷调解和仲裁工作的指导。县级以上人民政府农村土地承包管理部门及其他有关部门应当依照职责分工,支持有关调解组织和农村土地承包仲裁委员会依法开展工作。

(2) 村民委员会、乡(镇)人民政府应当加强农村土地承包经营纠纷的调解工作,帮助当事人达成协议解决纠纷。

(3) 在当地人民政府指导下设立农村土地承包仲裁委员会,设立农村土地承包仲裁委员会的,其日常工作由当地农村土地承包管理部门承担。

(4) 省级人民政府农村土地承包管理部门应当制定仲裁员培训计划,加强对仲裁员培训工作的组织和指导。

(5) 县级以上地方人民政府及有关部门应当受理对农村土地承包仲裁委员会组成人员、仲裁员违法违纪行为的投诉和举报,并依法组织查处。

(6) 农村土地承包经营纠纷仲裁规则和农村土地承包仲裁委员会示范章程,由国务院农业、林业行政主管部门依照法律的有关规定共同制定。

(7) 农村土地承包经营纠纷仲裁不得向当事人收取费用,仲裁工作经费纳入财政预算予以保障。

二、关于农村土地承包经营纠纷调解与仲裁的规定

(一) 关于农村土地承包经营纠纷调解的规定

所谓调解,是指双方当事人为解决民间的民事经济纠纷通过协商而达成的尊重

和保护双方权益的协议,是实现和谐稳定的一种行为规范。当事人申请农村土地承包经营纠纷调解可以书面申请,也可以口头申请。调解农村土地承包经营纠纷,村民委员会或者乡(镇)人民政府应当充分听取当事人对事实和理由的陈述,讲解有关法律以及国家政策,耐心疏导,帮助当事人达成协议。经调解达成协议的,应当制作调解协议书,并由双方当事人签名盖章或按指印,调解人员签名并加盖调解组织印章后生效。即便是仲裁庭对农村土地承包经营纠纷也应当进行调解,调解达成协议的,仲裁庭也应当制作调解书,调解书应当写明仲裁请求和当事人协议的结果,并由仲裁员签名,加盖农村土地承包仲裁委员会印章,送达双方当事人,经双方当事人签收后,即发生法律效力。在调解书签收前当事人反悔的,仲裁庭应当及时裁决。

(二)关于农村土地承包经营纠纷仲裁的规定

农村土地承包经营纠纷的仲裁是指以农村土地承包经营合同双方当事人之间所发生的经营权流转、确认、侵权以及土地收回与调整过程中所发生的民事、经济纠纷,由确定的第三方(仲裁机构)作出具有法律约束力的裁决。

农村土地承包仲裁委员会,根据解决农村土地承包经营纠纷的实际需要设立。可以在县和不设区的市设立,也可以在设区的市或者其市辖区设立。农村土地承包仲裁委员会的组成由当地人民政府及其有关部门代表、有关人民团体代表、农村集体经济组织代表、农民代表和法律、经济等相关专业人员兼任组成,其中农民代表和法律、经济等相关专业人员不得少于组成人员的1/2。仲裁委员会设主任1人、副主任1至2人和委员若干人。主任、副主任由全体组成人员选举产生。仲裁委员会依法履行下列职责:(1)聘任、解聘仲裁员;(2)受理仲裁申请;(3)监督仲裁活动。此外,仲裁委员会还应当依法制定章程,对其组成人员的产生方式及任期、议事规则等作出规定。

仲裁委员会应当从公道正派的人员中聘任仲裁员,仲裁员应当符合下列条件之一:(1)从事农村土地承包管理工作满5年;(2)从事法律工作或者人民调解工作满5年;(3)在当地威信较高,并熟悉农村土地承包法律以及国家政策的居民。

我国《农村土地承包经营纠纷调解仲裁法》特别强调对仲裁委员会组成人员、仲裁员的职责要求和行为规范化。明确规定:仲裁委员会组成人员、仲裁员应当依法履行职责、遵守农村土地承包仲裁委员会章程和仲裁规则,做到"两个不得"(不得索贿受贿、徇私舞弊,不得侵害当事人的合法权益)。仲裁员有索贿受贿、徇私舞弊,枉法裁决以及接受当事人请客送礼等违法违纪行为的,应当将其除名;构成犯罪的,依法追究刑事责任。

农村土地承包经营纠纷申请仲裁的时效规定为2年,自当事人知道或者应当知道权利被侵害之日起计算。我国《农村土地承包经营纠纷调解仲裁法》对仲裁的申请人、当事人、第三人及其委托代理人都做了明确规定。

申请农村土地承包经营纠纷仲裁应当符合下列条件:(1)申请人与纠纷有直接的利害关系;(2)有明确的被申请人;(3)有具体的仲裁请求和事实、理由;(4)属于农村土地承包仲裁委员会的受理范围。凡具备这四个条件的应当受理,有下列情形之一的,不应受理;已受理的,终止仲裁程序:不符合申请条件;人民法院已受理该纠纷;法律规定该纠纷应当由其他机构处理;对该纠纷已有生效的判决、裁定、仲裁裁决、行政处理决定等。决定受理的,应当自收到仲裁申请之日起5个工作日内(以下简称期限内),将受理通知书、仲裁规则和仲裁名册送达申请人,并应当将受理通知书、仲裁申请书副本、仲裁规则和仲裁员名册送达被申请人。被申请人应当自收到仲裁申请书副本之日起10日内向仲裁委员会提交答辩书,书面答辩确有困难的,可以口头答辩。仲裁委员会应当自收到答辩书之日起限期内将答辩书副本送达申请人。被申请人未答辩的不影响仲裁程序的进行。一方当事人因另一方当事人的行为或者其他原因,可能使裁决不能执行或者难以执行的,可以申请财产保全。申请有错误的,申请人应当赔偿被申请人因财产保全所遭到的损失。

仲裁委员会决定不予受理或者终止仲裁程序的,应当自收到仲裁申请或者发现终止仲裁程序情形之日起限期内书面通知申请人并说明理由。

仲裁庭是进行仲裁的组织形式,仲裁庭一般由三名仲裁员组成,首席仲裁员由当事人共同选定,其他二名仲裁员由当事人各自选定一名。对事实清楚、权利义务关系明确、争议不大的纠纷,经双方当事人同意,也可以由一名仲裁员仲裁。仲裁委员会自仲裁庭组成之日起两个工作日内将仲裁庭组成情况通知当事人。

开庭是仲裁庭进行仲裁行为或活动的重要形式和载体。开庭的地点可以在涉及土地所在地的乡镇,也可以在仲裁委员会所在地,还可以在当事人双方要求的所在地进行开庭。仲裁庭应当在开庭5个工作日前,将开庭的时间、地点通知当事人和其他仲裁参与人。对开庭的时间、地点当事人有正当理由的,可以向仲裁庭请求变更,是否变更由仲裁人决定。当事人申请仲裁后可以自行和解,达成和解协议的,可以请求仲裁庭根据和解协议作出裁决书,也可以撤回仲裁申请。申请人可以放弃或者变更仲裁请求,被申请人可以承认或者反驳仲裁请求,有权提出反请求。除被申请人提出反请求外,仲裁庭作出裁决前对申请人撤回仲裁申请的,仲裁庭应当终止仲裁。

申请人或被申请人经书面通知无正当理由不到庭或者未经仲裁庭许可中途退庭的,可以视为撤回仲裁申请或可以缺席裁决。

当事人在开庭过程中,有权发表意见,陈述事实和理由,提供证据,进行质证和辩论。

对权利义务关系明确的纠纷,经当事人申请,仲裁庭可以先行裁定维持现状、恢复农业生产,以及停止取土、占地等行为。一方当事人不履行先行裁定的,另一方当事人可以向人民法院申请执行,但应当提供相应的担保。

仲裁庭应当根据认定的事实和法律以及国家政策做出裁决,并制作裁决书。裁决书是裁决的载体,应当写明仲裁请求、争议事实、裁决理由、裁决结果、裁决日期以及当事人不服仲裁裁决的起诉权利、期限,由仲裁员签名,加盖农村土地承包仲裁委员会印章。裁决应当按照多数仲裁员的意见作出,少数仲裁员的不同意见可以记入笔录。仲裁庭不能形成多数意见时,裁决应当按照首席仲裁员的意见作出。仲裁委员会应当在裁决作出之日起3个工作日内将裁决书送达当事人,并告知当事人不服仲裁裁决的起诉权利、期限。当事人不服仲裁裁决的,可以自收到裁决书之日起30日内向人民法院起诉。逾期不起诉的,裁决书即发生法律效力。当事人对发生法律效力的调解书、裁决书,应当依照规定的期限履行。一方当事人逾期不履行的,另一方当事人可以向被申请人住所地或者财产所在地的基层人民法院申请执行。受理申请的人民法院应当依法执行。

第三十六章 公证制度与律师制度

公证制度是进行公证证明活动的一项法律制度,是公证机构办理公证事项必须遵循的规程和准则。公证制度也是国家为保证法律的正确实施,稳定社会经济民事流转秩序,预防纠纷,减少诉讼,保护公民、法人和其他组织的合法权益而设立的一项预防性的司法证明制度,是中国司法制度的重要组成部分。公证作为一项非诉讼手段,在经济活动和社会生活中,有着无可替代的作用。

律师制度,是指由法律规定的有关律师的性质、执业条件、执业范围,执业原则、方式方法、权利和义务、职业道德和纪律,律师事务所和律师协会,以及法律援助和法律责任等方面的法律制度。

第一节 公证和公证法

一、公证法概述

（一）公证和公证法

所谓公证是指公证机构根据自然人、法人或者其他组织的申请,依照法定程序对民事法律行为、有法律意义的事实和文书的真实性、合法性予以证明的活动。是一项非诉讼的法律制度,是与我国广义上的司法体系紧密联系的一部分。在我国社会主义市场经济体制下公证活动的开展,已成为依法监督市场经济的一个组成部分。

公证法是指调整公证当事人和公证机关之间的法律地位、职权以及权利义务关系法律规范的总称。

（二）公证法的颁布

早在1982年4月13日国务院就发布了《中华人民共和国公证暂行条例》,1991年4月9日第七届全国人大常委会第四次会议通过的《中华人民共和国民事诉讼法》,对公证活动作了明确的规定。为规范公证活动,保障公证机构和公证员依法履行职责,预防纠纷,保障自然人、法人或者其他组织的合法权益,2005年8月28日第十届全国人大常委会第十七次会议制定和通过了《中华人民共和国公证法》,以下简称《公证法》。该法包括总则、公证机构、公证员、公证程序、公证效力、法律责任、附则等7章共47条,自2006年3月1日起施行。

（三）公证活动的原则

按规定,公证机构办理公证,应当遵守法律,坚持客观、公正的原则。

（四）公证协会的法律地位和领导体制

公证机构在全国设立中国公证协会,省、自治区、直辖市设立地方公证协会。中国公证协会和地方公证协会是社会团体法人,是公证业的自律性组织,依据章程开展活动,对公证机构、公证员的执业活动进行监督。

公证机构、公证员和公证协会接受司法行政部门的监督、指导,中国公证协会章程由全国会员代表大会制定,报国务院司法行政部门备案。

二、公证机构的性质、设立、公证业务和行为规范

公证机构是公证活动的载体和基础。公证机构是依法设立,不以营利为目的,依法独立行使公证职能、承担民事责任的证明机构。

公证机构按照统筹规划、合理布局的原则,可以在县级和相当县级的市、直辖市或者市辖区设立,不按行政区划层层设立。

设立公证机构,应当具备法律规定的条件,由所在地的司法行政部门报省级司法行政部门批准并颁发公证机构执业证书。

公证机构的业务范围分常规业务和可以办理的业务两大类。

第一,公证机构的常规业务,包括合同;继承;委托、声明、赠与、遗嘱;财产分割;招标投标、拍卖;婚姻状况、亲属关系、收养关系;出生、生存、死亡、身份、经历、学历、学位、职务、职称、有无违法犯罪记录;公司章程;保全证据;文书上的签名、印鉴、日期,文书的副本、影印本与原本相符;自然人、法人或者其他组织自愿申请办理的其他公证事项。同时,法律、行政法规规定应当公证的事项,有关自然人、法人或者其他组织应当向公证机构申请办理公证。

第二,公证机构可以办理的业务,主要包括:法律、行政法规规定由公证机构登记的事务;提存;保管遗嘱、遗产或者其他与公证事项有关的财产、物品、文书;代写与公证事项有关的法律事务文书;提供公证法律咨询。

公证机构不得有下列行为:为不真实、不合法的事项出具公证书;毁损、篡改公证文书或者公证档案;以诋毁其他公证机构、公证员或者支付回扣、佣金等不正当手段争揽公证业务等。

公证机构应当建立业务、财务、资产等管理制度,对公证员的执业行为进行监督,建立执业过错责任追究制度。公证机构应当参加公证执业责任保险。

三、公证员的概念、条件、产生、执业规范和行业规则

公证员是指符合我国《公证法》规定的条件,在公证机构从事公证业务的执业人员。

担任公证员,应当具备下列五个方面的条件:具有中华人民共和国国籍;年龄25周岁以上65周岁以下;公道正派,遵纪守法,品行良好;通过国家司法考试;在公证机构实习2年以上或者具有3年以上其他法律职业经历并在公证机构实习1年以上,经考核合格。从事法学教学、研究工作,具有高级职称的人员,或者具有本科以上学历和从事审判、检察、法制工作、法律服务满10年的公务员、律师,已经离开原工作岗位,经考核合格的,也可以担任公证员。

担任公证员,应当由符合公证员条件的人员提出申请,经公证机构推荐,由所在

地的司法行政部门报省、自治区、直辖市人民政府司法行政部门审核同意后,报请国务院司法行政部门任命,并由省、自治区、直辖市人民政府司法行政部门颁发公证员执业证书。

公证员应当遵纪守法,恪守职业道德,依法履行公证职责,保守执业秘密。公证员有权获得劳动报酬,享受保险和福利待遇;有权提出辞职、申诉或者控告;非因法定事由和非经法定程序,不被免职或者处罚。

公证员不得有下列行为:同时在两个以上公证机构执业;从事有报酬的其他职业;为本人及近亲属办理公证或者办理与本人及近亲属有利害关系的公证;不得私自出具公证书;为不真实、不合法的事项出具公证书;侵占、挪用公证费或者侵占、盗窃公证专用物品;毁损、篡改公证文书或者公证档案;泄露在执业活动中知悉的国家秘密、商业秘密或者个人隐私;法律、法规、国务院司法行政部门规定禁止的其他行为。同时还规定了被吊销公证员执业证书的情形。

四、公证程序和公证效力的规定

(一) 公证程序

(1) 自然人、法人或者其他组织申请办理公证,包括申请办理涉及不动产的委托、声明、赠与、遗嘱的公证,可以向住所地、经常居住地、行为地或者事实发生地的公证机构提出。

申请办理涉及不动产的公证,应当向不动产所在地的公证机构提出。

自然人、法人或者其他组织可以委托他人办理公证,但遗嘱、生存、收养关系等应当由本人办理公证。

(2) 申请办理公证的当事人应当向公证机构如实说明申请公证事项的有关情况,提供真实、合法、充分的证明材料,提供的证明材料不充分的,公证机构可以要求补充。公证机构受理公证申请后,应当告知当事人申请公证事项的法律意义和可能产生的法律后果,并将告知内容记录存档。

(3) 公证机构办理公证应当根据不同公证事项的办证规则,分别审查下列事项:当事人的身份、申请办理该项公证的资格以及相应的权利;提供的文书内容是否完备,含义是否清晰,签名、印鉴是否齐全;提供的证明材料是否真实、合法、充分;申请公证的事项是否真实、合法。

(4) 公证机构经审查,认为申请提供的证明材料真实、合法、充分,申请公证的事项真实、合法的,应当自受理公证申请之日起限期内向当事人出具公证书。但是,因不可抗力、补充证明材料或者需要核实有关情况的,所需时间不计算在期限内。

(5) 我国《公证法》还规定了不予办理公证的情形,以及公证书的制定和公证费的支付与公证文书的保管事项。

(二) 公证效力

公证效力是指公证证明在法律上的效能和约束力。我国《公正法》规定,经公证的民事法律行为、有法律意义的事实和文书,应当作为认定事实的根据,但有相反证据足以推翻该项公证的除外。法律、行政法规规定未经公证的事项不具有法律效力的,依照其规定。

我国《公证法》针对债权文书的公证效力也有明确规定:对经公证的以给付为内容并载明债务人愿意接受强制执行承诺的债权文书,债务人不履行或者履行不适当的,债权人可以依法向有管辖权的人民法院申请执行。但债权文书确有错误的,人民法院裁定不予执行,并将裁定书送达双方当事人和公证机构。

当事人、公证事项的利害关系人认为公证书有错误的,可以向出具该公证书的公证机构提出复查。公证书的内容违法或者与事实不符的,公证机构应当撤销该公证书并予以公告,该公证书自始无效;公证书有其他错误的,公证机构应当予以更正。当事人、公证事项的利害关系人对公证书的内容有争议的,可以就该争议向人民法院提起民事诉讼。

五、关于法律责任的规定

(一)公证机构及公证员的法律责任

1. 一般违法行为的责任

公证机构及其公证员有下列行为之一的,由省、自治区或者设区的市人民政府行政部门给予警告、罚款、停止执业或没收违法所得的处罚:以诋毁其他公证机构、公证员或者支付回扣、佣金等不正当手段争揽公证业务的;违反规定的收费标准收取公证费的;同时在两个以上公证机构执业的;从事有报酬的其他职业的;为本人及近亲属办理公证或者办理与本人及近亲属有利害关系的公证的;依照法律、行政法规的规定,应当给予处罚的其他行为。

2. 比较严重和严重的违法行为的责任

公证机构及其公证员有下列行为之一的,由省、自治区或设区的市人民政府行政部门给予警告、罚款、停业整顿、停止执业、没收违法所得、吊销公证员执业证书、构成犯罪的,依法追究刑事责任:私自出具公证书的;为不真实、不合法的事项出具公证书的;侵占、挪用公证费或者侵占、盗窃公证专用物品的;毁损、篡改公证文书或者公证档案的;泄露在执业活动中知悉的国家秘密、商业秘密或者个人隐私的;依照法律、行政法规的规定,应当给予处罚的其他行为。因故意犯罪或者职务过失犯罪受刑事处罚的,应当吊销公证员执业证书。

3. 过错行为的赔偿责任

公证机构及其公证员因过错给当事人、公证事项的利害关系人造成损失的,由公证机构承担相应的赔偿责任;公证机构赔偿后,可以向有故意或者重大过失的公证员追偿。

(二)当事人及其他个人或组织的违法行为的法律责任

当事人以及其他个人或者组织有下列行为之一,给他人造成损失的,依法承担民事责任;违反治安管理的,依法给予治安管理处罚;构成犯罪的,依法追究刑事责任:提供虚假证明材料,骗取公证书的;利用虚假公证书从事欺诈活动的;伪造、变造或者买卖伪造、变造的公证书、公证机构印章的。近年来,不法分子使用虚假证明材料,甚至冒充他人办理公证,继而利用公证书实施诈骗等违法犯罪行为的情况时有发生,真人假证,假人真证,欺诈公证不断出现,并大多数发生在房产业。由于公证机关没有处罚权,难以追究责任。由于公证处没有法定的调查权,对公证事项的审核或审查与证明责任也存在不匹配的情况。

同时,当事人、公证事项的利害关系人与公证机构因赔偿发生争议的,可以向人民法院提起民事诉讼。

第二节　律师和律师法律制度

一、经济立法和经济司法很需要律师参与

在我国经济体制改革和经济建设与经济法制工作中,律师特别是经济律师的参与是十分重要的。其一,从经济法的内容来看,包括经济立法(含涉外经济立法)、经济仲裁、经济司法(经济检察、经济审判),同时,也包括经济律师的法律服务活动。而经济仲裁、经济司法也都有经济律师参加。离开经济律师,经济仲裁、经济审判就难以公正合理。而经济立法是经济法制建设的前提,要加快我国经济立法,提高立法质量,也必须要靠律师的参与和反馈。其二,从市场经济是商品经济的高度发展的经济形态来看,发展商品经济,一方面为律师的法律服务提供了一个全新的市场;另一方面也对法律服务提出了更高的要求。以企业为例,企业不仅需要经济师、工程师、会计师,也需要经济律师。律师是企业前进的第四个轮子。律师的任务不仅仅是为了打官司,更重要的是他们参与决策,把好法律这一关,把违法的偏差或风险压制在萌芽状态,这是依法治理企业的需要。因为企业要在商品经济的大潮中游泳,法律服务就是救生圈。现代商品经济社会,行业、集团、公司,以及其他所有经济实体之间,都是一种经济合同关系,同时也是一种经济法律关系,必须用经济法律才能够协调彼此之间的经济关系,使经济合同切实受到法律的保护。其三,从律师业作为第三产业的构成来说,律师法律服务和第三产业的其他服务一样,都具有社会化的特色。法制的社会化和社会的法制化,是当代社会的重要特色,尤其是在我国改革开放过程中,合资、联营、拍卖、招标、股份制、融资租赁、托管、破产、兼并等新名词、新概念、新的经营方式纷纷而至,而律师作为法律服务的第三产业军就更显得十分重要了,而在加入世贸组织后,实施"走出去"的对外战略的新形势下,律师行业的服务就更显突出了。这些新的东西都离不开律师的参与和服务,这是一种改革开放所带来的特殊市场的需求,为中国的律师开辟了一个广阔的新天地。由此可见,律师尤其是经济律师在我国经济生活中和经济法制建设工作中,占有突出的地位,具有特别的重要性。正因为如此,在我国十五、十一五、十二五规划中都分别规定了"要规范发展法律中介服务业"或"拓宽发展律师等法律服务"、或"积极发展律师等法律服务"的要求,而在第十一届全国人大第五次会议通过的《政府工作报告》中还特意地把"加强律师服务和律师

援助"写在其中。可见,我国要坚持依法治国,发扬社会主义民主,健全社会主义法治,要创造一个公平合理的竞争环境和法律环境,律师应当承担的社会责任、法律责任。然而,律师要真正发挥作用,必须要有律师法律制度的保障,充分发挥律师的作用。

二、律师和律师法概述

所谓律师,是指依法取得律师执业证书,接受委托或者指定,为当事人提供法律服务的执业人员。在我国,律师是维护民主法治和公平正义的重要社会力量。

所谓律师法是对律师从事执业活动和律师组织、律师权利和义务、律师协会,以及法律责任的规定。律师法主要调整律师和当事人、公诉人的关系,调整律师和律师事务所与律师协会的关系。

为了完善律师制度,规范律师执业行为,保障律师依法执业,发挥律师在社会主义法制建设中的作用,于1996年5月15日第八届全国人大常委会第十九次会议通过了《中华人民共和国律师法》(以下简称《律师法》),2001年12月29日第九届全国人大常委会第二十五次会议对该法进行了第一次修订,2007年10月28日第十届全国人大常委会第三十次会议又对该法进行了第二次修订。修订后的《律师法》主要内容包括总则、律师执业许可、律师事务所、律师的业务和权利、义务、律师协会、法律责任、附则等7章,共60条。这标志着我国律师法律制度的不断完善和律师行为的不断规范化,这对于满足社会广大群众对律师法律服务的需求,对促进社会进步和经济发展具有重要的意义。

按照我国《律师法》的规定,律师执业必须遵守以下四项原则:(1)必须遵守宪法和法律,恪守律师职业道德和执业纪律。(2)必须遵守以事实为根据,以法律为准绳的原则。(3)应当接受国家、社会和当事人监督的原则。(4)律师依法执业受法律保护,任何组织和个人不得侵害律师的合法权益的原则。这四项原则是律师立业和执业的根本原则,是律师做好执业的根本尺度和保障,也是律师职业的基本规律和基本经验在法律上的反映和表现。

司法行政部门依照我国《律师法》的有关规定对律师、律师事务所和律师协会进行监督、指导。也就是说律师、律师事务所和律师协会要接受国家司法行政部门的监督和指导。

三、律师的法律地位和执业许可制度

(一) 律师的法律地位

我国《律师法》规定:律师"是指依法取得律师执业证书,接受委托或者指定,为当事人提供法律服务的执业人员"。这一法律地位的确立,无疑地更具有科学性和整性,从而保证了律师业务上的正义性和相应的独立性。也正如我国《律师法》所指出的,律师应当维护当事人合法权益,维护法律正确实施,维护社会公平和正义。

(二) 申请律师执业的条件与受理的程序

申请律师执业,应当具备下列条件:(1)拥护中华人民共和国宪法。(2)通过国

家统一司法考试;实行国家统一司法考试前取得的律师资格凭证,在申请律师执业时,与国家统一司法考试合格证书具有同等效力。(3)在律师事务所实习满1年。(4)品行良好。

申请律师执业,应当向司法行政部门提出(并按规定提交有关材料),受理申请的部门应当自受理之日起限期内予以审查,并将审查意见和全部申请材料报送省、自治区、直辖市人民政府司法行政部门。省、自治区、直辖市人民政府司法行政部门应当自收到报送材料之日起限期内予以审核,作出是否准予执业的决定。准予执业的,向申请人颁发律师执业证书;不准予执业的,向申请人书面说明理由。

所谓律师执业证书,是由司法行政部门经过认可而获得律师执业许可的证明载体。申请人有下列情形之一的,不予颁发律师执业证书:(1)无民事行为能力或者限制民事行为能力的;(2)受过刑事处罚的,但过失犯罪的除外;(3)被开除公职或者被吊销律师执业证书的。

(三)专职律师、兼职律师的界线以及国家公务员不得兼任执业律师的规定

所谓专职律师是兼职律师的对称。按我国《律师法》规定,专职律师必须具备的条件是:具有高等院校本科以上学历,在法律服务人员紧缺领域从事专业工作满15年,具有高级职称或者同等专业水平并具有相应的专业法律知识的人员,申请专职律师执业的,经国务院司法行政部门考核合格,准予执业。具体办法由国务院规定。所谓兼职律师,按我国《律师法》的规定,是指高等院校、科研机构中从事法学教育、研究工作的人员,符合该法申请律师执业规定条件的,经所在单位同意,按照法定的程序,可以申请兼职律师执业。

国家公务员不得兼任执业律师,这是因为公务员作为国家公职人员,在各自的工作领域掌握着一定的权力,如果从事律师职业,既影响本职工作,又可能因为其身份的特殊性对有关机关施加不正当的影响,使其执业获得不正当的特殊照顾,造成不公平竞争,容易滋生腐败。律师担任各级人大常委会组成人员的,任职期间也不得从事诉讼代理或者辩护业务。

曾担任法官、检察官的律师,从法院、检察院离任后2年内,不得担任诉讼代理人或辩护人。这有利于律师职业的公正性。

没有取得律师执业证书的人员,不得以律师名义从事法律服务业务;除法律另有规定外,不得从事诉讼代理或者辩护业务。不是律师的成员以律师名义从事法律服务业务的,由所在地的县级以上地方司法行政部门责令停止非法执业,没收违法所得,并处违法所得1倍以上5倍以下的罚款。

律师执业不受地域限制。但律师只能在一个律师事务所执业。律师变更执业机构的,应当申请换发律师执业证书。

四、律师事务所的概念、律师所的种类和各项规定

(一)律师事务所是律师的执业机构,是律师活动的载体

律师事务所可以分为合伙律师事务所(以下简称合伙所)和个人律师事务所(以

下简称个律所)两大类,比较大的合伙律师事务所下面可设分所。此外,还有国家出资设立的律师事务所(以下简称国资所)。设立律师事务所应当具备下列四个条件:(1)有自己的名称、住所和章程;(2)有符合法律规定的律师;(3)设立人应当是具有一定的执业经历,且3年内未受过停止执业处罚的律师;(4)有符合国务院司法行政部门规定数额的资产。设立合伙所还应当有3名以上的合伙人,设立人还应当具有3年以上职业经验的律师;设立个律所其设立人要有5年以上的律师经历,对其债务承担无限责任;国家出资设立的律师事务所,依法自主开展律师业务,以该所的全部资产对其债务承担责任。

(二)律师事务所设立的申请、审批、变更、终止的规定

设立律师事务所,应当向设区的市级或者直辖市的区人民政府司法行政部门提出申请,并提交申请书;律师事务所的名称、章程;律师的名单、简历、身份证明、律师执业证书;住所证明;资产证明。受理申请的部门应当自受理之日起限期内予以审查,并将审查意见和全部申请材料报送省、自治区、直辖市人民政府司法行政部门。省级司法行政部门应当自收到报送材料之日起限期内予以审核。准予设立的,向申请人颁发律师事务所执业证书;不准予设立的,向申请人书面说明理由。即成立3年以上并具有20名以上执业律师的合伙律师事务所,可以设立分所。设立分所,须经拟设立分所所在地的省级司法行政部门审核。合伙律师事务所对其分所的债务承担负责。律师事务所变更名称、负责人、章程、合伙协议的,应当报原审核部门批准。律师事务所有下列情形之一的,应当终止:(1)不能保持法定设立条件,经限期整改仍不符合条件的;(2)律师事务所执业证书被依法吊销的;(3)自行决定解散的;(4)法律、行政法规规定应当终止的其他情形。律师事务所终止的,由颁发执业证书的部门注销该律师事务所的执业证书。

(三)律师事务所的管理、考核、收费、纳税以及其他某些限制性的规定

(1)律师事务所应当建立健全执业管理、利益冲突审查、收费与财务管理、投诉查处、年度考核、档案管理等制度,对律师在执业活动中遵守职业道德、执业纪律的情况进行监督。律师事务所应当于每年的年度考核后,向设区的市级或者直辖市的区人民政府司法行政部门提交本所的年度执业情况报告和律师执业考核结果。

(2)县级司法行政部门对律师和律师事务所的执业活动实施日常监督管理,对检查发现的问题,责令改正;对当事人的投诉,应当及时进行调查。县级司法行政部门认为律师和律师事务所的违法行为应当给予行政处罚的,应当向上级司法行政部门提出处罚建议。

(3)律师承办业务,由律师事务所统一接受委托,与委托人签订书面委托合同,按照国家规定统一收取费用并如实入账。律师收费办法,按国务院价格主管部门会同国务院司法行政部门的规定办理。

(4)律师事务所和律师应当依法纳税。按现行税法规定,律师事务所按收入额缴纳5.2%的营业税;律师个人每按一次性收入所得作必要的扣除后,按20%缴纳个人所得税。

(5)律师事务所和律师活动要遵守两个不得,一是不得以诋毁其他律师事务所、律师或者支付介绍费等不正当手段承揽业务。二是不得从事法律服务以外的经营活动。

五、律师的业务和权利、义务的规定

(一)律师的业务范围

根据我国《律师法》的规定,律师可以从事下列业务:接受自然人、法人或者其他组织的委托,担任法律顾问;接受民事案件、行政案件当事人的委托,担任代理人,参加诉讼;接受刑事案件犯罪嫌疑人的委托,为其提供法律咨询,代理申诉、控告,为被逮捕的犯罪嫌疑人申请取保候审,接受犯罪嫌疑人、被告人的委托或人民法院的指定,担任辩护人,接受自诉案件自诉人、公诉案件被害人或者其近亲属的委托,担任代理人,参加诉讼;接受委托,代理各类诉讼案件的申诉;接受委托,参加调解、仲裁活动;接受委托,提供非诉讼法律服务;解答有关法律的询问、代写诉讼文书和有关法律事务的其他文书。

(二)律师参加诉讼和非诉讼活动应注意的事项

律师担任诉讼和非诉讼代理人的,应当在受委托的权限内,维护委托人的合法权益;律师担任辩护人的,应当根据事实和法律,可以为犯罪嫌疑人和被告人作无罪、罪轻或者减轻、免除其刑事责任的辩护,维护犯罪嫌疑人和被告人的合法权益;律师接受委托后,无正当理由的,不得拒绝辩护或者代理。

(三)律师的权限

律师执业的人身权利保护和法律规定的多个方面的权利,不仅是保护委托方合法权益的需要,更是促进审判工作公平正义的要求,也是民主法治精神的体现。按照我国《律师法》的规定,律师执业享受的基本权利如下:

(1)有权会见犯罪嫌疑人、被告人并了解有关案件情况。并且律师会见犯罪嫌疑人、被告人,不被监听。

(2)受委托的律师自案件审查起诉之日起,有权查阅、摘抄和复制与案件有关的诉讼文书及案卷材料。

(3)受委托的律师自案件被人民法院受理之日起,有权查阅、摘抄和复制与案件有关的所有材料。

(4)受委托的律师根据案情的需要,可以申请人民检察院、人民法院收集、调取证据或者申请人民法院通知证人出庭作证。

(5)律师自行调查取证的,凭律师执业证书和律师事务所证明,可以向有关单位或者个人调查与承办法律事务有关的情况。

(6)律师担任诉讼代理人或者辩护人的,其辩论或者辩护的权利依法受到保障。

(7)律师在执业活动中的人身权利不受侵犯。律师在法庭上发表的代理、辩护意见不受法律追究。但是,发表危害国家安全、恶意诽谤他人、严重扰乱法庭秩序的言论除外。我国《刑事诉讼法》还规定:辩护人、诉讼代理人可以依照有关规定要求回

避、申请复议;辩护人、诉讼代理人认为公安机关、人民检察院、人民法院及其工作人员阻碍其依法行使诉讼权利的,有权向同级或者上一级人民检察院申诉或者控告。

（8）律师在参与诉讼活动中因涉嫌犯罪被依法拘留、逮捕的,拘留、逮捕机关应当在拘留、逮捕实施后的24小时内通知该律师的家属、所在的律师事务所以及所属的律师协会。我国《刑事诉讼法》还规定:辩护人涉嫌犯罪的,应当由办理辩护人所承办案件的侦查机关以外的侦查机关办理。辩护人是律师的,应当及时通知其所在的律师事务所或者所属的律师协会。为保障辩护人依法履行职责,避免同一案件的侦查机关随意对辩护人立案侦查和采取强制措施,对于辩护人涉嫌伪证罪的,规定由其他侦查机关办理。

（四）律师的义务

根据权利和义务相对称的原理,我国《律师法》对律师执业应履行的义务规定如下：

（1）保密义务。律师应当保守在执业活动中知悉的国家秘密、商业秘密,不得泄露当事人的隐私和不愿泄露的其他情况和信息。但是,委托人或者其他人准备或者正在实施的危害国家安全、公共安全以及其他严重危害他人人身、财产安全的犯罪事实和信息除外。

（2）回避义务。律师不得在同一案件中为双方当事人担任代理人,不得代理与本人或者其近亲属有利益冲突的法律事务。

（3）律师在执业活动中不得有下列行为：私自接受委托、收取费用,接受委托人的财物或者其他利益;利用提供法律服务的便利牟取当事人争议的权益;接受对方当事人的财物或者其他利益,与对方当事人或者第三人恶意串通,侵害委托人的权益等。

（4）法律援助义务。律师、律师事务所应当按照国家规定履行法律援助义务,为受援人提供符合标准的法律服务,维护受援人的合法权益。

六、律师协会和会员的各项规定

（一）律师协会的法律地位、设立和章程

律师协会是社会团体法人,是律师的自律性组织。全国设立中华全国律师协会,省、自治区、直辖市设立地方律师协会,设区的市根据需要可以设立地方律师协会。全国律师协会章程由全国会员代表大会制定,地方律师协会章程由地方会员代表大会制定,分别报国务院司法行政部门或同级地方司法行政部门备案。地方律师协会章程不得与全国律师协会章程相抵触。

（二）律师会员的权利义务

律师、律师事务所应当加入所在地的地方律师协会。加入地方律师协会的律师、律师事务所,同时是全国律师协会的会员。律师协会会员享有律师协会章程规定的权利,履行律师协会章程规定的义务。

（三）律师协会应当履行的职责

（1）保障律师依法执业,维护律师的合法权益;（2）总结、交流律师工作经验;

(3)制定行业规范和惩戒规则;(4)组织律师业务培训和职业道德、执业纪律教育、对律师的执业活动进行考核;(5)组织管理申请律师执业人员的实习活动,对实习人员进行考核;(6)对律师、律师事务所实施奖励和惩戒;(7)受理对律师的投诉或者举报,调解律师执业活动中发生的纠纷,受理律师的申诉;(8)法律、行政法规、规章以及律师协会章程规定的其他职责。律师协会制定的行业规范和惩戒规则,不得与有关法律、行政法规、规章相抵触。

七、监督和法律责任

（一）律师行业监督

为促使律师行业切实履行职责,我国《律师法》规定了对律师行业的法律监督,如规定律师执业应接受国家、社会和当事人的监督,应接受国家司法行政机关的监督和指导。同时对律师、律师事务所、律师协会以及相关的司法行政管理工作人员的法律责任都作了明确的规定。

（二）法律责任

对律师违法责任进行了三种情况的规定。

首先,对律师犯有比较轻微的违法行为,给予警告、罚款、没收违法所得,以及情节严重的还给予停止执业3个月以下的处罚。

其次,对律师犯有比较严重的违法行为,除给予警告、罚款、没收违法所得,以及情节严重的还给予停止执业3个月以上6个月以下的处罚。

再次,律师犯有严重的违法行为,给予停止执业6个月以上1年以下的处罚①,给予罚款、没收违法所得,情节严重的吊销其律师执业证书;构成犯罪的,依法追究刑事责任。律师因故意犯罪受到刑事处罚的,由省级司法行政部门吊销其律师执业证书。

律师违法执业或者因过错给当事人造成损失的,由其所在的律师事务所承担赔偿责任。律师事务所赔偿后,可以向有故意或者重大过失行为的律师追偿。

（三）对律师事务所违法行为的各种规定

由设区的市级或者直辖市的区人民政府司法行政部门视其情节给予警告、停业整顿1个月以上6个月以下的处罚,处以罚款;没收违法所得;情节特别严重的,由省级司法行政部门吊销律师事务所执业证书。对其负责人视情节轻重,给予警告或者处以罚款。

（四）对律师和律师事务所重犯违法行为处置的规定

律师因违反法律规定,在受到警告处罚后1年内又发生应当给予警告处罚情形的,由设区的市级或者直辖市的区人民政府司法行政部门给予停止执业3个月以上1年以下的处罚;在受到停止执业处罚期满后2年内又发生应当给予停止执业处罚情形的,由省级司法行政部门吊销其律师执业证书。律师事务所因违反法律规定,在受到停业整顿处罚期满后2年内又发生应当给予停业整顿处罚情形的,由省级人民政

---

① 受到6个月以上停止执业处罚的律师,处罚期满未逾3年的,不得担任合伙人。

府司法行政部门吊销律师事务所执业证书。

(五) 对司法行政部门工作人员违法行为法律责任的规定

滥用职权,玩忽职守,构成犯罪的,依法追究刑事责任;尚不构成犯罪的,依法给予处分。

至于为军队提供法律服务的军队律师,其律师资格的取得和权利、义务及行为准则,适用我国《律师法》。军队律师的具体管理办法,由国务院和中央军委制定。至于外国律师事务所在我国境内设立机构从事法律服务活动的管理办法,由国务院制定。

八、经济律师的特别要求和发展设想

为了充分发挥经济律师的作用,除了遵守上面阐述的我国《律师法》规定的要求外,作为经济律师,在业务上还应有更高的要求。一要精通经济法律、法规和规章;二要熟悉经济建设和经济改革业务;三要掌握经济法学中的各门学科,既有理论功底,又有操作实践。从国家而言,除了我国《律师法》作一般的规定外,对经济律师的活动及执业机构(经济律师事务所)都应有特殊的规定。对这方面的工作既要严格要求,又要大力支持。

经济律师在我国先后加入WTO和其他国际经济组织后将会有更大的需求,将为建立公正、平等的国内市场经济和国际市场经济的新秩序而面临挑战。在这种形势下,律师工作环境苛刻,专业化程度高,责任风险大。作为一名好的经济律师,应尽快掌握国际国内新法律,掌握现代经济科技的新知识,全面提高自己的政治和业务素质。律师的执业活动属于国家司法行政主权的属性和范畴,司法行政主管部门应当对其加强保护。国家将依法规范和引导外国律师在中国的执业活动以及中国律师和外国律师的合作。

总之,以经济建设为中心的我国现代化建设,以完善社会主义市场经济体制为核心的经济体制改革,呼吁广大律师的参与,广大律师也只有在经济建设的浪潮中,才能发挥更大的作用。

附录

1979 年至 2010 年国家颁布经济法律及相关法律问题决定的年代图表

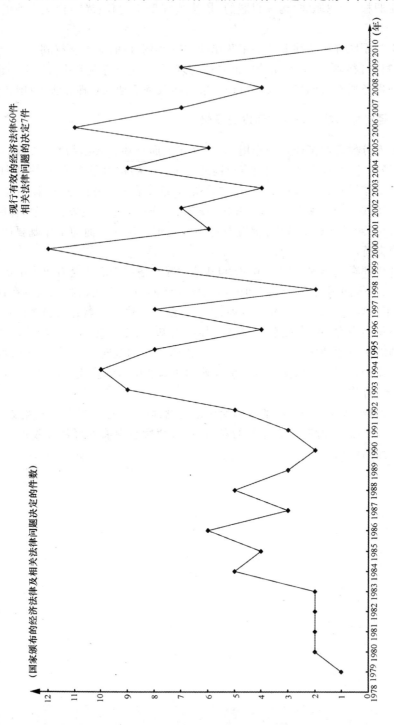

后　　记

我要告诉读者,《经济法概论》(第七版)的修订从 2010 年暑假开始,到 2012 年暑假前夕出版,前后经历了两年,条件很艰苦。在克服炎热的夏天和寒冷的冬天,经历了研究所的多次搬迁,熬过了寒冬腊月的日日夜夜,终于在《经济法概论》出版三十一周年之际,迎来了《经济法概论》(第七版)的问世。在这里要感谢曾经长期支持、帮助和指导的有关领导和专家,陈守一、谢怀栻、肖蔚云、李椿、沈宗灵、韩杼滨、罗豪才、谢旭人、曹康泰、佘孟孝、孙琬钟、龙新民、赵风桐、杨崇春、冯淑萍、许世杰、厉以宁、王学珍、吴志攀、王利明、黄景钧、邵景春、徐永利、刘文兰、麻子英①、彭松建、彭克伟、陶和谦、周恩惠等。要感谢长期多次参与的王乐红同志,以及聂伟青、吴军、黎月同志,还有孙健波、翟帅同志的帮助和参与,再次感谢冯益娜编审多年来为该书所做的过细的工作。

其不足之处,请读者批评指正。尤其欢迎担任经济法学科的讲课老师,在使用这本不断修改的传统教材时,多提批评意见和建议。

刘隆亨
2012 年 5 月 1 日

---

① 麻子英同志是北京大学陆平同志任党委书记兼校长年代提拔起来的最年轻的干部之一。

21 世纪法学系列教材书目

"21 世纪法学系列教材"是北京大学出版社继"面向 21 世纪课程教材"(即"大红皮"系列)之后,出版的又一精品法学系列教科书。本系列丛书以白色为封面底色,并冠以"未名·法律"的图标,因此也被称为"大白皮"系列教材。"大白皮"系列是法学全系列教材,目前有 15 个子系列。本系列教材延续"大红皮"图书的精良品质,皆由国内各大法学院优秀学者撰写,既有理论深度又贴合教学实践,是国内法学专业开展全系列课程教学的最佳选择。

- **法学基础理论系列**

法律方法阶梯	郑永流
英美法概论:法律文化与法律传统	彭 勃

- **法律史系列**

中国法制史		赵昆坡
中国法制史		朱苏人
中国法律思想史(第二版)	李贵连	李启成
外国法制史(第三版)		由 嵘
西方法律思想史(第二版)	徐爱国	李桂林
外国法制史		李秀清

- **民商法系列**

民法总论(第三版)	刘凯湘
债法总论	刘凯湘
物权法论	郑云瑞
英美侵权行为法学	徐爱国
商法学——原理·图解·实例(第三版)	朱羿锟
商法学	郭 瑜
保险法(第三版)	陈 欣
保险法	樊启荣
海商法教程(第二版)	郭 瑜
票据法教程(第二版)	王小能
票据法学	吕来明
房地产法(第四版)	房绍坤
物权法原理与案例研究	王连合
破产法(待出)	许德风

- **知识产权法系列**

  知识产权法学(第五版) 　　　　　　　　　　　吴汉东
  商标法 　　　　　　　　　　　　　　　　　　杜　颖
  著作权法(待出) 　　　　　　　　　　　　　　刘春田
  专利法(待出) 　　　　　　　　　　　　　　　郭　禾
  电子商务法 　　　　　　　　　　李双元　王海浪

- **宪法行政法系列**

  宪法学概论(第三版) 　　　　　　　　　　　　肖蔚云
  宪法学(第三版) 　　　　甘超英　傅思明　魏定仁
  行政法学(第二版) 　　　　　　　罗豪才　湛中乐
  外国宪法(待出) 　　　　　　　　　　　　　　甘超英
  国家赔偿法学(第二版) 　　　　　房绍坤　毕可志

- **刑事法系列**

  中国刑法论(第五版) 　　　杨春洗　杨敦先　郭自力
  现代刑法学(总论) 　　　　　　　　　　　　　王世洲
  外国刑法学概论 　　　　　　　　　李春雷　张鸿巍
  犯罪学(第三版) 　　　　　　　　　康树华　张小虎
  犯罪预防理论与实务 　　　　　　　李春雷　靳高风
  监狱法学(第二版) 　　　　　　　　　　　　　杨殿升
  刑法学各论(第二版) 　　　　　　　　　　　　刘艳红
  刑法学总论(第二版) 　　　　　　　　　　　　刘艳红
  刑事侦查学(第二版) 　　　　　　　　　　　　杨殿升
  刑事政策学 　　　　　　　　　　　　　　　　李卫红
  国际刑事实体法原论 　　　　　　　　　　　　王　新
  美国刑法(第四版) 　　　　　　　　　储槐植　江　溯

- **经济法系列**

  经济法学(第六版) 　　　　　　　　　杨紫烜　徐　杰
  经济法原理(第三版) 　　　　　　　　　　　　刘瑞复
  经济法概论(第七版) 　　　　　　　　　　　　刘隆亨
  企业法学通论 　　　　　　　　　　　　　　　刘瑞复
  企业与公司法学(第六版) 　　　　　　　　　　甘培忠
  商事组织法 　　　　　　　　　　　　　　　　董学立

金融法概论（第五版）	吴志攀
银行金融法学（第六版）	刘隆亨
证券法学（第三版）	朱锦清
金融监管学原理	丁邦开　周仲飞
会计法（第二版）	刘　燕
税法原理（第五版）	张守文
劳动法学	贾俊玲
社会保障法	林　嘉
房地产法（第二版）	程信和　刘国臻
环境法学（第二版）	金瑞林
反垄断法	孟雁北

● **财税法系列**

财政法学	刘剑文
税法学（第四版）	刘剑文
国际税法学（第二版）	刘剑文
财税法专题研究（第二版）	刘剑文

● **国际法系列**

国际法（第二版）	白桂梅
国际经济法学（第五版）	陈　安
国际私法学（第二版）	李双元
国际贸易法	冯大同
国际贸易法	王贵国
国际贸易法	郭　瑜
国际贸易法原理	王　慧
国际投资法	王贵国
国际货币金融法（第二版）	王贵国
国际经济组织法教程（第二版）	饶戈平

● **诉讼法系列**

民事诉讼法学教程（第三版）	刘家兴　潘剑锋
民事诉讼法	汤维建
刑事诉讼法学（第三版）	王国枢
外国刑事诉讼法教程（新编本）	王以真　宋英辉

外国刑事诉讼法	宋英辉
民事执行法学（第二版）	谭秋桂
仲裁法学（第二版）	蔡　虹
外国刑事诉讼法	宋英辉　孙长永　朴宗根

- **特色课系列**

世界遗产法	刘红婴
医事法学	古津贤　强美英
法律语言学（第二版）	刘红婴
模拟审判：原理、剧本与技巧	廖永安　唐东楚　陈文曲

- **双语系列**

普通法系合同法与侵权法导论	张新娟
Learning Anglo-American Law: A Thematic Introduction（英美法导论）（第二版）	李国利

- **专业通选课系列**

法律英语	郭义贵
法律文书学	卓朝君　邓晓静
法律文献检索	于丽英
英美法入门——法学资料与研究方法	杨帧

- **通选课系列**

法学通识九讲	吕忠梅
法学概论（第三版）	张云秀
法律基础教程（第三版）（待出）	夏利民
经济法理论与实务（第三版）	於向平　邱艳　赵敏燕
人权法学	白桂梅

- **原理与案例系列**

国家赔偿法：原理与案例	沈岿
专利法：案例、学说和原理（待出）	崔国斌

2012 年 7 月更新

教师反馈及教材、课件申请表

尊敬的老师：

您好！感谢您一直以来对北大出版社图书的关爱。北京大学出版社以"教材优先、学术为本"为宗旨，主要为广大高等院校师生服务。为了更有针对性地为广大教师服务，满足教师的教学需要、提升教学质量，在您确认将本书作为教学用书后，请您填好以下表格并经系主任签字盖章后寄回，我们将免费向您提供相关的教材、思考练习题答案及教学课件。在您教学过程中，若有任何建议也都可以和我们联系。

书号/书名	
所需要的教材及教学课件	
您的姓名	
系	
院校	
您所主授课程的名称	
每学期学生人数	学时
您目前采用的教材	书名＿＿＿＿＿＿＿＿ 作者＿＿＿＿＿＿ 出版社＿＿＿＿＿＿＿
您的联系地址	
联系电话	
E-mail	
您对北大出版社及本书的建议：	系主任签字 盖章

我们的联系方式：

北京大学出版社法律事业部

地　　址：北京市海淀区成府路205号　　联系人：李锋
电　　话：010-62752027　　传　真：010-62556201
电子邮件：bjdxcbs1979@163.com
网　　址：http://www.pup.cn
北大出版社市场营销中心网站：www.pupbook.com